– 상 –

중국공산당역사

1921년 7월~1923년 6월

중국공산당 역사 제1권 상
(1921~1949)

1판 1쇄 인쇄일 _ 2016년 6월 10일
1판 1쇄 발행일 _ 2016년 6월 20일
지은이 _ 중국공산당중앙당사연구실
옮긴이 _ 홍순도 홍광훈
펴낸이 _ 김정동
펴낸곳 _ 서교출판사

주소 _ 서울특별시 마포구 합정동 371-4 (덕준빌딩 2층)
전화 _ 02 3142 1471
팩스 _ 02 6499 1471
등록번호 _ 제2-1260
등록일 _ 1991. 9. 11

이메일 _ seokyodong1@naver.com
홈페이지 _ http://blog.naver.com/sk1book

ISBN _ 979-11-85889-21-4 04900
         979-11-85889-20-7 04900(세트)

- 상 -
중국공산당역사

서교출판사

목 차

일러두기

- 이 책의 인명·지명 중국어 표기는 독자 여러분의 가독성을 고려하여 한자를 병기하였다.
- 1911년 신해혁명 이후 활동한 인물과 지명은 중국어 현지 발음으로 표기하였다.
- 중국의 행정단위인 성(省)·지구(地区)·현(縣)은 지명과 붙여씀을 원칙으로 하였다.
- 학교명·단체명·회사명·시설명 등은 붙여씀을 원칙으로 하였다.

편집자의 글

2010년 말부터 추진했던 《중국공산당역사》(1921~1949)가 출간되니 감회가 남다르다. 이 책을 출간하기 위해 중국으로 여러 번 출장을 다녀오기도 했고 담당 주임과 여러 차례 이메일을 주고 받았다. 중국은 우리나라와 이념은 달라도 미국이나 일본을 제치고 교역량 1위를 차지할 정도로 중요한 나라이다. 그뿐만 아니라 세계 최고 수준의 역사, 그리고 문화의 깊이와 다양성은 그 어떤 나라와도 비교할 수 없을 만큼 유구하다. 이제 중국에서 가장 권위 있는 〈중국공산당중앙당사연구실〉에서 펴낸 중국의 정치, 경제, 문화, 사상 등을 망라한 장대한 《중국공산당역사》를 야사나 서방의 시각이 아닌 정사로 기술한, 중국 근현대 공산당사를 한눈에 볼 수 있게 되었다. 신중국을 창건한 중국 지도자들의 성공과 고민 그리고 투쟁과 오류 등 그 궤적을 한눈에 볼 수 있게 된 것이다. 서교출판사는 중국 관련 도서를 출판한 지 이제 6년, 짧은 연도이기는 하지만 우리 사회에 중국과 관련된 도서를 쉬지 않고 출간할 것을 다짐한다. 《중국공산당역사》(1948~1978)에 이어 《중국공산당역사》(1921~1949)를 출간하게 되었다. 다소 늦은 감이 있으나 초심의 마음으로 《중국공산당역사》(1979~2011)의 출간에도 온 힘을 기울일 것을 약속한다.

*드라마틱한 중국 현대사

《성경》에는 '시작은 미약했으나 그 끝은 창대하리라'는 말이 있다. 《장자》에도 비슷한 문장이 존재한다. 그러나 말이 쉽지, 현실에서는 이런 사례를 잘 볼 수 없다. 물론 역사적으로 살펴봤을 때, 그러한 경우가 간혹 존재하기는 한다. 그 대표적인 예가 중국사에서는 청나라의 건국이다. 개국 군주 누르하치가 조상이 남겨놓은 갑옷 13벌을 토대로 세력을 키워 명나라를 멸망시킨 뒤, 인류 역사상 최대 제국을 건설하는 기적을 이룩하는 이야기다. 청나라는 중국 역사상 가장 오래 지속된 왕조 중 하나인 만큼 창대한 정도에 그치지 않는, 실로 엄청난 족적이다.

이에 필적하는 '창대한 사건'이 중국 현대사에도 있었으니, 바로 중국 집권당인 공산당의 창당이다. 아직 끝나지 않은 이 기적은 지금도 현재 진행형이다.

공산당이 정식 창당된 1921년 전후는, 청나라가 멸망하고 각 지역의 군벌들이 날뛰던 시절이었다. 공산당은 그 이름조차 존재하지 않았다. 베이징대학 교수 리다자오(李大釗)와 천두슈(陳獨秀) 등의 진보적 지식인들이 카를 마르크스의 사상을 연구하는 비밀 모임만 존재할 뿐이었다. 정치적 세력은커녕 작은 학회 정도에 불과한 모임이었다. 일부 지식인들은 그 단체를 맬더스의 인구론을 연구하는 학회로 알고 있었다니, 설명할 필요도 없는 수준이었다. 그마저도 전국을 통틀어 고작 50명 정도에 불과할 정도로 그 수가 적었다. 당시 중국 인구가 3억 명 정도였으니 미미하다는 표현조차 과한 숫자다.

그러나 새로운 이념에 대한 이들의 열정만큼은 대륙을 능가할 정도였다. 그리하여 전국의 대표 13명을 모아 1921년 7월 상하이(上海)에서 정식으로 중국공산당을 결성했다. 베이징 대표 류런징(劉仁靜), 장궈타오(張國燾), 상하이 대표 리한쥔(李漢俊), 리다(李達), 산둥(山東)성 대표 왕진메이(王盡美), 덩언밍(鄧恩銘), 후베이(湖北)성 대표 둥비우(董必武), 천탄추(陳潭秋), 후난(湖南)성 대표 마오쩌둥(毛澤東), 리수헝(李淑衡), 광둥(廣東)성 대표 천궁보(陳公博), 바오후이썽(包惠僧), 재일본 대표 저우포하이(周佛海) 등이었다. 중국 공산당을 대표하는 거물이 된 저우언라이(周恩來)와 류사오치(劉少奇) 등이 이들과 합류한 것은 한참 후의 일이다.

이들은 대부분 혈기왕성한 20, 30대의 학생들과 청년들이었다. 지금으로 치자면 소수의 학생 운동권 대표자들이 모인 셈이었다. 당연히 별로 주목하는 이들도 없었다. 당시 공산당을 최대의 적으로 삼았던 상하이 조계 경찰조차 이들의 행동을 간과했을 정도였다. 그러나 이들이 훗날 중국 공산당의 기초를 다진 역사적인 인물로 기록되는데, 특히 마오쩌둥과 그의 동료들이 그 주인공이다.(반면 천궁보, 장궈타오, 저우포하이 같은 인물들은 일본에 협력한 민족반역자가 되거나 국민당으로 전향하는 등 변절을 거듭했다.)

중국 공산당은 이후에도 큰 발전을 이룩하지는 못했다. 세력 면에서 압도적이었던 장제스의 국민당에 늘 눌려 지내야 했기 때문이다. 더구나 2만5000리 대장정에 나섰던 1934년 이전에는 국민당의 토벌 작전으로 궤멸 직전의 위기에 몰린 적도 있었다. 1차 국공합작이 붕괴되는 계기가 된 1927년의 4.12 백색 테러 당시, 수많은 공산당의 맹장들이 목숨을 잃게 된 것이다.

전화위복이라 했던가. 공산당은 대장정을 통해 위기에서 벗어난 뒤, 1936년 제2차 국공합작을 통해 부활의 전기를 맞이하기에 이르렀다. 이어 1945년까지는 국민당과 합작하여 항일 전쟁을 수행하기도 했다. 그리고 항일 전쟁 승리 후, 다시 국민당과 국공내전을 시작했는데, 이때 세력 면에서 압도적이었던 국민당을 외딴 섬 대만으로 패퇴시키는 데 성공했다. 누르하치가 13벌의 갑옷으로 청나라를 세웠듯, 누구도 주목하지 않았던 13명의 공산당 대표들이 새로운 중국을 건국한 것이다.

중국 공산당은 오는 2021년이면 창당 100주년을 맞이한다. 13명으로 시작한 단체의 당원 수는 현재 1억 명에 달한다. 공산당의 이러한 번영과 오랜 집권의 역사는 인류사에 길이 남을 업적이다.

현재 중국은 2030년 전후에는 미국을 따돌리고 세계 최고의 G1 국가가 될 것이라는 전망이 나올 만큼 글로벌 사회에서 입지를 굳혔다. 1921년 7월 상하이에서 전국의 50여 명을 대표해 공산당의 깃발을 높이 들어올린 13명의 업적은 한 두 문장으로 온전히 표현할 수 없을 만큼 창대한 결말이며, 현재진행 중인 장대한 역사이다.

이 책 〈중국공산당 역사〉는 1921년부터 1949년 건국 전까지 중국 공산당 역사의 드라마틱한 기록을 담았다. 특히 제1차 국내 혁명전쟁과 국공합작(1924~1926), 루이진(瑞金) 소비에트 정권 시절(1927~1936)의 제2차 국내 혁명전쟁, 항일전쟁(1937~1945), 제3

차 국내 혁명전쟁(1946~1949) 등의 전 과정을 자세하게 담아냈다. 이 시절 중국의 역사적, 정치적, 사회적, 문화적 변화는 대하소설 수십 권 분량에 달할 만큼 방대하며, 어떤 드라마보다도 파란만장하다. 그래서 실제로 중국에서는 드라마나 영화 등 많은 콘텐츠가 당시의 시대상을 배경으로 인기리에 제작되기도 했다.

이 책은 드라마를 보는 재미와는 거리가 멀다. 재미보다는 정확한 역사를 기록하기 위한 목적으로 쓰였기 때문이다. 그렇다고 읽는 재미가 없는 것은 아니다. 역사적 상황을 떠올리면서 상상하는 재미와 함께 그 의미를 되새겨보는 일은 드라마보다도 더 드라마틱하게 다가올 것이다.

이 책은 지난 2014년에 선보인 전작 〈중국공산당 역사〉에서 다루었던 1949년부터 1978까지의 기록에 뒤이은 것이다. 시대 순으로 따지자면 먼저 나왔어야 하는 책이지만 여러 사정에 의해 나중을 기약해야 했다. 번역과 편집에만 총 4년이 걸렸다. 오랜 노고 끝에 빛을 보게 되었다. 전 세계의 지도자나 언론이 중국 공산당의 행보나 정책 등 뉴스에 촉각을 기울이는 작금의 시기에 〈중국공산당 역사〉를 내놓는 것은 매우 뜻 깊은 일이라고 할 수 있다.

그간 한국에 중국 공산당사의 대서사시를 이렇게 심화하여 집필한 책은 없었다. 이 책의 출판은 한국에 전무후무한 중국공산당역사서라는 사실만으로도 학술적 가치는 물론 연구서로 중국 공산당의 장대한 투쟁사를 손쉽게 알 수 있는 계기가 될 것이다. 그뿐만 아니라 중국공산당 초창기 투쟁사는 물론 대장정 과정 등을 수록한 지도는 우리나라에 처음으로 공개되는 듯싶다. 이렇듯 이 방대한 중국공산당 역사를 통해 독자 여러분은 오늘날 중국이 있기까지의 전 과정을 속속들이 들여다 볼 수 있을 것이다. 한국어판 출판에 적극적으로 나서 주신 중국 민족출판사 박문봉 주임을 비롯한 조선문편집실의 전체 편집원들과 서교출판사의 김정동 사장을 비롯한 편집진 여러분의 도움을 많이 받았다. 감사드린다.

역자를 대표해 홍광훈(서울여대 중문과 교수)

제1편

중국공산당의 창건

1921년 7월~1923년 6월

中华人民共和国万岁　　世界人民大团结万岁

제1장
아편전쟁 이후 중국 사회와 국제 환경

중국 공산당은 반식민지 반봉건의 근대 중국에서 탄생했다. 이는 사회 모순이 커지고 인민투쟁이 격렬해짐에 따라 나타난 필연적 결과였다. 특히 20세기 초, 아편전쟁 직후 중국 사회의 발전과 국제환경의 변화는 중국공산당의 창건에 필요한 조건을 만들어 주었다.

1. 아편전쟁과 근대 중국 사회의 변화

아편전쟁과 외국 자본주의의 침입

중국은 유구한 역사를 가지고 있는 동방 대국이다. 중화민족은 근면한 노동과 뛰어난 지혜로 세계 최고 고대 문명을 창조하였고 인류 발전에 크게 기여하였다. 하지만 근대에 접어들면서 중국은 갑자기 시대에 뒤떨어지기 시작했다. 17세기 중엽 이후, 일부 서방 국가들은 새로운 생산방식에 힘입어 모든 측면에서 신속히 발전했으며 앞 다투어 자산계급 혁명과 공업 혁명을 진행했다. 자산계급은 물질의 원시적 축적과 식민 약탈로 100년도 안 되는 통치 기간에 지난 세대가 통틀어 창조한 생산력보다 더 많고 큰 생산력을 창조했다.

자연력의 정복, 기계의 사용, 공업과 농업에서의 화학 응용, 화륜선(火輪船·근대적인 증기선의 옛 이름)의 운행, 철도의 통행, 전보의 사용, 미지의 대륙 개간, 하천의 운항 등[1]이 그 예이다. 생산력의 엄청난 발전은 인류사회의 물질문명과 정신문명에 역사적인 변화를 가져왔다. 자산계급은 더 큰 이익을 얻기 위해 약탈을 자행하고 식민 침략을 전 세계로 확장했다.

"자본주의에서는 통치 범위를 확장하거나 새로운 땅을 개발해야 한

---

1 마르크스, 엥겔스:《공산당선언》(1847년 12월~1848년 1월),《마르크스 엥겔스 선집》제1권, 인민출판사 한문판, 1995년, 277쪽 참조.

다. 역사가 유구한 비자본주의 나라들을 세계 경제에 편입시키지 않으면 스스로 존재하고 발전하기 어렵다"[2]는 레닌의 주장처럼 중국은 자연스럽게 서방 열강들이 쟁탈하려는 시장이 됐다. 국토 면적이 넓고 자원이 풍부하고 인구가 많기 때문이었다.

그러나 청나라 통치자들은 여전히 이러한 세계적인 추세에 밝지 못했다. 중국을 "천조상국(天朝上國)"[3]으로 자처하면서 다른 나라들을 예외 없이 "이적만맥(夷狄蠻貊·예전에 중국인들이 중국의 남쪽과 동쪽에 있는 종족을 낮잡는 뜻으로 이르던 말. 여기서는 미, 영, 소, 프랑스 등을 말함)"이라고 여겼다. 서방의 선진적인 과학기술 성과는 "기기음교(奇技淫巧·기묘한 재주나 기술로 만든 진기한 물건)"라고 하며 멸시했다. 자국의 경제, 정치, 군사, 문화 모두가 낙후했지만 여전히 교만하고 거만하며 완고했다. 19세기 30~40년대에 청나라는 급속히 쇠퇴하기 시작했다. 정치적 부패, 군사적 쇠퇴, 경제적 곤경에 빠지게 되었고 사회 또한 불안정해 도처에 위기가 도사리고 있었다. 낙후하면 남한테 당하기 마련이다. 1840년, 해외 확장에 눈이 뒤집힌 자본주의 강국 영국은 중국을 침략하는 아편전쟁을 일으켰다. 영국은 포함으로 중국의 대문을 열어젖혔다. 부패하고 낙후한 청나라 군대는 수적으로 우세했으며, 본토에서 작전을 벌이는 유리한 조건에도 불구하고 영국 군대의 군함과 대포의 공격에 견디지 못했다. 광저우(廣州), 샤먼(廈門), 딩하이(定海), 전하이(鎭海), 닝보(寧波), 상하이(上海), 전장(鎭江) 등 연해 도시를 속속 잃었다. 1842년 8월, 영국 군대는 난징(南京)까지 쳐들어와 청나라 정부를 핍박하여 중·영 난징조약을 체결했다. 중

---

2 레닌:《러시아 자본주의의 발전》(1895년 말~1899년 1월),《레닌전집》제3권, 인민출판사 한문판, 1984년, 547쪽.
3 소국이나 오랑캐들의 조공을 받던 천하 으뜸 조정이라는 뜻

국 근대 역사에서의 첫 불평등 조약이었다. 중국은 홍콩을 할양하고 광저우, 샤먼, 푸저우(福州), 닝보, 상하이 등을 통상구로 개방했으며 '양은' 2,100만 위안을 배상했다.

아편전쟁[4]은 중국 역사의 전환점이 됐다. 서방 침략자들은 혈안이 되어 중국을 상대로 전쟁을 일으켰다. 그리고 강제로 청나라 정부를 협박해 중국을 점차 반식민지 상태로 만들었다.

1856년부터 1860년까지의 제2차 아편전쟁 시기, 영국·프랑스 연합군은 청나라 왕조의 수도 베이징(北京)을 공격했다. 유명한 황가어원(皇家御園)과 중국 원림 건축 예술의 정화인 원명원(圓明園)[5]을 불사른 후 원내에 소장되었던 역대의 문화재들을 몽땅 쓸어갔다. 침략자들은 톈진조약[6]과 베이징조약[7] 등 불평등 조약을 통해 중국에서의 특권을 극대화했다. 러시아는 무력으로 청나라 정부를 협박하여 1858년에 중·러 아이훈조약[8]을 체결하고 헤이룽(黑龍)강 이북 외흥안령 이남 60여㎢의 중국 영토를 강탈했다. 또 1860년에는 중·러 베이징조약을 통해 우수리 강 동쪽 약 40만㎢의 중국 영토를 러시아에 복속시

4 영국은 청나라와 무역에서 발생하는 적자를 해소하기 위해 중국에 아편을 밀수출하기 시작했다. 아편은 빠른 속도로 퍼졌고, 중독자 수가 200만 명을 넘어서면서 청나라의 사회와 경제는 심각한 지경에 이르렀다. 이에 린쩌쉬(임칙서)가 아편에 대한 몰수와 수입 금지라는 강경책을 쓰자 양국의 갈등은 극에 달했고, 영국은 전쟁을 시작했다.

5 중국 청나라 때 베이징 근교에 있던 이궁(離宮)이다. 현재 베이징시 이화원 옆에 위치하고 있으며, 면적은 3.5㎢에 이른다. 원명원은 1707년(강희 48년), 청조 4대 강희제가 옹친왕 윤진에게 하사한 정원이 그 기원이 된다. 그러나 1856년 발발한 제2차 아편전쟁 때 프랑스·영국 연합군이 침입하여 철저하게 약탈하고 파괴되어, 원명원은 폐허가 되었다. 그 후도 의화단의 난이나 문화대혁명 등에 의해 폐허가 됐으나 현재는 복원됐다.

6 1858년 6월 톈진(天津)에서 청나라와 영·프·미·러·일 등 여러 나라 사이에서 맺어진 조약을 말한다. 이 조약은 모두 일방적인 최혜국조관을 명시함으로써 이후 불평등조약의 근간이 되었다. 조약의 주요 내용은 전비 배상, 외교사절의 베이징 상주와 중국 내지 여행, 양쯔강 무역의 자유, 그리스도교 포교의 자유와 선교사 보호, 10개 항구 개방 등이다. 그리고 1885년 조선의 갑신정변 이후 청의 리홍장(李鴻章)과 일본의 이토 히로부미(伊藤博文) 사이에 맺은 조약이다. 그 내용은 청·일 양국 군대는 조선에서 동시 철군하고, 조선의 변란으로 군대를 파병할 때에는 먼저 상대국에 통보한다는 것 등이다. 이 조약은 1894년 청일 전쟁의 구실이 되었다. 이후 청일 전쟁에서 승리한 일본은 조선의 정치적 주도권을 장악했다.

켰다. 1864년 제정 러시아는 다시 청나라 정부를 공갈, 협박하여 중·러 '감분서북계약기(勘分西北界約記)'를 체결하고 중국 서부 44만㎢의 토지를 빼앗았다. 1884년부터 1885년까지의 중·프전쟁 시기, 프랑스 침략군은 중국~베트남 변두리 지역과 동남 연해 지역에서 연속적으로 전쟁을 일으켰다. 중국 푸젠(福建) 수군은 전멸했다. 그럴지만 펑즈차이(馮子材)의 청나라 군대는 광시(廣西) 전난관, 지금의 유이관(友誼關)에서 프랑스군을 대파하여 전세를 뒤집었다. 이는 곧 프랑스 페리 내각의 실각으로 이어졌다. 하지만 우매하기 짝이 없는 청나라 정부는 위와 같이 유리한 상황을 맞이하고서도 침략자에게 화의를 제안하여 새로운 불평등 조약을 체결했다.

1894년부터 1895년까지의 중일갑오전쟁(청일전쟁·1894년 6월~1895년 4월 사이에 청나라와 일본이 조선의 지배권을 놓고 다툰 전쟁)에서, 양무파(洋務派)가 심혈을 기울여 왔던 중국 신식 육해군은 여지없이 완패했다. 전쟁 이후 체결된 마관조약(馬關條約)에 근거하여 중국은 타이완(臺灣)을 일본에 할양하고 일본에 무려 2억 3천만 냥(그중 3천만 냥은 요동반도를 되찾은 배상금)에 달하는 백은을 배상해야 했다. 일본은 서방 열강들이 중국에서 얻은 모든 특권을 누리게 됐다. 갑오전쟁의 패배는 중국인들에게 너무나도 큰 충격을 주었다.

"4억 동포가 눈물을 흘리나니, 이 세상 어디가 신주(神州)란 말인가?" 이 시는 당시 중국 지식인들의 비분을 토로한 것이다. 이 시기를

---

7 베이징 조약(북경조약)은 2차 아편전쟁의 결과로, 1860년 10월 18일에 청나라가 영국·프랑스·러시아와 맺은 불평등 조약이다. 이 조약은 6개 항목으로 되어 있으며 이 조약에 따라 청나라는 영국에 주룽(현재의 홍콩 중심부)을 할양했고, 러시아에는 연해주를 넘겨주었다.

8 1858년 5월 중국 헤이룽장성(黑龍江省)의 북쪽 헤이룽강 연안의 아이훈에서 러시아와 중국 청나라가 맺은 조약. 러시아는 1689년의 네르친스크조약에 따라 헤이룽강(아무르강) 지방에 진출할 수 없었으나 19세기 중반 무라비요프가 동시베리아의 총독이 되자 이 지역의 탐색을 강행하였다. 또한 청나라가 태평천국(太平天國)의 난과 영국과의 애로호 사건으로 시달리고 있는 것을 기회로 전권대사 이산(奕山)을 협박해서 이 조약을 맺게 하였다.

겪은 우위장(吳玉章)은 그때를 이렇게 회고했다.

"갑오전쟁에서 패배해 마관조약을 맺었다는 소식을 들었을 때, 나와 둘째 형 우용쿤(吳永錕)은 눈물을 그칠 수 없었다. 이는 전례 없는 망국 조약이다! 이 조약으로 전 중국이 진동했다. 전에는 서방 대국에 패했지만 지금은 동방 소국에까지 이토록 처참하게 패하다니, 그리고 그토록 각박한 조약을 체결하다니, 이 얼마나 큰 치욕인가!"[9]

갑오전쟁은 청나라 정부의 부패와 무능, 중국의 빈곤과 나약함을 한층 더 드러냈다. 중국에 대한 제국주의의 쟁탈은 더욱 심해졌으며 이로 인해 중국은 사분오열의 궁지에 빠지게 됐다.

마관조약(馬關條約)

1895년 4월 청일전쟁(갑오전쟁) 뒤 청나라 리홍장과 일본 이토 히로부미가 일본 시모노세키에서 맺은 강화 조약으로, 시모노세키 조약이라고도 한다. 조약의 주요 내용은 "청국은 조선국이 완전한 자주 독립국임을 인정하고 랴오둥 반도와 타이완 등을 일본에 할양한다"는 내용이 주요 골자이다. 청일전쟁으로 조선의 정치적 주도권은 일본에 넘어갔다.

1900년에 영국, 미국, 프랑스, 독일, 러시아, 일본, 이탈리아, 오스트리아-헝가리제국 등 8개국 연합군이 중국 침략 전쟁을 개시했다. 톈진, 베이징이 연이어 함락되자 청나라 츠시(慈禧·서태후) 태후는 광쉬제(光緒帝)[10]를 데리고 시안(西安)으로 도주했다. 연합군은 지나는 곳곳마다 만행을 저지르고 약탈을 서슴지 않았다. 베이징에는 시체

---

9 우위장 : 《갑오전쟁 전후부터 신해혁명 전후의 회억》(1961년 9월), 《우위장문집》 하권, 충칭출판사 한문판, 1987년, 955쪽.

10 광쉬제(光緒帝·1874~1908):청나라 말기의 비극적인 운명을 겪은 황제. 서태후(西太后)가 권력을 장악하여 평생 서태후의 전횡에 시달렸다. 치세기에 이리사건(伊犁事件)과 청프전쟁, 청일전쟁 등이 잇달아 일어났다.

가 도처에 널려 있었다. 전쟁 이후에 체결된 신축조약[11]은 불평등 조약을 더욱 체계화했다. 제정러시아는 개국 연합군에 참가한 것 말고도 많은 군대를 파견하여 중국 둥베이 3성(東北3省·지린성, 헤이룽장성, 랴오닝성)을 침략했으며 둥베이를 러시아의 식민지로 만들려 했다. 러시아 군대는 하이란파오[12]와 장둥 류스쓰툰[13]에서 중국인을 대량 학살했다.

앞서 기술한 몇 차례 큰 전쟁 외에도 열강들의 중국 침략전쟁에는 1874년 일본의 타이완 침략전쟁, 1888년 영국의 시짱(西藏) 침략전쟁, 1903년 영국의 제2차 시짱 침략전쟁, 1904년부터 1905년까지 중국 영토에서 벌어진 일본과 러시아의 권익 쟁탈전 등이 있었다. 1840년부터 1905년까지 66년이라는 세월 동안에 중국인은 열강들이 일으킨 중국 침략 전쟁의 화염에 휩싸여 있었다. 자본주의, 제국주의 강대국 대부분이 중국을 침략하고 강탈을 감행했다. 몇 십 년 동안 강대국들은 끊임없이 중국의 군사, 정치, 경제, 문화 침략을 자행했다. 더욱 극심한 불평등 조약으로 중국을 협박했다. 토지를 할양받고 배상금을 챙겼으며 중국에서의 각종 특권을 끝없이 강탈해갔다. 영국은 홍콩을 할양받고 일본은 타이완을 침략하고 점령했다. 제정러시아는 중국의 동북, 서북에 걸쳐 약 150만㎢에 달하는 토지를 빼앗아갔다. 중국은 전쟁의 파괴로 인한 재물의 파손 말고도 백은 10억 냥(이자 포함)의 막대한 전쟁배상금도 배상하게 되었다. 당시 청나라 정부

---

11 신축조약(辛丑條約) : 1900년 8월 열강 8개국 연합군이 의화단 운동을 진압하고 베이징을 점령한 이듬해인 1901년 영국·미국·러시아·독일·일본 등 11개국이 청나라 정부를 협박하여 맺어진 불평등조약이다. 이 조약으로 청나라는 거액의 배상금을 지불하고, 베이징에 열강 군대가 상주시킬 것 등을 수락했다. '베이징 의정서'라고도 한다.

12 중국의 국경 근처에 위치한 도시로 모스크바로부터는 동쪽으로 7,985km지점에 위치해 있다. 러시아어로는 블라고베션스크라고 한다.

13 중국의 국경 근처에 위치한 도시로 모스크바로부터는 동쪽으로 7,985km지점에 위치해 있다. 러시아어로는 블라고베션스크라고 한다.

의 연간 재정 수입은 겨우 8,000만여 냥에 불과했다.

　서방 열강들은 중국에서 조약의 특권을 누렸다. 그들은 불평등 조약을 통해 항구와 '조계지'를 설립하고 광산을 채굴하며 공장을 세웠다. 철도를 부설하고 은행, 상점을 운영하고 교회당을 세우기도 했다. 또 자국의 군대를 주둔시키고 세력 범위를 나누었다. 영사 재판권과 최혜국 대우를 누리는 등 수많은 특권을 얻었다. 몇 백 개에 달하는 불평등 조약, 규약, 전문 조항은 중국에 있어 무형의 그물과 같았다. 정치, 경제, 군사, 문화 등 여러 측면에서 중국을 구속했기 때문이다. 중국은 열강들의 끝없는 갈취에도 옴짝달싹 하지 못했다. 중국이 작은 움직임만 보일라치면 열강들은 이를 빌미로 더 많은 것을 요구했다. 그들은 중국의 통상구, 세관, 대외무역, 교통운수를 장악하여 자국의 상품을 대량 판매했으며 중국을 자국의 판매 시장 및 원료 기지로 만들었다.

　19세기 말부터, 세계 자본주의는 제국주의 단계에 진입하였다. 독점이 자유경쟁을 대체했고, 금융자본이 각국의 대내외 정책을 결정하는 지배적인 세력이 되었다. 따라서 자본수출은, 갑오전쟁 이후 제국주의가 중국을 침략하는 와중에도 특수한 의미를 지녔다. 제국주의가 중국의 재정을 장악하고 '세력 범위'를 획득하게 되었다. 그러면서 기업에 대한 투자 말고도 중국정부의 대출 역시 중국 정세를 좌지우지하는 수단이 됐다. 이는 열강들이 중국에 자본수출을 하는 과정에서도 점차 중요한 지위를 얻는 데 이른다. 그들은 중국에 설립한 자국의 은행을 통해 서로 중국 대출 업무를 통제하려고 했다. 청나라 정부는 일본에 지불할 배상금을 조달하기 위해 세 차례나 거액의 외채를 빌렸다. 열강들은 이 기회를 엿보고 너도나도 청나라 정부에 악조건으로 대출해 주었다. 지정한 관세와 일부 소금세, 화물이자를 담보로 저당 잡는 것 외에도 수많은 정치적 조건을 붙였다. 제국주의는 중국의 대출을 통하여 상품경쟁에서 중국의 민족자본주의를 압도했다. 그뿐만 아니라 금융과 재정 측면에서도 중국의 숨통을 조였다. 그들은 각종 수단을 사용해 중국의 통상 도시부터 산골 마을까지 경제침략의 마수를 뻗쳤다. 설상가상으로 중국에는 제국주의를 위해 봉사하는 매판자산계급이 출연하기도 했다.

문화침략은 제국주의가 식민정책과 대외확장을 추진하는데 중요한 수단이었다. 외국 침략세력은 중국에 군사, 정치, 경제 침략을 진행하면서 선교를 중심으로 한 일련의 문화침략 활동도 병행했다. 서방의 천주교와 개신교, 제정러시아의 동방 정교회는 자본주의, 제국주의 나라들이 중국을 침략하는 과정에서 중요한 역할을 했다. 아편전쟁 때부터 19세기 말까지 중국에 온 외국 선교사들은 무려 3,200여 명에 달했다. 그들 중 많은 사람이 자선이라는 탈을 쓰고 중국 곳곳에서 침략과 침탈 활동을 벌였다. '선교'라는 미명 아래서였다. 그들은 중국의 주권을 침범했다. 중국의 내정을 간섭하고 가옥과 밭을 강제점령 했으며 여성을 능욕하고 백성을 유린했다. 일부 선교사들은 사실 중국 각지에서 정보를 수집하는 스파이였다. 이와 동시에 열강들은 중국에 식민지 색채를 띤 학교, 병원과 기타 문화시설을 설치하였다. 정신적으로 중국 인민을 노예화하고 심리적으로 중국 민심을 정복하여 그들의 중국 식민통치에 유리한 세력을 육성하기 위해서였다.

1840년의 아편전쟁부터 외국 열강들의 수차례의 침략 전쟁과 매번의 불평등 조약은 그들의 중국 침략과 중국의 반식민지화를 한층 가속시켰다. 20세기 초까지 중국은 겉으로 보기에 독립을 유지하고 있었다. 그러나 실제로 중국은 이미 여러 제국주의 나라들에 의해 분할된 반식민지로 전락해 버렸고 전례 없는 심각한 민족적 위기에 직면하고 있었다.

반식민지 반봉건 사회로 전락한 근대 중국

중국 사회는 외국 자본주의의 침입으로 정상적인 발전이 불가했다. 근대 중국의 사회적 특성 및 이에 따른 사회적 모순, 계급 관계, 혁명의 성격 등에도 점차 깊은 상처를 받았다.

외국 자본주의가 들어오기 전까지 중국은 농업경제를 기초로 하는 독립적인 봉건 전제 군주국가였다. 사회 내부의 상품경제는 이미 자본주의 생산관계를 잉태하고 있었다. 열강 자본주의의 침입이 없었다면 중국도 점차 자본주의 사회로 발전했을 것이다. 외국 자본주의의 침탈은 중국의 사회와 경제를 크게 파괴시켰다. 중국의 자급자족 자연경제는 점차 무너졌고 도시의 수공업, 농민의 가계 수공업이 파괴됐다. 그러나 이는 후에 중국 도시 상품경제의 발전을 추진하게 만들어 중국 자본주의 발전에 객관적 조건이 된다. 자연경제의 파괴로 중국 자본주의의 생성과 발전이 이루어 졌으며 상품 시장이 생겼다. 많은 농민과 수공업자들의 파산은 자본주의의 생성과 발전으로 이어졌으며 노동 시장을 생기게 했다. 이때부터 중국의 자본주의 경제가 생성되고 또 기초적으로 발전됐다. 외국자본, 관료자본, 민족자본이 발흥하면서 자본주의 성격을 띤 근대 공업, 상업, 교통운수업, 금융업, 기업이 나타났다. 그중에서도 민족자본은 중국 사회 생산력의 발전을 이끄는 진보적인 경제요소였다.

하지만, 서방 열강들이 중국을 침략하는 목적은 봉건적인 중국을 자본주의 사회로 만드는 것이 아니었다. 중국을 자국의 상품 수출과 자본 수출의 영구적인 시장으로 만들고자 했다. 좀 더 많은 자원을 약탈하고 더 큰 이익을 취하기 위해서였다. 그리하여 그들은 중국의 봉건 착취 제도와 전제군주 통치를 적극 옹호하고, 봉건 세력과 결탁하여 중국의 민족자본주의의 발전을 방해했다. 농업을 예로 들면, 갑오전쟁 이후 중국 농촌경제는 한층 더 상품화되었다. 하지만 이러한 변화의 주요 원인은 서방 열강들이 원료를 약탈하고 상품을 투매한 결과에 따른 것이었다. 따라서 이러한 농촌경제의 상품화 발전은 중국의 농업 자본주의를 발전시키지 못했다. 그뿐만 아니라 수많은 농민들이 외국 자본주의에 더욱 심한 착취를 당하고 수탈에 시달렸다. 같은 이치로, 서방 열강들은 대량의 자본을 중국에 수출하여 중국에서 경공업 기업과 중공업 기업을 경영하였다. 중국의 원료와 염가의 노동력을 직접 이용했다. 이로써 중국의 민족공업에 직접적인 경제 압박을 가하여 중국 사회 생산력의 발전을 저해했다. 외국 자본주의의 침입은 두 가지 측면에서 중국 사회에 변화를 주었다.

첫째, 외국 상품의 투입과 자본의 대량 투입으로 중국 봉건사회의 해체와 자본주의의 발전을 촉진한 것이다. 이는 봉건적인 중국을 반봉건의 중국으로 변화시켰다.

둘째, 외국 침략세력은 중국 봉건세력과 결탁해 군사, 정치, 경제와 문화 등 모든 측면에서 압박을 가하고 중국을 잔혹하게 통치했다. 그리하여 독립 국가였던 중국을 반식민지의 중국으로 만들었다.

아편전쟁 이후, 근대 중국 사회는 점차 반식민지, 반봉건 사회의 여러 가지 기본적인 특징과 변화가 나타났다.

정치적으로 중국은 이미 완전히 독립된 주권 국가가 아니었다. 영토와 주권이 엄중히 파괴되고 사법과 행정이 완전히 분열됐다. 영사재판권은 일종의 정치적 침략으로 변모했다. 중국 법제의 독립성을 엄중히 파괴했을 뿐만 아니라, 외국 침략자들이 중국에서 각종 경제특권을 획득하고 기득권을 굳히는 중요한 수단이 되었다. 치외법권을 누리는 외국인들은 함부로 행동해도 중국 행정 법률의 관할과 제재를 받지 않았다. 특히 이러한 치외법권의 보호를 받는 '조계지'는 '나라 안의 나라(國中之國)'나 다를 바 없었다. 중국 정부의 내정, 외교, 재정, 군사 모두가 열강들의 조종과 통제를 받았다. 각국의 중국 주재 공사관은 사실상 청나라 정부의 '태상황'처럼 행동했다. 외국 열강들이 '중국인을 이용하여 중국을 다스리는 이화치화(以華治華)' 방침을 실시함에 따라, 중국 지주계급과 매판 자산계급의 이익을 대표하는 청나라 정부는 점차 외국 자본주의를 위해 중국을 통치하는 도구로 전락하고 말았다.

조계지(租界地)

외국인이 자유로이 통상 거주하며 치외법권을 누릴 수 있도록 개항장(開港場)에 설정한 구역을 말한다. 제국주의 국가들의 침략으로 불평등조약이 체결된 결과 생겨났으며, 중국과 우리나라에서는 조계, 일본에서는 거류지라는 이름으로 불렸다.

최초의 조계지는 아편전쟁 이후 1845년 영국이 상하이에 둔 것이 최초이다. 중국의 주권 침해와 경제적 침략기지 역할을 한 것으로, 텐진(天津), 한커우(漢口), 광저우(廣州), 샤먼(廈門) 등에 두었다. 제1차 세계대전 후 중국의 국권회복운동으로 조계는 점차 폐지되었고, 제2차 세계대전 이후에는 중국에 반환되었다.

한국에 조계가 처음 설정된 것은 1877년 1월 30일 부산항조계조약(釜山港租界條約)에 의해서이며, 이어 청나라를 위시하여 미국·영국·독일·러시아가 각기 수호통상조약 체결과 동시에 인천·진남포·군산·마산·성진 등지에 설정하였다. 일본이 한국에 설정한 것은 공동조계에 해당하는 것으로 침략과 식민통치를 목적으로 설치한 것이다.

비록 자본주의 상공업이 출현하기는 했지만 중국에서는 여전히 농업경제가 경제의 주요 기반이었다. 농업 생산방식은 봉건 지주계급이 대량의 토지를 점유하고, 토지가 없거나 토지 면적이 적은 농민들에게 토지를 소작을 주는 방식이었다. 중국 농촌에는 소농경제가 아주 널리 분포되어 있었다. 전국 인구의 절대 다수를 차지하는 농민 거의가 구식의 수작업으로 개체 생산에 종사했고 농업 생산력이 아주 낮은 수준에 머물러 있었다. 봉건사회에서 주도적 지위를 차지하고 있던 자급자족의 자연경제가 파괴되긴 했지만 봉건 토지관계, 즉 봉건착취제도의 근원인 농민들에 대한 지주계급의 착취는 여전했다. 지주계급은 관료 매판자본, 고리대금업자와 결탁하여 중국의 사회 경제 생활에서 갑의 지위를 차지하고 있었다. 중국의 외국자본과 결탁한 관료 매판자본은 국민경제의 명맥을 독점하였다. 이는 경제적 측면에서 중국을 점차 외국 자본주의의 부속품으로 만들었다. 민족 자본주의는 일정하게 발전했지만 전반적인 사회경제에서 차지하는 비중이 작았다. 게다가 제국주의, 봉건주의와 관료 매판자본의 다중 압박으로 인해 중국 사회경제의 주요 형식으로 되지 못했고 또 될 수도 없었다. 전체적인 사회생산력 발전이 매우 낙후했다.

사상 문화적 측면에서, 중국 전통문화는 서방 자본주의 문화의 전례 없던 도전과 충격을 받았다. 두개의 문화가 끊임없이 부딪히고 서로 영향을 주고받으며 융합하는 과정에서 중국 근대문화가 생성되었다. 이로 인해 사람들의 생활방식, 사유방식, 가치관념, 도덕규범, 행위준칙에 일정한 변화가 일어났다. 근대 사회가 왜곡되고 제국주의의 침략이 심해지면서 중국 반식민지화는 날로 심화되었다. 이에 따라 사상 문화 분야에서는 맹목적으로 외국의 것을 숭배하거나 나라를 팔아 영화를 누리려는 사상이 나타났다. 그뿐만 아니라 민족적 자기비하, 문화 허무주의 등 식민지적 색채를 띤 여러 가지 표현들이 생기기도 하며 봉건 도덕 옹호자들의 여러 가지 반응도 있었다. 그들은 낡은 사상을 고집하며 '조종지법(祖宗之法)을 고수'할 것을 주장했다.

하지만 본질적으로 볼 때, 근대 문화의 발전 변화는 줄기차게 민족을 위기에서 구하고 중국 사회를 개혁하자는 주제로 전개됐다. 중국 고대 문화에는 정화의 의미가 깃든 민족정신이 스며있고, 위대하고 찬란한 전통이 있다. 이것은 중국 인민들에게 혁명에 뛰어들게 하고 진리를 추구하도록 만드는 정신적 기둥과 힘의 원천이었다.

예를 들면, "나라를 사랑하는 마음은 목마른 사람이 물을 찾듯 간절하다" "현자는 자신의 죽음을 슬퍼하지 않고 나라가 쇠멸하는 것을 걱정한다" "늘 분발하여 나라가 위급할 때 몸을 바치려고 준비한다" "한 번 태어나 죽지 않는 사람이 어디 있겠는가, 나라 향한 일편단심 청사에 길이 남기리라"는 애국주의 사상을 담은 말들이 있다. 또 "죽을 수는 있어도 뜻을 굽힐 수는 없다"는 민족적 기개, "천하의 흥망은 필부에게도 책임이 있다"는 사회적 책임감, 백성을 재난 속에서 구원하려는 구세사상, "빈부귀천이 없는 대동세계"를 건설하려는 이상도 있다. "진리를 추구하는 길은 매우 길지만 나는 끊임없이 추구하고 탐색할 것이다"와 "군자는 스스로 강건해지고 꾸준히 노력한다"며 분투를 거듭하는 정신, 외적과 강권에 맞서 용감하게 싸우는 투쟁전통 등은 중화민족의 맥과 혼을 이어 주었다.

이와 동시에 역사의 발전에 따라 서방의 것을 따라하고 배우려는 시도도 불가피하게 됐다. "만이(蠻夷·서양 오랑캐, 즉 미·영·소·프 등을 뜻함)의 기술을 배우고" "중국의 학문을 본체로 하고 서양의 학문을 응용(中體西用)"하자는 주장이 제기됐다. 더 나아가 "중국과 서양의 문화를 결부시키고" "완전히 서구화"하자는 여러 가지 구국의 주장과 방안도 연속적으로 제기되었다. 중국은 서방의 과학기술을 학습하던 것에서부터 점차 서방의 정치사상과 정치제도까지 학습하기에 이르렀다.

대외관계적 측면에서, 중국과 자본주의 나라와의 관계는 굴종의 정치관계가 됐다. 외국의 끊임없는 침략과 외국 침략자들과 체결한 일련의 불평등조약에 의해서다. 약한 나라에는 외교가 없다. 중국은 비록 외교상으로는 독립국가의 형식을 유지했지만, 사실상 자본주의 국가와 비교할 때 권리와 지위가 절대적으로 불평등했다.

　제국주의 국가가 중국에서 세력 범위를 분할했기 때문에 사실상 중국은 여러 제국주의 국가의 통치 또는 반통치 아래 놓여 있었다. 게다가 중국은 토지가 광활하여 경제, 정치, 문화의 발전 정도가 극히 불균형적이었다.

　제국주의와 봉건주의의 이중 압박 아래 중국의 많은 인민, 특히 농민들은 날로 가난해졌다. 심지어 대량으로 파산되어 굶주림에 시달려도 아무런 정치적 권리도 행사할 수 없었다. 중국 인민의 빈곤과 비자유적인 상태는 세계적으로 드문 현상이었다.

　근대 중국에 있어 제국주의와 봉건주의는 중국인민을 압박하는 두 개의 큰 산이었다. 봉건주의는 제국주의가 중국을 통치하는 데 있어 사회적 기초였고 제국주의는 봉건주의가 생존할 수 있도록 하는 또 다른 지주였다. 근대 중국 사회의 주요 모순은 제국주의와 중화민족 사이의 모순, 봉건주의와 인민대중 사이의 모순이었다. 이러한 모순들의 날카로움과 심화는 결국 혁명운동을 불러일으키게 됐다. 중화민족이 직면한 두 가지 역사적 과업은 제국주의와 봉건주의의 통치를 뒤엎고 민족의 독립과 인민의 해방을 실현하는 것이었다. 또 가난하고 낙후했던 국가의 면모를 철저히 개선하고 국가의 번영·부강을 꾀하며 인민을 부유한 삶으로 이끌어야 했다. 위에서 언급한 과업 중 전자는 후자에 필요한 전제이다. 첫 번째 과업을 완수해야만 두 번째 문제를 해결할 수 있었다. 그리하여 근대 중국인민의 반제국 반봉건 민족민주 혁명이 일어나게 됐다.

근대 중국인민 혁명투쟁의 발흥

　아편전쟁 때부터 중국 인민은 외국 침략세력과 본국의 봉건세력에 맞서 장기적인 투쟁을 해 왔다. 외적을 물리치고 현황을 개혁하기 위해서다. 제1차 아편전쟁 시기 광둥(廣東) 산위안리(三元里) 인민들이 대영투쟁을 일으켰다. 제2차 아편전쟁 시기에는 각지 인민들이 영국, 프랑스, 제정러시아의 침입에 저항했던 투쟁이 있었다. 19세기 60년대부터 90년대 사이 각지에서 일어난 외국의 종교침략에 맞선 투쟁들이 일어났고, 갑오전쟁 이후 타이완을 일본에 할양하는 것을 반대하여 일으킨 투쟁도 있었다.

이 시기 여러 차례의 반침략전쟁에서 수많은 애국 장병들은 피를 흘리며 용감하게 싸웠다. 제국주의와 봉건주의에 맞선 농민봉기와 농민전쟁, 변법을 추진하여 나라를 구하려는 자산계급 유신운동, 청나라 정부의 봉건통치를 뒤엎으려는 자산계급혁명에 이르기까지 수많은 투쟁이 일어났다. 애국지사들은 목숨을 내걸고 싸워, 중국 침략을 반대하는 인민의 불굴 의지와 투쟁정신을 보여 주었다. 이들은 중화민족 혁명투쟁사에 비장한 한 페이지를 남겼다.

제국주의와 봉건주의를 반대하는 최초의 투쟁에서 주력군은 농민이었다. 봉건제도의 압박 아래 중국 농민들은 강한 저항심을 갖고 있었다. 그들이 자발적으로 진행한 투쟁은 외국 침략자와 중국 봉건 통치 세력에게 커다란 타격을 주었다. 그중 가장 대표적인 운동은 태평천국 농민혁명운동과 의화단 반제 애국운동이었다.

아편전쟁이 개시된 후, 1841년부터 1849년까지 각 민족의 농민봉기가 110여 차례 일어났다. 1851년에 드디어 중국 태평천국의 지도자인 홍슈취안(洪秀全)이 영도한 태평천국 농민혁명운동이 폭발했다. 마르크스는 그때 이미 다음과 같이 지적했다. "거의 10년 동안 지속된 중국의 크고 작은 봉기들은 이미 놀라운 혁명으로 변모했다. 이 봉기들을 유발한 사회적 원인이 무엇이었든지, …이번 대폭발을 이끈 것은 영국의 대포[14]임이 틀림없다"

태평천국운동은 14년에 걸쳐 18개 성, 600여 개 도시를 점령했다. 난징에다 청나라 정부와 대치하는 태평천국 정권을 세우고 중국 농민운동사상의 첫 토지강령인 천조전무제도(天朝田畝制度)를 반포했다. 이 토지강령은 너무 추상적이어서 실천하기가 어려웠지만, 지난 1,100년 동안 토지를 소유하려는 농민들의 강렬한 염원을 반영하고 있었다. 이것은 농민들을 동원시키고 격려하여 그들이 반봉건 투쟁에 참가하는 데 적극적인 역할을 했다. 태평천국운동은 규모, 발전 속도, 조직제도, 투쟁 위력 등 여러 측면에서 중국의 구식 농민전쟁의 절정을 이뤘다.

19세기 말, 의화단운동은 제국주의가 미친 듯이 중국을 분할할 때 폭발했다. 편협하고 낙후한 면이 있기는 했지만, 그 공격은 제국주의 침략자들을 직접 겨냥한 것이었다. 그들은 최신식 무기를 보유하고 있는 8개국 연합군에 가장 원시적인 무기인 칼과 창으로 용감하게 맞섰다. 제국주의자들은 중국을 마음대로 분할할 수 있을 것이라 짐작했다. 그러나 중국 사회의 최하층에 이토록 막대한 저항심이 잠재해 있을 줄은 꿈에도 생각하지 못했다. 그들은 "민중의 의기가 강건"한 중국이 정복하기 어려운 나라이고 "구미나 일본 어느 나라에도 천하 4분의 1의 백성을 통치할 정력과 병력이 없다"[15]는 사실을 시인할 수밖에 없었다.

하지만 농민들은 새로운 생산 방식을 알지 못했다. 농민들은 과학적이고 선견 있는 투쟁 강령을 제기할 수 없었으며 강대한 적을 이길

---

14 마르크스 : 《중국혁명과 유럽혁명》(1853년 6월), 《마르크스 엥겔스 전집》 제12권, 인민출판사 한문판, 1998년, 113~114쪽.

15 중국사학회 편 : 《중국근대사자료총간·의회단》 제3책, 상하이인민출판사, 상하이서점출판사 한문판, 2000년, 244쪽

수 없었다. 중외(中外) 반동세력의 진압 아래 그들의 투쟁은 번번이 실패로 끝났다. 태평천국과 의화단의 역사적 비극은 반식민지 반봉건의 중국에서 농민들이 반제 반봉건의 강대한 주력군임을 증명했다. 하지만 선진 계급의 지도 없이 반제 반봉건의 역사적 임무를 완수하기 어렵다는 것 또한 크게 증명했다.

근대 중국에는 두 개의 새로운 계급인 자산계급과 무산계급이 나타났다. 19세기 말, 중국 민족자본주의의 초보적인 발전과 동시에 중국 민족자산계급이 정치 무대에 등장했다. 새로 생겨난 이 사회세력은 아직 미약했지만 새로운 생산세력을 대표했다. 갑오전쟁에서 패배한 후, 량치차오(梁啓超), 캉유웨이(康有爲), 탄쓰퉁(譚嗣同)을 대표로 하는 자산계급 유신파[16]가 먼저 들고 일어섰다. 그들은 1898년 무술년에 "나라를 멸망의 위기에서 구해 생존을 도모하자"고 호소하면서 변법유신운동을 일으켰다.

량치차오(梁啓超·양계초)

청나라 말기 중화민국 초기의 계몽 사상가이자 문학가. 번역, 신문·잡지의 발행, 정치학교의 개설 등 개혁운동과 변법자강운동의 성공을 위해 투신했다. 계몽적인 잡지를 출판해 신사상을 소개하고 애국주의를 고취해 중국 개화에 크게 이바지했다.

그들은 영국, 일본 등 자본주의 국가의 모형에 따라 중국에서 군주 입헌제를 실시했다. 궁극적으로, 자본주의를 발전시키는 것을 최종 목표로 하여 위에서 아래로 가는 정치개혁을 실시하려고 힘썼다. 유신파는 103일이라는 짧은 기간에 광쉬 황제를 통하여 100여 개 변법조서와 훈령을 발표했다. 내용은 이러하다. 농공상업을 보호하고 장려

---

16 중국사학회 편:《중국근대사자료총간·의화단》제3책, 상하이인민출판사, 상하이서점출판사 한문판, 2000년, 244쪽.

하며, 팔고문(八股文·중국 명, 청대의 과거에 관한 특별한 문체)을 폐지하고, 학교를 개설하며, 인원을 감축하고, 관리들의 치적을 명백히 밝히도록 한다. 또 언로(정부의 상급자에게 말을 올릴 수 있는 길)를 널리 열고, 학회를 조직하고, 신문사를 세우는 것을 허락하며, 출판과 언론의 자유를 부여하라는 것이다. 하지만 자산계급 유신파의 세력은 미약한 데다 그들의 배경을 맡는 광쉬 황제에게는 실권이 없었다. 봉건 수구세력의 반대를 극복하지 못하고 변법유신운동은 끝내 실패하고 말았다. 탄쓰퉁 등 무술6군자는 "적을 죽일 마음은 있으나 국세를 되돌릴 힘이 없다"는 한을 품고 베이징의 차이스커우(菜市口·당시 사형집행장)에서 사형당했다. 무술유신운동의 실패는 근대 중국에서 자산계급 개량주의의 길이 통하지 않음을 실증한 것이다.

> **변법유신운동(變法維新運動)과 무술육군자(戊戌六君子)**
>
> 변법유신운동은 변법자강운동(變法自彊運動)이라고도 한다. 근대화 속에서 개혁의 필요성을 느낀 캉유웨이 등의 주도로 1898년 발생한 중국의 개혁운동으로, 일본 메이지 유신을 모델로 하였다. 무술육군자는 1898년 9월 28일 무술변법에 참가했다가 무술정변이 일어나 체포되어 서태후에 의해 처형된 6인을 가리킨다. 탄쓰퉁(譚嗣同), 캉광런(康廣仁), 류광디(劉光第), 린쉬(林旭), 양루이(楊銳), 양선슈(楊深秀) 등을 가리킨다.

이 시기, 나라와 백성의 운명을 걱정하는 일부 지사들도 각 계층 인민들의 저항투쟁과 운명을 같이했다. 아편전쟁의 패배는 침체 상태에 있던 중국 봉건사회에 큰 파문을 일으켰다. 마르크스는 "이상한 점은, 아편이 최면 작용을 일으킨 것이 아니라 오히려 반성 작용[17]을 만들어 냈다"고 지적했다. 엄혹한 현실은 곧 지사들의 반성을 불러일으켰다.

17 정신을 차려 그릇된 행동을 하지 않도록 타일러 깨우침.

자본주의의 중국 침입은 "수천 년 동안 없었던 변란"이었다. 이에 직면하여 그들은 이 변란이 중국의 낙후함과 떼놓을 수 없는 관계에 있다는 사실을 철저하게 인식했다. 낙후한 칼과 창은 외국의 군함과 대포에 저항할 수 없었다. 그 뿐만 아니라 뒤떨어진 사상 문화도 '서학(西學·중국에 전래된 서양사상과 문물. 좁은 의미에서는 천주교를 지칭하며, 서교 또는 천주학이라고도 하였다)'의 전파를 막지 못했다. 나라를 구하려면 유신할 수밖에 없고 유신하려면 서방의 것을 따라하고 배울 수밖에 없었다. 아편전쟁에서 패배한 이후 진보적인 중국인들은 서방 국가의 선진 기술을 배워 중국을 자본주의 부강의 길로 이끌고자 갖은 고생을 하며 노심초사했다.

진보적인 중국인들이 서방을 따라 배우는 정도는 점차적으로 늘어났고 심화 과정을 거치며 발전했다. 세계로 눈을 돌려야 한다고 주장한 중국 최초의 대표 인물은 린쩌쉬(林則徐·임칙서), 궁쯔전(龔自珍), 웨이위안(魏源) 등이 있다. 그들은 "만이의 기술을 배워 만이에 저항하자", 즉 서방의 선진적인 군사기술로 서방 침략자에 저항하자는 주장을 내놓았다. 홍슈취안은 태평천국의 농민 지도자이다.

그는 홍런간(洪仁玕)이 《자정신편(資政新篇)》에서 제기한 자본주의를 발전시킬 방법에 관한 강령을 명확하게 지지했다. 그러나 그는 이 강령을 실시하지는 못했다. 그 후 양무운동[18]은 "서학을 받아들이고" "서양기계를 만들 것"을 주장했다. '자강'과 '부강'을 표방하면서 차례로 군용 공업과 민용 공업을 창설하기도 했다. 이는 중국 근대 자본

---

18 양무운동(洋務運動) : 19세기 말 청나라에서 일어난 근대화 운동이다. '양무(洋務)'란 서양 여러 나라와의 외교 관계에 대한 사무를 뜻하는 말이지만, 넓게는 서양의 신문물과 신기술을 받아들인다는 뜻으로 쓰였다. 따라서 양무운동이란 서양의 문물을 받아들여 군사적 자강과 경제적 부강을 이루려 했던 당시 지식인들의 여러 정책들과 사회적 변동들을 나타내는 부국강병책이라고 할 수 있다.

주의 생산방식의 생성과 발전을 자극하는 데 어느 정도 역할을 했다. 하지만 양무파의 강국 방안은 "중국의 학문을 본체로 하고 서양의 학문을 응용하는 것"을 취지로 했다. 즉 생산력 발전에 완전히 적응하지 못하는 부패한 중국 봉건주의 제도를 그대로 두고 서방의 선진기술을 이용하려고 했던 것이다. 이는 양무운동이 실패할 수밖에 없는 원인이 됐다.

갑오전쟁에서 청나라의 참패는 양무운동의 파산을 선언한 것과 같은 것이었다. 마관조약이 체결된 직후, 저명한 계몽사상가인 옌푸(嚴復)는 톈진의 〈직보·直報〉에 〈세상이 급변함을 논하며〉등 4편의 정론을 연속 발표했다. 그는 또 마지막 편 〈구국논단〉에서 처절하게 '구국(救國)'을 호소했다. 이 처절한 외침은 선진적인 중국인들이 비참한 현실을 각성하고 직접 들고 일어나 "구국"을 해야 함을 인식하게 한 것이다. 현재 직면한 문제에 '자강'이나 '부강'을 논할 것이 아니라는 말이다. 무술유신운동은 바로 이러한 현실을 배경으로 해서 절정에 이르렀다. 그 후 반세기 동안 "구국"은 중화민족이 전진하는 대열에서 행진곡이자, 모든 애국자의 가슴에 새겨진 가장 흡인력 있고 응집력 있는 구호였다.

옌푸(嚴復, 엄복·1854. ~ 1921.)

푸젠성(福建省) 후관(侯官) 출신으로 청(淸)나라 말기의 사상가. 양무운동의 일환으로 세워진 푸저우 선정학당(福州船定學堂)에서 수학한 뒤 영국에 유학하였다. 갑오전쟁(청일전쟁) 이후 서구 사상과 학술 소개에 힘썼으며, 변법운동(變法運動)을 비롯해 청나라 말기 개혁운동에 많은 영향을 미쳤다. 당시 그가 번역 소개한 작품으로는 T. H. 헉슬리의 《진화와 윤리》, C.몽테스키외의 《법의 정신》, A.스미스의 《국부론》 등이 대표적이다. 특히 진화론은 열강들의 침략에 따른 중국의 위기를 이해시키는 이론적 매개가 되었다. 민국 초에는 위안스카이(袁世凱)의 제제운동(帝制運動)을 지지한 관계로 젊은 지식층으로부터 거센 반발을 사기도 했다.

중국의 제도와 문화를 반성하고 봉건문화의 삼강오륜과 봉건예교를 비판한다. 여기에 "만이(蠻夷)의 기술을 배우는" 것에서 한발 더 나아가 서방의 정치사상과 정치제도를 배울 것을 주장한 주인공이 있다. 바로 유신파 중 급진분자(탄스퉁 등)와 자산계급 혁명파들이었다. 그들은 모두 갑오전쟁이 실패한 후 두각을 나타낸 신흥 자산계급의 대표들이었다. 그들은 정치, 군사 활동에 종사하는 한편 모두 서방 자산계급의 정치관점, 사회제도, 도덕관념을 선전했다. 이를테면 옌푸가 번역한 T.H. 헉슬리의 《진화론과 윤리학》이 출판된 후 학계와 사상계에는 큰 파문이 일어났다. 이 책은 19세기 말부터 20세기 초까지의 피 끓는 청년들을 크게 계몽시키고 교육했다. "옌 씨의 책이 출판되자 사람들은 생존경쟁, 자연도태의 이치를 알게 됐으며 이때부터 중국 민중의 기세가 변화됐다"[19] 진화론, "천부인권" "삼권분립", 정당정치, 군주입헌제와 민주공화제 등이 차례로 중국에 알려지고 곧 봉건주의에 맞서는 사상적 무기로 발전했다.

중화민족은 신축조약이라는 거대한 굴욕을 짊어지고 20세기에 들어섰다. 신축조약은 8개국 연합군의 베이징 점령과 서방 열강들의 강요로 인해 체결한 것이었다. 이때 중국은 이미 반식민지 국가로 전락해 있었다. 나라가 빈궁하고 백성들이 굶주린 데다 망국멸족의 위협까지 받고 있었다.

"나라를 죽음의 위기에서 구하여 생존을 도모하자"는 외침은 역사 교체기에 처한 중국 전역에 통렬하게 울려 퍼졌다. 하지만 중국을 통치하고 있던 청나라 정부는 이미 철두철미한 '양인의 조정'이 되어 뻔뻔하게 "중국의 물력으로 우호국의 환심을 얻으려"고 했다. 민족위기

19 한민(漢民) : 〈후관 옌 씨의 최신 정신을 말하다(1906년 5월), 〈민보〉 제2호.

와 사회위기는 날로 심해졌다. 중국 인민 앞에 놓인 근대 중국 민족민주혁명의 반제 반봉건 과업은 더욱 절박해졌다. 중국 인민을 이끌어 민족독립과 인민해방을 이룩할 수 있는 자가 곧 중국 혁명의 영도계급이 될 수 있었다.

2. 신해혁명과 그 후의 중국 정치

쑨중산(孫中山)과 신해혁명

19세기 말, 자산계급의 유신운동 시작과 거의 동시에 자산계급 혁명파도 혁명투쟁을 시작했다. 이들은 청나라 왕조의 전제통치를 뒤엎는 것을 목표로 했다. 혁명파의 영수 쑨중산(孫文·쑨원)은 위대한 애국주의자이며 중국 민주혁명의 위대한 선구자이다. 그는 민주독립, 민주자유와 민주행복을 추구하는 데 평생 혼신의 힘을 쏟아 부었다. 1894년, 그는 미국 호놀룰루에서 흥중회[20]를 결성하고 처음으로 "중화를 진흥시키자"는 구호를 외쳤다. 1905년, 쑨중산은 일본 도쿄에서 자산계급 정당인 중국동맹회를 결성하고 "오랑캐를 몰아내고 중화를 회복하고, 민국을 창건하며 토지소유권을 균등하게 한다"는 강령을 제기했다. 또, 자산계급 민주공화국으로 부패하고 전제적인 청나라의 봉건왕조를 교체하자는 혁명 목표를 최초로 세웠다.

동맹회가 결성된 후, 혁명당은 혁명 선전사업과 동원사업을 널리 진행했다. 민간 비밀 결사단체, 신군(新軍)과 적극 연락하여 차례로 각지에서 일련의 무장봉기를 꾀하고 발동시켰다. 예를 들어 후난(湖南) 장시(江西) 변계 핑(상)류(양)리(링)(萍鄉瀏陽醴陵)봉기, 방둥 차오저우(潮

---

20 흥중회(紅中會) : 중국 공화정을 창시한 쑨원(孫文)이 1894년 하와이 호놀룰루에서 광둥성(廣東省) 출신 화교들을 모아 만든 중국 최초의 근대적 비밀 결사단체.

州) 황강(黃岡)봉기, 후이저우(惠州) 치뉘후(七女湖)봉기, 친(저우)롄(저우)(欽州廉州) 방성(防城)봉기, 광시 전난관봉기, 윈난(雲南) 허커우(河口)봉기와 유명한 광저우(光州)봉기 등이 있다. 상기 기술한 봉기들은 거의가 대중을 이탈한 단순한 군사행동이었던 까닭에 실패하고 말았다. 하지만 봉건제를 반대하는 자산계급 혁명당의 혁명정신이 반영되었고 혁명의 영향이 전국 인민 속에 널리 퍼졌다. 이는 혁명의 고조를 맞이하는 데 큰 토대가 되었다.

1911년 신해년 10월 10일, 후베이(湖北) 혁명단체인 문학사와 공진회는 동맹회의 추동 아래 우창(武昌)봉기를 일으켰다. 후베이 성의 신군을 주력으로 삼은 이 봉기는 결국 성공했다. 각 성의 적극적인 호응 아래 이는 점차 전국적인 혁명폭풍으로 번졌으며 청조(清朝)를 무너뜨리고 중화민국을 세우게 된다.

1912년 1월 1일, 쑨중산은 난징에서 중화민국 초대 임시 대통령에 취임했다. 신정부는 자산계급공화국 헌법의 성격을 띤《중화민국 임시약법》을 제정하고 여러 개의 정책과 법령을 반포했다. 민주공화 정신을 담고 봉건악습을 폐지하는 일련의 혁신적인 조치도 취했다. 그중에는 중국의 국호를 청나라에서 중화민국으로 바꾸고 한족, 만족, 몽골족, 회족, 장족을 대표하는 오색 국기를 사용하고, 서양력을 사용하라는 내용이 담겨 있다. 또 남자의 변발을 금지하고 여자의 전족풍습을 폐지하며, 하급 관원이 상급 관원에게 큰절을 하지 않는 등의 사항이 포함됐다. 이는 쑨중산을 중심으로 낡은 풍속을 버리고 새로운 기풍을 수립하여 공화를 실현하려는 자산계급 혁명파의 혁명정신을 반영했다.

신해혁명은 20세기 중국에서 발생된 첫 역사적 대변혁이었다. 이는 비교적 완전한 의의를 가진 반제국 반봉건의 민족민주혁명이었다. 신해혁명은 청나라 왕조의 봉건통치를 무너뜨렸다. 그뿐만 아니라 2000년간 중국을 통치해 온 군주전제 정치를 종식시켰다. 중국 대지에 민주공화국의 깃발을 올림으로써 중화민족의 각성을 불러일으켰고 중국 인민의 사상해방을 추진했다. 연이어 중국 인민이 민족독립과 인민해방을 쟁취하도록 만들고, 나라의 부강을 실현하려면 더욱 용감하게 투쟁해야 한다고 격려한 혁명이기도 했다.

신해혁명의 성공은 중국 선각자들이 나라와 국민을 구하는 길을 모색하는 데 시야를 넓혀 주었고 중국의 진보에 길을 열어 주었다. 신해혁명 이후, 사회에는 각종 '주의(主義·체계화된 이론이나 학설)'가 유포되었다. 각 계급, 각 계층의 대표인물들이 얼굴을 드러내기 시작했으며 각종 명목의 정강, 정론, 선언 등이 신문과 잡지에 실렸다. 지난날 봉건 통치계급에게 쓸모없는 취급을 당했던 정치 단체들도 연속 결성됐다.[21] 이는 정치에 관심을 가지고 있거나 정치에 참여하는 사람들을 크게 고무시켰으며 인민들에게 민주정신과 현대 공민의식을 일깨웠다. 이때부터 중국은 가족통치와 왕조가 교체하던 봉건 사회의 형태에서 벗어났다. 중서문화와 부딪히는 가운데 사회의 정치, 경제, 문화와 인민들의 사상관념, 생활방식, 행위준칙, 가치판단, 풍속습관 등이 점차 현대사회로 바뀌었다.

그러나 신해혁명에도 뚜렷한 약점이 있었다. 혁명을 이끈 중국 민족자산계급은 세력이 미약하고 정치적으로 성숙하지 못했다. 힘 있고 유력한 지도 핵심을 형성하지 못했으며 전국 인구의 절대다수를 차지하

---

21 민국 초기 수많은 정당이 공존했던 상황을 셰빈(謝彬)의 《민국정당사》(1926년 상하이학술연구회 총회 인행)에서는 "정당의 수가 300여 개에 달했다"고 기록하고 있다. 하지만 대다수 정당은 오래가지 못했다. 당시 출현했던 주요 정당에는 동맹회, 통일당, 통일공화당, 공화당, 민주당, 진보당, 공민당, 대중당, 민헌당, 중국사회당, 중화민국공당, 중화민국자주당, 중화진보당, 공민급진당, 중화혁명당, 구사(歐史)연구회 등이 있었다.

는 노동자, 농민 등 대중이 혁명에 참가할 수 없었다. 지도자가 명확한 반제국 반봉건 정치 강령을 제기하지 못했기 때문이다. 게다가 중국을 통치하는 제국주의와 봉건세력의 세력이 너무나 강했다. 이에 쑨중산을 비롯한 난징 임시정부는 겨우 3개월밖에 유지하지 못하고 위안스카이(袁世凱)를 대표로 하는 북양(北洋)군벌정부에 의해 교체되고 말았다. 근본적으로 볼 때, 신해혁명은 중국을 통치하는 제국주의와 봉건세력을 제거하지 못했다. 중국 심층의 사회구조도 변혁하지 못했으며 반식민지 반봉건의 중국의 사회 성격도 바꾸지 못했다. 이런 의미에서 신해혁명은 성공하지 못했다고 볼 수 있다.

북양(北洋)군벌

북양군벌, 즉 위안스카이가 세운 군벌집단이다. 1895년, 청정부는 텐진 샤오잔(小站)에서 북양대신의 관할을 받는 '신건육군'을 훈련시키라고 위안스카이에게 명을 내렸다. 1901년, 위안스카이가 북양대신이 되자 이 군대를 북양군이라 불렀다. 위안스카이는 이 군대의 수령을 자신의 측근으로 키웠다. 신해혁명 이후, 중앙과 지방 정권을 통제하는 군사정치집단을 형성하였는데 이를 북양군벌이라고 한다.

그럼에도 불구하고 신해혁명은 중국 인민이 자신의 운명을 바꾸기 위해 자진해서 일으킨 것이었다. 이 점에서 신해혁명은 위대한 시작점이라고 할 수 있다. 또 신해혁명은 중국 공산당이 영도한 인민혁명 이전의 한 차례 중요한 혁명으로서 오랫동안 중국사회에 매우 큰 영향을 끼쳤다. 신해혁명은 중국 봉건 전제통치에 큰 타격을 주어 반동적인 통치 질서를 흔들어 놓았다. 민주공화의 사상을 더욱 널리 전파하여 인민들이 끊임없이 혁명을 추구하도록 했다. 신해혁명 이후, 중국 인민의 혁명 물결은 더욱 세차게 번졌다. 신문화운동[22], 5·4운동[23]이 차례로 일어났고 이는 신형의 무산계급 정당이 탄생하고 정치무대에 오르는 데 역사적인 기회를 주었다. 신해혁명이 일어난 때부터

중국 공산당이 창건되기까지는 10년밖에 걸리지 않았다. 초기의 중국 공산당 당원들은 거의가 신해혁명에 참가하였거나 신해혁명의 영향을 크게 받은 인물들이었다. 신해혁명의 성공은 그들의 사기를 북돋아 주었고 투지를 불태우게 했다. 반면 신해혁명의 실패는 그들로 하여금 깊은 사색을 불러일으키게 했다. 신해혁명은 중국 사회가 직면한 기본 문제를 근본적으로 해결하지 못한 것이다. 이로 말미암아 중국 공산당 당원들은 반식민지 반봉건의 중국 사회에 자산계급 민주공화국을 세우는 것은 불가능한 일임을 깨달았다. 나라와 국민을 구하는 새로운 길을 반드시 찾아야 한다는 것 또한 점차 깨닫게 됐다. 린보취[林伯渠, 린쭈한(林祖涵)]은 자신의 사상 발전과정을 회고하면서 다음과 같이 말했다. "신해혁명 이전에는 군주제만 뒤엎으면 천하가 태평할 줄 알았다. 신해혁명 이후에도 수많은 좌절을 겪었으나 우리가 추구했던 민주의 길은 여전히 멀고도 멀었다. 고통스러운 실패의 경험을 끊임없이 겪었다. 비로소 그 길이 통하지 않는다는 것을 점차 깨닫게 되었고 마침내 공산주의 길에 들어서게 됐다. 이는 단지 한 개인의 경험이 아니라 혁명대열 중 적지 않은 사람들도 마찬가지였다"[24]

북양군벌의 독재 통치

위안스카이를 비롯한 북양군벌은 대지주, 대자산 계급의 이익을 대표하는 방대한 군사정치집단이었다. 신해 우창봉기 이후, 위안스카이는 우선 제국주의의 지지 아래 "공화를 옹호한다"는 허울뿐인 말들

---

22 신문화운동(新文化運動) : 중국에서 1917~1921년에 걸쳐 유교적이고 봉건적인 제도와 문화에 반대하여 일어난 계몽 운동이다. 천두슈, 후스, 루쉰 등이 중심이 되어, 백화 문학 운동을 비롯하여 민주주의와 과학 정신을 표방한 신문화의 수립과 근대화를 추진하였다

23 5·4운동 : 1919년 5월 4일 중국 베이징의 학생들이 일으킨 항일운동이자 반제국주의, 반봉건주의 혁명운동.

24 린보취 : 《덧없이 흘러간 30년》, 《해방일보》, 1941년 10월 10일.

로 자산계급 혁명파의 신임과 타협을 얻었다. 그리하여 중화민국 임시 대통령이 됐으며 권모술수로 난징 임시정부를 베이징으로 옮겨 신해혁명 승리의 결실을 빼앗았다. 이어서 그는 중화민국의 총통이라는 탈을 쓰고 베이징을 수도로 하여 북양군벌의 반동통치를 실시하였다.

위안스카이는 정권을 장악하자마자 동맹회를 개편하여 결성된 국민당[25](1912년 8월 창건)을 탄압하고, 1913년 3월에 자산계급 정당 정치를 적극 주장했던 국민당 정치활동가 쑹자오런(宋敎仁)을 암살했다. 그는 또 영국, 프랑스, 독일, 러시아, 일본 등 5개국 은행과 '선후차관계약[26]'을 체결했다. 이 계약을 통해 무력으로 국민당을 소멸하는 데 필요한 경비를 조달했다. 이때서야 쑨중산은 "위안스카이를 축출하지 않으면 안 된다"는 것을 인식하게 됐다. 그해 7월, 쑨중산은 위안스카이를 토벌하는 "2차혁명"을 일으켰다. 하지만 혁명은 오래 지속되지 못했고 실패로 돌아가 본인도 해외로 망명을 가게 됐다. 위안스카이는 국민당은 물론 민주공화제도를 상징하는 국회 역시 해산했다. 그러고 나서 자신에게 독재 권리를 부여하는 〈중화민국 약법[27]〉을 제정하여 1912년(민국원년)에 쑨중산이 제정한 〈중화민국 임시약법〉을 대체했다. 그는 온갖 방법으로 군주제로의 회귀를 획책하였다.

---

25 국민당(國民黨) : 1919년 신해혁명에 의하여 청조가 무너지자 중국혁명동맹회는 해체되고 그 대신 국민당이 성립되었다. 이에 삼민주의(三民主義)를 지도 이념으로 하고 쑨원(孫文)을 초대 당수로 하여 결성된 중화민국의 정당이다. 그러나 국민당은 다시 위안스카이에 의해 해산되고 당 영수 쑨원은 일본으로 망명하여 다시 중화혁명당을 결성한다. 얼마 후 5.4운동의 영향으로 본국의 혁명 세력과 합류, 1919년 10월 중국국민당이라고 개명하였다. 1920년대 동당은 중국 혁명의 본 궤도에 나서게 되자, 1922년 소련과 연대했다. 그에 따라 1923년부터 1924년 사이에 국민당에 대한 개조가 시작됐다.

26 "송교인 암살사건" 발생 직후, 위안스카이는 적극적으로 혁명역량을 진압하려고 준비한다. 내전경비를 모으기 위해 위안스카이는 조병군, 주학희 등을 전권대표로 하여, 국회의 토론을 거치지 않은 채, 영국, 프랑스, 독일, 일본, 러시아의 5개국 은행단과 〈선후차관계약〉을 체결한다. '선후차관(善後借款)'이란 명목으로 2,500만 파운드의 차관계약을 체결했다.

27 중화민국약법 : 1912년 3월 11일 중화민국 임시정부가 헌법에 상당하는 기본법으로서 '중화민국 임시 약법'을 제정.

위안스카이는 전국 인민의 강력한 항의에도 불구하고 군주제 회귀에 대한 일본 정부의 지지를 얻고자 했다. 결국 그는 1915년 5월 9일 중국을 멸망시키기 위해 일본이 제기한 '21개조' 초안[28]을 받아들였다.

1915년 12월, 위안스카이는 공공연히 황제를 자칭했다. 하지만 그의 행보는 각 파벌에서의 위안스카이를 반대하는 세력과 전국 대중의 반대로 어수선하게 마무리됐다.

1916년 6월, 위안스카이가 병사하자 부대통령이었던 리위안훙(黎元洪)이 대통령에 취임했다. 하지만 실제로 베이징 정권을 통제한 자는 바로 북양군벌의 또 다른 우두머리이자 국무총리 겸 육군총장인 돤치루이(段祺瑞)였다. 1917년 6월, 쉬저우(徐州)에 주둔해 있던 군벌 장쉰(張勳)은 돤치루이와 리위안훙 간의 갈등을 이용하여 군대를 거느리고 베이징으로 들어갔다. 그러고는 7월에 이미 폐위되었던 푸이를 다시 황제로 받들어 모시고 등극시켰다. 전국적으로 규탄의 목소리가 높아지자 장쉰을 이용하여 리위안훙을 밀어내려던 돤치루이는 무력으로 이 회귀 운동을 제압했다. 그는 "공화를 재건"한 "영웅"으로 자신을 칭하면서 베이징 정권을 장악해 버렸다. 하지만 그는 민국원년의《임시약법》과 국회를 회복시키지 않았으며 어용 국회를 만들어 공화의 이름으로 군벌에 의한 전제정치를 실시했다.

이 시기의 중국은 군벌에 의해 사분오열되어 있었고 군벌 사이의 전쟁이 끊이지 않았다. 마침내 북양군벌은 직계(直系), 환계(皖系), 봉계(奉系) 군벌로 나뉘었다. 돤치루이를 수령으로 한 환계군벌은 일

---

28 이 초안은 5개 부분으로 나뉘었는데 제1, 2, 3부분은 중국의 산둥(山東), 동북3성 남부와 네이멍구(內蒙古)동부를 통제하고 철광, 탄광과 제강소를 포함한 당시 중국의 최대 중공업기업인 한야평회사를 통제할 것에 관한 요구이고, 제4부분은 중국 연안의 항만과 섬을 타국에 할양하거나 대여하지 못하게 하는 요구이며, 제5부분은 중국정부가 정치, 재정, 군사 고문으로 일본인을 초빙하고 일본과 함께 경찰을 훈련시키고 병기공장을 운영하는 등에 관한 요구였다.

본 제국주의의 지지를 받았다. 이들은 베이징 중앙정권을 장악하고 산둥(山東), 허난(河南), 안후이(安徽), 푸젠, 저장(浙江) 성 등을 통치했다. 펑궈장(馮國璋)과 그의 계승자 차오쿤(曹錕), 우페이푸(吳佩孚)를 우두머리로 한 직계 군벌은 영국, 미국 제국주의의 지지를 받았다. 직계 군벌 세력은 즈리(直隷·1928년 허베이로 개명), 장쑤(江蘇), 장시, 후베이(湖北) 성 등을 통치했고 베이징 중앙정부의 통제권을 쟁탈하기 위해 환계군벌과 싸웠다. 장쭤린(張作霖)을 우두머리로 한 봉계 군벌은 동북3성(만주)을 통치했다. 봉계 군벌은 일본 제국주의의 지원을 받아 세력을 점차 산하이관(山海關)[29] 서쪽으로 확장시켰으며 베이징 중앙정권을 쟁탈하기 위해 직계, 환계군벌과 싸웠다. 이 밖에도 각지에는 북양군벌에 속하지 않는 수많은 군벌들이 있었다. 군벌들은 군대를 개인의 재산으로 여기고 수중의 무력으로 군사 전제정치를 실시했다. 관료, 정객과 토호열신(土豪劣紳·중국 국민 혁명 당시 관료나 군벌과 짜고 농민을 착취하던 대지주나 자본가)들이 바로 그들이 의지하는 중요한 사회세력이었다. 각 파벌과 군벌들은 제국주의자들의 지지 아래 권력범위를 공고히 하고 확대시키며 자주 싸웠다. 베이징정부의 통제권을 쟁탈하기 위해서였다. 심지어 전쟁도 불사해 나라가 오랫동안 분열되고 동란에 처하게 됐다. 이는 신해혁명 이후 발생한 중국 정치의 뚜렷한 특징이었다.

위안스카이에서 돤치루이까지 베이징정부는 줄곧 제국주의 열강들의 조종을 받아왔다. 베이징정부의 재정은 주로 외국정부의 차관에 의해 유지돼 왔다. 1919년 5월까지, 각 파벌 군벌들은 공개 또는 비밀

---

29 산하이관(山海關) : 중국 허베이 성(河北省) 북동쪽 끝 보하이만 연안에 있는 도시. 베이징에서 둥베이(東北, 만주)로 가는 관문인 동시에 만리장성이 끝나는 곳이다. 1932년 1월 남만주에 주둔해 있던 일본군이 이곳을 점령하자 이 지역 전체가 일제의 수중에 들어갔다. 일본이 괴뢰 정권인 만주국을 세울 때 전략적 무대를 제공하기도 했다.

리에 180여 차례 외채를 빌렸으며 그 금액은 은원(银元) 8억 위안(한화 1,460억 여 원)이상에 달했다. 외채를 빌리기 위해 그들은 중앙으로부터 지방에 이르기까지의 수많은 권리, 예를 들면 철도부설권, 광산개발권, 은행투자권, 내하운항권 및 관세, 염세, 담배·술·차세, 쌀 상납 등 거액의 재정수입을 거의 담보로 내놓았다. 제국주의 국가들은 베이징정부에 정치자금을 주는 것으로 중국의 내정과 외교를 조종했다.

인민들에 대한 북양군벌의 정치적 압박과 경제적 수탈은 더욱 심해졌다. 베이징정부는 차례로 〈잠행신형률〉, 〈치안경찰조례〉, 〈출판법〉, 〈신문조례〉, 〈매국노징계조례〉 등 법령을 잇달아 반포하여 인민들의 언론, 출판, 집회, 결사 등 기본적인 자유를 박탈했다. 군벌들은 또 엄밀한 특무를 수행하는 망을 구축하여 조사원과 정탐들을 각지에 뿌려놓았다.

사회 최하층 노동자의 파업과 농민의 저항은 커다란 "제재"를 받았다. 그뿐만 아니라 현실 정치에 불만을 표시하는 상류층 인사들도 수시로 "역적" "매국노" 등의 죄명으로 박해를 받았다. 그런데도 중앙과 지방의 군벌들은 군대를 확충하는 데만 힘을 쏟았다. 1914년에 전국 육군은 45.7만 명이었는데 1919년에는 138만 명으로 증가했다. 베이징정부의 군비지출은 재정지출의 3분의 1 이상을 차지했다. 베이징정부와 각지 군벌, 각급 정부는 거액의 군비와 행정비용, 외국에 지불하는 "배상금" 등 외채 본금과 이자를 지불하기 위해 마음대로 각종 가렴잡세를 추징했다. 공채, 동전, 지폐를 마구 남발했으며 변칙적으로 인민을 약탈했다. 경제상의 가렴주구, 정치상의 암흑통치, 군벌전쟁으로 인한 파괴 등은 생산력의 발전을 크게 저해했다. 또 사회에 막대한 재난을 가져다주었으며 수많은 인민들의 삶을 도탄에 빠뜨렸다.

각 계층 대중의 저항투쟁

북양군벌의 독재 통치는 사회 각 계층 대중의 불만과 저항을 야기했다. 각 계층의 이익, 요구와 정치적 태도는 서로 달랐다. 투쟁방식, 성격과 그 결과도 같지 않았지만 그들의 투쟁은 모두 제국주의와 북양군벌의 반동통치에 커다란 타격을 주었다.

쑨중산을 우두머리로 한 자산계급 혁명파는 1913년의 위안스카이 반대운동이 실패한 후에도 계속 혁명을 이어나갔다. 1914년 7월에 쑨중산은 도쿄(東京)에서 중화혁명당을 결성하고 위안스카이와 대적하기 위한 무장투쟁을 적극 준비했다. 하지만 중화혁명당은 대중을 동원하고 혁명투쟁을 지도할 수 있는 새로운 강령을 제기하지 못했다. 투쟁방법도 주로 낡은 부대, 민간단체와 연락하여 폭동과 암살을 조직하는 데 그쳤을 뿐 일반 대중을 동원하지 못했다. 그렇기에 그들이 조직한 위안스카이 반대폭동은 모두 실패로 돌아갔다.

1917년 7월, 돤치루이가 《임시약법》과 국회의 회복을 거절하자 쑨중산은 호법(護法·법을 수호함)의 기치를 들고 일어났다. 그는 중화혁명당을 해산하고 국민당의 명예를 회복했다. 그 후 그는 호법을 찬성하는 일부 국회의원, 군사세력과 연합하여 광저우에 중화민국 군사정부를 세웠다. 군사정부 대원수로 추대된 쑨중산은 임시약법을 수호하고 돤치루이를 토벌할 것을 선포했다. 호법운동은 정권을 약탈한 북양군벌을 반대했다.

하지만 제국주의와 봉건주의를 반대하는 민주혁명의 근본 문제를 언급하지 못하였기에 많은 대중을 동원할 수 없었다. 쑨중산이 의지한 전계(滇系), 계계(桂系) 군벌은 어느 정도 자본주의 특징을 가지고 있었지만 총체적으로 볼 때 봉건 매판 군사집단의 틀을 벗어나지 못했다. 제국주의자들의 계획 아래 그들은 곧바로 북양군벌과 타협하고 쑨중산을 배척하며 곧바로 타격을 가하기 시작했다. 1918년 5월, 쑨중산은 대원수직을 홀연히 사임하고 상하이로 되돌아갔다. 그가 이끈 호법투쟁은 끝내 좌절되고 말았다.

신해혁명 이후, 자산계급 개량파는 위안스카이 편에 섰다. 그러다가 위안스카이의 황제의 꿈이 드러나자 위안스카이 반대운동에 뛰어들었다. 1915년 12월, 량치차오는 그의 학생 차이어(蔡鍔)를 부추겨 윈난(雲南)에서 호국군을 조직하고 호국전쟁을 일으켰다.

이 전쟁은 군주제 회복을 반대하고 공화제도를 수호함으로써 겉으로 보기에 쑨중산이 이끈 위안스카이 반대투쟁과 동맹처럼 보였다. 돤치루이가 베이징 중앙정권을 장악한 후, 개량파는 돤치루이 편에 섰다. 그들은 헌법연구회(연구계라고 함)를 구성하고 군벌의 비호 아래 정치사회 측면에서의 일정한 개량을 하려고 했다. 이를 통해 자산계급이 일정한 정치적 지위와 경제적 이익을 얻기를 바랐다. 하지만 봉건군벌은 자산계급의 어떤 주장을 하든지 승인할 까닭이 없었다. 위안스카이와 같이 돤치루이는 필요한 때에는 개량파 명류에게 장식품에 불과한 관직을 부여할 수도 있었다. 그렇지만 그들의 이용가치가 사라진 후에는 즉각 그들을 포기했다.

신해혁명 이후 자산계급 혁명파와 개량파가 시도한 일련의 활동은 모두 실패로 돌아갔다. 이는 제국주의와 봉건세력이 막강한 반식민지 반봉건의 중국에서, 자산계급과 자산계급을 대표하는 정치세력이 중국의 민주혁명을 승리로 이끌 수 없음을 거듭 보여주는 것이었다. 구민주주의 혁명의 길, 즉 자산계급이 이끌고 자산계급 민주공화국을 세우는 것을 목표로 하는 혁명은 더 이상 통하지 않았다. 중국 혁명에는 새로운 지도, 새로운 길이 필요했다.

신해혁명부터 제1차 세계대전(1914~1918)까지, 근대 공업의 발전
과 더불어 중국 무산계급 대열은 신속히 발전했다. 노동자들의 투쟁
도 비교적 크게 발전했다. 노동자 대중은 점차 파업이라는 무기를 사
용하기 시작했다. 1912년부터 1919년 5·4운동 전까지 모두 150여
차례의 파업이 있었다. 이는 신해혁명 이전 수십 년간의 총수를 초과
한 것이다. 동맹파업의 성격과 비슷한 비교적 큰 규모의 파업도 점차
늘었다. 날로 늘어나는 파업운동에는 일부 반제 반봉건 성격을 띤 정
치투쟁도 있었다. 여기서 1916년 11월에 일어난 톈진 인민들의 파업
운동을 반드시 짚고 넘어가야 한다.

프랑스 제국주의 세력이 조계지를 라오시카이(老西開) 지구로 확충
하는 것을 반대하는 투쟁이 있었다. 여기서 노동자들은 공회와 공회
사무소를 세워 파업을 지휘하고 시위행진을 이끌었다. 이 투쟁이 몇
개월간 지속되자 프랑스 제국주의는 할 수 없이 라오시카이를 완전히
점령하려는 의도를 포기했다. 요컨대, 이 시기의 노동자 투쟁은 거의
가 자발적으로 일으킨 경제투쟁이었으며 노동자 대중의 조직도 비밀
결사단체와 봉건민간단체 세력의 영향을 받았다. 중국 무산계급은 아
직도 자기 계급의 역사적 사명을 인식하지 못한 상태로 비교적 자유
로운 계급이었기 때문이다.

이 시기 농민계급도 자발적으로 여러 형식의 투쟁을 벌였다. 비공식

통계에 따르면 1912년부터 1919년까지 가렴잡세를 거두고 곡식을 거두어 가는 데 저항하는 농민투쟁이 전국 각지에서 잇달아 일어났다. 그 수가 200차례를 웃돌았다. 경제투쟁 외에도 호법, 위안스카이 토벌을 목표로 하는 정치투쟁이 일부 있었다. 그중 가장 큰 규모의 투쟁은 바이랑(白朗)이 이끈 봉기였다. 이 봉기는 고조기에 인원이 2만 명 안팎에 이르렀으며 허난(河南), 후베이(湖北), 안후이(安徽), 산시(陝西), 간쑤(甘肅)성을 전전했다. 하지만 농민대중의 투쟁은 조직형태가 낙후하고 정확한 지침이 없었기에 모두 실패하고 말았다.

19세기 말 20세기 초, 신식 학당이 발전되고 적지 않은 청년들이 외국으로 유학을 떠나면서 중국에는 구식 문인, 봉건 사대부와 구별되는 신형 지식인 계층이 나타났다. 그들은 근대 자연과학과 자산계급 사회정치학설의 교육을 받았으며 제국주의의 침략, 봉건통치자의 부패와 매국을 경험했다. 그렇기에 그들은 강한 애국주의적 열정과 사회를 개조하려는 책임감을 가지고 있었다. 그들 중 거의가 애국에 대한 열정으로 혁명의 길에 들어섰으며 쑨중산이 이끈 자산계급 민주혁명의 적극적인 참가자이자 지지자가 됐다. 그들은 신해혁명이 실패한 후에도 여전히 애국열정을 불태워 민족과 국가의 부흥사업에 몸을 바쳤다. 그중에는 "과학구국" "실업구국" "교육구국"의 길을 주장하는 사람도 있었다. 그런가 하면 자산계급 민주주의 입장을 주장하며 각종 형식으로 북양군벌을 반대하는 투쟁에 참가하거나 사회를 개혁하는 방법을 탐구하는 사람도 있었다.

일본 제국주의가 중국 침략에 박차를 가하고 군벌정부가 나라를 팔아 영화를 누릴 때, 청년학생들이 제국주의와 군벌을 반대하는 투쟁의 선두에 나섰다. 그들은 위안스카이의 '21개조' 인정과 자칭 황제에 반대하는 투쟁에 적극 뛰어들었다. 1918년 5월, 돤치루이와 일본 정부가 중일《육군 공동방어 군사협정》,《해군 공동방어 군사협정》을 체결하는 것을 반대하는 투쟁이 있었다. 일본에 유학한 학생들은 구국단을 결성하여 동맹휴학을 하고 귀국했다. 그들은 베이징, 상하이 등지에서 청원과 각종 연락 활동을 전개했는데 이는 국내 학생들의 적극적인 호응을 받았다. 5월 21일, 베이징대학교와 베이징 각 전문대학교의 2,000여 명 학생들은 대통령궁을 향하여 청원시위를 했으며 중일 비밀군사협정을 폐지할 것을 요구했다. 상하이, 톈진, 광둥, 푸젠 등지의 학생들도 집회, 청원과 동맹휴학을 하여 매국조약을 폐지할 것을 강력하게 요구했다. 이는 근대 중국 학생들의 최초로 되는 대규모 조직적 청원 시위운동으로서 그 후 학생들의 반제국 반봉건 애국민주운동에 큰 영향을 주었다.

3. 민족자본주의 발전과 무산계급 대열의 강대

신해혁명 이후, 중국의 반식민지 반봉건 경제의 특징이 근본적으로 바뀌지는 않았다. 하지만 국내외 형세의 변화와 더불어 중국의 경제 상황에 약간의 변화가 있었다. 특히 민족자산계급 경제가 비교적 크게 발전했다.

신해혁명 이후, 군벌과 관료들은 청나라 왕조의 황실과 귀족을 대체하여 중국의 최대 지주가 됐다. 상인, 고리대금업자와 공업자본가들도 대량의 토지를 매입했다. 위에서 밝힌 신흥 지주가 나타나면서 토지를 점유하려는 추세가 더욱 증가했다.

민국 초년, 정부에서 취한 황무지 개간 장려조치는 자본주의 토지경영의 발전을 이룩했다. 그리고 신해혁명 이전의 간식(墾殖·개간하여 이익을 불림)회사를 기반으로 한 신식 자본주의 농장의 발전을 가져왔다. 관련 자료의 통계에 따르면 장쑤, 안후이, 저장, 산둥, 허난, 지린(吉林), 산시(山西), 차하얼(察哈爾)[30] 등 8개의 성과 특별구의 황무지 개간회사는 1912년에 59개에 달했다. 자본금은 286만 위안이나 됐는데 1919년에는 100개로 늘어나고 자본금도 1,244만여 위안[31]에 이르렀다. 이는 황무지개간회사의 수가 한정되고 경영적 측면에서 볼 때 비교적 강한 봉건성을 띠고 있다는 점에서 아쉬움을 가지고 있다. 그러나 근대 자본주의 요소가 농촌경제에서 봉건제도의 질곡에서 벗어나, 우여곡절을 겪다 결국 힘겹게 첫 발걸음을 내디뎠다는데 그 의의가 있다. 이는 중국 농촌경제의 진보였다.

20세기 초엽, 중국 근대공업은 어느 정도 발전했다. 중국 근대 자본주의 기업에서 외국자본이 절대적인 우위를 차지했다. 중국에 있는 외국 상사가 중국 수출무역의 80%와 거의 모든 수입무역을 독점했으며 중국에 있는 외국은행이 중국의 외환거래를 독점했다. 외국 상사와 외국은행은 중국에 대한 정부 차관과 상공업 투자를 조종하고 중국의 재정, 금융시장을 장악했다. 제국주의 세력은 중국의 세관, 90% 이상의 철도와 70~80%의 내륙하 항운의 윤선 적재량을 통제하고 전부의 원양 항운을 독점했다. 그들의 중국 내 자본은 중국의 석탄, 강철, 전력 등 일부 중공업 부문까지도 통제하는 데 영향을 미쳤다. 방직, 식품과 담배 등 경공업에도 큰 영향력을 행사하고 있었다. 이러한 상황은 신해혁명 이후에도 지속됐다.

제국주의 각국은 불평등조약을 체결하여 얻은 특권으로 너도나도 중국에 투자하고, 경제적인 착취를 일삼고 노골적인 약탈을 감행했

---

30 옛성 이름. 1914년에 차하얼특별구를 설립, 1928년에 성으로 변경. 1952년에 취소, 산하 지구를 허베이성과 산시성에 귀속.
31 여기서 "위안"은 민국초년의 은위안(銀元)을 가리킨다.

다. 1914년에 이르러 각국의 중국 내 자본총액은 1902년의 8.13억 달러(경자배상금을 포함하지 않음)에 비해 1배 이상 늘어난 16.72억 달러(경자배상금을 포함하지 않음)에 달했다. 이는 연평균 투자액이 7,000만여 달러 증가한 셈이다. 중국에서 근대 자본주의 기업의 본국 자본[32]에는 관료 매판자본과 민족자본이 포함된다. 이 두 가지는 서로 섞이거나 이전되었지만 그 성격은 구별 가능했다.

관료 매판자본은 반동 국가정권과 외국 제국주의 세력에 의탁하여 발전한 것으로 제국주의 독점자본의 부속물로 존재했다. 신해혁명 이후 관료 매판자본은 은행을 대폭 발전시켰으며 은행을 중심으로 경제를 발전시키는 길을 택했다.

민족자본은 중국 자본주의 경제 중 중소자본이었다. 제국주의 세력 과의 연계가 비교적 적고 발전이 아주 느렸다. 신해혁명 이후 민족자 산계급의 사회적 지위가 뚜렷이 높아졌다. 난징 임시정부는 시기에 맞게 실업 진흥에 유리한 많은 정책과 법령을 반포했다. 이로써 청나라 정부 시기 민족자본의 발전을 속박했던 장애물을 어느 정도 제거됐다. 이와 동시에 혁명세력이 활발하게 활동했던 상하이, 후베이, 푸젠, 광둥, 저장 성 등지의 지방정부도 민족 상공업 발전을 보호하는 정책을 제정했다. 이는 민족자본의 발전에 유리한 분위기를 조성했다. 그리하여 민국 초기에는 실업을 발전시키는 열기가 전례 없이 고조됐다.

민국 초기에 일어난 실업을 발전시키려는 열기는 신해혁명의 결실 이었다. 이 결실은 사회생산력 해방에 대한 신해혁명의 적극적인 역할을 구현했다. 민국 초기에 개척했던 민족자본의 발전이 유리한 국면을 맞이하게 되고, 제1차 세계대전 발발에 따라 중국 민족상공업에

---

32 관리나 군벌관료가 외국으로부터의 차관·원조·철도건설·기계수입 등으로 얻은 지위를 이용하여 외국의 이익을 위해 봉사하거나 자신의 사리사욕을 극대화하여 민간기업을 지배.

발전기회가 주어졌다. 또 '21개조'를 반대하면서 일어난 '일본 상품 배척, 국내 상품 제창' 운동으로 인해 1912년부터 1922년까지 10년간 민족자본은 급격한 발전을 이뤘다. 중국 민족자본주의 발전 사상의 황금시대였다.

이 시기는 중국 민족공업이 나타난 이래 수량으로나 투자 규모로나 발전 속도로 보나 모든 면에서 가장 신속하게 발전한 시기였다. 1914년부터 1919년까지 민족자본은 모두 379개 공장과 광산을 세우고 8,580만 위안을 투자하였다. 이는 각각 연평균 63개의 공장과 광산을 신설하고 1,430만 위안을 투자한 셈이다. 연평균 신설 공장 수와 투자액은 이 시기 이전의 19년간보다도 거의 2배 이상 증가했다. 1913년부터 1920년까지 민족산업자본의 연평균 증가율은 10.54%에 달했다. 민족자본이 전국 산업자본에서 차지하는 비중은 1913년의 16%에서 1920년의 22%로 증가했다.

업종으로 볼 때, 공업에서 민족자본의 발전이 가장 빠른 업종은 방직업과 제분업이었다. 이 밖에도 담배, 성냥, 시멘트, 착유, 제지, 제당 등 업종이 빠른 속도로 발전했으며 제조업, 광산, 야금업과 윤선 항운업도 비교적 크게 발전했다. 구역으로 볼 때, 상하이를 제외하고는 톈진의 민족공업이 크게 발전했다. 우한(武漢)의 방직, 제분, 광산, 야금, 항운 등 업종도 다르지 않았다. 중국 민족자본의 공업기업은 거의가 상하이, 톈진, 우한과 광저우를 중심으로 하는 연해(육지에 가까운 바다), 연강(강가를 따라 벌여 있는 땅), 통상(물건을 매매) 항구 도시에 집중돼 있었다.

민족공업자본의 발전과 함께 민족상업자본도 속도감 있게 발전했다. 베이징정부 농상부의 통계에 따르면 10만 위안 이상의 자본을 가진 상업회사가 1914년의 169개에서 1915년에는 206개로 늘어났다. 1916년에는 220개로 늘어났다.

제1차 세계대전이 끝난 후 몇 년 동안에 민족공업은 꾸준히 발전했지만 서방 열강의 재침략으로 인해 외국자본의 비중이 신속히 늘어났다. 1922년 이후, 중국의 민족공업에 위기가 나타나기 시작했다. 많은 기업들이 외국자본기업과의 싸움에서 승리하지 못하고 폐업을 하게 됐다. 일부 기업들은 외국자본에 의해 합병되거나 경영권이 넘어가기도 했다. 몇몇 민족자본가들은 공업 경영에 실패한 후 상업, 금융 투자 영역으로 방향을 바꾸었다. 그러나 이는 오히려 공업 위기를 심화시켰다. 위를 통해, 중국 민족자본주의 경제는 제국주의의 압박과 봉건주의의 속박 아래서 간혹 진흥의 기회가 있더라도 충분히 발전하기 힘들었음을 알 수 있다.

중국의 경제 상황을 볼 때, 당시 근대 공업의 발전 수준은 여전히 낮았다. 1920년, 전국 공업과 농업 총생산이 159.28억 위안이었다. 그중 근대 공업 생산은 9.88억 위안으로 공, 농업 총생산의 6.2%밖에 안 됐으며 수공업 총생산 44.45억 위안의 22.2%에 불과했다. 게다가 중국 자본주의공업의 지역 분포는 지극히 불균형적이었다. 거의 모든 근대 공업이 연해지구, 특히 소수의 대도시에 분포했다. 민족공업에서는 주로 방직, 식품 등 경공업이 비교적 크게 발달하고 중공업은 극히 미약했다. 그리고 절대다수의 기업들이 규모가 작고, 자금이 부족해 기술설비가 낡은 채였고, 기업관리가 낙후하여 시장 경쟁력이 취약했다. 외국자본에 대한 의존성도 컸다.

근대공업, 특히 민족자본주의 경제의 발전은 중국 사회계급 관계에 새로운 변화를 가져왔으며 새로운 혁명 세력을 성장시켰다. 신해혁명 이후, 특히 제1차 세계대전 기간에 중국 자산계급의 발전과 더불어 중국 무산계급도 한층 더 발전했다.

기계제 대공업을 물질적, 기술적 토대로 하는 무산계급은 자본주의 생산방식의 산물과 같은 계급이다. 중국의 무산계급은 19세기 중엽에 중국에 설립된 외국기업에서 처음으로 나타났다. 그 후 19세기 60년대 청나라 정부가 운영했던 기업과 70년대 발흥한 민족자본기업에서도 나타났다. 1984년에 중국 근대산업 노동자는 약 10만 명에 달했다. 1914년에는 100만 명을 웃돌았고 1919년 5·4운동 전에는 200만 명을 초과했다. 무산계급은 점차 근대 중국의 중요한 사회 세력으로 성장했다. 중국 무산계급은 민족자산계급의 생성, 발전과 더불어 나타났으며 특히 중국의 제국주의 직영기업에서 처음으로 나타났다. 그러므로 중국 무산계급 중 일부는 중국 자산계급보다 역사가 더 오래됐으며 그의 사회적 기초도 더욱 넓었다.

　근대 중국 무산계급에는 산업 노동자 외에도, 수공업 노동자, 중노동 운반노동자, 농업 고용자, 상업과 금융업의 일반 종사자 등이 있었다. 이들은 산업 노동자와 같거나 비슷한 지위에 있고 노동력을 팔아 생계를 유지했다. 또 여기에는 산업 노동자가 종사하는 기계제 대공업 생산과 직접 또는 간접적인 연계가 있는 각종 비산업 노동자들이 포함됐다. 그 총수는 약 4,000만 명에 달했다.

　중국 무산계급은 각국의 무산계급과 마찬가지로 아무런 생산수단도 소유하지 못했다. 그들은 선진적인 경제방식과 연계되어 있는 선진 생산력의 대표였다. 무산계급은 오직 혁명을 통해서만 사람이 사람을 착취하고 압박하는 모든 제도를 해방시킬 수 있다고 믿었다. 혁명만이 계급사회에서 계급을 없앨 수 있고, 착취가 없는 사회를 만들 수 있으며 끝내 자신마저 해방시킬 거라고 여겼다. 그러므로 계급성으로 볼 때, 무산계급은 혁명에 대한 견고성과 철두철미함이 가장 강건했다. 그리고 조직성이 강하고 규율성이 가장 엄격한 계급으로서 단결과 협력 정신이 뛰어났다. 또, 보수적 사상이 가장 적으며 혁신 진보 정신이 매우 뛰어났다. 20세기 초, 중국 사회 계급에서 무산계급은 가장 진보적이고 가장 혁명적이며 가장 유망한 계급이었다.

중국 무산계급은 세계 각국 무산계급의 공통된 특징과 장점을 가지고 있었다. 그뿐만 아니라 일반 자본주의 국가의 무산계급과 구별되는 특징도 가지고 있었다.

첫째, 중국 무산계급은 제국주의, 자산계급과 봉건세력의 삼중 압박을 받았다. 앞서 기술한 압박의 무게와 잔혹성은 세계 각국에서도 보기 드문 정도의 것이었다. 중국 노동자의 노동시간은 길었다. 일반적으로 하루에 12시간 이상 일했으며 길게는 16시간이나 일했다. 자본가들은 노동 시간을 최대한으로 늘렸다. 동시에 작업 정량을 증가시키거나 기계 운전 속도를 높이는 등 노동 강도를 높이는 방법으로 착취를 강화했다. 이에 중국 노동자들의 건강 상태는 대체로 악화됐으며 심지어 지쳐서 죽는 사람도 있었다. 중국 노동자들은 자본주의 국가 노동자들보다 임금이 적고 노동 조건이 열악했으며 신체의 자유가 없었다. 정치적 민주권리 역시 적었다. 공장, 광산 기업들은 도급제, 감독제, 매신공(賣身工)제, 견습공제 등과 같은 여러 가지 봉건적인 착취제도와 야만적인 관리방법으로 노동자의 자유를 박탈하고 권리를 제한했다. 중국 무산계급은 이토록 잔혹한 착취와 압박 아래서 형언할 수 없는 어려움을 겪고 있었다. 그들은 사회적 지위 역시 낮았기에 자신의 비참한 운명을 바꾸려는 강한 욕구를 가지고 있었다.

매신공(賣身工)

옛날 자본가와 감독관에게 이중으로 노동력을 착취당하던 아동공을 말한다. 매신 기간의 일체 보수는 감독관에게 속하며, 감독관은 보통 적은 매신 비용을 지불할 뿐이었다. 과다한 노동에 인신의 자유가 없어 실질적으로는 변상적 노예였다.

둘째, 중국 무산계급은 수가 적었지만 근대 공업의 분포 불균형과 구조의 불균형의 영향을 받았다. 산업노동자의 대다수가 연해 각 성과 수로, 육로 교통 연계의 대도시와 대규모 기업에 집중되어 있었다. 예를 들면, 상하이, 광저우, 우한, 톈진, 칭다오(靑島) 등지에 각각 10만여 내지 수십 만 노동자가 집중돼 있었다. 1894년의 통계에 따르면 상하이, 광저우, 우한 등 3개 도시의 노동자만 해도 전국 노동자의 77% 이상을 차지했다. 산업노동자들이 몇몇 곳에 집중적으로 분포해 있었던 상황과, 수가 많은 비산업 노동자들이 산업노동자들과 결합한 상황은 무산계급의 조직과 단합에 유리했다. 또한 노동자들 사이에서 혁명사상을 전파하고 혁명 세력을 키우는 데도 유리했으며, 노동자들이 집중되어 있는 대도시에서 강대한 투쟁 세력을 형성할 수 있었다.

셋째, 중국 무산계급은 그 대다수가 파산된 농민 또는 수공업자였다. 그러므로 노동인민의 절대다수를 차지하는 농민들의 고통과 요구를 충분히 이해할 수 있었으며 농민과 기타 노동대중이 반제국 반봉건 혁명투쟁에 참가하도록 동원, 조직할 수 있었다. 그리고 노농연맹(勞農聯盟)을 주체로 하는 광범위한 혁명 연맹을 결성할 수 있었다.

중국 무산계급은 앞서 기술한 장점과 특징으로 인해 근대 중국에서 혁명성이 뛰어나고 투쟁력이 아주 강한 계급으로 성장할 수 있었다. 중국 무산계급은 생성된 이래로 투쟁을 멈춘 적이 단 한 번도 없었다. 반식민지 반봉건 사회의 특수한 환경에서 중국 무산계급은 경제투쟁을 진행함과 동시에 비교적 일찍 반제국 반봉건의 정치투쟁에 참가했다. 신해혁명 이후, 중국 무산계급 대열은 강대해지고 파업투쟁이 고조되었다.

또 민족위기와 사회위기가 날로 심각해지는 상황에서, 러시아 10월 혁명과 신사조의 영향 아래 무산계급은 신속히 성장했으며 즉각 정치

무대로 나서게 됐다. 중국의 반제국 반봉건 민주혁명을 영도하는 역사적 과업은 중국 무산계급에게 맡겨진 것이다. 하지만 중국 무산계급이 시작부터 자기의 역사적 사명을 자각하고 혁명적 역할을 발휘한 것은 아니었다. 반식민지 반봉건 사회에서 생활해 온 무산계급에도 단점은 있기 마련이다. 무산계급은 수가 적었다. 그래서 봉건 종법 사상, 동업조합관념, 종교미신 및 기타 봉건 의식과 관습의 영향을 받아 농민 소생산자 사상과 습관에 대한 애착이 비교적 컸다. 게다가 새로운 시대의 신교육을 받을 기회가 거의 없어 문화 수준이 낮았고 민주 의식이 부족했다.

그래서 무산계급이 자기의 혁명성을 충분히 구현, 발휘하고 중국 혁명을 영도하는 책임을 감당하려면 반드시 선진 사상의 지도가 필요했다. 그 지도 아래 자기 계급의 이익과 역사적 사명을 자각하고 농민, 구식 수공업노동자, 세간의 유민들과 확연히 구별되는 새로운 계급으로 탈바꿈해야 했다. 계급의 조직형식인 무산계급 혁명정당과 현대 공회를 세워 자유로운 계급으로부터 목적이 분명한 계급으로의 탈바꿈 말이다.

4. 신문화운동의 발흥

천두슈(陳獨秀)와 〈신청년〉의 발간

자산계급 혁명파는 신해혁명 이후 자산계급 민주제도를 세울 것을 기대했다. 그리하여 쑨중산은 서방국가들의 사회 정치 제도를 모델로 하여 민족, 민권, 민생이란 3민 주의를 주창했다. 중국 역사에서 최초로 비교적 완전한 자산계급공화국 방안을 제출하고 이를 행동으로 옮겼다. 민국 초기에 내각제, 다당제, 의회제 등 서방에서 들여온 제도들도 실시했다. 하지만 마오쩌둥이 지적한 것처럼 중국 사람들이 서방으로부터 배워 받아들인 것은 적은 수가 아니지만, 실제에 통하지 않았고 이상으로 남았을 뿐이었다. 중국을 멸망의 위기에서 구하고 부흥시킬 수 있다고 믿었던 각종 조치들은 실질적으로 중국에서 그 어떤 문제점도 해결하지 못했다. 자산계급공화국의 방안은 중국의 만병통치약이 아니었다. 신해혁명의 실패는 중국의 선각자들을 극도의 고민과 방황, 혼돈에 빠뜨렸다. 꿈꿔 왔던 환상이 사라져버렸다. 중화민국의 창건도 사람들이 기대했던 민족독립과 사회진보를 가져다주지 못했으며 중국은 갈수록 암흑 속으로 빠져 들어갔다.

위안스카이가 권력을 장악한 후 군벌세력은 계속 봉건사상으로 사람들을 속박하고 자기들의 통치체제를 강화하자 중국 사상·문화계에는 공자(孔子)를 존중하고 유교경전을 읽는 복고의 시류가 일었다. 사회에는 공교회(孔教会), 존공회(尊孔会) 등의 조직들이 연속적으로 나타났다. 그들은 신해혁명 이후 정세에 실망하는 감정을 이용하여 공화제도와 민주사상을 헐뜯고 비방했으며 공교(孔教)를 국교로 할 것을 요구했다. 이와 동시에 저속하고 비루하며 품격이 낮은 문예작품들도 범람했다. 귀신, 미신 설도 널리 유행했다. 이러한 것들은 사람들의 사상을 심하게 어지럽히고 민족의 정기를 말살했다.

이러한 암울한 교훈은 지식인들로 하여금 서방의 민주정치제도를 어떻게 학습할 것인가에 대해 반성하게 했다. 진보적인 중국의 지식층들은 마침내 서방 정치제도를 그대로 옮겨오는 것으로는 중국을 구할 수 없으며, 근본적으로 중국을 개혁하려면 문화적 각성과 사상계몽이 있어야 한다는 것을 깨달았다. 맨 처음으로 사상계몽을 주장한 사람은 훗날 진보사상계의 샛별이라고 불리는, 5·4운동의 총사령 천두슈(陳獨秀)였다. 1915년 9월, 천두슈는 상하이에서 〈청년잡지〉를 발간하여 사상 문화 분야에서 민주와 과학의 기치를 높이 들고 전통적인 봉건사상, 도덕, 문화에 대해 선전포고를 하는 신문화운동을 일으켰다. 1년 후 〈청년잡지〉는 〈신청년〉으로 개명됐다. "신" 자는 신사상, 신문화를 고취하고 신각오를 계발하고 신청년을 양성하자는 목적을 한눈에 보여줬다. 그뿐만 아니라 사람들에게 출발점이나 내용, 형식 측면에서 모두 참신한 시각을 보여 주었다. 이 잡지에 발표된 리다자오(李大釗)의 〈청춘〉은 청년들의 젊음을 강조했다. 또 "신"을 강조하여 정신, 사상 면에서 신청년과 구청년의 차이를 적시했으며 시대의 선두에 서서 미래를 성취하는 신청년이 되기를 청년들에게 요구했다.

천두슈(陳獨秀, 진독수 · 1879~1942)

정치가. 본명은 진건생(陈乾生). 자는 중보(仲甫), 호는 실암(實庵). 중국의 좌익 정치가이자 학자 출신이다. 1921년 7월 코민테른(제3인터내셔널)의 지도 아래 중국공산당 제1차 전국대표대회를 개최하여 중국공산당을 창당한 주요 인물 가운데 한 사람이다. 코민테른과 긴밀한 관계 아래 혁명을 추진하는 국제프롤레타리아주의자였으며, 이 때문에 사대주의자라는 비판을 받기도 했으며, 중국에서 혁명의 문화적인 토대를 발전시킨 주요 지도자로 평가되고 있다. 1927년 중국공산당 총서기직에서 밀려나 1929년 당에서 추방되었다. 북경대 교수 역임

리다자오(李大釗 · 1889. 10. 6 ~ 1927. 4. 28)

중국의 사상가이자 중국공산당의 공동 설립자이다. 허베이성(河北省) 출생으로, 텐진(天津)의 북양학당(北洋學堂)과 일본의 와세다(早稲田)대학을 졸업하였다. 베이징대학 내에 마르크스주의연구회를 창설, 중국 최초 마르크스주의 이론인 《나의 마르크스주의관》을 발표하는 등 5·4운동 후 신문화운동에 참가하여 위안스카이(袁世凱)의 반동성(反動性)을 비판하였다. 중국공산당 창당의 사상적 기반을 마련하는 데 기여했고, 국민당에 입당하여 개편과 국공합작을 추진하였다. 1924년 모스크바에서의 제5회 코민테른 대회에 참석한 후, 1925년 쑨원(孫文)이 사망하자 국민당 및 공산당 지도자로 활약하였다. 1925년 수도(首都)혁명, 1926년 3·18사건 등 국민운동을 지도하다가 1927년 4월 장쭤린(張作霖)의 러시아 대사관 수색사건 때 체포되어 총살당했다. 저서로 《리다자오선집(李大釗選集)》 등과 그 외 많은 논문이 있다.

〈신청년〉의 주요 집필자로는 천두슈, 리다자오, 루쉰(魯迅), 후스(胡適), 첸쉬안퉁(錢玄同), 류반눙(劉半農), 가오이한(高一涵), 저우쮀런(周作人), 이바이사(易白沙), 우위(吳虞) 등이 있었다.

〈신청년〉은 창간호에 '시정비판'을 하지 않는다는 취지를 밝힌 바가 있었지만, 이는 정치에 관심을 두지 않는다는 뜻이 아니었다. 작가들도 그들이 사상문화 분야에서 진행하는 투쟁이 정치와 밀접한 연관이 있음을 명확히 인식하고 있었다.

낡은 사상, 낡은 문화에 대한 그들의 비판은 사실상 낡은 정치에 대한 규탄이었다. 그들은 신해혁명의 실패를 반성하면서 당시 정치의 옳고 그름을 가르는 것이 아니라, 사상 계몽을 통해 정치를 근본적으로 개혁하려고 시도했던 것이다.

〈신청년〉의 발간을 계기로 일어난 신문화운동은 20세기 초 중국에 심각한 사상혁명을 가져다주었다. 이 격렬한 사상문화 투쟁에서 천두슈는 매우 용감하고 결단력이 있었으며 신문화운동의 중심인물이 되었다.

신문화운동의 내용과 의의

1917년 1월, 유명한 교육가인 차이위안페이(蔡元培)가 베이징대학교 교장을 맡게 됐다. 짙은 봉건교육의 전통과 진부한 교풍이 남아있는 베이징대에서 그는 취임 초기부터 일련의 중요한 개혁을 적극 시도했다. 그는 '사상자유'의 원칙을 따르고 "모든 것을 다 받아들일 것"을 주장하여 많은 인재를 모았다. 천두슈, 리다자오, 후스, 류반눙, 저우쮀런, 루쉰 등 신사상을 가지고 신문화를 주창하는 신파 인물들을 차례로 초빙했다. 그들에게 베이징대 교편을 잡게 했고 민주적으로 학교를 운영했다. 학술 연구, 간행물 출판과 사회단체에 대한 활동도 적극 권장했다. 이러한 개혁들은 베이징대에 새로운 기풍을 조성했고 각종 신사상의 전파에 유리한 여건을 만들어 주었다. 천두슈, 리다자오, 후스 등 신문화운동의 선구자들이 베이징대에 모이면서 〈신청년〉 잡지도 상하이에서 베이징으로 옮겨졌다. 베이징대에 〈신청년〉 편집국을 핵심으로 하는 신문화 진영이 형성되고 신문화운동도 더욱 신속하게 발전했다.

초기 신문화운동의 기본 내용은 민주와 과학을 제창하고 전제와 미신 맹종을 반대하며, 개성의 해방을 제창하는 것이다. 그리고 봉건 예교와 구문학을 반대하며, 신문학을 제창하고 문학혁명을 진행하는 것이었다. 신문화운동은 두 개의 기본 구호를 내놓았는데 하나는 민주이고 다른 하나는 과학이었다. 이는 '데 선생(Democracy)'과 '사이 선생(Science)'으로 불렸다. 신문화운동의 선구자들은 데 선생을 옹호하려면 공교, 예법, 정조, 낡은 윤리, 낡은 정치를 반대하지 않을 수 없었다. 사이 선생을 옹호하려면 낡은 예술, 낡은 종교를 반대하지 않을 수 없었다. 데 선생과 사이 선생을 동시에 옹호하려면 "국수주의"와 낡은 문학을 반대하지 않을 수 없다고 주장했다. 또 그들은 오직 이 두 선생만이 중국을 정치, 도덕, 학술, 사상 측면의 모든 암흑에서 구할 수 있다고 명확히 선언했다. 또 그들은 "인민들이 몽매한 시대에서 벗어나고 천박하게 살지 않으려면 반드시 분발하여 과학과 인권을 모두 중시해야 한다"[33]고 호소했다. 신해혁명 이후 중국 민주정치는 실패하고 대중의 사상은 어리석고 낙후했다. 그들이 민주와 과학을 주창하고 독재 전제와 미신 맹종을 반대한 것은 위 같은 사회에서 진보를 추동하는 데 중요하고 깊은 의미를 가졌다.

| 33 천두슈 : 〈청년에게 정중히 고함〉(1915년 9월 15일), 〈청년잡지〉 제1권 제1호.

신문화운동이 이끈 민주에는 두 가지 뜻이 내포되어 있다. 하나는 민주정신과 민주사상으로서, 개성 해방, 인격 독립과 자유 민주 권리 등이 포함된다. 다른 하나는 봉건 군주 전제제도와 대립하는 자산계급 민주정치제도였다. 신문화운동의 사상가들은 "인민과 군주는 대립되고 자유와 전제는 공존할 수 없다. 중국이 세계 속에서 생존하려면 자유, 자치의 국민정치로 수천 년간 전해 내려 온 관료, 전제의 개인정치를 대체해야 한다"라고 날카롭게 지적했다.

신문화운동이 지도하는 과학에도 두 가지 뜻이 내포되어 있었다. 하나는 봉건 미신과 무지몽매와 대립하는 과학 사상, 과학 정신과 사물을 인식하고 판단하는 과학적 접근법이다. 다른 하나는 구체적인 과학 기술, 과학 지식이었다.

신문화운동의 창시자들은 과학과 인권을 모두 중시해야 한다고 주장하면서 "근대 유럽 민족이 기타 민족보다 우월한 이유는 과학의 발흥에 있으며 그 공로는 인권에 못지 않다. 과학과 인권은 자동차의 두 바퀴와 같이 동등하게 중요하다"라고 했다. 그들은 과학적 척도로 모든 사물을 가늠해야 한다고 강조했다. 이성을 따르는 것을 숭상하고 미신을 믿거나 우매한 것을 반대했다. 국민들은 "이성"과 과학 정신을 가져야만 "상식 없는 사유, 이유 없는 신앙"의 속박에서 벗어나 생기가 있는 새 시대 인간이 될 수 있다고 주장했다.

신문화운동은 민주와 과학의 기치를 높이 들고 봉건주의 사상 문화에 대한 전례 없는 맹렬한 공격을 퍼부었다.

"지난 역사의 그물을 타파하고 진부한 학설의 감옥을 부숴 버리자"라고 호소했으며 많은 분야에서 사상해방의 물결을 일으켰다.

신문화운동은 2000여 년 동안 중국을 지배해 온, 삼강오륜과 봉건예교를 핵심으로 한 봉건주의 사상문화를 공격의 쟁점으로 삼았다. 특히 위안스카이가 높이 받드는 공교(孔敎·유교와 같은 말)를 공격했다. 진보적인 사상가들은 진화론의 관점과 개성해방의 사상을 주요한 무기로 삼았다. 삼강오륜과 봉건예교는 "노예의 도덕"이며 충효절의는 "사람을 잡아먹는 예교"라고 몰아세웠다. "새로운 사회, 새로운 국가, 새로운 신앙과 용납될 수 없는 공교에 대해서는 철저한 각오, 굳센 결심으로 반대하지 않으면 신문화를 발전시킬 수 없다"[34]며 확고한 입장을 표명했다. 정통적 사상을 넘어선 이 외침은 봉건 정치제도에 대한 반대와 봉건 윤리도덕에 대한 반대를 결합시켜 전례 없는 반봉건 운동으로 퍼져나갔다. 그들은 봉건윤리와 공화제도가 서로 공존할 수 없으며 공화국체를 옹호하려면 반드시 봉건윤리를 타파해야 한다고 주장했다. 그들은 새로운 제도와 낡은 문화는 절대 조화될 수 없음을 절실하게 지적했다. 그뿐만 아니라 앞선 선진 기술에 대한 인식을 '우리의 최후 각오'라고 설파했다.

공교에 대한 신문화운동 사상가들의 비판은 극히 용감하고 이성적이었다. 리다자오는 다음과 같이 지적했다. "우리가 공자를 공격하는 것은 공자 본인을 공격하는 것이 아니라 역대 군주에 의하여 부각된 공자의 우상적 권위를 공격하는 것이며 전제정치의 영혼을 공격하는 것이다"[35]

초기 신문화운동의 또 하나의 중요 사항은 문학혁명이었다. 1917년 1월, 후스는 〈신청년〉에 발표한 〈문학개량추의〉에서 문학개량 주장을 비교적 체계적으로 펼쳤다. 백화문(白話文)으로 문언문(文言文)을 대체하고 백화문학을 중국문학의 정통으로 삼을 것을 주장했다. 이에 천두슈도 〈문학혁명론〉을 발표하여 문학혁명군의 기치를 높이 들

---

34 천두슈 : 〈헌법과 공교〉(1916년 11월 1일), 〈신청년〉 제2권 제3호.
35 서우창(守常)(리다자오) : 〈자연적 윤리관과 공자〉, 〈갑인〉일간, 1917년 2월 4일.

고 후스의 주장에 힘을 보탰다. 그는 "지금 정치를 혁신하려면 정치인들의 정신에 도사리고 있는 문학을 혁신하지 않을 수 없다"고 지적했다. 이와 같이 신문화운동의 사상가들은 문학혁신을 정치혁신과 유기적으로 연계했다.

백화문(白話文) vs 문언문(文言文)

당나라 대에 발생하여, 송, 원, 명, 청 시대를 거치면서 확립된 중국어의 구어체를 백화(白話)라고 하는데, 이를 글로 표기한 것을 백화문(白話文)이라고 한다. 중국의 지식인층을 중심으로 고전 등에 나오는 문구를 근거로 쓰인 문언문에 비해, 백화문은 각 시대를 거치며 북경어를 중심으로 민간에서 사용되는 일상 언어가 반영되어, 대중이 쉽게 이해할 수 있도록 그 형태가 갖추어졌다.

백화문(白話文)과 대비되는 개념이 문언문인데, 중국고전문학에서 주로 사용하는 언어이다. 언어가 풍부하고 세련된 특징을 가지고 있다. 처음에는 구어를 바탕으로 건립되었으나, 봉건통치계급의 문화에 대한 약탈과 농단에 따라 점차로 서민들의 구어와 멀어져 갔다. 따라서 광대한 민중의 언어로 자리 잡을 수 없었다. 5·4 신문화운동 시기에는 문언을 반대하고 백화를 제창했다.

문학혁명의 실체는 민주주의 신문학으로 봉건주의 낡은 문학에 맞서는 것이었다. 백화문이 문언문으로 대체된 것은 문학혁명과 신문화운동의 뚜렷한 성과 가운데 하나였다. 1918년 5월, 우선 루쉰이 〈신청년〉에 백화소설 《광인일기》를 발표하게 된다. 이 소설은 사람을 잡아먹는 봉건예교를 피눈물로 규탄하고 무정하게 비판했다. 이는 문학혁명의 형식과 내용을 결부한 모범이 되었고 중국 근·현대 문학사에서 매우 중요한 지위를 차지하며 커다란 영향력을 끼쳤다. 첸쉬안퉁, 류반눙, 저우쭤런 등도 이 문학혁명에 적극 참가했다.

〈신청년〉외에도 〈매주평론〉, 〈국민〉, 〈신조〉, 〈소년중국〉, 〈건설〉, 〈주일평론〉, 〈개조〉, 〈신보〉, 〈경보〉 등 신문들이 신문화를 적극 제창하고 신사상을 적극 전파했다.

봉건주의 구문화에 대한 신문화운동의 전면적인 공격은 봉건 도덕 옹호론자들의 적개심과 포위공격을 일으켰다. 그들은 신문화운동이 공교, 예법, 국수, 정조 등을 파괴했으며 "천륜을 어긴 것"이자 "짐승의 넋두리"라고 공격했다. 그러면서 "공리를 주장하나 염치를 잃고 과학을 존중하나 예의를 저버렸다"며 개탄했다. 낡은 봉건세력의 도전에 맞서 신문화운동의 기수들은 당당하게 반격을 가했다. 《본 잡지의 죄상에 대한 답변서》에서 천두슈는 민주와 과학의 기치를 높이 들고 "본 잡지의 동인들은 본래 죄가 없는데도 '데·사이 두 선생'을 옹호한 탓으로 위의 '하늘에 사무치는 큰 죄'를 범하게 됐다" "이 두 선생을 옹호하기 위해서라면 모든 정부의 압박, 사회의 공격과 조소, 심지어 단두나 유혈도 마다하지 않겠다"[36]고 단호하게 발표했다. 리다자오는 〈신보〉에 발표한 〈신구 사조의 격전〉이란 글에서 봉건 도덕 옹호자 '위장부'를 부각하여 신문화운동에 대한 낡은 세력의 적대함을 적극 규탄했다.

그러면서 "오늘날 중국에 진정으로 각성된 청년들이 있다면 결단코 너희 위선자들의 박해를 두려워하지 않을 것이며 너희 위선자들도 결단코 이 청년들의 정신을 박해할 수 없다는 것을 알아야 한다"[37]고 날카롭게 지적했다. 이러한 신, 구 사조의 격한 싸움은 신문화운동을 크게 발전시켰고 봉건문화에 대한 반대를 군벌통치에 대한 반대에 결부시켰다.

근본적으로 볼 때 초기의 신문화운동은 주로 자본주의 신문화가 봉건주의 낡은 문화를 반대하는 투쟁이었다. 신문화운동 참가자들은 사상 수준과 투쟁 분야가 서로 달랐으며 사상과 정치의 발전 방향에서도

---

36 천두슈 : 《본 잡지의 죄상에 대한 답변서》(1919년 1월 15일), 《신청년》 제6권 제1호.
37 천두슈: 《헌법과 공교》(1916년 11월 1일), 《신청년》 제2권 제3호.

큰 차이를 보였다. 요컨대, 그들은 사상 측면에서 모두 자산계급 민주주의 범위를 벗어나지 못했다. 그들이 봉건주의 구속을 타파할 것을 호소한 목적은 "서양식 국가를 세우고 서양식 사회를 건설"하며, 중국을 자본주의의 길로 인도함으로써 "현세에 적응하여 생존을 도모하려는 데" 있었다. 하지만 중국 근대사는 제국주의 시대와 반식민지 반봉건의 중국에서 서방의 자산계급 민주주의가 중국 인민을 진정으로 해방시키지 못한다는 것을 일깨워 주었다. 신해혁명 이후 중국의 정치, 사회는 암울하고 혼란스러웠다. 이러한 현실 앞에서 일부 선각자들은 자산계급의 민주공화국 방안이 적합한지를 의심하기 시작했다. 그리고는 중국에 또 다른 출로가 있는지를 모색했다.

중국 봉건 전통문화에 대한 신문화운동의 맹렬한 추격으로 전례 없는 계몽운동과 심각한 사상해방운동이 형성됐다. 중국 역사 이래 이처럼 위대하고도 확실한 문화혁명이 있었던 시대는 없었다. 계급과 시대의 제한으로 말미암아 반봉건 용사들의 사상 인식과 사상 방법에는 여전히 이러저러한 약점들이 존재했다. 예를 들면, 그들은 봉건사상을 낳은 사회 환경을 근본적으로 바꾸지 않고서도 그들의 목적을 이룰 것이라고 생각했다.

사상 문화 분야의 투쟁에 의거하여 신사상, 신도덕, 신문화를 제창하기만 하면 국민성을 근본적으로 개조해 신국민을 만들고 중국을 진정한 민주공화국으로 건설할 수 있다고 본 것이다. 그래서 중국 현존의 기본 사회제도를 바꿀 필요성을 적극 표명하지 않았다. 그들은 또 사상 방법 측면에서 절대적으로 긍정하거나 절대적으로 부정하려는 경향이 있었다. 그들은 전통과 현대, 중국과 서방을 절대적으로 대립시키고 일부 문제에서 중국의 모든 것을 부정하고 서방 자산계급국가의 모든 것을 긍정했다. 그러나 중국 문화와 중국 사회의 특수성을 소홀히 하고 중국 전통문화의 정수와 찌꺼기를 구분하지는 못했다. 복잡한 문화현상을 간단하게 처리하는 등 과학적 분석과 판별 능력이 크게 부족했기 때문이다. 하지만 그들은 투쟁 방향이 정확하고 태도가 단호하였기에 오랫동안 지속된 봉건 정통사상의 통치 지위를 공격하고 동요시켰다. 그리고 한 세대 청년들을 각성시켜 중국의 지식인, 특히 많은 청년이 서방의 민주와 과학 사상의 세례를 받도록 했다. 그들은 또 새로운 사상의 진입을 막고 있던 장애물을 제거했으며 중국 사회에 생기가 넘치는 사상해방의 조류를 일게 했다. 이는 중국 사회의 수요에 적합한 신사조, 특히 마르크스주의가 중국에서 전파하는 데 유리한 조건을 만들어 주었다.

5. 20세기 초의 국제환경

제1차 세계대전과 중국에 대한 영향

19세기 후기부터 20세기 초까지, 서방 자본주의 국가들에서 일어난 새로운 산업혁명은 생산력 발전의 강대한 추동력으로 작용했다. 그리하여 자본주의 세계는 새로운 발전 단계에 들어섰다. 미국, 독일 등 후발 자본주의 국가는 일부 생산 분야에서 새로운 과학기술 성과를 차용했다. 이로 인해 공업발전의 수준, 경제실력, 종합국력 등을 신속하게 발전시키고 영국, 프랑스 등 선진 자본주의 국가를 따라잡거나 앞지르기 시작했다. 러시아, 일본, 이탈리아, 오스트리아-헝가리제국 등 원래 공업 발전 수준이 비교적 낮은 국가들도 경제력이 뚜렷이 향상됐다. 그중 러시아와 일본은 급속한 경제 발전을 이룩하여 불과 몇 십 년 만에 제국주의 국가 대열에 들어섰다.

경제 실력에 변화가 일면서 일부 후발 제국주의 국가들은 원래의 국제 경제, 정치 구도를 타파하고 세력 범위를 재편할 것을 요구했다. 식민지는 제국주의 국가들의 주요한 원료 생산지이며 상품과 자본의 수출시장이었다. 따라서 식민지 약탈과 침략, 타국의 식민지 탈취는 20세기 초 각 제국주의 국가 간 투쟁의 초점이 됐다.

세력 범위 재분할과 식민지 쟁탈전에서 각 제국주의 국가 간의 모순이 격화되면서 1914년부터 그들 사이에는 전례 없는 세계대전이 일어났다.

이 세계대전은 두 제국주의 집단, 즉 영국, 프랑스, 러시아를 비롯한 협약국 집단(일본, 미국은 나중에 가입)과 독일, 오스트리아-헝가리제국, 이탈리아(후기 퇴출)를 비롯한 동맹국 집단 사이의 식민지 쟁탈과 재분할을 위한 무자비한 전쟁이었다. 전쟁 결과 독일, 오스트리아-헝가리제국이 참패하여 항복했고 영국, 프랑스, 러시아 등 3개국의 위상은 크게 약화됐다. 오직 미국, 일본만이 적지 않은 이득을 챙기게 됐다.

이 전쟁은 중국에서의 각 제국주의 국가들의 이익 구도를 크게 바꿔놓았다. 일본은 유럽 열강들이 전쟁으로 인해 대중국 침략의 고삐를 늦추고 있는 틈을 타고, 독일은 청나라 정부로부터 획득한 산둥에서의 각종 권익을 탈취하고 중국에 대한 침략과 약탈을 한층 더 가속시켰다.

1915년, 일본 정부는 중국을 멸망으로 내모는 '21개조'를 북양군벌의 위안스카이 정부에 강요했다. 위안스카이 사망 이후, 일본은 돤치루이 정부를 지지하며 "니시하라 차관"과 기타 거액의 대출을 제공했다. 이로서 일본은 지난 날 위안스카이한테서 얻지 못했던 수많은 특수 권익을 얻었다. 1918년 5월, 돤치루이 정부와 일본 정부는 차례로 소비에트연방을 반대하는 중일〈육군 공동방어 군사협정〉과 〈해군 공동방어 군사협정〉을 체결했다. 일본군이 '공동 방어'의 명의로 중국 동북과 몽골 지역에 대량 진입할 수 있고 이와 관련한 중국 군대를 지휘할 수 있음을 규정했다. 이 기간에 돤치루이 정부는 일본인을 정치, 재정, 군사 고문으로 초빙하고 일본 장교들에게 중국 군대 훈련을 맡겼다. 이 탓에 일본의 침략세력이 급속히 늘어났다. 이러한 상황으로 인해 제1차 세계대전 이전에 제국주의 열강들이 공동으로 중국을 통제하던 국면이 타파되었다. 일본과 기타 열강들 사이의 갈등은 악화됐으며 국내 군벌 사이의 갈등도 심화됐다.

니시하라 차관

1917년부터 1918년 사이, 돤치루이 정부가 일본정부를 향하여 공개적 또는 비밀리에 제공받은 일련의 경제, 정치, 군사 차관의 총칭. 일본 측에서 니시하라 가메조가 대표로 사무를 처리하였기에 '니시하라 차관'이라 함.

제1차 세계대전은 서방 자본주의제도의 고유한 모순과 폐단을 남김없이 폭로했다. 전례 없는 전쟁의 잔혹함, 전쟁 이후 유럽 참전국의 쇠퇴와 혼란, 인민들의 생활상의 극단적인 고통과 정신적인 극도의 공허감은 완벽하고 우월했던 서방 자본주의 문명의 신화를 붕괴시켰다. 전쟁 기간에 서방 열강들은 전쟁의 수요를 충족시키기 위해 중국의 중요 자원과 전략물자를 마구 약탈했다. 대량의 인력을 강제로 모집하여 유럽 전장에서 노역을 시키기도 했다. 그리하여 중국 인민들도 세계대전에 따른 직접적인 고통을 겪게 됐다.

이 전쟁을 통해 중국의 선각자들은 서방 자본주의 제도가 이미 밝은 전도를 잃었음을 크게 깨달았다. 서방 문명의 가치에 대해 의심하고 동요하기 시작했으며 서방 자본주의 제도를 반성하고 비판했다.

그들은 제1차 세계대전을 통해 "유럽 문명의 권위를 의심하게 되었고” “유럽인들도 자기 문명의 진정한 가치를 반성하지 않으면 안 됐다”[38]고 인정했다. 그들은 또 “우리는 세계상의 군국주의와 금권주의가 무한한 죄악을 조성했기에 지금은 포기할 때가 됐다고 믿는다”[39]고 확실하게 표현했다. 이러한 반성은 중국 선각자들로 하여금 자산계급 공화국 방안을 포기하고, 나라와 국민을 구하는 진리를 계속 탐구하며 사회주의를 받아들이는 데 유리한 환경을 제공해 주었다.

러시아 10월 혁명과 유럽·아시아 혁명의 발흥

제1차 세계대전과 그로 인한 일련의 재난 결과는 각국 인민대중의 각성을 환기시키고 각국 혁명운동의 신속한 발전을 추동했다.

1917년 3월(러시아력 2월) 러시아에서 노동자와 군인들이 무장봉기를 일으켜 300년간 러시아를 통치해 온 로마노프 왕조를 멸망시켰다. 그렇지만 국가정권은 결국 지주와 자산계급의 대표적인 인물들로 구성된 임시 정부가 통제하게 되었다. 1917년 11월 7일(러시아력 10월 25일), 레닌의 영도 아래 페테르부르크의 노동자들이 무장봉기를 일으켜 반동적인 자산계급 임시 정부를 무너뜨렸다. 다음 날에는 전 러시아 노동자·농민·병사 소비에트 제2차 대표대회에서 레닌이 기초한 〈평화법령〉, 〈토지법령〉과 노동자·농민의 권익을 수호하는 일련의 결의안을 통과시켰다. 그 후에 소비에트 정권이 러시아 각지에서 수립됐다. 이렇듯 러시아 10월 사회주의 혁명은 위대한 승리를 거뒀다.

러시아 10월 혁명의 승리는 인류 역사에서 획기적인 사건으로서 20세기 세계 역사의 발전 과정을 크게 바꿔버렸다. 10월 혁명은 서방의 무산계급뿐만 아니라 동방의 피압박 민족에게도 큰 각성을 일으켰다.

---

38 리다자오 : 〈동서문명의 근본 차이점〉(1918년 6~7월), 〈언치(言治)〉 계간 제3책.
39 천두슈 : 〈본지 선언〉(1919년 12월 1일), 〈신청년〉 제7권 제1호.

10월 혁명의 영향을 받아 서방 무산계급의 사회주의를 쟁취하려는 투쟁과 동방 식민지, 반식민지 인민들의 민족해방을 쟁취하는 투쟁이 합류되면서 몹시 세찬 혁명의 물결이 번졌다. 이는 자본주의 세계의 여러 방면을 강타했다. 이때부터 세계에는 사회주의 제도와 자본주의 제도가 서로 투쟁하고 사회주의 국가와 자본주의 국가가 상호 대립하는 새로운 국면이 나타났다.

러시아 10월 혁명이 승리한 후, 유럽에는 혁명의 폭풍이 일었다. 1917년 11월부터 핀란드, 독일, 오스트리아, 헝가리, 체코슬로바키아, 불가리아 등지에서 잇달아 대규모의 노동자 파업운동과 무장투쟁이 크게 일어났다. 그리고 각 지방에서는 노동자 소비에트 정권이 수립됐다. 루마니아, 유고슬라비아, 폴란드에서도 대규모의 혁명운동이 일어났으며 영국, 프랑스와 이탈리아 등지의 노동운동 역시 급속히 확산됐다.

이와 동시에, 미국, 일본 등 나라들에서도 노동자 파업운동과 인민 대중의 투쟁이 연이어 일어났다. 1918년에만 미국에서 1,500여 차례의 파업이 벌어졌고 일본의 노동자들도 400여 차례의 파업투쟁을 벌였다. 같은 해에 일본에서는 쌀값이 폭등했다. 이에 대중 자발투쟁인 '쌀 소동'이 전국적으로 폭발했는데 50여 일 동안이나 지속됐다.

러시아 10월 혁명의 영향을 받아 아시아 식민지, 반식민지 국가의 민족해방운동과 인민혁명투쟁도 신속하게 번져갔다. 조선 서울의 수십 만 대중은 국왕의 장례식에 참가하는 것을 계기로 1919년 3월 1일에 대규모 시위행진을 벌였으며 거대한 규모의 반일본 제국주의 투쟁을 일으켰다. 미얀마, 필리핀, 네덜란드령 동인도(현 인도네시아), 인도에서는 서방 식민통치를 반대하는 투쟁이 일어났다. 아프가니스탄, 시리아, 레바논, 이란, 이라크 등 에서도 대규모 반제국주의 투쟁이 폭발했다. 터키에서는 케말이 영도한 민주독립투쟁이 소비에트연방의 지지 아래 성공할 수 있었고, 외국 침략자를 몰아내고 국왕을 폐위시키는 등 터키공화국의 창건을 선포했다. 터키 혁명의 승리는 전 세계의 피압박 민족들에게 용감하게 투쟁하고 작은 힘으로 강한 세력을 물리친 좋은 본보기가 되었다. 그뿐만 아니라 식민지, 반식민지 국가의 민족해방운동에도 매우 큰 영향을 미쳤다.

러시아 10월 혁명의 승리는 중국 인민과 중국 선각자들까지 크게 고무시켰다. 영토가 광활하고 인구가 많으며 정치가 부패했던 제정러시아는 국정이 중국과 흡사했을 뿐만 아니라 중국과 긴 국경선을 맞대고 있었다. 10월 혁명의 승리는 중국 혁명에 크나큰 영향을 주었다.

10월 혁명에서 러시아 노농대중은 세계 제국주의 전선을 용감히 돌파하고 새로운 사회주의 국가를 세웠다. 이를 통해 중국 인민들은 제국주의 세력이 결코 전승할 수 있는 것이 아니며 중국 인민의 반제국주의 투쟁이 더 이상 고립된 것이 아님을 확연히 느낄 수 있었다. 장기간 제국주의 능욕을 받으면서 반제국주의 투쟁에서 실패를 거듭했던 중국 인민들은 투쟁의 용기와 필승의 신념으로 가득 찰 수 있었다. 구국구민의 진리를 탐구하고 서방 문명과 자본주의제도에 실망하여 어찌할 바를 몰랐던 중국 선각자들도, 중국 혁명운동에 대한 마르크스주의의 지도적 역할을 인식하게 됐다. 러시아 10월 혁명을 통해 중국 선각자들은 무산계급 세계관으로 국가 운명을 예측하고 자신의 문제점을 다시 생각하게 됐다. 그들은 러시아 10월 혁명의 성공과 서방 자본주의 사회 정치의 위기로부터 세계 역사 조류의 심각한 변화를 민감하게 느꼈다. 그러고는 현실 속에서 러시아 혁명을 따라 배우고 러시아인이 걸은 길을 따라 가야 한다는 결론을 얻었다.

러시아 10월 혁명에 이은 구미의 혁명 폭풍과 아시아 각국에서 고조된 민족해방운동은 세계적인 무산계급 정당 조직이 각국의 혁명투쟁을 조율하고 지도할 것을 요구했다. 레닌을 비롯한 볼셰비키당은 이러한 새로운 국제조직을 만드는 임무를 담당했다. 1919년 1월, 모스크바에서 국제공산당(제3인터내셔널이라고도 함) 창건문제를 토의하는 회의가 소집됐다. 3월 2일, 모스크바 크렘린궁에서 국제공산당 대표대회가 열렸다. 유럽, 아메리카, 아시아 등 21개국의 35개 정당과 조직의 52명 대표가 회의에 참석했다. 러시아 중국노동자연합회의 책임자 류사오저우(劉紹周)와 장용쿠이(張永奎)가 "중국사회주의 노동당"의 대표로 국제공산당 창건대회에 참가했다. 레닌이 대회 사회를 보며 "자산계급 민주와 무산계급 독재에 관한 요강과 보고"를 발표했다. 그는 보고에서 무산계급은 반드시 폭력적인 혁명으로 무산계급 독재를 실현해야 한다고 강조했다. 회의는 충분한 토의를 거쳐 국제공산당 창건을 결정했다. 그 후 레닌이 한 보고와 '국제공산당 행동강령', '국제공산당 규약초안', '국제공산당 선언' 등 중요 문건을 통과시켰다. 이 문건들은 국제공산당의 강령과 조직원칙을 규정했다.

국제공산당은 구미 각국의 무산계급정당을 이끌고 혁명투쟁을 진행하는 동시에 아시아 각국, 특히 중국의 혁명운동을 주목하기 시작했다. 그러면서 각국의 무산계급을 도와 자신의 정당 조직을 세우도록 했으며 각국의 민족해방운동과 인민혁명투쟁의 발전을 적극 지지하고 이끌었다.

요약하건대, 중국은 아편전쟁에서 패배한 후 점차 반식민지 반봉건 사회로 전락하고 말았다. 나라와 민족을 멸망의 위기에서 구하기 위해 중국 인민들은 간고한 투쟁을 벌였다. 중국의 선각자들은 천신만고를 겪으면서 구국구민의 진리를 모색하며 중국 사회를 변혁하는 여러 가지 방안을 시도했다. 이러한 모색과 투쟁은 일정한 역사적 조건에서 중국 역사의 진보를 어느 정도 이끌었다. 그렇지만 중국의 반식민지 반봉건의 사회 성격과 중국인민의 비참한 운명까지 바꾸지는 못했다. 신해혁명 이후, 북양군벌의 암울한 통치 아래 중국의 사회 모순은 더욱 격화되어 철저한 반제국 반봉건 인민혁명을 일으킬 것을 시급히 요구했다. 그러나 이 혁명은 무산계급과 무산계급정당이 영도해야만 성공할 수 있었다.

20세기 초, 중국 사회 계급 관계의 변화와 신흥 혁명 세력의 성장은 새로운 인민혁명에 객관적인 사회적 기틀을 마련해 주었다. 특히, 무산계급 대열의 발전은 중국공산당 창건에 계급적 토대를 닦아 놓았다. 이와 동시에 서방 자본주의 제도와 문명에 대한 제1차 세계대전의 충격, 러시아 10월 사회주의 혁명의 승리, 유럽과 아시아에서 일어난 혁명의 물결은 새로운 인민혁명 발흥에 필요한 시대적 여건과 국제적 환경을 제공했다. 중국 선각자들이 위와 같은 상황에서 마르크스주의를 접수, 전파하고 중국공산당을 창건하는 것은 실현 가능한 일이었다. 이러한 가능성을 필연성으로 바꾼 계기가 바로 5·4운동이었다.

제2장
5·4운동과 중국공산당의 탄생

1. 5·4애국운동

1919년의 5·4애국운동은 파리강화회의[40]에서 제국주의 열강들이 중국 주권을 파괴하는 것을 반대하고 베이징정부의 매국정책을 반대하기 위해 일어난 것이었다.

1919년 1월부터 제1차 세계대전의 승전국들은 프랑스 파리에서 강화회의를 열었다. 사실상 이는 당시의 세계 5강, 즉 영국, 프랑스, 미국, 일본, 이탈리아 등 5개 제국주의 국가가 조종하는 세계 재분할 회의였다. 이번 회의에 참가한 중국대표는 전 인민의 압력 아래 국제사회에서의 중국의 불평등 지위를 바꾸고자 했다. 그래서 중국 내에서 외국의 세력 범위를 철폐하고 중국에 있는 외국 군대, 경찰을 철수할 것을 요청했다. 또, 영사재판권을 취소하고 조계지를 반환하며 중일 '21개조' 및 그 교환각서를 폐기하는 등 합당한 요구들을 제기했지만 모두 거절당했다. 중국대표는 독일령 식민지 문제를 토의할 때 세계대전 이전에 독일이 산둥에서 얻었던 여러 가지 특수 권익을 중국에 직접 반환해야 한다고 주장했다. 하지만 일본대표는 무리한 요구를 했다. 일본이 세계대전 기간에 강점한 독일의 자오저우(膠州)만 조계지, 교제(膠濟)철도 및 산둥에서의 독일의 기타 특수 권익을 무조건 일본에 양도해야 한다는 것이다. 4월 29일부터 30일까지, 영국, 프랑스, 미국은 파리강화조약의 산둥 문제 조항을 토의할 때 일본의 제의를 즉각 받아들였다. 그리하여 일본이 세계대전 이전에 독일이 산둥에서 얻었던 특수 권익을 탈취한 것은 "기정사실"이 됐으며 조약에 명백히

---

40 파리강화회의(Paris Peace Conference) : 1919년에 제1차 세계대전의 승전국들이 연합국과 동맹국 간의 평화 조약을 협의하기 위해 개최한 국제회의이다. 회의는 1919년 1월 18일 개최되어 1920년 1월 21일까지 간격을 두고 지속되었는데 한국의 독립운동과의 관계, 중국의 산둥 문제와 베트남의 청원 등도 주요 안건 중 하나였다.

규정됐다. 중국대표는 "이번 강화회의의 조건과 방법은 역사적으로도 보기 어렵다"라고 하면서 이러한 토의 방법에 대해 항의했다. 하지만 베이징정부는 제국주의 열강의 압력에 굴복하여 주권을 잃고 국위가 실추되는 이 강화조약에 도장을 찍으려 했다.

이때 중국도 파리강화회의를 예의 주시하고 있었다. 강화회의에서의 대표단의 외교 실패 소식이 국내에 전해지자 우선 지식인과 청년학생들, 인민대중이 비분강개했다. 5월 3일 저녁, 베이징대학교 1,000여 명의 학생과 베이징 10여 개 학교 대표들이 베이징대학교에서 집회를 갖고 파리강화회의의 상황을 보고받았다. 회의장은 격분으로 가득 찼다. 한 학생은 그 자리에서 중지를 깨물고 옷자락을 뜯어 "칭다오(靑島)를 반환하라"는 내용의 혈서를 썼다. 회의 참가자들은 슬프고 분개하여 솟구치는 분노를 참을 수 없었다. 회의에서는 즉각 (1) 각계각층을 연합하여 주권을 쟁취할 것 (2) 파리특사에게 강화조약에 조인하지 말 것을 요구하는 전보를 보낼 것 (3) 전국 각 성, 시에 5월 7일에 시위행진을 거행하자고 전보를 보낼 것 (4) 5월 4일(일요일)에 톈안먼(天安門) 앞에 모여 학계 대규모 시위를 거행할 것 등을 의논하고 결정했다.

5월 4일 오후, 베이징대학교를 비롯한 13개 대학교, 전문학교의 3,000여 명 학생들이 톈안먼 광장 앞에 모였다. 그들은 베이징정부 교육부 대표와 경찰들의 저지에도 아랑곳 하지 않고 "대외로 주권을 쟁취하고 대내로 매국노를 타도하자" "중일 21개 조항을 폐지하라" "칭다오를 반환하라" 등 구호를 외쳤다. 그러면서 강화조약에 조인하지 말 것, 베이징정부의 친일파 관료 차오루린(曹汝霖), 장쭝샹(章宗祥), 루쭝위(陸宗興) 등을 처벌할 것을 강하게 요구했다. 이어서 학생들은 중국주재 일본영사관으로 항의차 몰려갔다. 그러나 방해를 받자 곧 방향을 돌려 군경의 저지를 무릅쓰고 자오자러우(趙家樓) 골목에 있는 차오루린의 저택으로 향했다. 학생들은 분노에 차서 차오루린의 저택에 쳐들어갔지만 지하실에 숨은 차오루린을 찾아내지 못하고 장쭝샹을 발견했다. 분노에 찬 학생들은 장쭝샹을 물매질한 후 차오루린의 저택에 불을 질렀다. 베이징정부는 화급히 군경을 풀어 시위대를 제압했으며 시위학생 32명을 체포했다.

5월 5일, 베이징의 각 대학교, 전문학교 학생들은 동맹휴학을 선포하고 각 단체에 전보를 보내 체포된 학생을 구출하기 위한 지원을 요청했다. 학생들은 투쟁 속에서 단합하여 5월 6일 베이징 중등 이상 학교 학생연합회를 결성했다. 이후 베이징 청년, 학생들의 애국운동은 전국 각지 학생들의 성원과 사회 여론의 지지를 얻었다.

베이징정부는 이틀 후 체포한 학생을 석방했지만 학생들의 정치적 요구를 무시했고 학생 애국운동을 지지했던 베이징대학교 교장 차이위안페이(蔡元培)를 해임해 버렸다. 그리고 명령을 내려 학생들이 정치에 간섭하는 것을 엄금하고 학생들의 애국운동을 엄중하게 탄압하겠다고 발표했다. 5월 19일, 베이징 학생들은 다시 총동맹휴학을 선포했다. 그들은 십인단(十人團)을 조직하여 거리에 나가 애국연설을 하며 5·7일간을 발행하여 애국선전을 확대했다. 그 밖에도 국산품 사용을 주장하고 일본 상품을 배척하며 호로(護魯)의용군을 결성하는 등 여러 활동을 벌이면서 투쟁을 지속했다.

중국호로군 vs 중국의용군 차이

중국호로군은 원래 일본군 산하의 남만주 철도를 지키는 중국인 용병들을 말한다. 즉, 요령 지방의 철도를 지키는 병사라고 해서 '길을 지키는 군대'인 호로군(護路軍)이다. 이 호로군은 주로 중국인들이 일본군에 고용된 용병들이라서 전투에 능했다.

만주사변 후 중국 전역에 반일감정이 팽배해지면서 호로군 일부는 반일 투쟁에 참여해서 한국 독립군과 연합전선을 벌였다. 반면에 중국의용군은 만주 지역의 농민들로 구성된 농민군을 말한다. 당시 중국공산당은 노동자를 기반으로 했던 러시아와 달리 농민을 기반으로 사회주의를 전파했다. 이러한 사회주의 영향을 받은 농민들이 자발적으로 일으킨 부대가 의용군이다.

6월 1일, 베이징정부는 민중이 매국노라고 지목하는 차오루린, 장쭝샹, 루쭝위를 '표창'하고 학생들의 모든 애국운동을 금지한다는 두 가지 조항을 연이어 반포했다. 이에 분개한 학생들은 6월 3일부터 또다시 거리에 나가 시위를 벌였다. 그러자 베이징정부는 군경을 풀어 이를 진압했는데 당일에 170여 명이나 체포했고 이튿날에는 700여 명을 더 체포했다. 학생들은 이에 굴복하지 않고 사흘 후 무려 5,000여 명이 거리에 나가 시위를 했다.

학생들이 완강하게 투쟁을 지속하고 있을 때, 상하이 노동자들도 6월 5일부터 파업을 시작하여 학생들의 반제국 애국투쟁을 지원했다. 일본 면사공장의 노동자를 선두로 해서 상하이의 수많은 업종의 노동자, 점원들이 파업에 동참했다. 파업 참가자가 가장 많을 때는 10만 명에 달했다. 상하이 상인들도 영업을 중단했다. 상하이 노동자들의 행동은 전국 각지 방방곡곡에 파업의 물결을 일으켰다. 호녕(滬寧)철도와 호항(滬杭)철도 노동자, 경한(京漢)철도 창신뎬(長辛店) 노동자, 경봉(京奉)철도의 탕산(唐山) 노동자들도 차례로 파업에 돌입하기 시작했다. 노동자들의 파업 물결은 급속히 전국 20여 개 성 100여 개 도시에서 두루 퍼졌다. 제국주의와 반동 군벌정부를 반대하는 정치투쟁에 중국의 노동계급, 특히 산업노동자들이 이렇게 큰 규모로 참여한 것은 이번이 처음이었다. 이는 중국 노동계급이 독자적으로 정치무대에 나섰다는 것을 보여준 것이다. 이렇듯 5·4애국운동은 노동계급, 소자산계급과 자산계급이 운동에 공동으로 참여한 것이다. 이로 써 학생과 지식인으로 이뤄진 작은 규모의 범위를 벗어나 전국적 범위의 운동이 되었다. 5·4애국운동은 위의 과정으로 대중적이며 반제국의 애국운동으로 발전했다.

5·4 운동의 신속한 발전, 특히 노동자 파업의 확산은 자본가와 정부 당국자들을 불안에 떨게 했다. 톈진총상회는 베이징정부에 전보를 보내 "조사에 따르면 톈진의 노동자는 수십만 명에 달하는데 이미 불안정한 상태를 보이고 있다. 하루빨리 결정을 내리지 않으면 실제 상황으로 번져 위험성이 더 커지고 해결방안 마련이 영업을 하지 않을 때보다 더 어려울 것이다. 그러므로 그때에 가면 사태를 수습할 수 없게 될지도 모른다"[41]고 지적했다. 베이징 정부는 인민대중의 분노와 위력에 놀라 6월 7일에 체포한 학생들을 석방하고 6월 10일에 친일 매국노인 차오루린, 장중샹, 루중위의 직무를 해임해 버렸다. 이는 5·4 애국운동의 승리 중 하나였다.

6월 11일, 베이징대학교 교수 천두슈는 리다자오, 가오이한과 함께 성남의 신세계오락장에서 대중에게 '베이징시민 선언'을 발표했다. 선언은 산둥 주권을 되찾고 매국 관료를 파면시키며, 경찰기구를 폐쇄하고 보안대를 시민으로 조직할 것, 시민에게 집회와 언론의 자유를 줄 것 등 5가지 내정과 외교에 관한 요구사항을 제기했다. 그리고 정부가 시민의 염원을 고려하지 않고 시민의 요구를 거절하면 "우리 학생, 상인, 노동자, 군인 등은 직접 행동을 취해 근본적인 개조를 시도할 수밖에 없다"는 입장도 밝혔다. 천두슈는 전단을 배포하는 도중에 사복 경찰에게 체포되고 말았다. 각지 학생단체와 사회 저명인사들은

41 《신보》, 1919년 6월 12일.

대자보를 통하여 베이징정부의 이 만행에 항의했다.[42]

6월 16일, 전국학생연합회가 상하이에서 결성됐다. 6월 17일, 베이징정부는 전국 인민의 뜻을 무시하고 공공연히 파리강화조약에 서명하기로 결정했다. 이에 전국학생연합회는 즉각 각지 학생들을 동원하여 강화조약 체결 거부투쟁을 벌였다. 이 투쟁에서 노동자 대중은 아주 강경했다. 그들은 "매국노들을 제거하지 않고 매국조약을 폐기하지 않으면 망국의 재난을 피하지 못할 것이다" "서명하면 산둥(山東)이 망하고 산둥이 망하면 중국도 곧 망하게 된다. 망국의 큰 재난이 이미 눈앞에 닥쳤다. 우리 동포들은 나라가 멸망하는 것을 지켜만 보면서 달갑게 노예가 될 것인가?"[43]라면서 "정부의 마음을 돌려세워 나라를 멸망의 위기에서 구하자"고 외쳤다. 그들은 매국노들에 대해 해임해야 할 뿐만 아니라 영원히 기용하지 말아야 한다[44]고 강력하게 요구했다. 6월 18일, 산둥 각계 연합회는 각계 80여 명 대표를 베이징에 파견하여 청원했다. 베이징, 상하이 등지의 학생, 노동자와 시민대중도 조인 거부투쟁을 계속 유지했다. 프랑스에 있는 중국노동자, 중국유학생과 화교 수백 명이 조약을 체결하기 전날 6월 27일에 중국정부 총대표 루정샹(陸征祥)의 집을 포위하고 체결을 거부할 것을 강력하게 요구했다. 6월 28일, 중국 대표는 마침내 강화조약 조인식에 참석하지 않았다. 이는 5·4애국운동의 또 하나의 승리였다.

5·4애국운동은 근대 중국 역사에서 학생, 노동자와 기타 대중이 제국주의를 반대하고 군벌의 매국행동을 반대한 첫 전국적 규모의 혁명투쟁이었다. 운동은 반제국주의 구호를 명확히 외친 것은 아니었다.

---

42 전국 각계의 구원활동으로 베이징정부는 그해 9월 16일에 천두슈를 석방했다.
43 《국사를 돌보는 공업계 사람들》, 상하이 《민국일보》, 1919년 6월 23일.
44 《신문보》, 1919년 6월 7일, 12일.

하지만 투쟁의 목표가 서방 열강들이 강행하는 파리강화조약을 반대하는 것이었기에 실질적으로는 반제주의 애국운동이었다. 이 대중운동은 20여 개 성, 100여 개 도시로 확산됐다. 운동 과정에 각지에서는 학생, 교직원, 상공계, 여성계 등 대중단체를 조직하여 각계연합회를 구성했다. 운동을 추진하면서 전국적 대중조직인 전국학생연합회와 전국각계연합회를 차례로 결성했다. 각계 대중의 연합 행동으로 이 운동은 또 다른 승리를 거두었다. 차오루린, 장쭝샹, 루쭝위 등 매국노들의 파면에서부터 조약 체결 거부의 성공까지 모든 일은 대중운동이 거둔 성과였다.

5·4애국운동에서 민주독립과 국가부강을 위해 구국구민의 진리를 적극 탐구하는 새로운 선각자들이 나타났다. 수십만 학생들이 용감하게 운동의 선두에 서서 선봉자 역할을 담당했다. 운동이 폭발하기 전에 베이징 등지에는 구국회, 국민사, 신조사, 평민교육연설단, 소년중국학회, 신민학회 등을 비롯해 신사조를 연구하고 구국구민의 길을 탐구하는 것을 목적으로 하는 사회단체들이 결성되었다. 그중 대다수 구성원들이 이번 운동에 참가하여 운동의 핵심 세력이 됐다. 천두슈, 리다자오 등은 신문과 잡지에 글을 기고하고 많은 사회단체조직, 진보청년들과 밀접히 연계하여 운동을 적극 지도하고 이끌어 이번 운동의 영수(領袖)가 됐다. 천두슈, 리다자오를 대표로 한 초보적 공산주의 사상을 가진 지식인들도 속속 중국공산당 조직에 앞장서서 참여했다.

5·4운동기간에 중국 노동계급은 거센 기세로 반제국 애국투쟁에 가담했다. 노동자 파업은 자발적으로 일어났다. 노동계급은 자기만의 특유한 조직성과 투쟁의 견고함으로 운동에서 주력군 역할을 했으며 독립적인 정치적 세력으로 역사무대에 오르기 시작했다. 노동운동의 성격도 점차 경제적 투쟁에서 정치적 투쟁으로 바뀌었다. 이는 중

국 선각자들이 노동계급의 역사적 역할과 강대한 세력을 인식하는 데 큰 도움을 주었다. 또한 마르크스주의를 접수하고 노동자 대중 속에서 이를 선전하여 마르크스주의와 중국 노동운동을 결부시키는 데 중요한 영향을 미쳤다.

5·4운동은 러시아 10월 혁명이 연 세계 무산계급혁명의 새로운 시대에 발맞춰 탄생했다. 따라서 이 운동은 민주주의 혁명의 범주에 속하지만 사실상 세계 무산계급 투쟁의 일부분이 되고 말았다. 5·4운동은 중국 혁명에 대한 레닌과 국제공산당의 주목을 받았던바 국제공산당은 즉시 중국에 인원을 파견하여 이 같은 상황을 이해시켰다. 이는 중국공산당의 창건을 한층 더 가속시켰다. 작은 불씨는 거대한 불길로 번질 수 있다. 5·4운동의 폭발은 위대한 반제국 반봉건 투쟁의 새로운 시작을 의미했으며 이를 계기로 광범위하고도 깊은 마르크스주의 전파운동이 시작되었던 것이다.

2. 중국에서의 마르크스주의의 전파

각종 신사조의 출현

5·4애국운동을 통해 중국인민들은 시국을 새롭게 각성할 수 있었다. 특히 청년들 중 일부 선각자들은 구국구민, 사회개조를 자신의 책무로 삼고 중국의 미래에 대해 다시 생각했으며 중국 사회를 개조할 새로운 방안을 탐구하기 시작했다. 그들은 글을 발표하고 간행물을 발간하거나 사회단체를 결성하여 국외의 각종 신사조를 소개, 전파하고 연구했다. 당시 신사조를 고취하는 간행물들이 우후죽순 격으로 생겨나 무려 400여 개에 달했다. 이 간행물들은 절대다수가 사회를 개조하는 데 그 목적을 뒀으며 심지어 게재한 글에서 중국 사회를 개조할

각양각색의 방안도 제시했다.

파리강화회의로 인해 제국주의 열강에 대한 환상이 무너진 데다 러시아 10월 혁명의 영향이 점차 확대되어 5·4애국운동 이후 중국 사상계에는 다음과 같은 뚜렷한 특징이 나타났다. 즉, 많은 사람들이 봉건주의를 부정하는 동시에 자산계급공화국 방안을 의심하거나 심지어 방안에 따르기를 포기해 버렸다. 사람들은 사회주의로 눈길을 돌렸으며 "사회주의는 현재와 미래 인류의 보편적인 사상이다"라고 보았다. 따라서 사회주의 학설이 신사조의 주류로 바뀌기 시작했다.

신사조는 거센 기세로 전통 사상을 타파하고 중국인민의 사상을 해방시켰다. 조류가 밀려올 때에는 흙모래가 따라오게 마련이다. 5·4시기 중국인들이 신사조로 여기고 전파했던 사회주의 학설은 매우 번잡했다. 마르크스주의 과학적 사회주의가 있는가 하면 사회주의를 사칭한 자산계급과 소자산계급의 각종 사상 유파(流派)도 있었다. 예를 들면 무정부주의, 무정부공단(工團)주의, 호조주의, 신촌주의, 합작주의, 범노동주의, 길드사회주의, 베른슈타인주의 등이다. 당시의 상황은 제국주의의 압박이 뼈를 깎는 듯한 고통에 이를 때였다. 이것은 텅 빈 민주주의의 악몽을 깨뜨렸고 학생운동은 갑자기 사회주의로 기울어지게 되었다.[45] 하지만 절대다수의 진보적 청년들은 사회주의에 대해 희미한 지향만 가지고 있었을 뿐이었다. 각종 사회주의 학설에 대한 그들의 이해는 "창문 너머로 새벽안개를 바라보듯"[46] 아주 어렴풋하기만 했다. 그들은 각종 주의와 학설에 대한 분석과 비교, 선택을 통해 민족을 멸망의 위기에서 구하고 중국 사회를 개조하는 좋은 방도를 찾을 수 있기를 바랐다.

---

45 《취추바이(瞿秋白) 시문선》, 인민출판사 한문판, 1982년, 34~35쪽.
46 《취추바이(瞿秋白) 시문선》, 인민출판사, 한문판, 1982년, 35쪽.

베이징, 톈진, 난징, 상하이, 우한, 광저우, 창사의 일부 진보적 청년들은 1919년 말에 고학생(工讀)호조주의 실험활동을 벌였다. 그들은 고학생호조주의 학설에 따라 "각자 일하고 각자 공부하며 각자의 능력에 따라 일하고 필요한 만큼 가진다"는 이상에 따랐다. 또 그들은 호조사와 같은 작은 단체를 결성하여 '공산주의 생활'을 시작했으며 고학생호조단을 전 사회에 보급하여 '평화로운 경제혁명'을 실현하려고 애썼다. 하지만 고학생호조단 실험은 오래가지 못했다. 한동안의 실험 실천 후, 이런 조직들은 극복할 수 없는 여러 가지 난관에 부딪혀 결국 해체되고 말았다.

고학생호조 실천과 같이 일부 청년 지식인들은 일본 규슈의 신촌(新村), 미국의 노동공산촌의 방식을 모방하여 중국에서 '신촌' 실험을 했다. 하지만 중국의 '신촌'도 고학생호조단의 운명과 마찬가지로 잠시 나타났다가 바로 사라져 버렸다.

고학생호조와 신촌 실험의 실패는 공상사회주의와 개량주의를 지향하는 사람들에게 매우 사실적인 교육으로 남았다. "고학생호조"와 "신촌" 활동에 참가했던 많은 청년들은 "사회를 근본적으로 바꾸기 전에는 새로운 생활을 실험할 수 없으며" "사회를 개조함에 있어 반드시 근본부터 전면적으로 바꿔야 하며 중요하지 않은 일부를 개조하는 것은 쓸모없다"[47]는 것을 알게 됐다. 그들은 즉시 실제를 이탈한 공상을 버리고 사회를 변혁시킬 수 있는 실질적인 방책을 찾기 시작했다. 이는 일부 진보적 청년들이 결국 과학적 사회주의를 자신의 신앙으로 선택하는 데 유리한 조건을 만들어 주었다. 공상사회주의와 이와 비슷한 기타 개량주의 사상의 잘못을 인식할 수 있었기 때문이다.

---

47 춘퉁(存統) :〈'고학생호조단' 실험과 교훈〉,〈주간평론〉제48호(노동기념호), 1920년 5월 1일.

리다자오와 마르크스주의의 광범위한 전파

5·4운동 이후, 신사조가 대량으로 출현하고 다양한 학설이 나왔으며 각종 유파가 등장해 자유롭게 논쟁했다. 이런 상황에서 마르크스주의는 높은 과학성과 혁명성으로 갈수록 많은 진보적 청년들의 시선을 끌었다.

일찍이 청나라 말과 민국 초기부터 일부 외국 선교사, 중국 자산계급 지식인, 중국 무정부주의자들에 의해 신문이나 잡지에 마르크스와 엥겔스의 이론이 이따금 소개되고는 했다. 하지만 위에서 기술한 과학적 이론에 대한 그들의 이해와 인식 수준은 낮았고 단편적이었으므로 사람들의 주목을 받지는 못했다.

"10월 혁명의 대포소리는 우리에게 마르크스 레닌주의를 가져왔다"[48] 10월 혁명 이후 리다자오를 대표로 하는 선각자들은 중국에서 마르크스주의를 전파하기 시작했다.

리다자오는 가장 먼저 중국에 마르크스주의를 전파하고 중국이 러시아 10월 혁명을 따라 배워야 한다고 주장한 인물이었다. 1918년에 그는 "프랑스, 러시아 혁명 비교"를 발표하여 1917년 러시아 10월 혁명과 1789년 프랑스 자산계급 혁명의 본질적 차이를 논술했다. 그는 "러시아 혁명은 20세기 초기 사회주의에 입각한 혁명"이며 자산계급 혁명의 시대가 왔음을 알리는 프랑스 대혁명과 마찬가지로 사회주의 혁명의 시대가 도래했음을 알리는 "세계 신문명의 서광"이라고 지적했다. 그리고 그해에 쓴 《서민의 승리》와 《볼셰비키 주의의 승리》에서 10월 혁명을 열렬히 찬송했다. 그러면서 "무산계급의 사회주의 혁명은 세계 역사의 조류이다. 황제, 귀족, 군벌, 관료, 군국주의, 자본

---

48 마오쩌둥: 〈인민민주전제정치를 논함〉(1949년 6월 30일), 《마오쩌둥선집》 제4권, 인민출판사 한문판, 1991년, 1471쪽.

주의를 막론하고 '이런 막을 수 없는 시대의 흐름을 만나면 시든 나뭇잎이 매서운 가을바람에 떨어지듯 하나 둘씩 땅에 떨어지게 된다'고" 했다. 연이어 그는 "온 지구는 틀림없이 '붉은 깃발'의 세계가 될 것이다"고 확신에 차서 예언했다.

1919년 10월, 11월에 리다자오는 〈신청년〉에 2회에 걸쳐 "나의 마르크스주의관"이라는 글을 발표했다. 이 글에서 그는 마르크스주의의 역사적 지위를 충분히 긍정하면서 마르크스주의를 "세계를 개조하는 원동 학설"이라 했다. 리다자오의 글은 마르크스주의에 대한 일부 편향되고 적절하지 못한 다른 사람의 서술과는 크게 달랐다. 그는 마르크스주의 유물사관, 정치경제학과 과학적 사회주의의 기본 원리를 체계적으로 소개했다. 이 글의 발표는 리다자오가 민주주의자에서 마르크스주의자가 됐다는 것을 보여 준다. 그뿐만 아니라 중국에서 마르크스주의가 비교적 체계적으로 전파되는 단계에 접어들었음을 의미한다.

리다자오를 제외하고도 중국에서 초기 마르크스주의 전파에 중요한 역할을 했던 사람들이 또 있다. 일본 유학 중 마르크스주의를 접하고 연구했던 진보적 성향의 청년들이다. 리다(李達)는 1918년 일본에서 유학할 때 마르크스주의 저작물을 열독하고 연구한 적이 있었다. 1년 후 그는 상하이 〈민국일보〉의 문화란 "각오"에 "사회주의란 무엇인가?" "사회주의의 목적" 등을 차례로 발표하여 "사회주의와 공산주의는 다르며" "사회주의와 무정부주의도 다르다"고 주장했다. 그는 1919년 가을부터 1920년 여름까지 《유물사관 해설》, 《마르크스의 경제학설》과 《사회문제총람》등 3부의 저작물을 번역하고 중국으로 보내 출판했다.

위의 저작물들은 마르크스주의의 각 구성 부분을 비교적 체계적으로 서술했고 국내에서 마르크스주의를 전파, 연구하는 데 매우 큰 역할을 했다. 양파오안(楊匏安)은 일본에서 귀국한 후 1919년 10월부터 12월까지 글을 연속 발표하여 각종 사회주의 학설의 요점과 그 창시자의 일생을 소개했다. 그는 11월부터 12월까지 발표한《마르크스주의》에서 마르크스주의의 3개 구성 부분을 비교적 전체적으로, 또 간결하게 서술했다. 이는 중국인이 마르크스주의를 체계적으로 소개한 또 하나의 대표적인 글이었다. 이 밖에 리한쥔(李漢俊)도 귀국 이후 마르크스주의를 선전하는 여러 편의 글을 기고했다.

1919년 7월과 1920년 9월, 레닌이 영도한 러시아소비에트연방정부는 두 차례의 선언문을 발표했다. "제정러시아정부가 중국과 체결한 불평등조약을 폐기하고 중국에서 얻은 특권을 포기한다"는 내용이었다. 러시아소비에트연방정부의 선언은 중국인민의 열렬한 환영을 받았다. 이로 인해 더욱 많은 중국 선각자들이 러시아소비에트연방의 대내외 정책에 관심을 가지게 되었다. 이는 중국에서 10월 혁명의 영향을 확대하고 과학적 사회주의를 전파하는 데 있어 매우 중요한 촉진제가 됐다.

이 시기에 〈신청년〉, 〈매주평론〉, 〈민국일보〉, 〈건설〉 등 간행물들은 마르크스주의를 선전하는 글들을 자주 게재했다. 통계에 따르면, 5·4운동 시기 신문과 잡지에 발표된 마르크스주의를 소개한 글은 무려 200여 편에 달했다. 그중 마르크스, 엥겔스 저작물을 번역한 글이 비교적 많은 비중을 차지했다. 이렇게 국외의 사상 이론을 집중적으로 소개한 현상은 중국 근대 신문과 잡지의 역사에서 보기 드문 현상이었다. 특히, 한 편집자는 〈매주평론〉에 〈공산당선언〉 제2장의 내용을 발췌, 번역한 글을 실으면서 다음과 같이 부연 설명했다. "이 선언은 마르크스와 엥겔스의 최초의 가장 중요한 견해였다. 그들은 1847

년 11월부터 1848년 1월까지 이를 발표했고 계급전쟁을 주장하는 데 취지를 뒀으며 각지 노동자들이 연합할 것을 요구했다. 이는 신시대의 문서였다"

그때, 5·4운동 이전에 발흥한 신문화운동은 이미 마르크스주의 전파를 중심으로 하는 사상운동으로 발전했다. 누군가는 이러한 상황을 이렇게 묘사했다. "1년 동안, 사회주의 사조는 중국에서 파죽지세로 전파됐다. 신문과 잡지에서는 너도나도 마르크스주의를 연구하고 볼셰비키즘에 대해 토론했다. 그리고 사회주의 이론을 드러내어 밝히고 노동운동의 역사를 소개했는데 그 기세는 왕성했고 반향은 어마어마하게 컸다. 사회주의는 오늘의 중국에서 '수탉이 울면 천하가 밝아지는' 상황을 이루었다"[49]

마르크스주의를 전파하는 과정 중에 중국에서는 남·북 진영이 형성됐다. 북방은 베이징이 남방은 상하이가 중심이 됐다. 1920년 3월 베이징에서 리다자오가 주관하는 베이징대학교 마르크스학설연구회가 결성됐다.

유명한 '코뮤니즘재(齋)'(Communism, 공산주의를 말함)가 바로 이 연구회의 사무실이자 도서관이었다. 천두슈 등은 1920년 5월 상하이에서 마르크스연구회를 결성했다. 이 두 개 중심은 차례로 후베이, 후난, 저장, 산둥, 광둥, 톈진에 마르크스주의를 전파했다. 그리고 5·4운동의 깊은 영향을 받은 해외 선각자들에게도 연락하여 베이징, 상하이를 중심으로 각지에 마르크스주의를 널리 소개했다.

마르크스주의 전파 과정에는 한 갈래의 특수한 경로와 특별한 하나의 대열이 있었다. 5·4운동 전후해 외국으로 간 고학 유학생들이다.

---

49 〈근대 사회주의 및 그에 대한 비판〉, 〈동방잡지〉 제18권 제4호, 1921년 2월 25일.

1919년 초부터 1920년 말까지 전국 각지에는 프랑스(저우언라이, 덩샤오핑 등)로 간 고학 유학 청년들이 1,600여 명에 달했다. 영국, 독일과 벨기에 등지로도 청년들은 근공검학을 떠났다. 중국의 진보적인 청년들은 중국을 변혁하려는 뜻을 품고 마르크스주의를 생성시킨 유럽 사회와 직접 접촉하면서 열심히 일하고 공부하며 진리를 탐구했다.

그들은 공장에서 일하고 노동계급의 생활을 몸소 체험하면서 사상 감정 측면에서 점차 근본적인 변화를 가져왔다. 많은 사람이 비교와 탐구를 거듭한 끝에 무산계급 혁명의 길을 선택했고, 드디어 마르크스주의자가 됐다.

또한 그들 중 일부는 통신 등의 방식을 이용하여 국내 사상계에 마르크스주의를 전파했다. 이와 더불어, '고학, 호조' 등을 신조로 여겼던 고학조직도 공산주의를 받아들이게 됐다. 이들은 학생과 중국 노동자로 구성되어있다. 그중 고학여진회(勤工檢學勵進會)를 기초로 결성된 공학세계사(工學世界社)는 1920년 12월 말에 대회를 소집하고 마르크스주의와 러시아식 사회혁명을 취지로 하겠다는 의사를 밝혔다.

근공검학(勤工檢學)

근면하게 일하고 검약해서 공부한다는 의미로, 낮에는 일하고 밤에 공부하는 주경야독을 말한다. 흔히 요즘 말로 표현하자면 일하면서 여행하는 '워킹 홀리데이(Working Holiday)'와 비슷한 개념이다. 일하면서 견문을 넓힌다는 점에서 근공검학과 워킹 홀리데이는 일맥상통한다. 근공검학은 제1차 세계대전 직후 노동력이 부족했던 프랑스와 서구 문물을 배우려는 중국의 이해관계가 맞아떨어져 생긴 것이다.
1919년부터 1920년 사이에 근공검학을 이유로 프랑스로 떠난 유학생은 모두 1,500명에 달했으며, 이들은 중국의 수뇌부 역할의 자리를 차지하게 된다. 유학생 중 나이가 가장 어리고 키도 가장 작았던 덩샤오핑을 비롯하여 '영원한 총리' 저우언라이, 초대 상하이 시장을 지낸 천이, 10대 원수 중 하나였던 녜룽전, 중국공산당 총서기를 지냈던 리리싼 등을 대표적으로 꼽을 수 있다.

5·4운동 이후, 중국 선각자들은 마르크스주의의 주요 관점을 비교적 구체적으로 소개했다. 그들은 유물사관 측면의 관점에서 사회 발전의 근원을 생산력과 생산관계, 경제토대와 상부구조 사이의 상호 모순 운동에 있다고 보았다. 계급투쟁학설 측면에서, 계급과 계급투쟁의 정의, 계급의 구분과 계급투쟁은 서로 다른 경제이익으로 발생한다는 관점을 설명했다. 그리고 국가는 계급투쟁의 수단이며 무산계급이 정권을 장악해야만 다수인이 소수인에 대한 독재를 실현한다는 등 기본 사상을 집중적으로 설명했다. 잉여가치이론 측면에서, 잉여가치는 자본의 본질을 중심으로 한다. 생산과정에서 자본가가 노동자의 노동 일부분을 무상으로 점유하는 것이다. 이는 무산계급에 대한 착취이고 자본축적의 중요한 구성 부분이라는 등의 관점을 소개했다. 이 밖에 중국 선각자들은 마르크스, 엥겔스가 그려낸 미래 사회에 대해서도 소개했다.

중국 선각자들은 마르크스주의 각 구성 부분에 대한 관점과 각 구성 부분 간의 상호 관계를 설명했다. 그들은 사람들에게 이 과학이론을 비교적 완전하게 인식시켰다. 이와 동시에 마르크스주의와 기타 사회주의 사조를 제대로 비교하여 사람들에게 그들 간의 관계와 차이점을 인식시켰다. 그들의 설명과 전파로 중국 사상문화계, 특히 진보적인 지식인들이 마르크스주의 학설에 대해 큰 관심을 갖게 됐다.

중국 선각자들이 마르크스주의를 전파하는 목적은 단순하게 학리(學理)를 탐구하고 문장으로 궤변을 늘어놓기 위해서가 아니었다. 그들은 사회 발전의 법칙을 정확히 인식하고 자본주의 제도의 본질을 인식하고자 했다. 그리하여 중국을 새롭게 변혁시키고자 한 것이다. 그들은 역사적 사명을 짊어지고 혁명의 과학이론을 탐색하고 파악했다. 그러므로 그들은 계급투쟁과 사회발전의 학설을 전파하는 데 특별한 관심을 가졌고 마르크스의 계급투쟁 학설을 마르크스주의 기타 원리와 연계하는 "소중한 매개"로 여겼다. 그들 중 대부분이 외국어판 마르크스주의 저작물을 직접 열독하여 마르크스주의를 체계적으로 학습했다. 그들에게는 중국의 실정을 연구할 수 있는 여건이 마련돼 있지 않아 이론적인 준비가 부족한 약점이 있었다. 그러나 마르크스주의 일부 기본 관점을 학습한 후, 곧바로 실제적인 투쟁에 나서 상기의 새로운 관점으로 중국 사회의 많은 문제들을 관찰, 분석하려 했다. 그들은 공장, 농촌 속으로 깊이 들어가 사회를 조사하고 민중의 어려움을 헤아렸다. 또, 알아듣기 쉬운 말로 노동자들에게 마르크스주의를 선전하여 마르크스주의와 중국 노동운동을 결부시켰다.

5·4운동 이후, 마르크스주의는 중국에서 신속히 전파됐으며 중국 무산계급정당의 창건에 사상적 토대를 마련해 주었다.

초보적인 공산주의 사상을 가진 지식인들의 성장

5·4운동 시기는 중국 선각자들의 사상 측면에 급격한 변화를 가져온 시기였다. 마르크스주의를 학습, 선전하고 "노동자들과 함께"하는 실천을 통해 일부 선각자들은 급진적 민주주의자에서 마르크스주의자로 전환하기 시작했다. 이러한 선각자들 중 리다자오는 중국 최초 마르크스주의자로서 러시아 10월 혁명을 소개하고 마르크스주의를 전파하는 데 크게 기여했다.

천두슈는 초기 신문화운동의 대표적인 인물이었다. 5·4운동의 추동 아래 그는 지난날에 확신을 가졌던 자산계급 민주주의를 점차 부정하기 시작했다. 이후 과학적 사회주의를 지향했으며 노동운동을 조직해서 이끌었다. 그는 1919년 12월 "베이징 노동계에 고함"에서 18세기 이래 민주는 봉건계급을 향한 자산계급의 투쟁을 기치로 했다.

하지만 20세기의 민주는 자산계급을 향한 무산계급의 투쟁을 기치로 한다고 지적했다.

지난날 천두슈는 유럽을 따라 배워 중국에다 자산계급공화국을 세우자고 주장했다. 하지만 이때에 와서는 그 주장을 포기하고 "공화정치는 소수의 자본가계급 수중에 장악"되어 "그것으로 다수인의 행복을 도모하는 것은 헛된 생각일 뿐이다"고 주장했다. 1920년 5월, 그는 상하이에서 노동자를 적극 규합하여 5·1국제노동절을 경축하는 집회를 가졌다.

9월에 그는 장편논문 〈담정치(談政治)〉를 발표했다. "계급투쟁을 거치지 않고 노동계급이 권력계급의 지위를 차지하는 시대를 거치지 않는다면 데모크라시(Democracy, '민주'를 뜻함)는 필연적으로 자산계급의 영원한 전용물이 될 것이며, 자산계급은 영원히 정권을 장악하고 노동계급을 지배하는 자본주의의 이기(利器)가 될 것이다" "나는 혁명의 수단으로 노동계급(생산계급)의 국가를 세우고 대내외 일체의 침략을 거부하는 정치, 법률을 만드는 것이 현대 사회에 가장 필요한 것이라고 생각한다"고 했다. 그는 이러한 언론 활동을 통해 자신은 이미 무산계급에 입각해 있고, 중국을 변혁하려면 반드시 마르크스주의가 제시한 길을 따라가야 한다는 주장을 표명했다.

마오쩌둥은 5·4운동의 추동 아래 급진적인 민주주의자에서 점차 마르크스주의자로 바뀌었다. 1918년 4월, 마오쩌둥과 차이허썬(蔡和森)은 창사에서 신민학회를 결성하고 혁명 활동을 시작했다. 그해 그는 처음 베이징으로 향하였고 베이징에 있는 동안 러시아 10월 혁명 사상의 영향을 받았다. 5·4운동 이후 마오쩌둥은 〈상강(湘江)평론〉을 편집 주관하면서 10월 혁명을 열정적으로 칭송했다. 그는 이 승리는 "기필코 전 세계에 보급될 것이며" "우리는 이를 따라 배워야 한다"고 주장했다. 1919년 12월, 그는 두 번째로 베이징을 방문하여 10월 혁명에 관한 서적과 마르크스주의 저작물을 열심히 읽었다. 1920년 4월에 그는 베이징을 떠나 상하이에 가서 7월까지 머물렀다. 그동안 천두슈와 함께 마르크스주의와 후난의 혁명 활동 등에 대해 연구하고 토론했다. 베이징과 상하이에 머무는 동안에 마오쩌둥의 사상은 급속하게 바뀌었다. 1920년 겨울, 그는 이론에서부터 실천에 이르기까지 모든 면에서 마르크스주의자로 성장했다.

저우언라이는 5·4운동이 폭발한 지 얼마 지나지 않아 일본에서 톈진으로 돌아왔다. 이어서 〈톈진학생연합보고〉와 〈각오〉를 책임지고, 편집하여 인민대중에게 선전했으며 톈진의 학생운동을 적극 지도했다. 그는 톈진학생의 대표로서 두 번이나 베이징에 갔다. 베이징에서 그는 청원하고 베이징 대학생들과 함께 투쟁했다.

1919년 9월, 그는 각오사를 결성하여 신사조를 소개하고 연구했다. 1920년 1월 29일, 저우언라이는 일본 상품을 배척하는 청원투쟁으로 반동 당국에 체포되었다. 그 와중에도 구금소(拘禁所)에서 5차례나 연설을 하여 마르크스 학설을 소개하기도 했다. 그 내용에는 마르크스 전기, 유물사관, 잉여가치학설과 계급투쟁사의 설명 등이 포함됐다. 1920년 11월, 그는 유럽으로 유학을 떠났다. 저우언라이는 서방 자본주의 국가를 현지 경험하고 각종 사회개조학설을 비교하여 선택했다. 이를 통해 저우언라이 역시 급진 민주주의자에서 마르크스주의자로 바뀌었다.

신해혁명에 참가했던 둥비우(董必武), 린주한(林祖涵), 우위장(吳玉章) 등 선각자들은 자신의 직접적인 실천 경험과, 마르크스주의에 대한 학습 등을 통하여 사상 측면에서 변화를 가져왔다. 그리하여 이들은 옛 주장을 포기하고 마르크스주의자가 됐다.

마르크스주의를 학습, 전파하는 과정에서 리다(李達), 덩중샤(鄧中夏), 차이허썬, 양파오안, 가오쥔위(高君宇), 윈다이잉(惲代英), 취추바이(瞿秋白), 자오스옌(趙世炎), 천탄추(陳潭秋), 허수헝(何叔衡), 위슈숭(兪秀松), 샹징위(向警予), 허멍슝(何孟雄), 리한쥔(李漢俊), 장타이레이(張太雷), 왕진메이(王盡美), 덩언밍(鄧恩銘), 장원톈(張聞天), 뤄이눙(羅亦農) 등 선각자들도 차례로 무산계급혁명의 길을 선택했으며 마르크스주의자가 됐다.

5·4시기의 진보 사회단체는 마르크스주의를 학습, 전파하고 청년학생들의 사상을 바꾸는 측면에서 큰 역할을 했다. 5·4운동 전후, 각지에는 신생 사회단체가 우후죽순 격으로 생겨났다. 어떤 통계에 따르면 1919년 베이징에 등록된 사회단체만 해도 281개에 달했으며 1920년에도 증가세를 보였다. 이 단체들은 거의가 신문화운동과 5·4운동의 영향을 받았다. 민주와 과학을 고취하는 것을 자신의 과업으로 삼고 사회를 바꾸는 데 취지를 두었으며 신사상을 적극 연구하고 전파했다. 그들은 중국의 구식 민간결사단체 조직 형태에서 벗어나 신사조의 전파를 기반으로 연합했다. 그러나 구성원끼리 생각이 다르고 중국 사회에 대한 인식도 달랐다. 인적 구성이 다르다는 것 등 그 밖에 원인으

로 많은 사회단체가 해체되고 그 성원들도 각기 다른 길을 선택했다.

초보적 공산주의 사상을 가진 지식인들은 마르크스주의를 학습, 선전했다. 그들은 노동자대중에 침투하는 과정 중 반제국 반군벌의 실제 투쟁에 참여하여 단련을 거듭하고 한걸음씩 성장했다. 이는 중국 무산계급정당의 창건을 위한 간부를 양성해 주는 계기가 됐다.

마르크스주의 전파 과정에서의 논쟁

마르크스주의는 무산계급과 광범위한 인민대중의 해방을 지도하는 이론적 무기이다. 이 이론이 중국에서 널리 전파되고 노동운동과 결합하자 제국주의자와 봉건군벌은 공포감에 휩싸였다. 그들은 마르크스주의에 '과격주의' 등 누명을 씌우고 중국에서 전파되는 것을 있는 힘을 다해 저지했다. 북양군벌 정부와 각 성의 군벌 통치자들은 모두 명령을 내리거나 포고문을 발표했다. 그들은 과격주의에 대비할 것을 요구하며 적지 않은 진보적 신문사와 잡지사를 폐간해 버렸다. 하지만 이러한 일련의 과정들도 마르크스주의가 중국에서 널리 전파되는 것을 막지 못했다.

5·4운동 이후, 신문화운동이 깊이 있게 발전하고 마르크스주의가 널리 전파되면서 신문화운동 진영에는 점차 분화가 생기기 시작했다. 그래서 마르크스주의를 선택할 것인가, 무슨 주의로 중국 사회를 개혁할 것인가 등의 문제를 놓고 치열한 논쟁이 벌어졌다.

후스를 대표로 하는 자산계급 지식인들은 5·4운동 이전의 신문화운동에서 일정한 역할을 담당했다. 하지만 신문화운동으로 마르크스주의가 널리 전파되고 운동으로 번지는 것을 바라지는 않았다. 1919년 7월, 후스는 〈매주평론〉제31호에 "문제를 좀 더 많이 연구하고 '주의'를 좀 적게 담론하자!"는 글을 발표하여 "이 문제는 어떻게 해결할 것인가, 저 문제는 어떻게 해결할 것인가를 더 많이 연구하고 이 주의가 어떻게 신기하고 저 주의가 어떻게 오묘한가를 장황하게 늘어놓지 말라"며 권고했다.

그러면서 "듣기 좋은 '주의'를 공담하는 것은 아주 쉬운 일"이며 "개나 소나 다 할 수 있는 일이고 앵무새나 유성기도 할 수 있는 일이다"고 비웃었다. 후스는 사람들이 각종 주의를 담론하는 것에 동의하지 않았다. 사실상 그는 이런 표현 등을 통해 마르크스주의가 중국에서 전파되는 것을 반대하고 개량주의를 고양했다. 중국은 혁명을 거치지 않고서도 그가 말한 모든 문제점을 해결할 수 있다고 보았다. 그는 마르크스주의의 계급투쟁 학설을 반대했으며 사회에 계급투쟁이 존재하기에 이런 학설이 나타난다는 것을 부인했다. 훗날 그는 이 글을 발표한 목적을 사람들이 마르크스, 레닌에게 "코 꿰어 따라가지 않도록 하기" 위함이라고 했다. 중국 문제는 "근본적 해결책이 있어야 한다"는 마르크스주의자들의 주장에 그는 "자기도 속이고 남도 속이는 잠꼬대"라고 비판했다.

후스(胡適, 호적·1891~1962)

중국의 사상가이자 교육가로 베이징대학교 교수를 역임했고 프래그머티즘 교육이론 보급에 힘썼다. 베이징대학교 학장, 주미 대사 등을 역임하며 중국의 정치·외교·문교 정책 시행에 중요 역할을 하였다.

리다자오는 후스의 관점에 맞서 1919년 8월에 "문제와 주의를 다시 논함"이란 글을 발표했다. 그는 "나는 볼셰비키주의자들과 담론하기를 즐긴다" "볼셰비키주의의 유행은 세계 문화의 큰 변동이라 할 수 있다. 우리는 그것을 연구하고 소개해서 그의 실상을 인류 사회에 공개해야 한다"고 발표했다. 그는 또 다음과 같이 지적했다. 이상적인 주의를 선전하는 것과 실제적인 문제를 연구하는 것은 "서로 필요한 것이고" "공존할 수 있으며 서로 모순되지 않는다" 한편으로 문제를 연구하자면 반드시 주의를 지침으로 해야 한다. 사회 문제를 해결하려면 사회 다수인들의 공동 운동에 근거를 두어야 하며 다수인들의 공동 운동은 반드시 공통된 이상과 주의를 준칙으로 해야 한다. 따라서 주의를 담론하는 것은 필요하다. 주의를 선전하지 않고 다수인이 참여하지 않는다면 아무리 "연구"해도 사회 문제를 영원히 해결할 수 없다.

다른 한편으로, "어떤 사회주의자가 자신의 사상으로 세계적인 영향을 미치려면 어떻게 해야 자신을 둘러싸고 있는 환경에 적용할 수 있을 것인가를 연구해야 한다" 그리고 "우리가 이러저러한 사상을 도구로 삼고 그것을 실제적 운동에 적용한다면 그것은 시간, 지방, 사건의 성격과 형태에 따라 환경에 적응하고 변화를 일으킬 것이다"

리다자오는 근본적인 해결을 반대하는 후스의 개량주의에 맞섰다. 그는 마르크스주의 유물사관을 언급하며 중국 문제는 반드시 근본적인 해결책이 있어야 한다는 혁명적 주장을 펼쳤다. 그는 "'경제문제를 해결하는 것은 근본적인 해결책이 될 수 있다. 경제문제만 해결하면 정치, 법률, 가정제도, 여성해방, 노동자해방 등 문제를 전부 다 해결할 수 있다' 중국과 같이 활력이 없는 사회에서는 '반드시 근본적 해결책이 있어야만 개개의 구체적 문제점들이 해결될 수 있다"고 주장했다. 계급투쟁을 반대하는 후스의 관점에 맞서 리다자오는 "계급투쟁 학설은 유물사관의 중요한 내용이며 경제문제를 해결하려면 반드시 계급투쟁을 해야 하고 혁명을 해야 한다. 계급투쟁을 중시하지 않고 이 학리를 도구로 노동자연합운동에 적용하지 않는다면 경제혁명은 영원히 실현될 수 없을 것이다"고 강조했다.

이 '문제'와 '주의'의 논쟁은 사실상 중국이 마르크스주의와 혁명을 수용할 것인가 수용하지 않을 것인가의 논쟁과 같았다. 이 논쟁은 기타 단체의 내부에서도 진행됐으며 여러 간행물에도 반영됐다. 많은 진보적 청년들은 글을 써 리다자오의 관점을 지지했다. 반면, 후스의 관점을 지지하거나 이와 비슷한 관점을 가진 사람들도 적지 않았다. 이 논쟁에서 리다자오와 젊은 마르크스주의자들은 그들의 인식으로 마르크스주의가 중국의 수요에 적합하다는 것을 논증했으며 중국 사회에 대한 철저한 혁명의 필요성을 지적했다. 이는 마르크스주의의 영향을 확대하고 중국 사회를 변혁하는 이론이 한층 더 깊어지는 데 도움을 주었다.

'문제'와 '주의'의 논쟁 이후, 마르크스주의자들과 일부 자산계급 지식인 사이에 사회주의가 중국의 실정에 부합 가능한가에 관한 논쟁이 벌어졌다. 1920년, 장둥쑨(張東蓀)은 학술강연 차 중국에 온 영국의 버트런드 러셀과 동행하는 과정에서 다음과 같은 글을 발표했다. 그는 중국은 "사회주의가 우선인 나라가 아니라" "자원을 개발하고" 실업을 발전시키는 것이 급선무라는 러셀의 주장에 감탄했다. 량치차오는 1921년 2월에 글을 써 장둥쑨의 생각을 지지하면서 중국에서 사회주의를 실행하는 것을 반대했다. 경제가 낙후한 중국에서 대다수 인민들은 지식이 턱없이 부족하다. 따라서 그는 "절대로 노동계급의 국가를 건설할 수도 없고" 공산당을 창건할 수도 없으며 사회주의에 대해서는 "냉철하게 연구"할 수 있을 뿐 선전도 "될 수 있는 한 적게 해야 한다"고 주장했다. 그렇지 않으면 "가짜 노농혁명"을 초래할 수 있다고 경고했다. 후스와 달리 그들은 중국이 낙후된 이유가 제국주의 약탈과 압박이라는 점을 부인하지 않았다. 그리고 중국의 유일한 병의 증상은 빈곤이며 이를 해결하는 방법은 자본주의식으로 사업을 활성화하는 것이라고 했다. 그들은 길드사회주의[50]를 신봉하면서 사회주의 이상에는 찬성했다. 그러나 중국은 반드시 "신상(紳商·상류층에 속하는 점잖은 상인)계급"에 의하여 자본주의를 발전시켜야 한다고 단언했다. 장둥쑨과 량치차오는 사업을 활성화시키고 자본주의 경제를 발전시킬 것을 주장했다. 이는 당시 중국 사회 경제 발전의 요구에 딱 들어맞았다. 그러나 그들은 자본주의 발흥과 발전을 소극적으로 기다리기만 했다. 그리고 결국엔 제국주의 침략과 봉건주의 압박 아래 중국 자본주의는 정상적으로 충분하게 발전할 수는 없었다. 그들은 단지 혁명을 통해서만 반제국 반봉건 임무를 완수할 수 있고 나라의 독립과 인민의 민주를 실현할 수 있으며, 나아가 실업을 충분히 발전시키고 국가를 부강하게 만들 수 있다는 사실을 알지 못했다. 그들은 두려운 마음으로 중국에서 과학적 사회주의를 선전하고 무산계급정당을 창건하는 것을 극력 반대했다. 이것은 착오적인 생각이었다.

천두슈, 리다자오, 리다, 차이허썬 등은 저마다 글을 발표하여 장둥쑨, 량치차오 등의 주장을 적극 반박했다. 그들은 "중국은 경제가 낙후했지만 무산계급이 존재하고 있는 것은 객관적인 사실이다. 중국의 무산계급과 농민들은 본국의 자산계급과 지주의 압박과 착취를 받고 있을 뿐만 아니라 국제 제국주의의 잔혹한 약탈과 압박도 받고 있기에 강력한 혁명의 요구를 가지고 있다. 그러므로 '혁명의 폭발은 필연적인 추세이다' 중국이 외국 제국주의의 침략과 약탈을 당하고 있는 현 상황에서 벗어나려면 '중국 노동자들이 연합하여 혁명단체를 결성하고 생산제도를 바꾸는 길밖에 없다' '중국 노동(노농)단체들이 자본가, 자본주의에 저항하는 투쟁은 중국의 독립을 이룩하기 위한 투쟁이

---

50 영국에서 유래한 길드사회주의는 무산계급 사회주의혁명은 필요하지 않으며 직원들의 협회 조직으로도 자본주의 국가의 성격을 바꿀 수 있다고 인정한다. 이는 사회주의의 명의로 자본주의제도를 수호하고 노동계급을 기만하는 사상이다. 길드는 영어 Guild의 음역으로 '협회'를 뜻한다.

다. 오직 노동단체에 의해서만 중국 독립의 목적을 이룩할 수 있다'[51]
중국에서 공산주의 사상을 가진 사람들이 단합하여 공고한 단체를 조
직하고 공산당을 창건하는 것은 필요하다. 그뿐만 아니라 조건도 이
미 성숙됐다"[52]고 지적했다. 그들은 또 "중국은 반드시 공상업을 발전
시켜야 한다. 하지만 가난하고 낙후된 중국의 현황을 바꾸는 출로는
사회주의에 달려있다. '오늘날 중국에서 실업을 발전시키려면 반드시
순수한 생산자들로 정부를 구성하고 국내의 약탈계급을 숙청해야 한
다. 그리고 자본주의에 저항하며 사회주의에 의거하여 실업을 경영해
야 한다'[53]"고 지적했다. 그들은 또 길드사회주의를 비판했다. 그러면
서 온정주의의 사회정치로 자본주의의 폐단을 교정하는 것은 개량주
의의 환상에 불과하다고 지적했다.

이 논쟁은 1년 남짓 지속됐다. 본질적으로 볼 때, 이 논쟁은 중국이
사회주의 길을 선택해야 할지 아니면 자본주의 길을 선택해야 할지,
사회혁명을 실시해야 할지 아니면 사회개량을 실시해야 할지, 무산계
급정당을 세워야 할지 아니면 세우지 말아야 할지에 관한 내용이었
다. 길드사회주의를 제창하고 자본주의를 발전시켜야 한다고 주장했
던 사람들은, 중국이 당시의 환경에서 어떻게 길드사회주의를 실시해
야 할지에 대해 설명할 수 없었다. 제국주의와 봉건주의 통치 아래에
있는 중국에서 자본주의가 발전할 수 없다는 사실도 말살할 수 없었
다. 그들은 마르크스주의자들의 강력한 반격에 무너질 수밖에 없었다.

이 논쟁에서 초기 마르크스주의자들은 시대의 전진 방향을 파악했
다. 그들은 습득한 마르크스주의 이론으로 자본주의제도의 고유 모순

---

51 《두슈가 둥쑨선생에게 보낸 답신》(1920년 12월), 《신청년》 제8권 제4호.
52 《두슈가 둥쑨선생에게 보낸 답신》(1920년 12월), 《신청년》 제8권 제4호.
53 리다자오 : 《중국 사회주의와 세계 자본주의》(1921년 3월 20일), 《평론에 대한 평론》 제1
권 제2호.

을 상세하게 분석했다. 그리고 자본주의는 기필코 모순이 격화되어 멸망하고 사회주의가 자본주의를 대체할 것이라고 지적했다. 또 중국의 출로는 오직 사회주의라는 것을 긍정하고, 중국 사회를 개조하려면 반드시 공산당 조직을 세워야 한다고 강조했다. 이러한 관점은 정확했다. 하지만 그들의 논점에도 약점이 있었다. 예를 들어 그들은 중국의 반식민지 반봉건사회 성격에 대한 과학적인 인식이 부족한 상태에서 사회주의 혁명을 진행하자고 주장했던 것이다. 그들은 중국 사회 경제가 심히 낙후된 상황에서 민족자본주의가 일정한 수준으로 발전하는 것은 불가피한 일이며, 오히려 유익하다는 점을 이해하지 못했다. 장둥쑨, 량치차오 등의 착오는 중국이 당시 환경에서 사회주의를 실시할 수 없다고 한 것이 아니라 지금 즉각 사회주의를 실시하지 않는다면 사회주의자도, 사회주의 사상도, 공산당도 필요 없다고 한 것이다. 자본주의 폐단을 질책하고 자본주의 죄악을 규탄하는 것만으로는 이러한 관점을 반박하기가 힘들었다. 그래서 마르크스주의를 운용하여 중국의 실정을 심도 있게 분석하고 중국 혁명의 길을 연구하는 탐구가 필요했다. 그리고 어떻게 하면 마르크스주의를 중국의 실정에 결합시킬 것인가 하는 구체적인 주장도 당연히 제기해야 했었다. 그러나 초기 마르크스주의자들의 위 같은 약점들은 혁명이 실천되는 과정에서 점차 해결됐다.

초기 마르크스주의자들은 반마르크스주의 사조를 반대함과 동시에 중국에서 아주 큰 영향력을 지닌 무정부주의에도 반박했다.

중국에는 많은 소자산계급들이 존재했다. 많은 소자산계급 지식인들은 당시의 현실에 불만을 품고 낡은 사회제도에 저항하려는 염원이 있었다. 무정부주의는 혁명의 탈을 쓰고 등장했으며 소자산계급의 눈길을 끌었다. 5·4운동기간, 무정부주의는 청년 지식인들 사이에서 널리 소개됐다. 무정부주의자들은 봉건군벌의 전제통치를 폭로하고 비판했다. 그리하여 10월 혁명과 신사조를 이해시키는 데 주도적인 역할을 했다. 하지만 그들은 모든 국가와 모든 권위, 모든 정치투쟁과 폭력혁명을 반대했다. 그들은 중국의 반동 정권을 반대하는 동시에 공격의 예봉을 마르크스주의 국가학설과 러시아의 무산계급 독재한테 돌려버렸다. 그들은 사회 발전의 역사적 단계를 뛰어넘고 사회혁명 이후에 즉각 "자기가 필요한 만큼 가져가는" 분배원칙을 실시할 것을 고취했다. 그들은 개인주의를 제창하고 절대적 자유를 주장했으며 모든 조직 규율에 반대했다. 이러한 사상은 청년 지식인들 사이에서 소극적인 영향을 미쳤다.

중국공산당 창건 전후로 마르크스주의자들은 혁명의 형식, 국가의 본질과 같은 문제를 둘러싸고 무정부주의를 엄중하게 비판했다. 그들은 무산계급이 인민대중을 선동하여 혁명투쟁을 진행하고 폭력으로 정권을 탈취해야 한다고 했다. 그러고는 무산계급 독재정권을 세울 필요성과 중요성을 강하게 지적했다.

또 그들은 무산계급 국가와 착취계급 국가의 본질적인 차이를 논증했다. 봉건 귀족, 자산계급의 국가는 반드시 철저히 뒤엎고 무산계급 독재정권은 반드시 공고히 하고 강화해야 한다, 이렇게 하는 것이 자본주의에서 공산주의에 이르는 정확한 노선이라고 주장했다. 마르크스주의자들은 무정부주의자들의 혁명 적극성을 긍정했다. 그러나 한편으로는 국가 문제에 대한 그들의 어리석은 관점을 비판하면서 이런 어리석은 관점은 그들을 혁명의 기로에 들어서게 한다고 밝혔다. 마르크스주의자들은 분배 문제에서 무정부주의자들의 평균주의 사상도 비판했으며 그들의 절대적 자유에 대한 주장을 중점적으로 비판했다. 그들은 인류사회에서 자유는 항상 상대적인 것이며 "절대적 자유"란 있을 수 없다고 지적했다.

무정부주의 사조를 비판한 이번 투쟁은 규모가 비교적 컸다. 그래서 〈신청년〉, 〈공산당〉 등 신문, 잡지뿐만 아니라 일부 사회단체와 진보 청년들 사이에서도 진행됐다. 무정부주의 사조의 영향을 받은 많은 청년 지식인들은 진보적이었고 강한 혁명 염원을 가지고 있었다. 다만 그들에게 착오가 있다면 그것인 탐구 과정에서의 인식이었다. 이 논쟁을 거쳐 소수의 무정부주의자가 여전히 자기의 입장을 이어갔을 뿐 무정부주의 사상의 영향을 받았던 대다수 청년은 모두 그릇된 사상을 포기했다. 그리고 마르크스주의를 받아들였으며 무산계급의 충실한 전사가 됐다.

5·4운동 시기 마르크스주의자들이 자산계급 개량주의자, 무정부주의자들과 함께 진행한 논쟁은 마르크스주의 전파과정에서의 첫 번째 논쟁으로서 중국 사상 영역에 중대하고 심원한 영향을 끼쳤다. 논쟁 과정에서 초기 마르크스주의자들은 확고한 신념으로 마르크스주의 이론을 무기로 삼았다. 그들은 이로 하여금 자산계급과 소자산계급의 각종 그릇된 사조에 대해 반박했으며 마르크스주의 사상을 점진적으로 넓혀나갔다.

구국구민과 중국 사회 개조를 지향했던 일부 진보적 청년들은 이번 논쟁을 통해 마르크스주의라는 이론의 과학성과 진리성을 인식했다. 그들은 과학적 사회주의와 자산계급 개량주의, 무정부주의 사이의 본질적인 차이를 똑똑히 알게 됐다. 또, 과학적 사회주의만이 나라와 민족을 구할 수 있고 중국 사회를 근본적으로 개조시킬 수 있다는 점을 이해하게 됐다. 그들은 자기의 인생관을 확립하고 중국 사회를 개조하는 데 운용할 "사상"을 선택하는 과정에서 반복적인 비교를 거쳤다. 그리고 끝내 자산계급 개량주의와 무정부주의를 포기하고 과학적 사

1949년 10월 1일 톈안먼 성루에서 중화인민공화국 중앙인민정부의 수립을 장엄하게 선포하고 있는 마오쩌둥(毛澤東).

1984년 10월 1일 중화인민공화국 창건 35돌 경축대회에서 중요한 연설을 발표하고 있는 덩 샤오핑(鄧小平).

1999년 10월 1일에 톈안먼 성루에서 중화인민공화국 창건 50돌 경축대회에 참가한 군중행진 대에 화답하고 있는 장쩌민(江澤民).

2009년 10월 1일 중화인민공화국 창건 60돌 경축대회에서 중요한 연설을 발표하고 있는 후진타오(胡錦濤).

1919년 5월 4일, 위대한 5·4 애국운동이 폭발하였다. 북경대학생 3천여명이 천안문(텐안민) 광장에 모여 시위를 전개하였다. "우리의 청도(칭따오)를 돌려달라, 우리의 주권을 보호하자." "파리강화회의에서의 조인을 거부하겠다."등 구호는 하늘을 뚫었다. 그들은 "북경학생 천안문대회선언"을 통하여 "북경전체학계통고"를 배포하였다. 사진은 북경대학생 시위행렬이 천안문으로 향하고 있는 장면.

천두슈(진독수), 중국공산당 창시자 중 한명

리다자오(이대조), 중국공산당 창시자 중 한명

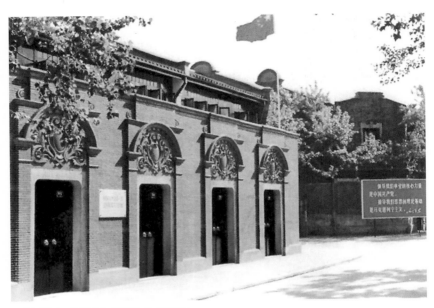

중국공산당 제1차 전국대표대회 회의장소.

중국공산당은 창건 이후 역량을 집중하여 우선 노동운동을 시작했다. 당이 영도하는 베이징 창신뎬(長辛店)공회가 설립된 후, 노동자들이 기관차 앞에서 찍은 사진.

1924년 1월, 중국공산당과 소련의 도움 아래에 중국국민당은 제1차전국대표회의를 개최하였다. 리다자오(李大釗) 등 동지들이 대회에 출석하고 지도자로 활동하였다. 사진은 쑨중산 등이 대회장에서 걸어 나오고 있는 모습이다.

공산당원, 공청당원들은 북벌 전쟁 중 효과적인 사상정공작을 진행하였다. 사진은 일부 정치공인들이 남창에서 남긴 것이다. 앞줄 오른쪽 첫번째가 리푸춘(李富春), 두번째는 주커징(朱克靖), 세번째는 궈모뤄(郭沫若), 뒷줄 왼쪽 세번째는 린보취(林伯渠), 두번째는 리이멍(李一氓)이다.

난창봉기 총 지휘부 옛 터 – 원 장시대여사(江西大旅社).

징강산(井岡山) 5대 초소의 하나 - 황양제(黃洋界), 츠핑(茨坪) 서북면에 위치하고 있다.

토지혁명전쟁 중기 중앙노농민주정부 소재지 - 장시(江西) 루이진(瑞金).

쭌이회의(遵義會議) 회의장소.

홍군 장정이 거쳐간 황량하고 인적 없는 습지.

西北文化日報

1936년 12월 12일 놀라운 시안 사변이 폭발하였다. 사변 발생 후 장쉐량, 양후청의 요청아래 중공 중앙은 주언라이를 주장으로, 예젠잉 등 대표단을 보내 협상을 벌여서 국민당과 공산당은 공동으로 항일투쟁에 나서기로 합의하고 사변은 평화적 해결되었다.
사진은 사변 발생 2일째 되는 날 "서북문화일보" 보도내용이다.

루거우챠오(盧溝橋)를 수비하는 전사들이 엄폐물 뒤에서 전투 준비를 하고 있는 장면.

연안(옌안) 바오타산(寶塔山).

적후 근거지를 개척하기 위해 항일전쟁 전선을 향해 출발하고 있는 팔로군(八路軍)부대.

신사군(新四軍)부대 창장(長江) 남북을 전전하면서 화중(華中) 항일근거지를 창설.

중공육묘육중전회주석단성원 단체사진. 앞줄 왼쪽부터 캉성(康生), 마오쩌둥(毛澤東), 왕자상(王稼祥), 주더(朱德), 샹잉(項英), 왕밍(王明). 뒷줄 왼쪽부터 천윈(陣雲), 보구(博古), 펑더화이(彭德懷), 류사오치(劉少奇), 저우언라이(周恩來), 장원톈(張聞天).

정풍운동 중, 1942년 봄 마오쩌둥이 군사고급 간부회의에서 보고하고 있다.

대생산운동(大生産運動)시기, 타이항산(太行山)에서 황무지를 개간하고 있는 팔로군 장병들.

1942년 5월 5일, 마오쩌둥 등 중앙영도들이 옌안 문예좌담회에 참여하여 공작원들과 찍은 단체사진.
왼쪽부터 카이펑(凱豊), 런비스(任弼時), 왕자샹, 쉬터리(徐特立), 보구, 류바이위(劉白羽), 뤄펑(羅鋒),
차오밍(草明), 톈팡(田方), 마오쩌둥, 천보얼(陳波兒), 주더, 딩링(丁玲), 리보자오(李伯釗), 취웨이(瞿
維), 리췬(力群), 바이랑(白朗), 사이커(塞克), 저우원(周文).

중국공산당 제7차 전국대표대회 회의장

해방구에서 열린 경축 항일전쟁 승리 기념 축하대회

충칭 담판 기간, 마오쩌둥과 장제스가 함께 찍은 사진

1947년 3월 18일, 마오쩌둥, 저우언라이, 린비스는 중공중앙기관을 이끌고 옌안에서 철수하여 산북으로 전진하였다. 사진은 마오쩌둥, 저우언라이 등의 행군 도중 모습.

전국 해방전쟁기간 북경학생들이 텐안먼 앞에서 굶주림, 내전 대여행을 반대하고 있다.

요심전역 중, 강대한 화포 엄호아래 해방국이 금주성탄을 향해 돌진하고 있다.

회해전역 중 인민해방군은 위세 웅장하고, 개선가를 부르며 앞으로 나아가고 있고, 국민당군은
전장에서 포로로 사로잡혔다.

핑진전역(平津戰役)기간, 베이징이 평화적으로 해방된 후 첸먼거리(前門大街)를 지나고 있는
해방군 포병부대.

인민해방군 전쟁은 인민들의 전폭적인 지원을 받았다. 3대 전역 기간, 해방구 농민들이 엄동설
한에 손수레로 탄약과 물자를 전선에 나르는 장면.

토지제도의 개혁은 광대한 인민으로 하여금 가난에서 벗어나게 하였다. 사진은 토지개혁에서 해방구 농민들이 집회하는 모습.

1949년 4월 23일, 국민당 반동통치의 중심지였던 난징(南京)의 해방은 "장제스 왕조"의 멸망을 선언하였다. 해방군이 국민당정권 "대통령"부를 점령한 장면.

마오쩌둥이 중공7차 2중전회에서 보고하고 있다.(왼쪽)

1949년 9월 30일, 중국인민 정치협상회의 제1기 전체회의에서 중화인민공화국 중앙인민정부 주석, 부주석과 정부위원을 선출하고 중앙인민정부위원회를 구성하였다. 대회 주석대에 오른 주석 마오쩌둥(왼쪽 세 번째)과 부주석 주더(왼쪽 두번째), 류사오치(왼쪽 첫번째), 쑹칭링(宋慶齡)(왼쪽 네번째), 리지선(李濟深)(왼쪽 다섯번째), 장란(張瀾)(왼쪽 여섯번째), 가오강(高崗)(외쪽 일곱번째). (아래 사진)

회주의를 선택했다. 그 후 마르크스주의자로 성장하여 마르크스주의를 선전하고 노동자 대중과 결합하여 중국공산당의 초기 조직을 창건하는 활동에 뛰어들었다.

3. 당의 초기 조직 설립

상하이의 공산당 초기 조직

5·4운동 이후, 마르크스주의가 중국에서 널리 전파되면서 중국 노동운동과 점차 결합하는 과정을 거치게 되었다. 이는 중국공산당을 태동시키고 창건하는 과정이기도 했다.

중국 최초로 중국공산당 창건을 계획한 사람은 천두슈와 리다자오였다. 마르크스주의에 대한 학습과 전파, 러시아 10월 혁명 경험에 대한 학습, 중국 노동운동의 실천을 통하여, 그들은 점차 마르크스주의를 운용하여 중국을 개조하고자 했다. 그래서 10월 혁명의 길을 따라 러시아와 같이 무산계급정당을 세우며 무산계급정당으로 혁명을 조직, 영도해야 함을 인식했다. 이때, 천두슈는 이미 청년 학생들에서 주로 노동자, 농민 대중에게 눈길을 돌렸다. 그리고 진보적인 사상과 문화를 연구하고, 전파하던 것에서 벗어나 공산당 조직을 세우는 데 주력했다. 이는 중대한 전환점이었다. 1920년 2월, 천두슈는 반동 군벌 정부의 박해를 피하고자 비밀리에 베이징에서 상하이로 이동했다. 리다자오는 천두슈를 수행하면서 중국에서 공산당 조직을 세울 것에 관해 천두슈와 깊이 논의했다.

노동자들 사이에 깊이 들어가 그들의 어려움을 헤아리고 그들을 조직화하려는 움직임은 중국 선각자들이 무산계급정당을 세우는 위대한 첫 걸음이었다.

천두슈는 상하이에 도착한 후 즉시 노동자 대중에게 마르크스주의를 선전하기 시작했다. 그는 우선 부두 노동자들로부터 파업 상황을 알아보고 중화공업협회, 중화공회총회 등 노동단체에 가서 현황을 파악했다. 1920년 4월 2일, 천두슈는 상하이 부두 노동자들이 일으킨 "선박 창고업계 연합회" 결성대회에 나타났다. 그러고는 "노동자의 각성"이라는 제목으로 연설을 하여 사회에서 노동계급의 지위를 높이 평가하고 "사회의 각종 사람들 중에서 오직 육체노동에 종사하는 사람들만이 기둥이며", 세계에서 "육체노동에 종사하는 사람만이 가장 쓸모 있고 가장 귀중하다"고 찬양했다. 그는 노동자 대중이 신속하게 각성하고 자기들의 위대한 힘과 역사적 사명을 인식하기를 희망했다. 그는 노동운동에는 두 가지 단계가 있다고 보았다. 즉 대우 개선을 요구하는 단계와 관리권을 요구하는 단계가 있다.

그는 중국 노동자들의 수준은 아직 첫 번째 단계에 머물러 있다고 생각했다. 노동자들의 각성을 두 번째 단계로 끌어올리려면 수천 년 동안 전해 내려온 "정신노동을 하는 자는 남을 다스리고 육체노동을 하는 자는 남의 다스림을 받는다"는 말을 바꿔야 한다고 주장했다. 천두슈는 노동자들 사이에 들어가 조사하는 것 외에도 베이징대학교의 진보적 학생들과 각지의 혁명적 청년들을 초청하였다. 그들과 함께 노동자들 속에 깊이 들어가 현황을 파악하고 노동자들의 상황을 알아봄과 동시에 이를 토대로 〈신청년〉 제7권 제6호 〈노동절기념호〉를 편집, 출판했다.

이 출간기념식에서는 28편의 글이 발표됐는데 그중 대부분이 상하이, 베이징, 톈진, 창사, 우후(蕪湖), 우시(無錫), 난징, 탕산 등지 노동자 현황을 반영하고 각지의 노동조직과 노동운동을 소개한 글이었다. 천두슈 본인은 "상하이후생방직공장 여공문제"라는 글을 기고했다.

〈노동절기념호〉의 편집, 발행은 중국 선각자들과 노동운동의 결합물이었다. 그해 4월 중순, 천두슈는 중화공업협회, 중화공회총회, 전기기구업계연합회, 선박창고업계연합회, 약업우의연합회 등 7개 공업계 단체를 동원하여 '세계노동절기념대회'를 준비했다. 그리고 준비회의에서 "노동자 요지"라는 제목으로 연설했다.

그는 공업계 단체들의 존경과 추대를 받았으며 준비회 고문이 됐다. 천두슈의 지도 아래 상하이 각계 5,000여 명의 노동자들은 5월 1일에 집회를 가졌으며 "노동자 만세" 등 구호를 제창하고 〈상하이 노동자 선언〉을 통과시켰다. 그 후 천두슈는 〈노동계〉, 〈화우(伙友)〉 등 간행물을 발간하여 노동자들에게 마르크스주의를 선전하고 그들을 각성시켰으며 진정한 공회를 조직했다. 이 밖에 위슈숭(兪秀松) 등 진보적 청년들도 공장에 침투하여 일하면서 노동운동을 어떻게 전개할지 연구했다. 위슈숭은 우선 상하이에 '노동자 클럽'을 세우고 노동자들을 교육하였다. 그리하여 그들의 낡은 사상을 바꾸고 그들에게 새로운 지식을 가르친 후, 다시 각종 노동자 단체를 조직하고 노동운동을 전개할 수 있다고 주장했다.

마르크스주의와 노동운동이 결합되면 무산계급정당이 생기게 마련이다. 천두슈는 노동자를 동원하고 조직하여 그들에게 마르크스주의를 선전함과 동시에 당 창건을 적극 준비했다. 그는 상하이 마르크스주의연구회 구성원 중에서 당 창건 핵심 인물들을 찾아냈다.

1920년 봄, 중국 선진 지식인들이 당 창건을 한창 준비하고 있을 때, 러시아공산당 극동국 하이선웨이(海蔘威·지금의 블라디보스토크) 분국 외국처는 국제공산당의 동의를 거쳐 보이틴스키등 전권 대표를 파견했다.

그들은 5·4운동 이후의 중국 혁명운동 발전 상황과 공산당 조직의 창건 가능성을 확인했다. 이때 러시아 화교이자 러시아공산당 당원이며 통역을 담당한 양밍자이(楊明齋)가 동행했다. 보이틴스키 일행은 먼저 베이징에서 리다자오와 만났다. 그리고 리다자오 측근의 주선으로 그들은 일련의 좌담회에 참석했다. 연이어 리다자오의 소개로 상하이에서 천두슈와 회동할 수 있었다. 베이징과 상하이에서 보이틴스키는 10월 혁명 이후 러시아의 상황과 러시아소비에트연방의 대중국 정책, 국제공산당 및 국제공산주의운동의 상황과 경험을 알려주었다. 그들은 중국의 노동계급 발전 상황과 마르크스주의 전파 상황을 파악한 후 중국이 이미 공산당 창건 조건이 구비됐음을 보면서 리다자오와 천두슈의 당 창건 사업에 도움을 주었다.

보이틴스키의 협조 아래 천두슈는 상하이 마르크스주의연구회를 기초로 당 창건 사업의 발걸음을 재촉했다. 1920년 6월, 그는 리한쥔, 위슈숭, 스춘퉁(施存統), 천궁페이(陳公培) 등과 회의를 열고 공산당 조직을 설립하고 사회공산당이라고 명명하기로 결정했으며 당의 강령을 기초했다. 당의 강령 초안은 모두 10개 조로 구성됐다. 그중에는 노동자독재, 생산합작 등을 수단으로 하여 사회혁명의 목적을 달성한다는 내용이 포함됐다. 그러고 나서 천두슈는 당 이름을 "사회당"으로 해야 할지 아니면 "공산당"으로 할지에 대해 리다자오의 의견을 물었다. 이에 리다자오는 "공산당"으로 명명하자고 주장했으며 천두슈는 이에 대해 동의했다.

보이틴스키(1893~1953)

러시아 사람, 본명은 Г·Н·Войтинский이다. 중국에 머무르고 있는 동안 우팅캉(吳廷康)이란 이름을 썼다. 1920년 4월, 러시아공산당(볼셰비키) 당원 소조를 거느리고 중국에 왔다가 1921년 봄 귀국했다. 대혁명 시기에 여러 차례 중국에 왔다.

계획과 준비를 거쳐 천두슈의 주관 아래 1920년 8월, 상하이의 공산당 초기 조직이 상하이 프랑스 조계지 라오위양리(老漁陽里) 2호 〈신청년〉 편집부에서 정식으로 설립됐다. 당시 이 조직을 '중국공산당'이라고 명명했다. 이는 중국의 첫 공산당 조직이었으며 구성원은 주로 마르크스주의연구회의 핵심 인물들이었고 천두슈가 서기직을 맡았다. 중국공산당 제1차 전국대표대회가 소집되기 전에 상하이 공산당 초기 조직에 참가한 인물들로는 천두슈, 위슈숭, 리한쥔, 천궁페이, 천왕다오(陳望道), 선쉬안루(沈玄盧), 양밍자이, 스춘퉁(후에 스푸량(施復亮)으로 개명), 리다, 사오리쯔(邵力子), 선옌빙(沈雁氷), 린주한, 리치한(李啓漢), 위안전잉(袁振英), 리중(李中), 선쩌민(沈澤民), 저우퍼하이 등이 있었다. 1920년 12월, 천두슈가 상하이를 떠나 광저우로 간 후 리한쥔과 리다가 차례로 서기직을 대행했다. 상하이 공산당 초기 조직은 서신으로 연락하고 파견 지도하거나 구체적으로 조직하는 등 여러 방식으로 각지 공산당 초기 조직의 설립을 이끌었다. 사실상 이는 중국공산당 창건을 도맡아 세우는 역할을 수행했다.

베이징의 공산당 초기 조직

베이징의 공산당 초기 조직은 리다자오의 직접적인 지도와 준비 아래 설립됐다. 1920년 3월에 설립된 베이징대학교 마르크스학설연구회는 구성원 중 거의가 5·4운동의 핵심 인물들이었다. 이 연구회는 마르크스주의 서적을 수집, 선전하고 좌담회를 열었다. 그리고 간행물을 출판하는 등 방식으로 활발한 활동을 전개하고 신속하게 회원을 늘렸다. 이 연구회는 마르크스주의를 학습, 연구하는 중국 최초 단체로, 창당을 준비하는 과정에서 중요한 역할을 맡았다.

보이틴스키 일행을 상하이로 보낸 후, 리다자오는 천두슈와 편지로 의견을 주고받았다. 그는 창당을 서두르고 베이징과 남방에서 동시에 창당 준비 작업을 해야 한다고 주장했다. 훗날 사람들은 "남쪽의 천두슈와 북쪽의 리다자오가 서로 약속하여 창당을 하였네(南陳北李, 相約建黨)"로 그들이 창당 과정에서 일으킨 솔선수범의 역할과 추동 역할, 헌신적 역할을 한 것을 형상적으로 표현했다.

1920년 1월에 리다자오의 호소에 따라 베이징의 일부 선진적인 지식인들은 인력거노동자들이 거주하는 지역에 가서 현지 조사를 했다. 노동자 대중의 생활을 이해하고 노동자들을 각성시키며 노동계급의 힘을 모으기 위해서였다. 그들은 노동자들의 비참한 삶을 보고 크게 놀랐다.〈베이징신보〉의 보도에는 "조사하고 돌아와 모두들 하염없이 탄식하고 슬퍼하면서 공평하지 못하다[54]고 생각했다"고 했다. 그해 5월 1일 베이징대학교에서 열린 국제노동절 기념회에서 리다자오는 500여 명 노동자와 학생들 앞에서 열정 넘치는 연설을 했다.

그는 러시아소비에트 정부가 거둔 성과를 찬양하고 8시간 근무제를 선전했으며 "5·1절 기념식을 우리의 앞길을 비춰주는 등대로 활용하자"고 외치기도 했다. 허멍슝(何孟雄) 등은 길거리에 나가 두 대의 자동차에 나누어 타고 "노동자는 신성하다" "5·1절 만세" "자본가의 종말" 등 구호가 적혀 있는 깃발을 흔들면서 《5월 1일 베이징노동자 선언》등 소책자와 전단을 배포했다. 이날, 덩중샤(鄧中夏) 등은 베이징 교외의 창신뎬(長辛店)으로 가서 노동자들을 선동하고 그들과 관계를 맺었다.

이와 동시에 리다자오 등은 베이징, 톈진 등지의 선각자들을 적극 끌어 모아 진보 단체와의 연합을 촉진했다. 1920년 8월 16일, 소년

---

54 《신보》, 1920년 1월 26일.

중국학회, 인도사(人道社), 서광사, 청년호조단 및 톈진각오사의 20여 명 대표들은 베이징 타오란팅(陶然亭)에서 다과회를 가졌다. 리다자오, 저우언라이, 덩잉차오(鄧穎超), 장선푸(張申府)가 회의에서 각기 발언했다. 리다자오는 각 단체는 각자의 주의를 표명할 필요성이 있음을 지적했다.

이어 각 단체에는 정확한 이념이 있어야 한다고 했다. 이념이 분명하지 못하면 내부적으로 통합되지 못하고 외부적으로는 여타 조직과 연합하기 어렵다고 했다. 회의에서는 5개 단체를 연합하여 '개조연맹'을 구성하기로 결정했다. 그리고 곧 연맹의 선언과 약법을 제정하여 각 진보 단체끼리 조화와 통일을 추구했다.

베이징의 공산당 초기 조직은 일련의 준비 작업을 거쳐 1920년 10월에 베이징대학교 도서관에 있는 리다자오의 사무실에서 정식으로 발족됐다. 당시에는 이 조직을 '공산당소조'라고 명명했다. 당조직의 첫 구성원은 리다자오, 장선푸, 장궈타오(張國燾) 등 세 사람이었다. 얼마 후, 장선푸는 상하이를 경유하여 프랑스로 떠났다. 당조직은 일부 새 구성원을 받아들였다.

내부의 역할분담은, 리다자오가 총책임을 맡고 마르크스학설연구회를 주관하며, 장궈타오가 종업원 운동을 발동했다. 황링쌍(黃凌霜), 천더룽(陳德榮)은 〈노동음(勞動音)〉주간을 편집, 발행하고, 뤄장룽(羅章龍), 류런징(劉仁靜) 등이 사회주의청년단 조직의 결성을 책임졌다. 11월에는 베이징 당 조직 내부에서 의견 충돌이 발생하여 당 사업에 영향을 주었다. 황링쌍 등 무정부주의자들은 자유 연합을 주장하며 당의 기율과 직무에 따른 역할분담을 거부했다. 그들은 정부는 모든 죄악의 근원이라면서 무산계급독재 정부를 크게 반대했다. 논쟁을 거쳐 무정부주의자들은 결국 당 조직에서 퇴출되고 말았다.

1920년 말, 베이징 당 조직은 회의를 소집하여 '공산당 베이징지부'를 설립하기로 결정했다. 리다자오가 서기직을 맡고 장궈타오가 조직사업을, 뤄장룽이 선전사업을 책임지도록 했다. 그 후에도 당 조직은 계속 새 구성원들을 받아들였다. 1921년 7월, 베이징 당 조직원에는 리다자오, 장궈타오, 덩중샤, 뤄장룽, 류런징, 가오쥔위(高君宇), 뮤보잉(繆伯英), 허멍슝, 판훙제(范泓劼), 장타이레이, 쑹제(宋介), 리메이겅(李梅羹), 천더룽 등이 있었다. 이들 중 대부분이 베이징대학교의 진보적 인물이었다.

각지의 공산당 초기 조직

상하이, 베이징의 공산당 초기 조직이 설립된 후, 우한, 창사, 광저우, 지난(濟南) 등지의 선각자들과 일본, 프랑스 등지의 화교 선각자들도 잇달아 공산당 초기 조직을 설립하기 시작했다.

우한의 공산당 초기 조직은 상하이 공산당 초기 조직의 직접적인 지도로 설립됐다. 우한의 선각자들은 노동자를 동원하고 각성시키기 위해 1920년 봄부터 산업노동자들 속으로 들어가 현지조사를 했다. 그들은 "한커우(漢口) 고력노동자 상황" "우창 직포, 방직, 동전, 은전, 삼베 5개 국(局) 노동자 현황" 등 조사보고서를 작성하여 잡지 〈신청년〉에 발표했다. 1920년 여름, 리한쥔은 상하이에서 둥비우와 장궈언(張國恩)에게 서신을 보냈다. 후에 또 직접 우한에 가서 둥비우를 만나 공산당 조직 설립 문제를 논의했다. 이와 동시에 천두슈도 류보추이(劉伯垂)를 우한으로 파견하여 공산당 조직의 설립을 준비하게 했다. 류보추이는 수사본의 중국공산당 강령과 신청년사에서 출판한 약간의 총서를 가지고 상하이에서 우한으로 갔다. 그해 8월, 류보추이와 측근은 류보추이의 주관 아래 우창 푸위안졔(撫院街)에 있는 둥비우의 거처에서 회의를 열고 우한의 공산당 초기 조직을 설립했다. 당시에는 이 조직을 "공산당 우한지부"라고 명명했다. 회의에 참석한 인사로는 류보추이 외에 둥비우, 장궈언, 천탄추, 정카이칭(鄭凱卿), 바오후이썽(包惠僧), 자오즈졘(趙子健) 등이 있었다. 류보추이는 회의에서 상하이의 공산당 초기 조직 설립에 관한 상황을 소개했다. 회의 참가자들은 상하이 당 조직이 기초한 당의 강령 초안을 돌려보았으며 우한 당 조직의 향후 사업 배치를 연구했다. 류보추이의 제안을 바탕으로 회의는 바오후이썽을 서기로 추천했다. 당 조직이 정식 설립되기 전까지, 우한 공산당 조직에 참가한 인물로는 황푸성(黃負生), 류즈퉁(劉子通), 자오즈쥔(趙子俊) 등이 있다.

　창사의 공산당 초기 조직은 마오쩌둥의 기획 아래 창립됐다. 1920년 여름, 창당을 준비하는 시기에 마오쩌둥은 차례로 베이징과 상하이에서 리다자오, 천두슈와 직접 접촉하고 연계했다. 이 두 지역에서의 마르크스주의의 전파 상황과 공산주의자들의 활약상은 마오쩌둥에게 큰 영향을 미쳤다. 1920년 7월 창사로 돌아온 마오쩌둥은 마르크스주의를 선전하고 서로 뜻이 맞는 "진정한 동지"를 찾는 일을 시작했다. 차례로 문화서사, 러시아연구회 등 단체를 결성하고 신민학회의 중요한 인물들과 함께 창당 문제를 토의했다. 차이허썬은 프랑스에서 보낸 편지에서 "반드시 중국공산당을 설립해야 한다. 중국공산당은 혁명운동의 발동자, 선전자, 선봉대, 작전(作戰)부이기 때문이다. 중국의 상황으로 볼 때, 우선 공산당을 조직해야만 공회, 합작사 등이 유력하게 조직될 수 있으며 혁명운동, 노동운동에도 신경중추가 생길 수 있다"고 지적했다. 마오쩌둥은 답신에서 나는 "허썬의 주장에 적극 동의한다"[55]며 천두슈가 이미 국내에서 창당 활동을 시작했음을 알려주었다. 1920년 가을, 신민학회는 이미 100여 명의 회원을 가진, 상당한 사회적 영향을 가진 진보단체가 됐다. 그중 일부 선각자들은 이미 마르크스주의를 받아들였고 10월 혁명의 길을 주창했다. 창사의 공산당 초기 조직은 마오쩌둥, 허수형 등의 적극적인 활동으로 1920년 초겨울에 신민학회의 선각자들 속에서 비밀리에 탄생됐다. 반동군벌의 잔혹한 통치 때문에 창사 당 조직의 설립과 활동은 아주 은밀하게 진행될 수밖에 없었다. 1921년 7월, 창사 당 조직의 구성원에는 마오쩌둥, 허수형, 펑황(彭璜) 등이 있었다.

광저우의 공산당 초기 조직 설립 과정은 순탄하지 않았다. 상하이 당 조직이 설립된 후 천두슈는 광저우의 당창건 문제로 탄핑산(譚平山), 탄즈탕(譚植棠), 천궁보(陳公博) 등에게 서한을 보내 당 조직을 설립할 것을 부탁했다. 1920년 9월, 러시아공산당 당원인 스토야노비치와 베슬린이 광저우에 도착하여 공산당 조직 창건을 준비했다. 이 두 사람은 베이징 당 조직에 참가한 무정부주의자 황링쌍이 추천했다. 이들은 광저우에 도착하자마자 무정부주의자 어우성바이(區聲白)

---

55 《신민학회자료》, 인민출판사 한문판, 1980년, 105쪽.

등과 연계를 시도했으며 그해 말에 창당 활동을 개시했다. 이 조직에 참가한 사람은 모두 9명이었는데 두 러시아인을 제외한 나머지 7명은 모두 무정부주의자들이었다. 관점이 서로 달랐기에 탄핑산, 탄즈탕, 천궁보는 이 조직의 가입을 거부했다. 그해 12월, 천두슈가 상하이에서 광저우로 왔다. 얼마 후 그는 자신이 기초한 당의 강령에 대하여 조직의 기타 구성원들과 토론을 진행했다. 일부 무정부주의자들은 당의 강령에 제시된 무산계급독재에 관한 조항을 반대했다. 천두슈 등은 그들과 "아주 열띤 논쟁을 벌이고 반드시 무정부주의자를 멀리 해야 한다"고 했다. 그리하여 무정부주의자들을 당 조직에서 퇴출시켜 버렸다. 천두슈의 주관 아래 1921년 봄부터 "진정한 공산당을 창건하기 시작[56]"했다. 그때는 이 조직을 '광저우공산당'이라고 명명했다. 광저우의 공산당 초기 조직은 천두슈, 탄핑산이 차례로 서기를 맡았으며 천궁보가 조직사업을 책임지고 탄즈탕이 선전사업을 책임졌다. 구성원에는 위안전잉(袁振英), 리지(李季) 등이 있었다.

1920년 가을, 왕진메이(王盡美), 덩언밍 등은 지난(濟南)에서 마르크스학설연구회를 세워 마르크스주의를 학습하고 연구했다. 맨 처음에 이 조직은 공개적인 학술연구 단체였다. 그러나 얼마 가지 않아 반동정부에 의해 "과격주의를 선전했다"는 죄명으로 폐쇄됐다. 그 후 이 조직은 한동안 반공개적으로 활동을 진행했다. 마르크스주의의 전파와 더불어 회원들의 사상 인식에 큰 분기점을 만들었다. 왕진메이, 덩언밍 등 선각자들은 상하이, 베이징 당 조직의 영향과 도움을 받아 1921년 봄에 지난의 공산당 초기 조직을 설립했다.

1920년 8월부터 1921년 봄까지 반년 사이에 국내의 6개 도시에 공

---

56 《광저우공산당의 보고》, 중앙당안관 편 : 《중공중앙문건선집》 제1책, 중공중앙당학교출판사 한문판, 1989년, 20~25쪽.

산당 초기 조직이 설립되었고 그 구성원들도 점차 늘어났다. 1921년의 모 중요한 보관서류에는 "중국의 공산주의 조직은 지난해 중반에 설립됐다. 처음에는 상하이의 5명 당원이 전부였다. 지도자는 명망 높은 〈신청년〉의 편집장 천 동지였다. 이 조직은 점차 활동 범위를 넓혀 지금 6개 소조, 53명의 당원으로 발전했다[57]"고 기록돼 있다.

국내 일부 대도시에서 공산당 초기 조직을 설립할 때, 일본, 프랑스 화교 등도 공산당 초기 조직을 만들었다. 일본 화교의 공산당 초기 조직은 상하이 공산당 초기 조직의 일원인 스춘퉁과 저우퍼하이가 세웠다. 일본의 공산당 초기 조직은 중국공산당 제1차 전국대표대회 이후 당원이 10여 명으로 늘어났다. 프랑스화교의 공산당 초기 조직은 1921년에 프랑스 고학생들 가운데서 형성됐다. 발기인은 장선푸와 자오스옌이었으며 구성원에는 장선푸, 자오스옌, 천궁페이, 류칭양(劉淸揚), 저우언라이 등이 있었다.

중국 공산주의자들이 국내와 국외에서 만든 상기 조직들은 모두 중국공산당의 초기 조직이었다. 중국공산당 창건 활동이 비밀리에 진행되었으므로 당이 공식적으로 창건되기 전에 당의 초기 조직은 통일된 명칭이 없었다. "공산당지부" 또는 "공산당소조"로 불렸고 직접 "공산당"이라고 일컬어지기도 했다. 성격이나 특징으로 볼 때, 그들은 모두 훗날 전국 범위의 통일적인 중국공산당을 구성하는 지방 조직이었다.

당의 초기 조직의 각항 사업의 전개

각지의 공산당 초기 조직들은 설립 이후 조직적·계획적으로 마르크스주의를 연구하고 선전했다. 또 각종 반마르크스주의 사조를 비판하

---

57 《중국공산당 제1차 대표대회》(1921년 하반기), 중공중앙당사자료징집위원회 편: 《공산주의 소조》 상책, 중공당사자료출판사 한문판, 1987년, 52쪽.

고 노동운동을 전개하여 마르크스주의를 중국 노동운동에 결부시키고자 힘썼다. 1920년 9월, 상하이의 공산당 초기 조직은 〈신청년〉을 당의 공개적인 이론 간행물로 정하여 마르크스주의 기본 이론을 선전했다. 그러고는 반공개적인 간행물 〈공산당〉을 연이어 발간하여 혁명이론과 당의 기본 지식을 소개하고 창당사업을 추진했다. 또 상하이의 당 조직은 〈중국공산당 선언〉을 기초하여 공산주의 신사회를 실현하려는 중국공산주의자들의 이상을 천명했다. 그들은 사유제도를 없애고 생산수단을 공유하고 낡은 국가기관을 없애고 계급을 소멸하자는 주장을 제기했다. 선언은 또 무산계급이 신사회를 만들려면 단합하여 계급투쟁을 벌이며 "큰 힘으로 자본가의 국가를 타도"하고 자본 제도를 없애야 한다. 그리고 "혁명의 무산계급정당인 공산당을 결성"하여 이 정당으로 무산계급을 이끌어 정권을 빼앗아 무산계급독재를 수립하며, "혁명의 방법으로 공산주의 건설법안을 만들어야 한다"고 주장했다. 이 선언은 사회에 배포되지 않았지만, 처음으로 중국 공산주의자들의 이상과 주장을 비교적 체계적으로 표현해서, 그 의의를 갖는다.

각지의 공산당 초기 조직들은 간행물을 출판하고 마르크스주의 연구회를 설립하며 학교 강단을 이용하는 등 여러 가지 형식으로 마르크스주의 선전 진지를 구축하고 그 범위를 넓혀 갔다. 그 예로, 우한의 〈우한주간평론〉, 지난의 〈여신(勵新)〉 반월간, 광저우의 〈광둥군보〉, 창사의 러시아연구회 등을 꼽을 수 있다.

상하이, 베이징의 공산당 초기 조직은 극히 어려운 조건에서 마르크스주의 저작물을 번역하고 출판했다. 그중에는 천왕다오(陳望道)가 번역한 최초 〈공산당선언〉전문도 있다. 이 중요한 책의 번역과 출판은 마르크스주의를 전파하는 데 매우 중요한 일이었다.

이와 동시에, 각지의 공산당 초기 조직들은 여러 가지 방식으로 노동자들에게 선전하고 조직을 세우는 일을 계획적으로 추진했다. 이들은 베이징의 〈노동자의 소리〉, 상하이의 〈노동계〉, 광저우의 〈노동자〉 등과 같은 노동자 간행물을 적극 출판했다. 상기 간행물들은 노동자들의 생활과 투쟁의 구체적 사례를 결합시키고 일상적인 언어로 심오한 마르크스주의를 알기 쉽게 선전했다. 그리고 노동자의 글을 게재하여 그들의 경험을 통하여 중국과 외국 자본가들의 압박과 착취를 폭로했다. 그러고는 노동자들의 요구사항을 반영하여 노동자들 속에서 깊고 넓은 공감대를 형성했다.

각지의 공산당 초기 조직은 노동자들 속에서 활동을 전개하는 과정 중에 평민교육을 제창하며, 합법적인 명목으로 각종 노동보충수업학교 운영 문제를 중요한 위치에 올려놓았다. 베이징의 당 조직은 창신뎬(長辛店)에 노동보충수업학교를, 상하이의 당 조직은 샤오사두(小沙渡)에 노동자반나절학교를 세웠다. 기타 각지의 공산당 조직도 노동자 야간학교, 보충수업학교, 식자반 등을 설치했다. 그들은 노동자들의 문화수준을 높이는 일부터 시작하여 점차 마르크스주의를 보급하고 선전에 나섰다. 그리고 노동자들의 계급 각성을 불러일으키고 노동자 핵심 인물을 양성하여 공회 조직을 세우는 등 기반을 닦았다.

상하이 공산당 초기 조직은 노동자들에게 적극적으로 단합하고 조직을 구성할 것을 호소했다. 〈노동계〉는 글을 발표하여 노동자는 세계에 행복을 도모하는 사람이다. 그런데도 "이러한 신성불가침의 노동자들이 자본가들의 핍박을 받고 있다! 참으로 화가 난다! 우리는 당장 이에 저항해야 한다. 우리는 지금 단체가 있어야 한다. 단체는 간판만 걸어 놓으면 단체가 되는 것이 아니라 공적으로 모이고 공공의 일을 하는 단체여야 한다[58]"고 지적했다. 1920년 11월 21일, 상하이기

계공회가 설립됐다. 이는 상하이 공산당 초기 조직의 영도 아래 설립된 첫 공회 조직이었다.

기계공회 회원, 기타 노동자단체의 대표와 내빈 1,000여 명이 창립대회에 참가했으며 쑨중산, 천두슈 등이 축하 연설을 했다. 대회는 공회 약칙을 통과시키고 〈기계노동자〉간행물을 출판하기로 결정했으며 베이징, 톈진 등지의 기계노동자와 연계를 도모했다. 세계 노동자연합회 집행부 총책임자도 편지를 보내어 지지를 표명했다. 12월에 설립된 상하이인쇄공회는 회원이 1,300여 명에 달했으며 〈우세화보(友世畵報)〉를 발간하여 노동자들에게 선전을 시작했다. 화보의 편집장과 투고자는 모두 인쇄노동자들이었다. 1921년 5·1노동절에 창신뎬철도노동자들이 경축대회를 열고 공회를 세우는 것에 관한 결의문을 통과시켰다. 5월 5일, 우한 공산당 초기 조직의 영도 아래 한커우(漢口)인력거꾼들은 인력거회사의 임대료 인상에 반대하여 파업을 단행했다. 파업노동자들은 전단을 배포하고 "투쟁, 자유 쟁취, 인격 쟁취" 등의 구호를 내세웠다. 창사, 지난, 광저우의 일부 산업노동자와 수공업노동자들도 공회를 설립해 노동운동의 발전을 이끌었다.

상하이의 공산당 초기 조직은 혁명청년들을 단합하고 교육하기 위해 1920년 8월에 사회주의청년단을 결성했다. 청년단 창건 사업은 우선 외국어학사의 학생들 사이에서 전개됐다. 외국어학사는 상하이 당 조직이 설립한 간부양성 학교이다. 학사는 상하이, 후난, 저장, 안후이 등지의 청년들을 모집하여 외국어와 마르크스주의 기본이론을 가르치는 동시에, 청년들을 혁명 활동에 참가시켰다. 상하이 사회주의청년단이 설립된 후 가장 먼저 눈에 띄게 성장한 단원은 뤄이눙(罗

---

58 《노동자조직단체의 중요성》(선쉬안루(沈玄庐) 연설), 《노동계》 제20책, 1920년 12월 26일.

亦农), 류사오치(劉少奇), 런비스(任弼時) 등이다. 이들은 후에 러시아 소비에트연방에 유학생으로 파견됐다. 또 상하이 사회주의청년단은 전국 각지의 공산주의자들에게 청년단 규약을 발부했으며 각지에서 청년단을 창건할 것을 요구했다. 베이징 공산당 초기 조직의 영도 아래 베이징의 사회주의청년단이 1920년 11월에 설립됐다. 청년단은 단원, 청년들을 조직하여 마르크스주의를 학습하고 톈진과 탕산의 공장이나 광산에 가서 사업을 전개했으며 노동계급과 결속하기 위해 노력했다. 그 후 우한, 창사, 광저우, 톈진 등지에서도 사회주의청년단이 설립됐다.

차이허썬(蔡和森·채화삼)

1895년 상하이에서 태어난 차이허썬은 1913년 후난성 제1사범학교에 재학 중 마오쩌둥 등과 함께 진보단체 신문학회를 조직하고 5.4운동에 참가했다. 1919년 말 근검공학의 일원으로 프랑스에 갔다. 1921년 10월, 귀국한 차이는 그해 말 중국공산당에 입당했으며 중공중앙 초기의 중요한 이론가와 선전가가 되었다. 중공중앙 8.7회의에서 마오를 지지하고 토지개혁과 무장투쟁을 강력하게 전개할 것을 주장했다. 이후 중공중앙특파원으로 톈진에서 중공중앙 북방국의 사업에 참여해 조직, 지도했으며 북방국 위원, 선전부 부장을 담당했다. 1928년 6월~7월 모스크바에서 열린 중국공산당 6차대표대회에서 중앙정치국 위원, 상무위원 겸 중앙선전부 부장으로 임명됐다. 6차대표대회 후 그는 귀국하여 중앙 지도사업에 참여했다. 1931년 6월, 반역자의 배반으로 체포된 차이허썬은 국민당 군경과 헌병의 갖은 고문에도 굴복하지 않았고 그해 8월 광저우에서 36세 나이로 세상을 떠났다.

프랑스화교 공산당 초기 조직은 다방면에 걸쳐 국제 노동운동 현황과 사례를 수집했다. 그들은 유럽의 편리한 조건을 이용하여 마르크스주의 저작물을 대량으로 수집하고 열독하여, 프랑스에 있는 유학생과 노동자들에게 사상을 소개하고 혁명을 선전했다. 프랑스화교 공산당 조직은 유럽 각국(프랑스, 독일, 벨기에 등)의 혁명자와 진보적 학생을 연계하는 중심이 됐으며 1922년에 중국공산당 유럽지부로 발전했다. 유럽화교 당 조직은 모국의 혁명을 위해 유능한 간부를 많이 양성했다. 그중에는 저우언라이, 차이허썬, 자오스옌, 리리싼, 천이, 샹징위, 주더(朱德), 리푸춘(李富春), 왕뤄페이(王若飛), 차이창(蔡暢), 네룽전(聶榮臻), 리웨이한(李維漢), 덩샤오핑(鄧小平) 등이 있었다. 그들은 훗날 당의 걸출한 지도자가 된다.

전국 각지의 공산당 초기 조직들이 벌인 사업은 마르크스주의와 중국 노동운동의 연대와 결합을 도모했다. 혁명파 지식인들은 마르크스주의를 철저하게 학습하고 노동자 대중 속으로 들어가 실제 투쟁에 참가했다. 이를 통해 사상 감정 측면에서 깊은 변화를 불러일으키게 됐으며 점차 무산계급의 선봉 전사로 성장하게 됐다. 한편, 노동자 대중도 점차 마르크스주의를 받아들이고 계급 각성 수준을 높이게 됐다. 그 가운데서 공산주의 사상을 가진 선각자들이 많이 배출됐다. 이로서 중국공산당이 공식적으로 창건하는 데 필요한 기본적 조건이 구비되었다.

4. 중국공산당 제1차 전국대표대회

중국공산당 제1차 전국대표대회의 소집

1921년 6월 초, 국제공산당 대표 마린[59]과 국제공산당 극동서기처 대표 니콜스키[60]가 차례로 상하이에 도착하여 상하이의 공산당 초기

---

59 마린(1883~1942): 네덜란드인, 본명은 Hendricus·Sneevliet이며 중국에서 쑨둬(孫鐸)라는 가명을 사용했다. 마린이란 이름은 러시아어 번역명의 중국어 번역명이다. 1902년에 네덜란드 사회민주당에 참가했다. 1920년에 국제공산당 제2차 대표대회에 참가했으며 국제공산당 집행위원회 위원으로 뽑혔다. 1921년에는 중국 주재 국제공산당 대표를 역임했다.

60 니콜스키(1898~1943): 러시아 사람, 러시아 본명은 В.А.Никольский이다. 1921년에 러시아공산당(볼셰비키)에 가입했으며 국제공산당기관 행정처에서 근무했다.

조직 구성원인 리다, 리한쥔과 연락을 취했다. 몇 번의 토의를 통해 그들은 조속히 전국대표대회를 열고 중국공산당을 공식적으로 창건하자고 의견을 모았다. 리다와 리한쥔은 당시 광저우에 있는 천두슈, 베이징에 있는 리다자오와 서신을 통해 상의하여 상하이에서 중국공산당 제1차 전국대표대회를 소집하기로 결정했다. 그 후 베이징, 우한, 창사, 지난, 광저우와 일본 화교의 당 조직에도 서신을 보내 각각 2명의 대표를 상하이에 파견하고 회의에 참석하라고 지시했다.

국내 각지 당 조직과 일본화교 당 조직의 대표 13명 모두가 중국공산당 제1차 전국대표대회에 참석했다. 그들은 각각 상하이의 리다, 리한쥔, 우한의 둥비우, 천탄추, 창사의 마오쩌둥, 허수형, 지난의 왕진메이, 덩언밍, 베이징의 장궈타오, 류런징, 광저우의 천궁보, 일본의 저우퍼하이와 천두슈가 지목한 바오후이썽(包惠僧) 등이었다. 그들은 50여 명의 당원을 대표했다. 국제공산당 대표 마린과 니콜스키도 함께 대회에 참석했다. 당시 광둥정부 교육위원회 위원장을 맡은 천두슈는 학교를 설립하기 위해 자금을 조달하고 있었다. 리다자오는 베이징대학교의 도서관 주임과 교수를 맡고 있는 것 외에도 베이징 국립대학, 전문학교 교직원 대표 연석회의 주석을 맡고 있었다. 이 두 사람은 모두 공무가 바빠 회의에는 참석하지 못했다.

중국공산당 제1차 전국대표대회는 1921년 7월 23일 저녁에 개막됐다. 회의 장소는 상하이 프랑스 조계지 왕즈루(望志路) 106호(지금의 싱예루(興業路) 76호)에 있는 리한쥔의 형 리수청(李書城)의 자택으로 정해졌다. 회의장은 간소했지만 분위기는 장중했다. 국제공산당 대표 마린이 기조연설로써 중국공산당 창건을 경축했다. 이어 국제공산당의 개황을 소개했다. 그러고는 회의 진행상황을 국제공산당 극동서기처에 제 때에 보고할 것을 건의했다. 뒤이어 대표들은 대회의 임무와 의사일정에 대해 구체적인 토론을 시작했다.

7월 24일, 각 지역 대표는 소속 지역 당과 당 조직의 상황을 대회에 보고했다. 7월 25일과 26일, 이틀간의 휴회 기간에 장궈타오, 리다, 둥비우 등은 회의에서 토론할 당의 강령과 앞으로의 실제 사업 계획을 세웠다. 그리고 7월 27~29일, 연속 사흘 동안 열린 세 차례 회의에서 당의 강령과 결의를 상세하게 토론했다.

중국공산당 제1차 전국대표대회

중국공산당 제1차 전국대표대회는 프랑스의 조계지인 상하이의 신티엔디(新天地)에서 1921년 7월 23~30일 프랑스의 눈을 피해 몰래 열렸다. 마지막 하루를 남겨두고 조계지를 관할하는 프랑스군이 들이닥쳐서 회의는 저장성 가흥(嘉興) 남호의 놀잇배 위에서 거행해야 했다. 결국 마오쩌둥을 비롯한 각지의 공산당을 대표하는 13인이 많은 토론을 거쳐 마침내 중국공산당 성립을 선포했다.

7월 30일 저녁 마지막 날, 대표들이 프랑스의 눈을 피해 몰래 토론을 하고 있을 때 낯선 중년 남자가 회의장에 은밀히 들어와 회의장을 한 바퀴 둘러보고 나갔다. 장기간 비밀(정보) 사업에 종사했던 마린은 즉시 이 자가 밀정임을 알아차리고 회의를 중단시켰다. 10여 분이 지나 프랑스 조계지 순경들이 왕즈루를 포위하고 회의장을 샅샅이 수색했지만 아무 것도 발견하지 못했다. 각 대표들은 더 이상 상하이에서 회의를 할 수 없게 되자 저장성 자싱(嘉興) 난후(南湖)의 놀잇배 위에서 마지막 회의를 거행했던 것[61]이다.

중국공산당 제1차 대표대회에서 통과된 중국공산당 강령에서는 당의 명칭을 '중국공산당'이라고 확정했다. 그리고 당의 강령을 "혁명

---

61 현재 사학계에는 중국공산당 제1차 대표대회 폐막일을 7월 30일, 7월 31일, 8월 1일, 8월 2일, 8월 5일이라고 하는 등 여러 가지 견해가 있다.

군대는 반드시 무산계급과 함께 자본가계급의 정권을 뒤엎고, 계급투쟁이 끝날 때까지, 즉 사회 계급이 소멸할 때까지 무산계급 독재를 인정한다. 이어서 자본가들의 사유재산제를 폐기하고 기계, 토지, 공장, 반제품 등 생산수단을 몰수한다. 이는 사회가 공유하고 앞으로 국제공산당과 연합해야 한다"고 규정했다. 강령은 노동자, 농민과 군인을 조직화해야 한다고 명확히 규정했으며 당의 근본적인 정치 목적은 사회혁명을 실행하는 것이라고 확정했다.

더불어 강령에는 당 규약 성격에 속하는 조항들도 대거 포함됐다. 당원의 조건에 대하여, "중국공산당의 강령과 정책을 인정하고 충실한 당원이 되려는 자는 1명 당원의 추천으로 입당할 수 있다. 하지만 입당 전에 반드시 이 강령을 반대하는 당파, 집단과의 모든 연계를 정리해야 한다. 신입 당원은 입당 후 후보 당원으로서 당 조직의 관찰을 받아야 한다. 관찰 기간이 만료된 후 당원들의 토론과 당 조직의 동의를 받아야만 정식 당원이 될 수 있다"고 규정했다. 그 밖에도 "전 당은 통일된 조직을 세우고 엄격한 기율을 제정하며, 지방 조직은 반드시 중앙의 감독과 지도를 받아야 한다. 그리고 당이 비밀 상태에 있을 때에는 당의 중요 주장과 당원의 신분을 비밀로 하고 이를 굳게 지켜야 한다"고 규정했다.

중국공산당 제1차 대표대회에서 통과된 강령은 중국공산당이 창건 초기부터 올곧이 사회주의, 공산주의를 실현하는 것을 투쟁 목표로 설정했음을 의미한다. 중국의 선각자들은 장기간의 철저한 탐구를 거쳐 마르크스주의라는 정확한 혁명 이론을 찾았으며 사회주의, 공산주의만이 중국을 구할 수 있다는 것을 깨달았다. 이는 그들이 중국 혁명에 대한 인식에 시대적 의의를 더해 새로운 비전을 실현하게 됐음을 의미한다.

대회는 강령에 규정된 분투 목표를 되새기며 당이 세력을 집중하여 노동운동을 영도하고, 공회를 조직하며 노동자를 교육할 것을 요구했다. 중국공산당 제1차 대표대회에서 통과된 〈눈앞의 실제 문제에 관한 결의〉는 노동운동을 전개하는데 필요한 조직 사업과 선전 사업을 구체적으로 규정했다. 대회는 군벌과 관료를 반대하는 투쟁과 언론, 출판, 집회 자유를 쟁취하는 투쟁을 기획했다. 그러면서 당은 독립적인 정책으로 무산계급의 이익을 수호하며 기타 당파와는 어떤 관계도 맺지 않겠다는 뜻을 확실하게 밝혔다.

당시 중국공산당은 중국 국정과 중국 혁명의 특수성을 깊이 있게 인식하지 못했다. 단지 10월 혁명 승리 이후 세계의 전반 정세에 따라 중국 혁명은 필시 무산계급을 주체로 하는 사회주의 혁명이 돼야 한다는 결론을 내렸을 뿐이었다. 그들은 아직도 제국주의를 반대하고 봉건 군벌을 반대하는 민족민주혁명과 모든 착취를 없애고 사유제를 소멸하는 사회주의 혁명을 구분하지 못했다. 그뿐만 아니라 반식민지 반봉건의 중국에서 사회주의 혁명을 직접 진행하고 무산계급독재를 수립할 수 있다고 보았다. 중국 공산당은 아주 특수한 조건의 중국 사회에서 사회주의 혁명을 곧바로 실시할 수 있는지, 어떤 절차를 거쳐야 사회주의, 공산주의 사상을 실현할 수 있는지와 같은 중대한 문제에 대해 잘 인식조차 할 수 없었다. 그리하여 마르크스주의 기본 원리를 중국 혁명의 실정에 결부시키는 과정에서 계속 탐구하며 문제점을 해결해야 했다.

중국공산당 제1차 전국대표대회는 아직 당원의 수가 적고 지방 조직이 미비했다. 그래서 중앙집행위원회는 설치하지 않고 중앙국만 설치하여 중앙의 임시 영도기구로 등록하기로 의결했다. 대회는 천두슈, 장궈타오, 리다로 중앙국을 구성했으며 천두슈를 서기로 선출하고 장궈타오가 조직 사업을, 리다가 선전 사업을 책임지도록 했다.

중국공산당 창건대회는 반동통치의 백색테러 공포 속에서 비밀리에 거행됐다. 대회 회의장에서 제국주의의 비밀정탐원들과 경찰들의 방해를 받았던 것 외에는 별다른 주목할 만한 사항도 없고 아무런 일도 없는 것처럼 보였다. 하지만 바로 이때 새로운 혁명의 불씨가 암흑의 중국 대지에 뿌려지고 있었다.

중국공산당 창건의 위대한 의의

중국공산당 제1차 전국대표대회는 중국공산당이 정식으로 창건됐음을 선포했다. 이때부터 낙후했던 중국에는 완전히 신식으로 구성된 마르크스주의를 행동 지침으로 삼고, 사회주의와 공산주의를 실현하는 것을 투쟁 목표로 하는 통일된 무산계급정당이 나타났다. 이는 중국 역사상 하늘이 처음 열린, 경천동지할 만한 일대 사건이었다.

중국공산당이 20세기 20년대 초에 중국에서 창건된 것은 결코 우연한 일이 아니었다. 반식민지 반봉건의 동방 대국에서 혁명을 한다는 것은 제국주의와 봉건주의의 막강한 세력에 맞서 싸우는 것이다. 따라서 혁명임무가 힘들고 복잡하여 견강한 영도 세력의 대두가 화급했다. 하지만 근대 중국의 역사는 농민계급과 자산계급 모두 중국 혁명을 이끌만한 책임을 감당할 수 없었다. 그리고 반제국 반봉건의 민주혁명 과업을 완수할 수 없다는 것을 입증했다. 20세기 초, 차례로 생겨난 여러 성격의 정당들은 모두 정확한 강령을 제기하지 못하고 인민대중을 동원하지 못했다. 그리하여 근대 중국 사회가 직면한 절박한 문제를 해결하기는 힘이 너무 약했다. 중국 때문에 인민들은 새로운 영도계급과 새로운 정치조직이 나타나기를 고대했다. 제1차 세계대전이 끝난 후, 중국에 대한 제국주의의 침략은 한층 더 심해지고 봉건군벌의 통치가 날로 잔혹해졌다. 이런 상황에서 중국 인민은 기세 드높은 반제국 반봉건의 5·4애국운동을 일으켰다. 구국구민을 목적으로 한 중국의 선각자들은 구국구민의 진리를 찾기 위해 다시 서방으로 눈길을 돌렸다. 그들은 국외의 각종 신사조를 소개, 전파하고 그 중에서 중국 사회를 개조할 수 있는 여러 가지 새로운 방책을 모색했다. 분석, 실험, 비교와 탐구를 거듭하면서 그들은 최종적으로 사회주의를 받아들였다. 그리고 오직 "계급전쟁"과 "무산계급독재"의 방법만이 "지금의 세계를 개조하는 정확한 방책이며 중국도 예외가 아니다"[62]는 점을 인식했다. 각종 자산계급과 소자산계급의 사회개조 방안은 중국이 직면한 문제를 근본적으로 해결할 수 없었으며 그것으로 중국 혁명의 임무를 완수할 수 없었다. 사회개량의 방안은 "터진 곳을 깁고 틈새를 메우는 정책일 뿐 방법이 아니었고" 무정부주의는 "권력을 부정했기에 영원히 실시되지 못할 것이었으며", 교육, 과학, 실업 등을 발전시켜 사회를 개조한다는 것은 "온화한 방법의 공산주의"이기에 역시 "영원히 실시될 수 없는 것"이었다. 오직 "격렬한 공산주의, 즉 노농(勞農)주의만이 계급독재의 방법을 실천했으므로 그 효과를 예측할 수 있었다. 그러니까 그 방법이 가장 바람직했던 것이었다"[63] 그러므로 중국 선각자들은 마침내 마르크스주의의 과학적 사회주의를 중국 사회를 개조하는 무기로 삼고 러시아 10월 혁명의 길을 따랐다. 그리고 레닌의 창당학설에 근거하여 중국에서 무산계급 정당을 설립했다. 이로 볼 때, 중국공산당 창건은 근대 중국 사회의 진보와 혁명 발전의 필요에 의해 적용되었다. 이는 근대 중국 역사와 중국 인민이

---

62 〈차이린빈(蔡林彬)이 마오쩌둥에게〉(1920년 8월 13일), 《신민학회문헌휘집》, 후난인민출판사 한문판, 1980년, 86쪽.

63 이는 마오쩌둥이 1921년 1월 2일 후난신민학회 회원들이 중국 개조 문제를 토론할 때 한 발언이다. 《신민학회문헌휘집》, 후난인민출판사 한문판, 1980년, 141쪽을 참조.

선택한 필연적 결과였다.

중국 공산당의 창건을 준비하는 과정에서 상하이, 베이징의 공산당 초기 조직이 발기인 역할을 했다. 이 두 대도시에는 마르크스주의가 비교적 일찍 전파되었고 노동운동이 비교적 신속히 추진됐기 때문이다. 또 상하이와 베이징에는 공산주의 사상을 가진 지식인들이 비교적 많이 있었다. 그리고 중국에 파견된 국제공산당 대표들과 연계했기 때문에 그들이 도움을 주기도 했다. 주목해야 할 점은, 우선 창당 전후에 국제공산당이나 상하이, 베이징 당 조직과 연계가 없었던 일부 선각자들도 독립적으로 창당 활동을 전개했다는 것이다. 1921년 여름, 후베이 리췬(利群)서사는 황강(黃岡·후난성 동부에 있는 도시)에서 회의를 열고 사흘간 토의를 거쳐 구성원들 모두 무산계급독재를 옹호하기로 했다. 연이어 무산계급이 혁명의 영도권을 장악하는 것을 옹호하며 소비에트를 찬성하며 러시아식 당인 볼셰비키식 당을 창건하는 데 동의했다. 그러고는 곧 탄생할 단체를 "보사(波社)"("보"는 볼셰비키를 뜻함)라 명명할 것을 제안했다. 중국공산당이 창건됐다는 소식을 듣자마자 이 단체는 즉시 활동을 중지했으며 윈다이잉(惲代英) 등 일부 선각자들이 중국공산당에 가입했다. 1924년 1월, 쓰촨(四川)의 우위장, 양안궁(楊闇公) 등 20여 명은 비밀리에 중국청년공산당을 조직하고 〈적심(赤心)평론〉을 당의 간행물로 발행했다. 1925년 2월, 우위장은 베이징에서 중국공산당의 창건 과정과 활동 상황에 대해 자세히 알아보았다. 그 후 중국청년공산당을 해산하고 해당 구성원들이 개별적으로 중국공산당에 가입할 것을 제안했다. 이러한 사실로 보아 전국에서 통일된 하나의 무산계급정당을 세워 중국 혁명을 영도하는 것은 이미 당시 중국 혁명가들의 공통적 염원이었음을 알 수 있다.

중국 공산당 창건은 근대 중국 혁명사에서 획기적인 이정표였다. 중국 공산당이 창건됨으로써 도탄 속에서 허덕이던 중국 인민들은 믿고 따를 수 있는 조직과 영도자가 생겼다. 그뿐만 아니라 중국 혁명에도 강력한 영도 세력이 존재하게 됐다.

창당 당시, 중국공산당은 중국의 정치 무대에서 아주 작은 정당에 불과했지만 마르크스주의라는 가장 선진적인 사상무기를 지니고 있었다. 중국공산당이 제기한 강령과 투쟁 목표는 중국 사회 발전의 정확한 방향을 제시했다. 그리고 중국 무산계급과 기타 노동 대중의 근본적 이익을 대표했다. 따라서 중국공산당은 탄생 시작부터 왕성한 생명력과 활력을 가지게 됐으며 중국의 광명과 희망을 비추었다. 중국공산당은 신심 가득히 중국을 개조하는 것을 과업으로 삼았고 진정한 신념을 제시하여 중국인민에게 나아갈 방향과 투쟁 목표를 제시했다. 연이어서 중국공산당은 중국 여러 민족 인민들이 압박 받고 착취 받는 상황을 근본적으로 바꾸고자 했다. 그들은 민족독립, 인민해방과 나라의 부강을 실현하기 위해, 공산주의 원대한 이상을 실현하기 위해 흔들리지 않고 험난한 투쟁을 시작했던 것이다.

제3장
중국공산당 창건 초기의 활동

1. 중앙국 사업의 점진적 전개

중국공산당은 창건 이후 실제 투쟁을 매우 중시했다. 중앙국은 중국공산당 제1차 전국대표대회에서 통과된 강령과 결의에 따라 각 지역의 당 조직을 이끌며 신속히 제반 사업에 착수했다.

당 창건 이후 시급히 해결해야 할 중요한 과제는 중앙의 조직기구를 보완하고 각지 당 조직에 대한 영도를 강화하는 것이었다. 중국공산당 제1차 전국대표대회에서 중앙국 서기로 뽑힌 천두슈는 당중앙의 의견에 근거하여 국민당 광동정부에서의 직무를 사임했다. 그리고 1921년 9월에 상하이로 돌아와 즉시 중앙국 확대회의를 소집했다. 회의에서는 주로 당 조직과 당 조직의 발전과 노동운동, 선전사업 등의 문제점에 대해 토의했다. 그때 상하이 프랑스 조계지 경찰서는 이미 천두슈의 일부 정치활동 상황을 파악했으며 기회를 타 그를 체포하려 했다. 10월 4일, 프랑스 조계지 경찰은 〈신청년〉이 적화사상을 선전했다는 핑계로 천두슈를 체포한다. 그러나 각계각층의 노력에 힘입어 10월 26일 천두슈는 가석방됐다. 석방된 후 그는 계속 당 사업에 있는 힘을 다했으며 여러 차례 마린, 리다, 장궈타오 등과 상의하여 다음 단계의 사업 계획을 작성하고 추진했다. 11월에 천두슈는 중앙국 서기의 명의로 〈중국공산당 중앙국 통고〉에 서명하고 이를 전국 각지의 당 조직에 발송했다. 이는 당중앙 영도 기구가 설립된 이후에 발송한 첫 문건이었다. 통고에서는 단기간에 실천해야 할 사항인 당 조직, 당 조직의 발전과 노동운동, 선전출판사업 등에 대해 구체적인 계획과 요구를 지시했다.

중앙국과 각지 당 조직은 이 통고의 계획과 요구에 근거하여 사업을 적극 추진했다. 마르크스주의를 선전하는 측면에서 중앙국은 상하이에 인민출판사를 설립하고 리다에게 책임을 맡겨 마르크스, 레닌의 저작물을 출판하게 했다. 1년 남짓한 동안에 이 출판사에서는 마르크스, 엥겔스의《공산당선언》, 레닌의《노농회의 건설》등 저작물과 5가지 공산주의 총서를 출판했다. 상하이 당 조직은 실제 투쟁하는데 필요한 수요에 맞춰 소책자를 편찬하여 수만 부를 인쇄, 발송했다. 이들은 워싱턴회의의 내막을 폭로하고, 마르크스의 탄생과 룩셈부르크에서의 서거를 기념하며, 홍콩선원대파업을 성원하는 내용 등을 소책자에 담았다. 1922년 1월 28일(음력 정월 초하루), 상하이 지방 당 조직은 천두슈의 제안에 따라 당원, 단원 100여 명을 동원해 도심에서 새해맞이 경축 행사를 벌이고 거리에서 6만 장에 달하는 연하장을 배포했다. 이에 조계지 경찰이 놀라 "공산주의가 상하이에 왔다!"고 소리까지 질렀다. 베이징, 창사, 우한, 광저우 등지의 당 조직도 각 지역의 실정에 맞추어 똑같은 방식으로 선전 활동을 전개했다.

중앙국은 노동운동 측면에서 통일적인 영도를 강화하기 위해 1921년 8월 11일에 상하이에 중국노동조합 서기부를 설치했다. 그리고 장궈타오를 서기 겸 주임으로 임명했으며 사무기관을 상하이 베이청두로(北成都路) 19호에 두었다. 이는 노동운동을 영도하는 당의 첫 공개 기관이었다. 8월 16일, 장궈타오를 비롯한 26명이 "중국노동조합 서기부 선언"을 발표했다. 선언에서는 중국 노동자의 비참한 처지를 분석하여 발표하고 노동계급이 연합해야 하는 중요성에 대해 강조했다.

중국노동조합 서기부는 선전과 연락을 확대하기 위해 8월 20일에 기관간행물 〈노동주간〉을 발행했으며 리치한, 리전잉(李震瀛)이 편집을 맡았다. 〈노동주간〉은 성명을 발표하여 주간의 임무는 "전문적으로 중국노동조합 서기부의 취지에 따라 노동자의 처지를 대변하며 노동조합주의를 고취하는 것"이라고 했다. 그러고 나서 "우리는 중국의 노동자들이 이 유일한 언론 기관에 자료를 제공하고 이 유일한 언론 기관을 공동으로 수호하며, 전 인류를 해방하자는 목소리를 높여 전 인류의 해방사업을 촉진하기 바란다"고 그 뜻을 밝혔다.

중국노동조합 서기부는 설립 후 연속적으로 각 지역에 분부(分部)를 개설했다. 베이징에 설립한 북방분부는 뤼장룽(羅章龍)이 주임을 맡았고 업무 범위를 즈리(直隶), 산둥, 산시(山西), 산시(陝西), 간쑤와 동북 3성으로 확장했다. 그리고 북방 지역의 철도 노동자와 카이롼(開灤)탄광 노동자들을 발동하고 조직하는 것을 중점 사업으로 했다. 한커우(漢口)에 설립한 우한분부는 바오후이썽, 린위난(林育南)이 연이어 주임을 맡았으며 후베이(湖北) 각지와 경한(京漢), 월한(粵漢) 철도 노동자들을 발동, 조직하는 것을 사업의 중점으로 삼았다. 창사에 설립한 후난분부는 마오쩌둥이 주임을 맡았으며 후난 각지와 장시 안위안(安源) 철도, 광산 노동자들을 사업 대상으로 했다. 광저우에 설립한 광둥분부는 탄핑산, 롼샤오셴(阮嘯仙)이 함께 주임을 맡았고 기계 노동자들을 발동, 조직하는 것을 사업 중점으로 삼았다. 이 밖에도 지난에 산둥지부(후에 북방분부와 합병)를 설립했다. 1922년 8월, 총부를 상하이에서 베이징으로 옮긴 후 상하이에도 분부를 설립했다. 각 분부는 각자의 사업범위 내에서 노동자야간학교를 설립하고 노동자 간행물을 발간하며 파업투쟁을 영도하였다. 이들은 노동운동을 발전시키는데 매우 중요한 역할을 담당했다.

2. 중국공산당 제2차 전국대표대회와 민주혁명 강령의 제기

국내외 정세에 대한 당의 새로운 인식

창당 이후 첫 1년 동안에, 중국공산당은 마르크스주의를 학습하고 혁명투쟁을 실천했다. 그러면서 국내외 정세와 중국의 사회 상황과 중국 혁명의 기본 문제점에 대해 한층 더 깊이 인식할 수 있었다.

당시 국내외에서는 각 제국주의 국가들이 중국에 대한 재침략을 실시하여 중국을 한층 더 착취하려 시도했다. 따라서 국내 각파 군벌 사이의 모순과 쟁탈전이 더욱 치열해져 갔다. 1919년의 파리강화회의에서는 전후 극동과 태평양 지역 문제에 대한 해결책을 내놓지 않았다. 파리강화회의에서 기대했던 이익을 얻지 못한 미국은 세계평화를 수호한다는 핑계로 새로운 국제회의를 준비했다. 연이어 1921년 11월 12일부터 1922년 2월 6일까지 워싱턴에서 회의를 열었는데 이 회의를 워싱턴회의라고 지칭했다. 미국, 영국, 일본, 중국, 프랑스, 이탈리아, 네덜란드, 벨기에, 포르투갈 등 9개국이 회의에 참가했다. 회의에는 두 가지 의사일정이 있었는데 하나는 군비제한 문제점을 토의하는 것이고, 다른 하나는 극동과 태평양 지역의 문제점, 주로 중국 문제를 토의하는 것이었다. 중국 문제점을 토의할 때, 중국정부의 수석대표가 중국의 주권을 수호하는 정당한 요구를 제기했다. 그러나 제국주의 국가들은 중국에서 얻은 이익을 포기하려 하지 않았으므로 문제점들이 현안으로 남게 됐다. 단, 일본은 일본 세력의 확장을 억제하고 자기 세력을 늘리기 위한 미국의 압력을 이기지 못했다. 그리하여 일본은 1922년 2월 4일에 중국과 〈중일 산둥현안 해결조약 및 부약〉을 체결하고 산둥에서 얻은 부분적 주권을 중국에 반환하는 데 동의했다. 회의에서는 〈중국 사건에 적용할 여러 원칙과 정책에 관한 9개국 조약(초안)〉('9개국 조약'이라 약함)을 체결했는데 그 핵심은 미국이 제기한 "중국에서의 각국의 기회균등"과 "중국의 문호개방" 원칙을 긍정하는 것이었다. 기회균등이라 함은 각 제국주의 국가가 중국에서 똑같이 이득을 얻어야 한다는 것이고, 문호개방이라 함은 각 제국주의 국가가 자국이 통제하는 지역을 다른 국가에 개방해야 한다는 것이었다. 그 실질은 미국이 우세적인 위치에 있고 제국주의 열강들이 중국을 연합통치, 공동 통제하는 것이었다. 또 중국에 대한 일본의 독점을 제한하며, 영국과 일본의 동맹 가능성을 없애는 것이었다.

워싱턴회의 이후, 제국주의 열강들은 중국에서 자국의 세력 범위를 넓히기에 주력했다. 그래서 경제, 정치 측면에서 중국에 대한 약탈과 통제를 강화했다. 각국이 중국에 들여온 상품의 순가치지수는 1913년을 100으로 기준 할 때 1921년에는 158.9로 증가되었고 1922년에는 165.8로 증가했다. 중국 대외무역 수입 초과액은 1918년부터 1922년까지 불과 몇 년 사이에 3배 이상 증가했다. 일본, 영국, 미국 등 제국주의 국가들이 중국에 신설한 공장, 은행도 빠른 속도로 증가했다.

안후이즈리전쟁(安徽直隷戰爭)

1920년 7월 중국의 베이양군벌(北洋軍閥), 즉 안후이파(安徽派)와 즈리파(直隷派) 간에 일어난 싸움. 안직(安直)전쟁 또는 직환(直晥)전쟁이라고도 한다. 1916년 베이양군벌의 지도자인 위안스카이가 죽자 여러 세력의 군벌로 분리되면서, 그중 미국과 영국을 대표한 즈리파와, 일본의 지지를 받은 안후이파가 2대 세력권을 이루었다. 안후이파는 1919년의 5·4운동으로 크게 위축되었으나, 즈리파는 국민당 및 서남군벌(西南軍閥)과의 화평을 주장한 펑궈장(馮國璋)을 잃은 뒤 그 실권이 차오쿤(曹錕)과 우페이푸의 수중으로 넘어가 화중(華中)·화남(華南) 지방에 세력을 뻗쳤고 다시 펑톈파(奉天派·장쭤린)와 연합하였다. 두 파는 4일간의 싸움 끝에 즈리파가 승리를 거두면서 전성시대를 맞이하였다. 이후 즈리파가 기존 대남방(對南方) 화평주의 대신 무력 통일정책을 취하자 이에 맞서 남방파의 제1차 북벌(北伐)과 펑톈즈리전쟁(奉天直隷戰爭·펑톈파와 즈리파와의 싸움)이 일어나게 되었다.

제국주의 열강 사이의 쟁탈전 심화와 국제 구도의 새로운 변화는 중국의 정치 국면에 큰 영향을 주었다. 이어 각 외국 열강들에 의해 조종, 통제되고 있던 중국의 각파 군벌 간 세력 범위 쟁탈전도 더욱 치열해졌다. 1916년 이후, 베이징중앙정권은 줄곧 일본 제국주의의 지지를 받고 있던 환계군벌이 장악하고 있었다. 1920년 7월, 영국, 미국 제국주의의 지지를 받고 있던 직계 군벌이 봉계 군벌과 연합하여 직환전쟁을 일으켰다. 환계군벌의 주력군을 물리치고 베이징의 중앙정권을 장악했다. 일본은 통제권을 되찾기 위해 봉계 군벌의 장쭤린을 전폭 지지하여 중앙정권을 장악하게 했다. 워싱턴회의 기간, 봉계군벌은 직계군벌을 소멸시키기 위해 대규모로 산하이관에 진입했다. 1922년 4~5월에 제1차 직봉전쟁이 발발하자 봉계군벌은 산하이관 밖으로 철수했다. 그때부터 직계 군벌이 베이징 중앙정권을 장악하고 화북과 화중에 있는 거의 모든 성을 통제했으며 야심만만하게 그의 세력을 남방으로 확장했다. 중국의 정국은 내부 투쟁이 계속되고 전쟁이 끊이지 않는 지경에 이르렀다.

이러한 정세를 두고 각파 정치세력은 중국의 미래에 대해 서로 다른 주장을 제기했다. 통치계급에서, 중앙정권을 장악하고 있는 직계군벌은 무력통일을 고취했지만, 각 성의 지방군벌은 자치 또는 연성(聯省)자치를 요구했다. 이 두 가지 대립되는 주장은 모두 각파 군벌이 자기의 이익을 수호하기 위한 것으로 중국의 그 어떤 문제점도 해결할 수 없었다. 자산계급에 있어서, 후스를 대표로 하는 일부 개량주의자들은 '호인(好人)정부'를 세울 것을 주장했다. 그들은 제국주의를 반대하지 않고 군벌통치를 뒤엎지 않아도 이른바 '호인'들이 정부에 들어가면 중국을 구할 수 있다고 여겼다. 하지만 상기 호인들이 어떻게 정부에 들어가고 정부에서 어떤 역할을 할 수 있는지에 대해서 그들은 대답할 수 없었다. 쑨중산은 여전히 민주주의 혁명의 입장을 견지했다. 하지만 대중을 충분히 동원하여 투쟁할 수 있는 혁명 강령을 제기하지는 못했다. 1920년 11월, 계계 군벌 세력은 월군에 의해 광둥에서 쫓겨났다.

그 후, 쑨중산은 상하이를 떠나 광저우로 가 다시 '호법'의 기치를 들었다. 1921년 4월, 쑨중산은 광둥에서 열린 국회 비상회의에서 중화민국 비상 대통령으로 당선됐다. 그는 천중밍(陳炯明)의 무력에 의지하여 광둥을 기지로 북방정벌할 것을 결심했다. 국민당 당원인 천중밍은 겉으로는 쑨중산의 사업을 지지하고 심지어 사회주의를 신봉한다고 표방했다. 그렇지만 암암리에 제국주의자들의 제안을 받아들이고 직계 군벌과 결탁했다. 그리하여 1922년 6월에 공개적인 무장반란을 일으켜 결국 제국주의의 도구가 된 자신의 반동 면모를 유감없이 드러냈다. 쑨중산이 광저우를 떠나면서 그의 호법운동도 완전히 실패하고 말았다.

많은 애국지사들은 중국은 어디로 가야 하는지, 중화민족의 앞길은 어디에 있는지에 대해 고민하고 방황하며 걱정했다. 바로 이때, 막 탄생한 중국공산당이 마르크스주의의 기본 원리를 중국 혁명과 결부시켜 중국 민주혁명의 강령을 제기했다.

중국 공산당 요인들은 반동계급의 암흑통치를 무너뜨리고 사회주의를 구현하기 위한 투쟁에 뛰어들었다. 그러나 그들은 반식민지 반봉건의 상태에 놓인 중국 인민의 절박한 요구가 사회주의 혁명은 아님을 이내 깨달았다.

외국자본이 중국의 근대 공업 대부분을 통제하고 있었기에 상하이, 창사, 홍콩에서는 날로 반제국주의 성격의 투쟁분위기가 고조됐다. 그래서 파업투쟁이든 기타 도시의 노동운동이든 불가피하게 제국주의와 충돌할 수밖에 없었다. 노동자들이 생활조건 개선을 요구한 경제적 투쟁도, 반제국주의, 반군벌정부의 정치적 투쟁으로 번지게 됐다. 제국주의세력과 봉건군벌들은 늘 서로 결탁하여 천방백계로 대중 투쟁을 방해했으며 무력진압도 서슴지 않았다. 중국 공산당 지도자들은 실제적으로 투쟁을 접하며 무엇보다 먼저 제국주의 침략과 봉건군벌 통치를 반대하는 투쟁을 일으켜야 한다고 했다. 그렇지 않으면 국가를 독립시킬 수도 없고 인민을 해방시킬 수도 없으며 나아가 사회주의, 공산주의 이상도 구현할 수 없다는 점을 인식하게 됐다. 중국공산당과 중국자산계급 민주파는 혁명투쟁의 목표에서 일부 일치한 항목들이 있었다. 그들은 중국 혁명의 문제에 대한 한층 더 깊은 인식을 실제적인 경험을 통해 얻을 수 있었다.

이는 중국공산당이 사회주의 이상을 실현하기 위해 현실적 투쟁목표를 결정하는 것과 투쟁책략을 확정하는 데 추동 역할을 담당했다.

중국공산당은 중국 국정에 적합한 혁명 강령을 탐구하고 제정하는 과정에서 레닌과 국제공산당의 도움을 받았다. 이는 당이 중국 혁명의 방향을 정확하게 파악하는 데 매우 중요한 역할을 했다. 레닌과 국제공산당은 동방 각국 인민, 특히 중국 인민의 반제국 반봉건 혁명투쟁에 대해 큰 관심을 가졌다. 레닌은 1920년 7~8월에 열린 국제공산당 제2차 대표대회에서 "민족과 식민지 문제 요점 초고" 가운데 민족과 식민지 문제에 관한 이론을 체계적으로 설명했다. 그는 "제1차 세계대전과 러시아 10월 혁명 이후, 민족과 식민지 문제는 이미 세계 무산계급혁명의 한 부분이 됐다. 각국 공산당은 반드시 낙후된 국가의 자산계급 민족해방 운동을 도와야 한다. 특히 낙후된 국가의 경우 지주를 반대하고 대토지 점유제도 반대하며 각종 봉건주의 현상 또는 봉건주의 잔여를 반대하는 농민운동을 지원하여 농민운동이 가장 큰 혁명성을 갖도록 해야 한다"고 연설했다.

이번 대회에서 통과한 "민족과 식민지 문제에 관한 보충요점"에서는 "'식민지 혁명은 초기의 공산주의 혁명이 아니다. 하지만 만약 첫 시작부터 공산주의 선봉대가 영도한다면 혁명 대중은 점차 혁명 경험을 얻고 목표에 이르는 길로 들어섰을 것이다' 혁명의 제1단계에서는 외국 자본주의를 타도하고 토지배분 등과 같은 자산계급, 민주혁명의 과업을 완수해야 한다"고 했다.

레닌의 논술과 국제공산당의 문건은 각 피압박민족과 식민지, 반식민지 혁명의 진로를 정확하게 지적했다. 또 민족민주혁명에서 공산당이 취해야 할 기본 방침을 지적하여 중국 혁명에서 중요한 지도적 의미를 가졌다.

국제공산당은 워싱턴회의를 이용해 침략을 확장하려는 제국주의 국가의 계획을 자국에 폭로하고자 했다. 더불어 민족과 식민지 문제에 관한 레닌의 이론을 널리 전파하며 각 피압박민족에게 반제 반봉건 민족민주혁명을 호소하려고 했다. 이를 위해 1922년 1월 21일부터 2월 2일까지 극동 각국 공산당 및 민족혁명단체는 제1차 대표대회를 소집했다. 이 회의에 참석한 중국대표는 모두 44명이었다. 그중에는 공산당원 14명과 사회주의청년단 대표, 국민당 대표, 그리고 노동자, 농민, 학생, 부녀 등 혁명단체 대표들이 있었다. 이는 창당 이후 중국공산당이 처음으로 대형 국제회의에 대표를 파견한 것이다.

이 대회에서 국제공산당은 워싱턴회의의 실상과 중국을 분할하려는 의도를 폭로했다. 그리고 각국의 혁명투쟁 상황과 경험을 이야기하고 공유했다. 회의는 레닌의 이론에 근거해 민족과 식민지 문제에 관해 당이 취해야 할 역사적 과업을 설명했다. 또 민족과 식민지 문제에 있어 공산당이 어떻게 대처할 것인지 입장을 정리했다. 그리고 공산당과 민족혁명정당 사이의 합작에 대해 토의하고 농민대중을 민족민주혁명운동에 참여시켜야한다는 점을 강조했다. 이 회의는 중국 공산당

인사들이 중국 국정을 분명히 인식하는 데 도움을 주었으며 중국민주혁명의 강령을 제정하는 데 큰 영향을 미쳤다. 회의 기간 중 레닌은 건강이 악화됐음에도 불구하고 중국공산당 대표 장궈타오, 중국국민당 대표 장추바이(張秋白)와 철도노동자 대표 덩페이(鄧培)를 만났다. 그는 중국 혁명에 지대한 관심을 표명하면서 국·공 양당이 합작하여 중국 노동계급과 혁명 대중을 굳게 단합시키고 중국 혁명의 발전이 추진되기를 희망했다.

이 시기, 당은 혁명실천을 통하여 중국 혁명의 기본 문제를 탐구하는 한편, 민족과 식민지 문제에 관한 레닌의 이론을 접수했다. 동시에 이 둘을 결부시켜 중국 국정에 적합한 혁명 강령을 점진적으로 구상하고 제정했다.

당은 우선 공회 조직과 청년단 조직에 반제국 반봉건의 정치주장을 선전했다. 1922년 5월에 열린 제1차 전국노동대회와 중국사회주의 청년단 제1차 대표대회에서는 중국공산당이 제기한 "제국주의를 타도하자" "군벌을 타도하자"는 정치구호를 받아들였다. 1922년 6월 15일, 중공중앙은 "시국에 관한 중국공산당의 주장"을 발표했다. 이 문건에서는 신해혁명 이후 국제 제국주의와 중국 봉건군벌이 서로 결탁하여 중국 인민을 압박한 역사와 그 현황이 집중적으로 분석되어 있다. 이어서 제국주의 침략과 군벌 정치는 중국 내우외환의 근원이며 인민 고통의 근원이라고 지적했다. 또 문건에서는 시국문제에 대한 봉건군벌의 반동 논조와 자산계급 개량주의자들의 그릇된 주장을 비판했다. 시국 문제를 해결하는 관건은 혁명을 통해 제국주의와 봉건군벌을 타도하고 민주정치를 세우는 거라고 지적했다. 중국공산당은 현재 무산계급의 가장 시급한 임무를 완수하기 위해 국민당 등 혁명당파, 기타 혁명단체와 민주주의 연합전선을 결성해야 한다고 주장했다. 그리하여 공동의 적을 반대하고 중국 인민을 제국주의와 봉건 군벌의 이중압박에서 해방시킬 것이라고 발표했다.

이는 중국공산당이 처음으로 중국민주혁명의 중대한 문제에 관해 사회 각계각층에 자기의 정치 주장을 공개한 것이었다. 또한 마르크 스주의로 중국 사회 상황을 분석하고 중국 혁명의 문제를 해결하기 시작한 새로운 분기점이기도 했다. 이는 중국공산당 제2차 전국대표 대회에서 당의 민주혁명강령을 제정하는 역사적 과업을 수행하는 데 토대가 되었다.

민주혁명 강령의 제정

1922년 7월 16일부터 23일까지, 중국공산당은 상하이에서 제2차 전국대표대회를 소집했다. 대회에는 중앙국 구성원, 당의 지방조직 대 표가 참석했다. 그리고 극동 각국 공산당 및 민주혁명단체 제1차 대표 대회에 참가하고 돌아온 대표들이 부분적으로 참석했다. 그들은 각각 천두슈, 장궈타오, 리다, 양밍자이, 뤄장룽, 왕진메이, 쉬바이하오(許白昊), 차이허썬, 탄핑산, 리전잉, 스춘퉁 등 12명(신원미상 1명)이었 는데 전 당의 195명 당원을 대표했다.

대회의 제1차 전체 회의는 상하이 원 공공조계 난청두로(南成都路) 푸더리(輔德里) 625호에서 열렸다. 천두슈가 사회를 맡고 중앙국을 대표하여 1년간의 사업을 보고했으며, 장궈타오가 극동 각국 공산당 및 민주혁명단체 제1차 대표대회의 회의 과정과 제1차 전국노동대회 의 상황을 보고했다. 그리고 단 중앙 대표 스춘퉁이 사회주의청년단 제1차 전국대표대회 회의 과정과 대회에서 통과된 결의사항을 보고 했다. 대회에서는 천두슈, 장궈타오, 차이허썬을 추선(많은 사람들 가 운데서 추천하여 선출)하여 기초위원회를 구성하고 그들에게 "중국공산당 제2차 전국대표대회 선언"과 기타 의결안의 기초작업을 맡을 것을 위임했다.

대회에서 통과한 선언은 중대한 역사적 의의를 가지는 문건이었다. 선언에서는 자본주의, 제국주의 열강들이 중국을 침략하고 중국 사회가 반식민지 반봉건 사회로 전락된 역사를 분석했다. 그러면서 "각종 사실이 증명하다시피 중국 인민(자산계급이든 노동자든 또는 농민이든)에게 가장 큰 고통을 안겨준 자는 자본제국주의와 군벌관료의 봉건세력이다. 그러므로 이 두 가지 세력을 반대하는 것은 민주주의 혁명운동에서 매우 의미 있는 일이다. 즉, 민주혁명이 성공하면 독립과 자유를 얻을 수 있다"고 특별히 지적했다. 선언에서는 국제, 국내 정세와 중국 사회 성격을 분석한 것을 토대로 "현재의 역사적 조건에서 당의 투쟁목표는 내란을 평정하고 군벌을 타도하여 국내 평화를 유지하는 것이다. 그리하여 국제 제국주의 압박을 뒤엎어 중화민족을 완전히 독립시키고, 중국을 통일하여 진정한 민주공화국을 세우는 것이다"고 적시했다. 이는 사실상 당이 현 단계의 반제국 반봉건의 민주혁명강령, 즉 당의 최저 강령을 제정한 것이었다. 선언에서는 또 "당의 목적은 '무산계급을 조직하고 계급투쟁의 수단으로 노농전제정권의 정치를 실현한다. 그리고 사유재산제도를 소멸하여 점차적으로 공산주의사회를 실현'하는 것이다"고 지적했다. 이는 중국공산당 제2차 전국대표대회 선언이 중국공산당 제1차 전국대표대회 강령에서 규정한 당의 최종 투쟁목표, 즉 당의 최고 강령을 견지하겠다는 뜻을 표명한 것이다.

제2차 당 대회의 선언은 현 단계 중국 혁명의 성격, 대상, 동력, 책략, 임무와 목표를 설명했고 중국 혁명의 방향을 제시했다. 즉, 혁명의 성격은 민주주의 혁명이고, 혁명의 대상은 제국주의와 봉건군벌이며, 혁명의 동력은 노동자, 농민과 소자산계급이다. 그러나 민족자산계급도 혁명 세력의 한 갈래이며, 혁명의 책략은 각 계급의 연합전선을 형성하는 것이다. 혁명의 임무와 목표는 군벌을 타도하고 국제 제국주의 압박을 뒤엎어 중화민족의 독립과 중국의 통일을 실현하는 것이며, 혁명의 방향은 사회주의 혁명으로 전환하는 것이다.

제2차 당 대회는 처음으로 당이 민주혁명에서 실현해야 할 목표와 향후 사회주의 혁명이 실현해야 할 장기 목표를 결부시켰다. 그리고 반제국주의와 반봉건주의 민주혁명 과업을 명확히 지목했다. 그뿐만 아니라 민주혁명을 통하여 사회적 조건이 좋아진 후에 사회주의와 공산주의를 실현해야 한다고 주장했다. 이는 중국의 국정과 중국 혁명에 대한 중국공산당원의 한층 더 깊은 인식을 보여주었다. 더불어 당이 마르크스주의 기본 원리를 중국 혁명의 실제에 결부시킨 중요한 성과이기도 했다. 이는 도탄 속에서 허덕이던 중화민족의 독립과 해방에, 그리고 중국 혁명의 진로에 정확한 방향을 일깨워주었다. 제1차 당 대회에서는 사회주의 혁명을 직접 진행하자고 확정했지만 제2차 당 대회에서는 우선 민주혁명을 진행한 다음 사회주의 혁명을 진행하자고 확정하고 요구했다. 이는 당의 전략방침의 중대한 변화였다.

제2차 당 대회에서는 민주혁명과 사회주의 혁명 사이의 구체적 관련성을 우선 분석했다. 제2차 당 대회 선언에서는 "민주혁명이 성공하면 무산계급은 약간의 자유와 권리를 얻을 수 있을 뿐 완전히 해방될 수 없다. 하지만 민주주의가 성공하면 유치한 자산계급은 신속히 발전하여 무산계급과 대립적 지위에 설 것이다. 그러므로 무산계급은 자산계급에 저항하여 '빈곤한 농민과 연합하는 무산계급독재'를 실시하기 위해 두 번째 단계의 투쟁을 벌여야 한다. 무산계급의 조직력과 전투력이 강하다면 이 두 번째 단계의 투쟁은 민주주의 혁명의 승리와 더불어 곧 성공할 것이다"고 했다. 중국공산당 인사들은 민주혁명의 미래에 두 가지 가능성이 있다고 추측했다. 한 가지는 민주혁명 가운데서 무산계급 세력이 매우 강해져 민주혁명 승리 후, 곧 무산계급 독재의 사회주의 혁명을 실시하는 것이다. 다른 하나는 민주혁명이 승리하여 자산계급이 봉건주의로부터 정권을 탈취하는 경우다. 이 경우 무산계급은 긴 시간을 거쳐 자기의 세력을 키운 후에야 두 번째 단계의 투쟁을 벌일 수 있다. 당시, 중국공산당 인사들은 어설프게 노동운동을 발동시켰을 뿐 혁명의 경험이 부족했다. 어떤 이들은 구미 자산계급혁명의 역사적 경험에 영향을 받아 민주혁명의 미래에 관해 후자의 가능성을 더욱 많이 고려했다. 그리고 어떤 이들은 러시아 2월 혁명부터 10월 혁명의 역사적 경험을 토대로 민주혁명에서 곧바로 사회주의 혁명으로 발전하는 전자의 가능성을 고려했다. 하지만 복잡한 국정을 가지고 있는 반식민지 반봉건의 국가 중국에서 도대체 어떤 길을 선택해야 할지 그들은 아직 분명하게 결정하지 못했다.

한 정당의 강령은 바로 그 정당의 기치이다. 제2차 당 대회가 제기한 혁명 강령은 공산주의를 실현하기 위해 분투하는 무산계급정당의 최고 이상을 견지하고 내포했다. 그뿐만 아니라 당의 현 단계 행동방침과 혁명과업을 처음으로 내세웠다. 즉, 반제 반봉건 민주혁명을 진행해야 한다는 것을 명확히 했다. 중국공산당은 창건 후 1년 동안 중국의 국정을 파악하는 것에서부터 시작하여 최저 강령과 최고 강령 사이의 관계를 미약하게나마 파악하고 인식했다. 이는 중국공산당이 마르크스주의를 지침으로 하여 마르크스주의를 중국 혁명의 실제에 결부시키고 중국 사회 현황을 과학적으로 분석할 수 있었음을 말해준다. 또 중국공산당만이 중국 인민의 염원과 요구를 반영할 수 있으며 중국 혁명이 나아갈 정확한 방향을 가리킬 수 있고, 중국 혁명을 지도하는 역사적 책임을 짊어질 수 있다는 것을 실증한다.

제2차 당 대회에서는 당의 민주혁명 강령을 관철하기 위해 9개 의결안을 통과시켰다. 대회에서 통과한 "'민주의 연합전선'에 관한 의결안"에서는 전중국의 노동자, 농민들에게 공산당의 기치 아래 굳게 뭉쳐 투쟁할 것을 호소했다. 그리고 전국의 모든 혁명당파와 연합하고 자산계급 민주파와 연합하여 민주의 연합전선을 형성할 것을 주장했다. 대회는 국민당 등 혁명단체와 연석회의를 열어 구체적 방법을 상의하기로 결정했다. 그리하여 제1차 당 대회의 문건에서 기타 당파와 아무런 연계도 맺지 않는다는 규정이 바뀌었다. 이는 당이 최초로 통일전선의 사상과 주장을 제기한 것으로, 중국 혁명의 발전을 추동하는 데 매우 중요한 의의를 가졌다.

대회에서 통과시킨 "공산당의 조직규약에 관한 의결안" "'공회운동과 공산당'에 관한 의결안"과 "의회행동에 관한 결안" 등의 문헌에는 당의 성격을 설명할 때 중국공산당은 무산계급 중에서 혁명정신이 가장 투철한 사람들로 구성된 정당이라고 했다. 당을 혁명적이고 대중적인 무산계급정당으로 건설하기 위해 대회에서는 두 가지 중요한 원칙을 내세웠다. 하나는 당의 모든 활동은 반드시 대중 속에 깊이 파고들어가 전개하라는 점이다. 다른 하나는 당의 내부에는 반드시 엄밀하고 규율성이 있는 조직과 훈련이 있어야 하며 "모든 당원은 말로만 공산주의자라고 할 것이 아니라 행동하는 공산주의자가 돼야 한다"라는 것이었다. 대회에서 통과한 "중국공산당 규약"은 창당 이후의 첫 당 규약이었다. 당 규약에는 당원의 조건, 당 각급 조직의 건설과 당의 규율이 구체적으로 적시됐다. 제1차 당 대회에서 통과한 강령과 비교할 때, 당 규약에는 당의 민주집중제 원칙에 대해 보다 명확한 해석이 제시되었다.

대회에서 통과한 "중국공산당 제3 국제당 가입 의결안"에서는 "중국 혁명은 '세계 무산계급과 연합해야만 혁명의 효력을 증가시킬 수 있다', 중국공산당은 중국 무산계급의 이익을 대표하는 정당으로 '제3국제당이 결의한 21개의 가입 조건을 완전히 인정한다'"라고 지적했다. 대회가 중국공산당이 국제공산당의 한 개 지부라고 인정한 것은 당시에 필요하고도 필연적인 선택이었다.

이는 무산계급 혁명사업이 국제적인 사업으로서 각국 무산계급의 상호 지원이 필요했기 때문이었다. 하지만 중국에서 이 사업을 완수하려면 기타 국가 또는 어느 한 국제중심의 지휘에 따를 것이 아니었다. 중국공산당이 본국의 무산계급과 인민대중에 의거하여 마르크스주의의 기본 원리와 중국 혁명의 구체적 실천을 결부시키고, 중국의 실정에 맞는 혁명의 길을 찾아야만 했다. 그러나 중국공산당은 국제공산당에 가입한 후 반드시 국제공산당대표대회 및 그 집행위원회의 모든 결의를 따라야 했다. 이는 중국 혁명에 적극적인 영향을 미치는 한편 소극적인 영향도 주었다.

제2차 당 대회는 "중국공산당 규약"의 규정에 따라 당 중앙 집행위원회를 설립했다. 천두슈, 장궈타오, 차이허썬, 가오쥔위, 덩중샤 등을 당 중앙 집행위원으로 뽑고 그 밖에 3명의 후보 집행위원을 선출했다. 천두슈가 당중앙 집행위원회 위원장으로 당선되고 차이허썬과 장궈타오가 각각 선전, 조직 사업을 책임졌다.

제2차 당 대회 폐막 후 얼마 지나지 않아 중공중앙은 1922년 9월에 상하이에서 주간신문 〈향도(向导)〉를 발간했다. 이 신문은 당의 반제반봉건의 민주혁명 강령을 선전했으며 혁명투쟁에서 여론선전과 정책지도의 역할을 맡았다.

제1차 국공합작의 잉태

제2차 당 대회 이후, 중공중앙은 민주혁명강령을 관철하고 민주연합전선을 결성하기 위해 차례로 리다자오, 천두슈를 파견하여 쑨중산 등 국민당 지도자들과 국공합작 문제를 의논하게 했다.

중국국민당은 구성이 복잡하고 조직이 산만한 자산계급 정당이었다. 1919년 10월 국민당이 중국국민당으로 개명한 후, 당원의 수가 증가했다. 그렇지만 조직적으로 통일되지는 않았고 전국대표대회도 소집하지 않았으며 통일적인 행동강령도 제정하지 않았다. 쑨중산과 그의 동지들이 국민당의 주도적 세력이었다. 그들은 실패를 거듭하면서도 자산계급 민주혁명을 견지했는데 이 때문에 제국주의 세력과 북양군벌로부터 인정을 받지 못했다. 중국공산당은 "중국에 존재하는 당을 비교해 볼 때 오직 국민당만이 국민혁명의 당이라고 할 수 있다[63]"고 인정했다.

1922년 6월 천중밍의 반란으로 인해 쑨중산은 아주 고통스러운 실패를 경험했다. 이와 동시에 미국, 영국, 일본 등의 국가로부터 원조를 받으려던 그의 환상도 한낮 꿈이 되고 말았다. 그리하여 광저우를 떠나 상하이로 피신한 쑨중산과 그의 동지들은 다시 혁명의 출로와 새로운 혁명 동맹자를 찾아야 했다.

쑨중산이 새로운 혁명 동맹자를 찾고 있을 때, 러시아소비에트연방, 국제공산당과 중국공산당은 수차례 대표를 파견하였다. 그와 함께 중국 혁명의 길을 모색하고 국민당과 공산당의 합작문제를 논의했다. 소련정부도 쑨중산과 국민당에 자금과 물자를 원조하겠다는 의사를 밝혔다. 1923년 1월, 쑨중산은 소련정부의 대표 웨페이(越飛)와 면담을

---

63 《공산당의 조직규약에 관한 의결안》(1922년 7월), 중앙당안관 편: 《중공중앙문건선집》 제1책, 중공중앙당교출판사 한문판, 1989년, 91쪽.

가졌으며 "쑨원웨페이 연합선언"을 발표하여 국민당과 소련의 연합 정책을 공개적으로 지지했다. 이때 진계, 계계 군벌의 양시민(楊希閔), 류전환(劉震寰)이 천중밍부대를 몰아냈다.

쑨중산은 상하이를 떠나 광저우로 간 후 3월에 "대원수대본영"이라고 명명한 광저우 혁명정부를 세우고 본인이 대원수로 취임했다. 당시 광둥의 정세는 매우 불안정했다. 외부로는 제국주의, 북양군벌과 둥장(東江) 일대에 둥지를 튼 군벌 천중밍의 위협이 있었다. 내부에는 진계, 계계 군벌의 방해가 있어 쑨중산의 처지는 여전히 어려웠다. 쑨중산은 국제, 국내 정세의 새로운 변화를 맞이하며 점차 새로운 점을 인식했다. 10월 혁명 이후의 러시아는 제국주의와 근본적으로 대립하는 신흥 세력이었고, 5·4운동과 발흥하고 있는 중국 노동운동에는 신해혁명 시기에 없었던 특징들이 있다는 점이다.

그는 또 중국공산당은 당원 수가 많지는 않지만 활기가 넘치는 것을 보았다. 이 모든 것은 중국 혁명에 새로운 희망을 가져다주었다. 쑨중산은 소련정부와 중국공산당과 합작하기로 결심하고 국민당을 정돈,

개편하기 시작했다. 이때부터 쑨중산은 그의 일생에서 가장 위대한 변화를 일으킨다. 비록 제2차 당 대회에서 국민당과 합작해야 한다는 원칙을 확정했지만 국공 양당이 어떤 형식으로 합작하는가 하는 문제는 해결하지 못했다. 이 문제는 분명 공산당이 일방적으로 결정할 수 있는 일이 아니었다. 중국공산당은 양당이 당외 합작을 진행하고 민주연합전선을 결성할 것을 주장했기 때문이다.

제2차 당 대회 이후, 당은 베이징, 광저우, 상하이 등지에서 "민권운동대동맹"을 결성하고 이러한 대중단체 형식을 이용하여 국민당과의 연합전선 결성을 시도했으나 성공하지 못했다. 당시 쑨중산은 공산당원이 개인 자격으로 국민당에 가입하는 데는 동의했지만 당외 연합의 방법은 받아들이지 않았다. 쑨중산과 회견을 가졌던 국제공산당 대표 마린은 "현실을 직시하고 쑨중산의 건의를 접수해야 한다"고 했다. 중국공산당의 대다수 지도자들은 마린의 주장에 동의하지 않았고 "공산당원이 자산계급 정당인 국민당에 가입할 경우 자기의 독립성을 잃을 위험이 있다"고 보았다. 국제공산당은 마린의 보고를 듣고 그가 제기한 국공 양당의 당내 합작 건의를 비준했다.

중국공산당 중앙집행위원회는 상기 문제점을 해결하기 위해 마린의 건의에 따라 1922년 8월 29일부터 30일까지 항저우시후(西湖)에서 회의를 열고 공산당원이 국민당에 가입하는 문제를 토의했다. 천두슈, 리다자오, 차이허썬, 장궈타오, 가우쥔위 및 마린, 장타이레이 등이 회의에 참석했다. 마린은 국제공산당의 지시에 근거하여 중국공산당 당원이 개인 자격으로 국민당에 가입하여 국공합작을 실현할 것을 상정했다. 회의에 참가한 중앙집행위원들은 처음으로 마린의 제안에 동의하지 않았다. 회의에서는 마린의 해석과 설득, 그리고 위원들의 충분한 토의를 거쳐 쑨중산이 국민당을 개편한다는 조건 아래, 공산당 소수의 책임자들이 먼저 국민당에 가입할 것을 권유했다. 이와 동시에 공산당 전체 인사들에게 개인의 명의로 국민당에 가입할 것을 설득하기로 결정했다. 이번 회의는 국민당과의 합작에 관한 중국공산당 정책이 당외 합작으로부터 당내 합작으로 변화한 전환점이었다.

시후회의 이후 얼마 지나지 않아 리다자오, 천두슈, 차이허썬, 장궈타오 등이 앞장서서 개인 자격으로 국민당에 가입했다. 하지만 당내의 대다수 사람들은 이러한 방법에 대해 여전히 우려를 표명했다. 결국 1년이 지난 후에야 비로소 '시후회의'의 결정이 관철, 집행됐다.

국민당 내부의 쑨중산, 랴오중카이(廖仲愷) 등 지도자들은 혁명의 필요에 걸맞게 국민당을 개조할 것을 주장했다. 그들은 천중밍이 배반한 사실로 국민당을 부흥시키려면 반드시 새로운 당원을 받아들여야 한다는 교훈을 깨달았다. 이는 쑨중산이 공산당 인사에게 국민당에 가입할 것을 요구한 주요 원인이었다. 중국공산당이 최종적으로 당내 합작의 방식을 접수한 이유는 국제공산당의 한 개 지부로서 반드시 그의 결정에 복종해야 하는 것뿐만은 아니었다.

그들도 중국의 국정과 혁명의 성격을 한층 더 깊이 인식할 수 있게 되었다. 그리고 민주혁명에 이어 자산계급 혁명파와 연합전선을 결성하여 반제국 반봉건의 진영과 세력을 늘려야 한다는 사실도 알게 됐기 때문이다. 이때의 중국공산당 당원들은 중국국민당 당원에 비해 매우 젊었고 당원의 수도 적은 데다 비밀리에 활동했으므로 활동에서 너무 큰 제한을 받고 있었다. 만약 공산당 인사가 국민당에 가입한다면 국민당은 사실상 자산계급, 소자산계급과 무산계급의 민주혁명 통일전선으로 이루어진 조직이 되어 혁명의 발전에 넓은 길을 개척할 수 있을 것이다. 때문에 중국공산당이 국제공산당의 건의를 받아들이고 당내 합작 결정을 내린 것은 매우 잘한 일이었다.

3. 중국 노동운동의 제1차 고조

노동자 파업투쟁의 발흥

창당 이후, 중국공산당은 중앙에서 각급 조직에 이르기까지 모든 힘을 노동운동에 집중했다. 당 조직 활동의 발동과 지도 아래 중국 노동계급은 더욱 각성했고 노동운동도 발흥하기 시작했다.

1921년 하반기부터 상하이, 우한, 광둥, 후난, 즈리 등 성, 시와 항운, 철도, 채광 등 업종에서는 노동자 파업투쟁이 잇달아 일어났다. 1922년 1월, 창사 화실방직공장 2,000여 명의 노동자들이 황아이(黃愛), 팡런취안(龐人銓)의 영도로 파업을 단행했다.

그러나 후난 반동군벌 자오헝티(趙恒惕)에게 진압당하고 황아이, 팡런취안이 체포되어 살해됐다. 무정부주의자였던 황아이, 팡런취안은 당의 교육을 받아 1921년 말에 중국사회주의청년단에 가입했다. 그들은 전국에서 최초로 군벌에게 피살된 노동운동 지도자였다. 그들의 희생을 두고 사회에서는 강렬한 반응이 일었다. 이 사건을 계기로 후난 당 조직은 자오헝티를 축출하는 운동을 일으켰는데 이는 후난 인민과 전국 각지 대중의 폭넓은 지지를 얻게 되었다.

1922년 1월부터 1923년 2월까지, 중국공산당이 영도한 노동운동은 첫 고조기를 맞이했으며 고조기는 13개월간 지속됐다. 이 기간에 폭발한 파업투쟁은 100여 차례였으며, 파업에 참가한 노동자는 30만 명 이상에 달했다. 그중 대부분은 당 조직 또는 당이 영도한 공회조직이 직접 발동한 것이었다. 노동운동의 줄기찬 발전은 노동계급 대열을 숙련시켰고 당의 계급적 토대를 다졌으며 중국공산당과 노동계급의 정치적 영향을 전국으로 넓혀 주었다. 위에서 밝힌 노동운동의 고조는 홍콩선원 대파업이 그 시발점이다.

홍콩에서 일하는 중국 선원들은 영국 제국주의의 식민통치와 인종차별을 장기간 받아왔는데 임금이 아주 적었다. 중국 선원들은 백인 선원들과 같은 작업을 하면서도 백인 선원 임금의 5분의 1도 받지 못했다. 게다가 자본가와 청부업자들의 착취를 당하여 수시로 무단 해고될 위협까지 받고 있었다. 그들은 아주 힘들고 고통스러운 생활을 했으며 영국 식민과, 지배자들에 대한 분노로 가득 차 있었다. 그들은 구미 각국 항구와 국내 각 항구를 오가면서 기세 드높은 서방 자본주의 국가의 노동운동과 국내 노동운동의 영향을 크게 받았다. 그들은 끊임없이 계급적 각성을 제고했고, 저항투쟁의 적극성도 날로 높아갔다. 선원 중 선각자인 쑤자오정(蘇兆徵), 린웨이민(林偉民) 등은 선전사업과 조직사업을 적극 진행했으며 1921년 3월 6일에 홍콩에서 중화선원공업연합총회를 공식적으로 설립했다. 이는 중국선원들의 첫 번째 진정한 공회조직이었다. 홍콩선원대파업을 영도한 쑤자오정, 린웨이민은 노동자들 중 가장 우수한 인물들이었으며 훗날 모두 중국공산당에 가입한다.

선원공회는 일련의 준비 작업을 마친 후, 1921년 9월에 정식으로 자본가에게 노임을 인상하고 공회에 직업소개권을 부여하는 등의 요구를 내세웠지만 거절당했다. 그 해 11월, 선원공회는 또다시 자본가 측에 같은 요구를 했다. 이때, 각 화륜선 외국인 선원들의 노임은 15% 인상됐으나 선원공회가 제기한 요구는 또다시 묵살 당했다. 이에 중국인 선원들은 극히 분개했다. 1922년 1월 12일 오전, 선원공회는 3회 차로 노임인상의 요구를 제기하고 24시간 안에 만족스러운 대답을 주지 않으면 파업하겠다고 통보했다. 하지만 자본가들은 선원공회의 최후통첩에도 꿈쩍하지 않았다. 중국 선원들은 더 이상 참지 못하고 파업을 단행했다.

홍콩 파업노동자들은 파업의 성과를 높이기 위해 홍콩 운수공회와 은밀히 연락하고 그들을 동원하여 동정파업을 실시하게 했다. 이로써 홍콩·영국 당국과 자본가들에게 더욱 큰 타격을 주었다. 파업으로 인해 5개의 태평양 항로와 9개의 근해 항로가 마비되고 말았다. 홍콩·영국 당국과 선박자본가들이 선원들의 요구를 들어주지 않자 홍콩에서 일하던 중국노동자들은 2월 말 총동맹 파업을 단행했다. 3월 초, 파업자 수가 빠르게 늘어 10만 명을 돌파했으며 파업의 물결은 전 홍콩을 뒤덮었다. 교통이 마비되자 홍콩에는 생산 중단, 상점 폐업, 일용품 결핍, 물가 폭등, 시민 사재기 등 현상이 나타났다. 이는 홍콩선원파업의 위력을 충분히 과시한 것이었다.

중국공산당은 홍콩선원의 파업투쟁에 큰 관심을 가지고 바라보았다. 중공 광둥지부는 파업이 개시된 후 얼마 지나지 않아 "파업선원들에게 정중히 고함"이라는 전단을 배포하여 그들의 파업투쟁을 전폭적으로 지지한다고 발표했다. 당은 중국노동조합 서기부를 통해 파업선원에게 자금을 전달하고 적당한 때에 상하이노동자를 발동하여 "홍콩선원후원회"를 설립하는 등 파업투쟁을 지원했다. 그뿐만 아니라 노동조합 서기부의 책임자인 리치한을 홍콩에 파견하여 파업선원들을 위로하게 했다. 리치한은 기타 대표들과 함께 새로운 노동자를 모집하여 홍콩·영국 당국의 음모에 맞서 투쟁했다. 국민당 광저우 혁명정부도 홍콩선원의 파업에 지지를 표하면서 파업 시작 후 매일 수천 위안을 선원에게 빌려 주어 파업 경비로 사용하게 했다. 내지에서는 우선 창신뎬 노동자들이 들고 일어나 '북방홍콩선원파업후원회'를 조직했다. 상하이, 후베이, 허난 등지와 경한(京漢), 경봉(京奉), 경수(京綏), 농해(隴海), 진포(津浦) 등 각 철도선로의 노동자들도 적극 호응하여 각각의 지역에서 홍콩선원후원회를 조직했다. 경한철도 노동자들은 당국의 박해에도 아랑곳하지 않고 기차머리에 '홍콩선원원조'라는 6개 붉은색 글자가 적혀 있는 깃발을 꽂기도 했다. 그리하여 이 깃발은 베이징과 한커우 사이를 오가는 기차에서 나부끼게 됐다.

홍콩선원의 파업에 대해 홍콩·영국 당국과 자본가들은 고압, 협박, 기만, 조정, 회유, 분열 등 갖가지 수단을 다 동원하여 그들에게 맞섰다. 3월 4일, 홍콩 영국 당국은 수많은 무장군경을 풀어 홍콩에서 6킬로미터 떨어진 사톈(沙田) 지역에서 광저우로 되돌아가는 파업노동자들을 향해 대포를 발포하였다. 이에 4명이 즉사하고 수 백 명이 부상을 입었으며, 그 후 부상자 2명이 추가로 사망하는 등 사톈 참사를 빚어냈다. 영국 제국주의의 이러한 탄압은 수많은 노동자와 각 대중의 강한 의분을 불러일으켰으며 총동맹파업도 계속 확대시켰다. 궁지에 몰린 홍콩·영국 당국은 할 수 없이 3월 8일 파업선원들이 제기한 선원공회 원상회복, 임금 인상, 피해노동자가족 무휼(보상, 불쌍히 여겨 위로하고 물질적으로 도움을 줌.) 등 요구를 받아들였다. 이 파업투쟁은 56일간 지속되다가 드디어 선원공회의 승리로 끝났다. 희소식이 전해지자 노동자들은 홍콩과 광저우 두 곳에서 경축대회를 열었다.

홍콩에서, 홍콩과 영국 당국 대표가 선원공회 간판을 다시 걸 때 현장에 10만여 명의 노동자들이 모여 거리에는 물 샐 틈이 없었다. "노동자 만세" 등 환호 소리는 홍콩 전역을 뒤흔들었다. 홍콩선원파업의 승리는 제국주의자들의 기를 꺾어 놓고 중국 노동계급의 투쟁을 격려했으며 노동운동의 발전을 이끌었다. 이어서 창장(長江)선원과 상하이 체신 사무노동자, 방직공장노동자, 그리고 쑤저우, 우시 등지의 노동자들도 파업을 단행했다. 위의 파업투쟁에서 공산당원은 조직을 지도하는 역할을 했다.

중국공산당은 나날이 고조되는 노동운동에 대한 지도를 강화하고 노동계급의 내부 단결을 강화하고자 했다. 또 수많은 노동자들이 어용 공회의 통제와 영향에서 벗어나도록 힘썼다. 그리하여 중국공산당은 1922년 5월 상순에 중국노동조합 서기부의 명의로 광저우에서 제1차 전국노동대회를 전격 소집했다. 이 대회는 중국노동계급의 첫 번째 전국 회의였다. 회의에는 12개 도시의 173명 대표가 참석했는데 이들은 110여 개의 공회와 34만 명의 조직이 있는 노동자들을 대표했다. 대회에서는 노동운동의 경험을 공유하고 중국공산당의 정치적 주장을 접수했으며 반제 반봉건을 노동운동의 기본 목표로 설정했다. 또 '8시간 근무', '파업원조안', '전국총공회 조직원칙안'과 '공업계 창귀 징계안' 등 10가지 의결안을 토의하여 통과시켰으며 "전국노동대회 제1차 회의 선언"을 공개하고 발표했다. 선언은 중국 노동계급의 고통의 근원을 분석했고 고통에서 벗어나는 길을 제시해 주었다. 그리고 전국 노동계급이 굳게 뭉쳐 동업조직을 없애고 장벽을 허물어 지역과 당파, 남녀노소를 불문하고 하나의 계급전선을 형성할 것을 직시했다. 이로써 국제 제국주의와 봉건군벌을 반대하고 투쟁할 것을 요구했다. 대회는 전국총공회를 설립하기 전에 중국노동조합 서기부를 전국공회의 총통신기관으로 위임하고 제2차 전국노동대회를 소집했다. 이는 사실상 전국 노동운동에 대한 중국공산당과 중국노동조합 서기부의 영도적 지위를 승인한 것이었다.

노동운동의 지속적인 고조

제2차 당대회는 노동운동을 예의주시했다. 대회에서 통과한 '공회운동과 공산당에 관한 의결안'은 다음과 같이 지적했다. 각 지역의 당 조직은 세력을 뭉쳐 철도, 선원, 철물, 방직 공회 등 산업노동자공회를 조직한다. 공회 사업은 반드시 노동계급의 현재 이익과 장원한 이익을 결부시켜야 한다. 공회는 노동자생활과 노동조건 개선을 힘쓰는 동시에 노동자를 이끌어 정치 투쟁을 벌여야 한다. 제2차 당 대회 이후 노동운동은 지속적으로 발전했다. 이 기간의 노동운동은 다음과 같은 특징을 지니고 있었다. (1)노동계급은 자기 정당의 영도 아래 신속히 인식을 각성하게 됐으며 파업의 성격은 노임 인상, 대우 개선을 요구하던 경제적 투쟁에서 자유 쟁취, 민주권리 쟁취, 제국주의 반대와 봉건군벌 반대를 요구하는 정치 투쟁으로 바뀌었다. (2)노동자들의 조직성이 크게 향상됐으며 지방총공회와 산업총공회가 나타났다. 중국노동계급은 점차 전국에 영향을 미치는 중요한 정치 세력으로 성장됐다.

1922년 8월, 직계군벌의 통제 아래 베이징정부는 국회를 다시 열어 헌법을 제정한다고 선포했다. 당은 이 기회에 중국노동조합 서기부를 통해 노동법대강을 제기하고 국회에 제출하여 국회에서 통과할 것을 요구했다. 그 후 전국의 노동자를 동원하여 노동입법운동을 폭넓게 벌였다. 중국노동조합 서기부가 제기한 노동법대강에는 노동법의 네 가지 원칙(노동자의 정치적 자유를 보호하고 경제생활을 개선할 것, 노동자들을 노동관리에 참가시키고 노동보충교육을 하는 것)과 노동입법대강 19조(주요 내용에는 노동자들의 집회 결사, 동맹 파업, 단체계약 체결 등의 권리를 인정하고 8시간 근무제를 실시하며 여공, 소년공을 보호하고 노동자의 최저 임금을 보장하는 등이 포함)가 포함됐다. 노동법대강은 각 지역 노동자들의 열렬한 지지를 받았다. 이번 노동입법운동은 노동운동이 지속적 발전을 이루는 데 추진력을 더해주는 중요한 역할을 하였다.

1922년 하반기, 파업운동의 분위기는 전국 각지에서 골고루 무르익었다. 중국노동조합 서기부 총부(1922년 8월에 상하이에서 베이징으로 옮겨 갔으며 덩중샤가 주임을 맡았음)와 각지 분부의 소재지를 중심으로 몇 개의 파업중점지구가 형성됐다. 그중에서 북방구, 우한구와 후난구의 노동운동은 신속히 전파됐으며 실적이 비교적 좋았다.

북방구의 노동운동, 특히 철도노동자들의 파업투쟁 역시 신속히 발전했다. 제1차 직봉전쟁 이후, 직계 군벌 세력의 우페이푸가 베이징 정부를 장악하면서 원래의 교통계 내각이 실각했다. 우페이푸는 노동자들을 달래기 위해 "노동자 보호"를 표방했다. 당 조직은 이 기회를 이용하여 합법적인 투쟁을 적극 시도했다. 우페이푸는 정적인 교통계의 세력을 청산하기 위해 북방의 6개 철도에 조사원을 두어 교통계의 활동과 교통계 핵심 인물들의 상황을 조사하게 했다. 당 조직은 당원을 조사원으로 파견하여 이를 엄호한다는 명분으로 노동운동을 적극 벌였다. 이어 파업의 폭풍이 빠른 속도로 북방의 각 철도선을 휩쓸었다. 그중 경한철도 창신뎬 노동자파업, 경봉철도 산하이관 제철공장과 탕산 제조공장 노동자파업, 경수철도 차무(車務)노동자파업, 정태철도 노동자파업 등에서 일부 승리를 거두었다.

이 기간에 중국노동조합 서기부는 각 공장과 광산 기업의 노동자를 도와 공회를 조직하는 한편 지방총공회와 산업총공회까지 조직하기 시작했다. 제일 먼저 설립된 지방총공회는 우한공단연합회였는데 얼마 지나지 않아 후베이전성(全省)공단연합회로 발전했다. 이 연합회는 28개 공회로 구성되어 있고 회원이 3만여 명에 달했다. 그 후 설립된 후난성공단연합회는 14개 공회로 구성됐으며 회원이 4만 명에 달했다. 한예핑(漢冶萍)총공회는 당시 최대 산업총공회로서 한예핑회사 산하의 한양(漢陽), 다예(大冶), 안위안(安源)의 각 공장, 광산 기업의 공회로 구성됐으며 회원이 3만여 명에 이르렀다.

급속히 일고 있는 파업투쟁 가운데서도 안위안 철도, 광산 노동자 대파업의 영향력이 가장 컸다. 안위안 철도, 광산은 장시 핑샹(萍鄕)의

안위안탄광과 후난 주저우(株州)에서부터 안위안 주핑(株萍)에 이르는 철도의 병칭이었다. 이 기업은 독일과 일본 자본이 통제하는 한예핑회사의 일부분으로 모두 1만 7,000명의 노동자가 있었다. 노동자들은 제국주의와 봉건주의의 혹독한 착취를 당하고 압박을 받았다. 노동조건은 열악했고 그들은 생활이 매우 어려워 고통스러워했다.

그래서 후난 당 조직은 안위안 철도, 광산 노동자들의 곤경에 큰 관심을 보였다. 1921년 가을과 겨울, 중공 후난지부의 서기 마오쩌둥은 두 번이나 안위안에 가서 조사를 벌였으며 노동자들을 교육하였다. 연말에 후난 당 조직은 리리싼(李立三)을 안위안에 파견하여 사업을 전개하고 1922년 2월에 중공 안위안지부를 세웠다. 7월에는 당원을 10여 명으로 늘렸다. 그해 5월, 안위안 철도와 광산 노동자클럽이 설립되고 리리싼이 주임으로 추대됐다. 9월 초, 마오쩌둥은 다시 안위안에 가서 파업을 도모했다. 이어서 당 조직은 류사오치를 안위안으로 파견하여 파업에 대한 계획을 강화했다. 이어 9월 12일, 리리싼이 소집한 안위안지부회의에서 파업지휘부를 설립했으며 리리싼이 총지휘를 맡고 류사오치가 클럽 전권 대표에 임명됐다. 그리고 정찰대 등을 조직하여 파업기간의 질서를 유지하게 했다.

리리싼(李立三, 이립삼·1899~1967)

중국의 정치가로서 후난성 출신. 후난중학을 졸업한 후 프랑스에서 근검공학으로 유학했는데 바로 그곳에서 저우언라이 등과 중공여법지부(中共旅法支部)를 결성했다. 귀국 후 상하이총공회의 위원장으로서 5·30사건을 지도. 국공분열 후 지도적 지위까지 올라갔으나. 1930년 장사(長沙) 폭동이 실패하자 리리싼 노선은 좌익모험주의로 비판받게 되어 그는 소련으로 건너갔다. 1949년에 인민정협회의(人民政協會義)에 중화전국총공회(中華全國總公會) 대표로 출석. 그 후 중앙인민정부 정무원 노동부장을 지냈으나. 중소 분쟁과 문화대혁명 전후로 심한 비판을 받자 스스로 목숨을 끊었다.

만반의 준비를 거친 안위안 철도, 광산 노동자들은 9월 14일에 대파업을 단행했다. 클럽은 "핑샹 안위안 철도 광산 노동자파업 선언"을 발표하여 노동자의 권익을 보장, 임금 인상, 대우 개선, 밀린 임금 지급, 봉건십장제(封建什長制) 폐지 등 17가지 요구사항을 발표했다. 이 파업은 신속히 퍼져서 전국 각지 공회의 적극적 성원과 사회 여론의 지지를 받았다.

안위안 철도, 광산 당국은 노동자들의 파업을 두려워한 나머지 갖은 음모를 꾸며 파업을 분쇄하려 했다. 심지어 포상금을 내걸고 리리싼을 암살하려고도 했다. 이런 상황을 인지한 노동자들은 "클럽 주임이 살해된다면 철도, 광산 당국의 모든 직원들은 살아서 안위안을 떠나지 못할 것임"을 선언했다. 노동자들은 경비를 강화하여 리리싼을 보호하고 철도, 광산 당국의 음모를 실현하지 못하도록 했다. 철도, 광산 당국은 노동자 파업과 사회 여론의 압력에 못 이겨 9월 18일 전권 대표를 파견했다. 이들은 노동자클럽 대표와 13개 조항이 포함된 조약을 체결하고 노동자들이 제기한 요구를 받아들였다.

조약의 체결은 안위안 철도, 광산 노동자파업의 완벽한 승리를 의미한다. 조약에 서명하던 날, 노동자클럽은 파업승리 경축 대회와 시위를 거행했다. 클럽이 발표한 조업회복선언에서는 "이전에는 '노동자를 소나 말 취급' 했지만 이제는 '노동자 세상'이다! 우리는 이미 첫 목표를 달성했다" "오늘부터 한마음 한뜻으로 일치단결하여 우리 자신의 권익을 위해 투쟁하자!"고 외쳤다. 파업의 승리는 노동자 대중에게 당 조직의 위상을 높여주는 계기가 됐으며 당의 영향력을 한층 더 확대시켰다. 이 파업은 처음으로 중국공산당이 독립적으로 지도해 완벽한 승리를 거둔 노동자투쟁이었으며 노동운동사에 있어서 매우 중요한 전환점이었다.

제국주의자와 봉건군벌들은 전국 노동운동의 급격한 발전을 적대시했으며 기회를 틈타 진압하려고 했다. 1922년 10월, 카이롼(開灤)탄광 노동자들이 일으킨 대파업은 영국 제국주의자와 봉건군벌들의 연합 공격을 받았다.

　카이롼 5광에는 탕산, 자오거좡(趙各庄), 린시(林西), 마자거우(馬家溝)와 탕자좡(唐家庄) 등 5개 광구가 포함됐다. 5광은 원래 중국 관료자본이 운영하다가 후에 영국의 자금을 차용해 중·영 합작이 됐는데 거의가 영국 제국주의에 의해 통제되고 있었다. 카이롼오광은 당시 중국에서 가장 먼저 신기술을 사용하여 채굴 작업을 했다. 또, 가장 큰 규모의 탄광으로서 탄광 노동자가 모두 4만 명에 달했다. 이처럼 설비가 비교적 선진적인 탄광임에도 불구하고 노동자들에게는 여기가 지옥과 다름없었다. 탄광노동자들은 임금이 적었고, 작업시간이 너무 길어 하루에 16시간 이상을 노동해야 했다. 작업환경 역시 열악하고 탄갱에 기본적인 안전시설도 설치돼 있지 않아 붕괴, 화재, 중독, 가스폭발 등 안전사고가 자주 일어났다.

　1921년 겨울, 중공 베이징지방위원회(地委)는 탕산 지역 동맹파업 계획을 수립했다. 이들은 1922년 가을에 탕산, 펑룬(豊潤), 롼현(灤縣), 롼난(灤南)과 친황다오(秦皇島) 등 5개 지역의 철도, 광산과 공장의 노동자들을 선동하여 대규모 파업을 단행하기로 결정했다. 그러고 나서 얼마 후 중공 베이징지방위원회 구성원이며 중국노동조합 서기부 북방분부 주임인 뤄장룽 등이 차례로 탕산과 카이롼 탄광에 잠입해 노동자들의 생활수준을 조사했다. 그러고는 노동자야간학교를 설립하고 공회를 조직하고 노동자를 영도하는 등 투쟁을 전개했으며 덩페이(鄧培)를 회장으로 한 탕산징펑로제조공장직원회를 세웠다. 1922년 8월 말, 중국노동조합 서기부 주임 덩중샤는 카이롼탄광 노동자들의 파업 준비 작업을 확인했다. 그러고 나서 즉각 사람을 파견하여 파업에 대한 조직과 지도를 강화하기로 마음먹었다.

1922년 9월, 카이롼오광에서 차례로 공회가 설립됐다. 10월 15일 중공 탕산지방위원회는 연석회의를 열었고 각 공장, 광산 대표들이 참석했다. 이들은 연합투쟁과 파업을 조직하기 위한 책략을 연구했다. 10월 16일, 카이롼오광노동자연합회의 조직 아래 탕산광, 린시광, 자오거좡광과 친황다오 부두 노동자들의 8명 대표가 광무국(鑛務局)에 청원서를 제출하여 노임을 높이고 대우를 개선하는 등 6가지 요구를 제시했다. 10월 19일, 중공 탕산지방위원회와 중국노동조합 서기부의 지도 아래 파업 영도기구인 카이롼오광동맹파업위원회가 설립됐다. 위원회는 중국노동조합 서기부 북방분부 및 중공 탕산지방위원회 구성원인 뤄장룽, 왕진메이, 덩페이 등과 각 광산노동자 대표 20여 명으로 구성됐다. 카이롼광무국은 노동자들이 제기한 요구에 대해 강한 거절 입장을 표명하는 한편, 노동자 파업이 두려워 "한 손에는 몽둥이를 들고 다른 한 손에는 사탕을 쥐는" 양면 책략을 취했다. 그러고는 무장 협박과 작은 선심을 통해 노동자를 유인하거나 기만하는 방법으로 파업을 말살시키려 했다. 10월 22일, 노동자클럽에서 각 광산 대표회의를 소집하여 파업의 구체적 문제를 토의하고 있을 때, 린시광산의 6명 노동자대표가 광산 측에 청원하러 갔다가 이유 없이 구금되는 사건이 발생했다. 이에 대표들은 격분하여 10월 23일부터 오광동맹대파업을 단행하기로 결정했다.

10월 23일 아침 6시, 탕산광, 린시광, 탕자좡광, 자오거좡광과 친황다오부두의 노동자들은 동시에 파업을 개시했다. 이어 탕산 치신(啓新)시멘트회사, 화신방직공장과 마자거우광의 노동자들도 동정파업을 단행했다. 파업에 참가한 노동자는 거의 5만 명에 가까웠다.

파업이 시작되자 파업위원회는 오광클럽의 명의로 전국 각지에 총파업선언을 발표하고 노동자를 학대하는 자본가의 행위를 규탄했다. 다른 한편으로는 그들의 비참한 생활을 위로하며 파업을 성원하고, 지지할 것을 전국 노동자들과 사회 각계각층한테 호소했다.

중국노동조합 서기부는 각지 노동자 단체를 신속히 움직여 공개 전보를 내고 헌물헌금을 전달하는 형식으로 카이롼오광의 노동자파업투쟁을 지원했다. 베이징대학교 마르크스 연구회는 중공 베이징지방위원회의 지도 아래 '베이징카이롼광산노동자파업경제후원회'를 설립했다. 이들은 선언을 발표했으며 인원을 조직하여 거리에 나가 모금 운동을 하고 시위행진을 진행했다. 각 지역 공회도 전보를 보내 파업을 지지했다. 파업이 끝날 때 각지 노동자와 각계 인사들이 모은 기부금은 전부 3만여 위안에 이르렀다.

파업이 일어나자 광무국과 군벌정부는 서로 연합하여 군경 3,000여 명을 집결시키고 무력으로 파업을 진압했다. 영국 제국주의도 무장 세력을 파견하여 진압에 직접 참여했다. 10월 26일, 군경들은 파업노동자들을 향해 포를 발포하여 7명 중상, 57명 경상의 유혈참사를 빚어냈다. 이어서 카이롼오광노동자클럽과 치신시멘트회사공회가 진압됐다. 파업 영도자들은 체포되거나 당국의 감시를 받았다.

카이롼오광대파업은 예상했던 목적을 이루지 못했다. 그러나 다시 한 번 노동자계급의 힘을 보여 주었다. 이 대파업은 홍콩선원파업 이후의 또 한 번의 대규모적인 반제국주의 노동투쟁으로서 국내외에 커다란 영향을 미쳤다.

경한철도 노동자 대파업

중국공산당이 영도한 제1차 노동운동에서 철도 노동자들은 중요한 세력이었다. 1922년 12월, 중공중앙이 제정한 "현재 실제 문제에 대한 계획"에서는 다음과 같이 지적했다. 중국 노동계급에서 철도노동자, 선원, 광산노동자는 "세 갈래 유력한 자원"이며 전국총공회를 설립하기 전에 세 산업의 연합 조직을 설립하여 공회 운동의 중추로 삼아야 한다고 지적했다.

당시 설립한 철도공회 중에서 경한철도연선공회의 사업 기반이 비교적 튼실했다. 1922년 말, 경한철도 각 역에는 이미 16개 공회분회가 설립돼 있었으며 노동자들은 전 구간의 통일된 공회 조직 설립을 간절히 요구했다. 이러한 정세를 따라 경한철도총공회 준비회는 1923년 2월 1일에 정저우(鄭州)에서 경한철도총공회 설립대회를 열기로 의결했다. 1923년 1월 말, 설립대회에 참가하는 대표와 내빈들이 모두 정저우에 도착했다. 대회에는 경한철도 각 공회의 대표 65명과 경봉, 진포, 도청(道清), 정태, 경수, 농해, 월한(粤漢) 등 철도의 대표 60여 명 외에, 한예핑총공회와 우한 30여 개 공회의 대표 130명, 베이징, 우한의 학생 대표와 언론계 인사 30여 명이 참석했다. 중공중앙과 당의 관련 조직은 이번 대회를 특별히 중요시 하며 노동운동을 책임진 성원들을 이 대회에 참석시켰다. 그중에는 중공중앙 집행위원이며 중앙특파원인 장궈타오, 중공 우한시위 서기 천탄추, 중공 노동조합 서기부 부주임 뤄장룽, 중공 베이징지방위원회 위원 바오이후이썽, 중국노동조합 서기부 우한분부 주임 린위난 등이 있었다.

경한철도는 남북으로 즈리, 허난, 후베이 등 3개 성을 관통했으며 화북과 화중을 연결하는 교통 명맥으로서 아주 중요한 경제적, 정치적, 군사적 의미를 가지고 있었다. 또 경한철도의 운영 수입은 군벌 우페이푸 군비의 중요한 원천 중 하나였다. 노동운동이 날로 고조되어 그의 통치가 불리하게 되자 우페이푸는 끝내 "노동자 보호"의 가면을 벗어버렸다. 그는 "군사구역 회의금지"라는 구실로 정저우에서 경한철도총공회 설립대회를 소집하는 것을 금지한다고 명령했으며 수많은 군경을 파견하여 설립대회를 저지하고 파괴하려고 했다.

2월 1일 오전, 정저우시에는 계엄령이 내려졌고 군경들은 완전무장하고 전투태세를 갖추었다. 회의 참가자들은 생사도 아랑곳하지 않고 군경들의 겹겹 포위를 뚫어 회의장인 정저우보악원(定州普樂園) 극장으로 들어갔다. 그들은 즉각 대회를 열고 경한철도총공회의 설립을 선포했다. 회의 참가자들은 모두 격앙하여 "경한철도총공회 만세" "노동계급 승리 만세" 등 구호를 높이 외쳤다. 이때 무장군경들이 회의장을 물 샐 틈 없이 포위하고 회의를 강제로 해산시키려 했지만 대표들은 이에 맞서 싸웠다. 회의는 오후 4시까지 지속됐으나 강제로 해산됐다. 포위를 뚫고 회의장을 떠나 여관으로 돌아온 대표들은 또다시 포위됐다. 반동 군경들은 총공회와 정저우분회의 사무실을 엉망진창으로 만들었다. 실내의 물건들을 모조리 쓸어가고 사무실을 봉쇄해 버렸으며 모든 대표가 정저우를 떠나도록 명령했다. 대표들은 이런 행태에 크게 분노했다. 경한철도총공회 집행위원회는 그날 저녁, 비밀회의를 열고 2월 4일부터 전 구간에서 총파업을 단행하기로 결정했다. 그리고 전 구간 노동자들에게 "자유를 위해, 인권을 위해 싸우자, 오로지 전진만 할 뿐 절대로 후퇴는 없다"고 호소했다. 이어 총공회 임시 총사무처를 한커우에서 장안(江岸)으로 옮기기로 결정했다.

2월 4일 오전, 장안기계공장 노동자들이 먼저 파업을 시작했다. 점심때가 되자 전 구간 2만여 명 노동자들이 모두 파업에 참여하여 1,200여 킬로미터의 철도를 순식간에 마비 상태에 빠뜨렸다. 이 파업을 영도한 당의 주요 책임자로는 장궈타오, 샹잉(項英), 뤄장룽, 린위난 등 이었다.

경한철도 노동자 대파업은 외국 열강들을 놀라게 했다. 그들은 파업에 직접적으로 간섭했다. 베이징 주재 각 제국주의 국가 공사단은 긴급회의를 열고 조속히 무력으로 진압할 것을 북양군벌에 요구했다. 한커우 주재 영국총영사관도 후베이성 독군(督軍)대표, 외국 자본가들과 비밀회의를 열고 파업을 진압할 방법을 의논했다. 우페이푸는 제국주의 세력의 지지 아래 2만여 명의 군경을 풀어 파업노동자들을 진압하여 2·7참사를 빚어냈다.

2월 7일, 경한 전 구간 파업노동자들은 무력진압을 당했다. 장안에서, 완전무장한 군경들은 공회를 포위하고 노동자규찰단 부단장인 정위량(曾玉良) 등 36명을 사살했다. 창신뎬에서 기관차공장 리벳공이며 규찰대 부대장이었던 거수궤이(葛樹貴) 등 6명이 피살됐다. 정저우역에서는 정저우철도공회 위원장 가오빈(高斌)이 가혹한 형벌을 받아 희생됐다. 장안(江岸), 라이수이(涞水), 가우베이뎬(高碑店) 등지에서 체포된 후 옥중에서 사망한 노동자가 4명에 달했다. 이 밖에도 체포된 파업노동자가 40여 명에 달했고 해고된 노동자는 1,000여 명이 넘었으며 노동자 가족들도 군경의 박해와 강탈을 당했다. 적들과 투쟁하는 과정에서 공산당원과 노동자들은 더없이 의연한 태도를 보였다. 경한철도총공회 장안분회 위원장이며 공산당원인 린샹첸(林祥謙)은 기차역의 전선주에 묶여 칼 세례를 받았다. 하지만 뜻을 굽히지 않고 장렬히 희생했다. 경한철도총공회와 후베이공단연합회의 법률 고문이며 공산당원인 스양(施洋)도 2월 15일 새벽에 우창 홍산(洪山) 산기슭에서 우페이푸의 앞잡이인 샤오야오난(蕭耀南)에게 암살당했다.

2·7참사 발생 후 중공중앙은 "우페이푸가 경한철도노동자를 학살한 데 대해 노동계급과 국민에게 알리는 글"을 발표했다. 이들은 글에서 전국 인민과 노동계급에게 단합하여 자유를 위해 투쟁할 것을 강

력히 호소했다. 그리하여 노동자를 압박하고 학살하는 군벌을 타도할 것을 요청했다. 이에 전국 각지의 노동자와 각 계층 민중은 한마음이 되어 신속히 군벌을 성토하고 경한철도노동자를 지원하는 운동을 벌였다. 국제공산당과 국제적색공회도 선언을 발표하여 중국 노동계급의 용감무쌍한 투쟁을 지원했다. 경한철도총공회와 후베이성공단연합회는 혁명 세력을 보전하기 위해 고통을 감수하고 2월 9일에 조업에 참여할 것을 지시했다.

경한철도 노동자 대파업은 당이 영도한 제1차 노동운동 고조의 절정에 이르렀다. 이 대파업은 중국 노동계급의 힘을 한층 더 보여 주었고 전국 인민들에게 중국공산당의 영향을 확대시킬 수 있었다. 비록 파업이 실패로 끝나긴 했지만 노동자들의 생명과 붉은 피는 중국 인민을 한층 더 각성시켰다. 인민들은 "제국주의와 봉건군벌은 중국 여러 민족 인민의 원한 깊은 원수이기에 반드시 끝까지 투쟁해야 한다"는 점을 더욱 명확하게 인식했다.

4. 농민운동, 청년운동, 부녀운동에 대한 당의 영도

창당 이후, 중국공산당은 주로 노동운동을 지도하는 동시에 일부 세력을 파견하여 농민운동, 청년운동, 부녀운동을 발동시켰다. 그리하여 이러한 운동에 새로운 기상이 나타나게 했다.

농민운동의 새로운 국면

중국공산당은 창건 초기부터 중국 인구의 대다수를 차지하고 있는 농민을 주목했다. 〈공산당〉월간지에 발표된 "중국 농민에게 고함"에서는 "중국 농민은 전국 인구의 대다수를 차지하고 있으며, 혁명의 준비기나 실행기를 막론하고 어느 측면에서든 중요한 위치를 차지하고 있다. 따라서 그들이 계급적으로 각성만한다면 계급투쟁을 실현할 수 있으며 우리의 사회혁명과 공산주의도 성공의 큰 가능성을 가지게 된다"고 지적했다. 그뿐만 아니라 이 글에서 "혁명가들은 농민을 대상으로 해야 하며 '밭으로 나가 그들을 각성시켜야 한다'고 했다. 그리고 농민들에게 '단결하여' '빼앗긴 물건을 다시 빼앗아 오고' 빼앗긴 밭을 다시 빼앗아 오라. '당신들이 일어서면 자연히 공산주의가 도와줄 것이다', '공산주의는 당신들을 모든 고통에서 구원할 것이다[64]'"고 호소했다.

제1차 당 대회가 끝난 지 얼마 되지 않아 당이 영도한 농민운동은 저장성 샤오산(蕭山), 광둥성 하이루펑(海陸豊)과 후난성 헝산(衡山) 등 지역에서 점차 발흥했다.

1921년 9월, 저장성 샤오산 야첸(衙前)촌에서 지주의 압박과 착취에 저항하는 농민협회가 설립됐다. 이 사건은 즉시 저장성 각지를 뒤흔들었다. 샤오산에서 야첸 농민협회를 발동하고 조직한 사람은 초기의 공산당원인 선쉬안루였다. 1921년 여름, 그는 고향인 샤오산현 야첸촌에 돌아가 농민들에게 혁명의 원리를 직접 가르쳤다. 그해 여름 방학 상하이, 항저우 등지에서 공부를 하거나 글을 가르치던 샤오산인 쉬안중화(宣中華), 양즈화(楊之華) 등도 고향에 돌아와 농민들에게 열정적으로 혁명의 가치를 알렸다. 그들은 샤오산 농민들의 시야를 넓혀 주고 인식 수준을 높여 주었다.

일련의 준비를 거쳐 1921년 9월 27일에 야첸촌농민대회가 막을 올렸다. 대회는 '야첸 농민협회 선언'과 '야첸 농민협회 규약'을 통과시

---

64 《공산당의 조직규약에 관한 의결안》(1922년 7월), 중앙당안관 편: 《중공중앙문건선집》 제1책, 중공중앙당학교출판사 한문판, 1989년, 91쪽.

키고 규약에 따라 6명의 농협위원을 선출했으며 빈고농민 리청후(李成虎)를 영도자로 추대했다. 이로써 중국의 첫 신형 농민조직이 공식 설립하게 됐다.

야첸 농민협회의 설립 소식은 즉시 사방의 농촌으로 퍼졌다. 1921년 겨울, 사오싱(紹興), 차오어(曹娥) 등 현의 사방 150킬로미터 이내의 몇 십 개 마을의 농민들은 너도나도 야첸 농민협회를 본받아 차례로 80개의 농민협회를 설립했다. 이 농민협회들은 농민을 단합시키고 농민의 이익을 수호하기 위해 여러 가지 투쟁을 시도했다.

그해 12월 중순, 샤오산의 관리와 지주들이 이를 성정부에 고발했고 저장성 성장은 농회를 징벌하도록 명했다. 그러자 반동군대는 샤오산 야첸을 포위하고 감조대회(세금의 액수를 줄이거나 세율을 낮추자는 모임)를 열고 있는 농민들을 무력으로 진압했다. 군대는 야첸농협의 영도자 리청후 등을 체포하고 농민협회를 강제로 해산시켰다. 그리하여 야첸 농민들의 투쟁은 어둠으로 사라졌다. 리청후는 옥외의 갖은 노력에도 구출 받지 못하고 이듬해 연초 옥중에서 고문을 받아 끝내 사망했다. 비통에 잠긴 야첸 농민들은 비석을 세워 이 농민운동의 지도자를 기념했다.

광동 하이루펑의 농민운동은 창당 초기 활동 범위가 넓고 영향을 크게 미치던 농민운동이다. 발기인은 훗날 '농민운동대왕'으로 불렸던 펑파이(彭湃)였다. 1922년 6월, 펑파이는 고향 하이펑(海豊)현 츠산웨(赤山約)[65]로 돌아가 빈농들에게 혁명의 기치를 적극 선전했다. 7월에 츠산웨 첫 비밀농민협회를 설립했으며 1개월 후에 협회의 회원은 30여 명으로 늘었다. 10월 하순에 이르러 농민협회의 활동범위는 츠

---

65 '웨'는 청조시기 남방 농촌의 행정편제로, 훗날의 큰 '향'에 상당한 1급 편제이다.

산웨 산하의 20여 개 촌으로 확대됐으며 회원도 500여 명으로 늘어났다. 10월 25일, 츠산웨농민협회는 룽산(龍山) 톈허우(天后)묘에서 설립대회를 열고 츠산웨농민협회 선언과 규약을 선포했다.

그 후 펑파이는 하이펑현의 기타 농촌을 전전하면서 농민들을 조직하여 농민협회를 설립하고 농민들에게 자신의 이익을 위해 투쟁할 것을 호소했다. 1922년 11월 중순에는 서우왕웨(守望約)농민협회가 설립됐다. 1922년 말에 이르러 하이펑현의 12개 웨, 98개 향에 농민협회가 설립되었고 회원이 2만 세대, 자연인구가 거의 10만 명에 달해 현 총인구의 4분의 1을 차지했다.

1923년 1월 1일, 하이펑 현성에서 하이펑총농회 설립대회가 성대하게 열렸다. 회의에서는 펑파이가 하이펑총농회 준비 과정을 소개하고 각 농회 대표가 당지 농민운동상황을 보고했다. 그리고 하이펑총농회 규약을 통과시켰으며 펑파이를 하이펑총농회 회장으로 선출했다.

하이펑총농회가 설립된 후 펑파이는 또 루펑(陸豊), 후이양(惠陽) 두 현에서 농민운동을 벌였다. 하이펑농민운동의 성대한 경험을 토대로 루펑, 후이양 두 현의 농회는 급속히 발전했다. 1923년 5월, 하이펑, 루펑, 후이양 3개 현 등 모두 70여 개 웨, 1,500여 개 향에서 농회를 설립했으며 회원이 20만여 명에 달했다. 1923년의 5·1노동절에 세 현의 농회는 경축대회를 열고 "하이, 루, 구이 세 현 농회 5·1선언"[66]을 발표했다.

농회의 발전과 농민운동의 발흥은 지주계급의 적대감을 불러일으키고 반격을 당하게 마련이다. 그들은 지역의 반동 정부와 결탁하여 농회를 탄압하고 진압했다. 농회는 투쟁 과정 중 몇 번씩이나 핵심 인물

---

66 《펑파이문집》, 인민출판사 1981년, 제28쪽. 하이, 루, 구이 세 현, '하이'는 하이펑현, '루'는 루펑현, '구이'는 후이양현을 가리킨다. 후이양의 구칭은 구이산(歸善)이었다.

이 체포되고 조직이 강제로 해산되는 등 좌절을 맛보았다. 그래서 비밀리에 활동하기도 했지만 펑파이 역시 하이펑을 떠나지 않을 수 없었다. 이로서 하이루펑의 농민운동은 잠시 중단됐다. 그러나 이들은 훗날의 더욱 큰 규모 농민운동을 위한 불씨를 남겨 놓았다. 이는 경험의 축적으로 가능했다.

이 시기, 후난 형산 웨베이(岳北) 바이궈(白果) 지역의 농민운동도 그 기세가 매우 높았다. 이 지역은 수이커우산(水口山)광구와 가까웠다. 1922년 11월, 수이커우산광산 노동자들이 파업을 단행할 때 이 지역의 농민들도 고무를 받아 자연스레 조직되었고 노동자 투쟁을 지원했다. 1923년 초, 후난 당조직은 두 명의 당원을 바이궈 지역에 파견하여 농민운동을 벌였다. 반 년 동안의 주도면밀한 사업을 거쳐 그해 9월 후난의 첫 농민운동조직인 웨베이농공회가 설립됐는데 연말에 이르러 그 회원이 수만 명으로 늘어났다. 웨베이농공회는 농민회를 조직하여 곡물 정상가격 유지와 곡물 출경금지 투쟁을 벌여 후난에서 비교적 큰 성과와 영향력을 얻었다. 얼마 후, 당지의 토호 지주들은 군벌 자오헝티와 결탁하여 농공회를 무력으로 진압했다. 그들은 농공회 일부 지도자를 살상하고 농민 대중 70여 명을 체포했다. 웨베이농민운동은 할 수 없이 지하로 들어가고 말았다.

청년운동의 새로운 태세

중국공산당은 청년운동을 몹시 중시했으며 이를 당 활동의 중요한 구성 부분으로 보았다. 제1차 당 대회 이후, 청년운동에는 곧 새로운 국면이 나타나기 시작했다.

청년운동에 있어 주요한 내용 중 하나는 청년단을 회복시키고 강화하는 사업이었다. 1921년 6월부터 7월까지 장타이레이는 차례로 국제공산당 제3차 대표대회와 국제청년단 제2차 대표대회에 참가했다. 회의 후 그는 모스크바를 떠나 상하이로 왔으며 국제청년단의 지시와 중공중앙국의 결정에 따라 정지됐던 중국사회주의청년단 조직에 대한 회복과 정돈 사업을 책임졌다. 그리고 그해 11월에 '중국사회주의청년단 임시규약'을 제정했다. 각지의 당 조직도 중앙국의 요구에 근거하여 일부 당원을 청년단 정돈과 재건 사업에 투입시키고 각지 청년단 조직을 신속히 회복, 발전시켰다. 1922년 5월, 상하이, 베이징, 우창, 창사, 광저우, 난징, 톈진, 바오딩, 탕산, 탕구, 안칭, 항저우, 차오안, 우저우, 퍼산, 신후이, 자오칭 등 모두 17개 지방에서 사회주의청년단 조직을 설립했으며 단원 총원이 5,000명 안팎에 달했다. 당은 정돈과 재건 과정에서 과거의 교훈을 가슴 깊이 새겼다. 무엇보다 먼저 사상을 쌓는 건설부터 착수했다. 그리하여 당은 "사회주의청년단은 마르크스주의를 신봉하는 단체로서" "마르크스주의를 연구하고 사회를 개조하고 청년의 권리를 수호하는 것을 그 목적으로 한다"고 명확히 규정했다. 중국사회주의청년단 중앙은 단원에 대한 선전 교육사업을 강화하기 위해 1922년 1월 15일에 기관지 〈선구(先驅)〉를 발간했다.

1922년 5월 5일부터 5월 10일까지, 중국사회주의청년단 제1차 전국대표대회가 광저우에서 열렸다. 이 회의에는 15개 지역의 대표 25명이 참석했는데 중공중앙국 서기 천듀슈와 국제청년단 대표 다린이 지도했다. 회의는 5월 5일, 마르크스 탄생 104주년 기념일을 선택하여 개막했는데 이는 중국사회주의청년단이 마르크스주의를 신봉하는 혁명 조직임을 적극 표명했다. 대회에서 스춘퉁이 청년단 임시중앙의 사업보고를 했다. 대회는 또 '중국사회주의청년단 강령', '중국사회주의청년단 규약' 등 6개 결의안을 토의하고 통과시켰다. 이어서 스춘퉁, 가오쥔위, 장타이레이, 차이허썬, 위슈쑹을 청년단 중앙 집행위원회 위원으로 선출하고 스춘퉁을 서기로 임명했다. 이 대회는 중국사회주의청년단의 창건을 정식으로 선포했으며 중국청년운동사상의 중요한 이정표가 됐다.

국내의 창단과 거의 동시에, 프랑스, 벨기에, 독일에 있는 유학생 대표 자오스옌, 저우언라이, 리웨이한, 리푸춘, 왕뤄페이, 류보젠(劉伯堅), 천옌녠(陳延年) 등 18명도 1922년 6월 3일에 파리 교외에서 재유럽 중국소년공산당을 설립했고 자오스옌이 서기직을 맡았다. 얼마 후, 그들은 국내에 중국공산당과 중국사회주의청년단이 창건된 것을 알았으며 즉각 국내의 당 조직과 연계를 취했다. 중공중앙과 청년단 중앙은 유럽 중국소년공산당을 중국사회주의청년단 유럽총지부로 명명했다. 또, 이 시기에 당은 청년들 속에서 비기독교 학생동맹을 결성하여 제국주의의 문화침략을 반대하는 비기독교 운동도 벌였다. 많은 청년들이 당, 단 조직의 인도 아래 마르크스주의 이론을 학습하고 치열한 투쟁 속으로 뛰어들었다. 그들은 노동 대중과 한층 더 연계하여 청년단운동을 새로운 단계로 발전시켰다.

부녀운동의 새로운 면모

중국공산당은 부녀들을 완전히 해방시키는 것을 반봉건 투쟁의 중요 사항으로 여기고 부녀운동에 대한 조직과 영도를 당의 중요한 사업으로 결정했다. 당의 초기 영도자들은 부녀운동을 매우 중시했으며 부녀해방에 관한 글을 여러 차례 발표했다. 그 예로 리다자오의 "현대의 여권운동", 천두슈의 "부녀문제와 사회주의", 리다의 "부녀해방론" 등이 있다. 위의 글들은 봉건예교를 맹렬하게 반박하고 봉건제도의 부정적 측면을 폭로했다. 그리고 사람들에게 낡은 사회를 바꾸고 부녀해방을 쟁취할 것을 호소했다.

1921년 8월, 당 조직은 상하이에서 영향력이 큰 중화여성계 연합회의 개편을 도와주었으며 〈신청년〉에 중화여성계 연합회 개조 선언과 새로운 규약을 게재했다. 상하이 당 조직은 부녀운동의 핵심인물을 양성하기 위해 여성계 연합회의 명의로 상하이평민여학을 설립하고 리다에게 교장직을 맡겼으며 공산당원들이 대부분의 수업을 책임지게 했다. 평민여학은 주로 혁명의 진리를 추구하고 부녀해방을 지향하는 여자청년 또는 가난한 가정의 중퇴 여학생들을 모집했다. 평민여학은 또한 문화지식뿐만 아니라 사회실천도 중시했으며 학생들을 공장에 보내 노동자들과 접촉하게 하고 혁명진리를 선전하게 했다. 학습과 사회실천을 거쳐 학생들의 정치적 각성, 문화수준이 높아지고 생활력이 강해졌다. 그중 적지 않은 학생들이 당의 초기 부녀간부로 활동하게 됐다. 부녀운동을 이끌기 위해 당 조직은 상하이 〈민국일보〉특집 〈부녀평론〉을 발간했는데 천왕다오가 편집장을 맡았다. 그후에 또 여성계 연합회의 명의로 부녀들의 〈목소리〉 반월간을 출판했다. 그 밖에도 광저우당 조직은 〈노동과 여성〉을 발간하고 각지의 당, 단 조직도 일부 여성 간행물을 발간했다. 톈진에서 덩잉차오 등은 진보단체인 여성사를 세우고 조직했으며 간행물 〈여성〉을 펴냈다. 여성 간행물의 출현, 특히 부녀들의 완전한 해방이라는 신사상의 광범위한 전파는 사회에 큰 반향을 불러일으켰다.

덩잉차오(鄧穎超, 등영초·1904~1992)

중국의 여성정치가이자 중국공산당의 지도자로 1983년부터 1988년까지 중국공산당 전국인민정치협상회의의 의장을 역임한 그녀는 광시성 난닝에서 태어났다. 청나라 군인이었던 아버지는 그녀가 어렸을 때 죽었고 소학교의 가난한 교사였던 홀어머니 밑에서 외동딸로 성장했다. 그 후 베이징 사범학교와 톈진 여자사범대학교 교육학과를 졸업한 후 초등학교 교사가 되었다. 1919년 5·4운동이 일어나자 덩은 톈진에서 학생애국운동 지도자로 일했고 그때 훗날의 남편이 되는 저우언라이를 만났다. 1920년 저우와 함께 '각오사'(覺悟社)를 조직하고 중국 공산당에 입당했다. 저우와 덩 부부는 슬하에 자식이 없었기 때문에 많은 혁명열사의 고아들을 자식삼아 키웠다. 그중에는 훗날 국무원 총리가 되는 리펑(李鵬, 이붕)도 있다. 덩은 평생 중국 여성의 해방과 특히 전족의 폐지를 위해 노력했다. 1992년 베이징에서 향년 89세를 일기로 사망했으며, 톈진에는 저우와 덩을 기념하는 기념관이 있다.

제2차 당 대회에서 통과한 '부녀운동에 관한 결의' 사항은 중국 부녀운동사상 처음으로 정당의 이름을 내걸고 시행한 부녀문제에 관한 결정이었다. 결의에서는 각 사회 제도에서 부녀자들의 여러 지위를 분석하고 다음과 같이 규정했다. 10월 혁명 이후 러시아 "부녀들은 무산계급독재 아래에서 5년 만에 자유와 평등을 얻었는데 이는 부녀들이 유럽 자산계급독재 체제에서 한 세기 동안의 투쟁을 통해 얻은 결과보다 더 훌륭하다. 이는 사회주의 사회에서만이 부녀해방을 완전히 실현할 수 있다는 것을 입증했다" 부녀운동을 이끄는 데 있어 중국공산당의 과업은 "여성노동자의 이익을 힘써 보호"하고, "여공과 소년공의 이익을 보호"하며, "압박받는 모든 여성들의 이익을 위해 투쟁"하고, "부녀들을 도와 보통 선거권, 그리고 정치적인 모든 권리와 자유를 쟁취"하며, "구사회의 모든 예절과 습관의 속박을 타파"하는 것이었다.

당은 부녀운동을 지도하는 과정에서 여공 문제도 매우 중요시했다. 1922년 4월, 당이 영도한 공회조직은 상하이 푸둥 일화방직공장의 3,000명 여공들을 동원해 파업을 진행하였고 승리를 거두었다. 이로 수많은 여공들을 격려하기도 했다. 당 조직은 여공운동을 전개하기 위해 당 조직 여공야간학교, 여공클럽을 설립하는 것부터 시작하여 무산계급식 계몽교육을 진행했다. 그리고 알아듣기 쉬운 말로 여공들에게 마르크스주의를 가르쳤다. 그리고 여공 지도자들에 대한 교육과 양성에 각별히 관심을 가지고 그들이 여공투쟁을 하는데 능력을 발휘하도록 지도하여 여공운동의 발전을 도모했다.

중국부녀운동은 중국공산당의 영도 아래 급속히 발전했으며 이전에 없던 참신성을 보여주었다. 광범위한 계층의 부녀들은 자기 해방을 쟁취하는 면에서 한층 더 각성하고 집단의식이 크게 강화되어 반제국주의, 반봉건주의 투쟁의 중요한 세력으로 발전했다.

5. 창당 초기의 내부 건설

창당 이후, 혁명투쟁을 발동하고 영도하는 과정에서 중국공산당은 내부 건설을 강화하는 데 주의를 기울였으며 어느 정도 성과를 거뒀다. 중국공산당은 마르크스주의와 중국 노동운동을 결합한 산물로, 레닌의 창당학설에 근거하여 조직됐다. 창당 초기 당원의 대부분이 기초적인 공산주의 사상을 가진 지식인으로 노동자 당원은 매우 적었다. 하지만 한 정당의 성격을 판단하는 기준은 당원을 보는 것이 아니라 그 정당의 지도사상과 행동강령을 보는 것이다. 중국공산당은 창건 초기부터 마르크스주의를 지도사상으로 택했고 중국 노동계급의 선봉대와 중국 인민의 이익을 위해 출현한 대표적 정당이었다. 그러므로 중국의 반제국 반봉건 민주혁명을 완수하고 종국적으로는 사회주의와 공산주의체제를 실현하는 것을 투쟁목표와 행동강령으로 삼았다. 이렇듯 중국공산당은 중국 역사상 최초의 무산계급 혁명정당이었다.

당은 견고한 무산계급 선봉대가 되어 중국 혁명을 영도하는 중책을 수행하기 위해, "무산계급을 혁명운동의 최선봉이 되도록" 창당 시 이미 엄밀한 조직과 엄격한 규율을 정했다. 제1차 당 대회에서 통과한 강령에는 당 규약의 내용과 당의 강령에 대한 내용이 담겨있다. 제2차 당 대회에서, 당은 6장 29조로 된 최초의 정식 당 규약을 제정하여 당원의 조건, 입당 수속, 당의 조직체계 및 당의 조직원칙, 기율과 기타 제도를 상세하게 규정했다. 당 규약은 다음과 같다. 전국대표대회가 당의 최고 기관이며, 전국대표대회 휴회 기간에는 중앙집행위원회가 최고 기관이다. 그리고 전국대표대회와 중앙집행위원회의 결정에 대해 전체 당원은 반드시 절대적으로 복종해야 한다. 당의 모든 결의는 다수결을 취하며 소수는 절대적으로 다수에 복종해야 한다. 당 규약은 또 다음과 같이 규정했다. 당의 조직은 중앙으로부터 아래에 이르기까지 모두 엄격한 조직체계가 있어야 하고 집권 정신과 철저한 기율이 있어야 하며 무정부적인 "오합지졸 상태"를 피해야 한다. 언제 어디서나 당원의 언론은 반드시 당의 언론이어야 하며 당원의 활동은 반드시 당의 활동이어야 한다. 당원은 행동 측면에서 당의 군대식 훈련을 받아야 한다. 자산계급 법률질서의 관념으로 당내 기율과 집권을 보아서는 안 되며 "공산혁명이 실천 과정에서 필요로 하는 관점으로 행동해야 한다" 제2차 당 대회는 다음과 같이 강조했다.

우리는 "당을 학회조직도 소수인의 공상적인 혁명단체도 아닌" 무산계급혁명을 실행할 수 있는 "큰 대중적 당"으로 건설해야 한다. "우리의 조직과 훈련은 반드시 매우 엄격하고 집권적이며 규율이 있어야 하고 우리의 활동은 반드시 대중을 이탈하지 말아야 한다"[67]

상기 규정은 당을 정치적, 사상적, 조직적으로 집중시키고 통일하여 무산계급정당으로 건설하려는 측면에서 결정적 의의를 지녔다. "우리 당은 창건 초기부터 자기비판과 사상투쟁을 진행하고 민주집중제를 확

---

67 《공산당의 조직규약에 관한 의결안》(1922년 7월), 중앙당관관 편:《중공중앙문건선집》제1책, 중공중앙당학교출판사 한문판, 1989년, 90~92쪽.

정했다. 또한 엄격한 조직과 기율을 갖추고 파벌의 존재를 허용치 않는다. 그리고 자유주의, 공회독립주의, 경제주의 등을 단호하게 반대했으므로 당 내부에서는 체계적이고 조직적인 우경 기회주의 이론을 공개적으로 제기한 적이 없었다" "이러한 측면에서 볼 때 우리는 올바른 길을 걸었던 것이다"[68]

실제 사업에서 당은 엄격한 기율을 실시하여 기율을 위반하거나 기준에 부합하지 않는 당원을 엄중히 처벌하고 문책했다. 천궁보와 저우퍼하이는 당 창건 초기 조직과정에 사업을 했고 당대표로 선출되어 제1차 당 대회에 참가했지만 얼마 지나지 않아 당의 기율을 위반하게 됐다. 이에 당은 조금의 사정도 봐주지 않고 추방하여 당 조직의 순수성을 보전할 수 있었다.

당 창건 초기, 당의 절박한 임무는 각지의 당 조직 기구를 신속히 건립해 튼튼하게 하고, 당원, 특히 노동자당원을 의식화하는 것이었다. 1921년 11월, 중앙국은 곧 열리는 대회에서 철저한 당의 강령에 따라 중앙집행위원회를 공식적으로 설립하고자 했다. 이를 위해 상하이, 베이징, 광저우, 우한, 창사 5개 지구에 통지를 보냈다. 그해 안으로, 늦어도 1922년 7월 대회를 소집하기 전까지 당원 수를 30명으로 확대하고 구집행위원회를 설립할 것을 요청하는 내용이 통지로 전해졌다.

1922년 6월 말까지 발전하거나 규모가 확대된 지방 조직으로는 중공 상하이지방집행위원회(1921년 11월 설립), 중공 샹구(湘區)집행위원회(1922년 5월 설립), 중공 광둥구집행위원회(1922년 여름 설립), 중공 베이징지방위원회(1921년 가을 설립), 중공 우한구(武漢區, 후베이)집행위원회(1922년 1월 설립) 등이 있었다. 지방 당지부 등

---

68 〈류사오치가 당의 건설을 논함〉, 중앙문헌출판사 한문판, 1991년, 235~236쪽.

기층조직에는 안위안탄광 당지부, 후난제1사범학교 당지부, 헝양성립제3사범학교 당지부, 후난자습대학 당지부, 창신뎬기관차공장 당지부, 탕산제조공장 당지부, 산둥 당지부, 정저우 당지부, 쉬저우 당지부, 퉁산(銅山)역 당지부, 재모스크바 당지부, 재독일 당지부, 재일본 당소조, 쓰촨 당소조 등이 있었다. 제2차 당 대회가 소집되기 전까지 당원 수는 195명으로 증가했는데 각각 상하이 50명, 창사 30명, 광둥 32명, 후베이 20명, 베이징 20명, 산둥 9명, 정저우 8명, 쓰촨 3명, 재러 8명, 재일 4명, 재프 2명, 재독 8명, 재미 1명이었다. 그중에는 여성당원이 4명, 노동자당원 21명도 포함됐다. 샹잉, 덩페이, 장하오(張浩), 왕허보(王荷波), 스원빈(史文彬) 등 노동자들 속 선각자들이 당원으로 발탁됐다.

창당 이후, 당은 대중 속으로 들어가고 현장에 투입하는 실전으로 시선을 돌렸다. 이와 동시에 많은 지식인 당원들은 노농대중과 어울리면서 사상 감정과 방법적 측면에서 큰 변화를 가져와 적합한 무산계급 선봉 전사로 성장했다.

당의 내부 건설은 창당 시기부터 착실히 추진되었고 초보적인 성과를 거두었다. 당은 이를 통해 무산계급 선봉대의 면모를 보여주었고 신속하게 중국 각 정당과 단체 속에서 두각을 드러냈다. 더불어 중국 노동계급과 기타 노동대중의 신뢰를 얻었다. 이는 당의 건설에 튼실한 기반을 마련해 줬으며 중국 혁명을 발동시키고 영도하여 고조시키는 데 중요한 역할을 했다.

중국공산당은 창건된 후 거의 2년 동안 이론을 실제에 연계시키는 데 시선을 돌렸다. 그리하여 마르크스주의의 기본 원리와 중국 혁명의 실제를 결부시켜 반제국 반봉건의 민주혁명강령을 제정했다. 이어 현 단계 중국 혁명의 성격, 대상, 동력, 과업, 목표와 전망 등 기본 문제를 연구하여 당의 전략과 책략의 제1차 변화를 실현했다. 이와 동시에 당은 혁명투쟁을 발동, 조직, 영도하는 실천에 적극 투신하여 공산당의 정치적 영향을 전국으로 확대했고 중국 혁명의 새로운 국면을 개척했다. 이론과 실천 속에서 나타난 당의 선진성은, 당이 중국 혁명을 영도하는 중대한 책임을 진정으로 짊어질 수 있다는 것을 표명했다. 초기에 당은 미약했으나 곧 그 어떤 적들도 제압할 수 없는 신생 정치 세력으로 급부상했다.

　중국공산당은 창건 초기에 혁명투쟁의 경험이 없었다. 노동운동을 영도하는 과정, 특히 경한철도대파업을 영도하는 과정에서 당은 날로 격화되고 있는 노동계급과 제국주의, 봉건군벌 사이의 모순을 충분히 파악하지 못했다. 그뿐만 아니라 유혈 사태를 일으킬 수 있는 반동군벌의 음모에 대한 경계심마저 부족했다. 책략적인 측면에서, 공개 투쟁과 비밀 투쟁을 잘 연계하지 못했고 새로운 변화에 대응할 준비도 충분하지 못했다. 조직적인 면에서는 신입 당원에 대한 당의 기준과 요구가 너무 높아 노동운동이 발흥한 후에도 노동자 가운데서 당원을 충분히 발전시키지 못했다. 경한철도 노동자파업이 발발했을 때, 전 구간에 공산당원이 50명도 되지 않아 각 기층 단위에서 견고하고 유력한 영도적 핵심을 도출해내지 못했다. 이로 인해 당은 치열해지고 복잡해지는 투쟁의 정세에 적응하기 어렵게 되었고 결국 파업이 실패한 중요한 원인 중 하나가 되었다. 이 밖에도 당은 농민 상태와 농민운동에 관심을 두기는 했지만 충분하지 못했다.

　중국공산당은 초기의 투쟁실천 속에서 중요한 경험적 교훈을 얻었다. 첫째, 중국 혁명의 적은 매우 강대하다. 세력이 상대적으로 약한 노동계급은 군사작전에만 의존해서는 안 되며 반드시 다른 민주세력과 연대해야 한다. 그뿐만 아니라 광범위한 인민대중과 함께 하여 가능한 모든 동맹자를 쟁취해야 한다. 그래야만 반제국주의, 반봉건군벌 혁명운동에서 승리를 거둘 수 있다. 둘째, 반식민지, 반봉건의 중국에서 노동계급은 최저의 민주권리도 누릴 수 없었고 비교적 큰 규모의 노동자투쟁은 대부분 반동정부의 무력탄압을 받았다. 이로써 혁명의 승리를 달성하기 위해서는 합법적인 투쟁만 진행해서는 안 된다는 것을 깨달았다. 혁명적 무장투쟁이 없이 오로지 파업이라는 무기에만 의존해서는 안된다는 것을 깨달았다. 중국노동조합 서기부는 2·7참사 이후 공문서에서 "노동자들에게 무기가 있었더라면 그들이 함부로 살육하도록 내버려둘 수 있었겠는가?"라고 지적했다.[69] 셋째, 당은 반드시 노동자와 농민 중에서 선각자를 다수 받아들여 대열을 신속하게 키우고 자체의 조직을 끊임없이 확대해야만 한다. 그래야 계속해서 발전하는 혁명투쟁에 적응할 수 있다. 아직 미약했던 중국공산당은 바로 위와 같은 경험, 교훈을 가지고 국공합작을 토대로 한 반제국 반봉건의 대혁명 시기에 들어섰던 것이다.

---

69 중국노동조합 서기부 : 《2·7대학살의 경과》(1923년 2월 27일), 《2·7대파업자료선집》, 노동자출판사 한문판, 1983년, 206쪽.

제2편

당의 대혁명 시기

1923년 6월~1927년 7월

제4장
제1차 국공합작의 건립과 혁명의 새로운 국면의 형성

1924년부터 1927년까지 중국 전역에서는 거대한 반제국주의, 반봉건 군벌의 혁명운동이 발흥했다. 전국을 휩쓴 이 혁명운동처럼 규모가 크고 대중이 많이 참여하고 영향력이 큰 혁명은 중국 근대 혁명 역사 사상 초유의 일이었다. 사람들은 흔히 이 혁명을 '대혁명' 또는 '국민혁명'이라고 부른다.

이 대혁명의 발생은 우연이 아니었다. 이는 제국주의 세력과 북양군벌의 압박에 맞선 중국 인민의 강력한 저항이었다. "열강을 타도하고 군벌을 제거하자"는 전국 인민의 절박하고도 공통된 염원이었으며 광범위한 대중이 일어나도록 동원하는 데 가장 걸맞은 정치 구호였다. 2·7참사 이후, 중국공산당은 국공연합전선, 즉 통일전선의 결성과 발전을 적극 추진하고 대혁명을 맞이하기 위해 필요한 준비를 다했다. 국공 양당의 공동 노력 아래 드디어 혁명의 새로운 국면이 급속히 형성되기 시작했다.

1. 중국공산당 제3차 전국대표대회

20세기 20년대 초, 중국은 여전히 군벌들의 활보에 의해 심히 어지러운 상황에 처해 있었다. 각파 군벌 중에서도 차오쿤, 우페이푸를 우두머리로 한 직계 군벌 세력이 가장 강건했다. 그들은 영, 미 등 국가의 지지 아래 1920년의 직환전쟁과 1922년의 제1차 직봉전쟁에서 승리하여 중앙정권을 장악했다. 1923년 3월, 그들은 뤄양(洛陽)에서 군사회의를 열고 무력으로 전국을 통일하는 계획에 박차를 가해 또다시 군벌전쟁을 도발했다. 1924년에 이르러 전쟁에 말려든 군대는 무려 45만 명에 달했고 전쟁의 불꽃은 전국의 대부분 지역으로 번져갔다. 군비가 급증하자 크고 작은 군벌들이 자기의 통치구역 범위에서 각종 가렴잡세를 거두어들였다. 그들이 지폐를 남발하고 함부로 수탈하자 경제가 침체되고 백성들은 도탄에 빠졌다.

중국공산당은 중국의 정치, 경제 상황과 경한철도 노동자 대파업이 우페이푸의 탄압을 받았던 교훈에 근거하여, 제국주의와 봉건군벌의 통치를 무너뜨리려면 노동계급만을 의지하는 것은 역부족임을 인식했다. 따라서 쑨중산이 영도하는 국민당과 적극 연대하여 노동계급과 민주세력의 연합전선을 형성해야 한다는 것을 한층 깊이 깨닫게 되었다.

이에 앞서 국제공산당 집행위원회는 마린의 제의에 의해 1923년 1월 12일 "중국 공산당과 국민당의 관계 설정 문제에 관한 결의"를 내렸다. 결의에서는 "중국에서 '독립적인 노동운동은 아직 미약'하고 노동계급은 '아직 독립적인 사회세력을 완전하게 형성하지 못했다' 중국국민당은 '중국의 유일한 국민혁명집단'이다. 그러므로 중국민주혁명에서 중국 공산당과 국민당과의 합작이 필요하다. 공산당원은 '국민당 내부에 남되' 자기의 정치적 독립성을 유지해야 한다"고 인정했다. 이 결의는 중국 전역에 전해져 국공합작에서 매우 중요한 산파 역할을 할 수 있었다. 중국공산당은 1923년 6월 12일부터 20일까지 광저우에서 제3차 전국대표대회를 열었다.[70] 이 대회에는 30여 명의 대표가 참석했는데 이들은 전국 420명 당원들을 대표하는 인물이었다. 국제공산당 대표 마린도 이 대회에 참석했고 천두슈가 제2기 당중앙집행위원회를 대표하여 보고를 했다. 대회의 주요 토의 의제는 공산당원이 국민당에 가입하는 문제였다.

---

70 1922년 7월 18일, 국제공산당은 중공중앙의 소재지를 상하이에서 광저우로 옮기기로 결정했다. 마린이 이 결의를 중국에 가져온 후, 중공중앙기관은 1923년 5월에 상하이에서 광저우로 자리를 옮겼다.

대회의 토의과정에서 격렬한 논쟁이 벌어졌다. 천두슈와 마린은 "현재 중국 혁명의 과업은 사회주의혁명을 진행하는 것이 아니라 국민혁명을 진행하는 것이다. 국민당은 국민혁명운동을 대표하는 당이기에 혁명세력이 집중된 대본영이 되어야 한다. 공산당과 무산계급은 아직 미약하여 독립적인 사회세력을 형성하지 못했다. 그러므로 모든 공산당원과 산업노동자는 국민당에 가입하여 국민혁명에 전력해야 한다. 국민혁명의 모든 사업은 국민당이 조직해야 한다. 즉 '모든 사업은 국민당에 맡겨야 한다' 이렇게 해야만 국민혁명의 세력을 강화할 수 있다"라고 했다. 그들은 국민혁명은 현 상황에서의 당의 중심 과업이다. 때문에 국민당과 자산계급의 혁명성을 경시하지 말아야 한다고 강조했으며 모든 혁명세력을 집중시켜 국민혁명을 쟁취할 것을 주장했다. 이는 식민지 반식민지 국가의 무산계급은 일시적으로 자산계급과 타협, 협력할 수 있다는 레닌의 노선과 부합하는 것이었다. 하지만 그들은 공산당과 무산계급의 역할을 과소평가하고 국민당과 자산계급의 역할을 과대평가하여 국민당과의 합작에서 당을 종속지위에 놓았다. 이는 당의 독립성을 유지하는 데 있어 매우 불리한 조건이었다. 장궈타오, 차이허썬은 반제국 반봉건적 국민혁명이 중국 혁명의 중요한 과업이라는 점을 시인했다. 그러면서도 공산당에는 노동운동에 대한 영도와 자산계급과의 투쟁이라는 특수 과업이 있기에 이 두 과업은 똑같이 중요하고 동시에 진행해야 한다고 주장했다. 그들은 모든 당원, 특히 산업노동자들이 국민당에 가입하는 것을 반대하면서 이는 공산당의 독립성을 소멸시키고 노동운동을 국민당에 넘겨주는 격이라고 했다. 그들은 공산당이 독립성을 유지하고 노동운동에 대한 영도를 강화하는 것은 옳은 일이지만, 이는 연합전선을 형성하는 과업을 이탈하게 되며 필연적으로 공산당의 고립을 초래할 것이라고 강조했다. 쌍방의 주장에는 각

각 맞는 측면이 있었지만 일방적 주장 또한 존재했다. 상기 두 가지 의견을 비교하면, 국민당과의 합작을 찬성하는 천두슈의 의견이 국민혁명의 중심과업에 더욱 부합했다.

이틀간의 심도 있는 토의를 거쳐 대회는 국민당과 합작하는 것에 관한 국제공산당의 지시를 받아들였다. 그러고는 "국민운동과 국민당 문제에 관한 의결안" "중국공산당 제3차 전국대회 선언" 등 문건을 통과시켰다. 이 문건들에서 당은 현 단계에서는 "국민혁명운동을 중심과업으로 해야 하고" 당내 합작 형식으로 국민당과의 연합전선을 맺어야 하며 "공산당 당원은 국민당에 가입해야 한다. 그뿐만 아니라" "국민당 조직을 전 중국으로 확대하며 전 중국의 혁명분자들을 국민당에 집중시켜야 한다"고 지적했다. 문건에는 정치적 독립성을 유지하는 당 일부의 원칙도 규정되어 있었다.

제3차 당 대회에서는 공산당원들이 개인 신분으로 국민당에 가입하고 이어서 국공합작을 실현하기로 결의했다. 이것은 쑨중산과 국민당이 그 당시 받아들일 수 있던 유일한 합작 형태였다. 대회에서는 혁명 발전과 관련한 이 같은 중요 문제들을 해결하였다. 그리고 쑨중산이라는 비교적 큰 호소력을 가진 그의 혁명기치 아래 국공 양당은 공동 노력을 발휘했다. 이들은 합작을 통해 대중 앞으로 나아가 혁명세력을 강화하고 발전시켜 민주혁명의 진척을 강력하게 추진할 수 있었다. 국공합작은 국민당을 새로운 면모로 탈바꿈시키고 개조하는 데 유리하게 작용했고 공산당이 더욱 넓은 정치무대에서 경험을 쌓고 발전하는 데도 크게 유익했다. 이 같은 문제 해결은 제3차 당 대회에 있어 중대한 역사적 공적이 되었다.

대회에서는 노동계급이 민주주의 혁명의 영도권을 쟁취하는 데 힘써야 한다는 문제는 제기하지 않았다. 국제공산당의 영향을 받아 대회는 국공 양당과 그들이 대표하는 계급세력을 편파적으로 대했다. 중국 노동계급은 아직 독립적인 사회세력을 형성하지 못했기에 "중국 국민당이 국민혁명의 중심세력으로 돼야 하고 더구나 국민혁명의 수령의 지위에 있어야 한다"고 판단했기 때문이다. 대회에서는 천두슈, 차이허썬, 리다자오, 탄핑산, 왕허보, 마오쩌둥, 주사오롄(朱少連), 샹잉, 뤼장룽을 중앙집행위원회 위원으로 선출하고 덩페이, 장롄광(張連光), 쉬메이쿤(徐梅坤), 리한쥔, 덩중샤를 후보위원으로 선출하여 새 중앙집행위원회를 구성했다. 천두슈, 차이허썬, 마오쩌둥, 뤼장룽, 탄핑산 등으로 중앙국을 구성하고 천두슈가 위원장을, 마오쩌둥이 비서를, 뤼장룽이 회계를 맡아 당 중앙의 일상적인 사업을 책임졌다.

제3차 당 대회가 끝난 지 한 달이 지나서야 "중국공산당 제3차 대표대회에 대한 국제공산당 집행위원회의 지시"가 중국에 전달됐다. 이 지시에서 "영도권은 당연히 노동계급이 장악해야 하고" "공산당을 강화하여 대중적인 무산계급정당이 되게 하며 공회에 노동계급의 세력을 집중시켜야 한다. 이것이 바로 공산당원의 급선무다"라고 강조했다. 지시에서는 또 "모든 정책의 중심적 문제는 바로 농민 문제이다" "중국에서는 국민혁명을 진행하고 반제국 전선을 형성하는 동시에 반드시 봉건주의 잔재에 반대하는 농민토지혁명도 진행해야 하며" "노농연맹을 형성하도록 노력해야 한다"고 요구했다. 이 지시는 제3차 당 대회의 부족함을 개선하고 중국공산당원들이 중국 혁명에 관한 문제를 한층 더 깊이 탐구했다는 데 의의를 지닌다.

그리고 제3차 당 대회에서 국공합작을 실행하여 공동으로 국민혁명을 진행하기로 결정한 후, 자산계급과 농민에 대한 인식문제, 무산계급과 자산계급의 관계, 무산계급과 농민과의 관계 처리문제 등 일련의 새로운 과제들이 중국공산당원들 앞에 주어졌다. 이에 당내의 수많은 사람들은 방법을 찾기 위해 문제점을 탐구했다.

제3차 당 대회 전후, 천두슈는 글을 통해 "반식민지 중국에서 자산계급과 무산계급은 모두 제국주의와 군벌의 통치 아래 있으므로 그 누구도 발전할 수 없다. 그러므로 지금 당면한 가장 시급한 문제점은 사회주의 혁명을 진행하는 것이 아니라 민족독립과 인민민주를 쟁취하는 국민혁명을 진행하는 것"이라고 밝혔다. 그는 "현 단계의 혁명은 자산계급의 성격을 띠고 있지만, 그 주요 목적은 제국주의를 반대하는 것이며 이는 세계 사회주의 혁명의 일부가 되고 있다. 그러므로 공산당원들은 이 혁명의 중대한 의의를 경시해서는 안 되며 현실을 초월한 망상을 버리고 한마음으로 국민혁명을 진행해야 한다"고 강조했다. 그는 또 "각 민주계급의 혁명세력은 반드시 힘을 모아 국민당을 중심으로 광범위한 대중운동을 실시해야 한다. 이렇게 해야만 혁명의 승리를 거둘 수 있다"고 했다. 그는 농민의 중요한 역할을 논술하면서 "이러한 농민 대중은 현재 이미 국민혁명 가운데서 위대하고도 잠재적인 세력이 됐다. 따라서 현재 중국이 필요로 하고 또 실행할 수 있는 국민운동(외부세력을 배제하고 군벌관료를 타도하는 운동)에서 농민 문제를 경시해서는 절대로 안 된다"[71]고 했다. 그는 또 중국자산계급을 혁명적, 반혁명적, 비혁명적 등 3가지 부류로 분류했다. 천두슈의 이러한 관점은 당원의 인식을 높이고 당내의 폐쇄주의 경향을 극복하려 한 것으로 매우 중요한 의미를 갖는다.

하지만 천두슈는 민주혁명에서 무산계급의 지위에 대해서는 크게 동요했다. 2·7참사 이후, 노동운동은 저조기에 접어들었다. 이에 그는 노동운동에 대해 소극적이고 비관적인 태도를 취하며 무산계급을

---

71 천두슈:《중국 농민 문제》,《선봉》발간호, 1923년 7월 1일.

중시하던 것에서 자산계급을 중시하기 시작했다. 그는 "자산계급의 혁명과 혁명적인 자산계급" "중국 국민혁명과 사회 각 계급" 등 글에서 "노동계급은 물론 국민혁명의 중요한 분자지만 어디까지나 중요한 분자일 뿐 독립적인 혁명세력은 아니다" "노동계급은 양적으로 미약할 뿐만 아니라 질적으로도 미약하다"는 것을 받아들였다. 그는 자산계급의 부족한 면도 봤지만 "자산계급 세력은 항상 농민들보다 더 집중되어 있고 노동자들보다 더 충분히 소유하며" 산업의 발전과 더불어 끊임없이 강해질 것이라고 생각했다. 그의 관점은 사실상 중국 민주혁명에서 자산계급이 주체가 될 수밖에 없다는 사실을 나타낸다. 그는 민주혁명의 전망에 대해 "보편적인 정세 아래에서 자연히 자산계급이 정권을 장악할 것이며", 특수 상황이 일어난다면 "노동자계급은 그때 가서 약간의 권력을 얻을 수 있겠지만 이는 혁명에서 노동자계급의 노력과 세계의 정세에 의해 결정된다"고 했다. 자산계급이 민주혁명의 성공을 거둔 후 다시 무산계급 혁명을 진행해야 한다는 이 사상은 훗날 '2차 혁명론'이라고 불렸다.

기타 공산당원들도 민주혁명에서의 무산계급 영도권 등 문제에 대해 고민했다. 1923년 1월, 차이허썬은 "외력, 중류계급과 국민당"에서 최근의 역사로 볼 때 "노동계급을 국민운동의 연합전선으로 이끈 세력에는 중국공산당이 있었다"고 지적했다. 9월, 취추바이는 "민치(民治)주의로부터 사회주의까지"를 발표하여 "중국의 객관적인 정치 경제 상황과 그의 국제적 지위는 사실상 자산계급식의 혁명을 요구하고 있다. 하지만 중국공산당은 '무산계급의 조직과 훈련의 근본에 힘써 조직을 양성하는 동시에 전반 민권운동에서 중심이 되도록 노력해야 한다', '이를 통해 노동계급은 국민혁명의 과정에서 날로 중요한 지위를 차지하게 되며 나아가 지도권도 얻게 된다' 무산계급의 현 목표는 '평민의 민권혁명 독재체제'이고 '최종 목표는 사회주의이다'"고 했다. 덩중샤는 그해 12월에 발표한 "노동운동을 논함"에서 "노동운동에 종사했던 나로서는 중국 혁명이 성공하려면 반드시 우리가 각 계급과 연대하여 한마음으로 국민혁명을 진행해야 한다고 생각한다. 그러나 현재나 미래를 막론하고 항상 노동자 대중을 가장 중요한 주력군으로 해야 함을 굳게 믿는다"고 지적했다. 이러한 인식들은 훗날 제4차 당 대회에서 민주혁명에 대한 무산계급의 영도권 문제를 제기하는 데 어느 정도 촉진제 역할을 했다.

2. 국민혁명연합전선의 건립

쑨중산이 국민당 개편을 추동

쑨중산은 그가 영도한 자산계급 민주주의 혁명을 '국민혁명'이라고 칭했지만, 그 뜻은 분명하지도 못했고 목표도 명확하지 않았다. 나중에 중국공산당원들은 '국민혁명'의 구호를 다시 논하면서 그에 대한 새로운 뜻을 부여했다. 1922년 9월 20일, 천두슈는 〈향도〉제2기에 발표한 "조국론(造國論)"에서 "중국의 산업은 계급이 강대해져 분열될 정도로 발달된 것이 아니다. 그러므로 무산계급혁명은 아직까지 시기상조이다. 다만 두 계급이 연합하는 국민혁명의 시기는 이미 성숙됐다"고 밝혔다. 나중에 그는 동일한 잡지에 발표한 "3년간 혁명정책에 대한 본 신문의 개관"에서 "식민지 반식민지의 경제 지위에서 18세기 유럽식 자산계급혁명은 가능성이 전혀 있을 수 없다. 그리하여 본 신문 제2기의 '조국론'에서는 '민주혁명'이라는 구호를 '국민혁명'으로 대체했다. 이 구호는 최근 국민당의 사용으로 인해 전국의 보편적 구호가 됐으며, 사실상 식민지 반식민지의 각 계급이 연합하여 혁명하는 데에도 적합했다. 1923년 5월, 차이허썬은 "식민지 국민혁명운동의 특징은 국내 봉건세력을 타도하는 한편 외국 제국주의에 저항하는 것이다. 이런 측면에서 볼 때 식민지의 무산계급은 혁명적인 자산계급과 연합전선을 형성할 수 있다"며 국민혁명의 내용에 대해 한층 더 심도 있게 설명했다. 국민혁명의 구호는 대혁명의 물결 속에서 민중을 불러일으키고 단합시키는 측면에서 볼 때 매우 중요한 역할을 했다.

제3차 당 대회가 있은 후 국공합작의 발걸음은 크게 바빠졌다. 당의 각급 조직에서는 수많은 사상 사업을 하여 공산당원들과 진보적 청년들이 국민당에 가입하도록 동원하고 추천했으며 국민혁명운동을 적극적으로 추진했다. 1923년 8월, 중국사회주의청년단은 난징에서 제2차 전국대표대회를 열고 "청년단원은 개인 신분으로 국민당에 가입한 후 여전히 단의 독립성을 유지하고 공산당의 언론과 함께 행동한다"고 밝혔다.

중국공산당은 제3차 당 대회 결의에 대한 구체적 시행방법을 한층 더 연구하기 위해 11월 24~25일 상하이에서 중앙집행위원회 제3기 제1차 회의를 열었다. 회의에서는 다음과 같이 적시했다. "국민혁명운동은 현재 당의 핵심 과업이다. 전 당은 국민당의 조직을 확대하고 그의 정치 관념을 교정하는 것을 최우선 과업으로 해야 한다. 정치적으로는 국민당이 반제국주의 선전과 활동을 전개하도록 촉구하고, 조직 측면에서는 국민당을 확대시키도록 노력해야 한다. 광둥, 상하이, 쓰촨, 산둥 등 국민당 조직이 있는 지방에서 동지들은 국민당 조직에 가입하고 하얼빈, 펑톈(奉天·지금의 선양瀋陽), 베이징, 톈진, 안후이, 후베이, 후난, 저장, 푸젠 등 국민당 조직이 없는 중요한 지방의 동지들은 그들을 도와 국민당 조직을 창설해야 한다" 회의에서는 또 "우리는 국민당의 중심 위치에 있도록 힘써야 한다. 하지만 현실 여건상 불가능할 경우에는 절대로 강행해서는 안 된다"고 강조했다.

이 시기 중국공산당은 국민당에 비해 역사가 짧고 당원 수도 적은 정당이었다. 대다수 당원들은 자산계급 민주혁명에서의 무산계급 영도권 문제에 대해 아직 심각하게 인식하지는 못했다. 하지만 공산당이 상기 방법을 통하여 국민당 내의 혁명파와 적극 협력한다면 "국민당의 중심 위치에 서서" 영도적 역할을 발휘할 수도 있었다. 사실상, 그 후 어느 한 시기 동안에는 그렇게 하기도 했다.

1923년, 남방의 혁명정세에 큰 변화가 일어났다. 그해 3월, 쑨중산이 광저우에 대원수대본영을 세운 후 윈난, 광시 연합군은 반란군 천중밍, 선훙잉(沈鴻英) 부대의 공격을 여러 차례 물리치고 주장삼각주와 광둥 중부지구를 장악했다. 그리하여 광둥에 국민혁명의 기치를 높이 든 근거지가 처음으로 형성됐으며, 수만 명의 군대를 보유하게 됐다. 광둥혁명 근거지는 국민혁명운동의 발전을 추진하는 중요한 진지가 되어 제국주의와 군벌세력의 통치 아래서 해방을 갈망했던 중국인민의 마음속에 새로운 희망을 심어 주었다.

주장삼각주(珠江三角洲)

광둥성(廣東省) 후이저우시(惠州市)·선전시(深圳市)·둥관시(東莞市)·광저우시(廣州市)·중산시(中山市)·주하이시(珠海市)·포산시(佛山市)·장먼시(江门市)·자오칭시(肇庆市)·홍콩 및 마카오의 2개 특별행정구를 포함하고 있다. 중국에서 최고로 인구 밀도가 높은 지역 중 하나이며 중국 남부 경제와 금융의 중심지다. 개혁개방 이전에는 주강삼각주 부근은 농지와 작은 촌락이었으나 1985년 이후 경제개혁, 대량의 자금 유입, 낮은 임금의 정책적 배려 등으로 홍콩으로부터 자본과 공장을 유치하여 제조업 기지를 건설했다. 2014년 홍콩기업의 주강삼각주 내 인구는 5,600만에 이른다.

국민당이 국민혁명운동의 발전에 적응하려면 반드시 당을 조속히 개편해야 했다. 1923년 10월, 소련정부의 대표 보로딘[72])이 쑨중산의

초청에 응하여 광저우에 도착했다. 그 후 국민당의 개편사업이 곧바로 실행단계에 들어섰다. 보로딘은 중공중앙, 청년단중앙과 국민당 개편 사업을 함께 상의했으며 쑨중산에게 개편회의를 열도록 촉구했다. 제3차 당대회 이후 중공중앙이 상하이로 자리를 옮겨 이 사업은 주로 보로딘과 광둥성 당 조직이 직접 추진했다.

국제공산당과 중국공산당의 건의를 수렴하고 도움을 받아, 또 보로딘의 구체적인 지도 아래, 쑨중산은 수많은 고난을 무릅쓰고 국민당 개편사업을 적극 추진했다. 그는 여러 차례 연설을 하면서 중국 혁명이 실패를 반복한 교훈을 총화하고 러시아 혁명의 경험을 학습할 것, 국민당을 개편해야 할 필요성을 거듭 강조했다. 개편사업을 구체적으로 계획하기 위해 쑨중산은 보로딘을 국민당 조직교련원(후에 정치고문으로 명명)으로 초빙했다. 그는 "보로딘을 국민당 교련원으로 초빙한 목적은 '우리 당 동지들을 훈련시키기 위한 것이다. 보로딘은 당 운영 경험이 풍부하다. 그러므로 여러 동지들은 선입견을 버리고 그의 방법을 열심히 학습하기 바란다'"고 했다.

그는 또 랴오중카이, 왕징웨이(汪精衛)와 공산당원 리다자오 등 5명을 국민당 개편 위원으로 임명했다. 10월 25일, 국민당개편 특별회의가 광저우에서 열렸다. 28일, 국민당 임시중앙 집행위원회가 공식적으로 설립됐다. 쑨중산은 랴오중카이, 후한민과 공산당 탄핑산 등 9명을 국민당 임시중앙 집행위원으로, 리다자오 등 5명을 후보 집행위원으로 임명했다.

1923년 11월부터 1924년 1월까지, 베이징의 리다자오, 즈리의 한

---

72 보로딘(1884~1951): 소련인, 러시아어 본명은 М. М. Бородин이다. 1903년에 러시아 사회민주노동당에 가입했다. 1919년에 국제공산당 제1차 대표대회에 참석했다. 1923년 10월에 광저우에 갔다. 1927년 대혁명이 실패한 후 귀국했다.

린푸(韓麟符), 위팡저우(于方舟), 후난의 마오쩌둥, 허수헝, 샤시(夏曦), 후베이의 류보추이, 랴오첸우(廖乾五), 산둥의 왕진메이, 저장의 쉬안중화, 산시(山西)의 왕전이(王振翼) 등 각 지역 공산당원들은 거의가 적극적으로 국민당 개편사업에 참가했다.

1923년 6월, 유럽에서 재유럽 공산당원과 청년단원 80여 명이 개인 자격으로 국민당에 입당했다. 그해 11월, 재유럽 국민당지부는 프랑스 리옹에서 설립대회를 열었다. 새로 선출된 평의부(評議部) 구성원은 반수 이상이 공산당원이었고 집행부의 대부분 중요한 부서에서도 공산당원이 영도직을 맡았다. 예를 들면, 저우언라이가 총무과 주임, 리푸춘이 선전과 주임, 궈룽전(郭隆眞)이 여성위원회 주임, 네룽전이 파리통신처 처장을 맡았다. 이 지부는 반제국주의 선전 등 활동을 전개하는 과정에서 적극적인 역할을 발휘했다.

1923년 12월 25일, 중공중앙은 "중앙 통고 제13호"를 발표하여 전체 공산당원들이 국민당 개편사업에 적극 참여할 것을 요구하고 개편사업에 참여하는 등 구체적인 절차를 밟아갔다. 통고에는 각지 당 조직에서 적어도 1명의 공산당원을 국민당 대표로 뽑고, 곧 열리는 국민당 제1차 전국대표대회에 참석시킬 것을 요청했다. 제1차 국민당대회가 소집되기 전날 밤 중공중앙, 중국사회주의청년단중앙은 연석회의를 열고 제1차 국민당대회에서 당원과 단원의 통일행동 방침을 제정했다. 이와 동시에 천두슈, 차이허썬 등 공산당원들은 군벌한테 의존하고 대중을 이탈하는 국민당의 경향을 철저히 바꾸기 위해 〈향도〉, 〈중국 청년〉등 신문과 잡지에 여러 차례 글을 발표하여 국민당에 적절한 비판과 건의를 제기했다.

국제공산당 집행위원회 동방부는 국민당 개편사업에서의 중국공산당의 역할을 충분히 긍정하면서 "사상, 조직 측면에서 국민당을 건설하는 전반 사업에 우리 중국공산당 동지들이 국민당에 입당해 커다란 역할을 발휘했다" "최근 몇 달 동안, 당은 당의 모든 역량을 이 사업에 투입했다"고 밝혔다.

국공합작이 정식으로 형성

1924년 1월 20일부터 30일까지 중국국민당 제1차 전국대표대회가 광저우에서 열렸다. 쑨중산이 대회를 주재했다.

개막식에 참석한 대표는 165명이었는데 그중에는 리다자오, 탄핑산, 린주한, 장궈타오, 취추바이, 마오쩌둥, 리리싼 등 20여 명의 공산당원들이 포함됐다. 그들의 "대회에서의 표현은 아주 출중했다"[73]. 쑨중산은 리다자오를 대회 주석단 성원으로 지명했다. 탄핑산은 공산당 당단서기를 맡아 국민당 임시중앙 집행위원회를 대표하여 대회에서 사업을 보고했다.

대회에서는 심의를 거쳐 "중국국민당 제1차 전국대표대회 선언" 초안을 통과시켰다. 이 초안은 보로딘이 "중국 민족해방운동과 국민당 문제에 관한 국제공산당 집행위원회 주석단의 결의"의 기본 정신에 근거하여 만든 것이고 취추바이가 번역하고 왕징웨이가 윤색했으며 쑨중산이 동의한 것이었다. 초안에서는 시대적 조류에 순응하는 새로운 삼민주의에 대해 해석을 내 놓았다. 민족주의는 대외로 "중국민족의 자기해방"을 주장하고 제국주의 침략을 반대했다. 대내로는 "각 민족은 모두 평등하다"고 주장하며 민족 압박을 반대했다. 민권주의는 민주 자유 권리는 "일반 평민이 공동으로 소유하는 것이지 소수인들

---

73 《카라한이 치체린에게 보낸 편지》(1924년 2월 9일), 중공중앙당사연구실 제1연구부 편역 : 《국제공산당, 소련공산당(볼셰비키)과 중국 혁명 당안자료 총서》 제1권, 베이징도서관출판사 한문판, 1997년, 412쪽.

이 사적으로 소유하는 것이 아니다" "나라를 팔고 인민을 기만하며 제국주의와 군벌에 충성하는 자는 그 어떤 단체나 개인이든지 모두 이러한 자유와 권리를 향유할 수 없다"고 주장했다.

민생주의는 토지소유권 균등과 자본절제를 중요한 원칙으로 결정했다. 이른바 "토지소유권 균등"이라고 함은 "개인 소유의 토지에 대해 토지 주인이 가격을 매기고 정부에 보고한 후 국가에서 그 가격에 따라 세금을 징수하며 필요 시 보고한 가격에 따라 매수하며" "농민들 중 밭이 없어 소작농이 된 자에 대해 국가에서 토지를 배분하고 경작하도록 하는 것"을 말한다. 또한 "자본절제"라고 함은 "자국인과 외국인 기업 중에 독점 성격을 띠거나 은행, 철도, 항로 등과 같이 규모가 커서 개인의 힘으로 운영하지 못하는 기업에 대해 국가에서 경영을 관리함으로써 사유 자본제도가 국민의 생계를 조종할 수 없게 하는 것" 등을 말한다.

새로 해석된 삼민주의에는 새로운 내용과 새로운 혁명정신이 내포되어 훗날 사람들은 이를 신삼민주의라고 호칭했다. 신삼민주의 정치강령은 중국공산당의 민주혁명강령과 기본 원칙 측면에서 일치했으므로 국공합작의 공동강령이 되었다. 제1차 국민당대회에서는 사실상 연러(러시아와 연합), 연공(공산당과 연합), 노농지원(노동자와 농민을 지원)의 3대 정책[74]을 확립했다.

대회에서는 공산당이 국민당에 가입하는 것을 허용할지에 대해 치열한 논쟁을 벌였다. "중국국민당 규약" 초안을 토의할 때, 광저우 대표 팡루이린(方瑞麟)은 규약에다 "국민당 당원은 다른 당에 가입하지 못한다"는 조항을 추가할 것을 강력히 주장했다.

---

74 국민당은 시종 "연공(공산당과 연합한다)"을 "용공", 즉 공산당을 용납한다고 했다. "3대 정책"은 후에 공산당이 개괄한 것이다.

그 목적은 공산당원의 "이중 당적"을 반대하는 것이었다. 이에 리다자오는 중국공산당을 대표하여 "공산당원이 국민당에 가입하여 이중 당적을 가지는 것은 국민혁명과 국민당에 힘을 보태기 위한 것이며 이는 쑨중산의 동의를 거친 합당한 행동이다. 공산당원이 국민당에 가입하면 국민당의 정치 강령, 규약과 규율을 지킬 것이며 이를 위반했을 경우에는 징벌을 받을 것이다. 국민당이 공산당의 가입을 동의한 이상 목적을 의심하거나 가입을 막지 말아야 한다. 이런 의심과 방해는 국민당의 발전을 저해하므로 반드시 폐기해야 한다"는 요지의 성명서를 발표했다.

리다자오의 성명에 대해 국민당원 왕징웨이, 랴오중카이 등은 잇달아 발언하여 지지를 표명했다. 이어 같은 회의에 참가한 대다수 대표들도 찬성을 표명했다. 그리하여 팡루이린의 제안은 부결됐다. 회의에서는 "중국국민당 규약"을 통과시키고 공산당원이 개인 자격으로 국민당에 가입하는 원칙을 확인했다.

이 대회에서 통과된 선언과 규약은 국공합작의 정치적 토대였다. 쑨중산이 끝까지 주장을 관철하자 국민당 우파들은 어쩔 수 없이 말로는 찬성했지만 이를 집행하려고 하지는 않았다. 대회 선언을 진정으로 집행하느냐는 사실상 훗날 공산당원과 국민당 좌파가 국민당 우파와 투쟁하는 핵심 과제로 남게 됐다.

대회는 마지막 순서로 중국국민당 중앙집행위원회를 뽑았다. 공산당원 리다자오, 탄핑산, 위수더(于樹德), 마오쩌둥, 린주한, 취추바이, 장궈타오, 위팡저우, 한린푸, 선딩이(沈定一)등이 중앙집행위원회 위원이나 후보위원으로 당선됐는데 총 위원 수의 4분의 1을 차지했다. 이어 열린 국민당중앙 제1기 제1차 전원회의에서는 랴오중카이, 탄핑산, 다이지타오(戴季陶)를 중앙상무위원으로 추대하고 중앙당부를 설립하기로 의결했다.

중앙당부 각 부서에서 중요한 직무를 담당한 공산당원으로는 조직부 부장 탄핑산, 농민부 부장 린주한, 노동자부 비서 펑쥐포(馮菊坡), 농민부 비서 펑파이, 조직부 비서 양파오안 등이 있었다.

중국국민당 제1차 전국대표대회의 소집은 국민당 개편이 완료되고 제1차 국공합작이 정식으로 이루어졌음을 드러냈다. 이는 민주혁명 강령과 민주연합전선 정책을 실천한 중국공산당의 중대한 승리이며 또한 만년에 중국 혁명을 추진했던 쑨중산의 역사적 공적이었다. 국공합작을 실행하는 것은 제국주의와 봉건군벌을 반대하는 국공 양당의 공동 수요이기도 하고 양당의 각자 발전의 수요이기도 했다.

3. 혁명의 새로운 국면의 개척

국공합작이 정식으로 체결된 후, 대다수 공산당원과 청년단원들이 국민당에 가입했다. 국공 양당의 공동 노력을 거쳐 국민혁명의 영향은 중국 남부에서 급속히 중부와 북부로 확대됐으며 국공 양당에서부터 노동자, 농민, 사병, 청년학생과 중소상인들에까지 확대됐다. 이 시기, 광저우를 중심으로 한 혁명세력이 전국 대부분 지역에서 집결되어 제국주의와 봉건군벌을 반대하는 혁명의 새로운 국면이 열렸다.

국민당의 새로운 변화와 황푸(黃埔)사관학교의 설립

개편 전 국민당의 활동범위는 기본적으로 협소한 상층 사회에 제한되어 있었고, 하층민을 위한 대중사업은 없었다. 국민당 조직도 광둥, 상하이, 쓰촨, 산둥 등 소수의 성, 구와 해외에만 존재했다. 공산당원이 국민당에 가입한 후, 각지에서 국민당의 조직을 적극 건립하고 발전시켰다. 그리하여 국민당은 전국적 범위에서 전례 없는 발전을 이룩했다. 1926년 1월에 이르러 국민당은 이미 공식적 성당부(省黨部) 11개, 특별시당부 4개를 설립했으며 준비 중에 있는 성당부가 8개에 달했다.

그리고 신장(新疆), 윈난, 구이저우(貴州) 등 소수의 성, 구를 제외한 전국 거의 모든 성, 구에 당부조직이 설립됐다. 상기의 대부분 당부는 거의가 공산당원과 국민당 좌파의 핵심 인물들이 설립한 것이었으며 그중 많은 당부의 실제 책임자는 공산당원들이었다. 예를 들면 베이징집행부의 리다자오, 위수더, 한커우집행부의 린주한, 리리싼, 샹잉, 후베이성당부의 둥비우, 천탄추, 후난성당부의 허수형, 샤시, 저장성당부의 쉬안중화, 선딩이, 쓰촨성당부의 우위장, 즈리성당부의 위팡저우, 리융성(李永聲), 장쑤성당부의 허우사오추(侯少裘), 산시(陝西)성당부의 양밍쉬안(楊明軒), 류한추(劉含初), 러허(熱河)[75]당부의 한린푸 등이 있었다. 상하이집행부에서는 마오쩌둥, 윈다이잉이 각각 조직부와 선전부 사업을 주관했다. 공산당원들은 이처럼 국민당 중앙당부와 각급 지방당부의 사업에서 중대한 역할을 발휘했다.

국민당 각급 조직의 설립과 더불어 국민당 당원 수도 급증하여 제2차 국민당대회 전까지 이미 20만 명에 달했다. 통계에 따르면 베이징집행부 산하의 화북, 동북, 서북의 15개 성, 구에는 당원이 1만 4,000여 명 있었다. 장쑤성당부는 개편을 거쳐 현, 시, 구 당부가 25개로 늘어났으며 당원이 3,500여 명에 달했다. 저장성당부는 20여 개 현에 조직을 설립했고 당원도 2,000명 안팎에 이르렀다. 쓰촨의 국민당 당

---

75 당시에는 특별구로, 1928년에 성으로 변경했다. 1956년에 취소하고 소속지구를 각각 허베이, 랴오닝(遼寧) 2개 성과 네이멍구(內蒙古) 자치구에 귀속시켰다. 연암 박지원 열하일기의 주 무대가 된다.

무사업은 공산당원 우위장의 주관 아래 괄목할 만한 성과를 거두어 당원이 무려 8,000여 명으로 늘어났다.

국민당 당원이 늘어나는 동시에 당원의 구성에도 큰 변화가 일어났다. 당원에는 노동자, 농민과 청년학생들이 매우 큰 비중을 차지했다. 예를 들어, 광둥 각 현 당부에는 농민당원이 80%, 광저우시당부에는 노동자당원이 60%를 차지할 정도였다. 그리고 산둥성당부에는 학생당원이 40%, 노동자당원이 25%, 농민당원이 15%, 교사당원이 15%, 기타 당원이 5%를 차지했다. 후베이성당부 조직부는 천탄추의 주관 아래 노동자와 농민을 당원으로 입당시키는 데 관심을 기울였다. 그래서 1925년 10월까지 전 성 국민당 당원 중 노동자, 농민, 청년학생 당원이 75% 이상을 차지했다.

개편 후 국민당은 기본 직제 상 노동자, 농민, 도시소자산계급과 민족자산계급의 혁명연맹으로 구성됐으며 국공연합전선의 조직 형태가 됐다. 하지만 일부 지주매판분자, 관료정객과 남방군벌이 여전히 국민당에 남아 있었으며 일정한 직위를 차지하고 있었다. 이들은 국민당 우파세력의 주요한 기초세력이었다.

광둥 혁명정세의 급속한 발전으로 신뢰할 만한 혁명무장 세력이 긴급히 필요하게 되었다. 1921년 12월에 국제공산당 대표 마린은 쑨중산과의 회견에서 혁명군을 기초로 한 사관학교를 설립할 것을 제기했다. 쑨중산은 지난날 구식 군대에 의존하여 혁명에서 거듭 실패했던 고통스러운 경험을 교훈삼아 국민당 개편을 준비함과 동시에 사관학교 설립도 적극 구상하기 시작했다. 쑨중산은 광저우에 온 보로딘에게 국민당의 급선무는 소련홍군(붉은 군대)을 본떠 혁명군대를 조직하는 것이라고 했다. 국민당 제1차 전국대표대회에서는 육군사관학교를 설립할 것을 정식으로 제안하고 의결했다. 이 사관학교가 광저우 부근에 있는 황푸도(黃訓島)에 자리를 잡았으므로 황푸사관학교(黃埔軍官學校)라고 명명했다.

황푸군관학교(黃埔軍官學校)

중국국민당이 광저우 교외 황푸(黃埔)에 설립한 중국 최초의 현대식 군사교육기관이다. 정식 명칭은 중국국민당 육군군관학교(中國國民黨陸軍軍官學校)이다. 1924년 1월 중국국민당 제1차 전국대표회의 결의에 따라 6월 16일 설립되어 장제스(蔣介石)가 초대 교장에 취임하였으며, 중국의 총리를 지낸 저우언라이(周恩來), 왕징웨이(汪精衛) 등이 교관을 역임했다. 중국 최초의 근대식 군사학교로 북벌, 중일전쟁, 국공내전 기간에 군사 지도자를 많이 배출하였다. 존속 기간은 짧았으나 그만큼 중국 현대사에서 중요한 구실을 했다. 그래서 이 학교 교가는 특정 학교의 교가에 그치는 게 아니라 중국 현대사를 상징하기도 한다. 현재 가오슝에 위치한 타이완의 육군사관학교는 이 학교의 후신을 자처하고 있다. 그러므로 타이완 육사도 이 노래를 교가로 사용하고 있다. 황푸군관학교는 한국의 독립운동사에도 큰 영향을 미쳤는데, 김성수, 김원봉, 최원봉, 오성륜 외에도 200명가량의 한국인이 이 학교를 졸업했다.

1924년 5월, 황푸사관학교가 개교했다. 쑨중산이 직접 사관학교 총리직을 맡고 장제스를 교장으로, 랴오중카이를 당대표로, 갈렌[76] 등 소련군관을 군사고문으로 초빙했다. 6월 16일, 쑨중산은 황푸사관학교 개교식 연설에서 "우리가 오늘 이 학교를 설립한 것은 무엇 때문인가? 바로 오늘부터 혁명사업을 새롭게 개척하고 이 학교의 학생을 토대로 혁명군을 만드는 것"이라고 지적했다.

소련정부는 황푸사관학교를 크게 환영하고 지지했다. 그러고는 개설비 200만 위안 외에도 소총 8,000자루, 실탄 200만 발 등 군수물자를 제공하고 경험이 풍부한 군사교관도 파견했다.

---

76 갈렌(1889~1938) : 소련인, 러시아어 본명은 В. К. Блюхер(블류헤르)이며 갈렌은 러시아 가명 Галин의 번역명이다. 1916년에 러시아사회민주노동당에 가입했다. 1921~1922에 극동공화국 군사부 부장, 인민혁명군 총사령을 임했다. 1924년 10월부터 1927년 8월까지 두 차례에 걸쳐 중국에서 근무했다.

황푸사관학교는 국공양당이 합작한 학교였다. 중국공산당은 황푸사관학교 사업에 각별한 관심을 가지고 많은 당원, 단원들과 함께 전국 각지의 혁명적 청년들을 선발하여 사관학교에서 공부하게 했다. 제1기 학생들 중 장셴윈(蔣先云), 천경(陳賡), 쉬지선(許繼愼), 쉬샹첸(徐向前)〈쉬샹첸(徐向前)〉 등 공산당원과 청년단원이 56명이 있었는데 이는 총학생수의 10분의 1에 이르렀다. 교직원들 중에도 진퍼좡(金佛庄), 마오옌전(毛延楨), 옌펑이(嚴鳳儀), 쉬청장(徐成章) 등 적지 않은 공산당원들이 있었다. 황푸사관학교의 가장 큰 특징은 정치교육을 군사훈련과 동등한 위치에 놓고 학생들의 애국사상과 혁명정신을 양성하는 데 있었다. 이는 모든 구식 사관학교와는 근본적으로 다른 황푸사관학교만의 특이점이라 할 수 있다. 1924년 11월, 중공 광둥구위원회 위원장 저우언라이가 유럽에서 귀국한 지 얼마 지나지 않아서 황푸사관학교 정치부 주임[77]을 맡았다. 그는 정치부의 정상적인 사업 질서와 사업제도를 수립함과 동시에 사관학교 학생들에 대한 정치교육을 강화했다. 그리고 사관학교 교도단의 정치사업과 중국청년군인연합회의 활동을 지도하여 사관학교의 정치사업과 정치교육에 크게 이바지했다. 그 후 공산당원 윈다이잉, 샤오추뉘(蕭楚女), 슝슝(熊雄), 네룽전 등도 사관학교에서 정치교관과 각급 영도직을 맡았다. 황푸사관학교에서의 이런 정치 사업제도는 광둥혁명정부에서 통솔하는 기타 군대에도 점차 보급됐다.

엄밀히 따지고 보면, 중국공산당의 군사 활동은 황푸사관학교에서 시작됐으며 그때부터 중국공산당은 "군사의 중요성을 알게 됐다"[78].

---

77 저우언라이 이전에 황푸사관학교에는 두 임기의 정치부 주임이 있었는데 각각 국민당원 다이지타오와 사오위안충(邵元沖)이었다.

78 마오쩌둥 : 《전쟁과 전략 문제》(1938년 11월 6일), 《마오쩌둥선집》 제2권, 인민출판사 한문판, 1991년, 547쪽.

저우언라이와 중공 광둥구 위원회는 쑨중산의 허가를 거쳐 사관학교 제1기 졸업생 중에서 일부 당원과 단원들을 선발했다. 그러고는 이들을 중심으로 하여 대원수대본영의 철갑차부대를 개편했으며 공산당원 랴오첸우가 당대표 겸 정치부 주임을 맡았다. 사실상 공산당이 직접 영도한 이 혁명무장투쟁은 결성하면서부터 예팅(葉挺)독립단을 조직할 때까지 노농운동을 지지하고 광둥혁명 근거지를 지키기 위해 용감무쌍하게 싸웠다.

혁명 대중운동에 대한 국공합작의 추동

국공합작의 실현은 노동자, 농민, 학생, 부녀 등의 혁명 대중운동을 촉진했다. 중공 광둥구 위원회는 국민당 중앙노동자부 공산당원들을 통해 광둥지구의 노동자투쟁을 적극적으로 이끌었다. 1924년 5월, 광저우에서 노동자대표회의가 개최됐다. 회의에 참석한 대표는 160여 명이었으며 70개 공회의 10만여 명 노동자를 대표했다. 회의에서는 노동자대표회의 집행위원회를 구성하기로 결정했다. 이 회의는 광둥노동운동의 발전을 촉구했다. 7월, 광저우 사몐(沙面)의 수천 명 노동자들이 정치적 대파업을 단행하자 영, 불 제국주의자들이 중국 주민들의 사몐조계지 자유 출입을 제한하는 "새 경비규칙"에 대해 항의했다. 8월, 광둥공단군이 편성되었고 공산당원 스부(施卜)가 단장 직을 맡았다. 사몐파업은 1개월 남짓 지속되다가 마침내 승리했다. 이 파업은 광저우와 홍콩을 뒤흔들었을 뿐만 아니라 기타 성, 구에까지 영향을 미쳐 2·7참사 이후 노동운동의 소강상태를 불식시켰다. 그 후, 각지의 노동운동은 중국공산당 영도 아래 점차 부흥하기 시작했다. 이와 동시에, 농민운동도 점차 확대됐다. 공산당원을 위주로 한 국민당 중앙농민부와 국민당 중앙농민운동위원회의 추동 아래, 국민당 중앙

집행위원회는 1924년 3월에 농민운동계획을 세울 것을 확정하고 농민협회와 농민자위군을 조직하기로 결정했다.

7월, 국민당 중앙농민부는 "농민협회 규약"을 반포했다. 중공 광둥구 위원회는 국민당 중앙농민부와 광저우 혁명정부를 통해 광둥성 각 현에 특파원을 파견하고 선전과 조직 사업을 전개하도록 지시하여 농민운동에 불꽃을 지펴 놓았다. 각 현에서는 잇달아 농민협회를 설립하고 농민자위군을 조직하여 토호열신[79]과 탐관오리와 투쟁을 했다.

국민당 중앙집행위원회는 농민운동의 중요 세력을 양성하기 위해 펑파이 등의 제안을 거쳐 광저우에 농민운동강습소를 세우기로 결정했다. 광저우농민운동강습소는 1924년 7월부터 공산당원 펑파이, 뤄치위안(羅綺園), 롼샤오셴, 탄즈탕, 마오쩌둥 등의 지도 아래 연속 6기에 걸쳐 광둥, 광시, 후난, 허난, 산둥, 즈리, 후베이, 쓰촨, 산시(陝西), 장시 등 20개 성, 구에서 700여 명의 농민운동 중심 세력을 양성하여 전국 농민운동의 전개를 힘차게 추진했다. 1924년 12월, 펑파이는 중공 광둥구 위원회 농민운동위원회에 상정한 보고서에서 "농민운동의 세포들이 '아주 훌륭하게 사업하고 있어 우리의 양성 노력과 훈련을 저버리지 않았다'"고 칭찬했다.

중공중앙은 학생운동의 전개를 매우 중시했다. 당, 단 조직의 공동지도 아래 전국의 많은 성, 시에서 학생연합회가 활동하고 있었다. 1924년 하반기, 상하이를 중심으로 후난, 후베이, 허난, 쓰촨, 장시, 광둥, 저장, 즈리, 산둥, 산시(山西) 등지에서는 제2차 비기독교운동이 고조됐다. 학생연합회는 교회를 이용해 문화침략을 하려는 제국주의자들의 음모를 폭로하고 타격했다. 또 각지의 학생연합회는 청년학

---

79 중국 국민 혁명 때, 관료나 군벌과 짜고 농민을 착취하던 대지주나 자본가를 일컫던 말.

생들을 인솔하여 불평등조약 폐지운동과 국민회의운동에 적극 참가하고 중국공산당의 주장을 적극 홍보했다.

이 밖에, 부녀운동도 발전했다. 공산당 인사들의 추동 아래 국민당 중앙과 성, 구, 현 각급 당부에는 모두 독립적인 부녀부가 설치돼 있었고 일부 여자공산당원들은 부녀운동의 개척자로 활동하고 있었다. 상하이에서는 샹징위, 양즈화(楊之華), 왕이즈(王一知) 등이 부녀사업을 적극 전개했다. 샹징위가 편집장을 맡은 〈부녀주간신문〉은 부녀해방을 주창하고 남녀평등을 제창하여 부녀자들을 동원하는 중요한 여론의 진지가 됐다. 베이징에서는 부녀부 비서 뮤보잉이 부녀노동운동과 평민교육을 중시했다. 톈진에서는 덩잉차오, 류칭양 등이 여성사(女星社)를 중심으로 보충수업학교를 꾸려 여공과 관련한 조직을 설계하고 선전 사업을 전개했다. 광둥, 후베이, 장쑤, 후난, 즈리 등지의 부녀운동도 줄기차게 발전했다.

이때, 펑위샹(馮玉祥)이 베이징정변을 일으켜 북방 정세의 혁명운동에 유리한 변화의 물결이 일었다. 중국 주재 소련정부 전권대표 카라한은 1924년 봄부터 이미 절차적으로 직계장교 펑위샹에 대한 설득을 시작했다. 10월 혁명의 영향을 받은 펑위샹은 후징이(胡景翼), 순웨(孫岳)와 연락하여 제2차 직봉전쟁의 기회를 빌려 군사를 베이징에 복귀시키고 정변을 일으켰다. 그리하여 이들은 직계 군벌의 수령 차오쿤, 우페이푸가 통제하던 베이징정부를 뒤엎어버렸다. 이어 펑위샹은 군벌이 토지를 차지하는 것을 반대하고 평화 통일을 요구하는 등 혁명적 경향이 있는 정치주장을 발표했다. 그러고는 군대를 중화민국 국민군이라고 개칭하고 자신이 국민군 총사령 겸 제1군 군장을, 후징이가 부사령 겸 제2군 군장을, 순웨가 부사령 겸 제3군 군장을 맡았다. 전군은 도합 15만여 명이였는데 즈리, 허난, 산시(陝西) 성 등에 분산하여 주둔했다. 하지만 펑위샹은 정세의 압박에 못 이겨 직계를 반대하는 장쭤린, 돤치루이와 타협하였고 돤치루이가 한시적으로 집권하는 베이징정부를 구성하게 했다.

펑위샹의 국민군은 혁명적 경향을 띠고 있었으므로 국민군이 주둔한 지구에서 국공 양당의 조직과 노농대중운동이 비교적 빠르게 진행됐다. 이는 남방의 혁명운동을 힘차게 지원하는 계기가 되기도 했다.

베이징 정변이 있은 후, 펑위샹은 국사를 토론하자며 전보를 보내 쑨중산을 베이징으로 초청했다. 돤치루이, 장쭤린도 할 수 없이 환영의 전보문을 보냈다. 11월, 쑨중산은 펑위샹의 초청에 응해 광둥을 떠나 상하이로 갔으며 일본을 경유하여 북상했다. 출발 전에 그는 성명을 발표하여 대외 모든 불평등조약을 취소하고 대내 군벌을 숙청하자는 2대 목표를 제기했다. 이어 국민회의를 소집하고 국가의 평화 통일을 쟁취할 것을 주장했다. 12월 초, 일본에서 톈진으로 도착한 쑨중산은 12월 말 베이징에 입성했다. 그때 그는 이미 건강이 악화된 상태였다. 하지만 여전히 돤치루이와의 투쟁을 견지했으며 국민회의를 열어 국사를 해결할 것을 강력하게 요구했다.

쑨중산(孫文, 쑨원)

중국의 공화제 창시자로 국민정부시대에는 '국부'로서 최고의 존경을 받았다. 1911년 신해혁명 이후 임시대통령에 추대되어 다음해 중화민국의 성립과 동시에 대통령에 취임했으나, 원세개(袁世凱)에게 부득이 양보하고 사임했다. 그의 정치는 삼민주의로 대표된다. 대한민국임시정부를 지원한 공으로 건국훈장 대한민국장(1968년)이 추서되었다. 자는 일선, 호는 중산. 광동성 상산, 현재의 중산시에서 태어났다.

중공중앙은 혁명의 영향을 전국으로 확대시키기 위해 카라한, 보로딘과 광둥구당위원회의 의견을 받아들여 쑨중산의 북상을 지지했다. 이들은 11월 19일 시국에 대한 주장을 발표하여 "정치문제를 해결하는 방법은 중국공산당이 지난해에 제기한, 현재 국민당도 호소하고 있는 국민회의를 소집하는 것이다"[80]며 속내를 밝혔다. 1924년 겨울부터 1925년 봄까지, 국공 양당의 공동 추동 아래 전국 각 계층 인민과 공회, 농회, 학생회, 상회, 부녀회 등 대중단체들은 잇달아 국민회의촉성회를 결성했다. 그리고 국민이 국가대사를 결정하도록 국민회의를 열어 헌법을 제정하고 봉건세력을 제거하자고 외쳤다. 또 민주공화정체제를 세우고 돤치루이 정부가 소집한 선후회의를 반대할 것을 강력하게 호소했다. 국민회의운동과 1925년 여름 발흥한 불평등조약 폐지운동의 활기찬 발전은 곧 불어올 혁명폭풍을 예시했다.

국민당 우파에 대한 반격과 상단(商團) 반란의 평정

혁명무장의 결성과 대중운동의 발전은 제국주의, 지주매판계급과 군벌세력을 당황하게 했다. 남방에서 정치, 경제 이익을 크게 차지하고 있던 영, 미 제국주의 세력과 중국 매판 계급은 이를 더욱 용인할 수 없었다. 그들은 외부로 압박을 가하며, 내부로는 수매의 방법을 이용했다. 이때 국민당 내부도 한층 더 분화되어 좌, 우파 사이의 모순이 드러나고 충돌이 날로 심해졌다. 그리하여 혁명의 서광이 비쳤던 광저우에도 먹구름이 몰려오기 시작했다.

많은 공산당원들은 이러한 정세와 국민당의 복잡한 상황에 대한 인식이 부족했다. 국민당 내에서 사업했던 경험도 부족하여 실제 사업에서 지나치게 양보하거나 사사로운 이익만 좇으려는 경향을 보였다.

중공중앙은 경험을 합치고 향후의 사업방침을 확정하기 위해 국제

---

80 1923년 7월, 중국공산당은 《시국에 대한 제2차 주장》을 발표하여 처음으로 "국민회의" 주장을 천명했고 국민회의로 국회를 대체하고 국민회의가 민의(民意)기관, 입법기관으로서 정부를 구성하는 권력을 가질 것을 제기했다.

공산당의 건의에 따라 1924년 5월, 상하이에서 집행위원회 확대회의를 소집했다. 국제공산당 대표 보이틴스키가 회의에 참석했다. 회의에서는 제1차 국민당대회 선언의 혁명정치강령을 이어가고 이 정치강령을 기준으로 국민당 좌, 우파 간 투쟁에 대처해야 함을 강조했다. 회의에서 통과한 "국민당 내부에서의 공산당 사업문제 의결안"에서는 "현재의 상황으로 볼 때, 국민당 좌파는 쑨중산과 그 일파와 우리 동지들이고 이 파의 기본 대열이다. 그러므로 국민당 좌, 우파 간의 투쟁은 사실상 우리와 국민당 우파의 투쟁이다. 때문에 현재 우리가 국민당을 단단히 하고 키우기 위해 좌, 우파를 화해시키려는 정책을 취한다면 이는 잘못된 것이다"고 지적했다. 회의에서는 산업노동자들이 모두 국민당에 가입할 것을 요구한 제3차 당 대회의 결정을 변경하여 "우리는 가능한 범위 안에서 국민당이 조직적으로 산업무산계급에 침투하는 것을 방조하지 않아도 된다"고 밝혔다. 또 회의에서는 당과 단 관계 문제, 당내 조직과 선전교육 문제, 농민과 사병 사이의 사업문제도 토의했다. 이 회의는 당 간 편차를 줄이고 국공합작을 공고히 하여 사업을 발전시키는 데 적극적인 역할을 했다.

1924년 6월, 국민당 중앙감찰위원 덩쩌루(鄧澤如), 장지(張繼), 셰츠(謝持)는 국민당 중앙집행위원회에 "공산당을 탄핵할 것에 대한 의안"을 상정했다. 그러면서 공산당원이 국민당 내에 '당단'을 두고 있다는 것을 빌미로 공산당원과 청년단원이 국민당에 가입하는 것은 "확실히 본 당의 생존과 발전에 큰 방해가 된다"며 "당 안에 당이 있는 것은 결코 적합하지 않다"고 주장했다. 7월, 국민당 중앙집행위원회는 토의를 거쳐 "국민당 중앙위원회 선언"을 발표하고 "혁명의 결단력이 있는 자와 삼민주의를 고수하는 자에 대해 본 당은 그의 파벌을 불문하고 모두 진심으로 받아들인다" "당원을 규범화함에 있어서는 그의 파벌을 불문하고 그의 언행이 본 당의 주의, 정치강령과 당 규약에 완전히 부합되는가를 기준으로 하여 판단한다"고 엄정하게 그 입장을 밝혔다. 그리하여 덩쩌루 등의 탄핵안은 받아들여지지 않았지만 우파 구성원들은 여기에서 멈추지 않았다. 8월, 장지 등은 이른바 "호당(護黨)선언"을 발표하여 반제국 반군벌의 정치 강령을 공개적으로 반대하고 "공산당원이 국민당에 가입한 목적은 국민당을 소멸하기 위한 것이다"며 공산당을 중상 모략했다.

국민당 우파의 행동은 천두슈 등으로 하여금 "우리는 아무런 조건이나 제한도 없이 국민당을 지지해서는 안 되며 좌파가 장악하고 있는 일부 행동방식만 지지해야 한다. 그렇지 않으면 우리는 우리의 적을 도와주고 자기에게 반대파를 매수하는 격이 된다"[81]는 것을 깨닫게 됐다. 중공중앙은 국민당 우파의 공격에 반격하기 위해 7월 21일 당내 통고를 내어 "공산당에 대한 국민당 우파의 공격과 배척이 날로 심해지고 있다. 각 구당위원회, 지방당위원회는 반드시 이에 반격하며 우파분자가 제국주의를 반대하지 않고 소련, 공산당과 노농을 반대하는 반동 언행 하는 것을 강력히 폭로해야 한다"고 지적했다.

천두슈, 윈다이잉, 취추바이, 차이허썬 등은 중공중앙의 배치에 따라 성명서를 발표했다. 그리하여 제1차 국민당대회의 정치 강령을 위배하고 혁명대열의 내부단결을 파괴하는 국민당 우파의 반동언행을 엄중하게 규탄했다. 윈다이잉은 〈중국 청년〉제41기에 발표한 "국민당에서의 공산당 문제"에서 공산당원이 국민당 내에서 당단을 조직하면 국민당이 패망한다는 황당한 논리에 대해 논박하고 다음과 같이

---

81 〈천두슈가 보이틴스키에게 보낸 편지〉(1924년 7월 13일), 중공중앙당사연구실 제1연구부 편역 : 《국제공산당, 소련공산당(볼셰비키)과 중국 혁명 당안자료 총서》 제1권, 베이징도서관출판사 한문판, 1997년, 507쪽.

분명하게 지적했다. "공산당원들은 국민혁명 초기의 성공을 얻어내기 위해 국민당에 가입했다. 때문에 그들이 여러 가지 계획을 세우고 모든 기회를 동원해 진보적인 국민당원들에게 영향을 주는 한편 그들이 국민혁명사업에 종사하도록 협조를 촉구하는 것은 당연한 일이다. 그들이 이를 위해 각종 의안을 의결하는 것은 그들의 독립적인 당의 활동이다" 국민당이 결단코 국민혁명을 추진하려 한다면 "타인이 이러한 지위를 이용하여 자기를 촉구하는 데 대해 당을 망하게 하는 고통을 느낄 수 있겠는가?"

1924년 8월 15일부터 9월 1일까지, 국민당 제1기 중앙집행위원회는 제2차 전원회의를 열어 당내 공산파 문제를 토의했다. 치열한 논쟁을 거쳐 "국민당 내 공산파에 관한 문제" "국민당과 세계혁명운동의 연락에 관한 문제" 등 두 개 의결안을 통과시켰다. 통과 후 국민당 중앙집행위원회에서 발표한 "공산분자를 용납할 것에 관한 훈령"에서는 "본 당에 공산당원이 가입하였기 때문에 본 당의 주의가 바뀌었다고 하는 것은 논박할 여지없이 전적으로 잘못된 것이다. 공산당원이 가입해서 본 당의 단체가 분열된다고 하는 것도 '기우'와 다름없는 것이다. 이는 개편 이후 본 당의 발전 정형을 보아도 의심할 바 없는 것"이라고 지적했다. 펑쯔유(馮自由)는 일부 사람들을 선동하여 국공합작을 반대했다는 이유로 쑨중산에 의해 당에서 축출됐다.

국민당 우파가 "당단" 등 문제를 이용하여 양당합작을 파괴하려던 계획은 공산당원들과 국민당 좌파의 격렬한 반격 아래 수포로 돌아갔다. 하지만 쑨중산은 보로딘과 상의하여 국민당 중앙정치위원회에 예속되는 국제연락위원회를 설립하기로 결정했는데 "그 임무 중 하나가 바로 국민당에 대한 공산당의 태도를 확실히 파악하여 서로 이해하고 오해를 해소하는 목적을 달성하는 것"[82]이었다. 이에 중공중앙은 반대 입장을 표명했으며 "중국공산당은 독립적인 조직이고 공산당원은 개인 자격으로 국민당에 가입한 것이다. 국민당은 국민당에 관련된 문제만 결정할 수 있을 뿐 공산당에 관련된 문제는 결정할 수 없다"고 했다. 국제연락위원회의 설립은 천두슈 등이 강력한 반대로 무산되고 말았다.

국민당 우파들이 일으킨 사건이 해결되자 광저우에서는 또 상단의 무장반란이 일어났다. 광저우상단은 원래 광저우상회가 세운 상인자위조직이었는데 후에 매판계급의 이익을 수호하고 노동운동을 진압하는 반동무장조직으로 변화했으며 10개 상단과 4,000여 명의 조직규모를 가지고 있었다. 광저우상회 회장이며 영국 회풍은행 광둥분행 매판 천롄보(陳廉伯)와 광둥 퍼산(佛山) 대지주 천궁서우(陳恭受)는 국민당 우파의 기타 성원들과 손을 잡았다. 그들은 영국 제국주의의 지지 아래 1924년 7~8월, 상단의 반혁명 무장반란을 적극적으로 계획, 발동하여 광저우 혁명정부를 뒤엎으려고 했다. 8월 초, 상단은 홍콩으로부터 대량의 살상무기를 광저우에 밀반입해 왔다. 광저우 혁명정부는 이 무기를 압류하고 천롄보 수배령을 내렸다. 이에 상단은 상인을 선동하여 영업을 중단하게 했으며 이로써 정부에 압력을 넣었다. 중국공산당은 상단을 해체하고 광저우 혁명정부의 심복지환(心腹之患·없애기 어려운 근심)을 없애버릴 것을 주장했다. 쑨중산은 타협하는 방법으로 사건을 수습하려 했지만 오히려 반동세력의 기세를 부추기게 됐다. 10월 10일, 광저우시 각계에서 우창봉기 13주년을 경축하는 집회를 가졌는데 30여 개 단체, 5,000~6,000명의 인사들이 참

82 〈국민당 내 공산당문제에 관한 의결안〉, 중공중앙당사연구실 제1연구부 편역: 《국제공산당, 소련공산당(볼셰비키)과 중국 혁명 당안자료 총서》 제1권, 베이징도서관출판사 한문판, 1997년. 523쪽.

가했다. 집회 후 시위 행진하는 도중에 상단이 대중에게 총격을 가했고 100여 명이 현장에서 즉사했다. 상단은 또 상인들에게 영업중단을 강요했으며 쑨중산의 사임을 요구했다. 둥장(東江·광둥성을 흐르는 강)에 둥지를 틀고 있던 천중밍은 상단의 행동에 호응하여 광저우를 공격했다. 영국 군함도 광저우 바이오탄(白鵝潭)에 이르러 상단을 지원했다. 위급한 정세에 직면한 광저우 혁명정부는 상단 반란을 평정하는 최고 지휘기관인 혁명위원회를 긴급 구성했다. 쑨중산이 회장을 맡고 공산당원 탄핑산, 저우언라이, 천옌녠(陳延年), 양파오안, 롼샤오셴, 류얼쑹(劉爾崧) 등이 위원회에 참여했다. 중국공산당과 광범위한 혁명 대중의 지지 아래 쑨중산은 단호한 조치를 취해서 상단 반란을 진압했다. 이로써 제국주의와 지주 매판 계급 세력을 강하게 타격하고 광둥혁명의 위급한 정세를 돌려세웠다.

4. 중국공산당 제4차 전국대표대회

중국공산당은 날로 고조되는 혁명운동에 대한 영도를 강화하고 당이 직면한 많은 새로운 문제를 해결하기 위해 1925년 1월 11일부터 22일까지, 상하이에서 제4차 전국대표대회를 열었다. 20명 대표가 994명의 당원을 대표하여 회의에 참석했고 보이틴스키도 참석했다. 천두슈는 제3기 당중앙집행위원회를 대표하여 사업을 보고했다.

이번 대회에서는 중국 혁명의 몇 가지 소소한 문제를 비교적 체계적으로 토론했으며 당 역사상 최초로 민주혁명에서의 무산계급의 영도권과 노농연맹 문제를 명확히 제기했다. 무산계급의 영도권 문제에 관하여 대회는 다음과 같이 지적했다. 중국 민주혁명은 "10월 혁명이 있은 후 광대한 세계혁명의 한 부분"으로서 "자산계급 성격을 띤 데

모크라시 혁명이기도 하고", 또 "사회혁명의 씨앗을 내포한다고 볼 수 있다" 그러므로 이 혁명에서 무산계급은 "자산계급의 부속으로 참가하는 것이 아니라 자기 계급의 독립적인 지위와 목적을 가지고 참가하는 것이다" 민주혁명은 "반드시 가장 혁명적인 무산계급이 주가 되어 참여해야 하고 영도적 지위를 얻어야만 승리를 이룩할 수 있다" 노농연맹 문제에 관하여 대회는 다음과 같이 강조했다. 중국 혁명은 "노동자, 농민 및 도시 중소자산계급이 두루 참여할 것을 요구하며" 그중에서 농민은 "중요 인물로서" "노동계급의 자연적인 동맹자이다." 무산계급과 그 정당이 만약 농민을 일어나게 하지 못한다면 무산계급의 영도적 지위를 얻는 것과 중국 혁명의 성공은 이룰 수 없다. 또 대회에서는 국제제국주의를 반대하는 동시에 봉건적 군벌정치도 반대하며 봉건적 경제관계도 반대해야 한다고 지적했다. 이는 당이 반봉건의 성격에 대해 한층 더 깊이 인식했다는 것을 보여 준다.

대회에서는 국공합작 1년 동안의 경험과 교훈을 합치고 공유하여 다음과 같이 지적했다. 무산계급은 민족운동에서 '좌'적인 경향을 반대해야 할 뿐만 아니라 '우'적인 경향도 반대해야 한다. 그 중 우적인 경향은 당내의 중요한 위험요소이다. 공산당은 국민당의 당내와 당외에서 철저한 민주혁명강령을 견지하고 당의 독립성을 유지해야 한다. 그리고 사상, 조직, 민중을 선전하는 측면에서 좌파를 확대하고 중파를 쟁취하며 우파를 반대하여 실제 운동과 조직 측면에서 국민당이 발전하도록 도와야한다. 그러면서도 국민당 내 타협하는 경향과 투쟁해야 한다.

하지만 제4차 당 대회에서는 무산계급의 영도권을 어떻게 실현할 것인가, 특히 자산계급과 영도권을 쟁탈하는 데서 나타나는 온갖 복잡한 문제들을 어떻게 올바르게 처리할 것인가에 대해 명확하고 구체적인 대답을 주지 못했다. 제4차 당 대회는 민족자산계급에 대한 정확한 분석이 부족했다. 그리하여 중국 민족자산계급은 아직 독립적인 계급을 형성하지 못했으며 "현재 매판관료의 자산계급에서 민족의 공업자산계급으로 발전하는 과도기에 있기에 아직은 민족혁명운동에 참가할 수 없다"고 규정했다. 이는 민주혁명에 민족자산계급의 지위를 모호하게 했다. 때를 맞춰 소련에서 귀국한 펑수즈(彭述之)는 대회 문건의 기초 작업에 적극 참가했다. 회의 전에 그는 〈신청년〉계간 제4기에 발표한 "중국 국민혁명의 영도자는 누구인가?"에서 "중국 노동계급은 국민혁명의 영도자"이고, "국민혁명운동의 전선에서 자산계급은 감히 나서서 영도, 선봉 역할을 하지 못할 것이다. 그뿐만 아니라 반드시 반혁명 쪽에 서게 될 것이다"고 했다. 펑수즈는 국민혁명에서 무산계급의 영도적 역할을 긍정했다. 그렇지만 자산계급이 무산계급과 영도권을 쟁탈하고 있다는 심각한 사실을 무시해 버렸다. 이러한 관점은 대회에 소극적인 영향을 미쳤다.

제4차 당 대회에서는 당 규약을 수정하고 천두슈, 리다자오, 차이허썬, 장궈타오, 샹잉, 취추바이, 펑수즈, 탄핑산, 리웨이한을 당중앙 집행위원회 위원으로 뽑고 덩페이, 왕허보, 뭐장룽, 장타이레이, 주진탕(朱錦棠)을 후보위원으로 뽑아 새 당 중앙 집행위원회를 구성했다. 그리고 당 중앙 집행위원회는 천두슈, 펑수즈, 장궈타오, 차이허썬, 취추바이를 선출하여 중앙국을 구성했다. 중앙국에서는 천두슈가 당중앙 총서기 겸 중앙조직부 주임을 맡고 펑수즈가 중앙선전부 주임, 장궈타오가 중앙노농부 주임, 차이허썬, 취추바이가 중앙선전부 위원을 맡도록 결정했다. 기타 중앙집행위원과 후보위원에게 맡겨진 일은 리다자오가 처리했다. 베이징에 머무르는 탄핑산이 광둥 일을 처리하고, 샹잉이 한커우에서 일을 맡으며, 리웨이한이 창사일을 처리했다. 또 덩페이가 탕산을, 주진탕이 안위안 일을 맡았으며, 뤄장룽과 왕허보가 철도총공회 사업을 책임지고 장타이레이가 청년단중앙 사업을 책임졌다. 그 후 중앙국 위원으로 보선된 샹징위는 부녀부 사업을 책임지게 됐다.

1925년 1월 26일부터 30일까지, 중국사회주의청년단은 상하이에서 제3차 전국대표대회를 열었다. 회의에서는 전체 단원을 동원하여 제4차 당 대회의 결의를 관철하고 청년노동운동, 청년농민운동과 청년학생운동을 적극 전개하기로 결정했다. 그리고 사회주의청년단을 공산주의청년단으로 개칭하기로 했다. 장타이레이는 단 중앙 총서기로 선출됐다.

쑨중산은 제4차 당 대회가 끝난 지 얼마 지나지 않아 3월 12일 베이징에서 지병으로 서거했다. 임종 때 그는 유언에서 국민혁명을 완수하기 위해서는 "반드시 민중을 불러일으키고, 우리를 평등하게 대해 주는 세계의 모든 민족들과 연대하여 함께 투쟁해야 한다"고 주장했다. 또 "소비에트연방에 보내는 유언"에서 그는 중소 "양국이 세계 피압박 민족의 자유를 쟁취하는 전쟁에서 서로 손잡고 나란히 승리를 이룩하기"를 희망한다고 했다. 쑨중산의 서거는 전국 인민들에게 커다란 아픔과 슬픔을 가져다주었다. 공산당원들은 쑨중산의 혁명사상과 혁명업적을 담은 많은 글을 발표하여 중국 민주혁명의 위대한 선각자이며 중국공산당의 진정한 벗인 쑨중산의 서거에 대해 깊은 애도와 경의를 표했다. 국공 양당은 민중을 조직하여 애도활동을 진행하고 쑨중산의 유언과 혁명정신을 널리 선전하여 각계 민중 사이에서 대규모의 혁명 선전운동을 하도록 만들었다.

제4차 당 대회 이후, 노농을 주체로 하는 혁명 대중운동이 한층 더 발전했다. 비공식적인 집계에 의하면, 1925년 5월까지, 중국공산당의 영도와 영향 아래 있는 공회가 160여 개, 조직이 있는 노동자가 약 54만 명에 달했다. 광둥성에는 이미 20여 개 현에서 농민협회를 설립했고 회원이 20만여 명에 달했으며 전 성 농민협회도 설립됐다. 중국 공산주의청년단의 추동과 영향 아래 각지 학생연합회도 매우 활발히 활동하여 회원을 수백만 명으로 늘렸다. 상기의 조직적인 대중은 모두 반제국 반봉건적 각성을 가지고 있었고 이는 곧 맞이하게 될 대혁명 고조에 광범위한 대중적 기반을 만들어 주었다.

제5장
5·30운동과 대혁명 고조의 발흥

1. 5·30운동과 전국 반제국주의 분노의 물결

전국을 휩쓴 5·30운동

1925년에 폭발해 세계를 뒤흔든 5·30운동은 대혁명이 고조기에 접어들었음을 나타낸다.

5·30운동은 중국 최대 공업도시 상하이에서 시작됐다. 상하이는 제국주의 세력들이 중국에서 경제 침략을 감행하는 중심지였고 중국 산업노동자들이 집중해서 살고 있는 지역이었다. 상하이에는 약 20만여 명의 신산업 노동자들이 모여 있었다. 1924년 하반기부터 한때 저조했던 노동운동이 또다시 활기를 띠기 시작했다. 중공 상하이지방위원회는 상하이대학 학생들을 중심으로 그들과 함께 노동자들 속에 들어가 사업을 전개했으며 후시(滬西), 후둥(滬東), 푸둥(浦東)등 지구에서 7개 노동자야간학교를 창설했다. 9월 1일에는 덩중샤, 샹잉(項英)등의 영도 아래 후시노동자(工友)클럽이 설립됐다. 연말에 이르러 19개 중외 방직공장에서 비밀리에 클럽을 설립했는데 회원이 1,000명에 가까웠다. 상하이에서의 노동운동 발전과 노동자 정치 각성의 제고는 5·30운동의 발흥에 중요한 준비 역할을 했다.

1925년 2월, 상하이 일본방적공장 노동자들이 파업을 단행했다. 이들은 일본인 자본가들이 노동자를 구타하고 이유 없이 해고하는 것을 반대하며 임금을 인상해 줄 것을 요구했다. 그래서 중공중앙은 이 파업을 전문적으로 지휘하는 위원회를 구성했다. 22개소의 4만 명에 가까운 노동자들이 차례로 파업에 참가했다. 일본인 자본가는 중대한 경제손실을 면하기 위해 하는 수 없이 노동자들의 부분적 요구에 동의하고 공회조직을 인정했다. 4월에는 칭다오 일본방적공장의 2만여 명 노동자들이 22일에 걸쳐 파업을 단행했는데 당 조직의 영도와 상하이 등지 노동자들의 지원 아래 승리를 거두었다.

노동계급 조직을 공고히 하고 확대시키며 전국 노동운동에 대한 영도를 강화하기 위해 1925년 5월 1일부터 7일까지 광저우에서 제2차 전국노동자대회를 소집했다. 대회에서는 중화전국총공회를 공식적으로 설립하기로 결정하고 공산당원 린웨이민(林偉民)을 집행위원회 위원장 겸 총간사로, 류사오치, 덩페이 등을 부위원장으로 선출했다. 또 대회에서는 "중화전국총공회 총규약"을 통과시켰으며 중국노동조합 서기부를 폐쇄하고 중화전국총공회에서 전국의 공회를 통일적으로 영도한다고 선포했다.

5월 7일, 상하이 일본방적동업회에서는 회의를 열어 노동자조직인 공회를 인정하지 않는다고 의결했으며 조계지 당국과 중국 관변 측에 공회활동을 단속할 것을 적극 요구했다. 5월 15일, 일본인 자본가는 내외면제7방적공장의 조업중지를 선포하고 노동자들이 공장에 들어오지 못하게 했다. 그 공장의 노동자 구정훙(顧正紅)은 노동자들과 함께 공장에 진입해 조업을 재개하고 임금을 지불할 것을 요구했다. 이에 일본인 십장(공장장과 대등)은 부하들을 거느리고 노동자들을 향해 총을 발포했다. 이에 10여 명이 부상을 입고 구정훙은 총알 4발을 맞아 사망했다. 이 학살사건은 상하이 내외 각 방적공장 노동자들의 분노를 폭발시켰다. 노동자들은 그날로 파업을 단행했고 자본가에게 항의했다. 이 사건은 5·30운동의 도화선이 됐다.

사건이 발생한 후 중공중앙은 여러 차례 회의를 열고 투쟁 지도 방침, 책략, 구호를 제시하고 대량의 선전과 조직 사업을 진행했다. 5월 16일과 19일, 중공중앙은 차례로 제32호, 제33호 통고를 발부했다. 그리고 각 구당위원회, 지방당위원회, 독립당지부에 즉시 공회, 농회, 학생회와 각종 사회단체를 동원하여 일본 측이 중국 노동자 동포를 총살한 것을 반대하는 선언문을 발표하고 통전(전국 각지로 널리 알리는 전보)을 각지에 보냈다. 또 기부금을 모아 파업노동자를 원조하는 등 반일 애국운동을 일으킬 것을 촉구했다.

　상하이 학생들은 공산당의 호소에 호응하여 길거리에 나가 제국주의 폭행을 반대하고 피해노동자를 지원하는 기부 활동을 벌였다. 이에 적지 않은 학생들이 조계지 경찰에 의해 체포되거나 구금당했다. 상하이 공공조계지 공부국(工部局)은 6월 2일에 납세자회의를 열어 전에 제기했던 4가지 제안[83]을 통과시키려 했고 중국 주권을 무시하고 조계지 범위를 벗어나서 도로를 부설했다. 이는 상공업자를 포함한 각 계층 인민들의 분노를 한층 더 키웠다.

　5월 28일 저녁, 중공중앙과 상하이 당 조직은 긴급회의를 소집했다. 여기에는 천두슈, 취추바이, 펑수즈(彭述之), 차이허썬, 윈다이잉, 리리싼 등이 참석했다. 천두슈는 회의에서 다음과 같이 지적했다. "중국의 노동자들은 자기 계급의 연합전선을 확대하고 공고히 해야 할 뿐만 아니라 조속히 노농연합을 형성해야 한다. 이렇게 해야만 노동계급이 정치적 투쟁과 경제적 투쟁에서 승리를 거둘 수 있다. 회의에서는 모든 반제국 세력의 원조를 얻기 위해 제국주의가 중국노동자를 학살하는 것을 반대함을 중심 구호로 내세우고, 반제국이라는 투쟁의 성격을 명확히 하기로 결정했다. 또 중국인을 압박하는 공공조계지의 4가지 제안을 반대하고 파업노동자를 원조하기 위해 회의에서는 5월 30일에 조계지에서 대규모 반제국 시위운동을 벌이기로 결정했다. 이와

83　4가지 제안과 그 내용은 다음과 같다. "증정인쇄 부가규정안"은 모든 인쇄물은 공부국에 등록해야만 출판할 수 있으며 이를 위반할 경우 벌금을 부과한다고 규정했다. "교역소 등록안"은 중외 상인이 교역소를 설립할 경우 공부국에 납세를 해야 한다고 규정했다. "부두상납 인상안"은 중국인을 대상으로 거두는 부두상납을 3%에서 5%로 인상한다고 규정했다. "소년공 고용금지법안"은 4년 내에 10세 이하의 소년공 고용을 금지한다고 규정했다. 이 규정은 공부국이 소년공 보호를 요구하는 당시의 여론에 대처하기 위해 내린 결정이었다.

동시에 중공중앙은 상하이총공회를 설립하고 리리싼, 류화(劉華) 등이 주관하도록 결정했다"

5월 30일, 상하이 각 대학교, 중학교 2,000여 명 학생들은 공공조계지의 번화한 거리에 나가 연설하고 시위행진을 벌였는데 100여 명 학생이 체포되어 난징루 라오자(老闸)경찰서에 구금됐다. 이는 많은 대중에게 더 큰 분노를 자아냈다. 수천 명 대중은 경찰서 앞에 모여 체포한 학생을 석방할 것을 강력히 요구했다. 미리 경계하고 있던 조계지 영국 경찰들은 갑자기 대중에게 총을 발포하였고 이에 13명이 사망하고 수십 명이 부상을 입었다. 난징루는 삽시간에 참혹한 살육의 현장이 되고 말았다. 이 사건이 바로 전국을 뒤흔든 5·30참사이다.

중공중앙은 그날 밤 긴급회의를 열고 취추바이, 차이허썬, 리리싼, 류사오치와 류화 등을 중심으로 한 행동위원회를 구성했다. 회의에서는 이번 투쟁에 대해 구체적으로 영도하고 상하이 전체 민중을 동원하여 파업, 영업중단, 동맹휴학을 단행함으로써, 중국인민을 학살한 제국주의자들에게 항의하기로 결의했다.

5월 31일, 조계지 당국이 난징루에 대해 계엄을 선포했지만 노동자, 학생들은 의연히 위험을 무릅쓰고 길거리에 나가 전단을 배포하고 싸울 것을 호소했다. 중소 상인들의 조직인 상하이 각거리상계총연합회에서는 영업중단을 적극 주장했지만 자산계급 상위층을 대표한 상하이총상회는 걱정이 태산이었다. 총상회와 각거리상계총연합회 대표가 톈허우궁(天后宮)에서 영업중단 여부에 대해 논의하고 있을 때 노동자, 학생 등 수천 명이 톈허우궁 앞에 모여 시민대회를 소집했다. 연설자들은 눈물을 흘리며 의분에 찬 어조로 모든 영업중단을 단행할 것을 강력하게 호소했다. 총상회 부회장 팡자오보(方椒伯)는 마지못해 영업중단 명령서에 서명했다.

오랫동안 쌓여온 제국주의 침략에 대한 상하이 인민들의 원한은 5·30 참사를 통해 화산처럼 폭발했다. 6월 1일부터 강력한 반제국주의 총파업, 총동맹휴업, 모든 영업중단이 시작됐다. 6월 1일부터 10일까지, 제국주의자들은 또다시 대중에게 총을 겨누었으며 이로 인해 수십 명의 사상자가 나타났다. 영국, 미국, 이탈리아, 프랑스 등 국가의 군함에 있던 해병대도 모두 상륙하여 상하이대학교, 다샤(大厦)대학교 등의 학교를 점령했다. 하지만 상하이 인민들은 제국주의의 무력탄압을 두려워하지 않았다. 차례로 20만여 명의 노동자들이 파업을 했고 5만여 명의 학생들이 동맹휴학을 선언했으며 공공조계지의 상인들도 모두 영업을 중단했다. 조계지 당국이 고용한 중국 순경들도 호소에 호응하여 파업을 선포했다.

　6월 1일, 상하이총공회가 설립되고 리리싼이 위원장을 맡았다. 이는 상하이노동운동이 분산된 상태에서 점차 집중적이고 조직적인 활동으로 전환되고 있음을 보여준다. 중공중앙은 각 계층 인민투쟁에 대한 통일적인 영도를 강화하기 위해 상하이총공회를 전국학생연합회, 각거리상계총연합회 등과 연합하여 연합전선 성격의 상하이공상학연합위원회를 결성한다. 이를 운동의 공개적인 지휘기관으로 하며, 투쟁을 전국으로 확산시키기로 결정했다. 6월 4일, 중공중앙은 취추바이를 편집장으로 하는 〈열혈일보〉를 발간하여 운동을 지도하는 당의 방침, 정책을 즉각 전달하게 했다. 6월 5일, 중공중앙은 "중국공산당이 제국주의의 야만적이고 잔혹한 대학살에 대항하기 위해 전국 민중에게 알리는 글"을 발표하여 "전 상하이, 전 중국의 저항운동은 못된 짓을 하는 무리의 우두머리를 징벌하고 배상, 사과를 받는 데 그칠 것이 아니라" "모든 불평등조약을 폐지하고 제국주의가 중국에서 얻은 모든 특권을 되돌려 받는 것을 주요 목적으로 해야 한다"고 지적했다.

중국공산당의 영도와 추동 아래 5·30운동은 신속히 전국을 휩쓸었으며 광범위한 각 계층의 대중도 반제국 애국운동에 적극 참가했다. 베이징, 광저우, 난징, 충칭, 톈진, 칭다오, 한커우 등 몇십 개 대, 중도시와 탕산, 자오줘(焦作), 수이커우산(水口山) 등 광구에서 수천수만 명 규모의 집회, 시위행진, 파업, 동맹휴학, 영업중단이 진행됐다. 6월 11일, 한커우에서 시위행진에 참가한 대중이 공공조계지에 이르렀을 때 영국 수병들이 총을 발포해 수십 명이 사망하고 30여 명이 부상을 입었다. 한커우 참사는 전국 민중의 분노를 한층 더 키웠다. 5·30운동기간에 중국 각지에서 1,700만 명이 운동에 참가했고 곳곳마다 "제국주의를 타도하자" "불평등조약을 폐기하라" "중국에 머무르는 외국 육해공군을 철수시키라" "희생된 동포들을 위해 복수하자"는 분노의 외침이 터져 나왔다. 중국 인민의 반제국 투쟁은 국제혁명조직, 해외의 화교와 각국 인민의 동정과 폭넓은 지원을 받았다. 국제 공산당은 성명서를 발표하여 중국 혁명운동에 대한 제국주의의 각종 왜곡 표현과 허위 사실에 대해 반박했다. 그리고 산하의 모든 기관에 성금을 내어 중국 파업노동자를 지원할 것을 호소했으며 대표를 파견하여 운동에 참가시켰다. 모스크바에서는 50만 명이 시위행진을 단행하여 5·30운동을 성원했으며 중국 노동자들을 위해 성금까지 모금했다. 세계 각지 100개에 가까운 나라와 지구의 화교들이 집회를 갖고 모금활동을 벌여 5·30운동을 강력하게 지지하고 후원했다. 6월 7일, 일본의 30여 개 노동자단체가 규모가 큰 강연회를 열고 중국의 노동자단체를 원조함과 동시에 일본 정부와 자본가들에게 항의하기로 의결했다. 영국 노동자들도 적극 일어나 선박, 군함, 차량을 이용하여 무기를 중국으로 보내는 것을 지지했다. 이렇듯 5·30운동은 국제적 영향을 가진 광범위한 반제국 투쟁의 상징이 됐다.

5·30운동은 중화민족을 각성시키고 국민혁명운동을 발전시키는 데 매우 큰 역할을 했다. 취추바이는 이렇게 썼다. "5·30운동 이후 민중운동은 한적한 산골에까지 전파됐다. 산시 타이위안(太原) 등에도 공회가 설립되었고 심지어 저장의 수앙린(雙林), 이우(義烏) 등 작은 농촌마을까지도 호응했다. 상하이는 곳곳마다 일반 상인부터 열서너 살 어린이까지 앞 다투어 '제국주의를 타도하고 불평등조약을 폐지하자'는 표어를 내붙였으며 5·30유혈사건 때 유행했던 민요를 부르기도 했다. 이것이 바로 혁명운동이 일반 대중의 마음속에 깊이 스며들었다는 명확한 증거가 아니던가!"[84]

당황한 제국주의자들은 위협하기도 하고 물상으로 유혹하기도 하면서 반제국 투쟁의 열기로 달아오른 중국 인민을 진압하고 회유하려 했다. 그들은 "공부국 중국인 이사 증설" "관세 자주" "영사재판권 폐지" 등 문제는 상의할 여지가 있다고 하는 한편 차관, 환전과 공업용 전력공급을 차단하겠다는 협박을 가했으며 심지어 대규모 군대를 출동시키겠다고 공공연하게 소리 높여 말하기도 했다.

중국의 군벌들은 운동에서 바로 제국주의의 앞잡이의 추악한 몰골을 드러냈다. 봉계 군벌은 상하이, 난징, 톈진, 칭다오, 지난, 펑톈(奉天) 등지에서 노동자, 학생 지도자들을 체포, 살해하고 대중을 폭행했으며 공회, 학생회 등 대중단체를 폐쇄시켰다. 6월 22일, 쑹후(淞滬) 계엄사령관이 상하이계엄령을 선포하고 민중의 집회, 결사와 시위행진을 금지했다. 7월 13일, 계엄사령부는 3개의 중요한 공회를 폐쇄시키고 조계지 당국과 함께 120개의 공회조직과 노동자클럽을 폐쇄하거나 습격했다. 또 9월 18일에는 상하이총공회를 강제로 폐쇄하고 상

---

84 취추바이: 〈국민회의와 5·30운동〉, 〈신청년〉 월간 제3호, 1926년 3월 25일.

하이총공회 위원장인 리리싼을 지명수배했다. 10월 16일, 직계 군벌 쑨추안팡(孫傳芳)은 봉계 군벌을 대체하여 상하이(조계지 제외)를 점령하고 계속 탄압활동을 감행했다.

상하이 민족자산계급은 제국주의 압박을 받았기에 초기에 5·30운동을 동정하고 지지했다. 상하이 총파업이 실현되고 공상학연합위원회가 설립됨으로써 이 운동은 광범위한 사회계층이 참가한 반제국 애국연합행동으로 발전했다. 하지만 민족자산계급은 나약했고, 동요하기도 했다. 운동이 시작된 후 민족자산계급의 상위 층을 대표한 상하이총상회는 공상학연합회에 참가하는 것을 거부했다. 그들은 제3자의 '조정자 자격'을 자처하면서 상하이공상학연합회가 제기한 '17가지' 교섭조건을 수정하고 그중 가장 중요한 내용을 삭제하여 교섭조건을 '13가지'로 만들었다. 이 '13가지' 조건도 제국주의에 거부당하자 상하이총상회는 계속 타협하다 끝내 굴복했으며 6월 26일에 무조건 영업중단을 끝마쳤다. 초기에 그들은 개시(開市) 후 경제적으로 파업노동자들을 계속 원조하겠노라 약속했지만 얼마 지나지 않아 그 약속을 일방적으로 파기해 버렸다. 그뿐만 아니라 파업을 지원하는 각지의 기부금까지 압류하여 파업노동자들을 궁지로 내몰아 조업을 회복하도록 핍박했다.

17개 교섭조건

17개 교섭조건에는 4개 선결조건과 13개 정식조건이 포함된다. 4개 선결조건은 (1) 계엄령 취소를 선포한다. (2) 해병대를 철수하고 상단과 순경들의 무장을 해제한다. (3) 체포된 모든 중국인을 석방한다. (4) 폐쇄, 점유된 공공조계의 각 학교를 원상회복한다. 13개 정식조건은 (1) 괴수를 징벌한다. (2) 배상한다. (3) 사과한다. (4) 공부국 서기 루허(魯和)를 교체한다. (5) 중국인은 조계에서 절대적인 언론, 집회, 출판 자유를 가진다. (6) 노동자를 우대한다. (7) 중국인을 고급 순경으로 임명한다. (8) 인쇄 부가규정, 부두상납 인상, 교역소 등록안을 취소한다. (9) 경계를 벗어나 도로를 건설하는 것을 금지한다. (10) 회심공해(會審公廨)를 회수한다. (11) 공부국의 투표 권안을 해결한다. (12) 영사재판권을 취소한다. (13) 상하이 주둔 영·일 해군을 영원히 철수한다. 상하이총상회는 해군육전대를 철수하고 상단과 순경들의 무장을 해제하고 중국인을 고급 순경으로 임명하고 상하이 주둔 영, 일 해·육군을 영원히 철수하는 등 조건을 삭제했다.

갖은 어려움에 봉착했지만 투쟁은 계속 이어졌다. 청년학생들은 변함없이 운동을 선전하고 조직 사업을 진행하며 영국, 일본 상품 배척 활동을 벌였다. 소상공업자들도 너나 할 것 없이 영업중단을 하거나 항의 등으로 운동에 참여했다. 노동자들은 상하이공상학연합회의 핵심인 상하이총공회의 영도 아래 3개월 남짓한 파업투쟁을 이어갔다. 8월 10일, 중공중앙은 투쟁의 정세에 따라 투쟁책략을 바꾸기로 결정하고 노동자들에게 조직적으로 조업을 시작할 것을 요청했다. 각 공장 노동자들은 자본가들이 부분적인 경제요구를 받아들인 후 8월 하순부터 9월 하순까지 연속적으로 조업에 참여했다.

중국공산당이 영도한 5·30운동은 중화민족이 직접 제국주의에 반대하고 일어선 위대한 운동이었다. 이 운동은 장기간 전국을 뒤덮었던 암울한 정치적 분위기를 깨뜨리고 대중의 각성을 불러일으켰다. 그리고 무산계급의 영도 아래 서로 연합하여 각 혁명계급, 각 계층 민중의 거대한 위력을 보여주었다. 이로써 제국주의와 군벌세력들에게 전례 없는 타격을 안겨 주었다.

5·30운동은 중국공산당의 발전에도 중요한 역할을 했다. 그해 연초, 제4차 당 대회가 열렸을 때 당원은 모두 994명밖에 되지 않았다. 그러나 같은 해 10월에는 당원이 3,000명으로 늘어났고 연말에는 1만 명으로 늘어나 5·30운동 전보다 그 수가 10배나 늘어났다. 5·30운동 이전에 상하이에는 15개 지부, 220명 당원이 있었는데 10월 1

일의 통계에 의하면 68개 지부, 963명의 당원으로 집계됐다. 운동이 전국에 퍼지면서 당 조직은 수많은 당원을 내지와 변강지구에 파견했다. 그리하여 당 조직이 없던 지방, 예를 들면 윈난(雲南), 광시, 안후이 안칭(安慶)과 우후(芜湖), 푸젠의 푸저우(福州)와 샤먼 등지에서도 당 조직이 건립됐다. 당은 투쟁을 하면서 많이 단련되었고, 중국 혁명의 기본 문제에 대한 인식 수준을 높였다. 더불어 당이 대중에 미치는 정치적 영향력도 점차 커졌다.

당은 5·30운동을 통해 처음으로 반제국 투쟁을 영도하는 경험을 쌓았다. 무산계급은 반제국 투쟁의 중심 세력이다. 공동의 적과 싸우기 위해 무산계급이 자산계급, 소자산계급과 연합전선을 결성하는 것은 필요하다. 하지만 자산계급이 이중성을 가지고 있다는 점을 반드시 인식해야 한다. "정권을 탈환하고 국내외 압박 세력을 반대하는 시기에 그들은 당연히 노동계급과 손을 잡을 것이다" 하지만 그들의 이익에 손해가 갈 상황이 오면 "즉시 노동자들을 압박할 것이며 민족 이익을 포기하면서라도 적들과 타협할 것이다"[85]

홍콩(省港) 대파업

5·30참사 소식이 남방에 전해지자 광저우와 홍콩에서 거대한 규모의 성항(省港·광둥성과 홍콩) 대파업이 일어났다. 당시 광둥에는 혁명정부가 있었고 비교적 유명한 혁명 근거지도 있었다. 그리하여 성항 대파업은 기타 등지의 운동에 비해 더 유리한 조건을 가지고 있었다. 운동가들의 기세는 높았으며 파업 지속시간도 길어 성항대파업은 대혁명 고조기의 중요한 투쟁으로 각별한 주목을 받아 왔다. 6월 2일,

---

85 〈중국 현재의 정세와 공산당의 책임 의결안〉(1925년 10월), 중앙당안관 편:《중공중앙문건선집》제1책, 중공중앙당학교출판사 한문판, 1989년, 461쪽.

광저우 각계 대중은 대규모의 반제국 시위행진을 단행하여 5·30운동을 지원했다. 6월 상순, 중공 광둥임시위원회[86]는 덩중샤, 황핑(黃平), 양인(楊殷), 양파오안, 쑤자오정(蘇兆征)으로 구성된 "당단"을 홍콩에 파견하여 파업을 지원하게 했다. 그 후 6월 중순, 중공 광둥구 위원회는 리선(리치한), 류얼쑹(劉爾崧), 펑쥐포(馮菊坡), 스부(施卜), 린웨이민, 천옌녠(陳延年)으로 구성된 "당단"을 광저우 사몐(沙面)에 파견하여 노동자 파업을 하게 했다.

6월 19일, 홍콩의 선원, 전차, 인무 등 공회는 중공 광둥구 위원회의 영도와 전국총공회의 공개적인 지휘 아래 파업을 선포했다. 기타 공회도 이에 즉각 호응했으며 파업을 총체적으로 영도하는 지휘기구인 전 홍콩공단연합회를 설립했다. 6월 21일에는 광저우 샤몐의 양무노동자와 광저우 시내의 각 외국상사 노동자들까지 총파업을 선포했다. 6월 말 당시 광저우와 홍콩 두 곳의 파업노동자 수는 25만 명에 달했다. 파업은 초기부터 상하이공상학연합회의 '17가지' 조건의 요구를 지지한다고 발표하고 홍콩, 영국 당국에 정치자유, 법률평등, 노동입법 등 6가지 활동에 대한 자유를 요구했다. 이는 민족독립을 쟁취하려는 정치투쟁의 뚜렷한 성격을 지녔다. 파업노동자들은 영국 제국주의자들의 저지와 위협에도 아랑곳하지 않고 차례로 광둥 각지로 귀환했는데 인원이 무려 20만 명에 달했다.

6월 23일, 홍콩의 파업노동자들과 광저우시의 노동자, 농민, 학생, 청년군인 및 기타 대중을 포함한 10만여 명은 광저우에서 상하이 참사 추도대회를 열었으며 추도회를 마친 후 시위행진을 단행했다. 밀

---

86 1925년 5월, 이제 곧 닥쳐올 대혁명 고조를 맞이하기 위해 중공중앙은 광둥에 임시위원회를 설치하여 가까운 곳에서 중앙을 대표하여 광둥사업을 지도하도록 했다. 이 위원회는 탄핑산, 저우언라이, 뤄이눙, 천옌녠과 보로딘 등 다섯 명으로 구성됐다.

집한 시위대열이 사지(沙基)를 지날 때 샤먼 조계지 영국 군경들이 갑자기 일제사격을 시작했다. 바이어탄(白鵝潭)에 정박해 있던 영국, 프랑스 군함에서도 포격을 시작했고 상당히 많은 사상자가 나왔다. 비공식 집계에 따르면 이 사건으로 50여 명이 사망하고 170여 명이 중상을 입었으며 경상을 입은 자는 부지기수였다. 사지 참사가 발생한 후 광저우 혁명정부는 즉각 영국, 프랑스 등 나라에 항의공문을 보냈으며 영국과의 경제관계를 끊고 해구를 봉쇄했다.

중국공산당은 투쟁에 대한 영도를 강화하기 위해 홍콩, 샤먼의 파업노동자를 결집하여 대표를 선출하고 광저우에서 홍콩파업노동자대표대회를 열었다. 대회에서는 쑤자오정, 리선 등 13명으로 구성된 홍콩파업위원회를 설립했다. 쑤자오정이 위원장을 맡고 산하에 재정, 규찰, 법제, 심사 등 여러 사무기구를 두었으며 덩중샤가 파업위원회 중공 당단서기를 맡았다. 파업위원회는 파업에 관한 모든 사무를 책임지고 처리했다. 파업위원회는 중국공산당의 철저한 지도와 광저우 혁명정부의 확실한 지원 아래 홍콩을 봉쇄하고 노동운동의 배신자를 심판하는 등 중요한 정치활동을 효과적으로 이끌었다. 이처럼 파업위원회는 사실상 정권조직의 부분적 임무를 담당했다.

파업투쟁에서 홍콩파업위원회는 단합할 수 있는 모든 세력을 규합하여 영국 제국주의와 그의 공범에게 저항했다. 그들은 공산당이 영도하는 공회를 중심으로 홍콩, 광저우의 기타 공회와 연합하여 2,000여 명 규찰대를 구성했으며 광둥 연해의 광범위한 농민대중과 연계하여 홍콩을 봉쇄했다. 홍콩은 봉쇄 이후 수출입상품이 절반으로 줄었으며 경제생활도 곧 곤경에 빠지게 되었다. 파업위원회는 "영국 상품, 영국 선박을 제외한 선박은 홍콩을 경유하지 않고 직접 광저우에 올 수 있다"고 규정했다. 이로써 홍콩 대파업을 반대하는 제국주의 국가의 연합전선을 파괴했다. 그 후 영국을 제외하고, 광저우로 바로 오는 각국 상선들이 날로 늘었다. 국민당 영도자와 광둥의 상공업자들은 파업노동자들을 크게 격려했다. 광저우 국민정부는 매달 파업위원회에 1만 위안씩의 경비를 지원해 주었고 물자 면에서도 적지 않은 도움을 주었다.

1926년 10월, 파업위원회는 정세의 변화에 따라 조속히 파업을 종료할 것에 관한 국제공산당 극동국의 건의를 받아들여 곧 파업종료를 선포하고 홍콩 봉쇄를 취소했다.

홍콩대파업은 중국 인민을 학살한 제국주의에 저항해 나선 정치적 대파업이었다. 파업은 전국 인민과 광저우 국민정부의 대폭적인 지원 아래 16개월 동안이나 지속됐다. 이는 중국 노동운동사상 전례 없는 것이었으며 세계 노동운동사에서도 보기 드문 사건이었다. 홍콩대파업은 경제적, 정치적 측면에서 영국 제국주의자에 심각한 타격을 입혔다. 조직적으로 정교하고 전투성이 매우 강한 10만여 명의 파업노동자들이 광저우에 모여 광저우 혁명정부의 강력한 기둥이 됐다. 그리고 이들은 광둥 혁명 근거지를 통일하고 사회질서를 수호하는 것에, 또 북벌전쟁을 준비하는 데 크게 기여했다. 홍콩대파업은 중국 노동계급의 위대성과 투쟁 정신을 보여주었으며 중국 혁명사에 빛나는 한 페이지를 기록했다.

2. 광둥 혁명 근거지의 통일

5·30운동이 줄기차게 발전하는 유리한 정세 속에서 국공 양당은 서로 합작했다. 이로써 광둥 혁명 근거지를 한 곳으로 통일하는 사업을 완수할 수 있었다. 광둥은 쑨중산이 다년간 혁명 활동을 지휘해 온 주

요 근거지였다. 생전에 그는 광둥을 혁명기지로 건설하여 북벌을 진행하고 중국을 통일하려 했다. 하지만 끝내 소원을 이루지는 못했다. 5·30운동 이전에 광둥은 여전히 혁명과 반혁명이 대치하는 상태에 있었다. 광둥 혁명정부는 설립된 지 2년이나 되었지만, 줄곧 광둥 전체를 통제하지는 못했다.

천중밍이 둥장(東江)에 둥지를 틀고 있었고, 덩번인(鄧本殷)이 난루(南路)에서 할거(割據·땅을 나누어 차지하고 굳게 지킴)하며 광저우를 노리고 있었다. 광둥 혁명정부가 의지한 전군(滇軍) 양시민부대와 계군(桂軍) 류전환(劉震寰)부대도 사실은 지방 군벌 세력들이었다. 그들은 각자의 세력 범위 안에서 인민을 괴롭히고 비밀리에 제국주의 세력과 왕래하고 있었다. 그리하여 광저우 혁명정부는 시시각각 내외의 적으로부터 공격을 받는 심각한 위기에 처했다.

1925년 초, 쑨중산의 병세가 위중한 상황을 틈 타 천중밍은 영국 제국주의의 지지 아래 군사를 일으켜 광저우를 기습, 공격했다. 이에 광저우 혁명정부는 동정군(東征軍)을 구성하여 2월 초, 세 갈래로 나누어 천중밍을 토벌했다. 동정군 우익(右翼)의 작전임무는 쉬충즈(許崇智)가 거느린 월군(粵軍)이 맡았다. 장제스(蔣介石)가 월군 참모장을 겸임하고 있었으므로 황푸(黃埔)사관학교 교군 3,000명도 우익군에 편입됐다. 황푸사관학교 정치부 주임이었던 저우언라이도 군대를 따라 운동에 참가했으며 군중(軍中)의 정치사업을 책임졌다.

전투가 시작된 후 우익군은 신속히 움직여 좋은 성적을 거두었지만 좌익(左翼)과 중로(中路)의 작전임무를 담당한 양시민, 류전환 부대는 출동하지 않았다. 처음으로 전투에 참가한 황푸교군은 공산당원과 공청단원들이 모범 역할을 발휘하여 뚜렷한 전적을 거두었다. 이들은 대중의 적극적인 지지 아래 차례로 단수이(淡水), 하이펑(海豊)을 공략했으며 3월에는 차오산(潮汕)지구를 점령했다. 그러나 다시 돌아와 몐후(棉湖)에 이르렀을 때 뜻밖에 적군의 포위망에 들고 말았다. 연장(連長)이며 공산당원이었던 차오스취안(曹石泉)과 차오위안(曹淵), 쉬지선(許繼愼) 등은 부대를 거느리고 필사적으로 싸워 천중밍군대의 주력인 린후(林虎)부대를 물리치고 전세를 역전시켰다. 이때 영(營)의 당대표 장옌(章琰)이 전투에서 희생됐다. 공산당원들이 앞장서서 돌진하고 용감하게 적을 무찌르면서 동정군은 둥장인민들로부터 "민중을 위해 희생하는 선봉대"라고 불렸다. 4월, 동정군은 둥장지구를 통제했으며 제1차 동정의 승리를 거두었다.

저우언라이는 제1차 동정기간에 공산당원 양스훈(楊石魂) 등을 둥장지구 각 현에 특파원으로 파견하여 노농운동을 발전시키고 당 조직을 세우게 했다. 차오안〔潮安·지금의 차오저우(潮州)〕, 산터우(汕頭), 하이펑, 루펑(陸豊) 등지의 공산당과 공청단 조직은 모두 동정기간에 설립된 것이다. 6월 초, 양시민, 류전환과 천중밍 등 군벌들은 서로 결탁하여 광저우에서 반란을 일으켰다. 전투 중에 있던 황푸교군과 기타 부대는 신속히 광저우로 돌아와 반란을 평정했다. 이에 중공 광동구 위원회는 뤄이눙을 대표로 한 혁명위원회를 구성하고 대중을 움직여 부대를 적극 지원하게 했으며 철갑차대에 주력으로 협조하라고 지시했다. 이들은 결국 치열한 전투를 거쳐 6월 12일 반란을 평정하고 2만여 명의 적을 모조리 멸망시켰다. 7월 1일, 광저우대원수부는 공식적으로 중화민국국민정부로 개편됐다. 왕징웨이가 국민정부 주석, 후한민이 외교부 부장, 랴오중카이(廖仲愷)가 재정부 부장, 쉬충즈가 군사부 부장을 각각 맡았다. 국민정부는 보로딘을 고급 고문으로 초빙했다.

국민정부는 황푸사관학교 교군과 광둥에 주둔한 월계, 상계, 전계 등 부대를 모두 국민혁명군으로 개편했다. 연말에 이르기까지 편성된 6개 군은 모두 8만 5,000명의 군사와 6만 자루의 총을 보유하고 있었다. 게다가 각 사관학교의 6,000명 학생까지 포함하여 상당한 규모를 갖춘 군대가 됐다. 국민혁명군은 소련의 붉은 군대 정치사업제도를 본받아 당 대표와 정치부를 설치했다. 공산당원 저우언라이, 리푸춘(李富春), 주커징(朱克靖), 뤄한(羅漢), 린주한이 각각 제1, 2, 3, 4, 6군의 부당대표[87] 겸 정치부 주임을 맡았다. 많은 공산당 인사들이 정치사업을 하였기에 군대는 민주혁명사상의 영향을 받을 수밖에 없었다. 소련 군사고문단 단장 지산자(季山嘉) 등은 1926년 1월 중공중앙에 보낸 편지에서 "국민혁명당의 모든 정치적 성과는 공산당원에게 돌려야 한다"고 했다. 하지만 국민혁명군의 군사지휘권은 여전히 옛 군인들이 장악하고 있었으며 어떤 부대에는 여전히 짙은 구식의 고용부대 색채가 남아 있었다.

지산자(1893~1938)

소련인. 러시아어 본명은 Н. В. Куйбышев(쿠이비셰프), 지산자는 러시아어 가명의 번역명이다. 1925년 7월 갈렌이 귀국해 요양한 후 소련 군사고문단 단장을 임했다. 1926년 중산함 사건 후 귀국했다.

국민당 좌파의 수령 랴오중카이는 쑨중산의 3대 정책을 견지했다. 그러면서 광둥 각지의 재정, 민정을 적절한 방법으로 정부 관리에 귀속시켜 국민혁명군과 홍콩파업노동자들에게 유리한 경제적 도움을 주었다. 이는 광둥 각지를 차지하고 인민을 유린하는 군벌, 관료와 국민당 우파 세력에게 큰 타격을 주었다. 그들은 영국 제국주의자와 결

---

87 각 군의 당대표는 모두 국민혁명군 총당대표 왕징웨이가 겸임했고 부당대표는 대중의 정치사업을 실제적으로 책임졌다.

탁하고 8월 20일 테러리스트를 보내 랴오중카이를 살해했다. 랴오중카이가 희생된 후 후한민은 사건에 연루됐다는 의심을 받아 광저우를 떠났고, 쉬충즈는 '랴오중카이사건'에 잘 대응하지 못했다는 이유로 광둥을 떠나 상하이로 가게 됐다. 그의 군사 지휘권을 장제스가 넘겨받게 됐다. 제1차 동정기간에 패배했던 천중밍 부대는 동정군이 광저우로 회군하는 기회를 틈 타 1925년 9월에 다시 둥장지구를 점령했다. 국민정부는 제2차 동정을 결정하고 국민혁명군 제1군 군장 장제스를 동정군 총지휘자로, 저우언라이를 총정치부 주임으로 임명했다. 동정군은 저우언라이의 영도 아래 정치선전대를 조직하고 "전시(戰時)정치선전대강"을 작성했다. 정치선전대는 강연을 조직하고 전단을 배포하고 표어를 붙이는 등 여러 가지 선전 형식으로 민중을 발동시키고 사기를 북돋아 주었다. 동정군은 당 지부 대중의 지지를 받아 연전연승했다.

10월 14일, 공산당원과 공청단원을 핵심으로 한 "공성(攻城)선봉부대"는 400여 명의 사상자를 내면서 드디어 "천연 요새"로 불리는 후이저우를 함락시켰다. 소련 군사고문은 "후이저우 요새는 사실상 공산당원들이 함락시킨 것이다. 그들의 의지는 쉽사리 무너지지 않는 성벽보다도 견고했다"며 감개무량해했다. 11월 말, 동정군은 광둥, 푸젠의 접경지대에서 천중밍의 잔존 부대를 전멸시켰다. 이로써 제2차 동정은 승리로 끝났다.

제2차 동정기간, 국민정부는 다시 부대를 파견하여 광둥 난루에서 둥지를 틀고 있는 군벌 덩번인(鄧本殷) 부대를 소탕했다. 중공 광둥구위원회는 이번 군사행동에 협조하기 위해 황쉐쩡(黃學增)을 서기로 하는 난루특별위원회를 구성했다. 주커징, 장산밍(張善銘), 랴오첸우(廖乾五) 등 공산당원들은 정치사업인원을 거느리고 민중 속에 들어가 선전과 조직 사업을 활발히 전개했다. 남정부대는 12월에 친저우(欽州), 레이저우(雷州)를 점령한 후 1926년 1월 중순에 바다를 건너는 작전을 펼쳐 하이난다오(海南島)를 되찾았다. 이에 덩번인은 도주하고 그의 잔여 부대는 무장 해제되어 재편성됐다.

동정과 남정이 승리한 후, 사분오열되었던 광동은 신속히 통일됐다. 더불어 전국에서 유일한 혁명 근거지가 되어 북벌전쟁을 하기 위한 후방기지를 마련했다. 광동혁명 근거지를 통일하는 투쟁에서 공산당원들이 적극적인 역할을 수행할 수 있었던 까닭은 황푸사관학교의 교군과 제1군의 전공 덕택이 크다. 그들은 엄격한 훈련을 받아 훌륭한 정치적, 군사적 자질을 지니게 됐으며 사기가 왕성하고 용감하여 국민혁명군의 기타 참전부대에 선도적인 역할을 했다. 마오쩌둥은 훗날 "당시 군대에는 새로운 기상이 나타나고 있었다. 장병 간, 군민 간 사이가 거의 단결되어 있었고 용왕매진(勇往邁進·거리낌 없이 용감하게 나아감)하는 혁명적 정신이 충만하여 있었다. 당시 군대에는 당대표와 정치부가 설치되어 있었다. 이런 제도는 중국 역사상 없었던 것이며 이런 제도에 의해 군대의 면모가 새로워졌다"고 말했다. 이런 새로운 기상은 훗날의 인민군대 건설에 중요한 영향을 미쳤다.

광동에서 발흥한 노농혁명 대중운동은 혁명전쟁을 크게 지원했다. 광범위한 노동자, 농민, 특히 홍콩파업위원회 소속 규찰대 대원과 둥장 일대의 농민협회 회원들은 혁명군을 위해 적의 상태를 정찰하고 물자를 운송했다. 또 부상자를 구호하고 적군을 교란시키며 작전에 협조하여 양시민과 류전환의 반란을 평정했다. 그리하여 동정, 남정이 승리를 거두는 데 중요한 역할을 해 주었다. 동정군이 하이펑, 루펑에 도착했을 당시 농민들은 자발적으로 술과 고기를 가지고 나와 전사들을 위로했다. 모 "동정참전보고"에는 "이르는 곳마다 백성들이 소쿠

리에 밥을 담고 단지에 국을 담아 들고 나와 동정군을 환영했다. 급양물자를 실어 나르는 규모가 크고 매우 편리하다는 생각이 들었다"고 게재됐다.

많은 마을에서는 또 혁명군을 환영하는 조직까지 결성했다. 양시민과 류전환이 반란을 평정할 때, 광구(廣九), 광삼(廣三), 월한(粤漢)의 세 군데 철도 노동자들은 파업투쟁을 위해 실제적인 행동으로 적극 호응했다. 하이루펑 등지 농민들은 성농협의 조직 아래 앞 다투어 참전했으며 적지 않은 회원들이 자신의 목숨을 바쳤다. 광둥통일의 경험은 인민혁명에서 정권, 군대, 대중운동 세 가지가 긴밀히 연계되어 있다는 것을 입증했다.

동정군을 따라 산터우에 진입한 저우언라이는 동정에서 승리한 후 국민정부에 의해 광둥 둥장 각 속(各屬) 행정위원으로 임명되어 후이저우, 차오안, 메이현(梅縣)과 하이루펑 산하 25개 현의 행정사업을 책임졌다. 그는 둥장을 관리하기 위해 중공 차오산지구당 조직과 함께 많은 창의적인 사업을 실시했다.

예를 들어, 낡은 의회를 해산하고 각계인민대표회의제도를 실행하고, 진보인사를 현장으로 위임하며, 대중을 발동하여 군벌의 잔여세력을 숙청하고, 가렴잡세를 폐지하며, 지방민단을 해산시키고, 노농운동을 보호, 발전시키며, 둥장을 건설하고 인민을 행복하게 만들기 위한 계획을 제정하는 것 등이 있었다. 상기 사업을 통해 둥장 각지에서는 짧은 시간 내에 튼튼한 혁명적 기반을 다질 수 있었다. 저우언라이가 둥장의 정무를 주관한 것은 중국공산당원이 지방 행정사업을 영도한 첫 사례였다. 이는 공산당원이 정권건설의 경험을 탐구하고 축적하는 데 매우 중요한 의미를 가지게 되었다.

3. 북방과 소수민족지구의 혁명운동

북방 노농운동의 회복과 발전

대혁명 시기, 북방지구에서의 중국공산당 활동은 완전히 비밀리에 진행되었으므로 혁명사업을 전개하기가 쉽지 않았다. 하지만 리다자오 등 공산당원들의 꾸준한 노력으로 당의 대열을 견고하게 하고 당을 발전시켰다. 그뿐만 아니라 노농민중운동을 조직하고, 국민혁명의 연합전선을 확대하고, 펑위샹국민군을 개조하는 등 눈에 띄는 성과를 거두었다.

1924년 초부터 북방의 노동운동은 점차 2·7참사 이후의 소강상태에서 벗어나 회복하고 발전하기 시작했다. 1924년 하반기와 1925년 2월에 탕산화신방직공장에서는 두 차례 파업을 단행하였다. 결국 자본가는 노동자들이 제기한 임금인상 등 요구를 들어주게 했다. 1925년 2월, 칭다오사방기계공장 노동자들은 덩언밍 등의 발동 아래 파업을 단행하였다. 이들은 교제(膠濟)철도국에 공회의 권리를 인정하는 등 5가지 조건을 제기했고, 마침내 승리를 거두었다. 베이징에서도 노동자들의 파업투쟁이 연이어 일어나 1925년 3월에만 여섯 차례에 달했다.

1925년 2월, 경한철도총공회가 업무를 회복했다. 총공회의 영도 아래 정저우(鄭州) 각 업종의 공회도 연속적으로 회복되거나 설립됐다. 8월, 왕뤄페이 등의 지도 아래 정저우에서 제일 큰 공장인 위펑(豫豊)방직공장의 5,000여 명 노동자들은 파업을 단행했다. 노동운동 핵심 인물을 해고하고 여공을 함부로 능욕한 자본가에 저항하기 위해서였다. 이는 전국철도총공회, 경한철도총공회, 허난 각급 국민당 당부, 그리고 카이펑(開封), 자오쥒(焦作), 안양(安陽) 등지 인민들의 성원과 지지를 받았다. 그리고 자오쮀탄광, 안양류허(六河)탄광, 웨이후이(衛輝)화흥방직공장, 농해(隴海)철도 등 공장, 광산 노동자들의 파업투쟁을 촉발했다. 그리하여 정저우를 중심으로 한 허난성 노동운동은 새로운 전환점을 맞이했다.

1925년 10월, 중공중앙집행위원회 확대회의가 베이징에서 열렸다. 회의에서는 북방지구 사업의 중요성을 강조하고 북방 국민혁명운동에 대한 당의 영도를 강화하기로 결정했다. 회의 후, 베이징구당위원회와 베이징지방당위원회를 중공 북방구집행위원회(북방구위라 약칭함)로 개편했다.

더불어 중공중앙의 직접적인 지도를 받기로 했으며 리다자오가 서기를, 천차오녠이 조직부 부장을, 자오스옌이 선전부 부장(베이징지방당위원회 서기 겸임)을 맡게 되었다. 북방구위의 영도 범위에는 베이징, 톈진, 즈리, 산시(山西), 차하얼, 러허, 수이위안(綏遠)[88]과 동북, 서북의 일부 지구가 포함됐다. 1926년 초에 이르러, 북방구위는 베이징, 톈진, 탕산, 러팅(樂亭), 장자커우(張家口), 정딩(正定), 다롄(大連), 타이위안, 바오딩과 베이만(北滿) 등지에 10여 개 지방당위원회와 수십 개 특별당지부와 독립당지부를 설립했는데 당원 수가 2,000여 명에 달했다. 이와 동시에 공청단 북방구위도 설립됐으며 샤오산(蕭三) 〈샤오쯔장(蕭子暲)〉이 서기를 맡았다.

1925년 10월, 중공 북방구위 서기 리다자오의 지도 아래 왕뤄페이를 서기로 한 중공 위싼(豫陝)구 위원회를 설립했고 허난, 산시(陝西) 두 성의 당 사업을 책임졌다. 1926년 4월, 중공 위싼구위원회는 카이펑에서 허난성농민대표대회를 열어 허난성농민협회를 공식적으

---

88 당시에는 특별구로서 1928년에 성으로 변경했다. 1954년에 취소하고 산하 지구를 네이멍구 자치구에 귀속시켰다.

로 설립했다. 성농민협회는 산하에 4개의 현농민협회, 32개의 구농민협회, 200여 개의 촌농민협회가 포함되었고 회원이 약 27만 명에 달해 광둥성의 규모에 버금갔다. 이는 전국 농협회원의 27.5%를 차지했다. 전 성 농민자위군도 10만 명에 달했다. 신양(信陽), 쉬창(許昌), 싱양(滎陽), 치현(杞縣), 쑤이현(睢縣), 미현(密縣) 등지 현의 농민투쟁 성과가 특히 돋보였다. 예를 들면, 치현 농민들은 3, 4월 사이에 위싼 구당위원회 농민운동 책임자 샤오런후(蕭人鵠) 등의 지도 아래 투쟁을 단행했다. 이들은 현서(縣署)에 1만 명이나 모여 특별세금에 저항하고 공금국(公款局)을 개편할 것을 요구했다. 결국에는 부분적 승리를 거두었다.

중공 북방구위의 영도 아래 북방 기타 각 성의 농민운동도 점진적으로 전개됐다. 산둥에서는 농민운동위원회를 설립하고 〈산둥농민〉등 선전물을 인쇄했다. 방학기간에는 학생들을 농촌으로 파견하여 농민들의 상황을 조사하고 농민운동을 발동하게 했다. 1926년 5월까지, 위청(禹城), 지닝(濟寧) 등 13개 현에서 농민협회를 설립했다. 산시(山西)에서는, 린펀(臨汾), 딩샹(定襄) 등 13개 현에서 농민협회를 설립했으며 회원이 약 3만 명에 달했다. 즈리에서는 1926년 가을에 광저우 농민운동강습소에서 귀성한 학생들이 농촌에 들어가 순이(順義), 러팅 등 현에서 농회조직을 설립했다. 휘루(獲鹿), 위톈(玉田) 등 현에서는 봉건압박에 저항하는 농민들의 투쟁이 날로 발흥했다. 러허, 차하얼, 수이위안의 농민운동은 1925년 하반기부터 시작되어 이듬해 6월까지 지속됐으며 농민협회도 연속적으로 설립됐다. 1925년 겨울, 산시(陝西)성 웨이난(渭南)의 츠수이(赤水), 화현(華縣) 일대에도 농민협회조직이 나타났다.

펑위샹국민군 쟁취와 '수도혁명'의 발동

펑위샹이 발동한 베이징 정변은 국제공산당과 소련 지도자들의 관심을 끌었다. 소련은 카라한, 보로딘을 통하여 펑위샹과 여러 차례 접촉했다. 그 후 소련은 펑위샹이 영도한 국민군에 단결과 쟁취라는 정책을 취하고 "국민군의 혁명세력을 적극 이용하여 국민군을 진정한 혁명군으로 탈바꿈하는 군대로 만들기"[89]로 결정했다.

리다자오는 카라한의 건의와 중공중앙의 지시에 따라 펑위샹과 국민군을 단결시키고 그들을 쟁취하는 것을 당의 북방지구 군사사업의 중점사항으로 결정했다. 리다자오는 직접 장자커우에 가서 펑위샹과 회동했다. 그는 국민군을 도와 정치사업을 전개하고 국민군과 소련의 관계를 연결해 주었다. 1925년 초, 소련 정부는 2개의 군사고문조 100여 명을 각각 장자커우와 카이펑에 주둔한 국민군에 파견하여 도와주었다. 또 국민군에게 대량의 군수물자도 제공해 주었다. 소련 군사고문단은 국민군을 도와 포병, 보병, 기병, 기관총 학교를 설립했으며 장자커우, 펑전(豊鎭), 핑디취안(平地泉) 3개 훈련기지에서 국민군 부대를 훈련시키고 그들과 함께 "국민군정치사업계획"을 작성했다. 중국공산당도 유능한 간부를 국민군에 파견하여 정치사업을 전개했으며 비밀 당 조직을 세웠다. 1925년 6월, 왕뤄페이는 소련에서 귀국하자마자 명을 받고 국민군 제2군에 파견됐다. 왕뤄페이는 그들을 도와 기층 군사 중진 세력을 양성하는 북방연합사관학교를 설립했다. 국민군에 대한 공산당원들의 도움과 지지는 국민군으로 하여금 혁명의 길로 점차 나아가게 하였다. 이는 북방 혁명운동을 전개하는 데 매우 유리하게 작용했다.

---

89 《소련공산당(볼셰비키) 중앙정치국 사단회의에서의 카라한의 보고》(1926년 2월 11일), 중공중앙당사연구실 제1연구부 편역: 《국제공산당, 소련공산당(볼셰비키)과 중국 혁명 당안자료 총서》 제3권, 베이징도서관출판사 한문판, 1998년, 82쪽.

중공 북방지구 당, 단 조직의 강력한 리더십 아래 북방혁명운동은 급속하게 발전했다. 그중에서 관세자주를 쟁취하려는 운동은 영향력이 엄청나게 큰 애국운동이었다. '관세자주'란 제국주의 세력들이 장악한 중국 관세세율결정권과 세관행정관리권을 되찾는다는 뜻이다. 관세자주를 쟁취하는 것은 국가독립을 쟁취하고 국가주권을 수호하는 중요한 사항이었다. 1925년 10월 26일, 중, 영, 미, 일, 불 등 13개국 대표가 참가한 관세특별회의가 베이징에서 열렸다. 회의의 주요 의제는 부가세를 높이고 화물 교역세와 통과세를 삭감하거나 폐지하며 중국관세세칙을 수정하는 등의 문제였다. 중공 북방구위는 이 기회에 대중을 영도하여 대규모 투쟁을 벌여 제국주의의 침략본질을 폭로하고 관세자주를 쟁취하기로 결의했다. 북방구위의 영도 아래 10월 하순부터 11월 하순까지, 베이징학생연합회, 반종교대동맹, 반제대동맹 등 단체들은 군경들의 저지와 진압에도 불구하고 집회와 시위행진, 관세반대회의를 계속했다. 이들은 불평등조약을 폐지할 것을 적극 요구했다. 관세자주운동은 북방지구 인민들의 반제국주의에 대한 의지를 보여 주었다. 한편 베이징에서 진행된 봉계 군벌을 반대하고 돤치루이를 몰아내는 반봉구단(反奉驅段)운동의 선도가 되기도 했다.

관세자주운동을 통해 광범위한 대중을 발동시킨 후, 리다자오와 북방구위는 기세를 몰아 반동정권을 뒤엎고 국민의 정부를 세우는 혁명운동을 일으키기로 결의했다. 이는 봉계 군벌이 통제한 베이징정부를 무너뜨려야 한다는 국제공산당, 소련공산당(볼셰비키)의 요구에 근거한 것이었다. 북방구위는 이번 운동에 대한 영도를 강화하기 위해 자오스옌, 천차오녠 등 5명으로 수도혁명행동위원회를 구성했다. 그리고 자오스옌을 임시 당 단서기로 임명하여 조직을 준비시키고 사업을 맡겼다. 11월 28일, 행동위원회는 베이징 각계를 조직하여 대규모의 시위활동을 단행했다. 수만 명 대중은 "군벌정부를 타도하자"는 구호를 높이 외치면서 집정부(執政府) 앞으로 몰려갔다. 이튿날, 5만 여 대중은 톈안먼에서 국민혁명시위운동대회를 계속 이어나갔다. 회의에서는 돤치루이의 모든 권력을 해제하고 국민의 심판을 받게 하며 관세회의를 해산시킬 것을 제안했다. 그리고 관세자주를 선포하고 국민정부 임시위원회를 조직하며 매국노를 징벌하는 등의 제안을 통과시키고 이를 전보로 전국에 알렸다. 행동위원회는 무장봉기를 일으켜 돤치루이 정부의 통치를 뒤엎으려 했다. 하지만 대중혁명행동을 지지하기로 승낙한 국민군 장교들이 태도를 바꿨고 이러한 사정 때문에 운동은 결국 실패하고 말았다. 역사에서는 이 운동을 '수도혁명'이라고 지칭한다.

수도혁명은 당이 인민대중의 힘을 빌려 도시폭동을 일으키는 방법으로 봉건군벌통치를 뒤엎고, 정권을 탈취하려고 했던 한 차례 시도였다. 하지만 적은 너무 강했고 국민당 우파들의 공격을 받기도 했다. 게다가 국민군도 동요했기 때문에 결국 목적을 달성하지 못했다. 하지만 이 혁명은 북방민중의 혁명의식을 보여 주었고 돤치루이 반동정부에 큰 타격을 안겨 주었다. 수도혁명의 영향 아래 상하이, 창사, 카이펑, 난징, 한커우 등 대, 중 도시에서도 잇달아 돤치루이 정부를 몰아내고 국민정부를 세울 것을 요구하는 대중시위가 일어났다.

소수민족지구 혁명운동의 전개

네이멍구 지구는 몽골족의 주요 주거지였다. 리다자오를 대표로 하는 중공 베이징구위원회는 이 지구 인민들의 혁명투쟁을 아주 중요시했다. 1923년, 베이징몽장학교(北京蒙藏學校)에서 공부하던 몽골족 청년 룽야오(榮耀)는 중국공산당에 가입한 후 리다자오의 지원으로 수이위안특구 투모터치(土黙特旗)에서 사업을 시작했다. 그는 그곳에서 우란후(烏蘭夫) 등 20여 명 몽골족 청년들을 선발해 베이징몽장학교에서 공부하게 했다. 그해 가을, 리다자오는 덩중샤, 주우산(朱務善), 황르쿠이(黃日葵) 등을 몽장학교에 보내 마르크스주의를 가르치게 했다. 그 후 차례로 우란후, 쿠이비(奎璧), 자오청(趙誠), 지야타이(吉雅泰), 둬숭녠(多松年), 리위즈(李裕智) 등을 공산당에 입당시켰으며 당의 첫 소수민족지부를 건립했다. 우란후 등의 선도 아래 몽장학교의 많은 몽골족 청년들이 베이징지구의 혁명운동에 적극 참여하여 투쟁이라는 실천 교육을 받았다. 나중에 그들은 중공 베이징구위원회의 파견으로 네이멍구 지구로 돌아가 사업을 전개했으며 러허, 차하얼, 수이위안, 바오터우(包頭)에 중국공산당 사업위원회를 설립했다. 그중 일부는 황푸사관학교, 광저우농민운동강습소 또는 소련에 가서 공부하기도 했다.

　네이멍구 각 계층 대중이 혁명투쟁에 참여하도록 동원하기 위해 1925년 9월, 중공 베이징구위원회는 샤오산, 장하오(江浩)를 장자커우에 파견했다. 그리하여 지방당위원회를 세우고 수이위안, 차하얼, 러허 등 3개 특구의 사업을 이끌게 했다. 10월, 장자커우에서 네이멍구인민혁명당 제1차 대표대회를 소집했다. 네이멍구 각 맹(盟), 기(旗)의 대표 100여 명과 네이멍구 청년대표 50여 명이 이 회의에 참가했다. 국제공산당, 중국공산당, 중국국민당과 국민군도 모두 대표를 파견하여 회의에 참석했다. 대회에서는 네이멍구의 혁명정세를 분석하고 네이멍구 여러 민족 인민들의 혁명과업을 제기했다. 또 네이멍구인민혁명당을 공식적으로 창립하고 영도기구를 뽑았으며 지야타이, 리위즈, 시니라마(錫尼喇嘛), 왕단니마(旺丹尼瑪) 등을 영도자로 뽑았다. 네이멍구인민혁명당은 네이멍구 인민들을 적극 이끌어 혁명투쟁에 참가시키게 한 연합전선조직이었다.

그해 11월, 리다자오는 장자커우에서 서북농공병(농민, 노동자, 사병) 대동맹 결성대회를 소집했다. 대회에는 100여 명 대표들이 참석했는데 그중에는 몽골족, 한족 등 민족의 노동자, 농민, 유목민, 사병 대표들이 포함됐다. 리다자오는 회의에서 "몽골족, 한족 등 민족의 인민들은 일치단결해야 비로소 자유와 해방을 얻을 수 있다"고 역설했다. 대회에서는 리다자오를 대동맹 서기로, 자오스옌을 부서기로 선출했다. 이어서 농공병대동맹의 기관지 〈농공병(農工兵)〉을 발간하기로 의결했으며 공산당원 둬숭녠을 편집장으로 위촉했다. 농공병대동맹의 결성은 당의 연합전선정책과 민족정책의 또 다른 업적으로 서북, 네이멍구 지구의 민주혁명운동을 자극하는 계기가 됐다.

중국의 서북부에 위치하고 있는 간쑤성(甘肅省)은 장족(藏族)의 주요 거주지 중 하나였다. 1925년 10월, 공산당원 쉬안샤푸(宣俠父), 첸정취안(錢崝泉), 자쭝저우(賈宗周) 등은 간쑤성을 대리 감독했다. 이들은 곧 국민당 제1군 제2사 사장인 류위펀(劉郁芬)을 따라 란저우(蘭州)에 갔다. 이들은 국민당 좌파 신분으로 국민당 간쑤성당부를 숙정하고 신속하게 중공 간쑤특별지부를 설립했다. 이리하여 당의 민족정책을 선전하고 라브렁사(拉蔔楞寺) 승려들과 장족인민대중의 마치(馬麒)군벌 반대 투쟁을 지지하는 것을 중점과업 중 하나로 채택했다. 쉬안샤푸의 도움 아래 장족민중 수령 황정칭(黃正淸)은 1926년 봄에 란저우에 장족민중문화협회를 설립하고 "간쑤 남부 장족 민중이 국민에게 읍소하는 글"을 발표했다. 이로 하여 마치의 악행을 폭로하고 그와 강력하게 싸워 마침내 마치의 군대를 라브렁사에서 철수시켰다.

광시는 좡족(壯族)의 주요 거주지였다. 좡족청년 웨이바췬(韋拔群)은 둥란(東蘭), 펑산(鳳山) 일대에서 제국주의와 계계군벌의 통치에 대항하기 위해 1922년 봄부터 농민운동에 종사하며 광시농민운동의 기반을 다졌다. 1925년 12월, 중공 우저우(梧州)지방위원회가 공식적으로 설립됐다(후에 중공 광시특별위원회로 개명). 난닝(南寧), 둥란, 류저우(柳州), 펑이(奉議)(지금의 톈양(田陽)에 속함), 언룽(恩隆)(지금의 톈둥(田東)) 등지에서도 잇달아 공산당과 공청단(공산주의 청년 동맹) 조직을 건립했다. 각지의 당, 단 조직은 40명의 농민운동 핵심인물을 뽑아 제6기 광저우농민강습소에 보내 학습하도록 하였다. 그중 30여 명은 훗날 광시에 파견되어 농민운동사업에 종사했다. 북벌전쟁시기, 그들 중 대다수가 당지 농민운동의 중요한 인물이 됐다. 또 중국공산당은 많은 우수 당원들과 간부를 줘장(左江), 유장(右江) 지구에 파견하여 대중을 선동하고 농민들을 조직하여 무장투쟁을 전개했다. 1926년 9월, 웨이바췬이 농민무장 1,000여 명을 인솔하여 둥란현성을 점령하고 전 현 농민대표대회를 열어 현 농민협회를 설립했다. 그 뒤 광시좡족지구에 농민협회가 널리 설립되었고 좡족, 한족 등 민족의 대중을 이끌어 혁명투쟁을 전개했다. 그리고 이는 훗날 줘장, 유장 혁명 근거지를 건립하는 데도 튼튼한 기반을 다져 주었다.

후난성 묘족(苗族), 요족(瑤族), 투자족(土家族) 거주지구의 농민운동도 점차 발전했다. 1926년, 중공 샹시(湘西, 후난 서부)특별위원회의 영도 아래 후난 서부의 투자족, 묘족 등 소수민족의 농민운동이 줄기차게 전개됐다. 이들은 북벌전쟁 역시 적극 지원했다. 12월, 창사에서 열린 후난성 제1차 농민대표자대회에서 통과한 "묘족과 요족을 해방할 사안에 관한 의결안"에서는 다음과 같이 지적했다. "묘족, 요족은 정치적, 경제적으로 한족과 똑같이 평등하며 국민정부는 반드시 전력을 다해 묘족, 요족 지구의 비적을 소탕하고 묘족, 요족 인민들을 도와 문화교육을 발전시켜야 한다" 이 회의는 후난 경내 각 소수민족의 농민운동도 추진했다. 하이난도(海南島)는 소수민족이 비교적 많은 지구 중 하나로 그중에서 리족(黎族)과 묘족이 중심이었다. 1924년, 공산당원 쉬청장(徐成章), 뤄한(羅漢)은 당의 파견으로 하이난도에 가서 혁명사상을 전파하고 각 민족의 혁명 중진세력을 양성했다. 1925년, 하이난도에 중국공산당 기층조직이 설립된 후 각지에서 잇달아 공회, 농회, 학생회, 부녀협회 등 혁명조직이 설립됐다. 그해 봄, 리족 공산당원 황전스(黃振士), 정자치(鄭家齊), 천구이칭(陳貴淸) 등은 명을 받고 링수이현(陵水縣)에 가서 활약했으며 반년 남짓한 시간에 130여 명의 공산당원을 양성했다.

1926년 3월, 중공 춍야(瓊崖, 하이난도)지방사업위원회가 하이커우(海口)에서 설립됐다. 얼마 후, 하이난 동부와 서북부 각 현에도 공산당 조직이 잇달아 설립됐다. 그해 말까지, 하이난도의 공산당원 숫자는 1,000여 명에 달했다.

경제 문화가 비교적 발달된 지구에 비해, 소수민족지구에서의 당 혁명 사업은 아직 미흡했다. 하지만, 위에서 밝힌 지구에 뿌린 혁명의 씨앗도 어느새 들판의 불길처럼 타오르기 시작했다.

4. 국민당 신노(新老) 우파를 반대하는 투쟁

다이지타오주의에 대한 비판

혁명의 정세는 급속히 달라졌다. 특히 5·30운동에서 노동계급이 자기 세력을 충분히 과시하고 난 직후, 자산계급과 무산계급의 영도권 주도투쟁은 한층 더 심화됐다. 이에 국민당 내부에는 새로운 분화 기류가 일어났다. 원래의 노(老)우파 외에 신(新)우파의 등장이 바로 그것이었다. 다이지타오주의(戴季陶主義)의 출현이 바로 그 분화의 상징이다.

다이지타오(戴季陶)는 젊은 시절에 동맹회에 참가하여 쑨중산을 따라 혁명 사업에 투신했다. 제1차 국민당대회 이후 그는 국민당 중앙집행위원, 중앙상무위원, 선전부 부장 등 요직을 맡으면서 국민당 내에서 이론가로 인정받았다.

국공합작 이후, 그는 한동안 3대 정책을 옹호했다. 하지만 혁명이 추진되면서부터 그는 점차 우파의 면모를 드러냈다. 1925년 6, 7월, 다이지타오는 차례로 《쑨원주의의 철학적 기초》, 《국민혁명과 중국국민당》 등 소책자를 발간했다. 그는 "쑨중산의 철학적 기초는 '요순(堯舜)시대부터 공맹(孔孟)시대에까지 전해 내려온 인의도덕사상'이며, '인애(仁愛)는 인류의 본성'인 만큼 그 누구든 자기의 인애심(仁愛心)을 발견하기만 하면 '고통받는 농민, 노동자를 위해 일할 수 있다'"고 주장했다.

그는 계급투쟁을 반대했다. 그러면서 국민혁명은 "각 계급의 사람들이 그의 계급을 버리고 국민성을 회복할 것을 주장하는 것이다"고 말했다. 이어서 그는 국공합작을 반대하면서 국민당이 생존하려면 반드시 독점성, 배타성, 통일성, 지배성이 있어야 한다고 주장했다. 하지만 국민당 노우파와 달리 그는 완화적인 태도를 취했다. 그리하여 공산당과 공개적으로 결별하지 않고 국민당에 가입한 공산당원, 공청단원들에게 "모든 당파에서 벗어나 단순한 국민당 당원이 될 것"을 요구했다.

위의 다이지타오 이론은 쑨중산 만년의 혁명정신을 완전히 위배한 것이고 제1차 국민당대회에서 정립한 강령과 정책과도 한참 어긋난다. 이는 자산계급 우익의 이익과 요구를 반영한 것이다. 또한 국민당 우파가 공산당을 공격, 배척하고 혁명의 영도권을 쟁탈하기 위해 여론 준비가 이뤄졌음을 일컫는다. 다이지타오주의는 상하이와 광저우에서 큰 반향을 불러일으켰다. 국민당 내 반공분자들이 하나 둘씩 모이기 시작했고 일부 반공의 국민당 지도부는 이 이론을 "최고 이론"으로 받들었다.

천두슈, 리다자오, 취추바이, 마오쩌둥, 윈다이잉, 샤오추뉘(蕭楚女) 등 공산당원들은 많은 글을 써 다이지타오주의를 강력하게 비판하고 그 저의에 대해 폭로했다. 그들은 "다이지타오이론은 쑨중산학설에 대한 심한 왜곡이다. 따라서 계급투쟁을 떠나서는 자산계급의 타협을 방지할 수 없고 민족주의를 실현할 수 없다. 노농을 불러일으킬 수도 없고 전국 최대 다수의 인민들은 민권을 얻을 수 없다. 게다가 자산계급이 자본 절제를 인정할 리 없다. 또 지주계급이 토지소유권 균등을 인정할리 없으며 민생주의를 실현할 수 없을 것이다"[90]고 비난했다. 천두슈는 공산당원을 배척하고 순수한 국민당을 건립하자는 다이지타오의 논조에 대해 국민당이 "각 계급 연합의 당인 이상, 공동의 신념(즉, 공동의 이해관계로 인하여 생기는 정치적 이상의 공통점) 외에도 서로 다른 신념(개별 계급의 이해관계로 인하여 생기는 정치적 이상의 개별점)이 있어야 한다"[91]고 했다. 취추바이(瞿秋白)는 다이지타오주의란 "근본적으로 C.P.를 공산당에서 완전히 퇴출시키고 나아가 근본적으로 C.P.를 소멸하며 무산계급정당을 소멸하려는 것"이다. 이는 "국민당을 완전히 순수한 자산계급 정당으로 만들려는 것"[92]이라고 비판했다. 샤오추뉘는 일부러 《국민혁명과 중국공산당》이란

90 중앙통고 제65호-국가주의파, 국민당 우파와의 투쟁문제)(1925년 11월 25일), 중앙당안관 편 : 《중공중앙문건선집》 제1책, 중공중앙당교출판사 한문판, 1989년, 526쪽.

91 두슈 : 《다이지타오에게 보낸 편지》, 《향도》 제129기, 1925년 9월 11일.

92 취추바이 : 《중국 국민혁명과 다이지타오주의》(1925년 8월), 《다이지타오의 국민혁명관을 반대한다》, 《향도》 주보사 1925년, 여기서 "C.P"는 "공산당"의 영문 약자이다.

책을 출판해 공산당에 대한 다이지타오의 공격과 근거 없는 말에 대해 반박했다. 그는 이 책에서 공산당원이 국민당에 가입한 후 국민당에 손해를 끼치지 않았을 뿐만 아니라 오히려 국민당을 더 발전시켰다는 사실을 입증했다.

> **취추바이(瞿秋白, 최주백·1899~1935)**
>
> 중국공산당 초기 주요 지도자 중 한 사람이고 마르크스주의자이고 무산계급혁명가이다. 1922년 중국공산당에 입당하여 1927년 중국공산당 총서기로 취임하였다.

다이지타오주의에 대한 중국공산당의 비판은 정확한 혁명 이론과 원칙을 지켜냈다. 그리고 위 반동사상의 부정적 영향을 크게 줄여주었다. 다이지타오주의는 국민당 우파분자들 사이에서 공명심을 불러일으키긴 했다. 그러나 훗날 책자가 발행된 후에 "엄청난 공격"을 받고 '원만한 효과를 거두지 못했다'는 점을 다이지타오 스스로도 시인할 수밖에 없었다.

다이지타오주의의 출현은 장제스를 대표로 하는 국민당 내 신우파(新右派) 세력이 머리를 들었다는 신호탄과 같았다. 자신의 깃털도 다 자라나지 않았고 공개적으로 공산당을 반대할 조건도 미숙하였기에 당시 그들은 공산당과 결별하려 하지 않았다. 반제국 반 군벌의 구호 역시 포기하려 하지 않았다. 그리하여 그들은 양면적인 수법을 취했다. 공산당과 연합하는 한편 공산당을 규제하는 형식으로 공산당을 반대한 것이다. 이런 신우파는 아주 위험한 기만성을 가지고 있었다. 정치적 경험이 없는 공산당원들은 식별력이 부족하여 신우파에 손해를 보고 기만까지 당했다.

이때 장제스는 이미 국민당 신우파의 핵심 인물이 됐다. 1922년에 천중밍이 혁명을 배반한 이후 장제스는 쑨중산의 신임을 얻기 시작했다. 1923년 2월 그는 대본영 참모장으로 임명되었다. 8월에는 쑨중산의 지시를 받고 소련으로 가 시찰했으며 귀국한 후 황푸사관학교 교장에 임명됐다. 그는 황푸사관학교를 운영하면서 광둥을 통일하는 몇 차례 전투에서 적극적으로 행동했다. 쑨중산 서거 직후 장제스는 쑨중산의 3대 정책을 옹호한다면서 쑨중산 혁명사업의 계승자 노릇을 했다. 1925년 9월 그는 황푸사관학교에서 한 연설에서 "우리는 '반공'이란 구호가 제국주의자들이 우리를 모략하기 위해 만들었다는 것을 인식해야 한다. 만약 우리도 그들을 따라 '반공'의 구호를 외친다면 제국주의자들의 악랄한 계책에 넘어간 것이 아니겠는가?" "총리께서 공산당이 본 당에 가입하는 것을 용납한 까닭은 혁명인물들을 단합하기 위해서였다. 만약 우리가 이 주장을 반대한다면 혁명단체를 해산하고 혁명당의 죄인이 되지 않겠는가?"라고 했다. 그는 비록 혁명에 임하는 척 하였으나 그의 사상 본질은 3대 정책과 모순된 것이었다. 장제스는 1924년 1월에 쑨중산에게 상정한 "러시아 시찰 보고서"와 3월에 쑨중산, 랴오중카이에게 보낸 편지에서 소련의 대외정책을 "카이사르의 제국주의"라고 명칭했다. 그리고 중국공산당을 "러시아의 노예"라고 비하하는 등 마음속 진실을 드러냈다. 다만 정치적 이익 때문에 잠시 쑨중산의 3대 정책을 접수하고 집행할 뿐이었다. 혁명이 심화되고 국민당 내 좌우파 투쟁이 심해지면서 공산당을 적대시하고 제한하려는 장제스의 본뜻이 점차 부각되어 드러났다. 이는 "무장된 다이지타오주의"로 불렸다.

두 차례 정벌 이후, 공산당이 영도하는 중국청년군인연합회와 장제스가 비밀리에 조종하는 신우파 조직 쑨원주의학회 간의 대립이 날로 심해졌다. 장제스가 군장을 맡고 있는 국민혁명군 제1군에서 공산당과 좌파 세력은 매우 큰 영향력을 가지고 있었다. 장제스는 이를 용납할 수 없었다. 2차 투쟁의 승리와 양시민과 류전환의 반란 평정으로 인해 장제스의 지위와 영향력은 매우 커졌다. 그리하여 그는 더욱 공산당을 압박하고 제한하기 시작했다. 심지어 공산당원들에게 공산당에서 탈당하거나 황푸사관학교와 국민당에서 떠나라고까지 요구했다.

이런 상황에서 저우언라이는 중공 광둥구위원회 서기 천옌녠, 소련 고문 보로딘과 상의하여 장제스와의 합작을 중단했다. 그러고는 국민당 좌파와 합작하여 별도의 혁명군대를 편성할 것을 주장했다. 하지만 국제공산당과 소련공산당(볼셰비키)은 장제스를 여전히 좌파로 인정했다. 그러면서 중공중앙에 "공산당은 국가나 군대의 영도직을 반드시 공산당원이 맡아야 한다고 요구하지 말아야 한다"고 지시했다. 이에 따라 중공중앙은 저우언라이 등의 의견에 동의하지 않고 계속 장제스를 도우라고 지시했다. 그 후 저우언라이, 천옌녠 등의 노력을 거쳐 새로운 편성이 이루어졌다. 1925년 11월 대원수부의 철갑차부대를 기반으로 하고 공산당원 예팅을 단장으로 하는 국민혁명군 제4군 독립단이 편성됐다. 이 단의 핵심 인물들은 공산당원과 공청단원이었으며 단에 공산당지부를 두었다. 이는 사실상 중국공산당이 직접 이끈 첫 정규부대였다.

국민당 우파와 투쟁하는 새로운 정책의 제정

국민당 신우파 세력이 점차 강해지고 국공 관계가 날로 복잡해졌다. 이런 상황에서 국민당과의 관계 처리를 두고 중국공산당 내부에서는 견해 차이가 좁혀지지 않았다. 중공 광둥구위원회는 국민당 내부가 분화되었으므로 공산당원이 국민당 좌파의 핵심 세력이 되어야 한다고 말했다. 이로 국민당 신노우파한테 적극 투쟁해야 한다고 강조했다. 하지만 중공중앙의 주요 영도자 천두슈, 장궈타오 등은 소련 공산당 중앙정치국 중국위원회의 지시 정신에 따라 국민당과의 관계 악화를 피하고자 했다. 이를 통해 국공 양당의 관계를 조율해야 함을 인정하게 된 것이다.

그들은 강력히 투쟁하는 정책을 취하면 적이 많아진다고 판단했다. 그리고 자산계급이 놀라 도망쳐 당이 고립될 수 있기에 "국민당 대중에게 국공연맹과 통일전선을 형성해야 할 필요성을 널리 설명해야 한다"고 말했다. 그러나 보이틴스키는 "연맹을 연합으로", 즉 당내 합작을 당외 합작으로 바꾸어야 한다고 주장했다. 그러자 보이틴스키의 영향을 받은 천두슈 등은 국민당에서 탈당하려고 했다.

중공중앙은 당내 인식을 통일하고 향후의 투쟁방침을 명확히 하기 위해 1925년 10월 베이징에서 집행위원회 확대회의를 소집했다. 보이틴스키가 회의에 참석하고 천두슈가 중앙국 사업을 보고했으며 베이징, 광둥, 후난, 허난, 산둥, 후베이 등 지구 대표들도 각각의 사업에 대해 보고했다. 회의에서는 5·30운동 이후의 정세를 분석한 후 다음과 같이 설명했다. "최근 국민혁명운동에서 특히 중부와 북부에서 중국 무산계급과 공산당의 지위에 대하여, 국민당 내 자산계급 대표들은 위험할 정도의 반동적 반응을 보이고 있다. 그들은 혁명적인 무산계급의 세력을 감지하고 이내 계급타협의 구호를 제기했다. 설령 우리가 이런 현상을 수용한다고 할지라도 중국공산당이 자산계급 민주주의의 국민당에서 이탈한다면 이는 매우 큰 잘못이다. 반면, 우리가 우파의 이런 계급타협 주장을 방관하는 것 또한 아주 위험한 잘못이다" 그러므로 국민당에 대한 당의 정책은 "국민당 우파를 반대하고 좌파와 밀접한 연맹을 맺어, 좌파가 우파와 투쟁하는 것을 적극 도와주는 것이다" 회의에서는 우파와 투쟁하기 위해 "가장 중요한 방법 중 하나는 바로 곳곳에서, 특히 국민당 세력의 소재지에서 우리 당의 영역을 확대하고 공고화하는 것이다"고 지적했다.

이 회의에서는 광둥, 후난 등지의 농민투쟁 경험과 5·30운동의 영향을 농민운동의 새로운 정황에 결부시켰다. 그리하여 처음으로 당내에서 농민의 토지문제 해결책을 적극 제기했다. 회의에서 통과한 결의는 다음과 같이 지적했다. 지금 제기한 조감, 수리시설 정비, 감세, 악습 폐지, 소금세 관리권 회수, 소금세 감소, 농민 농촌자치, 농민협회의 조직 및 농민자위군 건립 등 과도시기 농민들의 요구는 농민들을 혁명화시키고 조직화할 수 있다. 하지만 농민들에게 있어 가장 중요한 요구 사항인 토지소유 문제를 해결하지 못한다면 혁명의 옹호자가 될 수 없다. 회의가 끝난 후, 농민운동은 당의 영도 아래 한 발짝 더 앞으로 나아갈 수 있었다.

시산(西山) 회의파와 국가주의파를 반대하는 투쟁

혁명정세의 변화와 더불어 국민당 우파들의 활동도 날로 늘어났다. 쑨중산의 병세가 위급할 당시 펑쯔유 등은 이미 베이징에서 "국민당 동지클럽"을 설립해 공개적으로 광저우 혁명정부를 반대하고 공산당도 반대했다. 쑨중산이 서거한 후 그들의 활동은 더욱 기승을 부렸다. 1925년 11월, 셰츠(謝持), 저우루(鄒魯) 등 10여 명은 국민당 중앙집행위원회의 명의를 도용하여 이른바 "국민당 중앙집행위원회 제1기 제4차 전원회의"를 열었다. 그러고는 상하이에 따로 국민당중앙을 설립하고 공산당원의 국민당 당적을 취소했다. 또 탄핑산을 국민당 중앙집행위원직에서 면직시키고 보로딘을 고문직에서 해임했다.

이어서 국민당정치위원회를 취소하고 왕징웨이의 국민당 당적을 6개월간 박탈하고 그를 중공중앙집행위원회 위원직에서 해임할 것을 불법으로 결정했다. 이 회의가 베이징 시산(西山)의 비윈사(璧雲寺)에서 열렸기에 이들을 시산회의파라고 불렀다. 회의 후 그들은 자의로 상하이에 '국민당중앙'을 세워 광저우의 국민당 중앙과 대치했다. 시산회의파의 분열활동에 대해 절대 다수의 국민당 중앙부서와 지방조직은 모두 강력한 반대 태도를 취했다. 결국 시산 회의파의 위신은 땅바닥으로 추락하게 됐다.

중국공산당은 시산회의파를 반대하는 투쟁의 선두에 섰다. 그리고 연이어 통고를 발표하여 "이번 베이징회의는 무효라고 서명"했으며 전국 각지 공산당원들에게 시산회의파를 강력히 규탄할 것을 호소했다. 당시 국민당 선전부장 대행을 맡았던 마오쩌둥은 그가 주관한 〈정치주보〉에 글을 발표하여 다음과 같이 말했다. 시산회의파와의 투쟁은 "사실상 혁명을 계속할 것인가 아니면 포기할 것인가 하는 투쟁"[93]이며, 시산회의파는 "사실상 제국주의의 도구가 됐다"[94]고 분명하게 지적했다.

1925년 12월, 국민당은 광저우에서 중앙집행위원 및 중앙감찰위원 연석회의를 소집하여 시산회의파의 분파활동을 규탄했다. 이듬해 1월에는 국민당 제2차 전국대표대회를 소집하기로 결정했다. 각지에서 뽑힌 제2차 국민당대회 대표들은 공산당원과 국민당 좌파가 다수였다. 천옌녠, 저우언라이 등은 제2차 국민당대회를 통해 시산회의파를 엄벌할 것을 주장하고 국민당 중앙집행위원회를 뽑을 때 중간파를 적게 뽑고 좌파를 다수 뽑을 것을 강력히 제안했다.

그래서 공산당원의 수를 3분의 1은 될 수 있게끔 하자고 주장했다.

---

93 쯔런(子任): 〈혁명파당원들은 일어나 베이징 우파회의를 반대하라〉, 〈정치주보〉 제2기, 1925년 12월 13일. '쯔런'은 마오쩌둥의 필명이었다.

94 룬(潤): 《제국주의의 최후의 수단》, 〈정치주보〉 제3기, 1925년 12월 20일. '룬'은 마오쩌둥의 필명이었다.

하지만 보이틴스키는 다이지타오, 쑨커(孫科), 예추창(葉楚傖) 등 '중간파'를 인정하면서 그들을 만류하라고 중공중앙에 전문을 보냈다. 천두슈는 보이틴스키의 지시에 따라 상하이에서 쑨커, 예추창, 사오위안충(邵元冲)과 담판하여 "중국공산당은 국민당을 도맡을 뜻이 없으며 곧 선출될 국민당 중앙집행위원회에서 공산당원을 늘릴 생각이 없다. 따라서 쑨커 등이 광저우로 돌아와 제2차 국민당대회에 참가하기 바란다"고 발표했다.

1926년 1월 1일부터 19일까지, 국민당은 광저우에서 제2차 전국대표대회를 소집했다. 대회의 의결안과 선언은 국제공산당이 작성한 후 국민당 중앙집행위원회에 제기한 것이고 공산당원 우위장(吳玉章)이 대회 비서장을 맡았다. 회의에 참석한 대표들 중 공산당원과 국민당 좌파가 아주 큰 우세를 차지했다. 공산당원 우위장, 린주한, 탄핑산 등과 국민당 좌파인사 쑹칭링(宋慶齡), 허샹닝(何香凝), 덩옌다(鄧演達) 등이 공동으로 노력한 대회는 제국주의와 군벌세력을 반대하는 주장을 계속 견지했다.

> ### 우위장(吳玉章, 오옥장·1878~1966)
> 중국의 정치가이자 교육자로 1911년 일본에서 귀국하여 국민봉기를 지도함으로써 신해혁명의 선구자가 되었다. 1913년 프랑스에 망명하였다가 귀국하여 1922년 청두(成都)고등사범 교장이 되었다. 이후 중국공산당 중앙위원장과 혁명위원회 비서장으로 활동했으며 화베이대학 학장, 중국인민대학 학장을 역임했다. 국공분열 뒤인 1927년 난창봉기에 참가했다가 그해 10월 소련으로 망명했다. 취추바이(瞿秋白) 등과 중국 문자의 로마자화 초안을 만들어 문자개혁의 기초를 세웠다.

거기에 러시아와 연합하고 공산당과 연합하며 농민과 노동자를 돕는다는 3대 정책을 견지했다. 또 시산회의에 참가했던 노우파분자들을 질책하고 그들에게 각기 경고, 당적취소 등 처분을 내렸다. 이어서 선출된 중앙집행위원과 중앙감찰위원 중에서는 좌파인사와 공산당원이 일정한 비율을 차지했다. 중공중앙은 2월 12일 제76호 공고문을 발표해 이번 회의를 높이 평가했다. 그러면서 제2차 국민당대회는 "중국민족운동의 성공을 표시"하고 "국민당 좌파의 승리를 표시한다"고 밝혔다.

이번 회의에서는 공산당원들도 한 가지 착오를 범했다. 대회가 열리기 전, 당내에는 국민당집행위원회에 참가할 공산당원의 인원에 대하여 논쟁이 있었다. 처음에 천두슈는 공산당원이 7명 있어야 한다고 주장했다. 그러나 보로딘은 이에 반대하면서 제1차 국민당대회 때처럼 3명을 초과하지 말아야 한다고 주장했다. "중간파를 놀라게 하여 도망치게 하지 말고 무모하게 우파를 자극하지 말자"[95]는 이유에서였다. 그리하여 천두슈는 할 수 없이 한 걸음 물러섰으며 결국 4명으로 합의를 보았다. 실제 선거결과를 보면 36명 국민당 중앙집행위원 가운데 공산당원이 7명으로 3분의 1에도 달하지 않았다. 대회에서는 다이지타오주의를 비판했지만 다이지타오는 다름없이 중공중앙 집행위원으로 선출됐다. 장제스는 이 대회에서 처음으로 중앙집행위원으로 당선되었고 이어 열린 제2기 제1차 전원대회에서 상무위원회 위원으로 당선됐다. 2월 1일에는 국민혁명군 총감을 맡아 일약 국민당 군정 요원의 자리에 올랐다. 이는 그가 훗날 국민당 영도권을 탈취하는 데 하나의 발판이 된다.

이 시기, 중국공산당원들은 국가주의파에 대해서도 끊임없는 비판을 제기했다. 국가주의파는 소련과 공산당을 반대하는 정치파벌이었

---

95 〈보이틴스키에게 보낸 와일드의 편지〉(1925년 5월 13일), 중공중앙당사연구실 제1연구부 편역: 《국제공산당, 소련공산당(볼셰비키)과 중국 혁명 당안자료 총서》 제1권, 베이징도서관출판사 한문판, 1997년, 613쪽.

다. 1923년 말, 쩡치(曾琦), 리황(李璜) 등은 파리에서 중국청년당을 창건하여 국가주의와 전민 정치를 표방했다. 그리고 마르크스주의를 반대하며 국공합작을 파괴하여 재유럽 공산주의자들의 비판을 받았다. 1924년 가을, 쩡치, 리황 등은 귀국하여 쥐순성(左舜生) 등과 만난 후 상하이에서 주간지 〈성사(醒獅, 깨어난 사자)〉를 창간했다. 또 각성과 시에 연속 30여 개의 국가주의파 조직을 세웠다. 1925년 겨울부터 1926년 상반기까지, 국가주의파의 행동은 전염병처럼 퍼졌다.

국가주의파는 국가의 계급 실체를 말살하고자 했다. 또 반동적인 자산계급 민족주의 사상을 찬양하면서 마르크스주의의 계급투쟁 학설과 쑨중산의 소련-공산당 연합 정책을 공격했다. 마오쩌둥, 저우언라이, 윈다이잉, 취추바이, 샤오추뉘 등은 글과 연설을 통해 국가주의파의 반동 면모를 폭로했다. 국가주의파는 "대외로 강권통치(강한 권력의 통치)를 반대하고 대내로 매국노를 제거하자"고 높이 외쳤다. 하지만 제국주의와 그의 앞잡이인 봉건군벌은 반대하지 않았다. 오직 공산당과 소련 그리고 가장 핍박받는 노동자와 농민의 해방만을 반대했다. 이는 바로 국가주의파가 사실상 제국주의자와 군벌의 시녀라는 것을 충분히 보여 주고 있다.

5. 중국 혁명 기본 문제에 대한 당의 탐구

5·30운동은 중국 혁명을 고조시켰다. 운동에서는 사회 각 계급의 정치적 태도가 충분히 표현됐고 혁명연합전선 내부의 지도권 쟁탈 모순도 점차 드러났다. 생동적이고 풍부한 혁명의 실천은 공산당원들에게 새롭고도 많은 경험을 가능케 하였다. 복잡하게 뒤얽힌 혁명투쟁은 또다시 공산당원들에게 중국 혁명의 과업과 발전 전망은 어떠한지, 동맹자인 민족자산계급, 도

시소자산계급, 농민에 대하여 무산계급은 어떤 태도를 취해야 하는지를 고민하게 했다. 그리고 무산계급은 국민혁명에서 어떻게 해야 영도권을 가지고 사상을 실현할 수 있는가 등 아직 해답을 찾지 못한 많은 문제점들을 제기했다. 5·30운동 전후, 천두슈, 리다자오, 취추바이, 마오쩌둥, 차이허썬, 덩중샤, 저우언라이, 윈다이잉 등 당 지도자들은 혁명실천의 경험을 공유하고 이러한 과제들을 다방면에 걸쳐 사고하고 탐구했다. 그러고는 곧바로 광범위한 토론을 진행하여 중국 혁명의 문제에 대한 당의 인식 수준을 높여갔다.

혁명의 성격과 전망 문제

중국 혁명의 성격과 전망에 대한 당의 인식은 점진적으로 심화되었다. 제2차 당 대회에서는 "중국 혁명의 성격은 반제국 반봉건 군벌의 자산계급 민주혁명이고 장래는 사회주의이다"고 명확한 입장을 밝혔다. 1923년 5월, 차이허썬은 글을 발표하여 중국 혁명운동의 성격은 구미의 자산계급 민주혁명과 다르며 "이제는 자산계급 민주혁명의 문제가 아니라 사실상 이미 국민혁명(민족혁명이라 해도 됨)의 문제로 바뀌었다"고 밝혔다.

5·30운동 이후, 공산당원들은 혁명의 성격에 대해 더욱 깊이 탐구했다. 마오쩌둥은 다음과 같이 말했다. 구미와 일본 등 나라의 자산계급혁명은 "자산계급 한 계급의 혁명"이고 "그 목적은 국가주의의 국가, 즉 자산계급이라는 한 계급이 통치하는 국가를 세우는 것"이다. 하지만 중국의 국민혁명은 "소자산계급, 반무산계급, 무산계급 등 이 3개 계급이 합작하는 혁명"이며 "그 목적은 혁명민중이 합작하여 통치하는 국가를 세우는 것"[96]이다. 취추바이는 이에 대해 다음과 같이 인정했다. 제국주의시대, 다시 말해 사회혁명이 시작된 시대에서, 식

민지 약소민족의 국민혁명에는 "반드시 무산계급혁명의 씨앗이 포함되어 있어야 한다" 이런 혁명은 "국제적 범위에서 보면, 세계 무산계급혁명의 일부분에 불과하고, 한 나라의 범위에서 보면, 여전히 자산계급의 성격이 있더라도 그 혁명세력의 주력군은 반드시 무산계급이어야 한다"[97]

당시 공산당원들은 비록 신민주주의혁명의 개념을 제시하지 못했지만 시대적 조건, 혁명의 영도세력, 투쟁목표 등 근본적인 문제를 탐구하면서 이 혁명을 과거의 민주혁명과 구별했다. 이는 훗날 당이 신민주주의 혁명이론을 명확히 정립하는 데 사상적 토대를 마련해 주었다.

제4차 당 대회에서는 중국 혁명의 전망, 주로 민주혁명과 사회주의혁명의 관계 문제에 대하여 10월 혁명 이후 "중국민족혁명운동"은 "광범위한 세계 혁명의 일부분"이고 "세계 자본주의를 뒤엎고 공산주의를 건설하는 운동과 연결된 것이다"고 밝혔다. 5·30운동 이후, 취추바이는 "민주혁명은 '비록 자산계급의 것이지만 그 승리는 결코 자산계급의 것이 아니다' 만약 자산계급이 혁명을 영도한다면 그들은 즉시 적들과 타협할 것이다"고 지적했다.

그는 또 "지금은 제국주의 시대이며 사회주의 혁명을 시작하는 시대이기도 하다. 그러므로 "약소민족의 식민지에서 유치한 개인자본주의를 계속 발전시킬 필요성은 근본적으로 없으며", 노동평민들이 조직한 국가에서 계획적으로 경제를 발전시키면 점차 사회주의에 진입할 수 있다"고 지적했다. 그는 중국민주혁명은 "공산주의를 향한 첫 걸음이다"고 여러 차례 문제점을 제기했다. 중국 혁명에 대한 무산계급의

---

96 마오쩌둥 : 〈국민당 우파가 분리된 원인과 혁명 전망에 대한 영향〉(1925년 겨울), 《마오쩌둥 문집》 제1권, 인민출판사 한문판, 1993년, 24~25쪽.

97 취추바이 : 〈국민혁명운동 중의 계급 분화-국민당 우파와 국가주의파에 대한 분석〉, 〈신청년〉 월간 제3호, 1926년 3월 25일.

책임과 중국 혁명과 관련한 비자본주의 전망을 충분히 내다본 취추바이의 주장은 아주 정확했다. 그러나 그에게는 두 가지 잘못된 인식이 있었다. 하나는 "중국 혁명은 두 단계로 나뉜다"는 전략사상을 부정하고 민주혁명과 사회주의 혁명의 경계선을 분명히 가르지 못한 것이었다. 또 다른 하나는 비자본주의의 미래가 개인자본주의 경제적인 성격을 즉시 소멸하는 것이라고 이해한 것이다. 그리하여 그는 민주혁명 단계에서 자산계급을 반대하는 임무를 제기했다.

자산계급과 농민 문제

민주혁명에서, 자산계급을 어떻게 인식하고 대처할 것인가 하는 것은 복잡한 문제였다. 이 문제에 대한 공산당원들의 인식은 점차적으로 제고되고 심화됐다. 제1차 당 대회에서는 자산계급은 모두 혁명의 대상이라고 인식했고, 제2차 당 대회에서는 자산계급 민주파는 연합할 수 있는 세력이라고 인식했다. 제3차 당 대회에서는 중국자산계급이 대부분 양면성을 가지고 있다는 것을 어느 정도 수용했다. 제4차 당 대회에서는 중국자산계급이 반혁명적인 "대상(大商)매판계급"과 "신흥의 민족공업자산계급"으로 나뉜다고 명확히 지적했다. 5·30운동 초기에 민족자산계급은 반제국주의 투쟁에 적극 참여하여 중요한 역할을 수행했다. 하지만 후기에는 제국주의와 타협하거나 제국주의에 동요되어 정치상의 양면성을 여지없이 드러냈다. 이는 공산당원들이 자산계급을 비교적 깊이 분석하는 데 객관적 토대를 마련해 주었다.

이 문제에 대해, 마오쩌둥은 1925년 12월 1일에 발표한 "중국 사회 각 계급에 대한 분석"에서 매우 훌륭한 연설을 했다. 그는 다음과 같이 지적했다. 중산계급은 혁명에 대해 "모순되는 태도"를 취하고 있다. "외국자본의 타격과 군벌의 압박에 고통을 느낄 때에는 혁명을 요구하고 반제국, 반 군벌 혁명운동을 찬성한다" 하지만 혁명을 진행하는 과정에 "국내에서 자국의 무산계급이 서슴없이 혁명에 뛰어들고 국외에서 국제무산계급이 혁명을 적극 원조하여 대자산 계급의 지위에 오르려 할 때는 위협을 느껴 또 혁명을 의심한다" 그들의 우익은 혁명투쟁의 불길이 거세게 타오를 때 이내 제국주의와 군벌의 대열에 가담하여 매판계급과 친한 벗이 될 것이다. 그들의 좌익은 어느 한 시기에 혁명성이 강해질 수는 있어도 적과 쉽게 타협하기에 혁명을 오래 유지하지 못한다. 따라서 그들을 벗으로 삼을 수는 있지만 "그들이 우리의 진영을 교란하지 못하도록 우리는 항상 경각성을 높여야 한다"고 지적했다.

이러한 인식을 얻게 된 것은 매우 중요한 의의를 가진다. 국공이 합작하여 대혁명을 전개하는 국면에서 민족자산계급과 적극 연합하여 그들을 혁명에 참가시켜야 하기 때문이다. 그뿐만 아니라 그들의 동요나 타협에 대해 투쟁이 필요했는데 이는 미약한 중국공산당에는 해결하기 어려운 모순이었다. 많은 공산당원들은 무산계급이 국민혁명운동에 대한 정치적 영도를 확고히 장악한다면 민족자산계급의 일부분, 심지어 대부분이 혁명에 참가하도록 이끌 수 있다고만 생각했다. 하지만 언제 어디서 어떤 사변이 일어나 혁명 전선을 교란시킬지 모르기 때문에 항상 조심해야 한다는 것을 인식하지 못했다. 민족자산계급에 대한 마오쩌둥의 분석은 비교적 객관적이었다. 이 시기 계급투쟁에 대한 탐구와 해결과정은 훗날 당이 민족자산계급과의 관계를 깊이 인식하고 정확히 처리하는 데 아주 중요한 이론적 근거가 되었다.

농민 문제는 중국 혁명에서 또 하나의 중요한 문제였다. 제4차 당대회 이전에 당은 이미 혁명에서 농민의 중요한 지위를 인식했다. 제4차 당 대회에서는 농민을 무산계급의 동맹자로 긍정했다. 1925년 5

월, 제2차 전국노동대회에서 통과한 "노농연합의 의결안"에서는 농민들을 인도하여 민주혁명에 참가시키고 농민들과 공고한 연맹을 형성하는 것이 민주혁명 승리를 보장하는 것이라고 했다. 5·30운동 후기에 민족자산계급이 동요되고 적과 타협하여 노동계급이 고립하게 된 뼈저린 경험이 있었다. 이를 바탕으로 농민투쟁의 발흥은 국민혁명이 성공할 수 있는 필수 조건이며 농민은 노동계급이 가장 필요로 하고 가장 신뢰할 수 있는 동맹군이라는 것을 더욱 확실하게 증명했다.

많은 공산당원들은 5·30운동으로 하여 민주혁명에서의 농민의 지위와 노농연맹의 중요성을 한층 더 깊이 인식하게 됐다. 1925년 10월, 중공중앙 집행위원회 확대회의에서는 정치 강령에다 농민의 토지문제 해결에 관한 조항을 추가할 것을 제안했다. 그러면서 "중국공산당은 일반 민주파로 하여금 토지를 몰수하는 것은 불가피한 정책이며 신해혁명을 완수하는 한 가지 중요한 일이라는 것을 알게 해야 한다"고 했다. 회의에서 당은 오직 농민들과 "공고한 동맹을 맺어야만 자기의 역사적 소임을 다할 수 있다"고 강조했다. 리다자오는 중국 농민의 경제상황을 고찰한 후 "중국의 광범위한 농민대중을 조직하여 국민혁명에 참가시킨다면 중국 국민혁명의 성공은 머지않았다"고 지적했다. 천두슈는 "중국 노동자들은 자기 계급의 연합전선을 확대시키고 공고화해야 할 뿐만 아니라 노농연합도 시급히 형성해야 한다. …이렇게 해야만 노동계급이 정치적 투쟁과 경제적 투쟁에서 승리를 거둘 수 있다"고 강조했다.

마오쩌둥은 1925년부터 농민운동을 영도하는 데 주력하고 중국 농민 문제를 중점적으로 연구했다. "중국 사회의 각 계급에 대한 분석"에 이어 그는 1926년 1월 〈중국농민〉 제1기에 "중국 농민 중 각 계급에 대한 분석과 혁명에 대한 그들의 태도"를 발표했다. 그는 마르크스주의의 계급분석법을 기초적으로 운용하여 농촌주민을 대지주, 소지주, 자작농, 반자작농, 반익농(半益農), 빈농, 고농과 농촌수공업자, 유민 등 8개 계급으로 분류했다. 그러고 나서 혁명에 대한 각 계급의 태도를 비교적 심층적, 과학적으로 분석하여 농촌계급 분석에 관한 이론을 기초적으로 세웠다. 이는 중국공산당이 민주혁명에서 농민의 지위와 역할을 정확히 인식하게 만들고 농민에 대한 정책을 제정하는 데 중요한 기초를 마련해 주었다.

1926년 5월, 당의 영도 아래 소집된 광둥성 제2차 농민대표대회에서 "국민혁명에서의 농민운동의 지위에 관한 의결안"을 통과시켰다. 의결안에서는 "반식민지의 중국 국민혁명은 바로 농민혁명"이며 "농민 문제는 국민혁명에서의 중심 과제이다. 국민혁명의 진전과 성공은 결단코 농민운동의 진전과 성공에 의해 결정된다"고 밝혔다. 농민 문제를 국민혁명의 중심 과제로 결정한 것은, 당이 중국 혁명에서 농민의 중요한 지위에 대해 비교적 심각하게 인식했다는 것을 의미한다.

무산계급 영도권 쟁취 문제

제4차 당 대회 이전에, 공산당원들은 이미 무산계급 영도권 문제에 대해 어느 정도 토의를 마쳤다. 제4차 당 대회에서는 민주혁명에서 무산계급의 영도권 문제를 명확히 제기했다. 하지만 자산계급이 무산계급과 영도권을 쟁탈하려는 문제와 무산계급 영도권을 실현하는 경로에 대해서는 아직도 답을 찾지 못했다. 5·30운동에서, 중국 노동계급은 또다시 자기 세력을 충분히 과시했다. 이에 반해 자산계급은 그들의 양면성을 여지없이 드러냈으며 국민당 우파는 혁명세력에 대한 공격을 강화했다. 이런 사실을 통해 공산당원들은 무산계급이 자산계급과 영도권을 쟁탈해야 하는 중요성에 대해 한층 더 깊이 사고할 수 있였다. 천두슈는 5·30운동의 경험을 종합하여 다음과 같이 지적했다. "5·30운동은 비록 각 계급이 연합하여 진행한 민족투쟁이었다. 그렇지만 사실상 제국주의와 직접 맞선 사람들은 상하이, 홍콩, 한커우, 주장(九江), 난징, 칭다오, 톈진, 자오쭤 등 지역의 파업노동자들이었으며 기타 각계 인사들은 노동계급을 성원했을 뿐이다" 따라서 "우리는 중국 노동자가 현 시기 중국 혁명의 유일한 세력이라고 과장해서는 안 되지만 중요하고 믿음직한 세력이라는 것은 인정하지 않을 수 없다"[98] 이에 반해 자산계급이 "타협하고 망설이는 태도는 제국주의자와 군벌들이 비집고 들어올 틈을 주기에는 충분했다"[99]

"5·30운동에서 노동계급의 희생이 가장 컸고 발전이 가장 급진적이었으며 투쟁이 가장 오래 지속됐다. 또 매우 큰 위력을 과시했다. 각종 투쟁실천은 국민혁명에서 노동계급의 영도적 지위가 확고부동하다는 것을 충분히 증명해 주고 있다" 따라서 "중국 자산계급은 제국주의와 군벌의 압박을 받아 국민혁명에 참가할 가능성이 있다. 하지만 자산계급이 국민혁명에 참가했다 하더라도 결국엔 타협하고 관철하지 못할 것"[100]이라고 류사오치는 지적했다.

취추바이는 5·30운동에서 자산계급은 나약하고 타협하여 파업운동이 좌절당했는데 자산계급의 타협성과 소자산계급의 투쟁을 망설이고 두려워하는 태도는 "무산계급이 국민혁명에서의 영도권을 취득해야 하는 필요성을 충분히 증명했다"[101]고 인정했다.

98   두슈 : 《제2차와 제3차 노동대회 사이의 중국 노동운동》, 《향도》 제151기, 1926년 5월 1일.
99   두슈 : 《상하이민중운동에서의 군벌과 자산계급의 영향》, 《향도》 제126기, 1925년 8월 18일.
100   류사오치 : 《혁명에서의 노동계급의 지위와 직원운동 방침》(1926년 5월 5일), 《류사오치선집》 상권, 인민출판사 한문판, 1981년, 1~2쪽.
101   취추바이 : 《국민회의와 5·30운동-중국 혁명사에서의 1925년》, 《신청년》 월간 제3호, 1926년 3월 25일.

공산당원들은 무산계급이 자산계급과 영도권을 쟁탈하는 문제에 대해 쟁탈과정 중 대중운동에만 국한되지 말고 정권문제도 중시해야 한다는 중요한 관점을 지적, 제기했다. 덩중샤는 다음과 같이 명확하게 그 뜻을 밝혔다. "우리가 국민혁명에 참가한 것은 권력을 얻기 위해서이다" 하지만 "권력은 하늘에서 우리 노동자들 손으로 떨어지는 것이 아니다. 우리가 실제적인 정치투쟁에서 하나둘씩 쟁취하여 나중에 모두를 장악하게 되는 것이다"고 지적했다.

그는 또 "'권력은 우리가 장악하지 않으면 자산계급이 장악하게 된다' 오직 무산계급이 정치상에서 지위와 세력을 끊임없이 강화하고 공고히 해야만 '혁명에서 자산계급이 타협하고 약해지는 것을 방지하고 그들이 혁명 후에 권력을 독차지하는 것을 저지'할 수 있다. 그렇게 해야 훗날 노동자 정부를 세우는 것을 '미리 준비'[102]할 수 있다"고 특별히 강조했다. 저우언라이는 "노동자들은 국민혁명의 수령으로서 농민, 사병들을 이끌어 노농병대연합을 형성하고 함께 제국주의를 타도해야 한다"[103]고 지적했다. 1926년 7월, 국민당 신노우파가 반공(反共)을 강화했다. 이러한 정세 속에서, 중공중앙 집행위원회 확대회의에서 통과한 "중국 공산당과 국민당 관계 문제 의결안"에서는 다음과 같이 결의했다. "우리는 국민혁명의 책략을 더욱 명확하게 규정해야 한다. 한편 우리 당은 정치상에서 자체의 독립성을 더욱 힘써 드러내고 강화해야 한다. 그리고 노동자와 다수 농민들 속에서 자기 세력을 확립하며 혁명화된 일반 민중에 대해 정치적 영향력을 일으킬 수 있어야 한다. 다른 한편 이러한 소자산계급의 혁명조류를 국민당에 집중시

---

102 중샤 : 〈노동운동 부흥기의 몇 가지 중요한 문제〉, 〈중국 노동자〉 제5기, 1925년 5월.
103 저우언라이: 《정치보고-제6차 성항파업노동자대표대회에서》(1925년 7월 31일), 《노동자의 길》특호 제37기.

켜 좌익세력을 강화하고 나아가 무산계급과 농민의 대중혁명세력으로 국민당에 영향을 주어야 한다. 이렇게 국민당 좌파와 강력한 투쟁연맹을 형성하여 자산계급과 국민운동의 지도권을 쟁탈한다. 그래야만 무산계급정당이 국민혁명의 영도권을 얻는 것을 보장할 수 있다"

위의 논술은 앞에서 언급한 무산계급 영도권에 대한 중국공산당원들의 인식이 과거에 비해 진보했다는 것을 말해준다. 그리고 무산계급이 자산계급과 영도권을 쟁취해야 한다고 주장하던 것에서 국민당 내부에서부터 정치상의 지도적 지위를 쟁취하려는 수준에 이르렀음을 보여준다.

무장투쟁 문제

그 시기, 중국 혁명의 뜨거운 감자인 무장투쟁 문제에 대해 당의 인식은 새롭게 진보했다. 종전에 공산당원들은 국민당이 군사사업에만 몰두하고 민중운동을 홀대한다고 비판했다. 하지만 자신들은 민중운동에만 몰두하고 군사사업을 홀대했다. 광둥 혁명 근거지를 통일하는 과정에서 당은 점차 사병운동사업을 전개하고 군벌부대에 대한 선전사업을 강화하여 그들을 분화시키고 그 일부를 혁명 쪽으로 기울게 했다.

1925년 6월, 저우언라이는 동정에서 회군하는 도중에 한 연설에서 다음과 같이 지적했다. 군대는 수단이다. "압박자들이 이 수단으로 사람을 압박"하듯이 피압박계급도 "이 수단으로 그들의 압박자들한테 저항하고 압박자들의 세력을 무너뜨릴 수 있다" 제국주의와 봉건군벌을 타도하는 데 "군대는 바로 우리의 이론을 실현하는 선봉이다!"[104]

| 104 저우언라이 : 《군대의 성격과 조직》(1925년 6월 2일), 《저우언라이군사문선》 제1권, 인민출판사 한문판, 1997년, 3~5쪽.

당은 노농무장의 중요성 역시 처음으로 인식했다. 홍콩대파업이 시작된 후, 공산당원들은 광둥 혁명 근거지를 공고화하는 투쟁에서 노동자규찰대의 중요한 역할을 볼 수 있었다. 공상단원 그들을 반제국주의 투쟁에서 중화민족의 선봉대임을 인정했다. 1925년 10월, 중공 중앙 집행위원회 확대회의에서는 노동계급을 무장시킬 것에 관한 문제를 논의했으며 "노동계급 중 가장 용감하고 충실한 인물들을 조직적으로 무장시킬 준비"를 해야 한다고 지적했다.

국민혁명시기 무장투쟁과 혁명군대의 중요성에 대해 취추바이는 "중국 혁명에서의 무장투쟁 문제"에서 비교적 체계적으로 설명했다. 그는 "중국 인민들은 이미 시위, 배척, 파업 등 방식으로 투쟁을 진행했고 5·4, 2·7, 5·30, 3·18과 광저우전쟁부터 지금까지 혁명의 물결이 끊이지 않았으며 더욱 높은 기세로 전진했다. 혁명은 이러한 각종 투쟁방식을 통해 이미 무장결전의 준비기, 결사전쟁의 시기에 임박했다. 특히 이 시기는 혁명전쟁을 하는 것이 주된 방식이고 기타 방식들은 모두 직접 또는 간접적으로 혁명전쟁을 준비하는 것"이라고 말했다. 취추바이는 또 "중국 국민혁명에는 규범화 된 군대가 매우 필요하다. 초창기의 민간무장과 민간 무장폭동으로 강대한 적에게 맞서는 것은 어디까지나 힘든 일이다. 그러므로 반드시 노동자, 농민, 소자산계급 대중을 편성하고 훈련시켜 규범화 된 혁명군대를 창설해야 한다"고 지적했다. 그는 "정치상에서는 혁명민중의 정당을 주체로 하고 군사상에서는 정규적인 혁명군대를 주체로 하여 혁명작전에 종사하며… 그 후에야 중국 평민들이 철저히 해방되는 희망을 가질 수 있다"고 했다. 이는 초기에 당내에서 무장투쟁 문제를 전문적으로 논술한 글이었다. 이런 글들은 바야흐로 시작되는 북벌전쟁을 위해 여론선동을 주도했을 뿐만 아니라 훗날 당이 중국 혁명의 길을 탐구하는 데 창의적인 이론을 제공했다.

위에서 밝힌 몇 가지 논술은 중국 혁명에 관한 중국공산당의 기본 사상을 간략하게 구성한 것이다. 즉 "무산계급은 농민과 기타 소자산계급을 영도하고 부분적 민족자산계급을 쟁취하여, 반제국주의, 반봉건주의 민주혁명투쟁을 진행한다. 이로서 군벌정권을 대표로 하는 제국주의와 대매판, 대지주 계급의 반동통치를 뒤엎고 각 혁명계급의 연합전제정권을 세워야 한다. 중국이 처해 있는 국내외 역사적 조건에서 민족자산계급이 혁명을 영도하여 승리를 거두고 자산계급 독재정권을 세우는 것은 불가능한 일이다. 이 혁명은 세계 무산계급혁명의 일부분으로서 중국이 사회주의 혁명의 길로 나아가는 데 조건을 마련해 줄 것이다"

당시 중국공산당의 많은 중요 성원들이 각자의 탐구를 통해 제기한 이 사상은 적절하지 못하고 미흡한 점들이 있었다. 이렇듯 인식이 완전하지는 못했지만 이는 중국공산당원들이 마르크스주의를 중국 국정에 응용하여 얻은 귀중한 성과로서 훗날 신민주주의혁명이론을 하는 데 중차대한 창의적 의의를 가졌다.

제6장

북벌전쟁과 혁명세력의 발전

1. 북벌전쟁 정세

북방의 반봉계(反奉系) 군벌투쟁의 실패와 광둥, 광시의 통일

"5·30"운동을 계기로 중국 혁명의 정세는 일사천리로 발전했다. 사회 각계각층은 제국주의와 북양군벌을 더 한층 증오하게 됐다. 그리고 수십 년 동안 지속되어 온 군벌의 차지, 군벌혼전의 어두운 국면을 마무리하고 나라의 독립과 통일을 실현할 것을 간절히 갈망했다. 사람들은 더욱 큰 희망과 기대를 남방의 광저우(廣州) 국민정부에 걸었다.남방과 북방의 상황은 선명하게 비교됐다. 남방의 광둥혁명(廣東革命) 근거지의 통일로 인해 혁명의 조류는 계속 거세어졌다. 비록 잠재되어 있던 반대세력도 진보하고 있었지만 아직 표면화되지는 않았다. 광저우국민정부의 전국적인 지위와 영향은 날로 커져만 갔다. 북방에서는 여러 군벌세력끼리 충돌이 격화되고 반동 통치의 위기가 날로 심해졌으며 인민혁명의 세력이 날로 강해지고 있었다.

이 시기 봉계(奉系) 군벌은 직계(直系) 군벌에 비해 북양군벌 가운데에서 지배적 위치를 차지하고 있었다. 장쭤린은 돤치루이와 결탁하여 베이징정부를 조종했다. 그리고 펑위샹의 국민군을 배척했을 뿐만 아니라 세력을 남쪽 창장(長江) 유역의 장쑤, 안후이 두 성으로 확장하여 직계 군벌과의 이익 충돌을 심화시켰다. 1925년 10월, 저장을 장악하고 있던 군벌 쑨추안팡(孫傳芳)은 푸젠, 장시, 장쑤 등 성의 지방군벌과 결탁하여 저장·푸젠·안후이·장쑤·장시 5성연합군 총사령을 맡았다. 그리고 봉계 군벌을 반대하는 전쟁을 일으켜 봉계 군벌을 장쑤, 안후이 두 성에서 내쫓았다. 우페이푸(吳佩孚)도 재기하여 한커우에서 14성토적연합군 사령의 명의로 봉계 군벌을 반대하는 기치를 내걸었다.

중국공산당은 반봉계 전쟁의 유리한 정세를 이용하기로 결정했다. 그리하여 인민대중을 동원하여 봉계 군벌과 돤치루이 정부를 반대하는 투쟁을 진행했다. 1925년 겨울부터 1926년 연초까지 베이징, 상하이, 난징, 한커우, 카이펑(開封) 등지에서 봉계 군벌과 돤치루이 정부를 반대하는 대중시위가 잇달아 일어났다. 중공중앙과 공산주의청년단중앙은 "반봉계(反奉) 전쟁에 관한 선언"에서 "오늘날 애국주의 운동을 압박해서 달아오른 반봉계 열기는 지난해 직계 군벌을 반대하던 열기보다 백 배 이상 뜨겁고 대중 속에 깊이 뿌리 박혔다. 노동자, 농민, 학생, 소상인으로부터 일부 대자산 계급에 이르기까지 거의 전 국민이 반봉계 대열에 가입했다"고 밝혔다.

전국적인 반봉계 운동의 고조는 봉계 군벌 내부의 분열을 조성했다. 봉계군벌 장교 궈쑹링(郭松齡)과 펑위샹은 리다자오의 추동으로 봉계군벌을 반대하는 밀약을 맺었다. 1925년 11월 23일, 궈쑹링은 롼저우(灤州)에서 장줘린을 반대하는 전보를 치고 소속부대를 동북국민군으로 개칭했다. 그리고 신속히 회군하여 산하이관(山海關), 진저우(錦州), 신민(新民) 등지를 점령하고 선양(瀋陽)까지 위협했다. 사전 준비를 못한 장줘린(張作霖)은 위태로운 지경에 처했다. 그 시기 일본 제국주의는 둥베이(만주)에서 더 많은 특권을 얻는 것을 조건으로 군대를 보내 장줘린을 위기에서 구했고 궈쑹링은 12월 24일에 일본군에게 피살당했다. 이로써 북방의 반봉계 투쟁 정국은 급변하게 됐다.

평위샹 국민군은 원래 러허, 차하얼, 쑤이위안, 허난, 베이징 및 즈리의 부분 지역을 통제하고 있었다. 궈쑹링이 반란을 일으켰을 때 평위샹의 군대는 톈진 등지를 점령하여 세력을 확장했다. 혁명에 치우치고 있는 국민군을 대처하기 위해 우페이푸(吳佩孚)는 영국과 일본 제국주의 획책을 따랐다. 그는 반봉계 노선을 포기하고 장줘린과 결탁하여 "반적(反赤)" 연합전선을 결성했다. 그리하여 세력을 모으고 국민군을 대처했다. 1926년 1월에 직계 군벌, 봉계 군벌은 각기 후베이, 산둥에 군대를 파견해 국민군을 공격했고 인차 허난, 즈리를 차례로 점령했다. 국민군 총사령관 평위샹은 전보를 치고 관직에서 물러났다.

3월 12일, 일본은 군함을 파견하여 톈진 다구커우(大沽口)에 대한 봉계 군벌 군함의 공격을 엄호했으며 국민군을 포격했다. 이에 국민군은 즉각 반격했다. 일본은 영, 미, 불 등 8개국의 공사와 결탁하여 '신축조약'을 수호한다는 구실로 베이징정부에 최후통첩을 보냈다. 각 제국주의 국가의 20여 척의 군함이 다구커우에 집결하여 공개적인 무력시위를 감행했다.

제국주의의 횡포에 항의하고자 베이징 각 계층의 대중 1만여 명은 중공 북방구집행위원회와 국민당 베이징집행위원회의 영도 아래 3월 18일, 톈안먼 앞에서 8개국 통첩을 반대하는 대규모 시위를 벌였다.

리다자오는 대회 주석단 성원으로 당선되었고 공산당원 왕이페이(王一飛)는 3명의 총지휘자 중 한 사람이 됐다. 회의가 끝난 후 수천 명의 청원대열이 돤치루이 정부 국무원 정문 앞에 도착했다. 그러자 위병대가 발포하여 47명이 사망하고 199명이 부상을 당하는 참사가 발생했다. 이어서 군벌정부는 시위를 영도한 리다자오와 국민당 좌파 쉬첸(徐謙) 등의 인사들에 수배령을 내렸다.

전국 인민대중은 3·18참사에 분개하여 연일 돤치루이를 규탄했다. 4월 9일, 베이징에 주둔하고 있던 루중린(鹿鐘麟)의 국민군 제1군은 돤치루이를 몰아내고 집정부(執政府)까지 뒤엎었다. 하지만 이때 봉계, 직계 연합군은 이미 베이징에 가까이 다가오고 있었다. 4월 15일 국민군은 봉·직 연합군의 맹공격을 이겨내지 못하고 베이징에서 철수하여 난커우(南口)로 퇴각했다. 국민군의 실패는 북방의 정세를 더욱 악화시켰고 수많은 대중은 광저우 국민정부에게 희망을 걸었다. 화북(華北), 화중(華中) 지구의 국민당 지방당부와 혁명 대중단체는 광저우에 전보를 보내거나 사람을 파견하여 국민정부에 군대를 파견해 북벌할 것을 요청했다.

이 시기 광저우 국민정부의 세력은 더 강화됐다. 리쭝런(李宗仁), 황사오훙(黃紹竑)등은 광둥 혁명 근거지의 통일을 완수한 후 광시(廣西)를 즉각 통제했다. 그리고 1926년 2월 광저우 국민정부의 영도를 받는다고 선포했다. 3월에 광저우에서 열린 광둥, 광시 통일회의에서는 광둥, 광시 통일 방안을 채택했다. 그리하여 광시성정부는 국민정부의 영도를 받으며, 광시군대를 국민혁명군 제7군으로 개편하며 광둥과 광시의 재정은 국민정부가 직접 감독한다고 결정했다. 광둥, 광시의 통일로 광둥 혁명 근거지는 더 확대되었고 세력도 뚜렷이 강화됐다. 이와 동시에 후난군벌 자오헝티(赵恒惕·조항척) 부대의 사장 탕성즈(唐生智)도 비밀리에 대표를 파견하여 국민정부에 대한 호의를 표명했다. 3월에 탕성즈는 군사를 일으켜 후난성장 자오헝티를 몰아냈다. 5월에 국민정부는 탕성즈의 부대를 국민혁명군 제8군으로 개편하고 탕성즈를 군장 겸 북벌전방 총사령관으로 임명했다. 6월에 후난성 임시정부의 창건을 공개적으로 선포했고 탕성즈를 성장으로 임명했다. 광둥 광시의 통일과 탕성즈의 거병은 국민혁명군의 대규모 북벌에 유리한 조건을 마련했다.

혁명의 영도권을 탈취하기 위한 장제스의 음모와 활동

북벌이 정식으로 국민정부의 의사일정에 상정된 후, 국민당중앙 상무위원, 국민혁명군 제1군 군장, 황푸사관학교 교장, 광저우 위수사령과 국민혁명군 군사총감을 맡은 장제스는 북벌의 대규모적인 군사행동을 절호의 기회로 삼았다. 그는 이것을 기회로 자기 세력을 확장하고 개인 독재통치권을 강화했다. 그는 또 공산당을 대표로 하는 혁명세력이 자신의 야망을 이루는 데 가장 큰 장애물이라고 간주했다. 북벌전쟁 전, 그는 공산당, 소련 고문을 제압하고 영도권을 쟁탈하려는 일련의 음모활동을 계획했다.

이 시기 왕징웨이는 국민당중앙 정치위원회 주석, 국민정부 주석과 군사위원회 주석 등 3개 직책을 겸임하고 있었고 당, 정, 군 대권을 직접 통제하고 있었다. 그는 소련 고문과 밀접히 연계하며 공산당에 접근했다. 국민당의 주요 인물인 후한민(胡漢民), 쉬충즈(許崇智)등이 광저우를 떠나자 장제스와 왕징웨이 둘 사이에는 국민당 최고 영도권을 차지하기 위한 갈등이 불거지기 시작했다. 1926년 2월 26일, 장제스는 갑자기 왕징웨이의 측근인 국민혁명군 제1군 제2사 사장 왕마오궁(王懋功)을 억지로 잡아두고 이튿날 그를 다른 지방으로 보냈다. 그리고 그의 아랫사람 류즈(劉峙)를 광저우 경비를 맡은 제2사 사장으로 임명하여 후환을 없애버렸다.

장제스의 이런 움직임에 대해 보로딘은 아무런 경계심도 보이지 않았다. 2월에 소련공산당(볼셰비키) 중앙위원, 소련홍군 총정치부 주임 보보노브는 소련공산당 사절단을 인솔하여 중국으로 왔다. 보로딘이 베이징에서 보보노브 사절단에게 사업상황을 보고하면서 다음과 같이 말했다. "광저우 국민정부는 국민당 좌파 왕징웨이와 장제스에게 장악되어 있습니다. 국민혁명군의 군장 6명 중 4명은 믿을 만한 사람들입니다. 그중에는 제1군 군장 장제스도 포함됩니다" 보로딘이 이 말을 한 뒤 한 달도 지나지 않아 장제스는 공산당을 탄압하는 사건을 조작하게 된다.

3월 18일, 황푸사관학교 광둥성 주재 사무소 주임 어우양중(欧阳鐘)은 "장 교장의 명령"이라면서 해군국 대리국장, 공산당원 리즈룽(李之龍)에게 전투력을 갖춘 군함을 황푸에 파견하여 대기할 것을 알렸다. 리즈룽이 파견한 중산함이 황푸에 도착한 후 장제스는 군함 파견 명령을 부인했다. 이때 소련 고문과 공산당원들이 장제스를 납치하려 한다는 등 헛소문이 퍼지기 시작했다. 3월 20일, 장제스는 광저우에서 긴급계엄령을 선포하고 리즈룽을 체포한 다음 수많은 공산당원을 감시하고 가두었다. 그리고 홍콩대파업위원회의 노동자규찰대 무장을 해제하고 소련영사관을 포위했으며 소련 고문을 감시했다. 이것이 바로 중산함 사건(또는 3·20사건)이다.

중산함 사건은 황푸사관학교의 일부 진보적인 학생들의 분노를 샀다. 그들은 학교에 표어를 붙여 공산당원을 체포한 장제스의 행위를 규탄하고 거리로 나가 시위행진을 진행하려고 했다. 광둥의 국민혁명군 6개 부대 가운데 5개 부대의 군장은 장제스와 갈등이 있었다. 장제스가 직접 장악한 제1군에도 공산당의 영향은 아주 컸다. 광저우와 그 부근에도 공산당이 직접 이끄는 예팅독립연대와 2,000여 명 노동자규찰대, 10만여 명의 조직된 노동자들이 있었다. 이 시기 장제스는 공산당과 결별할 수 있을 정도의 충분한 세력을 갖추지 못했고 그가 취한 여러 가지 조치는 여전히 탐색에 그치는 수준이었다. 그는 돌격으로써 상황을 긴장시키고 이후 양면적인 태도를 취하여 모순을 완화시키려고 했다. 심지어는 왕징웨이를 우두머리로 하는 중앙군사위원회에 "엄격한 처분을 자청하는" 공문을 제출하여 갑작스레 일어난 상황이어서 "독단적 행위에 대해 용서를 구할 필요도 없다"[105]고 발언했다. 그는 또 이번 행위는 광저우의 여타 군대와는 관계가 없다고 언급했다. 장제스의 회유에 각 군의 군장, 예를 들면 탄얜카이, 주페이더(朱培德), 리지선(李濟深) 등은 중립적인 입장에서 장제스를 지지하는 입장으로 바뀌었다. 3월 22일, 국민당중앙정치위원회는 장제스의 의견에 따라, 황푸사관학교와 제1군의 공산당원을 배제하고 소련 고문 지산자(季山嘉) 등의 직무를 해제했다. 그리고 제2사 각급 당대표를 철수시키고 "본분을 지키지 않는" 군관을 처리할 것에 관한 의안을 통과시켰다. 고립되고 속수무책의 처지에 빠진 왕징웨이는 병이 낫다는 핑계로 직무에서 물러날 수밖에 없었다.

중산함 사건 후 마오쩌둥, 저우언라이 등은 장제스에 강경하게 대응할 것을 주장했다. 중공 광둥구위원회도 장제스에 대한 반격을 강하게 언급했다. 하지만 광저우의 보브노브 사절단은 이에 대해 반대했다. 좌파는 아직 장제스와 대항할 만한 힘을 갖추지 못한 상태이며 펑위샹의 국민군은 북방에서 큰 좌절을 당했다고 말했다. 이러한 점을

---

105 〈광저우민국일보〉1926년 3월 26일.

미루어 볼 때 지금 반격에 나서면 남방의 장제스와의 관계가 악화되어 소련의 대중국 정책에 영향을 줄 것이라고 했다. 심지어 이번 사건의 발생은 고문단의 사업, "주로 군사사업 면에서 범한 과오"[106]때문이라고 주장했다. 사건 발생 이후 광저우에 돌아온 보로딘역시 장제스와 화해할 것을 권했다.

상하이에 있는 중공중앙과 천두슈는 처음에는 중산함 사건에 대해 완전히 파악하지 못했다. 그래서 입장을 즉각 표하지 못했다. 보브노브 사절단은 상하이에 도착하자마자 사건의 자초지종을 설명했다. 그러자 천두슈는 "그들의 타협과 양보로 인해 사건의 본질과 장제스의 음모를 파악하지 못했다. 이번 사건은 좌파 내부에서 생긴 오해로 일어난 사건이다. 따라서 간단하게 장제스를 징벌하는 것으로 해결해서는 안 된다"고 했다.

장제스와 왕징웨이 사이의 관계를 파괴할 수 없고 제2, 제3군과 장제스 제1군과의 충돌이 있어서는 안 된다는 그릇된 인식을 가지게 됐다. 중공중앙은 타협정책의 지도 아래 장제스의 무리한 요구를 받아들여 제1군의 공산당을 철수시켰다. 제1군에서 공산당원들이 강제적으로 철수당한 후 마오쩌둥과 저우언라이는 이 세력을 기타 부대에 파견할 것을 주장했다. 그러나 중공중앙은 그들의 주장을 받아들이지 않았다.

장제스는 중산함 사건을 통하여 공산당을 타격했다. 그뿐만 아니라 왕징웨이와 국민당 좌파에게도 타격을 가하여 자신의 정치적, 군사적 지위를 한층 더 공고히 했다. 이 사건은 국공관계 발전사의 전환점이

---

106 〈광저우 소련 고문단 전체 인원 대회에서의 보브노브의 보고〉(1926년 3원 24일), 중공중앙 당사연구실 제1연구부 편역:《국제공산당, 소련공산당(볼셰비키)과 중국 혁명 당안자료 총서》제3권 베이징도서관출판사 한문판, 1998년, 161쪽

됐다. 장제스가 잇달아 취한 주요 계획은 국민당의 영도 기관에서 공산당원을 몰아내고 국민당 당권을 완전히 장악하는 것이었다. 5월 15일, 국민당은 중앙집행위원회 제2기 제2차 전원회의를 소집했다. 장제스는 양당의 관계를 개선한다는 구실로 공산당의 국민당 내부 세력 확장이 "당내 갈등"을 조성하는 것을 피하고자 "오해를 없애는 구체적인 방법"을 고안해야 한다고 주장했다. 이어서 그는 소위 "당무정리안"을 제출했다. 주요 내용은 공산당원이 국민당 고급 당부에서 집행위원을 맡는 비율이 각 당부 전체 집행위원의 3분의 1을 초과하지 못한다는 것이다.

그리고 중국공산당은 국민당중앙 각 부의 부장직을 맡지 못하며 국민당에 가입한 중국공산당 명단 전부를 반드시 바쳐야 한다는 등의 내용이었다. 회의 전 장제스는 보로딘과 여러 차례 협상하여 자기 요구를 들어줄 것을 제안했다. 보로딘은 중공당원은 계속해서 국민당에 남아있어야 한다는 소련공산당(볼셰비키)중앙정치국의 방침에 따라 장제스에게 양보하는 태도를 취했고 중공중앙과 협상하지 않은 상태에서 장제스의 요구에 동의했다.

국민당 중앙집행위원회 제2기 제2차 전원회의에 참석한 중공당원, 공청단원들은 "당무정리안" 사안에 대해 의견이 일치하지 않았다. 중공당원, 공청단원을 지도하는 장궈타오는 보로딘의 의견에 따라 "당무정리안"을 접수할 것을 요구하며 그 방안을 순조롭게 통과시켰다. 그리하여 결국 국민당중앙 부장과 대리부장을 맡았던 공산당원 탄핑산(譚平山), 린주한(林祖涵), 마오쩌둥 등은 사임할 수밖에 없었다. 장제스는 국민당중앙 조직부 부장과 군인부 부장을 겸임하게 되었고 연이어 국민당중앙 상무위원회 주석과 국민혁명군 총사령에까지 임명됐다. 장제스의 권력은 빠른 속도로 확장됐으며 장제스 혼자서 국민당, 국민정부와 국민혁명군의 대권을 장악하게 됐다.

2. 중국공산당이 북벌을 준비하다

　중국에 있는 소련고문과 중국공산당은 국민혁명군의 북벌을 적극 지지했다. 1925년 3월 동정군이 산터우(汕頭)를 점령한 후 광저우 혁명정부 군사 총고문 갈렌은 북벌문제를 기획하기 시작했다. 9월 갈렌은 "향후 남방사업의 전망 또는 1926년 국민당 군사 기획"에서 정식으로 북벌계획서를 제출했다. 그는 1926년 하반기 초에 북벌을 시작할 수 있다며 가설했고 군사배치안을 작성했다. 1926년 1월 보로딘은 국민당 제2차 대표대회에서 북쪽으로 진출하려는 당위성을 강조하며 연설했다. 2월 중순, 보로딘(鮑罗廷)은 보브노브 사절단에 사업상황을 보고하면서 북벌은 "일각도 지체할 수 없다"며 이에 대해 더 명확한 설명을 덧붙였다. 북벌에는 쑨중산의 "군사토벌"과 또 다른 혁명적 내용이 깃들었으며 북벌은 반드시 대중혁명운동, 특히 농민의 토지혁명(토지 개혁을 강조하여 이르는 말)과 연관돼야 하므로 명확한 지도와 강령이 뒤따라야 한다고 지시했다. 보브노브는 또 중국의 상황을 연구한 후 "지금부터 즉각 우페이푸에 대해 보다 더 적극적인 행동을 취하도록 광저우 정부에 요구해야 한다"고 지적했다. 그러고는 "농민대중 입장을 '생각하지 않고' 북벌을 한다면 착오를 범하게 될 것이 뻔하다"[107]고 강조했다.

　1926년 2월 21일부터 24일까지 중공중앙은 베이징에서 특별회의

---

[107] 《보브노브의 광저우 소련 고문단 전체 인원 대회에서의 보고》(1926년 3월 24일), 중공중앙 당사연구실 제1연구부 편역:《국제공산당, 소련공산당(볼셰비키)과 중국 혁명 당안자료 총서》제3권, 베이징도서관출판사 한문판, 1998년, 168쪽.

를 소집했다. 회의는 다음과 같이 의안을 정리했다. 영, 일 제국주의의 지지를 얻은 우페이푸, 장쭤린은 "반적(反赤)" 연합전선을 추진해서 국민군을 공격하기 시작했다. 이는 당연히 광둥의 혁명 근거지를 위협하게 될 것이다. 그러므로 "요즘의 시국이야말로 중국혁명 생사의 갈림길이다. 북방에 혁명세력을 모두 집중시켜 제국주의의 반격을 억제하는 것도 중요하지만 근본적인 해결책은 광저우 국민정부의 북벌 승리이다" "당의 현재 정치상 주요 임무"는 각 방면에서 북벌을 추진하는 것이며 "북벌의 정치 강령은 당연히 농민 문제를 해결하는 것을 기초로 해야 한다"

이에 베이징 특별회의는 다음과 같이 밝혔다. 농민은 노동계급에게 가장 필요한 존재이며 가장 믿음직한 동맹군이다. 하지만 농민운동은 국민당 또는 펑위샹국민군의 정권 아래서만 발전할 수 있으며 당은 이 정권을 여러 성에 확장시켜 농민운동의 기초를 마련해야 한다. "그러므로 광둥국민정부의 북벌은 가장 중요한 문제가 됐다" 회의는 또 다음과 같이 지적했다. 북벌 준비는 "광둥에서의 군사준비뿐만 아니라 광둥 외 북벌 진행 노선인 후난, 후베이, 허난, 허베이, 즈리 등 성에서도 민중의 적극적인 호응을 필요로 하며 특히 농민 조직을 필요로 한다" 이는 농민운동과 혁명전쟁, 정권탈취의 결합을 의미한다.

또 베이징 특별회의는 무장투쟁 문제에 대해서도 한층 더 깊은 인식을 가져왔으며 다음과 같이 심도 있게 지적했다. "중국의 조류는 대중을 선동하고 대중을 조직하던 것에서부터 바야흐로 대중을 무장시키게 하는 시기에 이르고 있다" "군사사업은 현재 C.P.에서 가장 중요한 지위를 차지하고 있으므로 중국 C.P.는 이 사업을 특별히 주의해야 한다" 따라서 회의는 군사위원회를 조직하고 그 아래에 베이징, 허난, 광저우 세 개 군위 분회를 둘 것을 결정했다.

천두슈는 병으로 회의에 참석하지 못했지만 북벌을 적극 찬성하고 지지했다. 그는 상하이에서 전문을 보내어 "북벌의 문제점은 반드시 해결해야 한다"고 말했다. 그는 1926년 6월 30일에 소집된 국제공산당집행위원회 극동국 회의에서 지금 중공중앙 내부에서는 광저우의 내, 외부적 위협을 타파하기 위해 합심하여 북벌을 주장하고 있다[108]고 설명했다. 그리고 왕징웨이와 장제스에게 각각 서한을 보내어 정부에서 군사를 보내 북벌을 단행할 것을 강력하게 요청했다. 이어 중공의 북벌을 반대한다는 장제스의 논조를 단호히 반박했다. 그리고 중공은 "근본적으로 북벌을 반대하는 것이 아니며" 다만 "광둥은 현재 북벌의 실력을 쌓으면서 경솔히 모험적인 시도를 하지 말 것"[109]을 주장할 뿐이라고 지적했다.

국제공산당집행위원회 극동국 회의

국제공산당은 중국 및 조선과 일본 등 나라의 혁명에 대한 직접적인 영도를 강화하기 위해 1926년 6월 상하이에서 극동국을 설립했다. 주요 성원은 보이틴스키(주석), 라파엘로(拉菲爾), 그렐(格列爾), 푸징(福京)과 중·일·조 세 나라 공산당 대표 각 1 명이 있었다. 극동국은 천두슈가 중공중앙을 대표하여 극동국에 참가하고 보이틴스키가 중공중앙 집행위원회 사업과 회의에 참가할 것을 결정했다. 중국 혁명의 중대한 문제는 국제공산당 극동국과 중공중앙 연석회의를 통해 결정됐다. 1927년 4월 국제공산당 극동국은 해산됐다.

당의 각 급 조직에서는 북벌을 충분히 지지했고 중공중앙 베이징 특별회의 정신에 따라 적극적으로 노농운동을 발전시켰다. 그리하여 국민혁명군의 북벌에 유리한 조건을 제공했다. 1926년 5월 초, 전국

---

108 《국제공산당 집행위원회 극동국 회의 제2호 기록》(1926년 6월 30일) 참고, 중공중앙당사연구실 제1 연구부 편역 : 《국제공산당, 소련공산당(볼셰비키)과 중국 혁명 당안자료 총서》제3권, 베이징도서관출판사 한문판, 1998년, 317쪽.
109 두슈 : 《장제스에게 보내는 한 통의 편지》, 《향도》제157기, 1926년 6월 4일.

공회 회원은 120만여 명으로 늘어났고 농민협회 조직은 10여 개 성에 전파되어 회원이 100만 명에 가깝게 늘어났다. 5월 상순과 중순, 광저우에서 제3차 전국노동대회와 광둥성 제2차 농민대표대회가 동시에 소집됐다. 대회에 참석한 농민대표는 광둥성 66개 현에서 선출된 200여 명의 대표 외에 후난, 후베이, 광시, 푸젠, 장시, 허난, 저장, 장쑤, 산둥, 산시, 구이저우 등 성의 대표들도 있었다. 이는 사실상 전국농민대표자대회 역할까지 하게 된 것이나 다름없다. 두 대회에서는 노농조직을 공고하게 확대하고 긴밀한 노농연맹을 결성하며 혁명군과 각 계층 혁명 대중과 대연합을 이루고자 했다. 그리고 국민정부의 북벌을 독촉하고 원조하는 것이 현 시기의 중요한 임무라고 밝혔다. 두 대회는 서로 연대하여 국민정부에 신속히 군사를 파견하고 북벌을 진행함으로써, 군벌을 타도하고 중국 통일을 이룩할 것을 청원했다. 노농대중은 국민정부의 든든한 뒷받침이 될 것을 적극 표명했다.

북벌에 대해 국제공산당과 소련공산당(볼셰비키) 중앙은 국민정부는 세력을 집중하여 광둥혁명 근거지를 더욱 확고히 다지는 것이 중요한 과업이라고 생각하여 처음에는 찬성하지 않았다. 중산함 사건 이후 소련공산당 중앙은 숨돌릴 시간이 필요하다고 강조하면서 "광저우는 광저우를 제외한 새로운 지역을 점령할 계획과 목표를 내놓지 말아야 하며 현 단계에서는 주의력을 내부 사업에 집중시켜야 한다"[110]는 결정을 내렸다. 국제공산당도 광저우국민정부가 현재 북벌을 진행하는 것을 반대한다고 명확하게 입장을 표명했다.[111] 모스크바의 태

---

110 《소련공산당(볼셰비키) 중앙정치국회의 제18호(특자제13호)기록》(1926년 4월 1일), 중공 중앙당사연구실 제1 연구부 편역 : 《국제공산당, 소련공산당(볼셰비키) 중국 혁명 당안자료총서》제3권, 베이징도서관출판사 한문판, 1998년, 191쪽.

도와 중산함 사건의 영향으로 국제공산당 극동국 책임자 보이틴스키는 장제스가 국민당중앙을 장악한 상황에서 북벌을 진행하면 해가 될 것임을 경고했다.

중산함사건과 당무 정리안 등의 사건으로 천두슈와 중앙의 일부 지도자들은 장제스의 야심과 군사독재 성향을 우려하기 시작했다. 더불어 악화된 북방혁명정세와 보이틴스키 등 고문관의 설득 탓에 신속한 북벌을 주장하던 천두슈의 태도 역시 바뀌었다. 그는 7월 7일 〈향도〉에 "국민정부의 북벌을 논하다"는 글을 발표하여 북벌은 시기가 성숙되지 못했고, 현재 실질적 문제는 북벌을 어떻게 하는가가 아니라 어떻게 방위하는가에 있다"고 했다. 그는 또 북벌에 "만약 투기(기회를 틈타 이익을 좇는) 정치군인의 개인적인 권위욕을 만족시키기 위한 활동이 들어 있다면 북벌이 큰 성과를 거둘지라도 군사적 승리일 뿐 혁명의 승리가 아니다"고 했다. 장제스에 대한 천두슈의 대응책이 전혀 없는 것은 아니었다. 하지만 그의 글은 광저우국민정부의 북벌 전에 발표되어 중국공산당을 정치적으로 매우 큰 수세적 상황에 처하게 했다. 이 기고는 당내외 많은 인사들의 비판을 받았다.

중국공산당은 북벌이 시작된 후 자산계급과 국민당 및 장제스에 대한 방침을 제정하기 위해 국제공산당 극동국의 직접적인 영도 아래 7월 12일부터 18일까지 상하이에서 중앙집행위원회 제4기 제2차 확대회의를 열었다.

회의는 민족자산계급의 상황을 분석하면서 " '5·30'이후 중국의 자산계급은 점차 민족운동의 중요한 세력으로 변화됐으며 이번 운동을

<hr>

111 《국제공산당 집행위원회 극동국서기처 회의 제3호 기록》(1926년 4월 27일) 참고, 중공중앙 당사연구실 제1 연구부 편역 : 《국제공산당, 소련공산당(볼셰비키)과 중국 혁명 당안자료 총서》제3권, 베이징도서관출판사 한문판, 1998년, 227쪽.

영도하려는 경향을 보이고 있다" "하지만 자산계급의 특성은 일단 작은 승리라도 취득하여 그 계급의 요구가 적당히 만족되기만 하면 즉시 타협적인 모습을 나타낸다. 이어 대중을 떠나 혁명을 배반하고 적과 타협한다"고 지적했다. 회의는 "만약 자산계급이 국민혁명에 참가하지 않는다면 필시 심상치 않은 어려움에 처하게 되거나 심지어 위험한 상황에 빠지게 될지 모른다" 또 "제국주의에 이용당할 가능성이 있으므로 너무 일찍 그들을 적대시하지 말아야 한다"고 했다. 이런 모순되는 심리 상태로 인해 회의는 자산계급과 타협할 의사를 밝히기도 했지만 혁명 중 일어날 수 있는 자산계급의 역할을 과대 예측했다. 비록 우경 또는 좌경 두 가지 착오적 경향을 방지할 것을 주장했지만 투쟁 때문에 자산계급이 놀라 달아나서 "혁명운동이 무산될 것"을 두려워했다. 회의는 장제스를 신우파로 간주했다. 그러면서도 노우파와는 질적으로 구별된다고 강조하면서 그를 좌경으로 바꾸려고 했다. 회의에서는 국민당에 대한 책략을 "좌파를 확대하고 좌파와 밀접히 연합하여 그들과 함께 중간파를 끌어 들여 공개적으로 우파에게 반격하는 것이다"고 결론지었다. 하지만 여전히 구 우파를 중요한 투쟁 대상으로 간주했다. 그들은 또한 신 우파 장제스가 공산당 세력과 영도권을 쟁탈할 수 있는 매우 위험한 적으로 성장했음을 인식하지 못했다.

회의에서 통과된 '군사운동의결안'은 중공중앙이 처음으로 정식 제출한 군사문제에 대해 결의했다. 결의는 당이 "상당한 정치선전을 진행할 것"을 강조하고 "진보적인 군사세력"의 성장을 도울 것을 강조했다. 그렇지만 당이 직접 군대를 장악하기 위해 노력해야 한다는 점을 제안하지는 못했다. 이는 당이 아직 군사사업의 크고 넓은 중요성을 충분히 인식하지 못했고 여전히 주된 고민이 대중운동에 대한 영도에 있었다는 것을 의미한다.

회의는 농민운동에게 다시 한 번 시선을 주며 다음과 같이 지적했다. "농민의 정치적 각오 및 정치적 생활에서의 지위는 날로 높아질 것이며 농민은 민족해방운동의 주요 세력이 될 것이다" 당은 "농민세력을 쟁취해야 하며 농민운동의 지도권을 취득해야 한다" 하지만 구체적 정책을 정하는 데 있어 회의는 농민운동에 대해 적절하지 못한 제한을 두었다.

이번 확대회의는 당에 노농운동을 발동해서 북벌전쟁에 적극 협력하는 역할을 맡게 했다. 하지만 회의는 국민당 신우파 세력의 성장을 막을 효과적인 방안을 제시하지는 못했다.

3. 북벌의 승리적 진군

후베이, 후난 전장에서의 작전

1926년 7월 9일 북벌전쟁은 "열강을 타도하고 군벌을 제거하자"는 힘찬 구호로 시작됐다. 북벌전쟁의 주요 목적은 제국주의 지지를 받는 북양군벌의 반동통치를 무너뜨리고 중화민족의 독립, 자유, 민주와 통일을 구현하는 것이었다. 이는 쑨중산의 오랜 소망이며 전국 인민의 바람이었다.

이 시기 북양군벌의 군사력은 여전히 매우 강대했다. 직계(直系) 우페이푸는 후베이, 후난, 허난 등 3개 성 및 즈리 바오딩保定) 일대를 장악하고 있었고 약 20만 병력을 보유하고 있었다. 직계 쑨촨팡(孫傳芳)은 장쑤, 저장, 안후이, 장시, 푸젠 등 5개성을 차지하고, 약 20만의 병력을 보유하고 있었다. 봉계군벌 장쭤린은 동북 3성, 러허(熱河), 차하얼(察哈爾)과 베이징, 톈진 지역을 차지하고 있었다. 게다가 그의 통제를 받는, 산둥을 통치하고 있는 장쭝창(張宗昌)의 군대까지 합하면 약 30만 명의 병력을 보유하고 있었다. 이 밖의 기타 성에도 많은 수의 작은 군벌들이 있었다. 하지만 국민군은 8개 군밖에 없었고, 병력이 10만 명 안팎에 지나지 않았다. 쌍방의 병력 숫자로 볼 때 북양 군벌은 절대적으로 우세했다. 하지만 북양군벌의 통치는 이미 민심을 잃었고 내부에는 심각한 갈등이 존재했다. 따라서 북벌군은 이러한 갈등을 이용하여 그들을 격파할 수 있는 기회를 얻게 됐다. 북벌이 시작되자 장쮜린은 북벌군의 힘을 빌려 우페이푸의 세력을 약화시키려 하였다. 그렇기에 전쟁의 사태에 대해 관망하는 입장을 견지했다. 쑨촨팡은 "경계를 보호하고 민중을 안정시킨다"는 기치 아래 일시적으로 중립을 지켰다. 우페이푸의 주력 부대는 북방에서 펑위샹의 국민군을 공격하고 있었다. 후난, 후베이의 병력은 전투력이 취약한 비정규군을 포함하여 10만 명밖에 되지 않았고 탕성즈를 공격하면서 광둥을 엿보는 데 사용된 병력은 4만~5만 명밖에 되지 않았다. 이에 북벌군은 무엇보다 먼저 세력을 모아 후난, 후베이 전투에서 우페이푸의 부대를 타격할 수 있었다.

1925년 9월에 소련 군사고문 갈렌은 일찍이 병력을 집중시켜 적을 각개(적을 하나하나 나누어 무찌름) 섬멸하는 북벌 군사전략지침을 제시했다. 하지만 국민혁명군 장령들은 각자의 속셈이 따로 있었다. 때문에 1926년 4월 국민정부 군사위원회에서 북벌진군 계획을 토론할 때 후난과 장시로 진군할 것과, 우페이푸와 쑨촨팡에 대한 분쇄작전을 개시할 것을 동시에 주장했다. 갈렌은 광저우에 돌아와 이 문제점을 알아차리고 즉시 계획을 수정할 것을 요구했다. 갈렌의 설득과 여러 차례의 협상을 거쳐 각 군의 장령들은 병력을 집중하여 적을 각개 섬멸하는 전략지침에 동의했다. 우선 후난, 후베이로 진군하여 신속히 우페이푸의 부대를 섬멸함과 동시에 쑨촨팡과 회담을 한다. 그리고 후난, 장시 외곽과 광둥, 푸젠 외곽에 일부 병력을 파견하여 감시하고 방위한다. 그러고는 후난, 후베이 전장의 승리를 거둔 후 병력을 집중하여 쑨촨팡을 섬멸하고 그 후 병력을 집중하여 장쭤린을 섬멸함으로써 전 중국을 통일한다. 나중에 사실이 증명하다시피, 갈렌의 전략적 구상은 북벌전쟁이 승리할 수 있는 중요한 요건이었다.

위에 기술한 전략방침에 근거하여 1926년 5월 국민혁명군 제7군의 1부와 제4군 소속 예팅(葉挺)독립연대 등 부대는 선두부대가 됐다. 그러고 나서 우페이푸의 지원군에게 격파되어 형양(衡陽)에서 철수한 제8군 탕성즈(唐生智)의 부대를 지원하게 됐다. 이때부터 북벌의 진군 서막이 열렸다. 국민혁명군의 8개 군 중에서 제4군에 공산당원이 가장 많았다. 예팅독립연대는 그중에서도 전투력이 가장 강한 부대였다. 독립연대는 전쟁에 나서자마자 큰 전공을 세웠다. 6월 초에 독립연대는 후난 안런(安仁)현에 도착하여 안런으로 진군하는 직계 군대를 격퇴시켰다. 그 후 곧바로 유현(攸縣)을 점령했다. 이와 동시에 제7군의 일부도 형양 일대에 도착하자마자 제8군과 연대하여 직계 군대의 공격을 물리쳤다. 북벌군은 첫 전투에서 승리를 거둬 후난의 전세를 안정시키고 북으로 진군하는 통로를 확보하게 됐다.

7월 초에 제4군과 제7군의 주력은 후난의 형양과 유현에 도착한 후 제8군과 연대하여 세 갈래로 나누어 창사(長沙)를 공격했다. 7월 11일, 북벌군은 창사를 점령했다. 이 시기 장제스는 직접 전선에 나가기로 결정하고 7월 27일 그의 직계 부대인 제1군 제1사, 제2사를 인솔하여 광저우에서 북상했다.

창사를 점령한 후 북벌군의 일부 장군들은 즉각 후베이와 장시 두 방향으로 진격할 것을 다시 주장했다. 중공중앙은 신속히 국민정부에게 "북벌 군사전략은 장시에 대한 공격을 잠시 보류하고 우한부터 공격함으로써, 5개 성이 토적(討赤·적을 토벌함) 풍파 등 오해에 말려들지 않도록 하는 것"[112]이라고 건의했다. 8월 12일에 장제스는 창사에서 군사회의를 소집했다. 회의에서 논쟁이 있었지만 갈렌의 설득으로 세력을 집중하여 우한으로 진군해서 우페이푸를 타격하기로 했다. 쑨촨팡(孫傳芳)에 대해서는 계속 중립정책을 취하며 군사상 장시를 경계할 일에 대한 결의를 채택했다. 갈렌은 이에 근거하여 구체적인 작전계획을 수립했다. 8월 중순 북벌군은 계속 북쪽으로 진군하여 19일에 핑장(平江)을, 22일에 웨저우(岳州)를 점령하고 연이어 후베이(湖北)로 진군할 수 있었다.

우페이푸는 북벌군이 우한을 곧바로 공격할 태세를 보이자 급히 북방에서 국민군을 공격하던 직계 주력을 남하시켰다. 그리고서는 지형이 험난한 팅쓰(汀泗)교 일대에 방어력을 배치했다. 8월 26일, 국민혁명군 제4군과 제7군은 팅쓰교를 향해 총공격을 단행했다. 적이 험한 지세를 이용하여 악착같이 버티는 바람에 전투는 몹시 치열해졌다. 투지가 왕성한 북벌군은 8월 27일에 팅쓰교를 단숨에 무너뜨려 우한으로 통하는 남대문을 열었다. 당황한 우페이푸는 남하한 직계 주력을 직접 인솔하여 셴닝(咸寧)을 증원했다. 예팅독립연대는 팅쓰교를 공격하는 험난한 전투가 끝나자마자 숨 돌릴 틈도 없이 승승장구의 기세로 적을 추격했다. 그리하여 직계 주력부대가 도착하기 전 단번에 셴닝을 차지해 버렸다. 8월 30일에 제4군, 제7군은 허성(賀勝)교를 점령하여 우페이푸의 주력군을 격파하고 연이어 우한으로 진군했다. 9월 상순에 제8군은 창장(長江)을 건너 한커우(漢口)와 한양(漢陽)을 차례로 점령했다.

| 112 《중앙국에서 북방구에 보내는 편지》(1926년 8월 11일), 《중공중앙 제1차 국내 혁명전쟁시기 통일전선문건선집》, 당안출판사 한문판, 1991년, 252쪽.

북벌이 시작된 후 장제스의 직계부대 제1군은 줄곧 예비군 역할을 하면서 적들과 격전을 치르지 않았다. 제8군이 한커우와 한양을 공격할 때에야 장제스는 비로소 제1군 제2사를 지휘하여 기타 북벌군과 함께 우창(武昌)을 공격했다. 장제스의 지휘 실책으로 우창 공격전은 거듭 좌절당했다. 장제스가 군대를 장시 전장에 돌린 후 10월 10일 북벌군 제4군과 제8군은 또다시 우창에 총공격을 개시하여 우창을 점령하고 1만여 명의 수비군을 생포함으로써 우페이푸의 부대는 거의 소멸됐다.

우창 공격 시 예팅독립연대는 또 한 번 큰 공을 세웠다. 성을 공격하라는 명령이 떨어지자 예팅은 즉각 장병들을 동원하여 성에 오를 대나무사다리를 준비했고 몸소 전 연대를 지휘하여 성을 공격했다. 공산당원과 공청단원들은 빗발치는 총알을 무릅쓰고 용감히 싸웠다. 결사대로 나선 제1영은 성을 공략할 때 적들의 맹렬한 사격을 받아 20분도 안 되는 사이에 10여 명밖에 남지 않았다. 영장(英將·영특하고 용맹한 장수)이자 공산당원인 차오위안(曹淵)은 머리에 총탄을 맞고 그 자리에서 전사했다. 제2영의 공격도 여러 차례 실패하여 수많은 사상자를 냈다. 하지만 전 연대의 장병들은 강건한 희생정신과 희생을 두려워하지 않는 영웅적 기개로 앞장서서 우창성을 공략했다. 전투가 끝난 후 독립연대 당 지부에서는 우창 홍산(洪山)에 성 공략 관병 '열사 묘지'를 만들고, 전역에서 희생된 차오위안 등 191명의 열사를 안장하고 추모하기로 결정했다. 묘비에는 "정신은 영원히 살아있다(精神不死)" "선열의 피 주의의 꽃(先烈之血主義之花)" "열사들의 피로 물든 철군의 영예(諸烈士的血鑄成了鐵軍的榮譽)" 등 비문을 새겼다. 이 열사묘비는 북벌 과정에서 희생을 두려워하지 않고 용감무쌍함을 보여준 공산당원과 혁명 군인들에 대한 역사의 산 증거라고 할 수 있다.

장시, 푸젠, 저장, 장쑤 전장에서의 작전

국민혁명군은 북벌 개시 후 3개월이라는 짧은 기간에 안하무인격이던 우페이푸를 추풍이 낙엽을 쓸어버리듯 일거에 격파하고 후난, 후베이 두 성을 점령했다. 이 사태에 크게 놀란 쑨촨팡(孫傳芳)은 원래의 중립 태도를 바꾸었다. 1926년 8월 말에 그는 갑자기 많은 병력을 파견하여 장시로부터 후난과 후베이의 북벌군 측면을 공격했다. 그래서 북벌군의 퇴로를 차단하고 우창의 위기를 만회하고자 했다. 전세의 변화와 더불어 9월 초에 국민혁명군 제2군, 제3군, 제6군과 제1군 제1사 등 부대는 전광석화처럼 장시를 공격했다. 그리하여 간저우(贛州), 퉁구(銅鼓), 슈수이(修水), 핑샹(萍鄕) 등 지역을 점령했고 9월 중순에는 난창(南昌)마저 점령했다. 쑨촨팡은 병사를 운송할 수 있는 난쉰(南潯) 철도를 이용하여 유리한 조건을 가지고 신속히 반격에 나섰다. 그러나 장제스 직계부대 제1군 제1사는 명령에 복종하지 않았고 사장 왕바이링(王柏齡)은 죽음이 두려워 도망치고 말았다. 게다가 각 군 사이에 협동 작전이 부족해 난창을 점령한 제6군은 큰 타격을 입었으며 제1사는 거의 전멸됐다. 그리하여 난창은 또다시 적의 수중에 떨어지고 말았다. 중공중앙은 장시전투의 실패에 대해 갈렌에게 "현재 북벌 전략을 취함에 있어서 모든 세력을 집중하여 장시 북부 쑨촨팡 부대의 정예부대(루샹팅(蘆香亭)과 세홍쉰(謝鴻勛) 두 사)를 공격하는 것이 유리하고, 병력을 분산시켜 사방에서 전투를 진행하는 것은 실책이다"고 했다. 그러면서 "기존의 편견을 버리고 4, 8군의 정예부대를 속히 집결하여 장시의 쑨촨팡부대를 격파하도록 장제스와 탕성즈를 설득시켜야 한다"[113]고 건의했다.

113 《북벌군 목전 채취해야 할 전략—갈렌 동지에게 보내는 전문》, 1926년 9월 28일

10월 중순 북벌군은 재차 난창을 공격했으나 큰 손실을 입어 할 수 없이 포위를 풀기 시작했다. 이때 장제스는 중공중앙과 갈렌의 건의를 받아들여 작전계획을 변경할 수밖에 없었다. 그는 제4군 일부를 장시로 이동시켰는데 이미 장시에 들어간 제7군과 합치면 북벌군의 세력은 크게 늘어난 셈이었다. 11월 초 북벌군은 병력을 집중하여 난쉰로(南潯路) 일대를 맹공격했다. 치열한 전투 끝에 쑨촨팡의 주력군을 소멸시켰다. 그리고 11월 상순에 연이어 난창과 주장(九江)을 점령함으로써 장시의 정세를 완전히 돌려 세웠다.

북벌군에는 또 한 갈래 부대가 있었는데 바로 광둥, 푸젠 외곽 지대에 주둔하고 있는 제1군 제3사와 제14사였다. 이 부대는 북벌을 개시할 때 쑨촨팡의 푸젠 부대에 대해 방어태세를 취했다. 10월에 이 두 개 사는 전투를 거쳐 융딩(永定), 쑹커우(松口)를 잇달아 점령했다. 북벌승리의 대세를 따라 쑨촨팡의 푸젠 부대는 연이어 투항했다. 북벌군은 12월 상순에 전투를 치르지 않고 푸저우를 점령했다. 이로 인해 쑨촨팡의 세력은 커다란 타격을 받게 됐다.

국민혁명군이 장시, 푸젠 등 전투에서 승리를 거둔 직후 봉계, 직로(直魯)연군 및 쑨촨팡의 잔여 부대는 이른바 "안국군(安國軍)"이라는 부대를 조직했다. 그리고 창장(長江) 양안에서 국민혁명군에게 지속적으로 저항했다. 그리하여 북벌군은 저장, 상하이를 점령한 후 난징에서 회합할 작전을 수립하고 우선 저장 전장을 개척했다. 12월에 저장군(浙江軍) 두 개 사가 일으킨 무장봉기 때문에 1927년 2월 중순께 북벌군은 항저우에 진입하고 하순에 저장성 전역을 통제했다. 이와 동시에 청첸(程潛)이 영솔(부하, 식구, 제자 등을 거느림)하는 강우(江右)군과 리쭝런(李宗仁)이 영솔하는 강좌(江左)군은 각기 장시로부터 안후이(安徽)로 진군하여 장쑤(江蘇), 안후이, 상하이 등 전장을 개척했다. 3월 하순에 는 잇달아 안칭(安慶), 난징 등 지역을 점령했다. 동로군전방 총사령관 바이충시(白崇禧)는 부대를 이끌고 상하이로 진입했다. 이로써 창장이남 지역은 완전히 북벌군이 점령하게 되었다.

북벌전쟁은 국공 양당이 함께 진행한 혁명적이고 정의로운 전쟁이었다. 북벌 과정 중 국공 양당 사이에는 갈등이 있었지만 주로 화합된 모습을 보여 주었으며 세력을 모아 적에게 대처할 수 있었다. 북벌군 장병들은 피와 목숨을 바쳐 북벌전쟁에서 빛나는 승리를 이룩할 수 있었다. 열 달 동안에 북벌군은 광저우에서 우한(武漢), 상하이, 난징으로 진군하여 우페이푸, 쑨촨팡 두 대군벌을 무너뜨렸다. 이들은 수십만의 적을 궤멸시켰다. 이렇듯 북양군벌의 반동 통치는 붕괴의 길목에 당도했다.

그러나 승리를 향한 북벌의 진군은 혁명진영을 완벽하게 몰아세우지는 못했다. 국민혁명군 총사령인 장제스는 북벌의 승리로 자신의 명성을 높였고 군벌부대를 개편하는 등 북벌과정에서 실력을 크게 향상시켰다. 이는 훗날 그가 반혁명 정변을 일으키는 데 조건이 되었다.

대중의 지원과 북벌군의 정치사업

인민의 지지는 북벌전쟁이 승리할 수 있는 중요한 요인이었다. 북벌이 일어난 그해 후난, 후베이는 보기 드문 큰 재해를 입었다. 그래서 북벌군은 진군 도중에 필요한 식량을 현지에서 조달하기가 어려웠다. 상당한 부분은 외지 대중의 지원을 받아야 했다. 진군 도중에 교통이 불편해서 군수 물자의 수송 역시 인력에 의지할 수밖에 없었다. 중공 광둥구위원회의 영도 아래 웨한(粤漢), 광싼(廣三), 광주(廣九)의 각 철도공회는 공동으로 교통대를 두고 북벌군이 열차를 이용할 수 있게 협조했다. 홍콩(省港)파업위원회는 3,000명의 북벌 수송대 및 선전대,

위생부대를 조직하여 심한 더위에도 아랑곳하지 않고 가파른 산과 고개를 오르내리며 군부대를 따라 출정했다. 광둥 사오관(韶關) 등 지역의 농민들도 북벌군을 적극 지원했다.

북벌을 정식으로 단행하기에 앞서 중공후난구위원회(中共湖南區委員會)는 대중을 움직여 탕성즈(唐生智)를 지지하고 예카이신(葉開鑫)[114]을 반대하는 투쟁을 벌였다. 그리하여 우페이푸를 반대할 탕의 결심을 굳혀 주었으며 탕군의 사기도 높여주었다. 북벌군이 창사로 진군하는 도중에 중공후난구위원회는 노농대중을 움직여서 길 안내, 송신, 정찰, 운수, 지뢰 제거, 적군후방 교란 등 사업을 진행했다. 또 농민자위군을 조직하여 전투에도 참가하게 했다. 창사전투에서 승리한 후 창사의 각 업종 노동자들은 거의 1만 명의 수송대를 조직하고 부대를 따라 같이 전진했다. 핑장(平江), 웨저우(岳州) 현의 농민과 월한(粵漢)철도, 안위안(安源)탄광의 노동자들도 북벌군의 북벌을 적극 후원했다. 북벌군이 후베이에 진입하기 전 중공 후베이 당 조직은 북벌군을 영접하기 위한 준비를 마쳤다. 7월 중순에 공산당원 둥비우를 주석으로 하는 후베이특종위원회가 설립되고 후베이, 후난 "북벌선전훈련반"을 설치하여 30여 종의 선전물을 인쇄하고 배포했다. 한양(漢陽) 무기 공장 노동자들은 총파업을 단행하여 우페이푸를 위한 무기생산을 거부했다. 북벌군이 한양을 점령한 후 중공 후베이 당 조직은 한커우에서도 대중을 발동하여 파업과 철시를 이끌어냄과 동시에 교통을 차단했다. 이리하여 북벌군은 총 한 방 쏘지 않고 한커우를 점령할 수 있게 됐다.

장시전장에서 인민대중은 "도처에서 쑨촨팡군대를 괴롭혔으며" 그

---

114 예, 즉 예카이신(葉開鑫) 당시 상군(湘軍) 제3사 사장, 그 후 우페이푸에 의탁했다.

로 하여금 "군량미 보급 등으로 골머리를 앓게 했고" "오직 국민혁명군에게만 여러 가지 편리함을 제공했다" 여기에는 길 안내대, 정탐대, 수송대 조직[115] 등이 망라됐다. 또 안위안(安源)탄광의 노동자들은 길안내대, 수송대, 파괴대 등을 조직하여 북벌군이 신속히 핑샹(萍響)을 점령하는 데 큰 기여를 하였다. 난쉰로 작전 시 펑신(奉新)현 당 조직에서는 100여 명의 전선사업단을 조직했다. "그들은 그 어떤 어려움과 포화를 두려워하지 않고" "인민의 진정한 혁명군을 옹호하는" 열정과 자신의 "혁명성"[116]을 충분히 발휘했다. 푸젠 전장과 저장, 안후이, 장쑤에서도 북벌군은 인민대중의 전폭적인 지원을 받았다. 푸젠 용딩(永定)의 인민들은 도로를 파괴하고 전선까지 끊어버렸다. 그뿐만 아니라 도주하는 적을 습격하기도 했다. 북벌군이 푸저우를 점령하기 전날 밤에 푸저우시 시민들은 북벌군에 호응하기 위해 폭동을 일으켰다. 중공 항주지방위원회는 북벌군이 항저우(杭州)를 통제하기 전에 철도노동자 무장대를 조직해서 전선으로 보내기도 했다. 이어 수천 명의 노동자를 동원하여 북벌군에게 무기와 탄약을 운송해 주었다.

군의 정치 사업은 북벌군이 신속한 승리를 하는 데 큰 역할을 했다. 비공식 집계에 의하면 북벌군에서 정치 사업을 책임진 공산당원은 1926년 12월에 이르러 1,500여 명에 달했다. 사실상 북벌군의 모든 정치 사업은 공산당 인사가 이끈 셈이었다. 북벌 개시 전, 저우언라이의 주관 아래 이미 북벌군 총정치부와 각급 정치부가 설립됐다.

공산당 핵심요원들은 대부분 각 군에 배치되어 정치 사업을 담당했다. 북벌의 승리를 보장하기 위해 중공중앙은 정치 사업의 주요한 임

---

115 《장시전쟁 승리의 경과 및 북벌군 동하(東下) 문제》(1926년 12월 9일), 중앙당안관 편 : 《북벌전쟁(자료선집)》, 중공중앙당학교출판사 한문판, 1981년, 33쪽.

116 《6군 장시전쟁 참가기록》(1926년 11월 8일), 중앙당안관 편:《북벌전쟁(자료선집)》, 중공중앙당학교출판사 한문판, 1981년, 19쪽.

무는 국공합작과 반제반봉건을 선전하고 군대의 낡은 군벌제도를 개혁하는 것이라고 했다. 또 지방 사업을 도우며, 여러 경로로 북벌의 의의에 대한 선전을 하고, 간부에 대한 정치 교육과 훈련을 강화하는 것이라고 명확히 지적했다. 그리고 정치사업 간부를 양성하기 위해 각종 훈련반, 강습반을 개최했다. 1925년 겨울, 국민당중앙의 명의로 주최한 정치 강습반 학생은 총 350명이었다. 마오쩌둥, 린주한(林祖涵) 등이 이사를 맡고 리푸춘(李富春)이 담임교사로 지명됐다. 정치강습반은 20여 개 정치과목을 설치했고 장타이레이(張太雷), 덩중샤(鄧中夏), 슝루이(熊銳), 샤오추뉘(蕭楚女), 윈다이잉(惲代英), 마오쩌둥, 리푸춘, 장셴윈(蔣先雲)등 공산당원이 강의를 맡았다. 1926년 6월 하순, 북벌군 총정치부 주임 덩옌다(鄧演達)는 전시 정치사업 회의를 소집했다. 저우언라이(周恩來), 윈다이잉, 리푸춘, 린주한 등 많은 공산당원들이 참가하여 차례로 보고를 했다. 이는 북벌군 정치사업의 방침, 임무와 사업조례를 제정하는 데 긍정적인 환경을 만들어 주었다. 이 밖에도 "북벌군 일간 선전대강"을 작성하고 북벌선전대를 건립했다. 북벌 개시 후 각급 정치사업 인원들은 기세등등하게 선전사업을 전개했다.

공산당원의 정치 사업은 북벌군에도 큰 영향을 주었다. 장시 전선에서 현지 시찰을 한 중공중앙 군사특파원 왕이페이(王一飛)는 중앙에 다음과 같이 보고했다. 북벌군의 정치 사업은 "마음에 들 만큼 만족스러운 상태는 아니지만 인민과 병사들에게 어느 정도 영향을 준 것은 사실이다. 적어도 병사들은 '국민혁명', '군벌타도', '인민해방'을 알고 있었기에 여러 차례 전투에서 용감히 싸울 수 있었다"[117] 정

---

117 《장시전쟁 승리의 경과 및 북벌군 동하(東下) 문제》(1926년 12월 9일), 중앙당안관 편:《북벌전쟁(자료선집)》, 중공중앙당학교출판사 한문판, 1981년, 33쪽.

치 사업은 예팅독립연대에서 중요한 역할을 했다. 이 부대는 용감하며 전투에 능하고 기율이 엄격했으며 여러 차례 강적을 무찌르기도 했다. 그뿐만 아니라 지금까지의 전투에서 가장 힘든 임무를 과감히 수행하여 북벌전쟁의 승리를 위한 진군에 뚜렷한 공을 세웠다. 국민혁명군 제4군은 "철군(鐵軍)"의 칭호를 수여 받았는데 그중 독립연대의 공이 가장 컸다.

북벌 시기, 중국공산당 초기의 영도자와 엘리트 공산당원들은 직접 정치 사업에 참가하여 혁명군 정치사업의 개척자가 됐다. 그뿐만 아니라 부대의 정치 사업 경험을 끊임없이 연구하고 공유하여 훌륭한 군대 정치 사업에 대한 사상원칙을 수도 없이 수립했다. 특히 저우언라이의 "군대의 성격과 조직" "국민혁명군 및 군사정치사업", 윈다이잉의 "당의 기율과 군의 기율" "군대에서의 정치사업방법"과 "황푸사관학교를 지망하는 청년들에게", 녜룽전의 "군대에서 정치사업의 의의" 등 글과 강연, 그리고 리푸춘의 수많은 연설 등은 군대 정치 사업에서의 몇 가지 문제점을 비교적 명확히 제기하고 상세히 논술했다. 이는 군대에서 정치 사업을 전개하고 군대의 전투력을 증강시켜 북벌전쟁의 승리를 추진하는 데 매우 중요한 역할을 담당했다. 그리고 훗날 당이 홍군의 정치제도를 차용하는 데 큰 경험을 더해 주었다.

녜룽전(聶榮臻·섭영진)

중국의 정치가·군인. 쓰촨성(四川省) 장진현(江津縣) 출생으로, 1920년 일하면서 공부하는 '근공검학' 프로젝트에 따라 프랑스 파리대학에 유학했다. 자연과학을 전공하고 벨기에 노동대학에서 전기기술을 익힌 뒤, 파리에서 전기기술자로 있었다. 이 당시 저우언라이와 알게 되었다. 1923년 중국공산당에 가입하였고, 1924년 모스크바 동방노동대학(東方勞動大學)에서 공부한 후 1925년 귀국하여 황푸(黃埔)군관학교 정치부 비서를 지냈다. 1927년 상하이에서 노동자 조직을 결성했다. 국공합작이 결렬되자 국민당군을 탈주하여 난창(南昌) 봉기에 가담했다. 1931년 장시(江西) 소비에트구(區)에서 지냈으며, 얼마 후 제1군 정치위원이 되어 산시(山西)지구의 항일전에 참가했다. 제2차 세계대전 후 화베이(華北) 인민정부위원, 1949년 중국 인민해방군 제5야전군 사령, 중국군 부참모장 겸 베이징(北京) 시장, 전국인민대표대회 대표, 국무원 부총리 등을 지냈다.

국민군의 재기와 루순(瀘順)봉기

북벌군의 승리를 위한 진군은 북방 국민군과 남방 루순(瀘順)봉기가 서로 협력한 결과이기도 했다.

1924년 4월부터 8월까지 국민군은 4개월 동안 난커우(南口)보위전을 벌였지만 결국 쑤이위안(綏遠)으로 철수하고 말았다. 난커우 전쟁은 장쭤린, 장쭝창(張宗昌) 등의 소속 부대를 이끌어냈다. 이뿐만 아니라 오랫동안 우페이푸의 주력을 견제하여 북벌군의 후베이, 후난 지역에서의 승리에 큰 역할을 했다.

펑위샹(馮玉祥)은 정계에서 물러난 이후 1926년 5월에 소련으로 가서 사상을 학습하고 연구했다. 소련에 머무르는 동안 그는 국제공산당과 소련 당, 정, 군의 지도자들을 만났다. 그리고 그는 중공 모스크바(旅莫) 지부서기 류보젠(劉伯堅)과 국제공산당 주재 중공대표 차이허썬등의 도움을 받아 사상적으로 크게 진보할 수 있었다. 그는 훗날 리다자오의 요청으로 즉각 귀국하여 북벌전쟁에 참가하게 된다.

펑위샹은 소련과 중국공산당의 지지 아래 쑤이위안(綏遠) 일대에 철수한 국민군을 집결시켜 1926년 9월 17일 쑤이위안 우위안(五原)에서 선서대회를 열었다. 이어 국민군연합군 총사령으로 취임했다. 그후 국민혁명에 참가한다고 대내에 선포를 했다. 중공중앙은 펑위샹의 요청으로 모스크바, 황푸사관학교와 중공 북방구위에서 류보젠(劉伯堅), 덩샤오핑 등 200여 명의 공산당원과 청년들을 선발하여 국민군

연합군에 파견했다. 그러고 나서 정치 사업을 맡겼다. 그들은 간부훈련에 적극 협조하고 대열을 정돈하여 군대의 전투력을 강화하였고 군 상태를 빠른 속도로 회복시켰다.

리다자오는 국민군연합군을 위해 "간쑤(甘肅)를 공고히 하고 산시(陝西)를 원조하며 산시(山西)와 연합하고 하남을 꾀하는" 전략방침을 수립했다. 10월 초에 국민군연합군이 산시로 진군했고 11월에 직계 군벌 류전화(劉鎭華)부대를 격파하였다. 그리하여 8개월에 걸쳐 시안(西安)의 포위를 풀고 남방 국민혁명군의 북벌에 적극 호응했다. 그 후 중공 시안지방위원회는 위유런(于右任) 등 국민당 좌파 인사들을 지원했다. 또한 공산당원을 핵심으로 한 연합전선조직 산시주재 국민군연합군 본부를 시안에 세웠다. 이로 농민운동과 학생운동을 벌여 나갔다.

중공중앙은 펑위샹의 우위안(婺源)선서와 북벌군의 우창(武昌) 공략 이후 15만 명의 군사력을 가진 옌시산(閻錫山)을 반봉계 연합전선에 합류시키고자 했다. 그래서 적당한 때 옌시산과 연대하여 간쑤, 산시(山西), 쑤이위안(綏遠)과 함께 "봉계 군벌에 조치하는" 방침을 세웠다. 옌시산은 리다자오(李大釗) 등의 적극적인 추동 아래 봉계와 연합하고 펑위샹과 겨루던 것에서 펑위샹과 연합하고 봉계와 겨루는 상황으로 바꾸었다.

그리하여 국민군연합군은 간쑤를 강화하고 산시(陝西)로 진입하여 산시 동쪽의 퉁관에 진출했다. 이로써 국민혁명군과 중위안(中原)에서 합류하는 계획을 완수할 수 있었다. 이와 동시에 중공중앙은 허난(河南)에 주재하고 있는 진윈어(靳雲鶚), 웨이이산(魏益三), 톈웨이친(田維勤) 등 3갈래 군벌부대에 대한 쟁취를 재촉했다. 그러고는 그들로 하여금 북방 반봉계 군사연합전선에 가담하게 했다. 중공충칭지방위원회(中共中央地方委員會)는 쓰촨(四川)에서 쓰촨 각파 군벌의 움직임을 조사하고 그것을 토대로 군벌부대 분화계획을 작성했다. 중앙의 승인을 받은 충칭지방당위원회는 신속히 관련 요원을 파견하여 이런 군벌 부대의 내부까지 깊이 침투해 사업하도록 했다. 1926년 9월 28일, 중공 충칭지방위원회는 임시 성(省) 국민당 지부의 명의로 군사회의를 열고 "북벌에 호응하고 우한(武漢)에서 합류하자"는 구호를 제출했다.

그리고는 국민혁명군 쓰촨군 각 부대 총지휘부를 결성하고 류보청(劉伯承)을 총지휘자로 임명했다. 그 후 국민당중앙은 우위장의 건의를 받아들여 류보청을 "국민당 중앙당부 특파원"으로 위임하여 쓰촨의 군사행동을 전적으로 책임지게 했다. 주더(朱德), 천이(陳毅)도 차례로 쓰촨에 도착하여 군벌 양썬(楊森)을 제압하는 사업을 벌였다.

류보청(劉伯承, 유백승)

"군신"이라는 별명을 들을 정도로 특출한 지도자로 1892년 쓰촨성에서 태어났다. 그는 쑨원의 영향을 받아, 1911년에 보이스카우트에 가입했고 이어 충칭군사학교에 들어가 1913년 위안스카이의 제정선포에 반대하는 혁명군에 가담했다. 1916년 전장에서 한쪽 눈을 실명하여 '애꾸눈'으로 알려진 그는 덩샤오핑과 함께 항일전쟁 당시 인민해방군에서 가장 우수했던 129사단을 이끌고 일본과의 배후에서 게릴라전을 펼쳤다. 129사단이 제2 야전군으로 확대 재편된 후 사령관으로서 국민당정부군과 수없이 많은 싸움을 벌였다. 신중국 수립 후 국방 위원회 부주석, 당중앙정치국원 등을 지냈다. 1986년 사망.

11월 상순, 중공 충칭지방위원회는 중공중앙의 지시에 따라 서기 양안궁(楊闇公)을 사회자로 세우고 회의를 열었다. 그들은 양안궁, 주더, 류보청으로 구성된 군사위원회를 설치하기로 결정했다. 그리고 무장봉기를 일으킬 구체적 방안을 다음과 같이 의결했다. "허촨(合川)에 주둔한 황무옌(黃慕顔)의 1개 여단, 순칭(順慶, 지금의 난충·南充)에 주

둔한 친한산(秦漢三), 두보첸(杜伯乾)의 2개 여단, 루저우(瀘州)에 주둔한 위안핀원(遠品文), 천란팅(陳蘭亭), 피광쩌(皮光澤)의 3개 여단을 동원하여 함께 봉기를 일으킨다. 연이어 순칭을 근거지로 정하고, 국민혁명군의 부대 번호를 가진 중국공산당이 실제로 통제할 수 있는 군대를 건립한다. 그리고는 우선 쓰촨에서 근거지를 다진 후 우창에서 북벌군과 합류한다. 아니면 쓰촨, 산시(陝西) 외곽에서 펑위샹의 부대에 협조하여 북벌을 하기로 한다"

12월 1일부터 봉기는 루저우, 순칭 등지에서 계획대로 일어났다. 봉기부대는 전광석화처럼 신속하게 루저우와 순칭 두 성을 점령했다. 12월 10일 황무옌, 친한산, 두보첸의 3갈래 7,000여 명의 봉기군은 순칭에 집합했다. 그리고 류보청을 정식으로 국민혁명군 쓰촨 각 지역의 총지휘로 임명했다. 봉기가 일어나자 쓰촨 각 군벌은 급히 군사를 동원하여 봉기를 진압했다. 그 영향으로 루저우의 봉기부대는 순칭에 집결하지 못했고 순칭에 집결한 3갈래 봉기부대는 고립무원의 지경에 빠졌다. 류보청은 부대를 이끌고 험난한 전투를 벌였지만 12월 하순 카이장(開江)으로 후퇴할 수밖에 없었다.

1927년 1월 하순, 류보청은 명령을 받고 루저우에서 봉기대열을 재정비하여 큰 성과를 거두었다. 쓰촨군벌 류샹(劉湘)은 장제스가 발동한 4·12반혁명정변이 일어난 후 장제스의 비밀스러운 명령을 받았다. 그 후 그는 재차 루저우 봉기부대를 포위하고 토벌했다. 류보청은 부대를 거느리고 피를 흘리며 싸워 40일 동안 루저우성을 지켜냈다. 하지만 나중에는 결국 탄약과 군량이 떨어져 방어에 실패하고 말았다.

카이장으로 철수한 3갈래 봉기부대는 쓰촨군벌 양썬의 개편을 원하지 않았으므로 1927년 여름 쓰촨과 산시(陝西) 성 외곽으로 이전했다. 그러나 중도에 국민당군의 습격을 받아 큰 손실을 보고 남은 부대는 강제로 개편됐다. 루저우봉기는 중국공산당이 무장을 장악하려고 한 최초의 과감한 시도였다. 이는 적을 견제하여 북벌에 협조한 중대한 군사행동이었다. 그뿐만 아니라 쓰촨혁명운동의 발전을 추동하여 당이 대혁명시기 낡은 군벌을 개조하려 노력한 범례이기도 했다.

4. 노농혁명운동의 고조

후난, 후베이, 장시 지역의 노농운동과 농민 문제에 대한 마오쩌둥의 중시

북벌전쟁의 승리를 위한 행보는 계속됐다. 더불어 국민혁명군이 이르는 곳마다 군벌의 반동통치가 무너졌다. 대중은 집회, 결사, 파업, 시위행진 등 정치적 자유를 되찾았다. 그리고 혁명 대중운동은 전례 없는 활기찬 발전을 이룩했다.

1926년 9월 17일, 중화전국총공회(中華全國總工會)는 우한(武漢)의 한커우(漢口)에 사무소를 설립하고 후베이와 부근 각 성의 노동운동을 지휘했다. 12월에 전국공회 회원은 북벌 이전의 100만 명에서 200만 명으로 늘어났는데 그중에서 후난, 후베이, 장시의 발전이 가장 뚜렷했다. 1926년 12월 1일, 후난전성공단연합회는 중화전국총공회 규약에 따라 후난전성총공회로 개편됐다. 1927년 2월 무렵까지전 성에는 공회조직이 533개나 되었고, 회원은 32만 6,000여 명에이르렀다. 1927년 10월 10일, 후베이전성총공회가 한커우에서 설립됐다. 1927년 봄, 전 성에는 500개 공회가 설립됐고 회원 수는 40만~50만 명에 달했다. 대·중 도시에서는 통일된 공회가 설립되었을 뿐만 아니라 대부분의 현에서도 공회가 설립됐다. 후난, 후베이, 장시 등 성에서는 상당한 수의 노동자규찰대가 조직됐다. 창사, 우한, 주장(九江) 등 도시에서는 연이어 대규모 파업이 일어났다. 파업에 참가한 노동자들은 임금 인상, 작업시간 감소, 노동조건 개선, 봉건적 십장제도와 매신공제도 반대 등을 요구했다. 이러한 투쟁은 거의 다 승리를 거두었다.

북벌군의 점령 지역에서는 농민운동이 더욱 큰 규모로 발전했다. 북벌군이 후난을 점령한 후 후난의 농촌에서는 혁명의 큰 폭풍이 세차게 휘몰아쳤다. 이러한 공격의 칼날은 많은 토호들과 탐관오리에게로 향했다. 농민들은 여러 가지 종법 사상과 제도를 손질했다. 토호들과 탐관오리는 지방의 지주정권과 협상을 벌여 농민들을 무장시키고자 했으나 그 꿈은 산산조각이 났다. 지주정권이 타도된 지역에서 농민협회는 농촌의 유일한 권력기관이 됐다. 1926년 11월, 마오쩌둥은 중공중앙 농민운동위원회 서기로 임명된 뒤 후난, 후베이, 장시, 허난을 중심으로 농민운동을 펼치기로 결정했다. 11월 말에 이르러 후난의 54개 현에는 이미 농민협회가 설립되었고 그 회원 수가 107만 명에 달했다. 1927년 1월에 이르러서는 회원 수가 200만 명으로 증가했다. 후베이, 장시성 등의 농민운동도 크게 발전했다. 후베이 전 성 농민협회의 회원은 1926년 7월의 3만여 명에서 11월의 20만여 명으로 증가했다. 장시의 농협회원은 1926년 10월 6,000여 명에서 11월에는 5만여 명으로 큰 증가세를 보였다. 후난, 후베이, 장시 농민운동의 뛰어난 발전에 힘입어 기타 각 성의 농민운동도 점차 발흥했다.

마오쩌둥은 농민 문제를 각별히 중시했다. 1926년 9월에 그는 "국민혁명과 농민운동"이라는 글을 발표하여 농민운동과 국민혁명의 관계를 논술했다. 그러고는 농민 문제는 국민혁명의 중심 문제이며 종법 봉건적 지주계급의 특권은 "농민들이 농촌에서 일어나 타도해야 한다"고 주장했다. 마오는 노동자계급이 경제투쟁부터 벌여야 한다는 주장과는 달리 "농민들은 일어나자마자 토호열신과 대지주들이 등을 기대고 수천 년 동안 농민을 압박, 착취해 온 정권(이 지주정권은 군벌정권의 진정한 기둥이다)과 부딪쳐야 했다. 그러므로 농민을 압박, 착취하는 정권을 무너뜨리지 않고는 농민들의 지위는 보장할 수 없으며 이는 현재 농민운동의 가장 큰 특징이다"[118]고 말했다. 12월 20일, 마오쩌둥은 후난 전 성 제1차 농민노동자대표대회의 환영회에 참석하고 발표한 연설 "노동자, 농민, 상인, 학생 연합의 문제"에서 "국민혁명은 각 계급의 연합 혁명이지만 하나의 중심 문제점을 가지고 있다. 국민혁명의 중심 문제는 농민 문제이며 모든 문제는 농민 문제 해결에 의거해야 한다"고 주장했다. 1927년 1월 4일부터 2월 5일까지 마오쩌둥은 후난의 샹탄(湘潭), 샹샹(湘鄉), 헝산(衡山), 리링(醴陵)과 창사 등 현에서 농민운동을 시찰했다. 그는 농민과 농민운동 관계자를 불러 각종 조사를 벌였다. 그러고는 많은 기초자료를 수집하여 "후난 농민운동 시찰보고서"를 작성하고 3월 주간지 〈전사(戰士)〉에 발표했다. 이 보고서에서 그는 농민대중이 농촌의 봉건세력을 타도하는 위대한 공적을 열렬히 찬양했다. 반면 농민운동을 비난하는 당 내외의 각종 잘못된 사항을 날카롭게 비판했으며 농민투쟁과 혁명의 성패와 그 관계를 밝혔다. 그는 다음과 같이 지적했다. "국민혁명은 하나의 큰 농촌변혁을 필요로 하지만 신해혁명은 이러한 지각 변동이 없었기에 실패한 것이다. 지금 이러한 지각 변동이 일어난 것은 혁명을 완성할 수 있는 매우 중요한 요소이다" 따라서 모든 혁명 당파, 혁명 동지들은 농민의 앞에 서서 그들을 영도해 앞으로 나아가야 한다. 그는 계속해서 다음과 같이 지적했다. "반드시 광범위하게 퍼져 있는 빈농들이 '혁명의 선봉대'가 되도록 만들어 그들이 의거하게 해야 한다. 그리고

---

118 《농민운동》제8기, 1926년 9월 21일.

중농과 기타 쟁취할 수 있는 세력을 모으고 농민을 조직한다. 그리하여 정치적으로 지주를 타격하고 지주계급의 권력과 무력을 철저히 분쇄해야 한다. 또 농민협회와 농민무력을 건립하고 농민협회가 농촌의 일체 권력을 장악한 다음 감조감식(減租減息·1920년대 중국공산당이 시행한 소작료 및 이자의 감액정책), 토지분배 등 투쟁을 벌여야 한다"

중공중앙에서 선전사업을 주관한 취추바이(瞿秋白)는 이 보고를 매우 중시하여 3월 이 글의 앞 두 장을 모두 〈향도(向導)〉에 게재했다. 4월에 한커우 창장서점에서 《후난농민혁명(1)》이라는 제목의 이 보고서가 공개적으로 출판될 때 취추바이가 이 책의 서문을 썼다. 1927년 3월 30일, 후난, 후베이, 장시, 허난 등 4성의 농민대표들은 연석회의를 열고 마오쩌둥, 탄핑산(譚平山), 펑파이(彭湃), 팡즈민(方志敏)과 덩옌다(鄧演達) 등 13명을 중화전국농민협회 임시집행위원회 위원으로 선출했다. 이 위원회는 각 지역 농민조직의 발전, 농민무장의 확충, 농촌혁명정권의 건립과 토지문제의 해결법 등에 대해 구체적으로 다뤘다. 4월 4일에는 국민당중앙 농민운동강습소가 우창에서 개소식을 열었다. 강습소에서는 800여 명의 농민운동지도자를 양성하여 전국에 파견시켰다.

노농운동의 고조 속에서 한커우, 주장에서는 국내외를 깜짝 놀라게 한 영국조계지 반환 투쟁이 발생했다. 1927년 1월 1일부터 3일까지 우한 각 계층의 인민대중은 국민정부가 우한에 천도한 것과 북벌의 승리를 경축하기 위하여 각종 경축 행사를 벌였다. 1월 3일 오후, 중앙군사정치학교 우한분교의 한 학생이 한커우 장한관(江漢關)과 영국조계가 인접한 공지에서 강연했다. 그때 영국 수병들이 갑자기 조계지에서 뛰쳐나와 총검으로 수십 명의 민중을 찔러 부상을 입히고 그중 3명에게 중상을 입혔다. 이렇게 1·3 참사가 발발했다. 영국군의 폭행

은 우한 인민들에게 큰 분노를 불러일으켰다. 1월 5일 우한 시민 20
만~30만 명은 반영시위집회를 거행한 후 한커우의 영국조계지에 진
입하여 영국 조계지를 점령해 버렸다. 1월 6일, 영국 수병들은 또 주
장(周庄)에서 행패를 부려 노동자 여러 명에게 부상을 입혔다. 그러자
주장의 인민들은 민족적 분노에 불타올랐다. 인민들은 조계지에 들어
가 조계지 주위의 말뚝, 모래주머니, 가시철조망 등을 파괴했다. 이
어 주장주재 북벌군 독립 제2사도 영국영사관에 강력한 항의서를 제
출했다. 우한 국민정부는 인민대중이 조계지를 회수할 것에 대한 정
당한 요구를 지지하고, 외교부장 천유런(陳友仁)에게 대영 교섭에 대
한 전권을 부여했다. 기세 드높은 대중의 반제국주의 투쟁은 우한 국
민정부의 외교담판에 호응했다. 그리하여 영국정부로 하여금 2월 19
일과 20일에 각각 우한 국민정부와 협약을 체결하고 한커우와 주장의
조계지를 중국에 반환하며 물러서게 했다. 이는 중국 인민 반제국주
의 투쟁사와 외교사에서 볼 때 매우 중대한 승리로서 중국 인민의 자
존심을 크게 고무시킨 역사적 사건이었다.

이 시기 노농운동은 급속히 발전함과 동시에 극단적인 경향도 나
타났다. 류사오치는 1937년 대혁명이 실패한 교훈을 총결산할 때
"1927년 이전에, 특히 노동운동 중에서 우리는 '좌'경 착오를 범했
다"고 지적했다. 국민혁명군 통제 아래 창사와 광저우 특히 우한의 노
동자들은 "기업이 도산할 수 있는 무리수를 거듭 요구했다. 그들은 임
금을 놀라울 정도로 높이고 노동시간을 매일 4시간 이하(명의상 10시
간 이상의 노동시간도 있었다)로 줄이며 마구 사람을 구금, 체포했다.
그리고 재판정에 감옥을 설치하고 기선과 기차 역시 마음대로 수색했
다. 그뿐만 아니라 교통을 차단하고 공장과 상점을 몰수하고 서로 나
눠 가졌다"[119] 일부 지역 농민투쟁에도 극단적 현상이 드러나고 있었

다. "사람을 함부로 체포하여 망신주거나 벌금을 매기고 사람을 폭행했다. 심지어 당장에서 처형하거나 경외로 몰아내고 강압적으로 머리를 깎고…사탕을 만들거나 술을 빚는 일은 물론 장삼(長衫)을 입는 것을 금지하는 등"[120]현상이 나타났다. 이러한 현상들은 노농운동의 양면 중 일면이었다. 그러나 이러한 행태는 노동운동이 타 사회세력을 쟁취하는 데 아주 나쁜 영향을 주었다. 게다가 혁명연합전선의 확대와 공고화에도 큰 어려움과 장애를 더해 주었다.

상하이 노동자들의 세 차례 무장봉기

북벌전쟁의 승리로 진군은 노래를 불렀고 5·30운동 이후 잠시 주춤했던 상하이 노동운동이 다시 활기를 띠기 시작했다. 상하이 노동자들은 중국공산당의 영도 아래 1926년 6월부터 9월까지 100여 차례에 달하는 파업투쟁을 단행했는데 20만 명을 넘는 노동자들이 참가했다. 파업투쟁을 통해 상하이 노동계급의 조직성, 질서, 정치적 각성이 뚜렷이 제고되었고 공회조직에도 큰 발전을 일으켰다. 그리고 많은 공장과 공회에서 연달아 노동자규찰대 혹은 자위단을 세웠다.

북벌이 시작된 후 중공중앙과 뤄이눙(羅亦農)을 서기로 하는 중공 상하이구위원회(中共上海區委員會)는 전쟁의 진전을 면밀히 주시했다. 이들은 실제적인 행동으로 북벌군 상하이 진군을 맞이하고자 했다. 이를 위해 인민대중이 선거하고, 광대한 시민들의 이익을 대표하며 중국공산당원이 핵심 역할을 하는 상하이시민정부의 건립을 준비하기 시작했다. 그리하여 1926년 가을부터 1927년 봄까지 중공중앙과 상

119 류사오치 : 〈대혁명 역사 교훈 중의 한 문제에 관하여〉(1937년 2월 20일), 《류사오치가 노동운동을 논함》, 중앙문헌출판사 한문판, 1988년, 212~213쪽.
120 리웨이한 : 《회억과 연구》(상), 중공당사자료출판사 한문판, 1986년, 97쪽.

하이구당위원회는 상하이 노동자들을 동원, 조직해서 연속 세 차례의 무장봉기를 일으켰다.

1926년 10월 24일 새벽, 상하이 노동자들은 중공 상하이구위원회의 영도 아래 제1차 무장봉기를 일으켰다. 그러나 1차 봉기는 준비가 충분하지 못했고 시기도 적절하지 않았다. 이뿐만 아니라 대부분 노동자들의 조직성이 체계화되지 못한 상태에서 황급히 일어났기에 얼마 지나지 않아 실패하고 말았다.

중공중앙과 상하이구당위원회에서는 제1차 봉기가 실패한 교훈을 거름 삼아 서둘러 제2차 봉기를 준비했다. 1927년 초, 북벌군은 세 갈래로 나뉘어 안후이, 저장, 장쑤 등 성을 차례로 공격했다. 2월 17일에 북벌군은 항저우 (杭州)를 점령했다. 2월 18일에 선두 부대가 자싱 (嘉興·중국 저장성 북부에 있는 도시)에 도착하자마자 상하이를 지키던 적군은 혼란에 빠졌다. 중공중앙과 상하이구당위원회는 즉시 상하이 인민들을 조직하여 적극적으로 무장하고 정권을 탈취하기로 결의했다. 2월 19일, 상하이총공회는 총동맹파업 명령을 발표하고 "파업으로 북벌군을 맞이하자"는 구호로 36만 명의 노동자를 파업에 참가시켰다. 본래 파업은 북벌군의 상하이 탈취에 협력하기 위한 것이었는데 뜻밖에도 북벌군은 자싱에 도착한 이후 더 이상 진군하지 못했다. 2월 20일, 이 정보를 입수한 중공중앙은 거듭되는 토론을 거쳐 총동맹파업을 무장봉기로 전변(형세나 국면이 바뀌어 달라짐)시키기로 결정했다. 2월 21일, 파업노동자들은 반동군대와 경찰을 습격하고 무기를 빼앗았다. 하지만 두 척의 군함이 봉기에 협력한다는 계획이 사전에 누설됐다. 각 구역에서 봉기하고 있는 노동자들에게 이 사실을 사전에 알리지 못한 상황에서 앞당겨 포를 쏘게 됐다.

그래서 전반기 봉기 계획은 엉망진창이 되고 말았다. 게다가 상하이 외곽에서 주둔하던 바이충시(白崇禧)부대도 장제스의 명령을 받고 노동자들의 원조 청원을 거절했다. 결국 이번 봉기도 군벌에게 잔혹하게 제압당하고 말았다.

상하이 노동자들의 제2차 무장봉기가 실패한 후 중공중앙과 상하이구당위원회는 또다시 제3차 무장봉기를 준비했다. 우선 봉기의 최고 지휘기관인 특별위원회를 연계해서 다시 구성하고 천두슈, 뤄이눙(羅亦農), 자오스옌(趙世炎), 저우언라이 등이 위원을 맡기로 결정했다. 특별위원회는 산하에 군사위원회와 선전위원회를 두었다. 저우언라이, 자오스옌, 옌창이(顔昌頤) 등이 군사위원회의를 책임지고 인콴(尹寬), 정차오린(鄭超麟), 가오위한(高語罕), 허창(賀昌) 등은 선전위원회를 책임졌다. 2월 26일, 천두슈는 특별위원회 회동에서 "총동맹 파업을 바탕삼아 무장폭동을 진행하고 폭동 중에는 무기를 탈취해야 한다. 그리고 무장폭동에는 반드시 광범위한 인민대중이 참가해야 한다"고 말했다.

특별위원회는 천두슈의 의견을 받아들였다. 그리고 두 차례 봉기가 실패한 경험과 교훈을 착실히 합하여 봉기계획을 치밀하게 작성했다. 이어 무장노동자규찰대를 조직하고 비밀 군사훈련을 진행하며 많은 시민을 정치에 발동시켰다, 그 외 시민대표자회의를 여는 등 치밀한 준비를 했다. 제3차 무장봉기의 전반 행동은 중공중앙과 상하이구당위원회가 관리했다. 그러나 긴급 상황 발생 시에는 천두슈, 뤄이눙, 저우언라이, 왕서우화(汪壽華) 등 네 명이 공동으로 책임을 지도록 정했다. 봉기의 총지휘는 저우언라이가 맡았다. 3월 19일, 저우언라이는 "중공 상하이구위원회 행동대강"을 발표하고 "각 부 작전계획"을 수립했다. 이번 무장봉기의 계획은 "파업 후 곧바로 폭동을 일으켜 경찰국을 통제하며 규찰대가 치안을 담당한다. 그리고 직로(直魯)군 패잔

병의 무장을 해제하며 각 공공기관을 장악하고 시정부를 수립해서 북벌군을 맞이하는 것이었다"[121]

　당시 쑨촨팡 부대는 북벌군의 연속된 공격으로 사기가 흔들리고 버티기 힘든 상태여서 화북(華北)에 도사리고 있는 봉계 군벌에 의탁하는 수밖에 없었다. 장쭤린은 루(魯)군의 비수청(畢庶澄)부대를 남진시켜 상하이 수비를 맡게 했다. 3월 20일, 북벌군은 상하이 근교 룽화(龍華)에 도착했다. 특별위원회는 3월 21일에 즉시 상하이 노동자총파업을 발동했고 잇달아 무장봉기를 일으켰다. 봉기 노동자들은 오직 자신의 힘과 낙후한 무기로 난스(南市), 훙커우(虹口), 푸둥(浦東), 우쑹(吳松), 후둥(滬東), 후시(滬西), 자베이(閘北) 등 7개 구역에서 적들과 일진일퇴의 공방전을 벌였다. 마침내 30시간의 용감한 전투 끝에 5,000여 명의 적을 섬멸하고 5,000여 자루의 총과 대량의 무기, 탄약을 빼앗았다.

　이 치열한 전투에서 노동자와 대중 300여 명이 희생되고 1,000여 명이 부상을 입었다. 상하이 노동계급은 선혈과 생명의 대가로 상하이를 점령했으며 제3차 무장봉기에서 승리를 쟁취했다. 봉기가 승리한 후에야 룽화의 북벌군은 바이충시의 인솔 아래 상하이 시내로 들어왔다. 그 후 신속히 중요한 군사적 가치가 있는 강남병기공장을 점령했으며 북벌군 동로군 전선 총지휘부를 공장 안에 설치했다.

　3월 22일, 상하이 공상학(工商學) 각 계에서는 시민대표회의를 열고 19명을 선출하여 상하이특별시 임시정부(상하이시민정부)를 구성했다. 그중에는 뤄이눙 등 공산당원과 공청단원 10명이 있었다. 상하이 임시정부는 비록 24일밖에 존재하지 못했다. 하지만 당의 영도 아래,

121 〈상하이총공회 보고〉, 중화전국총공회 중국노동운동사 연구실 편:《중국 지난 매 회 전국노동대회 문헌》제1권, 노동자출판사 한문판, 1957년, 179쪽

대중이 처음으로 대도시에 건립한 혁명정권이라는 점에서 매우 큰 의의를 가진다. 상하이 노동자 제3차 무장봉기는 대혁명시기 중국 노동운동의 쾌거이자 북벌전쟁시기 노동운동의 최고봉이며 중국에서 도시무장투쟁을 전개하기 위한 과감한 시도였다.

상하이 노동자들은 "피와 목숨을 바친 노동계급은 전국에서 제일 혁명적인 계급이고 혁명의 사명을 진정으로 짊어질 수 있다. 그리고 기타 압박받는 계급을 영도하여 군벌의 무력을 이기고 새로운 혁명적 민주정권을 수립할 수 있다는 점"을 몸소 증명했다"[122]

5. 대혁명운동을 통한 당의 성장

대혁명 시기는 중국공산당의 발전에 있어 매우 중요한 시기였다. 당은 복잡한 갈등과 치열한 투쟁을 겪었다. 그러면서 조직의 발전과 수많은 당원에 대한 교육 등 험난한 임무에 봉착했다.

중국공산당 제3차 대표대회 이전에 당은 비밀리에 존재했으므로 조직의 발전이 비교적 느릴 수밖에 없었다. 그러나 제3차 당 대회는 당을 대중적 정당으로 건설할 임무를 제기했다. 대회는 국제공산당의 지시에 따라 국민당과 "국공 합작"을 진행하기로 결정했다. 동시에 "우리는 국민당에 가입하지만 여전히 우리의 조직을 보존한다. 각 노동자 단체와 국민당 좌파 중에서 진정으로 계급적 각오가 있는 혁명자를 흡수하여 우리의 조직을 점차 확대해야 한다. 그뿐만 아니라 우리 조직의 질서를 강화하여 튼실한 대중 공산당의 기반을 닦아야 한다"[123]

---

122 〈중국공산당이 이번 상하이 시가전을 위해 전 중국 노동계급에 알리는 글〉(1927년 3월 28일), 중앙당안관 편:《중공중앙 문건선집》제3책, 중공중앙당학교출판사 한문판, 1989년, 33쪽.
123 《국민운동 및 국민당문제에 관한 의결안》, 중앙당안관 편 :《중공중앙 문건선집》제1책, 중공중앙당학교출판사 한문판, 1989년, 147쪽.

고 강조했다. 이는 당이 조직의 건설과 관련하여 내린 중대한 결단이었다. 대회에서 통과된 "중국공산당 제1차 수정 규약"은 다음과 같이 규정했다. "당원은 입당 시, 정식으로 입당한 지 반 년이 넘는 두 명의 당원의 추천을 받아야 한다. 그다음 소조회의의 통과와 지방당위원회의 심사를 거쳐 구당위원회의 비준을 얻어야 비로소 후보당원이 될 수 있다. 후보 기한은 노동자는 3개월, 비노동자는 6개월이다. 단 지방당위원회는 실제 상황에 근거하여 단축 또는 연장할 수 있다" 대회에서 통과된 "중국공산당 집행위원회 조직법"은 최초로 중공중앙의 조직기구를 체계화하고 직권분공과 사업제도를 규범화했다.

국공 합작은 당 조직의 발전에 좋은 계기를 마련했다. 하지만 당이 초기에 모든 정력을 국민당 조직의 발전을 돕는 데 쏟은 까닭에 당의 내부건설을 홀대하게 됐다. 곧 당의 발전은 멈추었고 당은 방황했다. 어떤 곳에는 당원 수가 줄어들기도 했다. 이에 중공중앙은 1924년 5월에 소집한 중앙집행위원회 제3기 제1차 확대회의에서 사업상이 한쪽으로 기우는 것을 수정하기로 했다. 그러면서 산업노동자를 성장시켜 입당시켜야 한다는 점을 강조했다. 나아가 "이런 노동자들은 모두 우리 당의 기초이며 이런 노동자들과 연합해야만 우리 당은 하나의 정치적 세력으로 발전할 수 있다"고 지적했다. 회의에서 통과된 "당내 조직 및 선전교육 문제점에 대한 의결안"에서는 "대기업 노동자들에게 우리 당의 문을 열어 활동을 확대하는 것은 매우 중요하고 현실적인 임무 중 하나이다"고 지적했다. 이와 동시에 7명으로 구성된 편집위원회를 특설하여 중앙기관지의 편집업무를 담당하게 하고 당원에 대한 교육을 강화하기로 결정했다. 이번 대회 이후 당 조직은 비교적 빠른 성장세를 보였다. 제4차 당 대회 이전 당원 수는 1,000명 가까이 되어 제3차 당대보고 때보다 두 배로 늘어났다. 하지만 이 시기

당은 집행위원회와 지방위원회를 설립했을 뿐 아래 조직을 흡수하지는 못했다. 이러한 상황은 날로 발전하는 혁명 정세를 좀처럼 만족시킬 수 없었다.

제4차 당 대회는 당을 체계화하는 것을 더욱 중시했다. 회의는 "중국공산당은 중국 노동계급의 유일한 지도자로서 노동계급이 민족혁명운동의 영도적 지위를 취득하게 해야 한다. 그뿐만 아니라 노동계급은 견고하고 대중적이고 독립적인 계급조직이 있어야만 민족운동에서 독립적인 정치세력으로 성장할 수 있다. 그리고 민족운동 중에 영도적 위치의 지위를 보장 받을 수 있다는 점에 특히 주의해야 한다"고 강조했다. 제4차 당 대회에서 통과된 "조직문제에 대한 의결안"은 당을 단단하고 강력한 무산계급 정당으로 발전시키기 위한 것이었다. 의결안에서는 "조직문제는 우리 당의 생존과 발전에 있어 가장 중요한 문제 중 하나"라고 명확히 지적했다. 당의 조직건설을 강화하기 위해 중앙은 지방의 당 조직을 진정으로 영도할 수 있는 유력한 중앙조직부를 설립하기로 했다. 또 "우리 당은 국민당 및 기타 정치적 성질을 가진 중요한 단체 중에서, 공산당과 청년단을 조직하여 그 당과 그 단체의 활동을 지배해야 한다"고 결정했다. 의결안은 또한 당의 조직체제는 중앙집권제이고 조직원칙은 민주집중제라고 규정했다. 당원과 당의 각 급 조직에 대해서도 명확하고 엄격한 조직기율을 제기했다. 의결안은 기존의 당 규약 가운데 "5명에서 10명의 당원이 있으면 반드시 1개 소조를 설립해야 한다"는 규정을 "3명 이상 당원이 있으면 즉시 지부를 설립할 수 있다"고 바꿨다. 그리고 당의 사업 중점을 국민당의 발전과 조직을 돕는 것에서 자기의 조직을 건설하는 것으로 바꿨다. 이어 당 조직건설의 중점을 집행위원회와 지방위원회로부터 당 지부를 건설하는 것으로 바꾸기로 결의했다. 제4차 당 대회에서 통과된 당 규약은 최초로 지부를 당의 기본 조직으로 규정했다. 또한 의결안은 당 지부의 건설이 모든 당이 중시해야 할 사항임을 강조했다.

혁명정세와 당의 조직발전 상황에 근거하여 제4차 당 대회에서 "중국공산당 제2차 수정규약"이 통과됐다. 거기에서는 당원, 조직, 회의, 기율, 경비 등 문제에 대해 모두 적정한 결정을 내리고 규정을 명확히 하여 당의 규율을 더욱 완벽히 했다. 제4차 당 대회는 중앙편역위원회에 〈향도〉, 〈신청년〉, 〈중국 노동자〉, 〈당보〉(비밀 당간행물)의 운영에 모든 힘을 합쳐 전 당의 마르크스·레닌주의의 정책·책략에 대한 선전교육을 강화할 것을 요구했다. 요컨대 제4차 당 대회의 결정은 전국 범위 내에서 당의 건설을 강화하여 당의 건설이 새로운 단계로 나아가도록 했다.

제4차 당 대회 이후 당은 양과 질적으로 당 건설의 수요를 만족시키기 위해 중앙조직부와 중앙선전부의 업무를 강화했다. 조직부의 중심 업무는 각 지방 당 조직 및 모든 실제 활동을 조직하고 당원 통계를 실시하는 것이다. 더불어 전 당의 인재를 적재적소에 배치한다. 그뿐만 아니라 각 구당위원회 지방당위원회 조직부가 대회를 지도하고, 중앙집행위원회의 조직사업 결의와 결정에 관한 사항을 지도한다. 그리고 각 지방의 실제운동에 시선을 돌리고 적절한 활동 방안을 작성한다. 그리하여 중앙국에 상정하여 승인을 받은 후 각 지방에 통지하여 집행하게 한다고 규정했다. 선전부의 중심 업무는 당원교육을 계획하고, 대외선전과 관련 계획을 규정하여 중앙국에 보고한다. 그다음 각 지방에서 집행하도록 통보한다. 또 각 지방의 당 학교 혹은 당의 주일학교 설립을 독촉하여 실제적 책임을 맡을 수 있고 업무를 지도할 수 있는 인재를 양성하도록 해야 한다. 또 당의 모든 출판물의 내용을 수시로 감독하고 지도하여 나날이 보완한다. 연이어 마르크스주의 이론과 책략을 선전하는 서적을 편집, 출판하며, 각 지방의 마르크스주의 연구회 등의 설립을 독촉하고 지도한다.

상기 기술한 결정의 집행은 각 지방의 당건설이 새로운 국면을 맞이하게 했다. 특히 후난 당 조직의 사업은 중공중앙의 높은 평가를 받았다. 중앙에서는 "후난(湘)구 당의 조직은 각 지방의 모범이 될 만하다. 이처럼 큰 환경의 변화 속에서 모든 민중운동을 우리 당의 영도 아래 집중시켜 당 조직을 비약적으로 발전시켰다. 그러면서도 실속을 잃지 않게 했으며 여러 가지 문제에 대한 책략 또한 타당하고 빈틈이 없었다"고 인정했다. 당의 대열이 발전하고 장대해지면서 제반 사업은 질서 있게 전개됐다. 이는 당이 정확하고 유력하게 5·30반제애국운동을 영도하는 데 조직적 기초와 대중적 기초를 다져 주었다.

5·30운동은 전국 인민대중에게 당의 영향을 확대시켰고 당 대열의 발전을 한층 더 추진했다. 1925년 10월, 중앙집행위원회 제4기 제1차 확대회의가 소집될 당시는 당원이 3,000명에 달했다. 구성원에는 노동자, 농민 외에 학생, 교사, 군인, 상인, 점원 및 기타 혁명자 등도 포함됐다. 당의 발전상황에 비추어 확대회의는 극히 짧은 시일 내에 당을 "소집단에서 집중된 대중정당으로 변화시켜야 한다"는 요구를 제기했다. 그리하여 회의에서 통과된 "조직문제 의결안"에서는 "무산계급 및 선진적인 지식계급 중에서 가장 혁명적인 자를 흡수해야 한다"고 강조했다. 노동자의 입당에 관해서는 "계급적 각오가 있고 혁명에 충실하기만 하다면 가입할 수 있으며 기타 조건은 더 이상 필요하지 않다"고 했다. 그리고 "혁명적인 노동자, 학생, 농민에 대해서는 입당 수속의 번잡한 형식을 없앤다"고 규정했다. 의결안은 또 당원의 후보 기한을 줄여 노동자, 농민은 1개월, 지식인은 3개월로 규정했다. 이때 당은 혁명적 노동자뿐만 아니라 혁명적 학생, 농민도 당의 주체

또는 기본 세력으로 간주했으며 기타 혁명자의 범위도 비교적 넓었다. 의결안은 "사회의 모든 혁명자는 우리 당에 가입해야만 당의 훈련을 받을 수 있고 진정으로 당의 이론을 이해할 수 있는 기회가 주어진다. 우리는 중국 사회에서 많은 기성 당원을 얻을 수 있다고 착각하지 말아야 한다"고 지적했다.

이번 확대회의는 당의 각 급 지도기관의 건전한 발전을 매우 중시했고 각 급 당 조직 사이의 관계를 밀접히 했다. 회의에서는 중앙에서 특파하여 순행하는 지도원을 임명하고 중앙농민운동위원회와 중앙노동자운동위원회를 설립하기로 결의했다. 회의는 또 중앙 각 부와 각 위원회 및 그 소속 기구는 확정된 조직이 있어 당의 발전 및 각 방면 사업의 수요에 적응해야 한다고 의결했다.

확대회의는 재차 당의 교육과 훈련의 중요성을 강조했다. 그래서 노동자 당원을 교육하기 위한 지방당위원회 소속 보통 당 학교와, 정치 자질이 비교적 높고 사업경험이 있는 당원을 훈련하기 위한 구당위원회 소속 고급 당 학교 등 두 종류의 당 학교를 세우기로 합의했다. 회의 후 당은 베이징에 고급 당 학교를 설치하고 당 간부를 양성했다. 이 밖에도 당은 우수한 청년들을 농민운동강습소와 황푸사관학교에 입학시켰다. 또 우수한 공산당원, 공청단원들을 소련에 파견했는데 그 중 많은 당원들이 훗날 당의 저명한 영도자가 됐다.

중국공산당 중앙당교(中國共產黨中央黨校)

중국공산당의 고급 간부를 양성하는 국립 교육기관으로 중난하이에 있다. 마오쩌둥을 비롯해 류사오치, 후진타오, 시진핑 주석 등 중국의 쟁쟁한 권력자들이 교장을 맡았을 정도로 중국에서는 가장 권위 있는 교육기관이다. 중국 공산당 고위 간부가 되기 위해서는 반드시 거쳐야 하는 코스라고 할 수 있다. 학생들은 당 고위 간부와 경제계 엘리트, 석·박사 학위 소유자 등으로 구성된다. '고급 공산당 간부'

를 양성한다는 목표를 가지고 있기 때문에 교육 과정도 고급 당 간부반, 청년 간부반, 소수민족 간부반 등으로 이뤄져 있다. 정식 대학교가 아니고 4~6개월 정도 교육을 진행하는 단기 교육기관이다.

중공중앙 집행위원회는 혁명정세 발전의 수요에 적응하기 위해 1926년 7월에 소집한 중앙집행위원회 제4기 제2차 확대회의에서 재차 당의 건설의 중요성을 강조했다. 연이어 처음으로 당의 '볼셰비키화'와 '모든 사업은 지부에 귀속시킨다'는 구호를 제출했다. 회의는 또 당의 대열을 확대하는 논의를 제출하고 "당의 발전을 한층 더 강력하게 추진하고 더 많은 혁명적 노동자, 농민과 지식인을 모집"하기로 결의했다.

북벌의 승리를 위한 진군과 노농운동 대발전의 유리한 정세를 빌려 당의 대열은 지속적으로 강화됐다. 비공식적 통계에 따르면 1926년 9월에 당원 수는 1만 3,281명으로 증가했다. 신장(新疆), 칭하이(靑海), 구이저우, 시짱, 타이완을 제외한 전국지역에서는 모두 당 조직을 건립하거나 활동을 더 활발하게 진행했다. 당의 발전을 한층 더 강화하기 위해 10월 17일 천두슈는 전국 각급 당부 책임자들에게 서한을 보냈다. 혁명이 신속히 발전하는 정세에서 "당원의 증가는 제일 중요한 문제이며" "서둘러 당원을 늘리지 않는 행위는 당에 대한 의도적인 비협조이며 일종의 반동 행위이다"[124]고 지적했다. 그는 제5차 당대회 직전까지 당원 수를 4만 1,200명으로 늘려야 한다고 주장했다. 각급 당부는 서한을 받은 후 각자 본인의 발전 계획서를 작성했다. 중

---

124 《천두슈가 각급 당부에 보내는 편지―당의 조직을 확대할 것에 관한 제의》(1926년 10월 17일), 중앙당안관 편 : 《중공중앙문건선집》제2책, 중공중앙당학교출판사 한문판, 1989년, 635쪽.

앙국의 비공식적 통계에 따르면 11월에 이르러 당원 총수는 18,526명에 달했는데 그중에는 군인 1,500명, 여성 1,992명이 포함됐다. 뤄룽환(羅榮桓), 쉬샹첸(徐向前), 쑤위(粟裕) 등 당내의 적지 않은 우수한 인물들은 바로 이 시기에 입당했다.

북벌전쟁 후기 노농운동의 진일보 발전과 더불어 당의 대열도 전례 없는 발전을 이루었다. 당의 계급기초와 대중 기초는 한층 더 공고화 되고 확대됐다. 1927년 4월, 제5차 당 대회 소집 시 당원은 5만 7,967명으로 증가되었고 그중 노동자가 당원 총수의 50.8%, 농민은 18.7%, 지식인은 19.1%, 군인은 3.1%, 중소상인은 0.5%, 기타 7.8%를 차지했으며 여성 당원은 당원 총수의 8.27%를 차지했다.

제5차 당 대회는 국제공산당 집행위원회 제7차 확대전회의 정신에 입각하여 당의 건설에 대해 다음과 같은 결정을 내렸다.

(1)당원 수를 늘리기 위해 산업노동자, 진보적 농민과 혁명적 지식인을 당의 대열에 흡수하며 당내 교육을 강화하고 여러 가지 방법으로 당원을 훈련시킨다.

(2)당은 산업지부를 기반으로 건립한다.

(3)집단 영도를 실시하고 당내 기율 중 특히 정치 기율을 강화한다.

(4)공산당과 청년단을 착실히 조직하고 운영한다.

제5차 당 대회가 폐막된 후 얼마 지나지 않아 중공중앙 정치국은 6월 1일에 통과한 "중국공산당 제3차 수정규약 의결안"에서 다음과 같이 규정했다.

"본 당의 강령 및 규약을 인정하며 당의 결정에 복종하고 당의 일정한 조직에 참가하여 일하며, 당비를 납부하는 사람은 모두 본 당의 당원이다" 노동자와 비노동자의 개념이 추상적임을 감안하여 의결안은 양자를 세분화했다. 그리고 "후보당원의 대기 기간에 대해 노동자

(노동자, 농민, 수공 노동자, 점원, 사병 등)에게는 후보자 대기 기간이 없고 비노동자 (지식인, 자유직업자 등)에게는 후보자 대기 기간을 3개월로 한다"고 규정했다. 중공중앙 혹은 성 당위원회에서 직접 인정한 당원도 "비노동자인 경우에도 반드시 후보자 기간을 거쳐야 한다"[125]고 밝혔다.

당은 대열을 끊임없이 발전시키고 강화함과 동시에 선전출판사업 역시 크게 확대하여 당원의 사상교육을 중시했다. 중앙과 각 지방의 당 조직은 수많은 출판물을 간행했다. 중앙에서 주최한 정치기관지 〈향도〉는 1926년에 이르러 분기별 판매량이 2만 5,000부 안팎으로 전국의 혁명투쟁에 커다란 영향을 주었다. 이외 영향력이 비교적 큰 간행물에는 〈신청년〉, 〈인민통신〉, 〈당보〉, 〈열혈일보〉가 있었다. 규모가 비교적 큰 지방 간행물에는 〈정치생활〉(베이징), 〈인민주간〉(광둥), 〈우한평론〉(후베이), 〈전사〉(후난), 〈중저우평론〉(허난) 및 〈노동자의 길〉(전국총공회), 〈상하이총공회 5일간〉(상하이총공회), 〈노동자소형신문〉(톈진총공회) 등이 있었다. 당은 또한 상하이의 인쇄소와 상하이 서점을 통해 〈중국 혁명 문제 논문집〉 등 마르크스·레닌주의를 선전하고 중국 혁명 문제를 논술한 서적을 출판했다.

대혁명 시기에 당은 당 건설을 강화하기 위해 기본적이면서도 효과적인 탐색을 했다. 이 시기 당 건설의 주요한 특징은 다음과 같다.

첫째, 당원의 발전과 당 조직건설을 중시했다. 당은 대열의 규모를 늘리는 것을 당건설의 주요 임무로 삼고 짧은 몇 년 사이에 당원 수를 수십 배 늘렸다. 많은 당원들이 대혁명의 파도에 뛰어들어 대중을 영도하고 혁명투쟁을 전개하며 적극적인 역할을 했다. 이와 동시에 당

---

125 중앙당안관 편 : 《중공중앙문건선집》제3책, 중공중앙당학교출판사 한문판, 1989년, 142~143쪽.

의 지방조직이 끊임없이 건립되거나 발전되었고 심지어는 산간오지에서도 당의 활동이 진행됐다.

둘째, 당의 사상건설과 당원에 대한 교육을 중요하게 보기 시작했다. 당은 당원의 자질을 높이기 위해 당학교의 설립 등 다양한 방법으로 당원을 교육하고 훈련시켰다. 그리고 마르크스·레닌주의 이론에 대해 일정 수준을 지닌 당원과 무산계급 정치 각오를 지닌, 그리고 용감히 투쟁할 수 있는 우수한 간부를 대거 양성했다. 셋째, 당의 조직도와 사업제도를 단순화했다. 대혁명 시기 당은 전후로 3차례 규약을 수정하여 각종 규정과 제도를 끊임없이 규범화했다. 이로 당의 각 방면 건설을 더욱 공고히 하고, 이어 비교적 튼튼한 토대를 닦아 놓았다.

대혁명 시기 정치 환경이 열악했고 당의 사업은 거의 국공합작의 주제를 둘러싸고 진행됐다. 이런 까닭에 이 시기 당은 자기 건설 측면에서 어느 정도 성과를 거두기는 했지만 아직 초보적인 단계에 머물러 있었다. 당 대열의 발전 및 사상건설과 조직건설은 신속히 고조되는 대혁명의 물결을 만족시키지 못했다. 특히 새 당원의 교육과 양성, 당의 기층조직 건설 면에서는 일부 결점과 실수를 드러내기도 했다.

제7장
제1차 국공합작의 파열과 대혁명의 실패

1. 국제공산당과 중공 영도자의 타협과 양보

제국주의의 간섭과 혁명진영 내부 모순의 표면화

북벌전쟁이 시작된 후 혁명세력은 신속하게 발전한 반면 북양군벌 세력은 질서 없이 흐트러졌다. 이 두 가지는 제국주의 열강들이 미처 생각하지 못한 점이었다. 이 시기 제국주의 열강들은 제1차 세계대전의 위기를 극복하고 상대적으로 안정된 국면을 맞이했다. 이에 따라 중국 혁명을 간섭할 여유가 생겼다. 하지만 중국에서의 이익 쟁탈로 인해 열강들 사이의 갈등이 첨예해졌다. 그래서 그들이 취한 각 정책과 간섭 수단이 처음에는 단합되지 못했다. 영국 제국주의는 중국 혁명을 무력으로 진압한 첫 번째 예시였다. 1926년 9월, 북벌군이 창장(長江·양쯔강) 유역으로 진격했다. 이에 영국 군함은 불평등 조약에서 얻은 내륙 항행특권을 이용하여 창장에서 여러 차례 사건을 일으켰다. 9월 5일, 영국 군함은 핑계를 대고 공공연히 쓰촨 완현(萬縣·지금의 충칭 완저우 현성을 포격하여 1,000여 가구의 민가와 상점을 파괴하고 1,000여 명의 사상자를 낸 참사를 빚어냈다. 1927년 1월, 북벌군이 창장 하류로 진군했다. 이때 영국군은 다시 영국, 미국, 일본, 프랑스 등 4개국이 연합 출병하여 무력으로 상하이를 방위할 것을 제안했다. 이에 호응하여 여러 나라들에서 잇달아 중국에 군대를 증파했다. 상하이 및 창장 일대에는 60여 척의 외국 군함이 집결되고 상하이의 외국인 군대는 2만여 명에 달했다. 이로써 무력으로 중국 혁명을 위협하는 살벌한 국제정세가 조성됐다. 하지만 제국주의자들은 급속히 거세지는 중국 혁명의 조류를 군대를 직접 파견해 간섭하는 것으로 쉽사리 막을 수 없다는 점도 알고 있었다. 그들은 혁명 통일전선을 분화하기 위해 새로운 책략을 중시하기 시작했다. 미, 일 제국주의자들은 국민당의 군정 대권을 한 손에 장악한 장제스가 유인할 만한 상대라는 것을 알아차렸다. 1926년 11월, 미국의 한 신문은 장제스가 지휘하는 군대가 승리한 직후 중국에서 외국의 수익은 손해 보는 일이 없을 것이라는 글을 게재했다. 1926년 말, 일본 외상 시데하라(幣原)는 외무성 조약국 국장 사브리사다오(佐分利貞男)를 한커우, 난창에 파견하여 활동하게 하고 장제스를 회견하게 했다. 사브리는 시데하라에게 다음과 같이 보고했다. 난창과 우한 사이에는 심각한 갈등이 존재해서 향후 이러한 갈등은 날로 심해질 것이다. 1927년 1월, 주장 주재 일본영사 에도(江戶)가 루산(廬山)에서 장제스와 회동했을 때 장제스는 불평등 조약을 폐지하지 않을 뿐만 아니라 가능한 한 그들을 존중할 것이라고 표명했다. 에도의 전문을 받은 시데하라는 장제스를 국민당내의 '온건파' 수령으로 간주했다. 그리고 중국 혁명에 대해 분화 정책을 실시하는 것이 직접 출병하여 간섭하는 것보다 더 유리하다고 생각했다. 각국의 베이징 주재 대사관에서 소집한 비밀회의에서 영국은 미국과 일본의 의견을 받아들여 중국에 대한 정책을 개변할 것을 고려하기 시작했다. 그리고 그들은 장제스를 이용해 혁명진영을 분열하는 데 찬성했다.

정치, 군사 정세가 점차 남방에 유리해지자 많은 지방 군벌들은 잇달아 북벌군과 연락을 취해 국민정부에 의지하고 국민혁명군 깃발로 바꿀 준비를 했다. 수많은 관료, 정객, 매판기업들도 국민당 상층과 관계를 맺고 탈바꿈하여 혁명진영에 혼입(한데 섞여서 들어감)하려고 했다. 원래 북방 반동세력에 붙어 있으면서 일본 제국주의와 장제스

---

126 정학계. 관료정객 집단. 1914년 쑨중산이 국민당을 중화혁명당으로 개편 시 일부 국민당 우익분자들은 참가하기를 거부했다. 그들은 유럽의 문제를 연구한다는 명목으로 유럽문제연구회를 건립하였는데 후에 정학계로 이름을 고치고 남북 군벌과 결탁하고 쑨중산을 반대하는 활동을 진행했다. 북벌 개시 후 이 집단은 장제스와 결탁하여 반공활동을 적극 벌였다.

와도 밀접한 관계를 유지해 오던 정학계(政學界)[126] 관료 황푸(黃郛), 장췬(張群) 등도 함께 남하하여 장제스의 주변에 영향을 미쳤다. 이런 까닭에 이 시기에는 '군사는 북벌, 정치는 남벌'이라는 말이 생겼다.

정학계(政學界)

관료 정객 집단. 1914년 쑨중산이 국민당을 중화혁명당으로 개편 시 일부 국민당 우익분자들은 참가하기를 거부했다. 그들은 유럽의 문제를 연구한다는 명목으로 유럽문제연구회를 건립하였다. 후에 정학계로 이름을 고치고 남북 군벌과 결탁하고 쑨중산을 반대하는 활동을 진행했다. 북벌 개시 후 이 집단은 장제스와 결탁하여 반공활동을 적극 벌였다.

이토록 복잡하고 미묘한 배경에서 남방의 혁명진영 내부 갈등이 더욱 불거져 이른바 '천도투쟁'이 발생했다. 본래 북벌군의 세력이 창장 유역으로 확장됨에 따라 광저우 한 구석에 위치한 국민정부는 전국의 혁명운동 발전을 지도하는 데 수요를 만족시킬 수 없었다. 장제스도 국민정부와 국민당 중앙당부를 우한으로 옮길 것을 여러 차례 제안했다. 1926년 11월 19일, 그는 광저우에 전보를 보내 "중앙을 속히 우창으로 옮기지 않으면 정치, 당무를 발전시킬 수 없을 뿐만 아니라 새로 얻은 혁명 근거지도 튼실하게 다지기 어려울 것이다"[127]고 했다. 11월 26일, 국민당중앙 정치위원회 임시회의는 국민정부와 중앙당부를 광저우에서 우한으로 옮기기로 정식 결의했다. 광저우의 국민당중앙위원회 및 국민정부위원회는 두 번으로 나누어 우한에 옮기기로 하고 광저우국민정부는 즉각 공무를 멈추기로 결정했다. 12월 10일, 첫 번째로 출발한 위원들이 난창을 거쳐 우한에 도착했다. 12월 13일, 우창

---

127 중국제2역사당안관, 당안출판사 편 :《장제스 연보 초고》, 당안출판사 한문판, 1992년, 800쪽.

에서, 먼저 우한에 도착한 이들은 쑹칭링, 쑨커, 쑹쯔원, 천유런, 쉬첸, 우위장, 덩옌다, 둥비우 등 포함 쉬첸이 주석을, 보로딘이 총고문을 맡았다. 이들은 국민당 중앙집행위원회 및 국민정부 위원 임시연석회의를 열고 한시적으로 국민당중앙과 국민정부의 최고 직책을 대행했다. 하지만 원래 우한으로 천도할 것을 주장했던 장제스가 갑자기 국민당중앙과 국민정부를 국민혁명군 총사령부가 자리 잡은 난창(南昌·장시성의 성도)으로 옮길 것을 요구했다. 그 목적은 국민당중앙과 국민정부를 본인이 직접 통제하기 위함이었다. 1927년 1월 3일, 그는 난창을 거쳐 우한으로 가려는 국민당중앙당부와 국민정부의 두 번째 위원들을 공공연히 가로막았다. 그러고는 1월 5일에 전보를 발표하여 "중앙당부 및 국민정부는 잠시 난창에 머문다"고 선포했다. 이리하여 난창과 우한이 공개적으로 대치하는 국면이 조성됐다. 이 무렵, 장제스 집단이 노농대중을 적대시하고 압박하는 모습이 자꾸 드러났다. 광둥에서 북벌이 시작된 지 얼마 안 되어 그들은 파업 금지령을 내리고 노동운동의 배신자로 하여금 노동운동을 파괴하게 했다. 그뿐만 아니라 각지의 주둔 부대와 지방 장관을 지지하면서 그들의 행동을 내버려두었다. 또, 지주민단(民團) 및 토비무력과 결탁하여 농민협회를 공격하고 농민협회 간부와 농민대중을 탄압했다. 그들은 후베이, 후난과 장시의 노농운동을 극히 제한했다. 게다가 국민당 장시성 당부와 난창, 주장시 당부 및 대중단체 내에서의 공산당과 국민당좌파의 영도권을 서둘러 제거했다. 그러고는 이런 지방에서의 당정 영도권을 빼앗았다.

하지만 장제스는 이 무렵 아직 공산당과 결별을 할 것인지 결단을 내리지 못하고 있었다. 그는 비록 장시를 장악하고 있었지만 세력의 제한을 받아 북벌의 명분 차용이 필요했다. 계속 창장 하류로 진군하여 장쑤, 저장과 상하이, 난징 일대를 점령해야 했기 때문이다. 이는 장제스에게 생사와 관계되는 아주 중요한 행보였다. 그 까닭은 이 지역이 제국주의 세력이 제일 많이 집중한 지역이기 때문이다. 게다가 이 지역은 저장 재벌의 본거지이기도 하며 전국에서 세금수입이 최고 많은 부유한 지역이었다. 이 지역을 장악하면 제국주의 세력과 저장 재벌의 큰 지지를 얻을 수 있고, 거액의 세금 수입도 얻을 수 있었다. 그뿐만 아니라 수많은 북양군벌의 잔여 세력과 기타 반동 세력도 끌어 모을 수 있었다. 이렇게 되면 그는 자파 세력을 강화하여 중국공산당 및 그 영도 아래 있는 노농혁명 세력과 결별할 수 있게 된다.

1927년 봄, 공산당과 노농혁명 세력에 대한 장제스의 압박은 더욱 강화됐다. 2월에 장제스는 난창의 한 연설에서 공산당은 국민당에게 "압박"을 가하고 있다고 했다. 그러면서 "이러한 상황은 나로 하여금 이전처럼 공산당을 우대할 수 없게 만들었다" 공산당원에 대해 "나에게는 간섭하고 제재할 책임과 권리가 있으며" "나는 꼭 그들을 변화시키고 제재할 것이다"[128]고 공공연하게 말했다.

1926년 말부터 1927년 2~3월까지 국민정부의 천도문제에 관한 투쟁은 날로 치열해졌다. 장제스는 난창으로 천도할 것을 고집하면서 오히려 우한의 국민당 임시 연석회의를 '비법(非法)'이라고 비방했다. 그러면서 연석회의를 중지할 것과, 국제공산당 집행위원회에 전보를 보내 소련 대표 보로딘을 소환할 것을 요구했다. 그는 이렇게 군권을 이용해 모든 상황을 장악하고 개인독재를 실시하려고 했다. 이러한 그의 행보는 우한 지역에서 장제스를 반대하는 감정을 한층 더 고조시켰다. 중공중앙은 1927년 2월 중순에 통고를 내어 다음과 같이 명확히 지적했다. "현재 장제스는 이미 우파 반동 세력의 중심이 되었고"

---

128 《난창 총부 제14차 기념주에서의 장제스의 연설》(1927년 2월 21일), 《4·12반혁명정변 자료 선집》, 인민출판사 한문판, 1987년, 36~37쪽.

"우리는 현재 무엇보다 먼저 K.M.T.(국민당의 영어 약어) 내의 우경세력의 공격을 막아내야지만 당외 우경세력과의 전쟁에서 승리를 담보할 수 있다" 그러므로 "우리는 각지에서 신속히 장제스를 반대하는 선전을 개시해야 하며" "장제스의 압박에 반대하고 나아가 이를 무너뜨려야 한다" 또 통고에서는 이번 투쟁은 국민당 좌파와 연합으로 진행해야 하지만 공산당은 당연히 "용감하게 주체적 지위를 확립하여 좌파로 하여금 우리를 돕게 해야 하며" 지난날과 같이 "좌파가 주체가 돼야 하며 우리가 그들을 도와서는 안 된다"[129]고 지적했다. 이 통고는 장제스에 대한 중공중앙의 반감이 한층 더 심화됐음을 보여 준다. 중국공산당과 국민당 좌파의 압박으로 인해 난창으로 천도하고자 했던 장제스의 음모는 이뤄지지 않았다. 3월 20일, 우한 국민정부는 정식으로 설립됐다.

우한지구에서는 3월 10일부터 17일까지 독재를 반대하고 당(국민당)권을 회복하는 운동이 일어나고 있었다. 그 기간에 국민당은 한커우에서 당권 강화를 중심 의제로 삼아 중앙집행위원회 제2기 제3차 전원회의를 열었다. 회의의 내용은 다음과 같다. 공산당원 우위장, 마오쩌둥, 둥비우, 린주한, 윈다이잉과 국민당 좌파 쑹칭링, 허샹닝(何香凝), 덩옌다 등의 한결같은 노력으로 전원회의는 다음과 같은 일련의 결의를 통과시켰다. 당권을 공고히 하고 군사독재를 뒤엎는다. 그리고 모든 반혁명을 진압하고 향촌자치를 실시하며 민정시찰회의를 소집한다. 아울러 국가정권의 민주화를 실현하며 노농대중운동에 협조하고 농정(農政)부, 노공(勞工)부를 설립한다. 그리고 쑨중산의 3대

---

129 《중공 상하이구위원회 비서처 통신(제11호)—목전 국민당 내 우파의 공격에 대한 조치 및 장제스에 대한 우리의 태도》(1927년 2월 17일), 《상하이노동자 세 차례 무장봉기》, 상하이 인민출판사 한문판, 1983년, 120~122쪽. 문장 중 "K.M.T"는 "국민당"의 영어 준말이다.

정책을 견지한다는 결의와 당의 집단 영도를 강화하기 위한 일련의 결의를 채택한다.

그리고 회의는 장제스가 주석을 맡았던 국민당중앙 상무위원회와 군사위원회를 의장단제로 고치고 집단 영도를 실시하며 주석을 두지 않기로 결의했다. 이는 사실상 장제스가 맡았던 상기 두 위원회의 주석 직무를 취소한 것이었다. 하지만 장제스의 국민당 중앙 상무위원회, 군사위원회 위원과 국민혁명군 총사령의 직무에 대해서는 유보했다. 회의에서는 아직 국외에 있는 왕징웨이를 국민당중앙과 국민정부의 중요 영도자로 뽑았고, 공산당 인사가 국민정부의 지도부에 참여할 것을 요청했다. 공산당원 쑤자오정(蘇兆征), 탄핑산이 뒤이어 국민정부 노공부 부장과 농정부 부장으로 임명됐다. 또 회의는 후베이성 당부에서 제출한 "후베이성 토호열신 징벌 임시조례"와 덩옌다, 마오쩌둥 등이 제출한 "농민에 대한 선언"을 통과시켰고 구자치기관 내에 토지위원회를 설립하여 토지문제를 해결하는 정책과 방법을 연구하기로 결정했다. 국민당 중앙집행위원회 제2기 제3차 전원회의의 결의에 관하여 장제스는 전보를 보내어 수용한다고 표명했다. 하지만 이는 표면적인 수용일 뿐 그는 사실 더욱 잔인하고 음흉한 수단으로 대항했다. 3월 1일 그는 당지의 주둔 부대를 시켜 간저우총공회 위원장이며 공산당원인 천짠셴(陳贊賢)을 참혹하게 살해했다. 3월 16일 그는 전선을 감독한다는 구실로 난창을 떠나 상하이로 갔다. 주장, 안칭(安慶) 등지를 지나는 동안에 그는 청방(青帮·청나라 초기에 일어난 중국의 비밀결사대)의 건달, 폭도들을 시켜 쑨중산의 3대 정책을 옹호하는 당지의 국민당 당부와 공회, 농회 조직을 파괴했다. 그리고 혁명 대중을 살해하여 공포 분위기를 조성했다. 노농 대중을 적대시하고 공산당을 반대하는 장제스의 실체가 온 천하에 드러난 것이었다.

북벌과정에 국제공산당이 중국공산당에 준 영향

북벌의 진군과 노농운동의 큰 발전은 혁명진영 내부의 갈등과 투쟁을 격화시켰고 남방 내지 전국의 정치, 군사 정세에도 각각 거대한 변화를 가져왔다. 이 시기 국제공산당, 소련공산당 및 중국 주재 대표들은 일부 정확한 방침을 제출하여 중국공산당에게 유익한 가르침을 많이 주었다. 하지만 그들은 장제스 등의 혁명배반 위험성에 대한 경계심을 늦추었다. 때문에 장제스, 왕징웨이, 탕성즈와의 관계를 처리하는 데 착오적인 방침을 취했고 중공중앙의 결책에 미미한 영향을 끼치게 됐다.

> **중산함 사건**
>
> 1926년 3월 20일 국공합작하의 중국에서 국민당의 장제스(蔣介石)가 공산당에 공격을 가한 사건. 중산함사건이 일어난 날짜를 기념하여 3·20사건이라고도 한다.

중산함 사건 직후 국민당 내부에서는 장제스의 독재 분위기가 조금씩 형성됐다. 게다가 북벌전쟁 과정에서 국민당의 내부 모순은 더욱 불거졌다. 장제스는 당권, 정권, 군권을 한 손에 쥐고 독선적 행위를 일삼으면서 무력으로 모든 것을 지휘했다. 그는 부하를 심어 두고 농락의 수단으로 국민혁명군 각 군과 일부 당정 부서를 통제하였다. 이는 국민혁명군의 일부 고급 장교들의 불만을 자아냈다. 1926년 10월 국민당중앙 및 각 성당부 연석회의 전후로 광둥 내외에는 장제스를 반대하고 왕징웨이를 옹호하는 분위기가 점점 짙어졌다. 국민당중앙의 좌경적인 일부 영도자들은 혁명의 성공적 발전에 힘입어 전 단계의 소침했던 상태에서 벗어났다. 그리하여 당권의 회복, 왕징웨이의 복직, 중국공산당과의 합작을 적극 요구했다. 이 시기 유럽에 머물고 있던 왕징웨이는 여전히 국민당좌파의 영도자로 간주되고 있었다.

장제스는 당, 정, 군의 영도자는 한 사람밖에 없으며 그 사람이 바로 자신이라고 여겼다. 그러므로 장제스는 왕징웨이의 귀국을 극력 반대했다. 하지만 자신의 지위가 아직 상대적으로 강하지 않은 까닭에 표면상으로는 왕징웨이의 귀국을 수용할 수밖에 없었다. 그러면서 그는 대표를 파견하여 중공중앙의 영도자를 찾아가 자신의 총사령 지위를 유지시켜 줄 것을 부탁했다. 그리고 중공에서 왕징웨이의 귀국을 지지하지 않기를 희망했다.

보로딘은 장제스가 군사독재자의 길에 들어선 것을 눈치 챘지만 장제스를 타도할 것을 주장하지는 않았다. 그는 장제스와 왕징웨이가 손을 잡기를 바랐다. 왕징웨이는 정부 업무를 책임지고 장제스가 군부를 책임질 것을 기대한 것이다. 상하이의 국제공산당 집행위원회 극동국에서도 장제스와 왕징웨이의 합작은 문제를 해결하는 유일하고도 적합한 방법이라고 보았다. 9월 16일 극동국과 중공중앙 집행위원회 연석회의에서 보이틴스키는 다음과 같이 말했다. 우리는 장제스와의 투쟁을 희망하지 않는다. 이유는 명확하다. 두 지도자의 파워게임은 광저우에 위협을 줄 것이므로 반드시 전선에 있는 장제스를 안심시켜야 한다. 천두슈는 타협 정책이 옳다고 여겼다. 회의는 8개 결의문을 채택했다. 그중에는 "현재 왕징웨이 문제에 대한 우리 당의 입장은 장제스에게 국민당 좌파를 반대하고 전선에서 철수하는 것에 대해 그 어떤 구실도 주지 않는 것이다" "현재 장제스에 대한 우리의 정책은 국민당 10월 전원회의에서 좌파와 장제스에게 그들이 진심으로 합작하기를 바란다는 성명을 발표하는 것이다"라는 내용도 포함됐다.

이번 회의가 끝나는 날에 중공중앙은 전 당에 제17호 통고를 발표하여 "왕징웨이를 맞이하는 것은 결코 장제스를 제거하는 것이 아니다. 현재 국내외 정세를 볼 때 이런 정책은 매우 위험한 발상이다. 첫째, 북벌 국면을 동요시킬 수 있고 둘째, 장제스의 뒤를 이을 군사장령이 장제스보다 낫다고 할 수 없다. 우리는 왕징웨이가 귀국한 후 절대 보복하지 않으며 절대 당무정리 안을 뒤엎지 않을 것이다" "만약 장제스가 좌파정강을 집행하여 좌파가 된다면 우리는 왕징웨이의 복귀를 지지하지 않을 수 있다"고 지적했다. 천두슈는 또 장제스가 상하이에 파견한 대표에게 중공은 3가지 조건을 갖출 경우, 왕징웨이의 복귀를 찬성할 것이라고 말했다. 첫째, 장제스를 축출하고 왕징웨이를 맞이하는 것이 아니라 왕징웨이와 장제스가 합작하는 것이다. 둘째, 여전히 장제스는 군사수령의 지위를 유지한다. 셋째, 당무정리안을 뒤엎지 않는 것이다. 장제스를 제압하기 위해 보이틴스키는 극동국 성원 만다량(曼達良), 푸징(福京), 그리고 중공중앙 대표 장궈타오와 함께 한커우에 가서 직접 장제스와 회담했다. 그러고는 9월 20일 중공중앙 집행위원회와 극동국 연합회의에서 보이틴스키는 장제스와의 담판에서 장제스를 반대하지 않는다. 왕징웨이 역시 반대하지 않으며 왕징웨이(汪精衛·1883~1944, 중국의 정치가. 신해혁명과 국민혁명 중일전쟁에 걸쳐 정치가로 활동을 했으며 친일정부를 조직하여 주석으로 취임하였다. 이 때문에 중화민족을 배반한 친일파로 오명을 남겼다)가 국민당중앙 주석을 맡고 장제스가 군사영도권을 장악하게 한다는 방침을 정했다.

보로딘과 보이틴스키는 왕징웨이에게 상당히 큰 기대를 걸고 있었다. 보로딘은 왕징웨이의 귀국에 찬성했고 왕징웨이의 이름만으로도 모든 파벌을 연합시킬 수 있다[130]고 생각했다. 국제공산당 집행위원

130 《보로딘의 국제공산당 집행위원회 극동위원회와의 회견 시 담화》(1926년 8월 9일), 중공중앙당사연구실 제1연구부 편:《국제공산당, 소련공산당(볼셰비키)과 중국 혁명 당안자료 총서》제3권, 베이징도서관출판사 한문판, 1998년, 371쪽.

회는 왕징웨이를 맞이하여 복직시킨다며 "이 구호는 확실히 모든 혁명 조직을 연합시킬 수 있으며 농민대중의 동정을 얻을 수 있고 군대 중 혁명인사의 지지를 받을 수 있다"[131]고 지적했다.

천두슈는 처음부터 왕징웨이를 좌파의 수령으로 여겼다. 따라서 중공중앙도 왕징웨이가 귀국하여 복직해야만 국민당 좌파가 중심 세력으로 복귀할 수 있으며, 국민당과 국민정부내부에서의 리더십 회복이 가능하다고 믿었다. 또한 장제스의 군사독재를 약화, 억제할 수 있다고 생각했다. 사실 국민당 내부에는 아직 유력한 좌파 핵심이 형성되지 않았을 뿐만 아니라 상당수의 좌파인사들도 동요하고 있었다. 공산당은 당연히 적극적으로 좌파 세력을 강화하고 우파와 강력히 투쟁해야 했다.

그리하여 좌파인사를 고무하고 단합시켜서 그들을 동요하지 않도록 해야 했다. 그런데 공산당은 끊임없이 우파에게 양보하는 행태를 보였으며, 오히려 국민당 좌파가 강대해져서 우파 세력의 발전을 억제할 것을 기대했다. 그러나 이는 환상에 불과했다. 장제스와 왕징웨이를 지지하는 외에도 보로딘과 보이틴스키는 탕성즈 (唐生智)도 매우 중요하게 여겼다.

탕성즈 (唐生智,당생지·1889~1970)

중국의 군인으로 제8군 군장과 후난성 주석을 지냈고 광둥·난징 정부 통합 후 군사참의원장이자 난징 위수사령관을 지냈다. 그 후, 후난성 부성장·전국인민대표대회 대표 등의 요직을 역임하였다

---

131 《국제공산당 집행위원회 극동국 사절단의 광저우 정치관계와 당파관계에 관한 조사 결과와 결론》(1926년 9월 12일), 중공중앙당사연구실 제1연구부 편:《국제공산당, 소련공산당(볼셰비키)과 중국 혁명 당안자료 총서》제3권, 베이징도서관출판사 한문판, 1998년, 488쪽.

탕성즈는 국민정부에 돌아온 후 북벌전쟁이 승리하도록 나아가는 계기로 자신의 입지를 키워 나갔다. 아주 짧은 몇 달 내에 그의 군대는 1개 군에서 4개 군으로 확대되었다. 병력도 다른 각 군보다 훨씬 많았으며 후난, 후베이 두 성까지 통제했다. 장제스는 탕성즈가 좌파 지위를 대체하는 것이 두려워 그를 적극 압박했다. 탕성즈는 자기 지위를 강화하고자 왕징웨이의 힘을 빌려 장제스에게 대항하는 한편, 극력 좌경 노선임을 드러내 중국공산당의 지지를 얻었다. 보로딘과 보이틴스키는 탕성즈가 진정으로 혁명을 옹호하는 것이 아님을 알고 있었다. 하지만 탕성즈와 리지선(李濟深)이 장제스와 대항할 수 있는 실력파라고 판단했다. 이에 따라 극동국은 장군을 파견하여 탕성즈와 연합하기로 결정했다. 중공중앙은 장제스와 탕성즈 사이에서 균형을 유지하는 책략을 취했다. 이는 장제스의 총사령 지위를 유지시킴과 동시에 탕성즈의 실력을 발전시켜 "실력파 사이의 세력 균형을 유지하고 한 사람만의 군사독재 국면을 조성하지 않도록 했다" 이에 중공중앙은 여러 차례 하급 당 조직에 지시하여 각 방면으로 탕성즈를 관리해서 "그의 좌경 노선에 영향을 줄 것"을 요구했다. 그러나 각 실력파들의 균형에 의해 혁명국면을 유지하려는 계획은 지극히 나약한 책략이었다. 또 탕성즈는 공산당의 지지를 받았기에 절대로 좌경 노선을 배척할 수가 없었다.

1926년 11월 22일부터 12월 16일까지 국제공산당 집행위원회는 제7차 확대전회를 열었다. 전회의 중심 의제는 중국 혁명에 대한 문제였다. 스탈린은 회의에서 "중국 혁명의 전도를 논하다"라는 저명한 연설을 했다. 전회는 이 연설에 근거하여 "중국 문제에 관한 의결안"을 통과시켰다. 그러면서 "제국주의는 이미 혁명진영을 분화하는 새로운 책략을 취했는바 대자본 계급은 머지않아 혁명대열을 이탈할 것이다.

때문에 현재 중국 민족혁명운동의 발전 중점 사안은 토지혁명(토지개혁)이다. 그러므로 중국 혁명은 비자본주의 즉 사회주의 방향으로 발전해야 한다. 무산계급은 가급적 혁명의 영도권을 쟁취해야 한다. 혁명군대는 중국혁명의 지극히 중요한 요소이기 때문이다. 그러므로 무장된 혁명으로 무장된 반혁명에 대항하는 것은 중국혁명의 특징이자 장점 중 하나이다"고 강조했다.

1927년 1월 말, 국제공산당 집행위원회 제7차 확대전회의 의결안이 중국에 전해졌다. 중공중앙은 토의를 거쳐 상기 의결안에 대해 토의했다. 당은 이전에 "국민혁명과 무산계급혁명 사이에 '인력으로는 넘을 수 없는' 경계선을 그어놓았는데 이는 근본적인 착오"라고 지적했다. 무산계급에 대한 영도권과 토지혁명 등 문제에 대한 인식을 제고하게 되면서, 1927년 봄 중공중앙은 한동안 일부 지역의 노농운동과 장제스를 반대하는 투쟁에서 비교적 적극적인 태도를 취했다.

하지만 국제공산당 집행위원회 제7차 확대전회는 국민당의 혁명성을 과분하게 평가했다. 결의에서는 이 시기 혁명을 앞으로 추동하는 주요 세력을 무산계급, 농민과 소자산계급의 연맹이라고 보고 대부분의 자산계급을 배제했었다. 하지만 오히려 주요한 희망을 장제스 등에게 걸었는바, 여기에는 그들이 군대, 정권, 토지개혁 등에 대해 영도하는 것도 포함됐다. 특히 국제공산당, 소련공산당(볼셰비키)은 혁명진영 내부 투쟁의 치열함과 더불어 장제스 등이 혁명을 신속히 배반할 가능성에 대한 인식이 크게 부족했다. 천도투쟁이 있은 후 장제스의 반동 기세는 하늘로 치솟아 올랐다. 소련공산당과 국제공산당은 장제스와의 결별을 뒤로 미루었다. 그러면서 타협과 책략으로 관계를 잠시 완화시키려 했다. 2월 17일 소련공산당 중앙정치국은 보로딘에게 "사태를 악화시켜 장제스와 결별하는 파국을 피해야 한다"[132)]

고 지시했다.

3월에 중공중앙과 중공 상하이구위원회는 상하이노동자 제3차 무장봉기를 준비하는 과정에서 입장을 밝혔다. 장제스의 음모와 활동을 다소 경계하여 "우리는 이런 우경적(우익적인 사상으로 기울어짐) 국면에 임해 반드시 우경을 공격하겠는 결심을 거듭해야 한다. 그리고 그것에 대해 절대 양보해서는 안 된다. 그 양보는 곧 혁명의 종말을 의미하기 때문이다"[133]라면서 장제스를 반대하기 위한 준비를 어느 정도 하고 있었다. 봉기가 승리한 후 당은 적극적으로 상하이시민정부를 건립하는 행보를 재촉했다. 또 노동자무장규찰대를 보강하여 장제스에게 저항하고자 했다. 이를 위해 바이충시 군대의 무장을 해제할 준비를 하고 승리를 기대했다. 하지만 국제공산당과 소련공산당은 여전히 장제스에 지지를 보내면서 그와의 결별에 동의하지 않았다. 그리고 중공중앙에 "잠시 공개작전을 개시하지 말고" "무기를 꺼내지 말고 부득이 한 경우에는 무기를 숨기고" "현재 조계지 반환을 요구하는 총파업 또는 봉기를 거행하지 말고" "어떤 방법으로라도 상하이국민군 및 여타 장관과의 충돌을 피해야 한다"[134]고 지시했다. 그 결과, 장제스 군대가 질서 유지를 책임질 것을 선포하고 총파업을 중단하며, 노동자규찰대의 무장을 해제시키라는 명령을 내려졌다. 이에 천두슈는 국제공산당과 소련공산당의 지시에 따라 상하이구당위원회에 서

---

132 《소련공산당(볼셰비키) 중앙정치국 회의 제87호(특자제65호) 기록》, 중공중앙당사연구실 제1연구부 편역:《국제공산당, 소련공산당(볼셰비키)과 중국 혁명 당안자료 총서》제3권, 베이징도서관출판사 한문판, 1998년, 118쪽.

133 《중공 상하이구위원회 비서처 통신—최근 전국의 정치국면 및 혁명운동의 추세》(1927년 3월 12일), 《상하이 노동자들의 세 차례 무장봉기》, 상하이인민출판사 한문판, 1983년, 314쪽.

134 《소련공산당(볼셰비키) 중앙정치국 비밀회의 제93호(특자제71호)기록》(1927년 3월 31일), 중공중앙당사연구실 제1연구부 편역:《국제공산당, 소련공산당(볼셰비키)과 중국 혁명 당안자료 총서》제4권, 베이징도서관출판사 한문판, 1998년, 167, 169쪽.

한을 보내 표면적으로 장제스를 반대하는 행동을 연기하라[135]고 지시했다. 곧 상하이에서는 장제스를 반대하는 투쟁이 잦아들기 시작했다.

천두슈를 대표로 한 우경기회주의의 형성

장제스 반혁명 세력은 북벌의 승리 진군과 더불어 나날이 확장되었다. 반면 국민혁명 연합전선 내의 투쟁이 날로 치열해질 무렵, 천두슈를 필두로 한 중공중앙은 복잡다단한 정세에 적응하기가 어려웠다. 그리하여 우경 노선의 수렁에 점점 더 깊이 빠져 들었고 곧 천두슈를 대표로 하는 우경기회주의(진보적 경향을 띠면서도 자신들의 안위를 위해 기회를 보며 처신하는 태도) 착오가 나타났다.

혁명이 거족적(巨足的·진보가 뚜렷한)으로 발전하는 정세에서 혁명정권 문제는 점점 존재감을 드러냈다. 도시와 농촌의 노농운동은 현 정권에 크거나 작은 변화를 일으켰다. 후난성의 일부 현에서는 현무회의 또는 공법단연석회의를 열고 농민협회, 현공회 및 기타 혁명적 대중단체 대표를 참가시켰다. 비록 그들이 직접 현장(여러 곳에 나남)을 추천한 것은 아니지만 원래 현장은 각 대중단체의 의견을 무시할 수 없었다. 이는 사실상 대중단체가 서로 연합하여 정권을 장악하는 국면이 조성됐음을 말한다. 장시성의 일부 현에서는 많은 대중의 추대로 공산당원이 현의 장을 맡았다. 성정권 면에서, 공산당원 둥비우가 후베이성 정부의 영도업무에, 린주한, 리푸춘이 장시성 정치위원회에 참가했다. 공산당원과 노농대표가 참가한 혁명정권은 북벌전쟁을 승리로 이끄는 과정에서 나타난 새로운 현상이었다.

---

135 《중공 상하이구위원회 주석단회의 기록—류즈(劉峙)의 파괴에 대처, 시청 취직, 내부 조직, 장제스와의 접촉 등 문제》(1927년 3월 28일), 《상하이 노동자들의 세 차례 무장봉기》, 상하이인민출판사 1983년, 428쪽.

공산당 인사가 혁명정권에 참가하는 것은 혁명이 한층 더 발전하는 계기가 됐다. 하지만 이 문제에 대한 중앙의 인식이 크게 부족했으며 한동안 인식의 착오가 계속됐다. 1926년 9월 중공중앙은 국제공산당 집행위원회 제7차 확대전회에 참석한 탄핑산(譚平山·1886~1956)에게 위탁하여 공산당원이 정부에 참여할 수 있는지를 물었다. 하지만 중공중앙은 국제공산당이 회답하기도 전에 당에 지시를 내렸다. 중공중앙은 각지에서 공산당원이 정부에 참여하는 행위를 엄중하게 비판하고 제지한다고 했다. 그리고 국민혁명 단계에서 공산당은 반드시 야당의 위치에 서서 야당의 독립된 자세를 철두철미하게 지켜야 한다고 강조했다.

중공중앙이 야당의 지위를 유지하는 정책을 취한 것은, 당시 당내에 정부에 참가하는 것을 관직을 탐내는 것으로 보는 잘못된 관념과 직접적인 관계가 있었다. 이런 관념의 영향 때문에 공산당중앙은 당내의 "기회주의적인 관직 열기"를 엄금했다. 그러면서 기한 내에 주장과 융슈(永修) 등지에서 현장을 맡았던 공산당원들이 즉각 사직할 것을 지시하고 "향후 우리의 인력은 전부 대중 운동에 투입해야 하며 정부의 업무에 절대 참여하지 말아야 한다"고 강조했다. 이러한 상황에서 더 중요한 시사점은 전 당, 특히 당의 주요 영도자인 천두슈가 민주혁명에서 사회주의로 전향하는 문제에 대해 아직 명확한 인식이 부족했다는 것이었다. 1926년 7월에 중앙집행위원회 제4기 제2차 확대회의에서 통과된 "중앙정치보고"에서는 민족적 자본주의의 건설을 민족혁명운동에서 당연히 쟁취해야 할 '전도'로 간주했다.

9월에 천두슈는 "우리는 지금 무엇 때문에 투쟁하는가?"라는 글에서 이런 전도의 실현이야말로 바로 승리를 "국민정부, 국민군에게 안겨주는 것이며, 그때 가서 중국의 자본주의는 진정으로 자유롭게 진보할 수 있다"고 했다. 그리고 국민혁명 시기에 공산당원이 정권을 취득하는 일은 일어나지 않을 것이며 공산당이 정권을 취득하는 것은 무산계급 혁명시대의 일이라고 했다.

1926년 말, 중공중앙은 정권에 참여하는 의미를 미약하게 인식했고 공산당원은 가능한 한 성정부에 참여해야 한다[136]고 결의했다. 국제공산당 집행위원회 제7차 확대전회에서는 공산당원이 정부기관에 가입할 것을 명확히 요구했다. 그 후 중공중앙은 정권에 참여할 필요성과 긴박성에 대해 한층 더 심도 있게 고민했다. 그리하여 탄핑산과 쑤자오정을 파견하여 국민정부와 지방정부의 업무에 참여하게 했다. 하지만 정세의 신속한 악화로 그들은 역량을 발휘할 수 없었다.

천두슈를 비롯한 중공중앙의 대다수 영도자들은 공산당이 직접 영도하는 공산당원의 무장에 대해 깊이 생각하지 않았다. 북벌이 시작되기 전 황푸사관학교 졸업생 중에는 공산당원과 공청단원 2,000명이 있었다. 그리고 후난, 후베이와 장시의 수많은 노동자, 농민들은 패배한 적들에게서 다량의 총과 탄약을 탈취했는데 그들은 이것으로 무장할 것을 간곡하게 요청했다. 국민혁명군의 적지 않은 군관들도 공산당에서 사람을 파견하여 사업을 도와줄 것을 적극 요청했다. 하지만 천두슈는 이런 유리한 조건에도 불구하고 당이 직접 장악한 혁명 무장을 발전시키는 것을 반대했다. 북벌전쟁이 시작된 후 중공중앙은 황푸사관학교에서 학습할 공산당원의 수를 줄였다. 그러고는 노동자운동, 농민운동에 종사하는 동지들에게 "사업을 그만두고 사관학교에 다니라고 명령해서는 안 된다"[137]는 결정을 내렸다. 중앙은 국민

---

136 《보이틴스키가 국제공산당 집행위원회 주재 소련공산당(볼셰비키) 대표단에 보내는 편지》(1927년 1월 21일), 중공중앙당사연구실 제1연구부 편역:《국제공산당, 소련공산당(볼셰비키)과 중국 혁명 당안자료 총서》제4권, 베이징도서관출판사 한문판, 1998년, 95쪽.

137 《중공중앙22호 통고》, 1926년 10월 3일.

군에서 정치 사업을 책임진 공산당원과 공청단원에 대해 "정치선전에만 주의를 돌리고 군사, 행정은 간섭하지 말아야 한다"[138]고 지시했다. 이리하여 당은 북벌에서 더 많은 혁명무장을 직접 장악할 수 없었다. 그뿐만 아니라 이미 장악한 상당수의 노동자와 농민에 대한 무장도 발전시키지 못했다.

북벌의 발전과 더불어 국민혁명 연합전선에도 위험한 분위기가 날로 심해졌다. 복잡다단한 정세 속에서 중국공산당은 두 가지 어려움에 처했다. 북양군벌을 무너뜨리는 임무를 아직도 완수하지 못한 것과 혁명진영 내부의 모순이 날로 심각해지는 것이었다. 이렇게 복잡한 외부 모순과 내부 모순을 어떻게 처리하며 동맹자의 배신과 불의의 습격에 대해 어떻게 대처할 것인지가 급한 과제로 떠올랐다. 경험이 부족한 공산당원에게 이는 매우 난해한 문제가 아닐 수 없었다.

중공중앙은 국민혁명 연합전선 중에 나타난 각종 위험한 사조를 분석하고 당의 투쟁 책략을 제정하기 위해 1926년 12월 중순에 한커우에서 특별회의를 열었다. 회의에는 보이틴스키, 보로딘 등이 참석했다. 천두슈는 정치보고에서 "장시 전장에서 승리한 이후 우리와 국민당의 관계는 많은 새로운 변화가 생겼다. 그리고 많은 위험 요소가 나타나 연합전선이 수시로 파열될 위험에 처하게 됐다"고 말했다. 천두슈의 보고는 위에서 언급한 요소들의 원인을 분석하게 했다. 또 보고에서는 국민당은 총체적으로 볼 때 우경이고 장제스도 말은 좌경이지만 실제 행동은 우경이라는 점을 인정했다. 그러나 문제 해결에 필요한 효과적인 방법을 찾아내지는 못했다. 오히려 국민당을 비하하며 국민당의 사무와 민중운동을 독단적으로 처리하는 등 좌파의 존재를

---

138 《서북군사업(1926년 11월 9일 중앙에서 보젠(伯堅)동지에게 보내는 편지)》, 중앙당안관 편: 《중공중앙문건선집》제2책, 중공중앙당학교출판사 한문판, 1989년, 455쪽.

인정하지 않았다. 그러면서 당의 독립에 부정적이라는 둥 중소상인에 대한 타당한 정책을 세우지 못했다는 둥 이른바 당내의 좌경에 치중하여 질책했다. 보고는 현재 "가장 중요하게 봐야 할 사항은 민중운동이 점차 '좌'로 편향되는 한편 민중운동이 두려워 군사정권은 점차 우로 편향하는 것이며" 이런 '좌', 우경은 점차 멀어지면서 "일반 연합전선 및 국공 양당의 관계를 파괴하는 주요 원인이 됐다"고 지적했다. 이에 대해 언론은 노농운동 중에서 나타난 과격한 성향을 주요 위험으로 과대 포장했다. 심지어 일부 근본적인 투쟁까지도 '좌'경으로 몰아갔다. 또 새로운 우파가 혁명을 덮으려고 하는 준비의 위험성에 대해서도 감추었다. 이러한 인식은 완전히 주객을 전도해 버렸다. 보고에서 제기한 '위기를 구하는 7가지 조치'의 중심 사상은 "당외 우경을 방지하는 동시에 당내의 '좌'경 또한 반대하는 것"이었다. 이는 위같이 잘못된 인식을 뚜렷이 반영했다.

회의에서 통과된 "국민당 좌파 문제에 관한 의결안"에서는 여러 방면으로 국민당 좌파를 강대한 정치적 세력으로 성장하도록 도와줘야 한다고 했다. 그리고 우파 세력의 반동 경향과 함께 투쟁해야 한다고 규정했다. 의결안은, 국민당 좌파가 나약하여 동요되기 쉽겠지만 그들을 단합하고 지지해야 한다고 주장했다. 사실상 이는 우파와 투쟁하는 희망을 전부 국민당 좌파에 건 것이었다. 천두슈 등은 좌경 노선을 지지한다고 표명한 군관, 정객들도 활동 가능한 국민당 좌파로 간주했다. 특히 왕징웨이에게 큰 희망을 걸었다. 그리하여 국민당의 당권과 정권을 그들에게 이양해 줄 것을 주장했다. 그뿐만 아니라 심지어 지금까지 공산당이 영도하던 대중운동마저도 그들에게 양보하려고 했다. 이는 훗날 시국이 갑자기 역전하는 중요한 시점에 중대한 영향을 미쳤다.

이번 회의에서 위기를 만회하는 정책은 그 요지를 공산당 자파 세력을 공고히 하거나 강화하는 데 두지 않았다. 당은 정신적으로도, 실제 사업에서도 돌발 사태에 대처할 여러 가지 대비를 할 수 없었다. 오히려 희망을 완전히 왕징웨이와 기타 국민당 군대 장성들에게 걸면서 영도권을 양보하려 했다.

이로 단결을 도모한다는 환상에 빠졌다. 이러한 정책은 두 가지 좋지 않은 결과를 크게 초래하게 됐다. 한 가지는 대중에게 해로운 환상을 전파한 것이었다. 대중들은 이미 칼을 갈고 있는 장제스가 마음을 돌려 우경으로부터 좌경으로 노선을 바꾸고, 허약하고 문약한 왕징웨이가 강력한 좌파 집단을 구성할 것이라고 믿었다. 그리하여 국민 혁명을 완수하는 중임을 짊어질 수 있다고 여기게 되었다. 다른 한 가지 결과는 한창 열기가 달아오른 노농혁명 운동에 찬물을 끼얹고 대중의 적극성을 타격하여 대중운동을 말살한 것이었다. 이러한 정책은 실상 노농대중의 이익을 희생시켜 국민당 우파와 타협한 것이었고, 이른바 장제스와 왕징웨이가 국민당의 영도권을 탈취하는 데 유리한 여건을 만들어 주었다.

한커우회의(漢口會義)는 당이 닥쳐올 위기에서 어떻게 생존하고 투쟁을 할 것인가 하는 극히 중요한 문제점을 해결하지 못했다. 오히려 잘못된 방향을 제시해 당내의 우경에 대한 착오적 생각을 점차 우경 기회주의로 변하게 했다. 이번 회의의 결정 사항은 중앙정치국과 국제공산당대표 연석회의의 동의를 얻었다.

이는 대혁명이 실패하게 된 매우 중요한 요소 중 하나이다. 중공중앙의 '좌'경 시정 방침이 후난의 농촌에 전해지자 일부 지방에서는 이른바 '세회(洗會)운동'을 벌였다. 그래서 혁명성이 강한 극빈층 농민을 '건달'로 간주하고 농회에서 '씻어'냈다. 형산(衡山), 샹샹(湘鄉) 등 현의 많은 향 농민협회 위원장과 위원은 심지어 감옥에 갇히게 됐다. 이는 토호열신의 반동 기세를 부추겼고 농민대중의 혁명성을 타격하여 당내 사상혼란을 초래했다. 이런 어리석은 방침은 당내에서 저지 당했다.

1927년 3월, 장제스는 중외 반동 세력과 결탁하여 반혁명 정변을 적극 꾀했다. 우한의 우위장, 취추바이와 덩옌다 등은 일찍이 상하이와 난징 일대에서의 장제스의 수상한 낌새를 눈치 채고 대처하는 방안을 긴급 논의했다. 그리하여 우한에 주둔하던 제4군을 난징에 파견하기로 결정했다. 연이어 아직 강북으로 출발하지 않은 제6, 제2군과 협력하게 하여 난징 일대의 방어를 강화함으로써 장제스를 감시할 사항도 합의했다. 4월 3일, 제4군은 난징으로 출발할 준비를 마쳤다. 그러나 천두슈는 우한에 전보를 보내서 반대의 뜻을 분명히 했다.

4월 초에 국외에서 돌아온 왕징웨이는 상하이에서 장제스와 대담을 나눴다. 공산당에 대한 그들의 태도와 주장은 본질적으로 크게 다르지 않았다. 단지 반공의 시기와 방식에서 의견이 일치하지 않았을 뿐이었다. 천두슈는 오히려 주도적으로 왕징웨이를 찾아가 그와 회담을 했다. 4월 5일, 천두슈는 왕징웨이의 동의 아래 회담 결과를 "왕징웨이, 천두슈 연합선언"으로 정리하여 공개 발표했다.

이 선언에서는 장제스의 반혁명 언행에 대해 한 글자도 언급하지 않았다. 오히려 "국민당 수령이 공산당을 추방할 것이고 공회와 노동자 규찰대를 압박할 것이라는" 사실 등은 "헛소문"에 지나지 않는다고 했다. 또 선언은 국민당 최고 당부가 최근 소집한 전체 회의의 의결에서 절대 우당(友黨)을 추방하고 공회를 파괴하는 일이 없을 것이라며 전 세계를 향해 발표했다. 상하이 군사 당국은 중앙에 복종할 것을 표명했으며 혹시 의견에 오해가 있더라도 결코 해결하지 못할 정도는 아니라고 했다. 선언에서는 국공 양당당원들은 "즉시 서로 의심을 버리고 어떤 유언비어도 믿지 말며 서로 존경하고, 하는 사업마다 허심탄회하게 상의하여 추진하며" "형제처럼 친밀할 것"을 약속했다. 선언이 발표된 후 천두슈는 상하이에서 우한으로 떠났다. 4월 중순에 중공중앙의 대다수 영도자들도 속속 우한에 도착했다. 중공중앙의 주요 기관은 이렇게 해서 우한으로 옮겨갔다.

"왕징웨이, 천두슈 연합선언"이 발표된 후 일부 공산당원은 매우 분개했다. 저우언라이는 "이 선언은 그 어떤 특별한 의미도 없다. 만약 우한 정부에서 계속해서 이런 온화한 태도를 취한다면 각 방면 공산당의 손실은 매우 커질 것이다"[139]며 엄숙하게 경고했다. 하지만 많은 사람들은 국제정세가 많이 좋아졌다고 착각하고 있었다. 원래 우한에서 행장을 꾸리고 출발 명령을 기다리던 제4군, 제11군은 더 이상 동쪽으로 진군하지 못했다. 제6군, 제2군 대부분은 장제스의 명령에 따라 난징을 떠나 강북으로 출발했다. 미처 이동하지 못한 제6군의 소수 잔류 부대는 포위되어 무장을 해제당하여 장제스가 난징을 완전히 통제할 수 있게 됐다.

이 시기 우한의 중앙 영도자들은 상하이가 직면한 큰 위험을 인식하고 신속히 리리싼, 천옌녠(陳延年), 보이틴스키와 상하이에 있는 자오스옌(趙世炎)과 저우언라이 등으로 특무위원회를 구성할 것을 합의했다. 이 위원회의 임무는 상하이구당위원회의 사업 계획을 수립하고 위기를 극복하는 방어조치를 제정하는 것이었다. 하지만 리리싼 등이 난징에 도착했을 때는 이미 상하이에서 대학살이 발생한 후였다.

---

139 《특별위원회 기록—상하이 문제에 대한 중앙의 결정을 전달하고 장제스를 반대하는 문제를 토론하려 우한에 전보를 보내다》(1927년 4월 16일), 《상하이노동자들의 세 차례 무장봉기》, 상하이인민출판사 한문판, 1983년, 45쪽.

2. 장제스가 서둘러 중외 반동 세력과 결탁, 대혁명의 국부적 실패

북벌군이 창장(양쯔강) 유역에 속속 도착하자 이익손실의 위기에 처하게 된 제국주의 열강들은 장제스를 계속 꼬드겨 무장을 갖추라고 재촉했다. 1927년 3월에 열강들은 중국의 수역에 170여 척 군함을 정박했다. 상하이에 60여 척의 군함이 있었고 병력은 3만여 명으로 증가시켰다. 3월 23일, 국민혁명군 제2군, 제6군은 안후이에서 동쪽으로 진군하여 직로(直魯)군을 격파하고 수도 난징을 점령했다. 3월 24일, 난징에서는 약탈 사건이 일어나 외국 사관과 교민들이 재산 손실을 보고 사상되기도 했다. 창장에서 순찰하던 영, 미 군함은 자국민을 보호한다는 구실로 그날 오후 난징(南京)성을 포격하여 수많은 건물을 파괴하고 100여 명의 사상자를 냈다. 난징 참사는 제국주의가 무력으로 중국 혁명을 간섭한 도발 사건이었다. 이 사건은 장제스와 제국주의 세력의 결탁을 가속화했다.

3월 26일, 장제스는 군함으로 난창에서 상하이에 도착한 후 난징 주재 일본 영사, 상하이 총영사와 빈번히 접촉했다. 비밀 회동 후 일본 제국주의자들은 곧바로 난징 사건은 "급진주의자들의 선동에 의해 일어난 것이며" 그 "목적은 장제스를 반대하기 위한 것"이라고 선전했다. 이 무렵, 영·미 제국주의자들은 난징 사건에 대해 "의화단의 화의 재현"이라며 중국에 대한 "무력 제재"를 계속 가하고자 했다. 혁명 진영 내부 갈등과 장제스의 속내를 분명히 파악한 일본 제국주의자들은 "무력 제재"가 효과를 보기 힘들 것이라고 보았다. 그래서 장제스를 유인하여 제국주의 "질서를 유지하고" "폭동을 진압하며", 장제스를 도와 그의 지위를 공고히 하도록 했다. 그뿐만 아니라 일본 제국주의자들은 입수한 정보와 본인의 주장을 자주 영·미에게 통보하여 그들 사이의 행동을 조정하고 조율했다. 4월 11일, 일본은 영국, 미국, 프랑스, 이탈리아 등 열강과 결탁하여 난징 사건에 관해 우한 국민정부 외교부장 천유런(陳友仁)과 국민혁명군 총사령 장제스에게 "항의 각서"를 제출했다. 이는 사실상 장제스에게 공개적으로 공산당을 반대하자며 회유하는 책략이었다.

이 기간에 장제스는 제국주의분자, 장저 재벌, 건달 세력들과 일련의 비밀 회동을 가졌다. 제국주의 열강들은 "신속하고 과감하게 행동하여" "창장(양쯔강) 이남 지역이 공산당 손에 넘어가는 것을 기필코 막아야 한다"[140]고 장제스를 설득했다. 장쑤, 저장성들의 부호들은 재정 면에서 전력을 다해 장제스를 지원할 것을 약속했다. 상하이 청방 두목 황진룽(黃金榮), 장샤오린(張嘯林), 두웨성(杜月笙) 등도 수많은 건달, 폭도들을 동원하고 무장시켜 반공을 지원 할 것을 약속했다. 장제스는 직계 부대와 기타 자신을 옹호하는 부대를 집결하여 장쑤, 저장 두 성과 상하이, 난징 지역을 장악했다. 그러고는 자신의 통제를 전혀 받지 않는 부대로 하여금 이 부유한 지역을 점령하려는 계획을 실현하게 했다. 그리하여 장제스는 반혁명적 정치는 물론 경제적 측면까지 다 잡고 군사력을 크게 강화했다.

또 그는 남방 지역 공격이 끝나기도 전에 중공중앙과 상하이 노동계급에 대한 일을 꾸몄다. 장제스는 그들을 미혹시켜 상하이노동자규찰대에게 발포를 보류하도록 했다. 이어 대표를 파견해 상하이총공회에 "공동투쟁"이라는 글이 새겨진 기념 페넌트를 증정하기도 했다.

4월 초, 장제스는 상하이에서 국민당 장령 리쭝런, 바이충시, 황사오훙, 리지선과 국민당중앙 검찰위원 장징장(張靜江), 우즈후이(吳稚

---

140 《자림서보》, 1927년 3월 28일.

暉), 리스청(李石曾) 등 10여 명을 초청해 반공 비밀 회담을 열었다. 장제스는 이 자리에서 공산당은 국민당과 삼민주의를 타도하고, 북벌군을 방해할 거라고 모함했다. 그러고는 곧바로 폭력적 수단으로 "공산당을 숙청해야 한다"고 주장했다.

4월 12일 새벽, 많은 청방 무장분자들은 노동자로 위장했다. 그들은 조계지에서 뛰쳐나와 상하이총공회 등지에 있는 노동자규찰대를 돌연 급습했다. 노동자규찰대는 완강히 저항했다. 쌍방이 치열한 전투를 벌이고 있을 때 갓 패배하고 국민혁명군에 편입된 저우펑치(周鳳岐)의 제26군 제2사가 당도하여 노동자들의 내부 다툼을 저지했다. 노동자규찰대 대원들은 저우의 군대가 청방 무장분자들의 총기를 몰수하자 이 새로운 "조정자"를 열렬히 환영했다. 그러나 그 결과 아무런 방비도 없는 2,000명의 규찰대원들은 군대에게 강제적으로 무기를 몰수당할 수밖에 없었다. 일부 규찰대원들은 끝까지 용감하게 저항했지만 수적 열세로 인해 저항투쟁은 실패하고 말았다. 이 사건이 일어나기 하루 전에 상하이총공회 위원장 왕서우화(汪壽華)도 속임수에 넘어가 피살당했다.

사변이 발생한 후 상하이 노동자와 각계각층의 노동자 대중은 총파업과 더불어 시위행진으로 강력 항의했다. 4월 13일 오전, 상하이총공회는 짜베이(閘北) 칭윈루(靑雲路)광장에서 10만 노동자들이 참가한 대중 집회를 열었다. 집회 후 시위행진을 벌여 구속된 노동자들의 석방과 규찰대의 무기를 반환할 것을 강력 요구했다. 시위대가 보우산루(寶山路)에 도착했을 때 골목에 숨어 있던 제26군 병사들이 소총과 기관총을 밀집된 시위대에게 발포하여 100여 명을 사살해 버렸다. 이후에도 살벌한 체포 작전과 인간 도살 작전이 계속 자행됐다. 4월 15일까지 상하이의 노동자 200여 명이 피살되고 500여 명이 체포됐으며 5,000여 명이 실종됐다. 이것이 바로 중외(中外)를 놀라게 한 4·12 반혁명정변(四一二反革命政變)이다.

상하이에서 반혁명정변이 일어나기 전후해 쓰촨, 장쑤, 저장, 안후이, 푸젠, 광시와 광둥 등 성에서도 '숙당'이란 이름으로 공산당원과 혁명인사를 대거 학살하는 사태가 일어났다. 쓰촨 충칭에서 반공세력은 3·31유혈참사를 빚어내고 국민당 각급 당부와 성농협, 시총공회, 시부녀연합회를 봉쇄했다. 그리고 공산당원과 혁명 대중을 수색, 체포하여 400여 명의 사상자를 냈다. 이어서 충칭지방당위원회 서기 양안궁(楊闇公) 등을 참혹하게 죽였다. 광저우에서 리지선은 4·15참사를 조작하여 짧고도 짧은 7일 만에 공산당원 600명 여명을 포함해 2,100명을 체포했다. 그중 100여 명은 비밀리에 죽였다. 저명한 공산당원인 리치한(李啓漢), 류얼쑹(劉爾崧), 샤오추뉘, 덩페이(鄧培), 쑹쑹(熊雄) 등이 이때 지혜롭고 용감하게 희생됐다.

이와 동시에 북방의 봉계 군벌 장줘린도 베이징에서 수많은 공산당원과 기타 혁명분자를 체포할 것을 군경에 전했다. 중국공산당의 주요한 창시자이며 영도자 중 한 사람인 리다자오(李大釗)는 4월 6일에 불행하게도 체포됐다. 적들의 협박, 유혹과 혹독한 고문 앞에서도 그는 당당한 모습을 보여 공산당의 확고한 혁명 의지와 숭고한 희생정신을 보여주었다. 4월 28일, 리다자오 등 20명의 혁명가들은 의연히 교수대에 올랐고, 정의를 위해 용감하게 목숨을 바쳤다. 그러나 중공 북방구집행위원회는 거의 파괴되어 사업을 중지하는 수밖에 없었다. 장제스가 발동한 4·12반혁명정변은 대혁명을 상승 분위기에서 실패 분위기로 추락시키는 대전환점이었다. 이는 중국의 정치 상황을 확 변화시켰고 혁명연합전선 내부의 거대한 지각 변동과 분화를 초래하는 계기가 됐다. 장제스의 혁명 배반 책략과 행위는 대자산 계급의 지지를 받았다. 그뿐만 아니라 일정 기간 일부 민족자산계급 상층부 인물들도 이를 추종했다. 상하이상업연합회는 4월 17일 난징 국민당 당국에 전문을 보내 공산당을 맹비난했으며 "당국의 숙당 주장을 적극 지지한다"며 환영을 표시했다.

장제스 집단의 배반과 불의 습격의 비열한 행위는 전국 인민들의 분노를 불러일으켰다. 4월 13일, 상하이 유명 인사 정전둬(鄭振鐸), 후위즈(胡愈之) 등 7명은 연명으로 서한을 보내 장제스의 폭행을 규탄했다. 4월 17일, 우한 국민당중앙은 긴급 명령을 내렸다. 장제스의 당적을 취소하고 그의 모든 직무를 정지하며 "전체 장병과 혁명민중단체는 장제스를 체포하여 중앙에 호송하고 반혁명죄 조례에 의해 그를 징벌한다"고 선포했다. 우한정부의 통제 아래 있던 우한, 창사 등지에서는 수십만 대중이 모였었다.

이들은 제국주의를 반대하고 장제스를 토벌하자는 집회를 연일 열었다. 국민당 산시(陝西)성 당부는 공산당원 영도 아래 2,000명의 국민당 당원을 조직하여 시안(西安)에서 장제스를 반대하는 집회를 개최했다. 4월 20일, 중공중앙은 선언문을 발표하여 "장제스는 이미 국민혁명의 공적" "제국주의의 도구로 전락됐다"고 선전했으며 "무산계급, 농민과 중등계급의 민주주의 독재 만세"라는 구호를 제출했다. 그러고는 "신군벌 장제스를 타도하고" "군사독재 역시 타도"하기 위해 강력하게 투쟁할 것을 인민대중에게 호소했다.

공산당 인사들은 결코 대학살을 두려워하지 않았다. 백색테러에 휩싸인 일부 지역에서는 완강한 공산당 인사들이 여전히 혁명 활동을 진행하고 있었다. 4월 중순, 중공 광둥구 위원회는 저우치젠(周其鑒) 등을 사오관(韶關)에 파견하여 베이장(北江)지역의 혁명투쟁을 지도하게 했다. 광둥구당위원회는 4월 하순, 펑파이(彭湃), 양스훈(楊石魂), 장산밍(張善銘) 등 7명으로 중공 둥장(東江)특별위원회를 구성하고 둥장 지역의 당정군 사업을 영도하기로 결의했다. 7월 중순, 충야(瓊崖)특별위원회는 자기 관할 아래 있는 각 현의 혁명무장을 충야 토역(討逆)혁명군으로 통일, 개편하고 펑핑(馮平)을 총사령으로, 양산지(楊善集)를 당 대표로 임명하여 반동 민단에 공격을 개시했다. 청하이(澄海), 우화(五華), 중산(中山), 잉더(英德), 즈진(紫金), 후이라이(惠來), 메이현(梅縣), 하이펑(海豊), 루펑(陸豊), 위난(郁南), 펑순(豊順), 후이양(惠陽) 등 현에서는 농민군과 농민들의 무장 폭동이 일어났다. 중공 광둥특별위원회[141]는 "각지의 폭동은 표면적으로는 반혁명파에게 진압되고 박해를 받은 것처럼 보이지만 실상은 이미 반혁명파에게 큰 타격을 주었다. 그리하여 각급 당 조직은 반드시 강력히 농민을 선동하여 계획적으로 폭동을 진행해야 했다. 우리 계급투쟁은 아무리 험난한 지역일지라도 어떤 방법을 사용해서, 또 각종 형식의 농민 비밀조직을 설립하여 적들과 끝까지 투쟁해야 한다"고 지적했다.

3. 우한 정국과 당의 제5차 전국대표대회

동정과 북벌 사이의 논쟁 그리고 제2차 북벌

4·12반혁명정변 이후 장제스를 우두머리로 한 국민당 우파는 민족자산계급의 우익에서 대지주, 대자산 계급의 대표로 바뀌었다. 제국주의 세력의 지원 아래 그들은 국민당 노우파와 관료·정객·매판·지방토호를 모았다. 이들은 1927년 4월 18일에 난징에서 국민정부를 따로 세워 국공합작을 주장하는 우한 국민정부와 대항했다. 게다가 베

---

141 1927년 5월 20일, 중공 광둥구위원회는 중공 광둥특별위원회로 개칭했다.

이징에는 아직 장쥐린이 통제하는 군벌정부가 존재하고 있어 중국에서는 한동안 세 정권이 대치하는 국면이 이어졌다.

이 무렵, 우한 국민정부는 후난, 후베이와 장시의 일부 지역밖에 통제하지 못했다. 병력은 약 10만밖에 되지 않았다. 우한 국민정부는 재정 형편이 어려웠을 뿐만 아니라 3개 방면의 군사위협, 즉 동쪽의 신군벌 장제스, 북쪽의 구군벌 장쥐린과 남쪽의 광둥 신군벌 리지선의 위협을 받고 있었다. 장제스는 푸젠, 저장 두 성의 전 지역과 장쑤, 안후이 두 성의 강남 대부분 지역을 통제했고, 15만의 병력과 영·미·일 등 제국주의 국가의 지원을 받고 있었다. 우페이푸, 쑨촨팡 2대 군벌의 주력이 잇달아 격파된 후 북벌군은 북양군벌 중 실력이 강하고 아직 혁명 세력의 타격을 받지 않은 장쥐린과 직접 마주하게 됐다. 이에 장쥐린은 군대를 둘로 나누어 한 갈래는 진푸(津浦)로를 따라 남쪽 장쑤 이북, 안후이 이북으로 진군하여 난징을 위협하게 했다. 다른 한 갈래의 봉계부대 주력은 경한(京漢)철도를 따라 남으로 진군하여 허난성의 대부분 지역을 점령했다. 그리고 쉬창(許昌), 옌청, 루청 일대에 병력을 배치하여 우한을 노림으로써 우한정부에 커다란 위협을 주었다. 이러한 정세에서 우한정부 내부에서는 동정(東征·동쪽 지역을 정벌함)하여 장제스를 토벌하든가 아니면 북벌하여 봉계를 토벌하든가 하는 치열한 논쟁이 일어났다.

우한 쪽에서 주저하고 있는 상황에서 4월 16일 저우언라이, 자오스옌, 뤄이눙, 천옌녠, 리리싼은 상하이에서 중공중앙에 전보를 보냈다. 우한 국민정부에 장제스가 상하이, 난징 지구에 미처 발을 붙이지 못한 기회를 이용하여 신속히 동정하고 장제스를 토벌할 것을 주장했다. 전보에서는 "전반 국면을 고려하여 더 이상 정치적 타협을 하지 말아야 하며" "앞으로 나아가지 않는다면 적들에게 밀려 사기가 동요될 것이며 정권의 영도권도 우파의 수중에 들어가 좌파는 크게 타격받게 될 것이다. 그뿐만 아니라 앞에서 투쟁했던 우리의 혁명 사업도 근본적으로 실패할 것이다"고 말했다.

이 시기 우한에 온 지 얼마 안 되는 왕징웨이는 장제스를 반대한다는 명분으로 신속히 우한 국민당중앙과 국민정부의 영도권을 장악했다. 그는 우한의 군권을 장악한 탕성즈와 결탁하여 우한을 중심으로 정국을 통제하려 했다. 그러나 우한 국민당의 많은 상층부 인사들은 장제스를 반대한다고 외쳤다. 그러면서 동시에 장제스와 연합하여 봉계를 토벌하려는 이중성을 보였다.

장제스는 우한 국민정부를 파괴하는 여러 가지 책략을 꾸몄다. 공산당을 반대할 뿐 우한정부는 반대하지 않는다고 발표하여 난징과 우한 정부가 함께 북벌할 것을 제안했다. 그럼으로써 우한에서 장제스를 반대하는 투쟁을 완화시키려 했다. 이런 까닭에 동정하여 장제스를 토벌하자는 목소리는 높았지만 끝내 실천하지 못하고 말았다.

펑위샹은 1926년 9월 우위안(五原)에서 일어난 이후 한동안 혁명을 지향하여 농민운동을 지지한 적이 있었다. 하지만 제국주의자들과 지주매판계급의 큰 압력과 노농혁명운동의 충격으로 몹시 동요했다. 1926년 말 이후 펑위샹이 통제하고 있던 산시(陝西), 간쑤(甘肅) 지역에 농민운동이 들고 일어나 곡물세와 납세를 거부하고 토호열신을 타격하는 투쟁이 여러 차례 발생했다. 이에 그는 농민운동이 세금 징수를 방해하고 사회질서를 혼란시킨다고 생각하여 농민운동을 제한하고 금지하라는 명령을 내렸다.

또 그는 우한 국민정부를 옹호한다며 지지를 표명하고 우한에 북벌할 것을 요구했다. 그렇지만 우한의 장제스를 반대하는 운동에 대해서는 침묵을 지켰다. 그러고는 난징에 상주하면서 비밀리에 대표를 파견하여 장제스와 연락을 취했다. 펑위샹의 병력은 약 8만 명으로서 우한의 병력과 큰 차이가 없었으며 난징과 우한 정부의 대립에서 매우 중요한 위치를 차지하고 있었다.

우한의 국제공산당 대표와 일부 공산당 인사들은 펑위샹의 정치 태도의 변화에 대해 분석이 부족한 탓에 여전히 그에게 큰 희망을 걸고 있었다. 보로딘 등은 우한 국민정부가 펑위샹과 연합하여 봉계를 토벌하고 정저우(鄭州)에서 합류한다면 시베이(西北)를 등에 지고 소련과의 국제 교통로를 열 수 있다고 보았다. 게다가 시베이에 군사기지를 세운 후 다시 돌아와 동정(東征)하면 장제스를 토벌할 수 있을 거라고 생각했다. 그들은 먼저 동정하여 상하이, 난징을 공격할 경우, 작전 초기부터 제국주의 세력과 충돌할까봐 매우 근심했다. 제국주의 세력이 이 지역에 집중되어 있으며 그들은 거대한 권익을 향유하고 있기 때문이다. 그래서 "중국에서의 혁명은 서북에다 군사 기지를 세워 혁명 군대를 편성해야만 성공할 수 있다"[142]고 생각했다. 이는 보로딘의 '서북학설'의 주요한 관점이다. 보로딘은 또 북벌의 결정을 반대한다면 국민당에서 맡았던 직무를 즉각 사임하겠다고 위협했다. 국제공산당과 스탈린은 북벌하여 봉계를 토벌하는 데 찬성했다. 그러나 중공중앙은 토의 끝에 동정하여 장제스를 토벌하자는 건의를 채택하지 않았다. 중공중앙은 우한의 국민당과 함께 계속하여 북벌, 즉 제2차 북벌을 진행할 것을 결정했다.

1927년 4월 19일, 우한에서는 제2차 북벌궐기대회를 거행했다. 4월 26일, 우한 국민정부는 펑위샹을 국민혁명군 제2집단군 총사령으

---

142 《로이가 중국 정세에 관하여 국제공산당 집행위원회 정치서기처와 스탈린에게 상정한 서면 보고》(1927년 5월 28일), 중공중앙당사연구실 제1연구부 편역:《국제공산당, 소련공산당(볼셰비키)과 중국 혁명 당안자료 총서》제4권, 베이징도서관출판사 한문판, 1998년, 288쪽.

로 임명했다. 4월 하순부터 5월 상순까지 북벌군 총지휘관 탕성즈는 8만 대군을 영솔하여 경한(京漢)철도 및 그 양쪽을 따라 북상했다. 평위샹도 부대를 이끌고 퉁관(潼關·중국 산시성 동쪽 끝에 있는 현. 황허 강 가까이 있으며 예부터 뤄양과 장안을 이어 주는 교통 요충지였다)을 떠나 하남으로 진군했다. 제2차 북벌전쟁은 상대적으로 순조롭게 진행됐다. 하지만 봉계군이 주력을 파견하여 허난성 남부 전장에 진입한 후 쌍방의 전투는 매우 치열했고 한동안 서로 대치하는 교전 상태에 빠졌다. 5월 중·하순 우한 북벌군은 봉계군 주력과 허난성 남부의 시핑(西平)·상차이(上蔡)·린잉(臨潁) 일대에서 혈전을 벌였다. 결국 1만 4,000명의 사상자를 내는 엄청난 대가를 치르고 봉계군을 격파했다. 공산당원이 제일 많은 제4군과 제1군의 희생은 매우 컸다. 공산당원, 국민혁명군 제11군 제26사와 77단 당 대표 겸 단장 장셴윈(蔣先雲)이 린잉(臨潁) 결전에서 장렬히 희생되고 말았다. 6월 1일, 우한 국민정부의 북벌군과 평위샹의 부대는 정저우에서 합류했다. 이로써 제2차 북벌은 막을 내렸다.

우한 국민정부의 위기

제2차 북벌은 우한 국민정부를 곤경에서 구해 내지 못했다. 장제스는 우한군 주력이 북벌하여 후방이 비어 있는 틈을 타서 쓰촨(四川), 구이저우, 광시, 광둥 등지의 지방 군벌을 시켜 후난, 후베이 두 지역을 공격하게 했다. 동시에 비밀리에 후난, 후베이에 주둔하고 있는 우한국민혁명군 군관들을 선동하여 반란을 일으키게 했다. 이로써 안팎으로 우한 국민정부를 무너뜨리려 했다. 장제스는 또 제국주의 세력과 결탁하고 지방 군벌과 연합했다. 이들과 함께 창장과 경한(京漢), 월한(粵漢) 철도에서 우한의 대외 교통 연락을 차단하고 각지와 우한

과의 무역을 금지시켰다.

　제국주의의 각국 상인들은 우한의 공장, 상점을 잇달아 폐쇄했다. 시국이 어지러운 상황에서 우한의 일부 노동자와 점원들은 공장 또는 상점에 좀 무리한 경제적 요구를 했다. 그리하여 적지 않은 상공업 자본가들은 손실이 커진다는 이유로 경영 규모를 줄이거나 자금을 빼돌렸고 심지어 공장이나 상점 문을 닫았다.

　이러한 여러 가지 요인의 종합적인 작용으로 우한 국민정부는 세금 수입이 줄어들고 재정 형편이 더욱 어렵게 되었다. 그러자 할 수 없이 현금집중령을 반포하여 현금의 유출을 금지하고 대량의 화폐를 발행하여 재정 위기를 해결[143]할 수밖에 없었다. 이러한 조치는 지폐의 가치를 하락시키고 물가를 폭등시켰다. 그뿐만 아니라 공장, 상점이 대량으로 도산되고 일용 상품이 날로 줄어들고 실업 노동자, 점원이 10만 명을 넘어 버렸다. 그 결과 시민 생활이 악화되고 민심이 크게 흔들렸다. 이 시기 우한 지역 및 인근 성의 농민 투쟁은 여전히 치열했다. 특히 후난농민들의 농경지 농민소유에 대한 요구는 매우 강렬했다. 적지 않은 곳에서 구, 향 토지위원회를 설치하고 팻말을 박아 경작지를 점유하는 등 방식으로 직접 토지를 분배했다. 각지의 봉건지주 세력은 장제스의 반혁명정변에 호응했다. 그들은 탐관오리와 토비·건달·반동군관 등과 토지혁명(토지개혁)을 반대하는 연합전선을 결성했다. 그들은 또한 농회를 파괴하고 농민들을 살해하고 반혁명 테러를 조작했다. 이러한 상황에서 우한 혁명진영 내부의 갈등은 점차 복잡해지고 첨예해졌다.

| **143** 당시 우한 국민정부의 매달 재정 수입은 평균 200만 위안이 안 되었지만 장제스의 광둥, 상하이에서의 매달 수입은 1,500만 위안에 달했다. 우한정부의 월 지출은 약 1,700만 위안에 달하였는데 대부분은 지폐, 국채, 국고 채권의 발행으로 유지했다.

왕징웨이는 좌파 수령의 모습으로 나타난 자산계급의 대표적 인물이었다. 혁명의 긴급한 시기에 그는 계속해 소련과 연합하고 공산당과 연합하고 농민과 노동자와 연합한다는 3대 정책을 강력히 집행할 것을 주장했다. 그리고 "혁명하는 사람은 좌로, 혁명하지 않는 사람은 즉각 물러갈 것"[144]을 외쳤다. 하지만 국공 합작은 오래가지 않을 것이며 "공산당을 수용한 후 필히 공산당과 갈라설 것이며" 비록 공산당과 결별하는 "시기가 무르익지 않았지만 모두 필요한 준비를 서두르지 않으면 안 된다"[145]고 밝혔다. 4월 하순부터 5월 중순까지 국민당 중앙당부는 후난, 후베이, 장시 등 성에서 특별위원회를 조직할 것을 결의했다. 그리고 각급 당부, 각급 정부기관, 각종 민중단체의 언론과 행동을 모두 감시했다. 이와 동시에 노농운동을 제한하는 일련의 조례와 법령을 잇달아 반포했다.

중국공산당 제5차 대표대회

혁명의 생사가 걸린 긴급한 시기에 중국공산당은 1927년 4월 27일부터 5월 9일까지 우한에서 공산당 제5차 대표대회를 소집했다. 대회에 참석한 대표는 82명이며 당원대표는 57,967명이었다. 로이(羅易)[146], 도리오(多里奥), 보이틴스키로 구성된 국제공산당 대표단이 대회에 참석했다. 탄옌카이(譚延闓·1880~1930년), 쉬첸과 쑨커(孫科)로 구성된 국민당대표단도 회의에 참석하여 축하했다. 왕징웨이는 초청을 받고 하루 동안 회의에 참석했다. 회의 전 국제공산당은 지시를

---

144 《왕징웨이 선생과 혁명적 민중》,《중앙부간》제20호, 1927년 4월 12일 출판.
145 왕징웨이 : 《우한에서 공산당과 갈라선 경과》(1927년 11월 15일),《왕징웨이집》제3권,《민국총서》제4편(97), 상하이서점에서 상하이광명서국 1930년판에 근거한 영인, 222~223쪽.
146 로이(1892~1954) : 인도 사람, 영어 이름 M.N.Roy, 원명 나렌드라·나티·바타챠리야. 1920년부터 국제공산당 집행위원회 책임 요원으로 있었다. 1927년 국제공산당 집행위원회 중국 주재 대표로 임명됨.

내려 중국공산당 제5차 대표대회에서의 모든 정치결의는 "모두 완전히 국제공산당 집행위원회 제7차 확대전원회의의 중국 문제에 관한 결의를 의거로 해야 한다"[147]고 요구했다. 천두슈는 제4기 중앙집행위원회를 대표하여 대회에서 6시간에 달하는 "정치와 조직에 관한 보고서"를 발표했다. 보고는 중국 각 계급, 토지, 무산계급 영도권, 군사, 국공 양당의 관계 등 11개 문제를 언급했다. 하지만 경험, 교훈 등을 명확히 설명하지 못했을 뿐만 아니라 시국을 주도하는 방침도 제기하지 못했다. 오히려 일부 착오적인 주장을 계속 제기했다. 대회는 국제공산당 집행위원회 제7차 확대전회의 중국 문제에 관한 결의 정신에 근거하여 천두슈의 보고를 토의했다.

회의 전 취추바이(瞿秋白·1899~1935년)는 1927년 2월 천두슈, 펑수즈(彭述之) 등의 기회주의 이론과 정책에 비추어《중국 혁명 중의 쟁론 문제》라는 책을 썼다. 그는 무산계급과 자산계급이 영도권을 쟁탈하는 문제 및 농민토지, 무장투쟁 등 문제점에 대해 치중하여 논술했다. 회의에서 그는 대표들에게 이 책을 나누어 주었다. 일부 대표들은 취추바이의 관점에 동의하면서 천두슈, 펑수즈의 과오를 비판했다. 천두슈도 회의에서 일부 과오를 인정했지만 대회는 이 방면의 토론을 크게 중요시하지 않았다. 리리싼(李立三)은 후에 취추바이의 "이 책은 당시 전 당 동지들의 큰 관심을 불러일으키지 못하였을 뿐만 아니라 중국공산당 제5차 대표대회에서도 열렬한 토론을 벌이지 못하여 당의 기회주의의 위기를 만회하지 못했다"[148]고 회억(回憶)했다. 이 밖

---

147 《국제공산당 집행위원회 정치서기처에서 중국공산당 제5차 대표대회를 거행하기 위해 국제공산당 집행위원회 대표들에게 내린 지시》(1927년 1월 19일), 중공중앙 당사연구실 제1연구부 편역:《국제공산당, 소련공산당(볼셰비키)과 중국 혁명 당안자료 총서》제4권, 베이징도서관출판사 한문판, 1998년, 92쪽.

148 리리싼 :《1925년부터 1927년까지의 중국 대혁명의 교훈》, 중앙당안관 편:《중공당사보고선집》, 중공중앙당학교출판사 한문판, 1982년, 297쪽.

에 대회는 천두슈의 과오에 대한 비판과 성격, 그리고 국제공산당이 중국 혁명을 지도하는 과정에서 범한 과오에 대해서는 정확한 인식의 부재를 드러내기도 했다.

제5차 대표대회에서 통과된 "정치 정세와 당의 임무 의결안"에서는 중국 자산계급은 이미 인민을 배신했고 중국 혁명은 진작부터 "노농, 소자산 계급의 민주독재 제도"를 건립하는 단계에 들어섰다. 그러므로 "당연히 토지혁명 및 민주정권의 정치 강령으로 농민과 소자산계급에게 호소하여" 혁명이 비자본주의의 방향으로 발전하게 해야 한다고 촉구했다. 결의는 또 장제스의 배신을 모든 자산계급의 배신으로, 민족 자산계급을 혁명의 대상으로 간주했다. 결의에서는 민주주의 혁명과 사회주의 혁명의 경계선을 확실하게 구분하지 못했다. 그리고 왕징웨이, 탕성즈가 통제한 우한정부를 노동자, 농민, 소자산계급의 연맹으로 간주하고 왕징웨이, 탕성즈 등에 큰 환상을 품게 했다. 그리하여 그들이 공개적으로 혁명을 배신하는 데도 상황이 어떻게 돌아가는지 제대로 인식하지 못했다. 그뿐만 아니라 이를 척결할 정신적 태도도 확고하지 못했다.

대회에서 통과된 "토지문제 의결안"에서는 "경작지를 아무 조건 없이 농사를 짓는 농민들에게 되돌려주는" 토지혁명 원칙을 수용했다. 하지만 토지혁명을 실현하는 희망을 오히려 우한 국민정부한테 걸었다. 이 무렵, 우한 국민정부 토지위원회는 이미 "토지문제 해결 의결안"을 제기하고 제출했다. 이 의결안은 대지주의 토지를 몰수할 것을 규정했으나 비옥한 토지는 50무(畝·논밭 넓이의 단위이다. 1무는 한 단(段)의 10분의 1, 곧 30평으로 약 99.174㎡에 해당한다)를 초과하지 않고 척박한 토지는 100무(畝)를 넘지 않으면 모두 소지주에 속한다고 규정했다. 이런 기준에 따르면 우한정부 관할 아래 후난, 후베이,

장시 등 성에서는 몰수할 만한 토지가 매우 적었다. 국민당중앙은 이러한 강령을 왕징웨이가 반대하자 이마저도 보류하기로 결정했다. 이어서 중공중앙은 토지 문제에 타협하는 듯한 태도를 취했다. 당의 제5차 대표대회에서 통과된 토지문제 결의사항은 헛된 글에 불과했다.

이 시기 제일 긴박한 문제는 당이 직접 영도하는 혁명군대의 창건과 발전이었다. 하지만 대회에서는 군사 문제를 진지하게 토론하지 못했다. 그뿐만 아니라 이 문제에 대해 강력한 조치를 제정하지도 못했고, 탕성즈 등 무장세력을 주력으로 하는 우한 국민정부와 펑위샹의 국민군에 의탁하기만 하면 대회가 규정한 임무를 완수할 수 있다고 여겼다.

대회는 31명의 정식 위원과 14명의 후보 위원으로 구성된 당의 중앙위원회를 선출했다. 연이어 소집된 중국공산당 중앙위원회 제5기 제1차 전원회의에서는 천두슈, 차이허썬, 리웨이한(李維漢), 취추바이, 장궈타오, 탄핑산, 리리싼, 저우언라이를 중앙정치국 위원으로, 쑤자오정(蘇兆征), 장타이레이(張太雷) 등을 후보 위원으로, 천두슈, 장궈타오, 차이허썬(그 후 취추바이, 탄핑산을 보충)을 중앙정치국 상무위원회 위원(저우언라이는 상무위원을 대리한 바 있음)으로, 천두슈를 총서기로 선출했다. 장궈타오, 차이허썬, 저우언라이, 리리싼, 탄핑산은 각기 조직, 선전, 군사, 노동자, 농민부 부장을 맡았다. 대회는 당 역사상 처음으로 선거에 의해 생긴 중앙감찰위원회를 결성하고 정식 위원 7명과 후보위원 3명을 임명했다.

중국공산당 제5차 대표대회는 4·12반혁명정변이 발생한 지 6개월밖에 지나지 않은 비상시기에 소집됐다. 전 당의 각계각층 사람들 모두 근심했다. 그들이 가장 관심 갖는 문제는 바로 이처럼 복잡하고 심각한 정세를 어떻게 하면 정확하게 인식하고, 이런 위기 속에서 혁명을 완수하는가 하는 점이었다. 이번 대회는 무산계급이 혁명에 대한 영도권을 쟁취하고 혁명적 민주정권을 수립하며 토지개혁을 실시하는 일부 확고한 원칙을 제안했다. 하지만 무산계급이 어떻게 혁명의 영도권을 쟁취하고 어떻게 농민을 영도하여 토지개혁을 실시할 것인가, 또 어떻게 우한 국민정부, 국민당과의 관계를 처리할 것인가, 특히 당이 영도하는 혁명무장을 어떻게 완수할 것인가 하는 문제에 대해 효과적이고 구체적인 방안을 제시하지는 못했다. 그러므로 혁명을 완수하는 중요 임무를 감내하기가 어렵게 됐다.

4. 대혁명의 실패

혁명 위기의 격화와 5월 긴급 지시

당의 제5차 대표대회가 소집되기 전후, 우한 지역의 정세는 급격히 악화되었고, 반혁명활동은 빠른 속도로 실천에 박차를 가했다. 왕징웨이를 내세운 우한 국민당정부 중앙과 국민정부는 신속하게 반동으로 나아갔다.

이러한 정세 속에서 우한정부의 반동 군관들은 장제스의 지시를 따라 공개적으로 무장 반란을 일으켰다. 1927년 4월 말, 탕성즈의 부하 국민혁명군 제35군 군장 허젠(何鍵)은 한커우에서 반동 군관들을 모아 놓고 반공 '숙당'계획을 밀모(密謀·몰래 의논하여 일을 꾸밈)했다. 5월 9일, 쓰촨 동부 주재 국민혁명군 제20군 군장 겸 쓰촨·후베이 변방사령 양썬(楊森)은 부대를 인솔하여 이창(宜昌)을 점령하고 이창의 총공회, 농민협회를 강제로 해산시켜 버렸다.

그리고 노농 대중을 참혹하게 마구 죽이면서 공산당을 반대하고 우한정부를 토벌하겠다는 통전(通電·전국 각지로 널리 알리는 전보. 중국에서 보급된 제도)을 보냈다. 이창으로 주둔지를 옮긴지 얼마 안 되는 국민혁명군 제14독립사 사장 샤더우인(夏斗寅)은 양썬과 긴밀히 협력했다.

그는 5월 13일에 장제스와 연대하여 공산당을 반대하는 통전을 발표하고 우한정부를 공격하고 17일에는 부대를 거느리고 우창 부근의 즈팡(紙坊)진 부근까지 육박했다. 당지의 토호열신들은 양썬, 샤더우인이 반란을 일으킨 기회를 이용하여 역습을 감행했다. 이들은 한 달이라는 짧은 기간에 무려 4,000~5,000명이나 되는 농민을 무참히 죽여 버렸다. 이 시기 우한 국민정부의 주력 부대는 허난에서 봉계군과 격전을 벌이고 있어 우한 정부를 지원할 수 없었다. 우한의 일부 국민당 상층 인사들은 질겁하여 서둘러 도망갈 준비를 했다. 당시 우창 경비사령을 맡고 있던 예팅(葉挺·엽정·1896~1946년)은 중공중앙과 국민정부의 명령에 따라 부대를 거느리고 용감히 반격하여 샤더우인의 반란군을 격파했다.

5월 25일, 우한 국민정부는 서정군을 조직하여 한양까지 다가 온 양썬 부대를 토벌했다. 6월 24일, 서정군은 이창을 점령했고 양썬 부대는 수로와 육로로 나누어 바둥(巴東)으로 도망쳤다. 이리하여 우한의 정세는 잠시 안정됐다.

5월 21일, 원래의 직계 군벌 부대를 개편한 국민혁명군 제35군 제33여단 여단장 쉬커샹(許克祥)은 창사에서 반란을 일으키고 군대를 동원하여, 국민당 후난성당부, 성총공회, 성농민협회 등 기관을 갑자기 공격했다. 그러고는 노동자규찰대의 무기를 몰수하고 공산당원과 혁명대중 100여 명을 총살하여 창사를 백색테러의 공포 속에 휩싸이게 했다. 이 사건이 바로 마일(馬日)사변이다.

5월 21일에 마일사건이 터졌다. 이 사건은 4·12쿠데타를 일으킨 장제스와 우한 국민당 좌파 정부수반 왕징웨이의 사주를 받은 쉬커샹(許克祥), 허젠 등 국민당 군벌이 후난성 창사를 포위 공격해 노동조합과 농민협회 공산당원과 회원 들을 체포해 무자비하게 살해한 사건이다.

사변이 발생한 후 왕징웨이는 이른바 "군대와 노동자의 충돌"을 "조정"할 것을 적극 주장했다. 이어 쉬커샹을 조사, 처리하겠다고 했다. 한편 노농운동의 "과격한" 행위 역시 조사하고 처리하라는 명령을 내렸다. 천두슈를 중심으로 한 중공중앙은 처음에 샤더우인을 대처할 때처럼 무력으로 쉬커샹 부대를 궤멸시킬 것을 주장했다.

그러나 왕징웨이의 의견을 듣고는 태도를 확 바꾸었다. 그래서 천두슈는 정치적으로 고려할 때 현재 무력으로 토벌하는 것은 타당하지 않으며 "모든 일은 우한 정부의 결정에 따라야 하며 함부로 행동해서는 안 된다"[149]고 했다. 심지어는 공개적으로 이번 마일사변은 "후난 농민운동의 과격한 행동과 관련이 없지 않다"[150]고 질책했다.

그리고는 탄핑산에게 후난으로 가서 "과격한" 행동을 바로잡으라고 지시했다. 이 시기 후난 각 현에는 500만여 명의 농민협회 회원이 있었다. 하지만 각지에 분산되어 있어서 공산당의 강력한 영도를 받지 못했고 반혁명 세력에게 효과적인 타격을 가할 수 없었다. 그리고 후난 많은 지방의 공산당 조직은 대혁명 고조기의 환경에서 건립되고 성장하였다.

그러므로 "투쟁 경험이 부족하고 이러한 투쟁 환경에 적응하기가 어려웠으며", 반혁명 세력의 돌연한 습격에 정신적인 준비가 부족하

---

149 《중공중앙정치국 상무위원회 기록》, 1927년 5월 27일, 29일.
150 두슈 : 《후난정변과 장제스를 토벌》, 《향도》제199기, 1927년 6월 20일.

여 "사변이 일어나자 몹시 갈팡질팡했다"[151] 사변이 발생한 후 중공 후난 임시 성위원회는 한때 창사 부근 10여 개 현의 1만여 명 농민군을 집결하여 창사로 진군하기로 결정했다.

그러나 중공중앙의 평화적 해결 방침 영향으로 일부 지도자들은 성(城)에 대한 공략이 국공합작을 파괴할까 두려워 중도에서 계획을 바꿔 철수할 것을 명령했다. 류양(瀏陽) 등지의 5,000명 농민군은 제때 지휘를 받지 못해 단독으로 창사를 공격하다가 쉬커샹 부대에게 몰살당하고 말았다. 각 현의 농민군은 잇달아 격파됐다. 쉬커샹 등 반혁명분자들은 더욱 광분했다. 그들은 20여 일이라는 짧은 기간에 창사 부근의 각 현에서 1만여 명의 아군을 무참히 살해했다. 후난의 당 조직은 실로 엄청난 타격을 받았다.

장시를 통제하고 있는 국민혁명군 제5방면군 총지휘자인 장시성정부주석 주페이더(朱培德)도 5월 말과 6월 초에 반동으로 바뀌었다. 그는 소위 "예의로 출경시키는" 명목으로 공산당원과 국민당 좌파를 장시에서 축출해 버렸다. 그 후 난창에서 계엄령을 선포하고 노농운동을 금지했다.

왕징웨이 집단의 반동과 양썬, 샤더우인, 쉬커샹, 주페이더 등이 잇따라 배신하는 상황 아래서도 국제공산당과 천두슈를 위주로 한 중공중앙은, 여전히 왕징웨이를 국민당 좌파로 간주하고 있었다. 그러고는 현재 제일 중요한 문제는 중공과 국민당 좌파의 관계를 원만하게 처리하는 것이라는 데 동의했다. 그리고 나서 왕징웨이 집단에 대해 계속 양보하는 태도를 취하면서 그들과 함께 노농운동의 "과격한" 행위를 맹비난했다. 그러나 반동파에 관해서는 단호히 대처하거나 투

---

151 즈쉰(直荀):〈후난 마예(馬夜) 사변의 회억〉, 〈볼셰비키〉 제20기, 1928년 5월 30일.

쟁하지 못했다. 이러한 우매한 태도는 모든 상황을 더욱 악화시킬 수밖에 없었다.

1927년 5월 18일부터 30일까지 열린 국제공산당 집행위원회 제8차 전회에서 중국 혁명의 위급한 국면에 대해 스탈린은 여전히 "우한은 중국 혁명운동의 중심지이며", 왕징웨이는 여전히 좌파라고 인정했다. 그리고 "중국 좌파 국민당이 현재 중국 자산계급 민주혁명에서 일으킨 역할은 소비에트가 1905년 러시아 자산계급 민주혁명에서 일으킨 역할과 흡사하다"고 평가했다. 회의는 나중에 "중국 문제에 관한 결의"를 통과시키고 농촌 토지개혁을 전개했다. 또 노농대중을 무장시키며 국민당을 발전시키고 국민당에서 탈퇴하는 것을 강력히 반대했다. 그러고는 우한 중앙 및 지방 정부기관 등의 임무 수행과 정책 실시에 적극 참여해야 한다고 지적했다. 그러고는 무기명 방식으로 상기 문제에 대한 천두슈의 확고하지 못한 태도를 비판했다.

국제공산당 집행위원회 제8차 전회 마지막 날, 소련공산당(볼셰비키) 중앙 정치국은 중국 문제에 대한 결정을 내렸다. 동시에 이 문제에 관해 중국의 보로딘, 로이와 한커우(漢口)주재 소련 총영사 류크스(柳克斯) 등 세 사람에게 긴급 전보를 보냈다. 그 주요 내용은 다음과 같다.

⑴ 토지혁명(토지개혁)을 하지 않으면 승리할 수 없으며 국민당 영도 기관은 신뢰할 수 없는 고급 장교의 꼭두각시가 될 것이다. 농회를 통해 기층으로부터 토지를 몰수할 것을 강력히 주장해야 한다. 과격한 투쟁은 반드시 필요하지만 군대를 동원해서는 안 된다.

⑵ 수공업자, 상인, 소지주에 대한 양보는 당연한 것이며 대, 중 지주의 토지만 몰수해야 한다. 만약 정세에 도움이 된다면 중간급 지주의 토지는 몰수하지 않을 수도 있다. 군관과 병사의 토지는 건드리지

말아야 한다.

(3) 국민당 영도층 인원의 구성을 변화시키기 위해 기층에서 새로운 노농 영도자를 가능한 한 많이 국민당중앙에 가입시켜야 한다. 동시에 노농조직 중에서 수백만 명을 모집하여 국민당 지방조직을 확대한다.

(4) 2만 명의 공산당원과 후난, 후베이의 5만 명의 혁명적 노동자, 농민을 합하면 우리는 믿음직한 군대를 창설할 수 있다.

(5) 저명한 국민당원과 비공산당 인사를 우두머리로 한 군사법정을 세워, 장제스와 연계가 있는 자, 병사들을 출동시켜 인민과 노동자·농민을 핍박한 군관을 엄벌해야 한다.[152] 이것이 바로 5월의 긴급 지시이다. 이 지시에서는 토지혁명 투쟁을 다시 재개하고 중공 자신의 혁명무장을 체계화하는 등 시국을 만회하려는 중요한 전략이 담겨있다. 이는 혁명의 위기를 극복하는 방책으로써 큰 의의를 가진다. 하지만 스탈린은 오히려 왕징웨이 집단이 중국공산당과 합작하여 이 지시를 집행할 것을 기대하고 희망했다.

6월 1일, 중국공산당은 이 긴급 지시를 수령했다. 천두슈는 6월 7일, 중공중앙 정치국 회의에서 긴급 지시에 대한 자신의 견해를 아래와 같이 피력했다. 토지혁명에 관하여 그는 농민운동의 "과격한 행위는 토지 문제의 해결을 방해하므로" 우선 "과격한" 행위를 바로잡아야만 토지 문제를 언급할 수 있다고 했다. 그리고 노농 영도자를 받아들여 국민당중앙을 강화할 것에 대해 그는 "국민당의 영도는 당 대표대회의 선거로 이뤄진 것이다. 지금 우리가 이를 어찌 바꿀 수 있겠는가?"라며 되물었다. 노농 신군(新軍)의 건립에 관해 그는 우리가 군벌

---

152 《소련공산당(볼셰비키) 중앙정치국 회의 제107호(특자제85호)기록》(1927년 6월 2일), 중공중앙당사연구실 제1연구부 편역:《국제공산당, 소련공산당(볼셰비키)과 중국 혁명 당안자료 총서》제4권, 베이징도서관출판사 한문판, 1998년, 298~299쪽.

장령과의 교류를 끊은 상황에서는 "자파 무장 세력을 건립할 능력이 없다"고 했다. 그는 또 혁명법정의 설립에 관해서도 가능하지 않다고 대답했다. 그러나 나중에 "우리는 진심으로 이 지시에 찬성하지만 우리 당이 과연 지시를 집행할 수 있겠는가 하는 것이 문제"[153]라고 했다. 탄핑산, 장궈타오 등도 이 지시를 받아들일 수 없다는 입장을 밝혔다. 보로딘은 모스크바에서 중국의 정세를 이해하지 못하고 있다며 천두슈, 탄핑산, 장궈타오 등을 비판했다. 그러나 로이는 이 지시를 받아들여야 한다고 강력히 주장했다. 하지만 실제로 집행할 수 있는 묘책을 찾아내지 못했다. 이리하여 5월 긴급 지시는 없던 일이 되고 말았다.

대혁명의 실패 및 경험·교훈

우한정부의 북벌군과 펑위샹 부대가 합류한 이후 1927년 6월 10일부터 12일까지 왕징웨이, 탕성즈는 펑위샹과 정저우에서 회담을 열었다. 왕과 탕은 펑위샹과 연합하여 장제스를 축출하고 공산당을 제거할 것을 내심 기대하며, 펑위샹에게 크게 양보했다. 회담은 국민당 중앙정치위원회 카이펑(開封)분회를 설치하여 산시(陝西), 간쑤, 허난 3성의 정무 지도를 책임질 것을 결정하고 펑위샹을 주석으로 지명했다. 그리고 북벌군을 하남에서 철수시키고 이 지역을 펑위샹에게 넘겨주기로 결정했다. 회담에서 펑위샹은 중국공산당과 후난, 후베이 노농 운동을 공격하자는 우한 측 제안에만 동의했다.

장제스에 대해서는 아무런 비판도 하지 않았다. 오히려 왕·탕 등에

---

153 《로이가 소련공산당(볼셰비키) 중앙정치국에 보낸 전보》(1927년 6월 8일), 중공중앙당사연구실 제1연구부 편역:《국제공산당, 소련공산당(볼셰비키)과 중국 혁명 당안자료 총서》제4권, 베이징도서관출판사 한문판, 1989년, 308~309쪽.

게 난징과 우한 사이의 대립을 중지하고 장제스와 연대하여 함께 북벌할 것을 거듭 요청했다. 정저우 회담이 끝난 지 얼마 안 되어 펑위샹은 재정을 지원하고 무기를 원조하겠다는 장제스의 선심 공세에 마음이 움직였다. 그리하여 6월 20일부터 21일까지 쉬저우(徐州)에서 장제스 등 난징 국민당 영도자들과 회동을 가졌다. 회동에서 난징과 우한 정부 쌍방은 공산당을 완전히 반대하는 입장에서 북벌의 당위성을 계속 주장했다. 펑위샹이 완전히 장제스 쪽으로 넘어가는 바람에 장제스의 지위는 한층 더 견고해졌으며 왕징웨이의 반공산당 진척 상황은 더 빠르게 진척됐다.

왕징웨이가 정저우에서 펑위샹과 회담하기 전, 국제공산당 대표로이는 우선 5월 긴급 지시를 왕징웨이에게 보여주면서 그가 혁명을 만회하기를 기대했다. 그러나 왕징웨이는 지시를 본 후 아무런 반응을보이지 않았다. 정저우회담이 끝난 후 왕징웨이는 즉각 긴급지시를내려 국민당의 생명을 위협한다는 구실로 공산당과의 분할을 선동했다. 왕징웨이의 지원으로 탕성즈는 주력 부대 특히 허젠(何鍵)의 제35군을 하남 전선에서 후난, 후베이로 이동시키고 공개적으로 배신 장교들 편에 서서 노농운동을 탄압했다. 6월 상순, 모스크바는 중공중앙에 전문을 보내어 토지혁명에 대한 태도가 확실하지 못하다고 질책하면서 "즉각 착실히 토지혁명을 영도하며" "신속히 창사의 반혁명을척결해야 한다. 농민을 모집하여 그들이 군관단(軍官團)을 공격하여철저히 쳐부수도록 선동함으로써 일벌백계해야 한다"[154]고 요구했다. 이 시기 후난에는 아직 농민무장 세력이 적지 않게 남아 있었고 공산

---

154 《소련공산당(볼셰비키) 중앙정치국 긴급회의 제108호(특자제86호) 기록》(1927년 6월 7일), 중공중앙당사연구실 제1연구부 편역:《국제공산당, 소련공산당(볼셰비키)과 중국 혁명 당안자료 총서》제4권, 베이징도서관출판사 한문판, 1998년, 306~307쪽.

당이 장악한 예팅부대는 샤더우인의 반란군을 소탕한 직후 후난, 후베이 접경지역에 주둔해 있었다. 탕성즈부대 주력의 3분의 2는 하남에서 아직 후난, 후베이 지역으로 귀환하지 못했다.

6월 중순, 중공중앙 정치국과 상무위원회는 연일 회의를 열고 대책을 토의했다. 정치국과 상무위원회는 한때 후난에서 무장봉기를 일으키기로 결정했었다. 그리하여 세력을 결집한 후 중공중앙 군사부장 저우언라이를 보내 지휘하게 하고, 마오쩌둥을 후난성당위원회 서기로 임명하려고 했다. 하지만 중앙의 많은 사람들은 태도나 의지가 강인하지 못했다. 보로딘과 펑수즈(彭述之)는 후난의 공산당 세력이 와해됐다고 판단하여 이를 반대했다. 그래서 이 계획은 취소되고 말았다. 6월 15일, 천두슈는 국제공산당에 보낸 전문에서 "당신들의 지시는 옳고 중요한 것이며 우리는 이에 완전히 동의한다. 중국공산당은 힘을 모아 민주독재를 수립해야 하지만 이것은 단시일 안에 실현되기가 쉽지 않다. 개편의 방법으로 왕징웨이를 축출하는 것은 정말 쉽지 않은 일이다. 아직 이런 임무를 완수할 수 없는 상황에서 우리는 국민당과 국민혁명군 고급 장교들과 우호 관계를 유지해야 한다" "만약 우리가 그들과 결별하면 우리의 군사력을 강화하는 것은 매우 곤란하게 될 터이며 심지어 불가능하게 될 것이다"고 표명했다. 전문에서는 또 "대지주와 반혁명분자의 토지를 몰수하는 정책은 폐지되지 않았으며 농민들이 스스로 토지를 몰수하는 행동을 막은 적도 없다. 우리의 시급한 임무는 우선 과격한 행위를 제지하고 그다음에 토지를 몰수하는 것"[155]이라고 했다.

---

155 《천두슈가 정치국 의견에 근거하여 국제공산당에 보낸 전보》(1927년 6월 15일), 〔미〕로버트·노스·진니아·유딘 편저, 왕치(王淇)·양윈뤼(楊雲若)·주쥐칭(朱菊卿) 역:《중국에서의 로이의 사명》, 중국 인민대학출판사 한문판, 1981년, 325쪽.

혁명이 위기에 처한 긴급한 시기, 국제공산당과 중국 주재 소련공산당 대표 사이의 갈등은 날로 심각해져 위기에 대응하는 현명한 대책을 결정할 수 없었다. 로이는 여러 차례 스탈린과 부하린(布哈林)에게 보로딘과 천두슈를 교체할 것을 건의했다. 심지어 천두슈는 "공산당 내에서의 국민당 대리인"이므로, 그를 공산당의 영도 기구에서 제거해야 한다[156]고 주장했다.

그러나 보로딘은 누구에게도 절대 보이지 말아야 할 전보를 로이가 왕징웨이에게 보여주는 실수를 범했으므로, 국제공산당에서 그를 소환할 것을 강력히 요구했다. 국제공산당, 소련공산당에서는 여전히 왕징웨이를 소환할 것을 기대했다. 소련공산당 중앙 정치국에서는 우한 국민정부에 200만 루블을 더 원조하기로 결정했다. 그리고 전보로 왕징웨이에게 혁명의 성공을 위해 동요하지 말라고 전했다. 그러면서 반드시 토지혁명과 농민에 대한 지지를 계속하고 공산당과 합작해야 함을 거듭 촉구했다. 하지만 이러한 노력도 왕징웨이의 우경화 노선을 막지 못했다.

혁명의 성공을 위해 장타이레이(張太雷)를 서기로 하는 중공후베이성위원회는 6월 초 "국민당에 대비 및 노동운동, 농민운동에 관한 책략 요점"을 제정했다. 이로서 군대와 무기를 정비하고 변화에 대비하기 위해 무장된 농민은 산으로 들어가며, 지방무장을 쟁취하는 등 전술을 명확히 제시했다. 6월 6일, 장타이레이는 〈향도〉에 "우한혁명 기초의 긴박한 문제"라는 글을 기고했다. 그는 반혁명분자의 기습 공격에 대비하여 "철수하거나 대열을 이탈해서는 안 되며 우리의 대열

---

156 《로이가 스탈린과 부하린에게 보낸 전보》(1927년 6월 5일, 17일), 중공중앙당사연구실 제1연구부 편역:《국제공산당, 소련공산당(볼셰비키)과 중국 혁명 당안자료 총서》제4권, 베이징 도서관출판사 한문판, 1998년, 303, 322쪽

을 정돈하고 강화하여 조직적으로 대항해야 한다"고 주장했다. 날로 악화되는 상황에서 중공 후베이성위원회는 우창에서 긴급회의를 열었다.

그리고 우한을 중심으로 노농병무장봉기를 발동하여 국민당 우파의 반동 정권을 뒤엎을 것을 건의했다. 같은 달, 중공후난성위원회는 "후난의 현대 사업계획"에서도 "산으로 들어가자"는 주장을 강력히 제시했다. 하지만 이러한 전술과 건의는 모두 천두슈를 비롯한 중공중앙에 의해 철저히 무시되고 말았다.

6월 말, 우한에서는 탕성즈부대의 제35군 군장 허젠(何鍵)이 머지않아 재차 반혁명 정변을 일으킬 거라는 소문이 떠돌았다. 중공중앙 정치국과 보로딘은 황급히 회의를 열어 대책을 토의하고 우한의 노동자규찰대가 스스로 무장을 해제하게끔 권유할 것을 의결했다.

그들은 이러한 노동자규찰대의 자발적인 무장해제가 허젠으로 하여금 정변을 일으킬 명분을 찾지 못하게 하며, 우한 국민당의 양해를 구할 수 있다고 보았다. 7월 3일에 중공중앙은 국공 양당의 관계에 관한 결의를 통과시켰다. 이 결의는 국민당에 대하여, "충돌을 피하기 위해 공산당의 부장은 잠시 정부를 떠날 수 있으며, 노농 대중 조직은 반드시 국민당의 영도를 받는다. 그리고 국민당의 명령에 따라 노농규찰대도 국민정부의 감독을 받아야 하며, 우한의 기존 규찰대는 충돌을 피하기 위해 수를 줄이거나 군대에 편입될 수 있다"는 등 여러 가지 양보 정책을 취했다.

이는 천두슈를 대표로 한 우경기회주의 착각을 더욱 심화시켰다. 회의에서 런비스(任弼時)는 공청단을 대표하여 중앙에 의견서를 제출했다. 그는 천두슈를 비판하고 5월 긴급 지시를 공표할 것을 요구했지만 천두슈는 그 자리에서 런비스의 의견서를 찢어 버렸다.

7월 4일, 중공중앙 정치국상무위원회가 소집한 확대회의에서 마오쩌둥은 후난으로부터 긴급 소환되었다. 그는 농민 무장 세력은 "산으로 들어가거나" 당과 연계가 있는 군대에 편입되어 혁명세력을 보존해야 한다는 의사를 거듭 표명했다. 그는 또 무력을 보존하지 않는다면 훗날 사변이 발생할 때 속수무책이 될 것이며 "산으로 들어간다면" 군사력의 기반을 닦을 수 있을 것이라고 지적했다. 이 건의도 받아들여지지 않았다.

6월 이후, 천두슈를 비롯한 중공중앙은 보로딘의 지도 아래 일련의 결정을 내렸다. 하지만 모두가 타협 또는 양보하는 방법이었고 왕징웨이, 탕성즈의 환심을 사려는 시도에 지나지 않았다. 사실 이러한 방법은 별반 도움이 되지 않았으며 오히려 반혁명의 기세를 부추기기만 했다.

우한의 왕징웨이 집단은 날로 난징의 장제스 집단에 접근했다. 이런 까닭에 수시로 반혁명정변이 일어날 위험이 있었다. 이러한 상황에서 당내의 절대 다수 간부들은 갈수록 천두슈의 영도에 불만을 갖기 시작했다.

이 무렵, 국제공산당은 중공중앙을 개편하며 중국공산당이 국민당정부에서 탈퇴한다고 공식적으로 발표했다. 그리하여 토지혁명을 전개하고 노동자와 농민을 무장시킬 것을 명확히 밝혔다.

7월 12일, 국제공산당집행위원회의 지시에 따라 중공중앙을 개편하고 장궈타오·리웨이한·저우언라이·리리싼·장타이레이로 중앙임시상무위원회를 구성했다. 천두슈는 이 개편에서 중공중앙의 최고 영도권을 내놓게 되었다. 7월 13일, 중공중앙은 정국에 대한 선언문을 발표하여 우한 국민당중앙과 국민정부의 반동 행위를 비판하고 국민정부의 공산당원을 소환한다고 선포했다.

연이어 중국공산당은 앞으로도 계속 반제반봉건의 혁명투쟁을 지지하며 국민당의 혁명분자들과 계속 합작하기 바란다고 엄숙하게 선언했다. 이 선언은 당내의 혁명 정신을 고무시키는데 매우 큰 영향을 주었다. 국제공산당의 전령에 근거하여 중공중앙은 탄핑산, 쑤자오정에게 국민정부에서 물러날 것을 명령했다. 그리고 동시에 7월 24일 "우한 반동 시국에 대한 통고"를 발표하여 우한 국민당중앙과 국민정부를 크게 규탄했다.

7월 13일, 국민당 좌파 덩옌다(鄧演達·1895~19319)는 공개적으로 선언문을 발표하여 "장제스의 음모에 타협하고 공산당과 결별하며 노동자농민을 학살"한 왕징웨이 일파의 행위를 강렬하게 규탄했다. 그리고 "전 총리의 유언에 따라 삼민주의 원칙에 입각하여 진정한 혁명을 위해 노력할 것"[157]을 선언하고 즉각 모스크바로 떠났다. 7월 14일, 쑹칭링(宋慶齡)은 성명을 발표하여 우한 국민당중앙이 쑨중산의 혁명 원칙과 혁명 정책을 위반하고 반혁명적인 이른바 '신정책'을 실시함에 대해 단호히 항의했다.

쑹은 성명에서 "본 당의 신정책 집행에 나는 참여하지 않을 것이며" "나는 이러한 정책은 기필코 실패할 것이라 본다"고 장엄하게 선포했다. 성명은 "3대 정책은 삼민주의를 실시하는 유일한 방법이며" "당내 영도자가 그의 정책을 관철하지 않는다면, 그들은 쑨중산의 진정한 옹호자가 아니며 당도 더 이상 혁명적 당이 아니다. 그런 당은 다만 이런 저런 군벌의 도구에 지나지 않는다"[158]며 재차 입장을 표명했다. 국민당 좌파 천유런(陳友仁) 등도 잇따라 떠났다.

---

157 베이징《조간신문》, 1927년 7월 17일.

158 쑹칭링 : 《쑨중산의 혁명 원칙과 정책에 대한 위반에 항의하는 성명》(1927년 7월 14일), 《쑹칭링선집》, 인민출판사 한문판, 1966년, 18~21쪽.

7월 15일, 왕징웨이가 장악하고 있는 우한 국민당중앙은 '공산당과의 결별' 회의를 소집하고 공산당과의 결별을 의결하였다. 이로써, 쑨중산이 제정한 국공합작 정책과 반제반봉건 강령을 완전히 뒤엎었다. 연이어 왕징웨이는 공산당원과 많은 혁명 인민대중을 체포하고 도살했다. 결국 국공 양당이 함께 발동한 대혁명은 실패로 끝나고 말았다. 중국공산당이 참여하고 영도한 대혁명은 이렇듯 중국 혁명의 역사에서 빛나는 한쪽을 엮을 수밖에 없었다.

대혁명은 노동자 농민대중을 주체로 하고 민족자산계급과 상층 소자산계급도 적극 참가한 인민의 혁명운동이었다. 이 혁명은 신해혁명과 비슷한 형식과 규모로 진행되었고 중국의 드넓은 대지에 하늘과 땅을 뒤흔드는 폭풍을 일으켜 제국주의 세력에 큰 타격을 안겼다. 이 투쟁은 기본적으로 북양군벌의 반동 통치를 뒤집고 민주혁명 사상을 전국적으로 전파하여 거대한 혁명적 영향을 불러일으킨 것이다. 대혁명은 각 혁명 계급을 교육하고 단련시켰다. 당이 영도하는 노농대중은 혁명의 영향을 받아 정치적 깨달음을 얻고 수준을 높였다. 5·30 운동, 홍콩 대파업, 한커우, 주장 영국 조계지 반환, 상하이 노동자들의 세 차례 무장봉기 등 일련의 중요한 투쟁은 노동계급이 반제반봉건의 중진 세력으로 성장했음을 충분히 증명했다. 끊임없이 고조되는 노농운동은 훗날 중국공산당이 영도하는 토지혁명전쟁을 위한 발판을 마련했다.

대혁명은 중국공산당의 선진성을 충분히 보여 준 투쟁이었다. 대혁명의 초기 중국공산당은 아직 작은 당에 불과했지만 시대를 앞장서서 성큼 나아갔다. 당은 마르크스·레닌주의의 지도 아래 민주혁명 강령을 제정하고 국민당과 국민혁명 연합전선을 결성했다. 그리하여 무산계급정당의 정치적 우세와 조직적 우세를 충분히 발휘할 수 있었다. 대혁명이 시작된 후 수많은 공산당원들은 들끓는 열정으로 노농 혁명 대중을 적극 동원하고 조직하여 반제반봉건의 혁명 투쟁에 뛰어들었다. 그들은 치열하게 투쟁하고 용감히 적을 무찔러 북벌을 승리로 이끌고 국민혁명을 기세 드높이, 신속히 발전하게 했다.

대혁명은 전국 인민들에게 중국공산당의 정치적 위세와 명망을 전례 없이 향상시켰다. 그리고 공산당 및 그가 영도하는 혁명 세력을 발전시켰다. 당의 창건으로부터 대혁명의 실패에 이르기까지 6년이라는 짧은 기간에 중국공산당은 초기의 50여 명에서 거의 5만 8,000명의 당원을 가지게 되었다. 또 280만여 명의 노동자와 970만여 명의 농민을 영도하는, 상당한 대중적 기반을 갖춘 정당으로 발전했다. 중공중앙은 후난, 후베이, 저장, 광둥, 북방(北方), 장시, 허난, 싼간[陝甘·산시(陝西)와 간쑤] 8개 구 위원회와 산둥, 푸젠, 남만(南滿), 북만(北滿), 안후이, 쓰촨 6개 지방위원회를 직접 이끌었다. 공청단원도 3만 5,000명으로 발전했다. 공산당이 심은 혁명의 불꽃은 요원의 불길로 나아갔다.

대혁명은 식민지, 반식민지 인민들에게 러시아 10월 혁명에 버금가는 세계사적 의미를 지닌 중대한 사건이었다. 이는 동방 각국 민족해방 운동을 고무하고 추동했다. 그뿐만 아니라 아시아 지역 인민을 각성시켜 국제 제국주의가 동방에서 확장하는 추세를 가로막았다.

하지만 이번 혁명은 적이 강하고 우리는 약해 계급 세력의 대비가 선명한 상태에서 진행됐다. 제국주의, 군벌 및 대지주, 자산계급의 연합 세력은 갓 발흥한 혁명 연합 세력보다 더욱 강대했고 또한 더 많은 정치적 경험을 가지고 있었다. 혁명 진영 내부에서 상당한 영도권(특히는 군권)을 장악한 민족자산계급의 우익은 혁명이 심화되자, 점차 혁명을 배반하고 반혁명 진영으로 넘어갔다. 일반 중소자산계급도 혁명 시기를 따라 매우 크게 동요했다. 비록 중국 혁명의 주력군인 노농대중을 광범히 발동시키긴 했지만 동원의 규모와 조직 체계 수준이 충분하지 못했고 세력 발전이 불균형했다.

이 시기 중국공산당은 아직 성숙하지 못하여 각 방면의 준비를 할 겨를도 없이 급히 대혁명의 조류에 뛰어들었다. 당은 왕성한 혁명적 생기가 있었지만 탄탄한 이론과 실전 경험이 부족했다. 또 대중 운동 중에서 뛰어난 조직력을 과시했지만 성숙된 영도력이 결핍됐다. 투쟁 중에서 대량의 우수한 혁명 운동가들이 나타났다. 하지만, 시간의 제약으로 간부를 양성하지 못한 까닭에 여러 방면의 핵심인물과 유력한 영도세력을 조성하지 못했다. 중국 혁명의 기본 문제에 관하여 당은 유익한 탐색을 거쳐 초보적이나마 정확한 사상을 제기했다. 그러나 독립적으로 마르크스·레닌주의를 운용하여 중국 혁명에서의 이론 문제와 실제 문제를 해결할 능력이 없었다. 당은 아직 여러 가지 형태로 나타나는 적들을 식별하거나 대처할 능력이 없었다. 또 여러 모습의 동맹자를 잘 식별하지 못했고 그들을 대하는 능력이 부족했다. 마오쩌둥이 훗날 진술한 바와 같이 "이 시기에 당은 아직 미미했고 통일전선, 무장투쟁과 당 건설 3개 기본 문제에서 경험이 없었다. 그리고 중국의 역사적 상황과 사회적 상황, 중국 혁명의 특징, 중국 혁명의 법칙에 대해 잘 알지 못했다. 또한 마르크스·레닌주의 이론과 중국 혁명의 실천에 대해 아직 완전하게 통일적으로 인식하지 못한 당이었다"[159] 대혁명 후기, 혁명의 주체인 중국공산당의 영도 기관은 천두슈를 대표로 한 우경 기회주의 착오를 범했다. 그리고 정권과 무장을 장악하는 중요성을 인식하지 못하여 국민당과의 관계를 정확히 처리할 수 없었다. 그들은 타협, 양보와 노농운동을 속박하는 소극적인 조치로 머지않아 배반할 동맹자를 자기편으로 끌어들이려 했다. 그 결과 "농민대중, 도시 소자산계급과 중등 자산계급에 대한 영도권, 특히 무장 세력에 대한 영도권을 포기"[160]하여 대혁명의 위급한 시기에 당을 완전히 을의 처지로 만들고 말았다.

대혁명 시기 국제공산당, 소련공산당 및 중국 주재 대표는 중국공산당에 대하여 정확한 지도를 제시했다. 예를 들면 공산당과 국민당의 합작 관계를 추동했고, 당이 자기 건설을 강화할 것을 요구했으며, 공산당 인사를 도와 무산계급의 영도권과 노농혁명의 중요성을 인식하게 해주었다. 그리고 중공중앙이 노동 운동을 전개하는 것을 지도했으며, 5·30운동과 홍콩대파업을 응원했고, 토지혁명을 전개하고, 노동자와 농민을 무장시키는 등 명확한 방침을 내놓았다. 중공중앙이 사업을 전개하는 것을 지지하기 위해 국제공산당은 당의 활동 자금을 일부 원조했고, 소련에서는 중국공산당을 위해 일부 우수한 간부와 군사 인재를 양성해 주기도 했다. 소련 고문은 중국 혁명군대의 건설과 북

---

159 마오쩌둥:《〈공산당인〉창간사》(1939년 10월 4일), 《마오쩌둥선집》제2권, 인민출판사 한문판, 1991년, 610쪽.

160 마오쩌둥:《목전 정세와 우리의 임무》(1947년 12월 25일), 《마오쩌둥선집》제4권, 인민출판사 한문판, 1991년, 1257~1258쪽.

벌전쟁에서 중요한 역할을 했으며 일부는 중국인민의 혁명 사업에 소중한 목숨까지 바쳤다. 하지만 국제공산당, 소련공산당 및 그 중국 주재 대표는 대혁명의 실패에 대하여 회피할 수 없는 책임이 있었다. 그들은 중국의 현실과 먼 우매한 지휘를 했다. 보로딘, 보이틴스키, 로이 등 중국 주재 대표들 사이에는 토지문제, 노농운동, 군사운동, 전략방향, 국공관계, 장제스와 왕징웨이에 대한 정책 등 문제에서 늘 엄숙한 분위기가 있었다. 이는 중공중앙의 많은 문제에 대한 결단과 관련 방침, 정책의 실시에 매우 큰 영향을 끼쳤다. 보이틴스키는 훗날 "중국공산당이 범한 착오에 대해 나의 책임이 매우 크며 중국공산당 영도자들보다도 더 큰 책임을 져야 한다"[161]고 시인했다. 보로딘도 4·12반혁명정변 후 세력을 집중하여 장제스를 타격하지 못한 것은 "당시 우리가 중국에서 범한 가장 치명적인 과오"[162]라고 시인했다.

대혁명의 실패는 당의 영도, 통일전선, 무장투쟁이 중국 혁명의 기본 문제라는 것을 알려 주었다. 이러한 문제를 정확히 인식하고 해결해야만 혁명 사업의 발전을 추진할 수 있으며 최후에 승리를 가져올 수 있었다.

비록 대혁명의 실패로 중국공산당과 중국 혁명사업이 좌절한 것은 사실이지만 중국 혁명의 발걸음을 조금도 멈추지 않았다. 중국공산당은 혁명의 실패가 가져다 준 고통스러운 경험에서 커다란 교훈을 섭취했다. 이를 자양분으로 하여 혁명의 열화 속에서 시련을 이겨내고 중국 혁명을 영도하여 부흥의 길로 나아갔다.

---

161 보이틴스키:《중국공산당의 1925~1927년 혁명에서의 착오 문제에 관하여》,《보이틴스키의 중국에서의 관련 자료》, 중국사회과학출판사 한문판, 1982년, 159쪽.

162 《보로딘이 노(老)볼셰비키 협회 회원 대회에서 한 〈목전 중국 정치 경제 정세〉에 관한 보고〉(1927년 10월 23일), 중공중앙당사연구실 제1연구부 편역:《국제공산당, 소련공산당(볼셰비키)과 중국 혁명 당안자료 총서》제4권, 베이징도서관출판사 한문판, 1998년, 501쪽.

제3편

당의 토지혁명전쟁 시기

제8장
국민당 반동통치에 대한 무장저항 투쟁

1. 대혁명 실패 후의 중국 정국

국민당 정권의 전국적인 수립 및 내외 정책

1927년 대혁명이 실패한 후 중국공산당이 이끄는 인민 혁명투쟁은 험난한 시기에 들어섰는데, 바로 토지혁명전쟁 시기이다.

장제스와 왕징웨이는 이미 차례로 혁명을 배반했고 '숙당'과 '공산당과의 결렬(分共)'로 인해 중국국민당은 지주계급과 매판 자산계급의 이익을 대표하는, 반동 집단이 통제하는 정당으로 전락했다. 국민당 고위층의 일부 인사들은 이 집단에 속하지 않아 배척을 받았고 일부 당원 특히 쑨중산의 '3대 정책'을 옹호하는 영향력이 있는 진보적 인사들은 이 집단에 불만을 품거나 심지어 반대하기도 했다. 하지만 그들에게는 이 당의 성격을 바꿀 만한 힘이 없었다. 집단의 내부도 통일되지 않아 여러 파벌로 나뉘어 그들 사이에 끊임없는 마찰이 벌어지고 있었다. 1927년 7월 이후, 난징에는 장제스가 통제하는 '국민정부'와 '중앙당부'가 있었고 우한에는 왕징웨이가 통제하는 '국민정부'와 '중앙당부'가 따로 있었다. 상하이에는 시산(西山)회의파가 '중앙당부'의 명분으로 활동했고 계계(桂系)와 월계(粤系) 군벌은 난징과 광시, 광둥 등지에서 상당한 세력을 확보하고 있었다. 국민당에 참가한 진계(晉系) 군벌 옌시산은 여전히 산시(山西)에 분할하여 있었고 펑위샹은 산시(陝西), 허난과 농해(隴海)철도 일대를 점거하고 있었다. 이 밖에도 쓰촨, 구이저우, 윈난에도 크고 작은 군벌들이 분할하여 있었다. 봉계(奉系) 군벌 장쭤린은 여전히 둥베이와 화베이 지역을 장악하고 있었다. 그에게 의탁한 장쭝창(張宗昌)은 산둥에서 계속 국민당 정권에 저항하고 있었다.

국민당 각파의 신군벌과 정객들은 서로 결탁하면서도 최고 권력을 탈취하기 위해 다투거나 심지어 무력충돌까지 벌였다. 난징정부를 통제하고 있던 장제스는 1927년 8월에 계계의 배척으로 한동안 하야(下野)했지만 그의 직계 군대는 여전히 장쑤·저장 일대를 장악하고 있었다. 10월에 닝(濘)(리쭝런·허잉친) 한(漢)(왕징웨이·탕성즈) 사이에서 전쟁이 일어났는데 우한 쪽이 패배했다. 왕징웨이는 다시 광둥의 지방 세력에 의지하여 난징에 저항했다. 1928년 1월에 장제스는 재차 정권을 잡았다. 2월에 국민당은 중앙위원회 제2기 제4차 전원회의를 열고 국민당 중앙기구와 국민정부 기구를 개편하여 탄옌카이(譚延闓)가 국민정부 주석을 맡고 장제스가 국민혁명군 총사령 겸 군사위원회 주석을 맡았으며 얼마 후에는 또 차례로 국민당 중앙정치회의 주석과 국민정부 주석을 맡았다. 회의 후 장(제스), 펑(위샹), 옌(시산), 계(리쭝런, 바이충시, 황사오훙) 4대 파벌은 봉계군벌에 대한 작전의 수요로 인해 잠시 타협했다.

1928년 4월, 국민당 부대는 계속 북벌을 감행하여 봉계군벌이 차지하고 있던 지역을 모두 통제했다. 6월 초, 장쭤린은 베이징을 포기하고 기차로 산하이관 밖으로 철수하던 도중 황구툰(黃姑屯)에서 일본 관동군에 의해 폭사하고 말았다. 이는 일본 제국주의가 장쭤린을 버리고 별도로 '만몽제국'을 세우려는 책략의 일부분이었다. 가족과 나라의 원수를 목전에 둔 장쉐량(張學良)은 미국의 영향을 받은 장쭤린의 아들로서 둥베이(만주) 보안사령관에 새로 취임했다. 그는 일본이 둥베이를 지배하려는 음모에 반발하여 1928년 말 "국민정부에 충성하고 깃발을 바꾼다"고 선포했다. 이리하여 국민당정부는 전국 통일을 실현할 수 있었다. 하지만 이는 표면적이고 일시적인 통일이었을 뿐 즉각 새로운 군벌이 혼전하는 국면이 시작됐다.

국민당 난징정권은 수립된 직후, 대내로 지주계급, 매판 자산계급의 이익을 지키기 위한 일련의 정책들을 실시했다. 난징정부는 경제적 측면에서 지주계급, 매판 자산계급에게 유리한 정책과 조치를 취했으며 새로운 관료자본을 형성하고 발전시켰다.

매판 자산계급은 국민당 정권의 중요한 기둥 중 하나였다. 매판 자산계급을 주체로 한 장저(江浙) 재벌은 우선 장제스를 지지하여 난징정부를 수립하게 했고 뒤이어 기부·대출·공채구매와 같은 방식으로 이 정권의 통치적 지위를 굳히는 데 크게 기여하였다. 그런 까닭에 장제스를 대표로 하는 난징정부는 수립된 후 다방면에서 매판 자산계급의 이익을 챙겨주었다. 예를 들면 상하이 28개 주요 은행의 총자산은 1926년에 13.91억 위안이었지만 1931년에 이르러서는 25.696억 위안으로 급증했다. 그리고 1928년에 상하이 금융업계에서 투자한 공채는 1.3억 위안이었지만 1931년에는 2.3억 위안에 이르렀다.

이와 동시에 장제스를 대표로 하는 국민당중앙과 난징정부의 일부 고위급 관원들은 정치, 군사와 경제 권력을 이용하여 인민대중에게 공개적 협박, 탐오, 투기폭리, 대출, 공채발행과 세금증가 등의 수단으로 착취와 수탈을 감행했다. 그리하여 많은 국가 재산이 그들 수중의 사유 재산으로 탈바꿈되어 새로운 관료 겸 매판 자산계급을 낳았다. 공채 수탈의 예로 1927년부터 1936년까지 난징정부가 발행한 총 26억 위안의 공채를 들 수 있다. 이런 공채의 대부분은 난징정부가 통제하는 은행이 저렴한 가격으로 구매한 다음 고금리로 본리를 지불하여 폭리를 얻어냈다. 이러한 공채 발행의 담보는 조세였기에 공채 발행량이 커질수록 인민대중의 세금 부담 역시 늘어났다.

1934년, 장쑤성의 토지 부가세는 147가지에 달했고 그중 어떤 세금은 정규 세금의 25배에 이르렀다. 후베이성의 토지 부가세는 61가지였으며, 그중 어떤 세금은 정규 세금의 80배에 달했다. 난징정부의 중앙재정 예산 중 관세, 소금세와 통세(統稅·일종의 화물세)가 차지하는 비중은 1928년의 48%로부터 1931년의 88.2%로 급증했다.

또한 난징정부는 금융기구의 건립과 독점을 주요한 수단으로 전국의 경제 흐름을 통제했다. 1928년 11월에는 중앙은행을 설립하여 국고를 경영, 관리하고 태환권을 발행하였으며, 국가화폐를 주조하고 내외채를 경영하는 등 특권을 부여함으로써 금융계에서 절대적 우위를 차지했다. 그 후 중국농민은행과 중앙신탁국을 설립하고 조례 강제 개정, 국가주식 가입, 강제 개편 등의 조치로 당시 중국에서 제일 큰 은행이었던 중국은행과 교통은행, 그리고 지방의 상당한 실력을 가진 2류 은행들도 통제했다. 이 밖에도 중화우정저축회업국을 우정저금회업국으로 개편하여 관리했다.

봉건지주계급은 국민당 정권의 또 다른 하나의 중요한 기둥이었다. 많은 지주들의 본신이 국민당의 군정 관리였으며 많은 관리들은 다시 새로운 지주가 되었다. 장쑤성 민정청의 1928년부터 1934년의 통계에 의하면 장쑤성에서 1,000무 이상 토지를 차지하고 있는 대지주는 모두 374명이었는데, 그중 77명이 국민당 관리였다. 1931년 우시(無錫)에서 조사한 104명의 촌장 가운데 91.3%가 지주였고 7.7%가 부농이었다. 이에 따라 국민정부는 필연적으로 봉건적 토지소유 관계와 소작료 착취제도를 수호하는 성격을 가지게 되었다.

난징정부 중앙연구원 사회과학연구소에서 1929년 우시의 20개 촌 1,035세대를 상대로 실시한 토지소유 상황 조사에 따르면, 총세대의 5.7%를 차지하는 지주가 전체 토지의 47.3%를 차지했다. 총세대의 5.6%를 차지하는 부농은 전체 토지의 17.7%를 점유하고 있었다. 총세대의 88.7%를 차지하는 중농, 빈농 및 부농이 점유한 토지는 총토지의 35%밖에 되지 않았다. 난징정부가 "25%감조"를 실시한다고 선포했고 1930년 6월에 반포한 '토지법'에서는 "토지세는 경작지 표준 산물 수확 총액의 1,000분의 375를 초과해서는 안 된다"고 규정했다.

하지만 토지세는 줄어들지 않았으며 일부 지방에서는 오히려 증가했다. 예를 들면 광둥성에서는 1929년부터 1934년까지 소작료가 20%나 증가했다. 농촌 생산이 위축되고 경제가 쇠퇴됐으며 자연 재해와 인재는 날로 늘어났다. 1937년에 출판된 〈중국구황(救荒)사〉에 따르면 1928년에 전국적으로 1,093개 현이 재해를 입어 이재민이 7,000만 명 이상에 달했고 1930년에 재해를 입은 현은 517개, 이재민은 2,100만 명 이상에 이르렀다. 1928년부터 1930년까지 전국에서 재해로 사망한 인원수가 1,000만 명이나 됐다. 1931년에도 심한 수재가 발생하여 후난, 안후이, 후베이, 허난, 장쑤, 장시 등 16개 성의 이재민이 최소 5,000만 명을 넘어섰다. 많은 농민들은 기아와 죽음의 고통에서 몸부림쳤으며 생활은 극히 비참했다.

정치면에서 국민당은 공산당 인사와 혁명대중을 잔혹하게 진압함과 동시에 반동 통치를 위한 국가 기구를 강화했다. 또한 통치를 수호하고 강화하기 위한 정치 제도를 수립했다.

국민당은 일당 독재 통치를 실시했다. 1928년 8월, 난징에서 열린 국민당 중앙위원회 제2기 제5차 전원회의에서는 '훈정'을 실시한다고 선포했다. 10월에 국민당중앙 상무위원회는 '훈정강령'을 통과시켰으며 내용은 아래와 같다. '훈정' 기간에 "중국국민당 전국대표대회가 국민대회를 대표하여 국민을 영도하고 정권을 행사하며", 국민당 전국대표대회 폐회 기간에는 "중국국민당중앙 집행위원회에 위탁하여 정권을 행사하게 한다" 국민정부가 행정, 입법, 사법, 고시, 감찰 등 다섯 가지 '통치권'을 총람한다. 국민당중앙 정치회의에서는 "국민

정부의 중대한 정무의 시행을 지도하고 감독한다"고 규정했다. 1929
년 3월, 국민당 제3차 전국대표대회는 "중화민국 인민은 반드시 중국
국민당을 옹호하고……비로소 중화민국 국민의 권리를 향유할 수 있
다" "중화민국의 정권, 통치권"은 국민당이 "단독으로 전부 책임진다"
고 규정했다. 1931년 5월, 국민당이 주재한 국민회의에서는 ≪훈정
시기 약법≫을 통과시켜 국가 근본법의 형식으로 국민당의 일당독재
통치를 확인했다.

　군권이 장제스 세력의 수중에 장악되어 있었기에 국민당 일당독재
는 사실상 장제스를 우두머리로 한 군사독재 통치였다. 장제스는 공개
적으로 파시즘을 도입해 실시할 것을 주장하며 시찰단과 요인들을 여
러 차례 독일, 이탈리아로 보내 학습 및 훈련을 받도록 했다. 일부 독
일인을 국민당정부의 고문으로 초청하기도 했다. 또한 국민당은 자신
들이 통제하고 있는 반혁명 군사 세력의 확대와 강화를 매우 중요시
하였다. 1929년 3월 국민당정부 측 통계에 의하면, 군인이 200만 명
에 달했는데 이는 당시 세계에서 가장 많은 수치였다. 따라서 군비 지
출도 어마어마했다. 1928년부터 국민당은 주로 중국공산당의 조직을
파괴하고 공산당 인사사(人事司), 민주인사 또는 적대분자를 납치 및
암살하는 방대한 특무 조직을 잇달아 건립했다. 그리하여 무서운 백
색공포(권력자나 지배 계급이 반정부 세력이나 혁명 운동에 대한 탄
압) 분위기를 전국적으로 조성했다.

　난징정부는 또한 엄밀한 보갑(保甲)제도를 실시하여 농촌에 대한 통
치를 강화했다. 1931년에 국민당 '비적(匪賊·무리를 지어 돌아다니
며 살인과 약탈을 자행하는 도둑) 토벌' 총사령부 당정위원회는 보갑
제도와 보갑 법규의 초안을 만들고 그 해 6월에 장시성에서 우선 시행
했으며 그 후 점차적으로 다른 성시로 늘려갔다.

국민당 난징정부는 수립 이후, 쑨중산의 반제, 연아(聯俄·소련과의 우호정책) 정책을 뒤로하고 반제, 반 소련 외교 정책을 실시했다. 난징정부는 영국, 미국 등의 군대가 1927년 3월에 난징을 포격한 사건, 일본군이 1928년 5월 3일과 이후 한동안 중국 국민 6,000여 명을 도살한 지난(濟南)참사(또는 5·3참사)에 대해서도 상기 나라들의 무리한 요구에 모두 동조하면서 양보 정책을 취했다. 중국에서 그들의 특권을 계속 유지, 보장해 주겠다고 한 것이다. 반대로 광저우 주재 소련영사관에는 1927년 12월에 군사를 파견하여 공격하고 부영사 등 10여 명을 사살했다. 기타 도시의 중국 주재 소련영사를 추방하기도 했다. 1929년 5월, 난징정부는 동북 지방 당국에 군경을 파견하여 하얼빈 주재 소련영사관을 포위 및 수색하고 소련영사와 관계자를 체포, 감금했다. 뒤이어 중동로(中東路)사건을 조작했다.

1928년 6월부터 난징정부는 불평등 조약의 속박에서 벗어나야 한다고 대대적으로 선전하면서 외국 열강들과의 "새 조약 체결"운동을 일으켰다. 이번 운동에서 난징정부는 상하이의 공공조계지와 프랑스 조계지를 개편하고 전장(鎭江), 샤먼(廈門), 웨이하이(威海) 등의 조계 지를 회수했다. 하지만 "새 조약 체결"의 내용은 주로 관세 자주와 영 사재판권 폐지 두 가지 사항에만 제한됐다. 관세 자주 측면에서 난징 정부는 1928년 하반기부터 차례로 미국, 독일, 이탈리아, 영국, 프랑 스, 노르웨이, 벨기에, 덴마크, 네덜란드, 포르투갈, 스웨덴, 스페인 등 12개 나라와 관세 문제에 관한 새 조약을 체결하여 관세를 어느 정도 높였다. 하지만 관세 제정 시 여전히 상기 나라들의 제재를 받았을 뿐 만 아니라 중국의 세관 행정권 역시 외국인이 조종하고 있었다. 영사 재판권 폐지 면에서 난징정부는 낡은 조약이 만기된 이탈리아, 벨기 에, 포르투갈, 덴마크, 스페인 등의 나라들과 새로운 조약을 체결했다. 하지만 일본과 영국, 미국, 프랑스 등에서는 영사재판권의 폐지를 반 대했으므로 난징정부가 1931년 5월 공포한 '중국의 외국인 관할 실 시조례'를 실제로는 집행하지 못했다.

이 시기 영, 미 등의 국가에서 난징정부에 일부 정책을 양보한 것은 중국에서 비교적 안정된 통치자가 그들의 대리인으로 있기를 바랐기 때문이었다. 중국에 대한 그들의 침략은 더욱 심화된 셈이었다. 장제 스는 난징정부를 수립하는 과정에서 영, 미 등 제국주의 국가들의 지 지를 받았으므로 난징정부가 수립된 후, 그들에게 유리한 경제 정책을 취했다. 외국에서 중국에 투자하여 공장을 세운 사례는 1927년 이후 뚜렷이 늘어났다. 산업면에서 보면 1931년에 외국에서 통제한 석탄 기계채굴 생산량은 전국 석탄 기계채굴 총생산량의 69.1%를 차지했 고 주철 생산량은 전국 주철 총생산량의 97.2%를 차지했다. 외국에서 중국에 설립한 공장의 물레 수량은 중외 공장 물레 총수량의 43.5% 를 차지했고 외국에서 중국에 설립한 공장의 방직기 수량은 중외 공장

방직기 총수량의 51.4%를 차지했다. 교통 측면에서 보면 1930년에
중국 국경 내에서 항행하는 외국 선박의 적재량은 중외 선박 총적재
량의 82.8%를 차지했고 1931년 외국에서 직접 경영, 통제한 철로의
길이는 중국 철로 총연장의 84.3%를 차지했다. 금융 측면에서 볼 때
1933년의 조사에 따르면, 149개 중국 상업은행의 납입자본금은 겨
우 2.67억 위안에 그쳤다. 반면 영국은 중국에 설립한 후이펑(匯豊),
마이쟈리(麥加利), 유리(有利), 다잉(大英) 4개 은행만으로도 그 총자
본이 1.1억여 달러(당시 중국 화폐로 환산하면 4억여 위안)에 달했다.
이 시기 전국의 중국계 은행의 저축액은 30억 위안밖에 안 되었지만,
미국이 중국에 설립한 시티뱅크의 저금은 13억 달러(당시 중국 화폐
로 환산하면 50억 위안)에 이르렀다. 영, 미 등이 중국의 경제에 대한
침투와 통제를 강화함과 동시에 그들에 대한 중국 경제의 의존성도 커
졌음을 이를 통해 알 수 있다.

　위에서 밝힌 상황은 국민당 난징정부가 지주계급과 매판 자산계급
의 이익을 대표하는 반동정권이었다는 점을 시사한다. 난징정부는 중
국에서 독립적으로 자본주의를 발전시키지 못했으며 발전시킬 수도
없었다. 난징정부는 중국을 반식민지, 반봉건 사회의 상태에 머무르
게 했을 뿐이었다.

민족자본주의 경제의 어려운 발전

　난징정부가 수립된 후 자주 중단되던 국내 교통이 기본적으로 회복
되어 국내시장의 교류와 확대를 촉진시켰다. 그리고 일정한 한도 내에
서 관세 자주, 상품의 지방 통과세 폐지 등 정책을 실시했다. 백금 가
격이 떨어져 중국 상품의 수출을 촉진시켰으며 외국 상품의 수입을
줄였다. 이러한 요소의 영향으로 한동안 중국의 민족자본주의 경제

는 일정한 발전을 이루었다. 민족공업 발전의 예로 중국은행의 1930
년도 영업보고의 통계를 들 수 있다. 담배, 면직, 모자, 비누, 화장
품, 제지, 기계, 편직, 향신료, 법랑, 고무 등 11개 업종의 총거래액은
1929년도보다 평균 20% 증가됐다. 그중 고무업계의 1930년 성장률
은 250%, 1931년 성장률은 200%였다. 면직업의 1930년 성장률은
120%, 1931년 성장률은 128%였다. 담배업계의 1930년도 성장률은
130%, 1931년도 성장률은 115%였다. 1928년에 새로 건설한 공장
의 등록수와 자본금도 어느 정도 증가하여 각기 250개와 1.17억 위
안에 달했다. 민족공업의 발전은 상업, 교통운수업, 서비스업의 일시
적인 발전을 불러왔다.

하지만 국민당정부 통제 아래의 민족자본주의 경제는 충분한 발전
을 가져올 수 없었는데 그 원인은 다음과 같다. 첫째, 민족자본은 자
금, 설비, 기술 등의 측면에서 외국 자본과 경쟁하기 힘들었다. 방직
업을 예로 들면 1930년 민족자본에 의해 설립된 공장에서 늘린 물레
는 14만여 개였지만 일본이 중국에서 운영하고 있는 공장에서 늘린
물레는 40만~50만 개에 달했다. 1931년에 민족자본에 의해 설립된
공장에서 늘린 물레는 6만여 개였지만 일본이 중국에서 운영하는 공
장에서 늘린 물레는 10만여 개나 됐다. 둘째, 민족자본의 자금은 매판
자본의 자금보다 풍족하지 못했고 매판자본처럼 외국의 후원과 국민
당정부의 보호를 받지 못했다. 셋째, 중국의 농촌 경제가 날로 쇠퇴하
여 농민들의 구매력이 극히 낮아졌다. 따라서 국내 상품 시장이 점차
위축되었고 민족자본주의 경제 발전은 한층 더 제한되었다. 넷째, 난
징정부가 수립된 이후 군벌 혼전이 계속되고 군비 지출이 급증했다.
또한 북양군벌 정부가 남긴 외채를 전부 갚겠다고 선포했으므로 경
제 발전을 위해 쓸 수 있는 돈은 얼마 되지 않았다. 게다가 새로운 군

벌 사이의 혼전이 주로 대도시와 철도 연선에서 진행되었기에 민족자본주의 경제 발전에 열악한 환경을 조성했다. 다섯째, 난징정부는 재정 적자를 메우기 위해 온갖 수단으로 민족 자본가를 압박했다. 예를 들면 새로운 세금을 징수하고 납치 혹은 기타 죄명으로 체포하는 등 공포 수단을 이용해 '기부'하게 하거나 '몸값'을 갚게 압력을 가함으로써 그들을 곤경에 빠뜨렸다. 여섯째, 난징정부가 관세율을 개정한 것은 민족상공업의 발전을 위한 것이 아니라 자기들의 재정 수입을 늘리기 위한 것이었다. 그런 까닭에 민족공업의 발전에 필요한 원료와 설비의 관세는 여전히 매우 높았고 민족자본주의 경제 발전에 불리하게 작용했다. 이상의 원인 때문에 난징정부가 수립된 후 1931년 9·18사변이 발생하기까지 몇 년 동안은 민족자본주의 경제가 어느 정도 발전했지만 그 속도는 점점 느려졌고 일부 업종은 심지어 급격히 쇠퇴하기도 했다. 새로 등록한 공장 수를 보면 1928년 250개였던 것이 1929년에는 180개로 줄어들었고 1930년, 1931년에는 각기 119개와 113개로 줄어들어 급격히 위축되는 경향을 보였다.

이런 배경에서 유약한 중국 민족자산계급의 상황은 아주 복잡했다. 개중 일부는 대혁명이 실패한 후 대지주, 대자산계급 쪽으로 넘어갔다. 국민당이 중국 자산계급 민주혁명의 기치를 들고 일어났으므로 장제스 등은 혁명을 뒤로한 후 여전히 쑨중산의 삼민주의를 옹호한다는 입장을 고수했다. 또한 제국주의 열강이 일정 정책을 양보한 것으로 사람들에게 국민당 정권이 민족의 이익을 수호한다는 인상을 주었다. 게다가 이 정권은 형식상 잠시나마 전국의 통일을 실현했고 민족자본주의 경제발전에 유리한 일부 정책을 시행하기도 했다. 이러한 상황에서 민족자산계급 중 많은 사람들은 국민당 정권이 독립적인 자본주의를 발전시키길 바랐다. 그러나 그들의 바람은 이루어질 수 없는 것이었다. 국민당은 정권을 세울 때 민족자산계급의 재정적 지원이 필요했으므로 민족자산계급을 적극 포섭하고 이용했다. 그러나 정권이 어느 정도 안정되자 새로운 관료자본을 키우고 성장시켜 민족자본을 압박했다. 민족자산계급은 정치적으로 지배계급이 되지 못했다. 대표 인물 몇몇이 개별적으로 난징정부에 참여했지만 자리만 지켰을 뿐 큰 역할을 하지 못했고 얼마 안 되어 배척당하고 말았다. 시간이 흐를수록 이 계급의 불만과 실망은 커져만 갔고 국민당 정권과의 균열도 나날이 확대되었다.

저조기에 진입한 혁명 정세

국민당은 정권을 수립한 뒤 법률, 행정, 특무, 군사 등의 수단으로 모든 혁명 활동을 잔혹하게 탄압하기 시작했다. 반혁명 세력을 전부 동원해 공산당 요인과 혁명 대중을 공격하기도 했다. 중국공산당은 '불법'으로 선포되었으며 중국공산당에 가입하는 것은 제일 큰 '범죄' 행위가 됐다. 공산당을 철저히 제거하기 위해 1928년 2월에 소집된 국민당 중앙위원회 제2기 제4차 전원회의는 '공산당 음모 제지안'을 통과시켰다. 그리하여 '하루빨리 공산당의 이론·방법·계책에 따라 활동했다는 것이 판정된 자는 발본색원하거나 사전에 경계하겠다' 는 게 그 내용이다. 2월 29일, 국민당 중앙정치회의 제130차 회의에서는 '잠정 반혁명 치죄법'을 통과시켜 "중국 국민당 및 국민정부를 전복하거나 삼민주의를 무너뜨리기 위해 폭동을 일으킨 자"에 대하여 각기 사형, 무기 징역 또는 유기 징역에 처한다고 규정했다. 위에서 밝힌 내용은 같은 해 3월에 공포된 '중화민국 형법'에 등재됐다.

이런 상황에서 중국공산당의 수많은 우수한 간부, 대중운동의 지도자, 수천만 공산당원, 공청단원, 혁명 노동자, 농민, 지식인 및 당외 혁명 인사들이 희생됐고 당의 활동은 지하로 들어갔다. 중국공산당 제6차 전국대표대회의 비공식적 통계에 따르면 1927년 3월부터 1928년 상반기까지 살해된 공산당원과 혁명대중은 무려 31만 명이나 되었고 그중 공산당원이 2만 6,000명에 이르렀다. 왕서우화(汪壽華), 샤오추뉘(蕭楚女), 슝슝(熊雄), 천옌녠(陳延年), 자오스옌(趙世炎), 샤밍한(夏明翰), 궈량(郭亮), 뤄이눙(羅亦農), 샹징위(向警予), 천차오녠(陳橋年), 저우원융(周文雍) 등 당의 저명한 활동가들이 인민의 해방 사업을 위해 용감무쌍하게 희생됐다. 극히 열악한 정세에서 일부 당원들은 정치적, 사상적으로 혼란 상태에 빠졌으며 당의 내부에는 상당히 소극적인 정서가 존재했다. 사상이 견고하지 못한 일부 당원들은 동요했고 상황을 비관한 나머지 공산당과 공청단을 이탈한다고 신문에 성명을 발표하기도 했다. 심지어 일부는 공개적으로 적들에게 참회하고 공산주의와 공산당을 공격했으며 당 조직과 동지를 팔아먹는 파렴치한 반역자가 됐다. 1927년 11월의 통계에 따르면 당원 수는 대혁명 고조 시기의 근 6만 명에서 1만여 명으로 급감됐다.

그러나 용감한 중국공산당 인사들은 국민당의 도살 정책을 두려워하지 않았다. 그들은 반혁명의 탄압을 물리치고 암흑 속에서 혁명의 빛나는 기치를 더욱 높이 들었다. 수많은 공산당 인사들은 자신의 피와 목숨으로 공산주의 신념을 지켰다. 전국농민협회 비서장 샤밍한은 희생되기 전에 남긴 유서에 "내가 믿는 것은 올바른 주의이거늘 목을 자른들 두려울 것 같으냐, 이 샤밍한이 죽어도 뒤를 이을 사람이 있다네"라면서 유언을 남겼다. 광저우봉기 영도자의 한 주역인 저우원융은 옥중에서 "목을 베고 사지를 자를 수 있지만 혁명 정신만은 멸하지 못하리. 장사는 당을 위해 목숨을 잃고 호한은 대중 위해 몸을 바친다"라는 시를 남기기도 했다. 중공 샹어간(湘鄂贛)특별위원회 서기

귀량은 희생 전야에 부인에게 남긴 유언에서 "아들을 잘 키워 못 다한 뜻을 이루게 해주오"라는 글을 남겼다. 장시(江西) 이헝(弋横)봉기 제 6로 지휘를 맡은 추진후이(邱金輝)는 희생되기 전 나무 십자가에 묶여 적들의 가혹한 고문을 받았다. 적들은 그의 양 어깨에 칼로 구멍을 파서 촛불을 꽂고 정수리에는 향을 꽂아 태웠으며 불로 가슴을 지졌다. 하지만 그는 추호의 두려움도 없이 "나 하나를 죽일 수 있지만 공산당원 모두를 죽이지는 못할 것이다. 혁명은 반드시 승리할 것이다"고 높이 외치며 장렬한 최후를 맞았다.

살벌한 백색공포 속에서도 진정한 혁명가들은 끝까지 투쟁을 이어 나갔다. 일부 진보적 인사들은 혁명의 위급한 시기에 공산당의 대열에 뛰어들었다. 나이가 반백이 넘는 교육자 쉬터리(徐特立), 유명한 문학가 궈모뭐(郭沫若)와 국민혁명군에서 영도 직무를 담당했던 허룽(賀龍), 예젠잉, 펑더화이(彭德懷) 등도 모두 이 시기 중국공산당에 가입한 인물들이었다.

궈모뭐(郭沫若, 곽말약·1892~1978)

중국의 시인·극작가·사학자. 쓰촨성(四川省) 출신으로 1914년에 일본에서 수학한 뒤 일본 여자와 결혼, 규슈제국대학 의학부에 입학하였다. 1919년 중국의 5·4운동, W.휘트먼, 타고르, 괴테 등의 영향을 받아 시를 쓰기 시작하는 한편, 낭만주의 단체인 창조사(創造社)를 결성하였다. 1923년 대학 졸업 무렵부터 좌경화하여 1925년에는 국민 혁명군의 북벌(北伐)에 정치부 비서 처장으로서 참가하였다. 1927년 장제스의 반공 쿠데타로 내전이 일어났을 때, 주더(朱德, 주덕) 등의 난창(南昌)봉기에 참가하였다가 일본으로 망명하여 갑골문·금석문을 연구하였다. 1937년 루거우차오 사건(盧溝橋事件)이 일어나자 상하이로 건너가 항일전에 앞장섰다. 장제스로부터 용공분자(容共分子)로 몰려 정치 활동이 어려워지면서 작품 활동에 몰입하여《굴원(屈原)》 등의 사극(史劇)과 《청동시대》《십비판서(十批判書)》 등의 고대사상을 연구했다. 1949년 중국 과학원장, 인민대표대회 상무위원회 부위원장 등을 지내면서 일본과의 관계 개선에 노력하여 1963년 중·일 우호협회 명예회장을 지내기도 했다. 시집

펑더화이(彭德懷, 팽덕회·1898~1974)

신중국 10대 개국 원수 중의 한 사람. 가난한 후난성의 집안에서 태어났다. 2달러 50센트의 월급을 받고 입대한 뒤 공산당에 입당했다. 그 후 일급 지휘관으로 인정받아 한국전쟁 당시 중공군을 지휘하기도 했다. 마오쩌둥과 절친한 관계로 천이와 함께 주석 '마오'를 '라오마오(老毛·마오쩌둥과 허물없는 관계에서만 부를 수 있는 호칭)'라고 부른 인물은 두 사람뿐이다. 그러나 마오쩌둥의 대약진운동을 비판한 이후 군사음모론에 휘말려 비판을 받았으며, 끝내는 그 후유증으로 사망했다

　　국민당의 반동통치 아래서 각지의 혁명공회와 농민협회 등 활동은 철저히 금지됐다. 공산당이 영도하는 공회 회원은 대혁명 고조기의 280만여 명에서 몇 만 명으로 확 줄어들었다. 1927년 7월부터 1928년 6월까지 당은 34만여 명의 노동자가 참가한 47차례의 파업 투쟁을 발동, 영도했지만 몇 차례의 승리만 거뒀을 뿐 대부분 실패하고 말았다. 거의 1,000만 명의 회원이 있었던 각지의 농민협회는 대부분 해산됐다. 광둥, 광시, 후난, 후베이, 장시, 장쑤, 허난, 산시(陝西), 쓰촨 등 성의 많은 현들에서 여러 차례 농민 무장봉기가 일어났지만 일관성이 없었고 대부분이 실패로 끝났다.

　　요컨대 대혁명 실패 후 국내 정세는 크게 역전되었고 반혁명 세력은 이미 공산당이 이끄는 혁명 조직 세력을 압도했다. 전국 범위의 혁명 고조는 끝났고 혁명 정세는 저조기에 들어섰다. 하지만 국민당의 반동통치 아래서 중국 혁명의 근본적인 모순은 하나도 해결되지 못했으며 오히려 한층 더 격화됐다. 그러므로 중국 혁명의 근본은 여전히 두텁고 혁명의 저조기는 일시적인 것으로, 혁명의 고조기가 다시 도래

하는 것은 불가피한 일이었다. 중국은 여전히 철저한 반제국주의, 반봉건주의 자산계급 민주혁명이 필요했다.

2. 각지의 무장봉기

난창봉기

혁명이 크게 실패한 엄중한 시기에 혁명을 고수할 것인가, 어떻게 고수할 것인가 하는 문제는 중국공산당 앞에 놓인 두 가지 근본적인 문제였다. 이에 대한 당의 간단하지만 명확한 대답은 무장봉기라는 실질적 행동이었다.

혁명을 부흥시키기 위해 당은 인민을 이끌고 험난한 투쟁을 시작했다. 1927년 7월 중순, 중공중앙 임시 정치국 상무위원회는 리리싼, 덩중샤, 탄핑산, 윈다이잉 등을 장시 주장에 파견했다. 그리하여 중국공산당이 장악했거나 영향력을 미치고 있던 국민혁명군의 일부 세력과, 제2방면군 총지휘관 장파쿠이(張發奎)와 함께 광둥으로 복귀하여 새로운 혁명 근거지를 세운 뒤 토지개혁을 전개하려고 했다. 7월 20일, 장파쿠이가 이미 왕징웨이한테 넘어간 것을 안 리리싼은 장에게 의지할 계획을 즉시 포기했다. 그리고 독립적으로 난징과 우한 국민정부를 반대하는 군사 행동 즉 난창봉기를 일으킬 것을 제안했다. 중앙 임시 정치국상무위원회는 리리싼 등의 제안을 받아들여 정식으로 난창에서 무장봉기를 일으킬 준비를 했다. 연이어 국제공산당에 봉기 계획을 보고했다.

이 무렵, 국민혁명군 제2방면군 소속 제11군 제24사는 공산당 요원 예팅의 지휘 아래 있었다. 제4군 제25사 제73퇀(団·조직), 제75퇀은 북벌전쟁 기간에 예칭독립퇀의 핵심인물들로 조직됐으며 제10사 제

30퇀은 공산당에게 장악되어 있었다. 제20군은 공산당과 가까운 허룽(賀龍·1895~1975. 봉기 후 남하 도중 중국공산당에 가입)이 지휘하는 부대였다. 위에서 밝힌 부대는 "동정하여 장제스를 토벌한다"는 명분으로 우한에서 주장으로 이동했다. 7월 하순, 왕징웨이, 장파쿠이는 허룽, 예팅 부대의 움직임이 '불온'함을 느끼고 회의를 한다는 구실로 허룽과 예팅을 루산(廬山)으로 불러들여 그들의 무장을 해제했다. 제4군 참모장 예젠잉(葉劍英)은 이 소식을 듣고 비밀리에 루산에서 주장으로 가서 예팅, 허룽과 대책을 논의했다.

이어 부대를 더안(德安)으로 집결시키라는 명령을 거부하고 난창과 인근 지역으로 이동시키기로 했다. 난창에는 주더(朱德)가 지휘하던, 공산당의 영향을 받고 있는 제5방면군 제3군 군관교육퇀과 난창시 공안국 보안대도 있었다. 상기 부대는 대혁명 시기 당이 양성했으며 중대한 영향을 끼친 정규 혁명무장의 주역이었다. 또한 난창봉기를 일으킨 주요 군사력이었다.

7월 27일, 저우언라이는 우한에서 주장을 거쳐 난창에 도착했다. 중앙의 결정에 따라 저우언라이, 리리싼, 윈다이잉, 펑파이(澎湃)로 구성된 중공 전선위원회('전위'로 약칭함)를 설립하고 저우언라이가 서기를 맡았다. 전위는 즉시 7월 30일에 봉기를 일으키기로 결정했다.

바야흐로 무장 봉기 준비가 긴장 속에 추진되고 있을 때, 중공중앙은 국제공산당이 소련공산당 중앙 정치국의 결정에 근거하여 보낸 전보를 받았다. 전보는 "만약 성공한다면 우리는 당신들의 계획이 가능하다고 본다"[163]고 했다. 중공중앙은 정세를 분석한 후 난창봉기가 성공할거라 자신했다. 그래서 중앙 임시 정치국상무위원 장궈타오를 중

---

163 '정치국위원 의견 조사'(1927년 7월 25일), 중공중앙당사연구실 제1연구부 편역: 〈국제공산당, 소련공산당(볼셰비키)과 중국 혁명 당안자료 총서〉 제7권, 중앙문헌출판사 한문판, 2002년, 17쪽.

앙대표 자격으로 난창에 파견하여 국제공산당과 중공중앙의 지시를 전달했다. 7월 30일 새벽, 장궈타오는 난징에 도착했다. 그는 여전히 장파쿠이를 동경했으므로 반드시 장파쿠이의 동의를 거친 후에 봉기를 일으켜야 한다고 주장했다. 그러나 이 의견은 전위에서 통과하지 못했다. 7월 31일, 전위는 8월 1일 새벽에 봉기를 일으키기로 결정했다.

8월 1일 새벽, 저우언라이를 대표로 하는 전위의 지휘 아래 허룽, 예팅, 주더, 류보청(劉伯承) 등은 당이 직접 장악했거나 당의 영향 아래 있는 2만여 명의 군대를 거느리고 난창무장봉기를 일으켰다. 4시간이 넘는 치열한 전투 끝에 봉기군은 3,000여 명의 적을 사살하고 난창성을 공략했다. 녜룽전(聶榮臻), 저우스디(周士第)는 난창 부근의 마후이링(馬回嶺)에서 제25사 대부분을 이끌고 봉기에 참여했으며 8월 2일에는 난창에 도착했다.

국민당이지만 혁명을 계속하려는 인사들을 쟁취, 단합했으며 쑨중산의 혁명 정신을 배반한 장제스와 왕징웨이의 실체를 폭로하기 위해 이번 봉기는 국민당 좌파의 기치를 높이 들었다. 봉기에서 승리한 후 중국국민당 혁명위원회를 설립하여 쑹칭링, 덩옌다(이들 둘은 난창에 오지 않았음), 허룽, 저우언라이 등 25명을 위원으로 추천하고 쑹칭링, 덩옌다 등 7명으로 주석단을 구성했다. 동시에 쑹칭링 등의 명분으로 '중앙위원선언'을 발표하여 난징의 장제스와 우한의 왕징웨이 등은 삼민주의를 왜곡했다고 주장했다. 그들이 국공합작과 연소, 연공, 노농 부조의 3대 정책을 파기하여 이미 쑨중산 위업에 지울 수 없는 죄를 지었음을 지적한 것이다. 또 모든 혁명가들이 일치단결하여 쑨중산의 혁명 정신을 유지, 계승하며 반제국주의와 토지 문제 해결을 위해 투쟁할 것을 호소했다. 봉기부대는 국민혁명군 제2방면군의 부대 번호를 계속 사용했고 산하에 제9군, 제11군, 제20군 등 3개 부대를 두었다. 혁명위원회는 허룽을 국민혁명군 제2방면군의 대리 총지휘로, 예팅을 대리 전선 총지휘로 임명하였다.

8월 3일, 봉기군은 중앙에서 봉기 전에 내린 결정에 의해 난창에서 철수하기 시작했다. 린촨(臨川), 이황(宜黃), 광창(廣昌)을 거쳐 광둥으로 남하함으로써 광둥의 혁명 근거지를 회복하고 하이커우(海口)를 점령하여 국제 원조를 쟁취한 후 다시 북벌을 진행하려 했다. 하지만 이 시기 국민혁명군 대부분은 이미 반혁명 쪽으로 기울어졌고, 공산당이 이끄는 난창봉기 부대의 세력은 미약하여 대혁명 시기의 북벌 당시처럼 도시를 점령하는 것이 주요 목표인 혁명전쟁을 일으킬 수 없었다. 봉기군은 난창에서 철수한 직후 인접한 장시, 후난, 후베이의 넓은 농촌으로 이동했다.

그러나 아직 완전히 반혁명 세력에 진압되지 않은 농민운동과 결속하여 혁명 세력을 축적, 확대하지 않고 오히려 지친 군대를 끌고 남쪽으로 향했다. 광둥으로 원정하여 도시와 출해구(出海口)를 탈취하려고 한 것이다. 결국 스스로 무덤을 판 셈이었다.

봉기군이 광둥으로 진군하는 도중 실시한 당의 지휘와 정치 교육이 따라가지 못한 데다 날씨 또한 무더워서 도망치거나 질병에 걸린 병사가 많아 부대의 숫자는 크게 줄었다. 봉기가 일어날 때부터 동요하던 제11군 제10사 사장 차이팅카이(蔡廷锴)는 장시진셴(進賢)에 도착하기 바쁘게 부대를 이끌고 혁명대열을 떠났다. 봉기군은 남하 도중 앞을 가로막는 국민당 군대와 여러 차례 치열한 전투를 벌였는데 일부 전투에서 이기기는 했지만, 많은 사상자를 냈다. 9월 하순, 광둥의 차오안(潮安), 산터우를 점령한 후 주력 부대는 제양(揭陽)을 거쳐 탕컹(湯坑)[지금의 펑순현(豊順縣)]으로 서진할 것을 결정하고 소수 부대를 남겨 차오안, 산터우를 지키게 했다. 이 부대는 10월 초, 우세한 적군 병력의 포위 공격으로 모두 패배했는데 제11군 제24사의 일부 소부대는 둥랑(董朗)의 인솔 아래 하이펑(海豊), 루펑(陸豊) 지역으로 옮겨 당지 농민군과 합류했다. 싼허바(三河壩)에 주둔하고 있던 봉기군 800여 명은 주더, 천이의 인솔 아래 광둥, 장시, 후난(粤贛湘) 변계 지역으로 옮겨 유격전을 전개했다. 봉기가 실패한 후 저우언라이 등 영도자들은 홍콩으로 건너갔다. 그들은 경험을 쌓은 것에 의의를 두고 봉기군의 나머지 부대는 현지에서 농민과 연대하여 농촌에서 무장투쟁을 벌이기로 결정했다.

인민군대

1933년 7월, 중화 소비에트공화국 임시 중앙정부는 결의를 통하여 중국노농홍군은 난창봉기로부터 창건되기 시작했기에 "중앙 혁명군사위원회의 건의를 비준하여 매년 '8월 1일'을 중국노농홍군의 기념일로 한다"고 규정했다. 이것이 바로 8월 1일이 중국 인민해방군 건군절로 된 유래이다.

난창봉기는 국민당 반동파를 무력으로 소탕하기 위해 울린 첫 총소리였다. 폭력을 두려워하지 않고 피와 불의 언어로 혁명을 견지하는 중국공산당 인사들의 굳은 결심을 보여 준 사건이었다. 전 당과 전국 인민들에게 혁명 무장투쟁의 기치를 보여 주었다. 동시에 중국공산당이 독립적으로 혁명전쟁을 이끌어 인민군대를 창건했으며 무력으로 정권을 탈취하기 시작했음을 상징한다. 이런 의미에서 난창봉기는 중대한 역사적 의미를 가진다.

8·7회의

대혁명 후기의 실수를 만회하고 새로운 노선과 정책을 결정하기 위해 중공중앙은 1927년 8월 7일, 후베이 한커우에서 긴급회의(8·7회의)를 열었다. 회의에는 일부 중앙위원, 후보 중앙위원, 중앙감찰위원 그리고 중공군사위원회, 공청단중앙, 중앙 비서처, 후난, 후베이의 대표와 책임자가 참석했다. 국제공산당 중국 주재 대표 로미네이즈(羅米那玆)[164] 도 회의에 참석했다.

이 회의는 취추바이, 리웨이한이 주재했는데 열악한 환경이라 회의는 단 하루밖에 열지 못했다. 회의에서 국제공산당 대표 로미네이즈가 당의 지난 착오 및 새로운 노선에 관하여 보고한 뒤 결론을 내렸다. 취추바이는 중앙 상무위원회를 대표하여 사업 방침에 관한 보고를 했다. 많은 동지들은 발언대에서 중앙이 국민당 문제, 농민 토지 문제, 무장투쟁 문제 등에서 범한 우경(右傾·혁명 투쟁과 건설 사업에서 노동 계급의 혁명적 입장을 지키지 못하고 부르주아의 이익을 옹호하는 경향이나 행동) 착오를 비판했다. 어떤 동지들은 소련 고문, 국제공산당 대표의 일부 착오도 비평했다.

회의는 '중국공산당 중앙집행위원회에서 전 당원에게 알리는 글' 등 문건을 통과시켜 당의 지난 착오를 강력히 수정할 것을 요구했고, 당원과 혁명대중에게 계속하여 투쟁할 것을 적극 호소했다. 회의에서는

---

164 로미네이즈(1897~1935) : 소련인, 러시아 본명은 B.B.Ломинадзе 1917년 3월 러시아 볼셰비키당에 가입했다. 1926년 4월 청년국제 대표 신분으로 국제공산당 영도 기구에서 근무했다. 1927년 7월 하순 중국 주재 국제공산당 대표 신분으로 우한에 도착했다.

대혁명 후기 천두슈를 비롯한 중앙이 범한 우경기회주의와 기타 착오를 강조하여 비판하면서 다음과 같이 지적했다.

(1)중앙은 국민당과의 관계를 처리하는 과정에서 공산당의 독립적인 정치 입장을 완전히 포기하고 양보정책을 취했다.

(2)혁명무장 과정에서 중앙은 줄곧 노농 무장의 필요성을 인식하지 못했다. 진정한 혁명적 노농군대의 건설을 수용하지 않았으며 심지어 주동적으로 명령을 내려 노동자규찰대를 해산했다.

(3)중앙은 농민혁명 운동을 적극 지지하지 못했고 국민당 수령의 협박, 유예미결(망설여 결정을 짓지 못함) 등 영향으로 혁명적 행동강령을 제기하여 토지문제를 해결하지 못했다.

(4)중앙이 대중의 감독을 받지 않은 까닭에 당내에는 민주적 자세가 크게 부족했다. 전 당원에게 알리는 글에서는 "우리 당은 공개적으로 착오를 승인, 수정함에 있어서 모호하지 않고 감추지 말아야 한다. 이는 약한 모습을 보이는 것이 아니라 바로 중국 공산주의자들의 세력을 입증하는 것"이라고 선언했다.

회의는 대혁명의 실패를 통해 배우고 당의 사업 임무를 토론했으며 토지혁명과 무장봉기에 관한 방침을 확립했다.

회의는 국제공산당의 지시에 따라 중공중앙이 1927년 7월 20일 통고에서 제출한 '중국 혁명의 새로운 단계인 토지혁명 단계에 들어섰다'는 정신에 입각하여 토지혁명에 관해 명확히 제기했다. 토지혁명은 중국 자산계급 민주혁명의 핵심이며 새로운 단계에서의 중국 혁명의 주요한 사회적, 경제적 관점이다. 회의는 현실적으로 중요한 것이 '평민식'의 혁명 수단으로 토지 문제를 해결하는 것이라 보았다. 대지주와 중지주(中地主)의 토지는 물론 공공 재산인 사당, 사찰 등 토지를 몰수하여 소작인과 땅이 없는 농민들에게 나눠 주어야 한다고 결의했다. 소지주들의 소작료는 당연히 삭감해야 한다고 주장했다.

회의의 이러한 결정은 이 시기 중국 혁명이 봉착한 핵심적 문제에 대한 해답이었다. 중국에서 봉건토지제도는 제국주의와 봉건매판세력의 반동 통치의 중요한 기반이었으므로 농민의 토지문제를 해결하는 것은 혁명의 근본 문제였다. 중국공산당은 창당 후 농민의 토지 문제를 해결하는 데 큰 관심을 가지고 일부 지역에서 소작료를 삭감하는 투쟁을 전개했지만 여전히 이 문제를 완전히 해결하지 못했다. 대혁명 실패 후 중국공산당이 독립적으로 혁명투쟁을 영도하려면 반드시 봉건지주 토지소유제를 폐지하고 농민이 땅을 소유하는 제도를 실시해야 했다. 그래야만 인구의 절대 다수를 차지하는 농민들의 지지 그리고 무장투쟁의 전개와 혁명정권의 수립 시 근본이 되는 대중들의 신뢰와 지지를 받을 수 있기 때문이다.

이런 연유로 토지혁명은 중국 혁명의 근본적인 요구를 반영했을 뿐만 아니라 현실 투쟁의 수요도 충족시킬 수 있었다. 회의는 무장봉기에 관해 현재 당의 가장 주요한 임무는 체계적이고 계획적으로 전국적인 농민 대폭동을 준비하는 것이라고 명확히 설명했다. 농민운동의 주요한 세력은 빈농이라고 여겼다. 가장 적극적이고 강건하며 투쟁경험이 풍부한 동지들을 주요 성 여러 곳에 파견하여 농민폭동을 발동키로 했다. 또한 농민들을 인도하고 '노농혁명군대'를 조직해 노농혁명정권을 수립하여 농민의 토지문제를 해결하기로 의결했다.

회의는 노동자운동과 농민 무장폭동은 반드시 서로 함께해야 한다고 주장했고 노동자를 무장시켜 폭동, 시가전을 대비한 군사 훈련을 중시했다. 그래서 노동계급은 농촌의 농민폭동에 즉각 호응할 준비를 해야 하며, 수시로 무장폭동을 지도하고 무장폭동에 참가할 준비를 해야 함을 강조했다. 무력으로 국민당 반동파의 도살 정책에 대응

한다는 회의의 결정은 당이 쓰라린 피의 대가로 얻은 정확한 결론이 었다. 이는 중국 혁명에 대한 중국공산당 요인들의 인식이 크게 진보 했음을 보여 준다.

회의에서는 '당의 조직문제 의결안'을 통과시켰다. 의결안은 제6차 당대회가 열릴 때까지 중앙 임시 정치국에서 중앙위원회의 모든 직권 을 집행한다고 규정했다. 장차 당이 국민당 통치구역에서의 주요 사업 을 비밀사업 형식으로 진행할 것을 고려하여 현재 조직에서 주요 임무 는 견고하고 강한 비밀 기관을 세워야 한다고 주장했다.

각급 당 조직은 당의 비밀사업을 강화하는 동시에 공개적인 기회를 이용하여 당의 영향력을 확대해야 한다고 제기했다. 8·7회의는 당이 대혁명 후기에 범한 착오를 총화하면서 문제의 중요 원인이 당의 지 도 기관의 절대 다수가 지식인과 소자산계급의 대표로 구성된 것이라 고 분석했다. 그래서 노동자들을 발탁하여 당 위원회에서 중임을 맡 게 할 것을 요구했다. 회의 후 얼마 지나지 않아 발표된 중앙통고 제 2호에서는 당의 정치상의 기회주의는 반드시 당 조직에 악영향을 줄 것이라 경고했다.

이는 주로 당의 각급 지도 기관 중 노동자와 농민의 비율이 항상 절 대적인 소수인 데 기인한다고 지적했다. 이러한 상황을 바꾸기 위해 통고는 당의 지도 기관의 성분을 노농화해야 하며 투쟁에 적극적인 노 동자와 농민들을 발탁하여 각급 당의 지도 기관을 책임지게 해야 한다 고 적시했다. 연이어 당원의 성분도 노농화해야 하며 최대한 많은 노 동자와 농민을 입당시키는 것이 급선무라고 했다.

영도 기관과 당원의 성분을 단순히 노농화할 것만을 강조한 부적절 한 지도사상은 중국 사회와 당의 실정과 맞지 않았고 향후 당의 건설 에 부정적인 영향을 끼쳤다. 특히 '좌'적 착오가 중앙에서 통치적 지위를 차지한 시기에 '유성분론(唯成分論·과거 문화혁명 시기 계급 출신 여부에 따라 사회적 등급을 매기던 것을 가리키는 말)'을 거듭 강조하여 당 조직의 건전한 발전을 크게 방해했다.

마오쩌둥은 발언에서 천두슈의 우경 착오를 비판한 것 외에 두 가지 매우 중요한 문제점을 제기했다. 군사 투쟁의 문제에 관하여 그는 당이 지난날 "군사 운동을 하지 않고 오로지 대중 운동만 했던" 정황을 비판했다. "정권은 총구에서 나온다는 이치를 깨닫고 향후 군대를 더욱 중시해야 한다"고 했다.

이 논단은 대혁명이 실패를 통한 피의 교훈에서 얻은 것이며 중국의 특징을 지적한 것이다. 이는 사실상 군사투쟁을 당 사업의 중심으로 간주해야 한다는 문제를 제기한 것이었다. 농민 토지 문제에 관하여 그는 대·중 지주의 기준을 규정해야 한다고 주장하고 다음과 같이 건의했다. "50무를 기준으로 50무 이상의 토지는 비옥도에 관계없이 전부 몰수한다" "소지주 문제는 토지 문제의 중심 문제이며 소지주의 토지를 몰수하지 않으면 대지주가 없는 많은 지방의 농협은 사업을 멈춰야 한다. 그러므로 근본적으로 지주 제도를 제거하려면 소지주에 대하여 일정한 조치를 취해야 하며 현 소지주 문제를 해결해야만 대중을 안착시킬 수 있다"

자작농 중에서 부농, 중농의 토지 소유권은 서로 다르기에 농민들이 부농을 공격하려면 목표를 잘 정해야 한다. 이 건의는 후난(湘), 후베이(鄂), 장시(贛), 광둥(粤) 일대의 토지 소유 상황에 부합됐으며 향후 토지혁명을 전개하고 정확한 토지혁명 노선을 제정하는데 인식상의 기초를 마련했다. 그러나 국제공산당 대표는 마오쩌둥의 정확한 의견을 채납하지 않았다. 그러면서 토지혁명의 근본적인 해결 방법은 국유화하는 것이라고 주장했다.

회의는 중공중앙 임시 정치국원을 선출했다. 쑤자오정, 쌍중파(向忠發), 취추바이, 뤄이눙, 구순장(顧順章), 왕허보(王荷波), 리웨이한, 펑파이, 런비스는 위원으로 선출되고 덩중샤, 저우언라이, 마오쩌둥, 펑궁다, 장타이레이, 장궈타오, 리리싼은 후보 위원으로 선출됐다. 8월 9일, 중앙 임시 정치국 제1차 회의에서 취추바이, 리웨이한, 쑤자오정이 상무위원회 위원으로 뽑혔다. 중국 혁명이 심각한 위기에 처한 상황에서 적시에 열린 8·7회의에서는 혁명투쟁 방침을 지속적으로 합의하여 전 당을 극심한 백색테러의 공포로부터 벗어나게 했다. 다시 국민당 반동파와의 투쟁심을 북돋아 주어 당과 혁명의 과정에 크게 기여했다. 이때부터 중국 혁명은 대혁명의 실패에서 토지혁명전쟁이 흥기(흥분하거나 흥겨워하는 기운이나 기세)하는 역사적 전환점을 맞았다.

하지만 국제공산당 및 그 대표의 '좌'경(공산주의나 사회주의 따위의 좌익 사상으로 기울어짐. 또는 그런 경향) 사상 및 당내 '좌'경 정서의 영향 때문에 8·7회의에서 우경 착오를 지적할 때 '좌'경 오류를 방지하고 시정하는 데에는 주의를 기울이지 못했다. 혁명이 저조기에 처한 상황에서 당이 잠시 물러날 필요성에 대한 인식이 미흡했던 탓에 노동자파업, 도시 폭동을 일으키는 걸 허락하고 조장했다. 회의는 천두슈에게 연락을 취하지 않았으며 과오를 범한 지도자를 질책했을 뿐 착오의 교훈에 대해 논리적, 사상적으로 깊이 총화하지는 못했다. 회의는 또 당의 영도 기관과 당원의 단순한 노동자 성분의 의의를 부적절하게 강조했다.

봉건제도를 반대하는 자산계급 민주혁명의 완성(토지혁명도 포함), 특히 반제국주의 투쟁의 완성이 반혁명이 된 자산계급을 반대하는 투쟁 속에서 실현될 것이라고 보았다. 이러한 인식은 향후 '좌'경 오위의 발전에 이론적 근거를 제공했으며 중국 혁명에 큰 피해를 주었다.

8·7회의 후, 각지에서는 무장봉기가 잇달아 일어났다. 무장봉기 이후 어떤 정권을 수립할 것인가 하는 문제는 중공중앙이 신속히 해결해야 할 과업이 됐다. 8·7회의에서 통과된 '최근 농민투쟁에 대한 의결안'과 '최근 종업원운동에 대한 의결안'에서는 "농촌정권은 농민협회가 장악해야 한다"는 구호와 '노농독재'를 실현하자는 목표를 제기했다. 8월 9일, 중앙 임시 정치국은 중공 후난성위원회에 보내는 지시 서한에서 노농민주독재 정권의 혁명정권을 수립할 것을 명확히 제기했다. 구체적으로는 다음과 같다. 농촌의 모든 권력은 농민협회가 장악한다. 도시의 모든 권력은 혁명위원회가 장악한다. 혁명위원회는 승리 후 당연히 공회·농회(農會) 대표 및 혁명적 소상인대표 선거회의를 열어 정식으로 '민권정부'를 수립해야 한다고 선동해야 한다. 언제 이런 '민권정부'를 수립할 것인가 하는 문제에 관해, 지시 서한에서는 당연히 당지 혁명위원회의 권력이 공고히 된 후 결정해야 한다고 했다.

이 시기 중공중앙에서는 비록 노농민주정권을 수립하는 방침을 확정했지만 여전히 혁명적 좌파 국민당의 기치 아래 노농폭동을 일으킬 것을 주장했다. 중공중앙은 다음과 같이 인정했다. 국민당은 민족해방운동의 특별한 기치이며 공산당은 국민당에 가입했을 뿐만 아니라 줄곧 국민당 내 좌파 세력의 중심이었다. 공산당 기층 조직 및 당원의 활동과 선전은 국민당으로 하여금 도시 소자산계급대중 내지 일부 노동자대중 속에서도 큰 혁명적 지위를 얻게 했다. 공산당은 현재의 이 기치를 잊어서는 안 된다. 또 국민당의 기치 아래 폭동을 일으킨다면 소자산계급 혁명가를 끌어들일 수 있다. 그러므로 현 소비에트의 구호를 제기하는 것은 타당하지 않다. 한 달 후인 9월 19일, 중앙 임시 정치국 회의는 결의를 통해 '좌파 국민당' 기치를 포기하고 정세의 변화에 근거한 소비에트 수립을 선전하는 구호[165]를 제출했다. 8·7회의 후 9월 말부터 10월 초까지 중공중앙 기관은 한동안 준비를 거쳐 우한에서 상하이로 옮겼다.

샹·간 접경 지역에서의 연쇄 봉기

8·7회의 전 중공중앙 임시 정치국 상무위원회는 난창봉기를 일으키기로 결의했다. 동시에 노농운동의 기초가 비교적 좋은 후난·후베이·광둥·장시 등 4개 성에서 연쇄 봉기를 일으키기로 결정했다. 1927년 8월 3일에 반포한 '후난·후베이·광둥·장시 등 4개 성 농민 연쇄 폭동에 관한 중앙의 대강'의 내용은 다음과 같다. 이번 폭동은 "농민을 중심으로 하고" "모든 정권을 탈취하여 농민협회에 맡기며" "농촌의 정권을 탈취하는 것 외에도 가능한 한 현(縣) 정권을 탈취한다. 그래서

---

165 중공중앙은 〈"좌파 국민당" 및 소비에트 구호 문제에 관한 의결안〉에서 "현 대중은 국민당의 기치를 자산계급, 지주 반혁명의 상징, 백색테러의 상징, 전례 없는 압박과 도살의 상징으로 간주하고 있다"고 지적했다. 중앙은 "8월 의결안에서 좌파 국민당 운동과 그 기치 아래 폭동을 진행하는 조목은 반드시 폐쇄해야 한다고 인정했다" 당시 스탈린의 중국 혁명의 '3단계 이론'에 근거하면 '좌파 국민당 단계'를 경과한 다음이 바로 '소비에트 혁명 단계'였다. 그리하여 이 의결안에서는 "현 임무는 소비에트 사상을 선전하는 것뿐만 아니라 혁명 투쟁의 새로운 고조에서 소비에트를 설립하는 것이다"고 지적했다. 여기에서 "소비에트"는 러시아어 сoвeт의 음역으로, 원뜻은 대표대회 또는 회의이다.

도시 노동자, 빈농(소상인)을 연합하여 혁명위원회를 구성해서 현지 혁명 중심으로 만들어야 하며" 또한 "중앙 토지 혁명 정강을 실시해야 한다" 그 후 중앙은 후난성 위에 지시를 내려 연쇄 폭동의 주요 목적은 토지혁명을 발동하는 것이며, 난창봉기와 연쇄 폭동을 동시에 발전시킬 것을 요구했다. 8·7회의 후인 8월 9일, 중앙은 마오쩌둥을 특파원으로 임명하고 펑궁다(彭公達)와 함께 후난에 가서 성위를 개편하고 연쇄 봉기를 이끌도록 했다.

8월 16일, 중앙의 지시에 근거하여 중공 후난성위를 개편하고 펑궁다를 서기로 임명했다. 8월 18일과 30일에 개편된 '후난성당위원회'는 차례로 회의를 열고, 8·7회의 정신에 근거하여 연쇄 봉기의 계획을 논의, 작성했다. 마오쩌둥은 다음과 같이 지적했다. "후난 연쇄 폭동은 농민의 세력만으로는 부족하므로 반드시 군부의 힘이 필요하다. 우리 당이 지난날에 범한 착오는 바로 군대를 소홀히 한 것인바 현에 60%의 정력을 반드시 군사운동에 기울여야 한다. 또한 무력으로 정권을 탈취하고 건설하는 정책을 펴야 한다. 국민당이 이미 대중을 압박, 도살하는 도구로 전락한 점을 감안하여 회의는 더 이상 국민당의 명분으로 봉기를 일으키지 않는다.

반드시 공산당의 명분으로 봉기를 일으킴과 동시에 노농정권을 적극적으로 선전하고 건설해야 한다" 회의는 창사를 중심으로 샹탄, 닝샹, 류양, 핑장, 웨양, 안위안 등 7개 현과 진에서 봉기를 일으킬 것을 결정했다. 더불어 마오쩌둥을 서기로 하는 중공 전선위원회를 구성해 연쇄 봉기를 이끌도록 한다. 이리룽(易禮容)을 서기로 하는 행동위원회를 구성해 위에서 밝힌 각 현의 농민봉기를 책임지고 조직하도록 한다. 동시에 창사노동자 봉기에 호응하여 노농혁명군 제1사가 창사를 탈취하도록 지원한다. 회의 후 마오쩌둥은 장시 안위안에 가서 당지 당 조직의 책임자에게 8·7회의 정신 및 후난성당위원회의 개편 상황과 봉기계획을 전달했다.

9월 초, 마오쩌둥은 안위안(安源) 장자완(張家灣)에서 군사 회의를 열고 봉기를 준비하고 난 뒤 퉁구(銅鼓)로 갔다. 후난, 후베이 접경 지역의 봉기에 참가한 주력 군대는 원 국민혁명군 제2방면군 총지휘부 경호퇀(団·조직), 후난 핑장과 류양의 농민군, 후베이 충양과 퉁청(通城)의 일부 농민군, 안위안탄광의 노동자무장 등 약 5,000명이 있었다. 이를 노농혁명군 제1사로 통일 편성하여 산하에 제1, 제2, 제3 퇀을 두고 루더밍(盧德銘·경호퇀 퇀장, 공산당원)이 봉기군 총지휘를, 위싸두(餘灑度·공산당원·나중에 변절함)가 사장을 맡았다.

봉기 전야에 위싸두는 또 후베이성 남부(鄂南) 일대에 머물고 있는 쳰군(黔軍)의 잔여 부대인 추궈쉬안(邱國軒)의 부대를 개편하여 제4퇀을 편성했다.

9월 9일, 봉기는 월한철도 북쪽 구간을 파괴하는 것으로부터 시작됐다. 9월 11일, 봉기군은 각기 장시의 슈수이(修水), 안위안, 퉁구 등지에서 출발하여 후난 경내에 진입한 후 핑장, 류양 지역의 농민봉기군과 합류하여 창사를 공격할 준비를 했다. 창사 부근의 농민들도 봉기에 참가했다. 봉기는 비록 한때나마 리링(醴陵), 류양 현성과 일부 거주지를 점령했지만 월등히 강한 반혁명 군대의 저항을 받았다. 게다가 병력이 분산되고 적의 상황을 파악하지 못했으며 작전 경험은 부족했다. 일부 지휘자의 지휘상 착오와 추궈쉬안 부대의 배반으로 큰 손실을 보았다.

9월 14일, 마오쩌둥은 류양 둥샹 상핑(東鄕上坪)에서 긴급회의를 열고 창사를 공격하는 계획을 수정해 부대를 신속히 류양 원자(文家)시에 집결시키기로 했다. 9월 15일 밤 후난성당위원회는 창사에서 무장봉기를 일으키는 계획을 중지하기로 결정했다. 9월 19일 마오쩌둥은 원자시에서 전선위원회 회의를 열고 대책을 논의했다. 위싸두는 "류양을 공략하여 직접 창사를 공격하는" 원 계획을 고집했다. 마오쩌둥은 창사에 대한 공격을 포기하고, 봉기군을 적들의 통치가 미치지 않는 남쪽의 농촌 산지로 이전시켜 근거지를 마련해야 한다고 주장했다. 루더밍 등 다수 전선위원회 위원들은 마오쩌둥의 의견을 지지했다. 치열한 논쟁 끝에 회의는 마오쩌둥의 의견을 채택하고 봉기군을 후난 동부(湘東) 지역에서 남으로 이전시키기로 결정했다.

봉기군은 남으로 이전하는 도중에 매우 어려운 상황에 처했다. 부대의 당 조직이 건전하지 못했고 사상에 대한 믿음은 혼란스러웠다. 탄약과 의복, 식량이 부족했고 부상병이 늘어났다. 또 장시성 핑샹현 루시(盧溪)에서 적들의 매복 습격을 당하여 총지휘관인 루더밍이 희생됐다. 따라서 많은 사람들의 사기가 저하되었고 적지 않은 사람들이 대열을 이탈했다.

9월 29일, 부대가 장시성 융신(永新)현 산완(三灣)촌에 도착하자 전선위원회는 1,000명도 안 되는 부대를 개편하여 원래의 한 개 사로부터 한 개 퇀으로 줄였다. 당의 각급 조직과 당대표 제도를 수립하여 당의 지부를 연(連)에 설치하고, 반, 패에는 소조를, 연 이상에는 당대표를, 영·퇀에는 당위원회를 설치했다. 연 이상에는 각급 사병위원회를 설치하고 민주제도를 실시했으며 장교와 사병의 정치적 위상은 평등했다. 산완 개편은 조직상 군대에 대한 당의 지휘체계를 확립했으며 노농혁명군을 무산계급이 이끄는 새로운 인민군대로 건설하는 중요한 시작이 됐다.

마오쩌둥은 봉기군을 인솔하여 남하하는 도중에 면밀한 조사를 거쳐 후난·장시 접경 지역의 뤄샤오(羅霄)산맥 중간 구간인 징강산(井岡

山) 지역을 부대의 근거지로 선정했다. 10월 초 노농혁명군은 장시 닝강(寧岡)현 구청(古城)에 도착했다. 전선위원회는 여기에서 확대회의를 열고 후난·장시 접경 지역에서 연쇄 봉기한 경험과 교훈을 되새겼다. 근거지 창설과 징강산 지역의 농민무장인 위안원차이(袁文才), 왕쥐(王佐)에 대한 단합·개조 방침을 검토했다. 회의 후 마오쩌둥은 10월 6일 닝강 다창(大倉)촌에서 위안원차이와 만나 연락을 취한 후, 주력인 노농혁명군 징강산 주변에서 유격전을 벌일 것을 결정했다. 얼마 지나지 않아 마오쩌둥은 위안원차이의 요구에 따라 일부 당원 군사 간부를 위안원차이의 부대에 파견하여 정치와 군사 훈련을 도왔다. 노농혁명군과 위안원차이, 왕쥐 부대의 관계는 점차 긴밀해졌다. 노농혁명군은 링(酃)현[지금의 옌링(炎陵)현], 수이촨(遂川) 등지에서 전전하다가 징강산에 돌아와 10월 27일에 츠핑(茨坪)에 도착했으며 11월 초에 모우핑(茅坪)에 도착했다.

> ### 위안원차이(袁文才·원문재1898~1930)
>
> 장시 닝강 사람, 1926년 중국공산당에 가입, 닝강 농민자위군 총지휘.
> 왕쥐(1898~1930), 장시 수이촨(遂川) 사람, 일찍 수이촨 농민자위군 총지휘, 간시(贛西)농민자위군 부총지휘를 맡았고 그 후 공산당에 가입했다.위안원차이, 왕쥐는 징강산 근거지를 창건하는 투쟁에 참가했고, 1930년 2월 10일 억울한 죽음을 당했으나 훗날 명예를 회복했다.

후난·장시 접경 지역의 연쇄 봉기는 처음에 대도시를 점령하는 것을 목표로 정했었지만 좌절됐다. 결국 마오쩌둥이 적시에 부대를 인솔하여 농촌에 혁명 근거지를 창설함으로써 혁명 세력을 보전시키는 길로 나아갔다. 이는 1927년 대혁명이 실패한 후 중국 혁명의 발전 방향을 대표하게 됐다.

광저우봉기

난창, 후난·장시 접경 지역 등지의 봉기 이후 중국공산당은 다시 광저우봉기를 일으켰다. 1927년 11월, 월(粤)계, 계(桂)계 군벌 사이에 영토 전쟁이 일어났다. 장파쿠이의 월군 주력은 자오칭(肇慶), 우저우(梧州) 일대에 파견되어 광저우 시내에는 병력이 얼마 남지 않았다. 중공 광둥성위원회는 중앙의 지시에 따라 봉기를 지휘하는 혁명군사위원회를 설립했다. 12월 11일 새벽, 광둥성당위원회 서기 장타이레이와 예팅, 황핑(黃平·혁명군사위원회 위원, 그 후 1932년 12월 톈진에서 체포되어 변절), 저우원융(周文雍), 예첸잉, 양인(楊殷) 등의 지휘 아래 국민혁명군 제4군 교도퇀의 전부와 경호퇀의 일부 그리고 광저우 노동자적위대 7개 연대 및 교외의 일부 농민 무장은 연합하여 무장봉기를 일으켰다. 광저우에 있던 소련, 조선, 베트남 출신 혁명가들도 봉기에 참가했다. 몇 시간의 치열한 전투를 거쳐 봉기군은 광저우의 시가지의 대부분을 점령했고 잇달아 쑤자오정을 주석(부임되지 못하여 장타이레이를 대리로 임명)으로 하는 소비에트정부를 수립했다. 이후 "제국주의와 군벌을 타도"하며 "지주 토호를 진압"하는 정치 강령을 제기했다. 또한 노동자들은 8시간 일하는 근로제도를 실시하고 모든 토지는 농민에게 돌린다는 등의 법령을 반포했다.

수적으로 열세인 봉기군은 광저우를 끝까지 지켜내기 어려웠다. 그럼에도 불구하고 봉기가 일어난 후 지휘자들은 부대를 광저우에서 철수시켜 근거지로 후퇴하지 못했다. 이는 중앙 임시 정치국 11월 확대회의에서 정세에 대해 지나치게 낙관한 결과 서둘러 중심도시를 점령하려는 지도사상 때문이었다. 봉기가 일어난 그날 밤 예팅은 월군 주력이 광저우에 돌아오기 전에 봉기군을 광저우에서 철수시킬 것을 주장했다. 이 의견은 국제공산당 대표 노이만(諾依曼)[166]의 반대에 부닥쳤다. 노이만은 "봉기는 도시를 중심으로 해야 한다" "반드시 공격, 공격 또 공격해야 하며", 퇴각은 "동요"의 표현이라고 주장했다.

광저우에서 신속히 철수하지 못한 탓에 봉기군은 성내의 영국, 미국, 일본, 프랑스 등의 지원을 받는 국민당 월계 군벌 장파쿠이 등의 부대와 완강히 싸웠지만, 결국에는 봉기가 시작된 지 사흘 만에 패배하고 말았다. 이 과정에서 장타이레이와 많은 봉기자들이 용감하게 희생됐다.

봉기가 실패한 후 광저우에서 철수한 일부 무장 세력은 광둥 화(花)현에서 노농혁명군 제4사로 재편되고 하이펑(海丰), 루펑(陸丰) 지역으로 옮겨 혁명투쟁을 지속했다. 일부 봉기자는 홍콩에 갔다가 나중에 광시에서 줘장(左江), 유장(右江) 봉기에 참가했고, 소수의 봉기자들은 광둥 북부 사오관(韶關) 지역으로 철수하여 주더, 천이가 인솔하는 난창봉기의 잔여 부대에 가입했다가 나중에 징강산으로 올라갔다.

광저우봉기는 국민당 반동파들이 혁명을 배신하고 말살 정책을 실시한 것에 대한 또 한 차례의 용감한 반격이었다. 국민당 신군벌이 혼전하는 기회를 이용하여 봉기를 일으킨 것은 훌륭한 책략이었다. 그들은 전투에서 용감하고 희생을 두려워하지 않는 불굴의 정신을 보여주었다. 하지만 국민당 신군벌이 도시에서 강대한 무장 세력을 보유한 상황에서, 도시 무장봉기 혹은 대도시에 대한 공격을 통하여 혁명의 승리를 이룩하려는 시도는 불가능하다는 것을 보여 주는 실제 사례이기도 했다. 피아의 힘이 현저한 차이가 나는 상황에서 대도시를 지키려는 시도는 여전히 참혹한 실패를 초래할 수밖에 없었다.

---

166 노이만(1902~1937): 독일인. 독일 원명 H·Neumann, 독일공산당원. 1927년 대혁명이 실패한 후 국제공산당 대표의 신분과 로미네이즈의 조수로 중국에 와서 광저우봉기를 지도했다.

기타 무장봉기

8·7회의 직후, 후난, 광둥, 장시 및 산시(陝西), 허난, 즈리(直隸) 등 성의 당 조직에서는 여러 차례 무장봉기를 발동했다.

후베이에서는 차례로 몐양[沔陽·지금의 셴타오(仙桃)시], 궁안(公安), 푸치[蒲圻·지금의 츠비(赤壁)시], 셴닝(咸寧), 짜오양(棗陽), 황안[黃安·지금의 홍안(紅安)], 마청(麻城) 등지에서 무장봉기가 일어났다. 그중 영향력이 비교적 큰 것은 1927년 11월 중공 황마(黃麻)특별위원회가 황안, 마청 지역에서 일으킨 봉기이다. 봉기군은 황안 현성을 점령한 후 황안농민정부와 노농혁명군 어둥군을 창립했다.

차오쉐카이(曹學楷)가 정부 주석으로, 판중루(潘忠汝)가 어둥군 총지휘로, 우광하오(吳光浩), 류광레(劉光烈)가 부총지휘로, 다이커민(戴克敏)이 당대표로 임명됐다. 그 후 국민당 군대의 공격을 받은 봉기군은 혁명 세력을 보존하기 위해 황피(黃陂)현 무란산(木蘭山) 지역에 옮겨 유격전을 벌임으로써 향후 어위완(鄂豫皖)혁명 근거지의 창설을 위한 기초를 닦았다. 광둥에서는 하이루펑 및 충야 지역(지금은 하이난성에 속함)에서 차례로 무장봉기가 일어났다. 1927년 9월부터 10월 말까지 하이펑, 루펑 및 그 부근 지역에서는 두 차례의 무장봉기가 일어났다. 10월 말에 시작된 봉기는 중공 지방 조직에서 지휘하는 노농대중과 난창봉기의 잔여 부대로 편성된 노농혁명군 제2사의 배정으로 일어났는데 차례로 하이펑, 루펑 전 지역과 후이양(惠陽), 쯔진(紫金)의 일부 산간 지역을 차지했다.

이 시기 펑파이는 중공 광둥성위원회의 파견으로 홍콩에서 하이루펑에 돌아와 둥장(東江)특별위원회 서기를 겸직하면서 소비에트정권 수립에 기여했다. 11월 중순 하이펑, 루펑 두 현에서는 연달아 소비에트정부가 수립됐다. 이를 전후로 산웨이(汕尾), 가오탄(高潭) 등지에서도 구급(區級) 소비에트정부가 수립됐다. 평파이의 지휘 아래 각지에서는 낡은 정권을 뒤엎고 토지혁명을 진행하여 점차 하이펑, 루펑전 현과 후이양, 쯔진의 일부 지역을 포함한 혁명 근거지가 형성됐다.

충야 지역의 무장봉기는 중공 충야특별위원회 서기 양산지(楊善集) 및 펑핑(馮平), 왕원밍(王文明), 펑바이쥐(馮白駒)의 영도 아래 1927년 9월부터 딩안(定安), 춍산(瓊山), 완닝(萬寧), 링수이(陵水), 러후이[樂會, 지금 충하이(瓊海)현에 속함], 원창(文昌), 충둥(瓊東), 단(儋)현, 린가오(臨高) 등지에서 연이어 일어났다. 봉기 후 그들은 험난한 조건 속에서도 노농혁명군을 창립했고, 유격전쟁을 벌여 충야혁명 근거지를 마련할 수 있었다.

1928년 2월 충야노농혁명군은 노농홍군으로 개칭한 후 8월 중순 왕원밍을 주석으로 하는 충야소비에트정부를 수립했다. 그 후 국민당 군대의 공격으로 인해 홍군은 무루이(母瑞) 산구로 옮겨 장기적인 혁명투쟁을 시작했다. 장시에서는 지안(吉安)현 둥구(東固) 및 완안(萬安), 타이허(泰和), 융펑(永豊) 등 현에서 잇달아 무장봉기가 일어났다. 대혁명이 실패한 후 공산당원 라이징방(賴經邦) 등은 둥구에서 비밀리에 당 조직과 농민협회를 회복하고 농민군을 창립하여, 중공 간시(贛西)특별위원회의 지도 아래 1927년 11월 무장봉기를 일으켰다. 그 후 둥룽(東龍)구당위원회를 설립하고 혁명무장 확충과 토지혁명을 실시하여 둥구를 중심으로 하는 혁명 근거지를 마련했는데 전성기에는 면적이 2,000제곱킬로미터에 인구가 약 15만 명에 달했다.

1928년 9월부터 1929년 초까지 각각 리원린(李文林), 돤웨취안(段月泉)을 퇀장으로 하는 장시노농홍군 독립 제2, 제4 퇀을 설립하고 간시난(贛西南)혁명 근거지의 형성에 기초를 닦아 놓았다. 완안(萬安) 무장봉기는 1927년 11월 쩡톈위(曾天宇), 장스시(張世熙)의 지도 아래 일어났다. 농민봉기군은 네 차례에 걸쳐 현성을 공격해서 1928년 1월 9일, 마침내 완안현에 소비에트정부를 수립했다. 하지만 적들의 대규모 공격으로 얼마 지나지 않아 실패했고 쩡톈위도 희생되었으며, 일부 농민봉기군은 징강산과 둥구 근거지로 피신했다.

후베이, 광둥, 장시 등 성 외에도 8·7회의 후 기타 지방 당 조직에서 일으킨 무장봉기에는 다음과 같은 것들이 있었다. 1927년 10월 탕수(唐澍), 바이러팅(白樂亭), 세쯔창(謝子長) 등이 일으킨 산시 북부 칭젠(淸澗)봉기, 같은 해 10월 하순 중공 북방국과 순즈(順直)성당위원회에서 일으킨 즈리(直隷) 위톈(玉田)봉기, 같은 해 11월 1일 중공 위난(豫南)특별위원회 주마뎬(駐馬店) 사무소 책임자 리밍치(李鳴岐), 마상더[馬尙德, 양징위(楊靖宇)] 등이 일으킨 췌산류뎬(確山劉店)봉기 등이 있었다. 1927년 11월부터 1928년 여름까지 중국공산당은 전국의 일부 지역에서 여러 차례 무장봉기를 주도하여 일으켰다.

1928년 1월, 팡즈민(方志敏), 사오스핑(邵式平), 황도우(黃道) 등은 장시 동부(贛東北) 이양(弋陽), 형펑(橫峰) 지역의 농민봉기를 주도했다. 봉기 후 노농혁명군 제2군 제2사 제14퇀 제1영 제1롄을 창립했고, 중공 이양현위원회와 형펑현위원회를 차례로 설립했다. 1928년 5월 이양현에서는 제1차 노농대표대회를 소집하고 이양소비에트정부를 수립했다. 잇달아 형펑소비에트정부도 수립했다. 국민당 군대가 우세한 병력으로 공격한 탓에 봉기부대는 나중에 이양, 형펑 북부의 딩산(丁山·즉 모판산) 지역에서 투쟁을 이어갔다.

1928년 1월 주더, 천이가 인솔하는 난창봉기의 잔여부대는 광둥 북부에서 후난 남부로 옮겨 중공 샹난(湘南)특별위원회와 농민군의 배정으로 후난 남부에서 봉기를 일으켰다. 봉기군은 이장(宜章)을 공략한 후 노농혁명군 제1사를 설립하고 주더가 사장을, 천이가 당대표를 맡앞다. 봉기군과 현지 농민들은 연합하여 국민당군 독립 제3사 쉬커샹(許克祥)부대의 공격을 막아냈다. 이장, 천저우(郴州), 레이양(耒陽), 쯔싱(資興), 융싱(永興) 등 현에서는 무장봉기를 토대로 연속 소비에트 정부를 수립했다. 봉기군은 후난 남부 10여 개 현을 점령하고 노농대중을 널리 퍼뜨려 혁명정권을 수립했으며 "토호를 타도하고 밭을 나누자"는 구호를 부르짖었다. 그 결과 노농혁명군은 1만여 명으로 단기간에 크게 증가했다. 하지만 중공 후난성위원회, 샹난특별위원회는 방화와 살인을 자행하는 등의 정책 때문에 민심을 완전히 잃어버리고 말았다. 같은 해 3, 4월 후난, 광둥 두 성이 국민당 군대의 연합 공격을 받고 봉기부대는 후난 남부지역에서 징강산으로 철수했다.

> **주더(朱德,주더·1886~1976년)**
>
> 중화인민공화국의 군인, 정치가, 중국공산당 지도자. 신중국 10대 개국 원수 중 한 사람이다. 개국원수라고 불릴 만큼 중화인민공화국 정부 수립에 큰 공을 세웠다. 1954년 9월 27일부터 1959년 4월 27일까지 중화인민공화국의 초대 국가부원수. 상무위원 역임. 저우언라이에 의해 발탁됐다.

> **천이(陳毅,진의·1901~1972)**
>
> 공산당이 상하이를 해방한 후 상하이 초대 시장이 되었으며, 신중국 10대 개국 원수 중의 한 사람이다. 1958년 외교부장, 1965년 국무원 부총리, 외교부장 등으로 강력한 외교활동을 펼쳤다. 문혁 기간 중에 홍위병으로부터 신랄한 비판을 받고 1969년 제9차 당대회에서 모든 공직을 박탈당했다. 쓰촨성 출신. 상하이 교통대학과 베이징대학을 졸업하고, 1919년 근공검학단(勤工儉學團)의 일원으로 프랑스에 유학. 1923년 중국공산당에 가입했다.

1928년 초, 중앙의 지시에 따라 저우이췬(周逸群), 허룽 등으로 구성된 중공 샹시베이(湘西北)특별위원회는 후난 서북부에서 치열한 유격전을 벌였다. 그들은 홍후(洪湖) 지역을 지나면서 원 중공 어중(鄂

中)특별위원회와 어시(鄂西)특별위원회에서 주도하던, 훙후 지역 농민봉기군으로 구성된 3갈래 유격대 총 500여 명을 노농혁명군으로 조직했다. 그리고 유격투쟁을 전개하여 훙후 지역의 국면을 우선 타개했다. 그 후 저우이췬, 허룽은 후난, 허베이 접경 지역에 도착하여 허룽의 옛 부하와 힘을 합쳤다. 3월에는 쌍즈(桑植) 지역에서 무장봉기를 일으키고 쌍즈현으로 진군, 공략하여 혁명정권과 중공 쌍즈현위원회를 수립했다. 4월에 국민당 군대가 쌍즈현성을 함락하자 저우이췬은 훙후 지역으로 이전했고 허룽은 쌍즈, 허펑(鶴峰) 지역에 남아 후난, 후베이 접경 지역의 유격전쟁을 계속해서 주도했다.

1928년 2월, 중공 핑허(平和)현 위원회는 푸젠 노농혁명군 제1탄과 폭동위원회를 구성하기로 결정했다. 3월 8일, 핑허현위원회 책임자 주지레이(朱積壘) 등은 농민들을 이끌고 봉기를 일으킨 후 현성에서 철수하고 산지로 옮겨 투쟁을 계속했다. 같은 해 3월부터 6월까지 푸젠 서부(閩西)의 당 조직은 여러 차례 농민봉기를 일으켰다.

그중 이름난 봉기로는 중공 룽옌(龍岩), 융딩(永定) 등 현당위원회의 책임자인 궈디런(郭滴人), 덩즈후이(鄧子恢), 장딩청(張鼎丞) 등이 룽옌의 허우톈(後田), 융딩의 시난(溪南), 찐펑(金豊), 후레이(湖雷)와 상컹(上坑)의 자오양(蛟洋) 등지에서 주도한 봉기이다. 그 후 중공 민시특별위원회와 민시폭동위원회 및 융딩현 시난(溪南)구 소비에트정부를 수립했다. 이러한 투쟁은 훗날 민시혁명 근거지를 마련하기 위한 토대가 되었다.

1928년 봄, 중공 산시(陝西)성위원회는 웨이난(渭南) 지역에서 무장봉기를 일으키기로 결정했다. 4월 말, 류즈단(劉志丹), 탕수(唐澍) 등은 시베이(西北)군 신편 제3여를 거느리고 봉기를 일으켰다. 그들은 통관에서 화현(華縣)으로 출발하여 시베이노농혁명군을 조직하고 탕수를 총사령으로, 류즈단을 군사위원회 주석으로 임명했다. 5월 초에는 웨이난, 화현의 1만여 명의 농민들이 중공 산둥(陝東)특별위원회 지휘와 시베이노농혁명군의 지원 아래 봉기를 일으켰다. 6월에 봉기군은 실패했고 남은 혁명 세력은 숨어서 투쟁을 진행했다.

1928년 7월 22일, 공산당원 펑더화이, 텅다이위안(騰代遠) 등의 지휘 아래 국민당군 독립 제5사 제1퇀은 핑장(平江)봉기를 거행했다. 황궁뢰(黃公略), 허궈중(賀國中)도 차례로 부대를 이끌고 봉기에 참가했다. 이는 중국공산당이 혁명의 저조기에 국민당 군대에서 성공적으로 일으킨 중요한 봉기이다. 7월 24일, 핑장현 소비에트정부가 수립됐다. 봉기부대는 홍군 제5군 제13사로 개편되고 펑더화이는 군장 겸 제13사 사장으로, 텅다이위안은 당대표로 임명됐다.

7월 30일, 봉기군은 핑장 현성에서 철수하여 후난, 후베이, 장시 접경 지역을 전전했다. 8월 20일, 중공 후난성위원회의 지시에 따라 펑더화이, 텅다이위안은 홍군 제5군 주력을 인솔하여 류양, 완짜이(萬載) 접경 지역으로 확장하면서 기회를 틈타 마오쩌둥이 인솔하는 징강산의 부대와 연락을 취하려고 했다. 황궁뢰(黃公略)는 홍군 제5군의 일부를 인솔하여 핑장, 류양 일대에서 유격투쟁을 계속했다.

이 시기 중국공산당이 영도한 무장봉기로는 1927년 말부터 1928년 봄까지의 후난 리링농민봉기, 1928년 2, 3월 사이 중공 간난특별위원회가 간(贛)현, 난캉(南康), 신펑(信豊), 위두[雩都 ·지금의 위두], 쉰우[尋邬 ·지금의 쉰우], 싱궈(興國) 등지에서 일으킨 농민봉기, 1928년 5월 중공 장쑤성위원회와 장베이(江北)특별위원회가 난퉁, 하이먼, 루가오, 징장, 타이싱 지역에서 일으킨 무장봉기 등이 있었다. 이러한 봉기는 여러 가지 상황으로 말미암아 그 결과가 서로 달랐다. 일부 봉기는 준비가 부족하여 대중을 충분히 동원하지 못했고 물질적인 조건을 갖추지 못하여 대부분 실패하고 말았다. 일부 봉기는 세력 차이가 현저한 상황을 가늠하지 못한 지휘관의 잘못된 판단 때문에 실패했다. 조건이 충족되고, 지휘관이 적절한 때에 적절한 판단을 내렸던 소수의 봉기만 성공할 수 있었던 것이다.

이 시기 무장봉기가 중국 곳곳에서 일어났지만, 혁명 정세가 고조된 것은 아니었다. 전반적으로 혁명세력은 미약하고 혁명정세는 아직 저조기에 있었다. 하지만 혁명의 불꽃은 꺼지지 않았다. 이러한 봉기로 인해 더욱 많은 혁명가들이 농촌, 특히 대혁명 폭풍의 영향을 받은 농촌으로 가야 한다고 보았다. 그곳에서 혁명이 발전할 수 있는 광활한 천지를 찾을 수 있다는 점을 인식하기 시작한 것이다. 각 봉기 지역에 남아있는 일부 혁명 무장 세력은 농촌에 깊이 들어가 유격투쟁을 벌임으로써 훗날 홍군과 농촌혁명 근거지를 마련하고 발전시키는 토대가 되었다.

3. '좌'경 맹동주의 오류의 출현 및 시정

8·7회의 후 중국공산당은 봉기를 일으키고 무장투쟁을 벌임으로써 투쟁 형식의 전환을 실현했다. 하지만 이 시기 중공중앙은 혁명정세가 저조기에 들어선 것을 인식하지 못했으며, 정세를 잘못 예측하여 무장봉기를 일으킬 것을 맹목적으로 요구했다. 이리하여 당내의 '좌'경 정서는 점차 커지기 시작했다.

1927년 10월 하순, 국민당 신군벌 리쭝런과 탕성즈 사이에 닝한 (寧漢) 전쟁이 발발했다. 10월 23일, 중공중앙은 '중국공산당, 중국공산주의청년단의 군벌전쟁 반대 선언'을 발표했다. 선언은 중국 혁명의 정세 및 조건을 객관적으로 분석하지 않고 "우리는 이런 군벌전쟁을 노동대중이 모든 군벌, 지주, 토호열신(土豪劣紳 ·중국 국민 혁명 당시 노동 운동가가 관료나 군벌과 짜고 농민을 착취하던 대지주나 자본가를 이르던 말), 자산계급을 반대하는 혁명전쟁으로 변화시켜야 하며 모든 압박, 착취와 제국주의를 반대한다. 우리는 반드시 군벌의 전쟁을 제거해야 한다"고 주장했다. 10월 말, 중앙 임시 정치국 상무위원회 회의에서는 현 혁명 조류가 이미 고조되었고 중국 혁명의 객관적인 조건이 이미 충족되었으므로, 여러 폭동을 총 폭동 하나로 집중시켜야 한다고 했다. 이에 11월 1일, 중앙 임시 정치국 상무위원회는 '중앙통고 제15호—전국 군벌 혼전 국면과 당의 폭동에 관한 정책'을 통과시켰다.

통고는 전국 혼전의 국면에서 광둥, 후베이, 후난, 장시, 장쑤, 저장, 산둥 및 북방의 노동자와 농민대중은 "지속적으로 빠르게 혁명화하고 있으며" "들고 일어나 토호, 군벌의 정권을 뒤엎을 일촉즉발의 추세가 객관적으로 존재한다"고 주장했다. 통고는 "당의 현 단계의 정책은 노농무장폭동을 일으켜 군벌통치를 뒤엎고 노농·병사·빈민 대표대회(소비에트)의 정권을 수립하는 것"이라고 지적했다. 통고는 전국 각지에서 대중을 동원하는데 힘써야지만 전국 총 폭동의 국면을 조성할 수 있다고 했다. 이 시기 중공중앙의 지도자들은 군벌 혼전의 기회를 노려 각지에서 봉기를 일으키기만 하면, 러시아 10월 혁명처럼 일거에 국민당정권을 뒤엎고 전국소비에트정권을 수립할 수 있다고 생각했다.

중국공산당 내에 나타난 이런 '좌'경 정서는 국제공산당 '좌'경 이론의 지도와 관계가 있다. 국제공산당 대표 로미네이즈는 1927년 7월 하순 중국에 도착한 후 스탈린의 중국 혁명에 관한 "3단계"이론[167]을 적극 관철했을 뿐만 아니라 어느 정도 발전시키기까지 했다. 그는

8·7회의를 위해 쓴 '중국공산당 중앙집행위원회에서 전 당 당원들에게 알리는 글'에서 민족자산계급과 매판 자산계급의 경계선을 혼동했다. 그는 또 8월에 쓴 '중국공산당의 정치 임무와 책략 의결안'에서 다음과 같이 말했다. 민족자산계급은 "민족해방운동 초기에 이미 그들의 혁명적 역할을 다했다. 지금에 와서는 민족자산계급의 여러 가지 성분, 심지어 그중 가장 급진적인 자들도 모두 반혁명의 진영으로 들어가 가장 적극적인 동력으로 됐다" 중국의 "자산계급 민권주의 혁명은 사회주의 혁명과 뚜렷한 경계선이 없다"

혁명이 저조기에 들어선 상황에서 당은 마땅히 난창봉기 이후 혁명 투쟁의 경험과 교훈을 진지하게 되새기고, 정세를 정확하게 분석하여 중국 혁명이 부흥으로 나아가는 책략을 제정해야 했다. 하지만 국제공산당의 '좌'경 이론의 오류 아래 중공중앙은 그렇게 하지 못했다. 1927년 11월 9일부터 10일까지 중공중앙은 상하이에서 임시 정치국 확대회의를 열었다. 회의는 취추바이가 주재하고 국제공산당 대표 로미네이즈가 참가했다.

회의에서 로미네이즈가 쓴 '중국 현황과 당의 과업 결의안' 및 조직 문제, 정치기율 문제 등 결의를 통과시켰다. 결의안은 "모든 혁명 세력은 공산당의 지도 아래 제국주의를 강력히 반대하고, 국민당의 반동통치를 뒤엎는다" "농민폭동을 이끌고 농촌 분할을 실시하며, 지주계급의 토지를 몰수하여 농민들에게 나눠 준다" "노농혁명군을 조직

---

167 1927년 중국 대혁명의 실패를 전후하여 스탈린은 글이나 발언에서 이 문제를 수차례 언급했다. 스탈린은 다음과 같이 주장했다. 중국 혁명의 제1단계 즉 광저우 시기는 전 민족 연합전선의 혁명이었다. 장제스가 혁명을 배반한 후 민족자산계급은 반혁명의 진영에 가담하고 중국 혁명은 제2단계 즉 우한 시기에 진입했다. 왕징웨이가 혁명을 배반한 후 소자산계급은 혁명 진영에서 이탈하고 중국 혁명은 제3단계 즉 소비에트 혁명 단계에 진입했다. 이 시기 무산계급의 동맹군은 농민과 도시 빈민이었다. 스탈린의 위에서 밝힌 논단은 중국 혁명의 실정에 맞지 않는 것이었다. 하지만 이 논단은 국제공산당과 중국공산당에 아주 큰 영향을 주었다. 이 이론에 근거하여 당시 민족자산계급과 소자산계급은 모두 혁명의 대상이 됐다.

하여 유격전을 벌여야 한다"는 등 세부적으로 호소했다. 반대로 중국 혁명은 이른바 "중단되지 않는 혁명이며" "눈앞의 혁명 투쟁은 이미 민권주의의 범위를 벗어나 신속히 발전하고 있으며" "반드시 민권주의 임무를 철저히 완수하고 급전직하하여 사회주의의 길로 나아갈 것이다"고 했다. 이는 민주혁명과 사회주의혁명의 경계선을 혼동한 것이다.

회의는 로미네이즈의 '좌'경 관점을 받아들여 장제스의 배반은 모든 민족자산계급의 배반이며, 왕징웨이의 배반은 소자산계급의 배반이라고 여겼다. 제국주의와 봉건주의, 아울러 민족자산계급과 상층 소자산계급도 반대해야 한다고 주장했다. 회의는 혁명 정세가 저조기에 들어섰음을 인정하지 않으면서 국민당 신군벌의 통치는 이미 붕괴 직전에 이르렀으며 중국은 혁명을 목전에 둔 상태라고 판단했다. 회의는 이에 근거하여 전국적인 무장폭동을 일으킬 총책략을 확정지었다. "농촌폭동과 도시폭동을 결부시켜 도시폭동을 중심 및 지도자로 삼는다" "도시와 농촌의 무장 총 폭동을 이루어 한 개 성 또는 몇 개 성에서 혁명의 승리를 거둘 것"을 요구했다. 또한 중외 대자본가의 기업을 몰수하고 "노동자들이 공장을 관리하며" 농민폭동 시 "추호의 동정도 없이 엄중하게 토호, 반혁명파를 근절해야 한다"는 등 일련의 '좌'적인 정책을 제정했다.

로미네이즈의 제의에 따라 회의는 8·7회의 후 각지의 무장봉기가 당한 실패와 좌절에 대해 구체적으로 분석하지 않고, 봉기 지도자의 '망설임과 동요', '중앙정책의 위반'과 '기회주의' 오류만을 일관되게 질책했다. 난창봉기와 후난, 장시 접경 지역의 연쇄 봉기의 지도자와 관련해 성당위원회의 책임자 저우언라이, 탄핑산, 마오쩌둥, 펑궁다 등에 대하여 각기 다른 정치기율 처분권을 주었다.

이번 확대회의는 8·7회의 이후 당의 조직 측면에서의 진보를 긍정한 동시에 당의 지도기관과 당원 성분의 노농화에 대한 지도사상을 구체화했다. 회의에서 통과된 '최근 조직 문제의 중요 임무 의결안'은 당의 조직 측면에서 주요 결함의 하나가 곧 "당의 지도 간부가 노동자나 빈농이 아닌 소자산계급 지식인의 대표인 것"이라고 보았다. 또 이를 당 내부에 기회주의가 생성되는 '진원지'라고 지적했다. 따라서 당의 가장 중요한 조직임무는 비무산계급 지식인 간부를 노농 출신의 새로운 간부로 대체함으로써, 당의 지도간부 중 무산계급 및 빈민의 성분이 최대한 다수를 차지하게 해야 한다고 제기했다. 회의는 6차 당대회가 소집되기 전까지 당의 지도기관을 철저히 개조할 것을 요구했다.

11월 중순부터 12월 중순까지 각지에서는 중앙 임시 정치국 확대회의 정신을 관철하기 시작했다. 일부 지역에서는 노동자들을 선동해서 파업을 일으키거나 농민폭동을 일으켰다. 그러나 함부로 방화하고 사람을 죽이는 등 현상이 과격해지자, 이런 지역에서 당은 한동안 대중을 피해 이탈하게 됐다. 농촌의 무장봉기는 소수만이 성공했을 뿐, 다수는 실패하거나 아예 시작도 하지 못했다. 우한, 창사, 상하이와 같은 대도시에서 소수의 노동자와 열성꾼들이 파업을 진행했지만 얼마 지나지 않아 진압되고 말았다.

12월 하순, 취추바이를 대표로 하는 중공중앙은 총폭동이 진행되기 어려운 상황임을 감안하여 연속 통지를 냈다. 일부 지역에서는 조건이 충족되지 않으면 폭동을 일으킬 것을 말라고 지시함과 동시에 후난, 후베이에서 예정되었던 연말 폭동을 취소함으로써 일부 손실을 피했다. 이는 맹동적인 오류를 시정하는 데에도 일정한 역할을 했다. 하지만 이 시기 중공중앙은 아직 지도사상과 전체 책략 측면에서 '좌'경 오류를 인식하지 못했으므로, 전반적인 맹동주의 오류를 철저히 시정할 수는 없었다.

이번 '좌'경 맹동주의 오류는 대혁명의 실패로부터 토지혁명전쟁이 발흥하는 역사적인 전환기에 발생했다. 그 원인은 국민당 도살 정책에 대한 분노와 당내에 만연한 조급함과 절박함에 있었다. 그리고 우경 착오를 범했던 일부 사람들은 다시 우경 착오를 범할까 두려워 '좌'경이 우경보다 낫다고 생각했는데, 이는 '좌'경 오류가 생길 수 있는 원인이 되었다. 이 시기 당은 대혁명 실패 후의 중국 혁명에서 나타난 각종 절박한 문제에 대해 정확하게 분석할 수 없었으며, 해결할 방법을 찾아내지도 못했다.

그리고 당내 투쟁 경험이 부족한 탓에, 우경을 반대하는 동시에 '좌'경도 반대해야 한다는 이유를 알 수 없었다. 국제공산당 대표 로미네이즈는 이번 '좌'경 오류에 대해 큰 책임을 져야 했다. 그는 정치 측면의 맹동주의, 조직 측면의 징벌주의 및 기타 '좌'경 정책의 주요 발안자이자 추진자였다. 그리고 취추바이를 대표로 하는 중앙 임시 정치국은 이번 '좌'경 오류에 대해 직접적인 책임을 져야 했다.

1928년 2월 하순, 중국공산당 대표가 참가한 국제공산당 집행위원회 제9차 확대회의는 중국 문제에 관한 결의를 통과시켰다. 그래서 중국 혁명의 성격과 정세를 정확하게 분석하고, 로미네이즈의 소위 "끊임없는 혁명"의 잘못된 관점을 비판했다. 같은 해 4월, 중공중앙 임시 정치국은 국제공산당의 결의안을 받아들인다는 통고를 발표하여, 중국공산당 내의 '좌'경 맹동주의 오류를 시인했다. 또 대중을 끌어들여 도시와 농촌의 대중조직을 창립하고, 전 당의 조직을 공고히 하는 것이 현재 가장 중요한 현안이라고 제기했다. 이로써 '좌'경 맹동주의 오류는 전국의 실제 사업에 더 이상 적용되지 않았다.

4. 징강산 투쟁과 노농무장 분할 사상의 제기

징강산 근거지의 창설

전 당이 혁명 실패를 만회하고 새로운 혁명의 길을 찾기 위해 벌인 험난한 투쟁에서 마오쩌둥을 비롯한 많은 공산당 인사들은 홍군과 농촌혁명 근거지를 마련, 발전시키는 데 힘썼다. 이를 통해 점차 중국 혁명을 부흥과 승리의 길로 이끌어 나아가는 길을 모색했다.

1927년 10월, 마오쩌둥은 후난, 장시 접경 지역의 연쇄 봉기에 참가했던 노농혁명군을 이끌고, 닝강(寧岡)을 중심으로 하는 징강산 농촌혁명 근거지를 마련하기 위해 험난한 투쟁을 시작했다. 마오쩌둥이 징강산에 혁명 근거지를 마련하기로 결정한 데에는 다음과 같은 까닭이 있었다. 당은 이 지역에서 비교적 많은 대중의 지지를 받고 있었으며, 대혁명 시기 각 현에서는 당의 조직과 농민협회를 창립한 적이 있었다. 또한 위안원차이, 왕줘가 이끄는 지방 농민무장이 이곳에서 투쟁을 계속하면서 노농혁명군과 연합하기를 기대하고 있었다. 이곳은 지세가 험난하여 방어하기는 쉽지만 공격하기는 어렵고, 주위의 각 현에는 자급자족이 가능한 농업경제가 있어 부대가 자금과 식량을 조달하기 쉬웠다. 또 두 성의 접경 지역에 위치하고 있어 국민당이 통치하는 중심도시에서 멀리 떨어져 있었다. 후난, 장시 두 성의 군벌 사이에 갈등이 존재하여 적들의 통치세력이 상대적으로 취약했다. 위 같은 이유로 마오쩌둥은 닝강을 중심으로 하는 뤄샤오(羅霄)산맥 중간에 지역 정권을 수립하기 위해 강력히 투쟁할 것을 간부와 전사들에게 거듭 강조했다.

1927년 10월부터 1928년 2월까지 마오쩌둥을 서기로 하는 전선위원회는 국민당 신군벌 사이에 전쟁이 발생하여 징강산 지역에 적들의 병력이 없는 틈을 타, 징강산 군민을 이끌고 세력을 확대 구축하는 방법으로 점차 노농무장 분할의 국면을 이룩했다. 노농혁명군은 우선 접경 지역의 각 현에서 토호열신을 타도했다. 이후 대중을 동원해 유격폭동을 일으키고 현, 구, 향 각급 노농민주정권을 수립했다. 1927년 11월, 노농혁명군은 차링(茶陵) 현성을 공략하여 후난, 장시 접경 지역의 첫 홍색 정권인 차링현 노농병정부를 세우고 탄전린(譚震林)을 주석으로 임명했다. 1928년 1월, 노농혁명군은 수이촨(遂川) 현성을 공략했고, 2월 상순에는 장시 국민당군의 제1차 '포위토벌'을 물리쳤다. 이로써 마오쩌둥은 징강산에 근거지의 기반을 닦았다.

1927년 겨울부터 1928년 겨울까지, 징강산 근거지에서는 대중을 선동해 토호열신을 타도한 후 밭을 분배하는 투쟁을 전개했다. 1928년 여름, 닝강 전 현, 융신(永新), 롄화(蓮花)의 대부분 지역, 수이촨, 링현의 일부 지역에서는 밭을 나누기도 했다.

마오쩌둥을 서기로 하는 전선위원회는 징강산 투쟁에 대한 당의 영향력을 강화하기 위해, 지속해서 당 간부를 파견하여 각 현의 당 조직을 회복하고 정돈, 발전시켰다. 1928년 2월까지 닝강, 융신, 차링, 수이촨 4개 현당위원회와 링현특별구위원회가 설립되었고 롄화현에서도 당 조직을 창립하기 시작했다.

징강산의 투쟁은 주로 군사투쟁이었다. 전선위원회는 군대의 양성과 정치 교육을 중요시했으며, 군대에 대한 무산계급 사상의 지도를 강화했다. 1927년 말 마오쩌둥은 세 가지 임무를 규정했다. 첫째, 부대는 반드시 전투로 적을 제거하고, 둘째, 토호를 쳐서 자금을 해결하며 셋째, 대중사업을 해야 한다. 부대는 이 세 가지 임무를 실행하여 전투에서 승리했을 뿐만 아니라, 대중을 널리 동원하여 경제적 재원을 해결하고 군정, 군민 관계를 긴밀히 했다. 1928년 4월, 마오쩌둥은 징강산 근거지를 개척하는 몇 달 동안의 대중사업 경험을 정리하여, 부대는 '3대 기율', '6항 주의'를 반드시 따라야 한다고 규정했다.

'3대 기율'은 다음과 같다. 첫째, 모든 행동은 지휘에 따라야 한다. 둘째, 노동자와 농민의 바늘 하나, 실 한 오라기도 가져가지 않는다. 셋째, 토호를 쳐서 얻은 물품은 당 조직에 바쳐야 한다. '6항 주의'는 다음과 같다.

(1) 빌려 온 문짝은 제자리에 맞춰 놓는다.

(2) 잠잘 때 사용한 짚은 묶어서 제자리에 놓는다.

(3) 말은 부드럽게 한다.

(4) 매매는 공평하게 한다.

(5) 빌린 물건은 되돌려 준다.

(6) 파손된 물건은 배상한다.

그 후 '6항 주의'에 "목욕할 때 여성을 피하며" "포로의 지갑을 들추지 않는다"는 두 조항을 추가하여 3대 기율, 8항 주의를 완성했다. 3대 기율, 8항 주의는 혁명 군대의 건설, 군대 내부 관계 특히 군민 간의 관계를 바르게 처리하는 데 도움이 되었다. 또 인민을 단합하고 적을 와해시키는 데 큰 역할을 했다.

부대의 건설을 강화한 동시에 전선위원회는 위안원차이, 왕줘의 지방 농민 무장을 개조하고, 후난·장시 접경 지역의 각 현에서 현적위대와 향폭동대를 창립하도록 적극 도왔다. 이러한 지방 무장은 노농혁명군에 협력하여 작전에 참가했을 뿐만 아니라 정규군을 보충하는 중요한 원천이 되기도 했다.

징강산 근거지는 발전 과정 중 '좌'경 오류의 방해를 받았다. 1928년 3월, 중공 샹난특별위원회의 대표는 닝강에 가서 징강산 근거지의 사업이 너무 우경적이며, 방화와 살인을 지나치게 꺼렸다고 주장했다. 또한 이른바 "소자산계급을 무산계급으로 떨어뜨린 뒤 그들을 압박하여 혁명에 동참하게 하는" 정책을 집행하지 않았다고 비판했다. 동시에 전선위원회를 폐쇄하고 사위원회(師委)로 개편했다. 샹난특별위원회는 또 노농혁명군을 후난 남부로 이전시켜 폭동을 지원할 것을 요구했다. 그 결과 징강산 근거지는 한 달 남짓 만에 적들에게 점령당하고 말았다.

1928년 4월에 주더, 천이는 난창봉기에서 남은 소규모의 부대와 샹난봉기 농민군 1만여 명을 거느리고 징강산 지역으로 옮겨, 마오쩌둥이 이끄는 부대와 닝강 룽스(砻市)에서 합류했다. 합류 후 마오쩌둥과 주더의 부대를 개편하여 노농혁명군 제4군(나중에 홍군 제4군으로 개칭)을 설립했다. 주더를 군장으로, 마오쩌둥을 당대표로, 왕얼줘(王爾琢)를 참모장으로 임명했으며 산하에 제10사, 제11사, 제12사(얼마 지나지 않아 4개 퇀으로 개편)를 두었다. 이 기간에 중국공산당 제4군의 1차 당대회를 열고 제4군 군사위원회를 설립했으며 마오쩌둥을 서기로 임명했다. 마오쩌둥과 주더 부대의 합류는 징강산 지역의 노농무장력을 강화하여 혁명 근거지의 확대에 유리한 환경을 만들어 주었다.

5월에 중국공산당 후난·장시 접경 지역 1차당대회가 닝강 마오핑(茅坪)에서 열렸다. 회의는 징강산 근거지 창설 이후의 경험을 총화하고, 일부 사람들이 제기한 "붉은기는 얼마 동안 휘날릴 수 있는가" 하는 문제점에 대해 대답해 주었다. 또 혁명 근거지와 홍군은 장기적으로 존재하고 발전할 수 있다고 설명했다. 회의는 선거를 통해 후난·장시 접경 지역의 당 최고 지휘기관인 중공 샹간(湘贛)변계 특별위원회를 설립하고, 마오쩌둥을 서기로 임명했다. 그래서 후난·장시 접경 지역 홍군과, 근거지의 혁명투쟁을 함께 이끌기로 했다. 특별위원회가 설립된 후 홍군 제4군 군사위원회 서기는 천이가 맡았다. 동시에 후난·장시 접경 지역에서 통일된 노농병 소비에트정부를 세우고 위안원차이가 주석을 맡았다.

홍군 제4군이 창설된 후 남쪽 성의 국민당 신군벌의 통치가 잠시 안정되자, 국민당 군대는 연이어 징강산 근거지를 '포위토벌'했다. 적들의 '포위토벌'을 물리치고 징강산 근거지를 공고히 하기 위해, 중공 상간변계 특별위원회와 홍군 제4군 군사위원회는 함께 일련의 정책을 제정했다. 위에서 밝힌 정책에는 "적들에게 매우 공격적으로 투쟁하여 뤄샤오산맥 중간 지대의 정권을 공고히 하고 패배의식은 떨쳐낸다" "분할 지역의 토지혁명을 심화한다" "군대의 당 조직은 지방 당 조직의 발전을 돕고, 군대의 무장은 지방 무장의 발전을 돕는다" "적들의 세력이 상대적으로 강한 후난에서는 방어 태세를 취하고, 적들의 세력이 상대적으로 약한 장시에서는 공격 태세를 취한다" "융신(永新)을 잘 활용하여 대중 분할의 국면을 조성한다" "장기적 투쟁을 위해 홍군을 집중적으로 배치하고 영활(靈活·지략이나 행동이 뛰어나고 재빠름)하게 눈앞의 적을 요격하며, 모험정책은 반대한다"는 등의 정책이 포함됐다. 이와 동시에 마오쩌둥, 주더의 홍군과 적위대의 작전 경험을 "적이 공격하면 우리는 퇴각하고(적진 아퇴) 적이 주둔하면 우리는 교란하고(적주 아요) 적이 지치면 우리는 공격하고(적피 아타) 적이 퇴각하면 추격한다(적퇴 아추)(敵進我退, 敵駐我扰 , 敵疲我打, 敵退我追)"는 '16자요결'로 개괄했다. 16자 요결은 간단하지만 당시의 상황에 알맞은 유격전쟁의 기본 원칙이었는데, 홍군의 유격투쟁을 지도하는 데 효과적인 역할을 했다.

홍군 제4군은 마오쩌둥, 주더의 지도 아래 4개 퇀도 안 되는 병력으로 국민당군 8, 9개 퇀, 심지어 18개 퇀의 병력과 전투를 치러 적의 제2, 제3, 제4차 '포위토벌'을 물리침으로써 분할 지구를 날로 확장했다.

1928년 6월 23일, 룽위안커우(龍源口) 전투에서 승리한 후 징강산 근거지는 전성기에 이르러 그 범위가 닝강, 융신, 롄화 3개 현, 수이촨 북부, 링현 동남부 및 지안(吉安), 지푸(吉福)의 일부 지역까지 확장됐다.

룽위안커우 전투 이후, 후난, 장시 두 성의 국민당 군대는 징강산 근거지에 대해 또 한 차례의 '합동토벌작전'을 실시했다. 6월 30일, 맹동주의 영향을 받은 중공 후난성당위원회는 두슈징(杜修經)을 순시원으로 징강산에 파견하여, 홍군 제4군이 "즉각 후난 남부로 발진"할 것을 요구했다. 그날 밤, 마오쩌둥은 융신에서 홍군 제4군 군사위원회, 샹간변계특별위원회, 융신현당위원회의 연석회의를 소집했다. 그리고 "현 지배계급은 잠시나마 안정되어 있기 때문에, 군사를 나누어 후난 남부로 진군하는 것은 뤄샤오산맥 중간 지대 정권을 유지하는 데 반드시 불리할 것"이라고 주장했다. 회의는 후난 남부로 발진하라는 의견을 집행할 수 없다고 후난성당위원회에 보고하기로 했다.

7월 중순에 홍군 제4군은 병력을 두 갈래로 나누어 후난·장시 국민당 군대의 제1차 '협동토벌'을 요격했다. 홍군 제28퇀, 홍군 제29퇀이 링현을 점령하자 두슈징은 융신회의의 결정을 무시하고, 일부 관병들의 귀향 심리를 이용하여 홍군 제28퇀, 홍군 제29퇀을 이끌고 후난 남부로 진군했다. 군사위원회도 이것을 강경하게 제지하지 않았다. 그 결과 홍군 주력이 막대한 손실을 입은 '8월 실패'를 초래했다. 이 시기 마오쩌둥은 융신에서 홍군 제31퇀과 지방무장을 이끌고 적들과 싸웠다. 적들은 홍군 주력이 후난 남부로 진군하자 징강산 근거지를 대대적으로 공격했다.

그 결과 접경 지역 각 현의 현성과 평원지역 모두 적들에게 점령당했다. 그러나 얼마 지나지 않아 장시 국민당 군대 내부에 알력이 생겨 징강산 근거지를 포위했던 적들이 연이어 철수했다. 샹간변계특별위원회는 홍군 제4군 주력이 후난 남부에서 고전하고 있는 상황임을 감안하여 마오쩌둥에게 홍군의 일부 부대를 거느리고 구이둥(桂東)으로 가서 주력 부대의 철수를 지원하도록 했다. 대다수의 나머지 부대에게는 징강산 지역에 남아 투쟁을 계속하라고 지시했다. 8월 30일, 후난, 장시 국민당 군대는 홍군 제4군 주력이 미처 근거지로 철수하지 못한 틈을 타 징강산 지역의 제2차 '협동토벌'을 진행했다. 징강산에 남은 홍군은 대중의 지원과 험난한 지세 덕분에 적들과 싸워 적들의 '협동토벌'을 물리쳤으며, 황양제(黃洋界) 보위전의 승리를 거뒀다. 9월에 마오쩌둥은 부대를 인솔하여 징강산으로 돌아와 여러 차례 승전을 거두고 접경 지역 대부분 지역을 수복하여 닝강을 중심으로 하는 근거지를 공고히 했다.

1928년 10월, 마오쩌둥은 근거지의 투쟁경험을 되새기고 접경 지역에서의 당의 임무를 확정하고자 장시 닝강 마오핑의 부원산(步雲山)에서 후난·장시 접경 지역 2차당대회를 소집했다. 대회는 논의를 거쳐 마오쩌둥이 쓴 '정치 문제와 접경 지역에서의 당의 임무'에 관한 결의를 통과시키고 선거를 통해 탄전린을 서기로, 천정런(陳正人)을 부서기로 하는 중공 샹간변구 제2기 특별위원회를 구성했다.

11월 2일, 특별위원회와 군사위원회는 중앙의 '6월 4일 지시 서한'을 받았다. 서한에서는 뤄샤오산 중간지대 정권을 수립하는 계획을 긍정했다. 11월 6일, 중공중앙의 지시에 따라 마오쩌둥을 서기로 하는 전선위원회를 조직하여, 샹간변계특별위원회와 홍군 제4군 군사위원회를 총괄하고 지방 당 조직사업을 관리하게 했다. 11월 14일부터 15일까지 홍군 제4군은 제6차 당대회를 소집하고 선거를 통해 새로운 군사위원회를 구성했다. 중앙의 지명으로 주더가 서기를 담당했다. 12월 11일, 펑더화이, 텅다이위안(騰代遠) 등은 핑장봉기 후 조직한

홍군 제5군의 700여 명을 거느리고 후난·후베이·장시 접경 지역의
핑장, 류양 지역으로부터 징강산으로 올라와 홍군 제4군과 합류했다.
두 홍군의 합류는 징강산 지역의 노농무장력을 한층 더 강화시켰다.

대혁명이 실패한 후 징강산 근거지는 중국공산당이 노농대중을 이
끌고 창설한, 중대한 영향력을 가진 농촌혁명 근거지였다. 마오쩌둥
은 "접경 지역에 휘날리는 붉은 깃발이 시종 넘어지지 않는 것은 공산
당의 위력을 과시했을 뿐만 아니라 지배계급의 파산을 의미한다. 이것
은 전국의 정치에 중대한 의의가 있다"[168]고 지적했다.

마오쩌둥의 노농무장 분할, 노농민주정권의 수립에 관한 사상

마오쩌둥이 이끈 연쇄 봉기 부대가 징강산으로 올라가 근거지를 창
설한 지 1년이 넘는 기간에 성공의 경험도 있었지만 실패의 교훈도 있
었다. 애초에 당내에는 징강산으로 올라가는 문제에 관해 비난하는
사람이 있었고, 징강산에 올라간 사람들 중에서도 과연 홍군이 이곳
에 발붙일 수 있을까 의심하는 사람들도 있었다. 보수정권의 포위 속
에서 홍색정권이 존속하고 발전할 수 있는가 하는 문제는, 현실적인
문제이자 중대한 이론적 문제이기도 하므로 반드시 경험과 교훈을 토
대로 답해야 했다.

마오쩌둥은 후난·장시 접경 지역 2차당대회를 위해 '정치 문제와 접
경 지역에서의 당의 임무'에 관한 결의[169]와, 홍군 제4군 전선위원회
를 대표하여 1928년 11월 25일에 중공중앙에 보낼 보고서[170]를 작

---

168 마오쩌둥 : '징강산의 투쟁'(1928년 11월 25일), 〈마오쩌둥선집〉제1권, 인민출판사 한문
판, 1991년, 81쪽.
169 〈마오쩌둥선집〉제1권 중의 '중국의 홍색정권은 어떠해서 존재할 수 있는가?'라는 글이 이
결의의 첫 부분이다.
170 〈마오쩌둥선집〉제1권 중 '징강산 투쟁'

성했다. 이를 통해 중국 사회와 중국 혁명의 특징에 근거하여 홍색 정권이 장기적으로 존재, 발전할 수 있는 주관적, 객관적 조건을 논증하고 노농무장 분할의 사상을 제기했다. 이러한 주관적, 객관적 조건은 다음과 같다.

⑴ 중국은 제국주의가 간접적으로 통치하는, 경제가 낙후한 반식민지 국가이다. 반봉건적이고 지방에 치우친 농업경제(통일된 자본주의 경제가 아님)와 제국주의가 중국에서 실시하는 세력 범위 분류 정책은, 반동지배계급 내부에서 분열과 전쟁을 계속 일으켰다. 이런 분열과 전쟁이 계속되는 이상, 소규모의 홍색정권은 이러한 모순을 이용하여 장기적으로 존재할 수 있다.

⑵ 홍색정권이 소규모로 발생되는 것은 대혁명 운동의 영향과 밀접한 관계를 가지고 있다. 이러한 정권이 우선 발생되고 장기적으로 존재할 수 있는 지역은 바로 대혁명 과정에서 노농대중이 일어난 적이 있는 곳이다.

⑶ 소규모의 홍색정권이 장기적으로 존재할 수 있는가 하는 문제는 앞으로 전국 혁명 정세가 발전할 수 있는가 하는 문제와 관련이 있다. 국내 매판, 토호열신 계급과 국제 자산계급의 계속되는 분열 및 전쟁으로 중국의 혁명 정세는 반드시 크게 발전할 것이다. 그러므로 홍색정권은 장기적으로 존재할 수 있을 뿐만 아니라 지속적으로 발전할 것이다.

⑷ 상당 수의 홍군 정규군은 홍색정권이 존재하기 위한 필요조건이다.

⑸ 공산당 조직의 세력 보존과 정확한 정책의 실시는 더욱 필요한 조건이다.

이 밖에도 작전에 유리한 지세와, 보급품을 풍족하게 보충할 수 있는 경제력 등이 있다.

노농무장 분할 국면이 장기적으로 존재하고 발전할 수 있는 조건을 제기한 매우 중요한 문제였다. 이 문제에 정확히 대답해야만 홍색정권이 존재할 수 있을지 의심하는 우경 비관주의 사상과, 아무런 조건도 없이 농촌에서 무장폭동을 발동할 수 있다고 믿는 '좌'경 맹동주의 오류에서 탈피할 수 있었다.

노농무장 분할을 실시한다는 것은 바로 중국공산당의 지도 아래 무장투쟁, 토지혁명, 혁명정권의 수립, 이 세 가지를 하나로 결합하는 것이다. 전 당의 차원에서 볼 때 이 시기는 아직 농촌을 사업 중심으로 하는 차원에 머물고 있었지만, 노농무장 분할 사상의 제기는 이 문제를 해결하기 위한 기초를 닦아놓았다.

징강산 근거지의 각급 노농민주정권은 사회 최하층 노농대중이 착취계급의 낡은 정권을 뒤엎고 세운, 자기 자신이 주인이 된 새로운 정권이었다. 1928년 1월, 마오쩌둥의 지도로 쓴 '수이촨 노농병정부 임시 강령'에서는 "노동자, 농민, 병사와 기타 빈민은 모두 정치에 참여할 권리가 있다" "무릇 지주, 사당, 공공기관의 밭, 산림과 모든 부속물은 가난한 인민과 제대한 군인에게 나눠 주어 농사짓게 한다" 등의 내용을 규정하여, 노동대중의 염원과 요구사항을 집중적으로 반영했다. 노농민주정권의 수립은 징강산 지역의 모습을 새롭게 바꿔놓았다. 노동대중이 정치적 주인이 되어 이전에 없었던 정치 권리를 행사하게 됐다. 토지혁명을 전개함으로써 토지가 적거나 아예 없었던 농민들이 토지를 나눠 가지게 되자, 농민들의 생산 적극성이 유발되고 농업 생산의 발전이 크게 촉진되었다. 그리고 혁명 정권을 통해 대중을 동원, 조직, 무장시켜 혁명전쟁도 지원하도록 했다.

하지만 전 당의 시각에서 볼 때 이 시기에는 아직 정권 건설 경험이 부족했다. 8·7회의 직후 당은 각지에서 폭동을 통해 혁명 정권을 수립할 것을 요구했는데 이것은 소련소비에트정권의 형식을 따른 것이었다. 징강산 근거지의 노농민주정권은 8·7회의 정신에 근거하여 수립된 것이므로, 정권의 계급구성 상 자연히 민족자산계급을 배척했다. 하지만 마오쩌둥은 장제스 집단이 민족자산계급의 대표가 아니라 매판, 토호열신 계급의 대표라는 점을 재빨리 인식했다. 그는 근거지에서 가장 어려운 문제는 "중간 계급의 지지를 얻지 못하는 것"이라고 주장했다. 따라서 1928년 11월에 소집된 중국공산당 홍군 제4군 제6차 대표대회에서 그는 "중소 상인들의 이익을 보호하는 제안"을 제기했다.

이와 동시에 마오쩌둥은 징강산 근거지의 정권 건설 중에 발생한 문제에 시선을 돌려 다음과 같은 해결안을 제시했다. 첫째, 노농병 대표대회를 중시해야 한다. 그는 다음과 같이 지적했다. 징강산 지역의 현, 구, 향 각급 대중 정권이 보편적으로 수립됐지만 제 구실을 하지 못하며 많은 지방에는 노농병대표대회가 없다. 일부 지방에 대표대회가 있지만 집행위원회가 장악한 임시 선거기관으로 변질되어 선거가 끝나면 위원회가 모든 권력을 장악한다. 이렇게 된 원인은 대표대회라는 새로운 정치제도에 대한 선전과 교육이 부족하기 때문이다. 동시에 독단, 독행하는 봉건시대의 악습의 영향이 대중, 심지어 일반 당원들에게도 남아 있어 새로운 민주제도를 이해하기 어려워한다. 그러므로 각급 대표대회 조직법을 상세하게 제정하여 대표대회의 건설을 강화해야 한다. 둘째, 정부의 기능을 활성화시켜야 한다. 그는 다음과 같이 지적했다. 편리함을 이유로 많은 일들을 당이 직접 처리하므로 정권기관은 아무런 역할도 하지 못하고 있다. 그 결과 대중들에게 당의 권위는 하늘을 찌르게 되었지만 정부의 권위는 크게 떨어졌다. 이런 상황에 비추어 마오쩌둥은 당의 주장과 정책을 선전하고 집행할 때도 반드시 정부 조직을 통해야 한다고 지적했다.

징강산 시기 마오쩌둥의 노농민주정권사상은 역사적으로 볼 때 한계가 있긴 했지만, 근거지 정권 건설 경험에 대해 당이 찾던 정확한 내용을 포함하고 있었다. 이는 향후 근거지 정권 건설에 대한 중요 참고 사항이 됐다.

제9장
혁명운동을 부흥시키기 위한 당의 험난한 투쟁

1. 중국공산당 제6차 전국대표대회

대혁명 실패 이후, 중국 혁명은 공산당이 독립적으로 이끄는 새로운 시기에 접어들었다. 이 시기 사회적 성격을 어떻게 인식하는가 하는 문제와 혁명의 성격, 대상, 동력, 전망 등 혁명의 성패에 관계되는 중대한 문제에 관해, 당내에는 논란이 존재하고 있었다. 그리하여 전국당대표대회를 소집하고 이러한 문제점들을 진지하게 해결할 필요성을 느꼈다. 1927년 11월에 당내에 출현한 '좌'경 모험 오류는, 정세를 정확히 파악하고 중국 혁명의 근본적인 문제를 정확히 인식하는 것의 중요성을 분명하게 보여 주었다. 그러므로 중국공산당 제6차 전국대표대회를 되도록 빨리 소집해야할 필요가 있었다.

중국공산당 제6차 전국대표대회는 거의 1년의 준비 기간을 가졌다. 일찍이 8·7회의에서 제6차 당대회의 소집 문제를 제기한 적이 있었다. 1927년 11월, 중앙 임시 정치국 확대회의에서 제6차 당대회를 소집할 것에 관한 결의를 통과시켰다. 1928년 1월 18일, 중앙 임시 정치국에서는 회의를 소집하여 또다시 제6차 당대회 소집문제를 논의했다. 회의에서는 대회 개최 시기를 3월 말로 정했다.

당시 국내의 백색테러가 매우 심각하여 안전을 보장할 수 있는 장소를 찾기가 어려웠던 탓에 회의 지점에 관해 일치된 의견을 이루지 못했다. 얼마 후 중공중앙은 국제 적색노동자조합 제4차 대표대회와 국제공산당 제6차 대표대회가 각각 그 해 봄과 여름에 모스크바에서 열리고, 청년 국제공산당도 모스크바에서 제5차 대표대회를 가질 것이라는 소식을 접했다. 그때가 되면 중국공산당도 대표단을 파견하여 몇 개 대회에 참석할 것이고, 중공중앙 역시 국제공산당에게 향후 노선에 대한 해답을 절박하게 바라고 있었기에 이를 감안하여 중국공산당 제

6차 전국대표대회를 모스크바에서 열기로 결정했다.

1928년 3월, 국제공산당에서 전보를 보내와 중국공산당 제6차 전국대표대회를 소련 경내에서 여는 데 동의했다. 4월 2일, 중공중앙 임시 정치국 상무위원회는 회의를 열어 제6차 전국대표대회 소집문제를 연구했다. 그리고 리웨이한, 런비스 두 위원이 남아 일상적인 중앙의 업무를 책임지고, 덩샤오핑은 중앙 비서장으로 남기로 결정했다.

4월 하순부터 5월 상순까지 취추바이, 저우언라이 등 중앙 지도자와 제6차 당대회에 참가하는 100여 명의 대표는 여러 조로 나눠 비밀리에 모스크바로 떠났다. 중공중앙은 제6차 당 대회를 개최하기 전에 필요한 준비를 했다. 4월 28일, 중앙 임시 정치국은 회의를 열어 국제공산당 집행위원회 제9차 확대 전원회에서 통과한 중국 문제에 대한 결의를 논의했다. 취추바이, 저우언라이, 리웨이한, 덩중샤(鄧中夏), 샹잉(項英), 런비스가 회의에 참석했다.

회의에서는 중국 혁명의 성격, 정세, 도시 사업과 농촌 사업의 관계 등 문제점을 집중적으로 토론했다. 회의 참석자들은 중국 혁명의 성격에 대한 국제공산당 결의의 견해에 대해 동의하고, 중국 혁명은 여전히 자산계급 민주혁명임을 인식했다. 연이어 중국 혁명의 정세는 고조에 이르지 못했고 혁명의 발전은 불균형적임을 시인했다. 따라서 대중의 지지를 얻고 세력을 비축하는 데 중점을 둘 것을 동의했다. 하지만 이때 중앙의 일부 지도자들은 아직도 '좌'경 맹동주의 오류를 분명히 인식하지 못하고 있었다.

중공중앙 지도자들은 모스크바에 도착한 후 심혈을 기울여 대회를 준비했다. 국제공산당과 소련공산당(볼셰비키)은 중국공산당 제6차 전국대표대회의 준비 사업을 중요시했고 큰 도움을 주었다. 소련과 국제공산당의 주요 지도자인 스탈린, 부하린이 직접 나서서 지도해 주었다. 6월 9일, 스탈린은 취추바이, 쑤자오정, 리리싼, 샹중파, 저우언라이 등을 회견하고, 중국 혁명의 성격과 혁명 정세에 대해 정확히 해석했다. 그는 중국 혁명은 '끊임없는 혁명'도 아니고 사회주의 혁명도 아닌 '자산계급 민주혁명'이며, 현재의 정세는 고조가 아니라 두 혁명의 고조 사이의 저조라고 지적했다. 6월 14일과 15일, 부하린은 국제공산당 대표의 신분으로 취추바이, 저우언라이, 덩중샤, 차이허썬, 리리싼, 샹잉, 장궈타오, 샹중파, 왕뤄페이(王若飛), 관샹잉(關向應), 샤시(夏曦), 황핑(黃平) 등 21명이 참가한 '정치담화회'를 열었다. 그리고 중국 혁명의 성격, 임무와 눈앞의 혁명 정세 및 당의 향후 노선, 방침, 정책 등 문제에 대해 의견을 교환했다. 그들의 담화는 혁명 성격과 혁명 정세에 대한 중국공산당 당내의 모호한 인식을 분명히 하는 면에서, 그리고 차후 소집된 중국공산당 제6차 전국대표대회에 영향을 끼친 데 중요한 지도적 의의가 있었다.

> **부하린(1888~1938)**
>
> 소련인, 러시아어 본명은 Н. И. Бухарин이다. 소련공산당(볼셰비키) 중앙위원, 정치국 후보위원, 위원, 국제공산당 집행위원회와 의장단 위원, 국제공산당 정치서기처 서기 등 직을 역임했다. 1937년 당적을 박탈당했고 이듬해 '반역죄'로 처형됐다. 1988년 소련공산당 중앙은 그의 누명을 벗겨 준다고 공식 선포했다.

1928년 6월 18일부터 7월 11일까지 중국공산당 제6차 전국대표대회가 모스크바에서 소집됐다. 대회에 참석한 대표는 총 142명이었으며 그중 선거권이 있는 대표는 84명[171]이었다. 회의에서 취추바이가 제5기 중앙위원회를 대표하여 정치 보고를, 저우언라이가 조직 보

---

171 6차 당대회 소집 시, 전국 당원은 정확한 통계 숫자가 없었다.

고와 군사 보고를, 리리싼이 농민문제 보고를, 샹중파가 노동자운동을 보고했다. 부하린이 국제공산당을 대표하여 '중국 혁명과 중국공산당의 임무'라는 정치 보고를 하고 정치 보고에 관한 결론을 읽었다. 대회에서는 정치, 군사, 조직, 소비에트정권, 농민, 토지, 노동자, 선전, 민족, 부녀, 청년단 등 문제에 관한 결의를 통과시켰고 수정을 거친 '중국공산당 규약'이 채택되었다.

대회는 대혁명 실패 후 중국의 정치, 경제 상황을 분석해 중국은 여전히 반식민지 반봉건 사회에 처해 있으며, 중국 혁명의 현 단계의 성격은 자산계급 민주혁명이라고 명확히 지적했다. 그리고 민주혁명과 사회주의 혁명의 경계선을 혼동하는 이른바 '끊임없는 혁명론'의 관점을 비판했다. 대회는 결의안을 통하여 '제국주의자들을 몰아내고 중국의 진정한 통일을 완성하는 것', ' 지주계급의 토지사유 제도를 평민 식으로 철저하게 뒤엎고 토지혁명을 실시하는 것', '노동자, 농민, 병사 대표회의(소비에트) 정권을 수립하기 위해 노력하는 것'이 현재 중국 혁명의 '중심 과업'이라고 보았다.대회는 다음과 같이 지적했다. 현재 중국의 정치 정세는 두 혁명고조 사이, 즉 저조기에 처하여 있는 바 혁명의 발전은 불균형성을 가지고 있다. 이 시기 일반적으로 대중의 혁명고조가 없고 반혁명의 세력이 노동자와 농민보다 우세하다. 제국주의 세력이 중국에서의 특권을 쉽사리 포기하지 않기에 국내의 사회적 모순과 지배계급 내부의 갈등 또한 날로 심각해지고 있다. 따라서 새롭고 거대한 혁명고조는 불가피하다. 당의 총노선은 대중을 동원해 봉기를 준비하는 것이지 당장 전국적인 봉기를 일으키는 것이 아니다. 회의는 당의 임무를 완수하기 위해, 반드시 당의 조직 건설과 사상 건설을 강화하고, 각급 조직을 적극 회복해 발전시켜야 한다고 주장했다. 또,당내 민주적 태도를 고양하고 집단 지도를 실시하며, 잘못된 경향은 고치고 자신의 전투력 및 당의 무산계급화를 강화해야 한다고 강조했다. 대회는 다음과 같이 지적했다. 노동자운동에서의 당의 주요 임무는 노동계급 대다수의 지지를 얻는 것이다. 그러므로 노동자를 협박하여 파업시키고 맹목적으로 무장봉기를 일으키는 것을 강력히 반대한다. 최대한 노력하여 혁명공회를 회복하고 무산계급 대중을 단결시켜 통일한다. 대중의 일상적인 경제 및 정치 투쟁을 가능한 한 지도하여, 노농대중 조직을 발전시켜야 한다.

대회는 당이 지휘한 군사 운동과 홍군 건설의 경험을 되새기며 군사 투쟁을 강화하자는 임무를 제기했다. 대회는 다음과 같이 지적했다. 반드시 농촌의 혁명 근거지를 넓히고 홍군을 발전시키며, 토지혁명을 실시하고 소비에트 정권을 수립하기 위해 힘써야 한다. 농촌의 토호, 지주 계급은 혁명의 주요한 적이다. 무산계급이 농촌에서 의지할 세력은 기본적으로 빈농이며, 중농은 튼튼한 동맹자이다. 대회는 1927년 11월에 소집한 중앙 임시 정치국 확대회의에서 제기된, 토지혁명에서 당연히 '모든 토지를 몰수해야 한다'는 주장의 착오를 시정하면서 다음과 같이 지적했다. 토호, 지주계급의 토지재산을 즉각 몰수하고 몰수한 토지를 농민대표회의(소비에트)에 넘겨 처리함으로써, 토지가 없거나 적은 농민들에게 분배하여 사용하도록 한다. 상공업을 보호해야 하고, 소자산계급의 재산을 골고루 분배하는 경향에는 반대해야 한다. 부농에 대해서는 혁명에 대한 태도를 봐서 차별적으로 대처해야 한다. 부농이 지속적으로 군벌, 지주, 토호와 투쟁할 때 그를 도와야 한다. 현 단계에서의 당의 임무는 이와 같은 부농들을 중립화함으로써 적의 세력을 약화시키는 것이다.

대회는 지난날 혁명투쟁의 경험과 교훈을 체득하여 좌경, 우경 두 가지 잘못된 경향을 반대할 것을 제기했다. 대회 결의안은 대혁명이 실패한 객관적 원인을 지적함과 동시에 당의 지휘기관이 범한 우경 기회주의 오류를 비판했다. 이런 오류는 대혁명 실패를 초래한 주요 원인이며 가장 큰 실수는 혁명의 지휘권을 포기한 것이라고 여겼다. 결의안은 대혁명 실패 후 당이 진행한 투쟁을 긍정함과 동시에 '좌'경 맹동주의 오류를 비판했으며, 맹동주의와 명령주의는 현재의 당으로 하여금 대중으로부터 외면당하는 가장 주요하고 위험한 요소라고 거듭 강조했다. 대회는 의장단과 각 성(省) 대표단의 추천에 근거하여 중앙위원 23명, 후보 중앙위원 13명을 선출하여 제6기 중앙위원회를 구성했고 위원 3명, 후보 위원 2명을 선출해 중앙심사위원회를 발족했다. 대회 폐막 후 개최된 당중앙위원회 제6기 제1차 전원회의에서는 쑤자오정, 샹잉, 저우언라이, 샹중파, 취추바이, 차이허썬, 장궈타오를 중앙정치국 위원으로 뽑고 관샹잉, 리리싼, 뤄덩셴(羅登賢), 펑파이, 양인(楊殷), 루푸탄(盧福坦), 쉬시건(徐錫根)을 정치국 후보 위원으로 선출했다. 쑤자오정, 샹중파, 샹잉, 저우언라이, 차이허썬을 중앙정치국 상무위원회 위원으로 선출했고 리리싼, 양인, 쉬시건을 상무위원회 후보위원으로 선출했다. 7월 20일에 소집된 중국공산당 제6기 중앙정치국 제1차 회의에서는 샹중파를 중앙정치국 주석 겸 중앙정치국 상무위원회 주석으로 선출했고, 저우언라이를 중앙정치국 상무위원회 비서장으로 선출했다.

샹중파(向忠發, 향충발·1880~1931)

후베이(湖北) 한촨(漢川) 사람이다. 1922년에 중국공산당에 가입했다. 우한에서 선원, 부두 노동자로 일하기도 했다. 우한 노동자 규찰대 총지휘, 후베이성 총공회 위원장 등 직무를 역임했다. 전면적으로 지도간부의 노동자 성분의 의의를 강조하여 중국공산당 제6기 중앙정치국 제1차 회의에서 당의 최고 지도자로 뽑혔다. 1931년 6월 상하이에서 체포되어 적에게 투항했고 곧 국민당에 의하여 총살됐다.

6차 당 대회가 열리는 동안 국제공산당은 이전에 중국에 파견한 대표가 여러 번 착오를 범한 사실과, 백색테러가 심각한 중국의 상황을 감안하여 중국에 대표를 파견해서 혁명을 지도하던 방식을 바꾸었다. 그러고는 국제공산당 주재 중공 대표단을 모스크바에 파견하여 국제공산당에 협조하는 방식으로 중국 혁명을 지도하기로 했다. 제6차 당 대회가 끝난 후 취추바이, 장궈타오, 덩중샤, 왕뤄페이 등은 국제공산당, 적색노동자조합, 국제농민조합에 상주하는 중공 대표로 모스크바에 잔류했고 취추바이를 대표단 책임자로 정했다.

저우언라이(周恩來,주은래·1898~1976)

광기의 시대에 마오쩌둥을 뒷받침한 사려 깊은 중국의 2인자였다. 그는 건국부터 문혁이 끝나는 76년까지 27년 동안 마오쩌둥 아래서 총리를 지내면서 내정과 외교를 세심하게 관리했다. 그는 특히 적과의 교섭에 솜씨를 보였다. 40년대엔 장제스의 국민당과 항일(抗日) 국공합작을 이뤄냈고, 70년대엔 닉슨의 미국과 데탕트(긴장완화)를 열었다. 저우언라이는 머리가 좋았다. 권력 도전에 민감한 마오쩌둥이 의심할 만한 어떤 일도 하지 않았다. 최고 권력자에게 제3인자, 4인자처럼 처신하며 충성을 바쳤다. 그렇게 얻은 신용을 가지고 그는 72년 다나카 가쿠에이(田中角榮) 일본 총리와 중·일 국교 협상을 혼자 다 이끌었다. 마오쩌둥 앞에서 저우언라이의 굴신(屈身)은 억지나 가식이 아니었다. 두 사람은 치국(治國) 철학이 일치했던 것이다. 마오쩌둥과 저우언라이가 같은 해(76년)에 나란히 죽은 뒤 새로운 중국을 탄생시킨 주인공은 덩샤오핑이다. 그는 4인방이 제거된 후 개혁개방으로 중국을 재탄생시켰다. 덩샤오핑은 문혁으로 정치생명이 끊어졌을 때 저우언라이의 도움을 받았다.

중국공산당 제6차 전국대표대회는 역사적으로 중대한 의의가 있는 회의이다. 이번 대회는 대혁명 실패 후의 경험과 교훈을 되새기고, 중국 혁명에 관해 심각한 논란이 존재하는 근본적 문제들에 대해 먼저 명확한 답을 내놓았다. 대회는 당시 당을 곤혹스럽게 만들던 몇 가지 큰 문제를 집중적으로 해결했다. 중국의 사회 성격과 혁명 성격에 관한 문제에 대해 당내에는, "민족자산계급이 이미 혁명의 반대편에 선 이상 중국 혁명의 성격은 더 이상 자산계급 민주혁명이 아니다"라는 착오적인 인식이 보편적으로 존재했다. 이에 비추어 중국은 여전히 반식민지 반봉건 사회에 처해 있고 중국 혁명을 야기한 기본적인 모순도 해결되지 못했으며, 민주혁명의 임무는 완수되지 못했다고 지적했다. 대회는 혁명의 성격을 결정하는 것이 혁명의 동력이 아닌 혁명의 임무일 수밖에 없기에, 현 단계의 중국 혁명은 여전히 자산계급 성격을 띤 민주주의 혁명임을 분명히 했다. 혁명 정세와 당의 과업에 관한 문제에서는 다음과 같이 명백하게 설명했다. 혁명은 저조기에 처해 있고 당의 총노선은 대중의 지지를 얻는 것이다. 당의 중심 사업은 백방으로 봉기를 조직하는 것이 아니라, 대중사업을 통해 세력을 축적하는 것이다. 이 두 가지 중요한 문제의 해결은 전 당의 사상을 통일했다. 또 당내에 여전히 만연한 '좌'경 정서를 극복하고 수동적 국면에서 빠져나와 사업의 전환을 실현하며, 중국 혁명을 부흥시키고 발전시키는 데 적극적인 역할을 했다.

하지만 중국공산당 제6차 전국대표대회는 일부 부족한 점이 존재했다.

첫째, 중국 사회의 계급관계에 대한 정확한 인식이 미흡하여 중간 진영의 존재를 부인하고, 민족자산계급을 가장 위험한 적으로 간주했다. 스탈린은 중국공산당 제6차 전국대표대회를 지도하며 중국공산당이 혁명의 기본적인 문제에 대해 잘못된 인식을 하게 된 이유가, 바로 그의 중국 혁명에 관한 '3단계' 이론 중 중국 사회계급에 대한 정확하지 못한 분석이 부정확했기 때문이라는 점을 인식하지 못했다. 제6차 당 대회는 스탈린의 이 이론을 채택하면서 중국 혁명의 기본문제에 대한 인식에 모순이 발생했다. 즉 중국 혁명의 성격은 자산계급 민주혁명임을 정확히 인정하는 반면, 민족자산계급은 제일 위험한 적이라고 잘못 인식한 것이다. 그리하여 반드시 쟁취해야 하고 또 쟁취 가능성이 많은 중간 계급을 적의 편으로 밀어내는 현상을 초래하게 되었고, 정책 측면에서 혁명의 성격을 혼동하는 '좌'경 오류가 쉽게 나타나고 말았다.

둘째, 당 사업의 중심을 여전히 도시에 두었다. 제6차 당 대회는 혁명의 새로운 고조를 결정하는 '더욱 큰 발전의 기지'와 '주요 동력의 하나'라며 근거지 창설과 홍군을 긍정적으로 보았다. 하지만 실제로 중국의 경제, 정치 발전의 불균형 문제와 농민전쟁을 연관시켜 농촌 투쟁이 중국 혁명에 특수한 의의를 지님을 정확히 인식한 것은 아니었다. 대회는 여전히 도시 중심론을 견지하면서 도시 노동운동의 발흥을 새로운 혁명 고조가 도래하기 위한 결정적 조건으로 간주했다. 그리하여 대회는 당 사업의 중심을 도시에 둘 것을 요구했다.

셋째, 중국 혁명의 장기성에 대한 예측이 부족했다. 제6차 당 대회는 현재 혁명이 고조기에 들지 못했고 당장 전국 무장봉기를 거행할 조건을 갖추지 못했음을 시인했다. 하지만 현저한 세력 차이와 혁명 저조의 장기성에 대한 추측이 부족했다.

그래서 혁명 고조는 곧 올 것이며 그때에는 무장봉기를 개시하여 혁명군이 한 개 혹은 여러 개 성에서의 승리를 할 수 있고 나아가 국민당 신군벌의 통치를 완전히 뒤집을 수 있다고 보았다. 대회는 세계의 자본주의가 이미 위기에 들어섰다는 국제공산당의 '제3시기' 이론을 받아들여, 당이 중국 혁명 정세에 대한 예측에 영향을 주었다. 이는 훗날 제6차 당 대회 노선이 관철되지 못하고. 당내에 잇달아 '좌'경 오류가 출현한 주요 원인 중 하나가 됐다.

1928년 7월부터 9월까지 소집된 국제공산당 제6차 대표대회에서 정식으로 제출한 세계 혁명 정세와 임무에 관한 이론이다. '제3시기'란 이름은 일전에 부하린이 중국 공산당 제6차 전국대표대회에서 한 정치보고 중에 처음 나타났다. 중국공산당 제6차 전국대표대회는 세계정세에 관한 이 같은 판단을 받아들여 대회의 '정치결의안'에 기입했다.

이 이론에서는 제1차 세계대전 종결 이후의 세계정세를 3개 시기로 나누었다. 1918~1923년은 제1시기로서 자본주의 제도에 심각한 위기가 발생하고 무산계급이 스스로 일어나 혁명하는 시기이다. 1923~1928년은 제2시기로서 자본주의가 점점 안정되고 무산계급이 계속 투쟁하는 시기이다. 1928년 이후 세계는 제3시기에 접어드는데, 제국주의 국가들 간의 제국주의 전쟁, 제국주의 국가의 반소련 전쟁, 제국주의 및 제국주의자의 무장 간섭을 반대하는 민족해방 전쟁과 대규모 계급투쟁의 시기이다. 자본주의 위기에 따른 급격한 첨예화는 반드시 전쟁을 일으킬 것이고 전쟁은 혁명을 야기한다. 따라서 자본주의 제도의 전반적인 붕괴는 불가피하다. 이 때문에 각국 당은 당연히 우경을 반대하고 공격 노선을 실행하여야 한다. 이 이론은 사실상 국제공산당과 스탈린의 관점을 반영한 것이었다.

넷째, 조직 측면에서 당원 구성의 무산계급화와 '지도기관의 노동자화'를 전면적으로 강조했다. 제6차 당 대회는 당을 대중화하고 전투적인 노동계급의 당으로 건설하는 과업을 제시했지만, 여전히 당원 구성의 무산계급화를 시급히 해결해야 할 문제로 삼았다. 특히 중국 혁명의 중심이 도시에서 농촌으로 넘어간 후 농민 및 기타 비무산계급 출신의 당원이 당내에서 절대 다수를 차지하는 것은 정상적인 현상이었다. 이와 같은 상황에서 당이 노동계급 선봉대의 성격을 유지하려면 당의 계급기초를 끊임없이 강화해야한다. 동시에 대중적 기초도 꾸준히 확대하고, 효과적인 대책과 경로를 취하여 당의 선진성을 유지하는 문제를 해결해야 했다.

그러나 제6차 당 대회는 이 문제를 정확히 인식하고 해결하지 못했다. 대회는 당의 8·7회의와 중앙 임시 정치국 11월 확대회의에서 이 문제에 대한 인식을 발전시켰다. 즉 중심 구역과 도시 내에서 당의 발전과 공고화 사업에 유의해야 하며, 적극적인 산업노동자를 당에 널리 받아들여 강한 공장지부를 창립해야 한다고 보았다.

동시에 지부의 조직과 생활을 건전히 함으로써 노농구성원의 비중을 바꿔 당의 무산계급 기초를 세워야 한다고 강조했다. 이와 같은 사상의 지도 아래 제6차 당 대회 대표와 대회에서 선출된 중앙 지휘 기관은 전면적으로 '노동자화'를 추구하고 노동자가 다수를 점할 것을 요구했다. 선거권이 있는 84명의 대표 중 노동자가 41명을 차지했다. 제6차 당 대회에서 선출한 23명의 위원과 13명의 후보 위원으로 구성된 중앙위원회에는 노동자가 21명이었다.

제6기 중앙정치국에서는 노동자 출신인 샹중파를 당의 최고 지도자로 뽑았지만 그는 실상 제 역할을 하지 못했다. 제6차 당 대회가 위에서 언급한 대로 부족한 점은 있었지만 그 노선은 대체로 정확했다. 제6차 당 대회 후 2년 동안 전 당은 제6차 당 대회의 노선을 관철, 실시하여 중국 혁명을 부흥과 발전으로 나아가게 했다.

중국공산당 제6차 전국대표대회 소집 전후인 1928년 4월부터 9월까지, 국내에 남은 중앙은 주로 다음과 같은 사업을 개시했다. 우선 반일 운동을 전개함과 동시에 영국과 미국이 중국에 대한 침투와 통제에 박차를 가하는 것을 반대했다. 특히 국민당 정부가 산둥(山東), 둥베이(東北)의 권익을 일본에 팔아먹는 것을 극력 반대했다. 더불어 도시 사업의 대중적 기초를 닦고 도시 노동운동을 강화했다.

또 농촌 사업을 정돈하고 발전시켜 농민봉기를 조직하는 데 유의했다. 유능한 요원을 국민당 군대에 파견하여 군사 운동을 재촉하기도 했다. 그리고 당 조직을 정돈, 발전시키고 당의 비밀사업을 강화했다. 중국공산당 제6차 전국대표대회 개최 기간에 국내 사업에 대한 지시를 제때에 전달하고 관철하는 등 사업을 전개했다. 위에서 밝힌 사업은 국민당의 반동통치와 외세 의존적 정책을 폭로하고, 대중의 신뢰를 얻으며 실제 사업에서 '좌'경 맹동주의 오류를 시정해 당의 조직을 발전시키는 데 도움을 주었다. 또 도시 노동운동과 농촌투쟁을 발전시키는 등 다방면에서 적극적인 역할을 했다. 물론 국내에 남은 중앙은 탄핑산, 덩옌다 등이 이끄는 중화혁명당[172]에 대해 공개적으로 투쟁했는데 이는 '좌'적인 표현이었다.

2. 국민당 통치구역에서의 당의 사업

당 조직의 회복과 발전

대혁명이 실패한 후, 중공중앙은 각지에 무장봉기를 배치함과 동시에 심한 타격을 받은 국민당 통치구역의 당 조직을 힘써 정돈하고 당 조직이 투쟁형식을 바꾸도록 지도했다. 각고의 노력으로 국민당 통치구역 내 당 조직은 어느 정도 회복, 발전했다.

8·7회의 후, 중공중앙은 각지 당 조직을 회복하고 재건하는 사업을 함에 있어 중앙 파출기관 설립을 최우선시했다. 중공중앙은 북방국을 설립하고 왕허보(王荷波), 차이허썬을 북방에 파견하여 8·7회의 정신에 입각해 순즈(順直), 산둥, 산시(山西), 둥베이3성(東北三省) 및 네이멍구(內蒙古) 등지의 당 조직을 정돈하기로 결정했다. 저우언라이, 장타이레이(張太雷), 장궈타오 등으로 남방국을 구성하고 부임하진 않았지만 장궈타오를 서기로 임명했다.

그 산하에 군사위원회를 설치하고 저우언라이를 주임으로 하되 저

---

172 일반적으로 제3당이라고 부른다. 이 당은 차례로 중국국민당 임시행동위원회(1930년 8월), 중화민족 해방행동위원회(1935년 11월), 중국농공민주당(1947년 2월)으로 개칭했다.

우언라이 등이 부임하기 전 장타이레이, 양인 등이 임시 남방국을 구성하기로 합의했다. 또 창장국을 설립하고 뤼이눙(羅亦農)을 서기로 하여 창장(長江) 유역의 당 사업을 책임지게 하도록 결정했다. 중공중앙은 파출기관을 설립함과 동시에 순시원을 각지에 파견하여 지방 당 조직이 비밀리에 활동하도록 지도했다.

중공중앙은 당 조직이 심하게 파괴당했던 과거에 비추어, 국민당 통치구역에서 지하공작을 제대로 전개하기 위한 비밀사업제도를 마련했다. 1928년 5월 18일, 중공중앙은 '중앙 공고문 제47호—백색테러 아래에서의 당 조직의 정돈, 발전과 비밀사업에 관해서'를 발부하여 당의 조직형식은 비밀환경에 적응해야 한다고 규정했다.

5월 31일, 중공중앙 조직과에서는 '비밀사업 상식'을 인쇄·배포하여 각급 당 조직과 당원의 '비밀사업준칙'으로 삼았다. 10월, 중공중앙은 '후베이 조직문제에 관한 결의안'에서 재차 당의 비밀기관 사회화와 당원 직업화 문제를 제기했다. 이는 당이 국민당 통치구역에서 비밀사업을 하는 중요한 원칙이었다. 직업과 각종 사회관계를 방패 삼아 당 조직과 당원이 장기적으로 잠복할 수 있도록 함과 동시에 대중의 엄호 아래 사업을 전개하고, 혁명세력을 발전시키기 위한 목적이 있었다.

중공중앙과 각지 당 조직의 노력을 거쳐 심하게 파괴됐던 곳곳의 당 조직은 서서히 회복해 재건됐다. 후난, 후베이, 장쑤, 장시, 광둥, 저장, 푸젠, 순즈, 허난, 산시(陝西), 광시 등지의 당 조직은 회복과 발전이 비교적 빨랐다. 산시(山西), 산둥, 안후이, 쓰촨, 윈난, 구이저우, 네이멍구와 둥베이 3성 등지의 당 조직도 어느 정도 회복되고 발전했다. 특별위원회도 각지에서 설립되었다.

제6차 당 대회가 열릴 무렵에는 12개 성위원회, 3개 임시 성위원회,

400여 개의 현위원회, 시위원회 등 당의 지방조직들이 설립됐다. 당 조직의 회복과 발전은 여러 가지 사업, 특히 각지 무장봉기의 전개에서 중요한 요소였다.

중공중앙의 지도 아래 국민당 통치구역의 공산당 인사들은 완강한 투쟁을 거쳐 점차 대혁명 실패 당시의 심한 타격에서 벗어났다. 당의 대열을 모으고 당의 조직을 회복, 발전시켰다. 동시에 비밀사업을 운영하는 방법을 배워 비밀사업을 제도화했다. 심한 좌절을 겪었던 중국공산당은 험난한 투쟁 끝에 다시 발전하기 시작했다.

하지만 전체적으로 볼 때 당 조직의 상황은 당이 맡은 임무의 달성과는 한참 거리가 멀었다. 당 조직은 심각한 백색테러로 인해 끊임없이 타격을 받았다. 후베이성당위원회는 1928년 1년 사이에 세 차례의 커다란 타격을 입었다.

광저우 봉기 후, 광둥성의 당 조직은 거의 파괴됐다. 같은 해 후난성당위원회는 두 차례 크게 파괴된 후 성내에 발붙일 수 없어 상하이로 전격 이전했다. 산시(山西), 산시(陝西), 쓰촨, 윈난 등 성당위원회는 중앙과 연락이 두절되기까지 했다. 살아남은 일부 당 조직에도 문제는 존재했다.

당원들이 소극적으로 변하거나 기율이 해이해졌으며, '좌'적으로 망동하기도 했다. 조직의 규율을 무시하고 무질서해졌으며 대중을 이탈하는 등 당원 중에는 서로 원망하고 불신하는 정서가 팽배해져 있다. 중국공산당 제6차 전국대표대회는 당의 건설 중 발생한 문제들을 해결하기 위해 당의 건설을 강화하는 임무와 방침을 확정했다. 대회에서 통과한 '조직문제 결의안 개요'에서는 "중심구역에서의 당의 발전을 주시하고 지방 당 기관 설립을 서두른다" "당원대열의 발전에 신경 쓰고 당원의 직업화에 힘쓰며, 적극적인 산업노동자분자들을 흡수하여 입당시켜야 한다"고 지적했다.

제6차 당 대회에서 선출된 중앙위원회는 귀국 후 당의 건설을 최우선시했다. 1928년 9월 2일, 중앙정치국은 제1차 상무위원회의를 열고 광시, 허난 두 성당위원회의 조직 개편 문제와 조직 보강 문제에 대해 의논했다. 이때부터 연말까지 중앙정치국은 여러 차례 상무위원회의를 열고 안후이, 후베이, 후난, 장쑤, 장시, 광둥, 저장, 산시(山西), 윈난, 푸젠, 쓰촨, 만주(滿州), 산둥, 산시(陝西), 순즈 등 성당위원회의 조직 문제를 토론했다.

그리고 이런 지방 당 조직의 개편, 재건, 보강에 대해 현실적인 방안으로 지도했다. 중앙은 차일피일 미루며 결정을 내리지 못하던 순즈 문제와 장쑤 문제를 처리하기 위해 저우언라이 등을 파견했다. 그들은 인내심을 가지고 상세한 사상교육 사업을 실시해 문제점을 순조롭게 해결했다. 꾸준한 노력으로 당의 조직은 비교적 큰 발전을 이뤘다. 당중앙위원회 제6기 제2차 전원회의가 개최된 1929년 6월에 이르러 전국의 당원은 6만 9,300여 명으로 증가했고, 산업 노동자 지부는 근 100개에 달했다.

이 회의에서 결정한 '조직문제 결의안'에서 당은 "대혁명 실패 후의 와해된 조직을 회복하여 이미 상당한 기초를 마련했다"고 평가했고 "주요 도시의 지부는 대중 들을 이끄는 지도자 역할을 수행할 수 있게 됐다"고 발표했다. 당중앙위원회 제6기 제3차 전원회의의 통계에 따르면, 1930년 9월에 전국 당원 수는 이미 12만 2,300여 명에 달했다. 연말에 이르러 당은 전국적으로 17개 성당위원회(성당사업위원회)와 많은 특별위원회, 시당위원회, 현당위원회 조직을 회복했다. 기층에서 당의 지부도 큰 발전을 가져와 산업노동자 지부만 228개로 증가했다.

1927년 4월, 리다자오(李大釗)가 살해당한 후 중공중앙 북방국과 중공 순즈성위원회의 사업은 오랫동안 힘든 상황을 타개하지 못했다. 오히려 문제가 계속 쌓여 당원 간부의 사상에 혼란이 생겼다. 1928년 1월, 순즈성당위원회는 조직을 개편했다. 여러 문제가 여전히 해결되지 않았고 성당위원회는 분열되었으며, 결국 즈리(直隸)성의 일부 당원은 정딩(正定)지역에서 제2성위원회를 만들었다. 같은 해 7월, 순즈성당위원회는 재차 조직을 개편했지만, 탕산, 쭌화(遵化), 위톈(玉田), 러팅(樂亭) 4개 현의 일부 당원 간부는 '당수호 청원단'을 결성하고 새로운 성당위원회를 승인하지 않았다. 많은 사람들은 순즈에서의 당 조직은 이미 시대에 뒤처졌으니, 7월 이후의 성당위원회는 마땅히 폐쇄시키고 중앙에서 따로 특별위원회를 조직하여 순즈 문제를 처리해야 한다고 주장했다. 순즈성당위원회의 관할범위가 비교적 컸기 때문에 그곳의 문제는 북방 지구에서의 당 사업 전개에 심각한 영향을 끼쳤다. 11월 27일, 중앙정치국 회의에서는 저우언라이를 순즈에 보내 문제를 해결하기로 결정했다. 1929년 6월, 당중앙위원회 제6기 제2차 전원회의에서 순즈 문제를 정리했다.

당시 중공 장쑤성당위원회는 그 사업 관할범위에 중공중앙의 소재지인 상하이와 난징 등 중요 도시들이 포함돼 있기 때문에 특히 중요했다. 1929년 1월 3일, 중앙정치국 회의에서 샹중파와 리리싼은 중앙이 장쑤성당위원회를 겸할 것을 제시했다. 의견이 분분했지만 중앙은 결국 둘을 통합하기로 결정했고, 장쑤성당위원회에는 따로 통지하지 않았다. 1월 중순, 순즈에서 상하이로 돌아온 저우언라이는 이 결정이 옳지 않다고 여겼다. 통합을 주장하던 샹중파, 리리싼도 설득 끝에 자신의 주장을 포기했다. 하지만 정치국의 결정은 이미 장쑤성당위원회에 전달됐다. 그들은 이를 장쑤성당위원회에 대한 중앙의 불신이라고 여겼고 곧 구역위원회 서기 연석회의를 소집했다. 결국 성당위원회는 중앙의 모든 결정을 거부하기로 했다. 일부 사람들이 규율을 위반하며 활동하기 시작하자 사태는 심각해졌다. 다행히 저우언라이의 노력으로 1월 하순에 이르러 문제가 해결됐다.

국민당 통치구역 내 당의 지하투쟁

중국공산당 제6차 전국대표대회 이후, 중공중앙은 국민당이 엄중하게 통제하는 도시 내 당의 비밀사업에 대한 지도를 강화했다. "당의 사업은 반드시 인민대중 속에 깊이 파고들어가야 하며 하층부터 시작해야 한다" "비밀사업과 공개적인 사업을 결부시키는 데 힘써야 하며, 당의 간부는 '직업화'와 '사회화'를 실현해야 한다"고 강조했다. 이러한 지도 의견과 조치는 어려운 형편에 처한 각지 당 조직과 대중 투쟁의 부흥에 일조했다. 이는 노동운동에서 특히 집중적으로 표현됐다.

중공중앙은 도시를 중심으로 하는 사상 아래 노동운동을 집중적으로 추진했다. 중앙은 노동운동의 지도를 강화하기 위해 샹잉(项英·1898~1941)을 서기로 하는 노동운동위원회를 설립하고, 중화전국총공회의 지도기구를 정비했다. 중앙정치국은 상하이 노동운동의 지도를 중심사업으로 삼고, 정치국 후보위원 뤄덩셴(羅登賢)을 장쑤성당위원회에 파견했다. 또 저우언라이를 대표로 하는 상하이 사업순시위원회와 샹잉을 대표로 하는 전국총공회 상하이공회운동순시위원회를 구성하기로 결의했다. 중앙은 각지 노동운동을 지도하는 과정에서 '좌'적 경향을 바로잡는 걸 유의했고 노동계급의 대다수를 쟁취해야 한다는 제6차 당 대회의 정신을 관철했다. 책략 지도 측면에서 노동자들은 일상적인 경제 투쟁을 중시하고, 투쟁 중에는 정확한 책략을 활용해야 한다고 강조했다. 조직 형식 측면에서는 황색공회(黃色工會·중국공산당과 연결되어 있는 기존의 노조 지도자와 노조를 노동자의 적이자 어용 노조를 뜻하는 말)에 가입하여 대중을 쟁취해야 한다고 주장했다. 그리고 대중의 마음을 얻기 위해 합법적인 조직 형식과 조건을 이용할 것 역시 당부했다. 중앙의 지시로 인해 6차 당 대회의 노선과 공회운동 책략은 노동운동 중 빠르게 흡수되었고, 뜻밖의 좋은 결실을 보았다. 심한 타격을 받았던 국민당 통치구역 내 노동운동도 어느 정도 회복, 발전됐다.

노동운동의 회복과 발전을 나타내는 두드러진 증거로, 전국적 범위의 반일 물결을 들 수 있다. 1928년에 발생한 지난(濟南)참사는 전국 인민, 특히 노동계급의 거대한 분노를 불러일으켰다. 참사가 발생한 뒤 한동안 도시의 많은 노동자들은 국민당 당국의 제재에도 불구하고, 일제상품 불매운동과 파업 등 다양한 형식의 반일투쟁을 전개했다. 상하이의 각 공회는 대표대회를 열고 반일 운동을 엄숙하게 제시한 뒤 비교적 효과적인 일제상품 불매운동을 전개했다. 창사(長沙)의 선원과 부두 노동자들은 후난성의 대일 절교운동과 더불어 반년이나 지속된, 일본에 점령당한 다진(大金)부두 회복 투쟁에 적극 참가하여 승리를 거뒀다.

한커우(漢口)의 일본 조계지와 일본기업의 노동자 8,000여 명은 한커우 주둔 일본 해병대의 탱크가 중국 인력거꾼을 치어 죽인 데 항의하고 반년에 가까운 파업을 단행했다. 결국 일본영사는 사과하고 배상하는 등 조건에 응하지 않을 수 없었다. 산둥에서는 1929년 6월, 칭다오(靑島)의 일본 상인이 운영하는 방직공장 내 2만여 명 노동자들이 4개월간의 반일 대파업을 통해 오랜 분노를 터뜨렸다. 전국을 휩쓴 반일투쟁은 5·30운동 이후 또 한 차례의 대규모 반제국 투쟁으로 번져, 일본 제국주의의 기세를 꺾어 놓았다.

노동운동의 회복과 발전을 보여주는 또 하나의 증거는, 각지에서 생존을 위한 노동자들의 투쟁이 늘어난 것이다. 또 이와 같은 투쟁이 승리를 거두거나 부분적 승리를 거둔 비중이 다소 늘어난 것이다. 6차 당 대회 이후, 각지 당 조직과 혁명공회는 노동자의 일상적인 경제 투쟁을 지도하기 위해 여러 사업을 실시하여 효과를 보았다. 중화전국총공회의 통계에 따르면 1928년 하반기 상하이에서 발생한 94차의 파업 중 자본가 측에서 야기한 파업은 32%였고, 노동자의 반발로 일어난 것은 60%를 점유했다. 투쟁 결과를 보면 노동자가 완전히 승리한 파업은 25%, 부분적으로 승리를 거둔 파업은 19%이며, 실패한 파업은 13%이다. 노동자파업의 실제 결과를 살펴보면, 제6차 당 대회에서 제정한 노동운동 책략을 관철한 것이 효과를 보았다. 예컨대 1928년 10월 상하이 우편사무 종사원들은 봉급과 수당을 개선하기 위한 대파업을 단행하여 승리를 거뒀다.

이번 투쟁은 상하이 전역을 뒤흔들었고 전국적인 영향을 미쳤다. 1929년 4월, 탕산(唐山) 카이란(開灤) 우쾅(五鑛)광산의 10만여 명 노동자들은 임금 인상과 대우 개선을 위한 대파업을 단행하여 결국 광산 측에서 노동자들이 제시한 조건을 수용할 수밖에 없었다. 10월, 우창(武昌) 푸위안(福源)방직공장 등의 공장 노동자들은 자본가와 당국의 압박에 반발하여 수십 차례에 걸쳐 투쟁했고, 그 결과 우한 지역 노동운동의 부흥을 촉진했다. 특히 1930년 6월 상하이에서 프랑스상인 전차·전등회사 노동자들은 합법적인 수단으로 정확한 투쟁 책략을 취해, 57일간 지속된 대파업에서 승리를 거뒀다.

중국공산당이 이끄는 노동자조직이 회복되고 노동자들에 대한 당의 영향력이 더욱 확대된 것은, 노동운동이 회복, 발전한 또 다른 증거다. 제6차 당 대회 이후, 각지 당 조직은 노동대중 속에 깊이 들어가 조직·동원 사업을 개시했다. 중화전국총공회에서는 중심 도시와 철도, 탄광, 해운 등 산업노동자가 집중된 곳에 상무위원을 파견하여, 그들을 도와 공회를 설립하게 했다. 전국 총공회의 통계에 따르면 1929년 말에 이르러 전국 적색공회 회원 및 그 영향 아래의 노동대중은 모두 4만여 명에 달했다.

제6차 당 대회 후 2년간 국민당 통치구역 내 노동자 투쟁은 일정한 효과를 거두었지만, 여전히 '좌'적 경향이 존재하여 노동운동의 회복과 발전을 방해했다. 전체적으로 볼 때 노동운동의 규모는 크지 않았고 완전한 승리를 거둔 투쟁이 많지 않았으며, 노동투쟁은 방어적 성격을 뚜렷이 띠고 있었다. 당이 지휘하는 혁명세력 조직은 여전히 미력해서, 중국공산당 제6차 전국대표대회에서 제기한 노동계급의 대다수를 쟁취하는 목표를 이루기 힘들었다.

이 시기 농민들의 지세, 곡물, 세금 납부 거부 등 투쟁, 도시 빈민들의 가렴잡세(苛斂雜稅·가혹하게 억지로 거두어들이는 각종 세금) 반대 투쟁, 학생운동, 부녀운동, 좌익문화운동, 국민당 군대 내의 사병운동 등도 모두 발전했다. 이는 국민당의 반동통치에 어느 정도 타격을 주었고 혁명의 영향을 확산시켰다.

심각한 백색테러에 직면한 중공중앙은, 정보·보위 사업에 전문 종사하는 특수행동과를 강화하기로 결정했다. 1928년 11월 14일, 중앙정치국 상무위원 회의에서는 샹중파, 구순장(顧順章), 저우언라이로 구성된 중앙특무위원회(중앙특별위원회로 약칭)를 설치하고 이 분야 사업의 책임 기관으로 삼기로 의결했다. 그리고 특별위원회 산하에 특수행동과를 설치하고 구체적 임무를 시행했다. 특별위원회는 저우언라이의 주관으로 중공중앙의 안전을 지켰으며, 적에게 체포된 동지를 구출하기도 했다. 또 반역자를 엄벌하며 정보를 수집하고 홍군과 근거지의 투쟁에 협력하는 등의 측면에서 매우 중요한 역할을 담당했다.

트천 폐쇄파(托陳取消派) 반대 투쟁

제6차 당 대회 이후 당은, 천두슈(陳獨秀) 등과 중국의 트로츠키 반대파(트로츠키파로 약칭)가 결합되어 형성된 트·천 폐쇄파와의 투쟁에 적극 나섰다.

중국 트로츠키파를 최초로 접한 이들은 트로츠키 및 트로츠키주의 영향을 직접적으로 받은, 소련에 유학을 간 일부 중국 유학생들이었다. 그들은 1927년 말과 1929년에 귀국하여 트로츠키파의 활동에 종사하면서, 중국 혁명에 관한 트로츠키의 관점을 크게 선전했다. 대혁명 후기 장제스, 왕징웨이 두 집단의 계급에 대한 인식과 그들이 장차 혁명을 배반하게 될 것이라는 판단 아래, 스탈린의 오류를 비판한 트로츠키의 의견은 부분적으로 옳았다.

그러나 대혁명 실패 이후 중국의 사회 성격, 혁명 성격, 계급 관계와 전략, 책략에 대한 인식에는 큰 착오가 있었다. 그는 대혁명 시기 중국의 무산계급은 민족자산계급과 협력하지 말아야 했고, 공산당원은 국민당에 가입하지 말아야 했다고 여겼다. 그리고 우한 왕징웨이 정부가 적에 투항하기 전 중국의 무산계급은 신속하게 소비에트정권을 수립해야 했다고 보았다. 그는 대혁명 실패 후 국민당은 이미 자산계급 민주혁명을 완수했으나 중국 혁명은 사회주의 혁명 단계에 막 진입했다고 여겼다. 따라서 혁명의 고조가 도래하지 않은 상황에 중국 공산당은 홍군을 조직하여 무력으로 국민당 반동파에 반발하거나, 노농소비에트를 수립하는 투쟁을 진행하지 말아야 했다고 판단했다. 그는 또 중국공산당의 주요 임무는 관세 자주를 쟁취하고 중국과 외국 자본가의 대기업과 공장을 몰수하며, 국민회의운동을 준비하는 것이라고 생각했다.

트로츠키는 스탈린이 마땅히 중국 대혁명의 실패를 책임져야 한다고 판단했다. 이 견해는 천두슈로부터 인정을 받았고, 이는 천두슈가 중국 트로츠키파에 가입한 주요 원인 가운데 하나가 되었다.

대혁명 실패 후 천두슈는 잠시 직무가 해제되어 중공중앙의 지도자 자리에서 물러났다. 상하이에 돌아온 그는 중앙의 요구에 따라 '싸웡(撒翁)'이라는 필명으로 당의 간행물에 종종 예리한 필봉을 휘둘러 국민당의 암흑통치를 폭로하고 규탄했다. 그뿐만 아니라 대혁명 실패의 교훈을 반추하며 눈앞의 정세와 당의 노선, 책략에 큰 관심을 보였다.

천두슈가 대혁명의 실패에 자신의 책임이 없다고 여긴 것은 아니었다.

하지만 국제공산당의 지도에 많은 문제가 있었고 자기는 어쩔 수 없이 따른 것뿐이니, 국제공산당이 당연히 주요한 책임을 져야 한다고 여겼다. 그래서 그는 국제공산당이 잘못을 덮어 감추고, 대혁명의 실패를 낳은 착오와 그 책임을 모두 자기에게 떠넘긴 것에 대해 큰 불만을 가졌다. 반드시 짚고 넘어가야 할 점은, 국제공산당이 대혁명 실패 해 대해 당연히 져야 할 책임을 지지 않고 모조리 천두슈에게 떠넘긴 것이 옳지 못한 일이라는 것이다.

1929년 봄, 천두슈, 펑수즈(彭述之)는 중국 혁명에 관한 트로츠키의 논문을 읽고 그의 사상에 공감하며, 중국 대혁명의 실패에 관한 트로츠키의 분석이 공정하다고 여겼다. 천두슈 등은 중국 혁명에 관한 트로츠키파의 이론과 책략을 받아들이고, 중국공산당 내부에서 '좌파 반대파'를 조직하기 시작했다.

대혁명 실패 후 국제공산당이 중국 혁명을 지도하는 과정에서 인민 군대를 창건하고 무력으로 국민당 반동통치에 반발하며, 토지혁명을 진행하는 것을 강조한 것은 옳았으나, 심각한 '좌'경 오류를 범했다. 천두슈는 혁명 정세에 관하여, '끊임없이 고조되고 있으며' '직접 혁명하는 정세'라고 보는 국제공산당 대표와 중공중앙 지도자들의 관점에 동의하지 않고, 중국 혁명은 이미 저조기에 처했다고 여겼다. 그는 무산계급독재 체제를 수립하고 기타 당파와 협력하지 않는 등의, 중앙 임시 정치국이 제시한 '좌'적인 강령과 책략에도 찬성하지 않았다. 하지만 혁명 정세에 관한 천두슈의 전망은 지나치게 비관적이었다. 그는 8·7회의에서 결정한 무장봉기 방침을 극력 반대하며, "혁명이 저조기에 처했으니 완전히 퇴각하고 방어적인 책략을 실시해야 한다"고 주장했다.

또 노농운동은 행동을 취하지 말고 특히 봉기로 정권을 탈취할 환상을 가지지 말아야 한다고 보았다. 오직 "지세와 세금 등을 납부하지 않고 현물로 조세를 완납하지 않으며, 빚을 갚지 않는" 등과 같은 경제 투쟁에만 집중해야 한다고 했다. 이러한 관점은 분명히 잘못된 것이었다.

특히 천두슈는 중국의 사회와 혁명의 성격, 임무, 노선 등 근본적인 문제에 관한 제6차 당 대회의 노선을 반대했고, 당과 대립되는 주장을 제기했다. 1929년 8월부터 10월까지, 그는 중공중앙에 다음과 같은 요지의 서한을 여러 차례 보냈다.

대혁명 실패 후 계급관계 변화의 특징 중 주목할 만한 점은, 자산계급은 승리를 거둬 정치적으로 다른 계급에 비해 우월한 지위를 획득했으나 봉건 잔여세력은 이 대변혁의 시기에 최후의 타격을 입고 패잔병이 되었다는 것이다. 국민당의 난징정부가 이미 자산계급의 지배를 받는 자산계급 중심의 정권이 되었으므로, 중국은 이미 자본주의 평화 발전의 길에 들어섰다고 볼 수 있다.

따라서 무산계급은 자본주의가 고도로 발달한 뒤에 다시 사회주의 혁명을 시작해야 한다고 여겼다. 사실상 반제, 반봉건의 혁명 임무를 포기하자는 관점을 제시한 것이다. 그는 또 대혁명 실패 후 중국의 반혁명 세력은 전성기에 들어섰고 민주혁명은 때가 지났으며, 사회주의 혁명의 여건은 아직 충족되지 않았다고 보았다. 혁명이 저조기에 들어선 현 단계에서 무산계급은 '국민회의' 소집을 총체적 정치구호로 삼는 합법적인 운동을 진행할 수밖에 없다고 여겼다. 이는 사실상 당의 무장투쟁을 부정하는 것이었다. 천두슈는 중앙에서 그의 서한에 대해 답하기 전에 이러한 서한들을 펑수즈 등을 통해 당내에 배포했다. 또 일부 사람들을 선동하여 당의 노선을 반대했으며, 비밀리에 소규모 활동을 전개했다.

1929년 8월 13일, 중공중앙은 '중앙공고문 제44호 - 중국 당내 반대파 문제에 관하여'를 반포하여 전 당에 트로츠키파를 반대하는 투쟁을 전개할 것을 호소했다. 또 트로츠키파의 잘못된 이론을 사상과 이론 측면에서 반박하며 트로츠키파 골수분자를 당에서 완전히 제거하고, 일반 분자에 대해서는 교육을 통해 회유하기로 결정했다.

10월, 중앙정치국은 당내 기회주의와 반 트로츠키에 관해 의결하고 천두슈 등의 폐쇄주의 이론을 한층 더 강하게 비판했다. 동시에 그들에게 당내의 트로츠키파 소조직을 당장 해산하고 당을 반대하는 모든 선전과 활동을 중지할 것을 요구했으며, 조직 측면에서 참가자들에게 제재를 가했다. 하지만 천두슈 등은 수차례의 교육과 지적을 받아들이지 않고 중앙이 맡긴 임무를 거부했다. 그뿐만 아니라 공개적으로 제6차 당 대회 노선을 반대하며 트로츠키주의를 옹호하는 등 지속적으로 파벌 활동을 벌였다. 결국 중공중앙은 11월 15일 천두슈, 펑수즈 등을 출당시키기로 결정했다.

1929년 12월 10일, 천두슈는 공개적으로 '전당 동지들에게 고하는 글'을 발표했다. 12월 15일, 천두슈 등 81명은 "우리의 정치의견서"(트·천 폐쇄파 강령)를 발표했다. 1931년 5월에 이르러 몇몇 트로츠키파 소조직("무산자조합"파, "우리의 말"파, "10월사"파, "전투사"파 등)은 상하이에서 통일대회를 공동 개최하고 천두슈를 서기로 하는 이른바 '중국공산당 좌파 반대파'("중국 공산주의 동맹" 혹은 "중국공산당 레닌주의좌익 반대파")를 결성했다. 트·천 폐쇄파의 주장은 중국의 현실과 동떨어진 데다 내부의 파벌 갈등이 몹시 심했다. 그런 까닭에 통일조직이 결성되어도 곧 분열되거나 와해되어 사회에 큰 영향을 끼치지는 못했다.

3. 농촌혁명 근거지의 공고화와 확대

간난(贛南), 민시(閩西) 근거지의 개척

중국공산당 제6차 전국대표대회 이후 각지 당 조직은 국민당 신군벌이 혼전하는 유리한 시기를 노리고 농민을 동원하여 유격전쟁과 토지혁명을 벌였다. 동시에 혁명정권을 세움으로써 홍군과 근거지를 공고히 하고 지속적으로 확장했다. 그중 영향력이 가장 큰 근거지는 마오쩌둥, 주더가 지휘하여 개척한 간난(贛南), 민시(閩西) 근거지였다.

국민당 군대의 제2차 '합동 토벌'을 분쇄한 이후 징강산 근거지는 신속하게 회복되고 발전했다. 이는 국민당 당국을 당황하게 했다. 1928년 12월, 후난과 장시 두 성의 국민당 군대는 주페이더(朱培德), 허젠(何鍵), 진한딩(金漢鼎)의 지휘 아래 6개 여단 3만 명의 병력을 다섯 개 부대로 나눠 징강산 근거지에 대한 제3차 '합동 토벌'을 감행했다. 동시에 징강산 근거지의 경제 봉쇄에도 박차를 가했다. 홍군 제4군은 경제적으로 매우 어려워진 데다 몇 배나 되는 적을 상대해야 했기에 또다시 건군 이래 가장 힘든 시련을 맞았다.

적의 '합동 토벌'을 타파하기 위해 1929년 1월 4일, 전선위원회 서기 마오쩌둥의 주관 아래 장시 닝강(寧岡)현 바이루(栢露)촌에서 홍군 제4군 전선위원회, 후난·장시 접경 지역 특별위원회, 홍군 제4군과 홍군 제5군 군사위원회 및 각 현 현당위원회 책임자가 참가한 연석회의가 열렸다. 회의에서는 '반협동 토벌' 배치에 대해 토론했고 '공세적 방어' 전략을 취하기로 했다. 펑더화이, 텅다이위안(騰代遠)은 홍군 제5군 주력과 홍군 제4군 제32퇀을 거느리고 징강산에 남기로 했다. 마오쩌둥, 주더, 천이는 홍군 제4군 주력을 이끌고 장시성 남부로 출격하여, 적의 '합동 토벌'과 경제 봉쇄로 인해 초래된 어려움을 해결하기로 했다. 이렇듯 내선과 외선이 서로 협력하는 방법을 통해 적군의 '합동 토벌'을 타파하고, 근거지를 지켜내 발전시키기로 결정했다.

1929년 1월 14일, 마오쩌둥·주더·천이 등은 홍군 제4군 주력 3,600여 명을 거느리고 징강산 근거지를 떠나 장시성 남부를 전전하는 험난한 여정에 올랐다. 근거지를 떠나 진행하는 작전이었으므로 지방 당 조직의 호응과 대중의 협력이 없어 홍군 제4군의 처지는 매우 어려웠다. 결국 첫 전투인 다위(大庾·지금의 大餘) 전투에서 패한 후, 핑딩아오(平頂坳), 충셴웨이(崇仙圩), 전샤(圳下), 루이진(瑞金)에서의 전투에서도 잇달아 패배했다. 그러나 2월 10일, 홍군 제4군은 거의 1주야에 가까운 다바이디(大栢地) 격전을 치렀고, 11일 오후에 적들의 추격을 물리쳐 800여 명을 포로로 잡아 승리를 거뒀다. 그래서 하산 이래 수세에 몰려 연전연패하던 국면을 전환시켰다. 연이어 홍군 제4군은 지안(吉安)의 둥구 근거지에서 리원린(李文林), 돤웨취안(段月泉) 등이 각각 지휘하는 장시홍군 독립 제2퇀, 제4퇀과 합류하게 됐다. 이때 홍군 제4군은 징강산이 이미 적들에게 점령됐다는 소식을 접하게 되었고, 내선과 외선이 협력하여 적의 '합동 토벌'을 분쇄하자던 원래 계획은 좌절되고 말았다. 이와 같은 상황을 감안하여 홍군 제4군은 2월 하순 곧바로 광창(廣昌), 스청(石城)을 거쳐 푸젠성과 장시성 접경 지역으로 진군했다. 3월, 홍군 제4군은 처음으로 푸젠성 경내로 들어가 지방 군벌 궈펑밍(郭鳳鳴) 여단을 제거했다. 그리고 기세를 몰아 창팅(長汀) 현성을 점령함과 동시에 창팅현 혁명위원회를 설립했다. 3월 20일, 전선위원회는 홍군 제4군에게 장시 남부와 푸젠 서부에서 대중을 동원하여 유격전쟁을 진행하고 새로운 근거지를 세우라고 지시했다. 4월, 홍군 제4군은 푸젠에서 장시 남부로 회군하여 차례로 루이진, 위두, 닝두, 싱궈 등 현성을 공략하고, 대중을 적극 동원하여 토지혁명을 전개함으로써 첫 국면을 타개했다.

　1929년 4월 3일, 마오쩌둥, 주더 등은 루이진에서 중공중앙이 2월 7일 국제공산당 지도자의 의견에 근거하여 쓴 서한을 받았다. 서한의 내용은 노농무장 분할의 의의에 대한 인식이 부족했으며, 정세에 대해서도 비관적이었다. 중앙은 서한에서 "홍군의 무장 세력을 소부대 조직으로 나눠 후난·장시 경계 지역의 각 농촌에 분산시켜 토지혁명을 진행하고 강화할 것"을 요구하면서 이렇게 해야만 "적들에게 목표가 집중되는 것을 피할 수 있다"고 보았다. 또 "공연히 적의 주의를 불러 일으키지 않기 위해 주더, 마오쩌둥 등에게 부대를 떠나 중앙으로 올 것"을 요구했다. 4월 5일, 홍군 제4군 전선위원회는 중앙의 2월 서한을 지적하며 "객관적 정세 및 주관 세력에 대한 평가가 모두 지나치게 비관적이다"고 회신을 보냈다. 또한 장제스, 리쭝런 두 군벌이 장시를 탈취하는 시기를 적극 이용하여 "장시를 쟁취함과 동시에 푸젠성 서부, 저장성 서부도 쟁취"하는 전략적 방침을 취할 것을 요구했다. 전선위원회는 서한에서 또 "반식민지 중국의 혁명에서 노동자의 지도를 받지 못한 농민투쟁은 실패할 수 있지만, 농민투쟁의 발전이 노동자의 세력을 초과한다고 혁명 자체에 불리한 것은 없다"고 지적했다. 나중에 장구이(蔣桂)전쟁[105]이 발발하자 중앙은 2월 서한에 제시했던 일부 의견을 개진했다.

　1929년 5월부터 10월까지 사이에 푸젠 군벌이 광둥으로 이동하여, 홍군 제4군 역시 광둥과 광시 전쟁에 참가했다. 그리고 푸젠 서부 지역이 빈 틈을 타 두 차례에 걸쳐 푸젠 서부에 진출하여 당지 군벌 천궈후이(陳國輝) 여단과 루신밍(盧新銘) 여단을 섬멸했다. 이 시기 장시성 서남부 지역의 혁명무장 세력에도 아주 큰 발전이 있었다. 11월, 뤄빙후이(羅炳輝)(공산당원)는 국민당 지안(吉安) 정위(靖衛)대대를 거느리고 봉기를 일으켜 홍군으로 편입됐다. 1930년 봄에 이르러 싱궈, 위두, 닝두, 루이진, 간현(贛縣), 안위안(安遠), 쉰우(尋烏), 신펑(信丰), 난캉(南康) 등 현을 포함한 간난근거지와 룽옌(龍巖), 융딩(永定), 상항(上杭), 우핑(武平), 창팅, 롄청(連城) 등 현을 포함한 시민근거지가 최초로 형성됐다. 1930년 3월, 간난, 민시 소비에트 정부가 연이어 수립되었고 쩡산(曾山), 덩쯔후이(鄧子恢)가 각각 정부 주석을 맡았다. 6월, 중공중앙의 지시에 근거하여 홍군 제4군과 푸젠 서부의 홍군 제12군 및 장시 남부의 홍군 제6군은 홍군 제1군으로 통합 개편되었다. 연이어 홍군 제1군단으로 개칭되었으며 주더가 총지휘를, 마오쩌둥이 정치위원과 전선위원회 서기를 맡았다. 나중에 장시 남부 지방무장으로 구성된 홍군 제20군과 홍군 제22군도 홍군 제1군단에 편입됐다. 간난, 민시 근거지의 형성과 발전은 이후 중앙혁명 근거지의 창설을 위한 기초를 닦아 놓았다. 또한 각지 홍군의 유격전쟁의 발전과 근거지 건설에 용기를 주는 모범이 됐다.

샹간, 샹어간(湘鄂贛) 근거지의 개척

샹간 근거지는 징강산 근거지를 기반으로 발전했다. 1929년 1월, 홍군 제4군의 주력군이 하산한 후, 홍군 제5군은 펑더화이의 지휘 아래 징강산 방어전을 펼쳤다. 수적으로 우세한 적의 포위 때문에 홍군 제5군은 할 수 없이 포위망을 뚫고 장시 남부로 진출하여 홍군 제4군과 합류했다. 접경 지역에 남은 노농무장세력은 주창셰(朱昌偕), 허창궁(何長工), 완시셴(宛希先) 등의 지휘 아래 계속 적과 맞서 싸웠다. 5월, 홍군 제5군은 후난·장시 접경 지역으로 되돌아와 지방혁명무장과 함께 무장분할을 전개했다. 연말에 이르러 닝강, 롄화(蓮花), 융신, 쑤이촨, 타이허(泰和) 등 현에서는 혁명 정권을 재건했다. 1930년 1월,

중공 간시특별위원회(贛西特別委員會)가 설립되고 장시 홍군은 홍군 제6군(얼마 후 홍군 제3군으로 개칭)으로 편성되었으며 군단장은 황궁뤠(黃公略)가, 정치위원은 류스치(劉士奇)가 맡았다. 장시 서부 혁명투쟁이 발전함과 동시에 후난 동부 각 현의 혁명투쟁도 비교적 큰 진전이 있었다. 제1, 제2차 반 '포위토벌'을 거쳐 샹어간 근거지와 간시 근거지는 하나로 이어졌다. 1931년 10월, 중국공산당 샹간성 제1차 대표대회와 제1차 소비에트 대표대회가 소집되었고 왕서우다오(王首道)를 서기로 하는 성당위원회와 위안더성(袁德生)을 주석으로 하는 성 소비에트정부를 수립했다. 이로써 샹간 근거지가 본격적으로 형성됐다.

후난·후베이·장시 접경 지역에서는 1928년 11월에 펑더화이, 텅다이위안이 핑장봉기부대 주력을 거느리고 징강산으로 향했고 황궁뤠는 홍군 제5군에서 갈라진 한 부대를 거느리고 유격전을 벌였다. 1929년 4월과 5월 사이에 이르러 분할구역을 류양(瀏陽), 핑장(平江), 퉁구(銅鼓), 슈수이(修水), 완짜이(萬載) 등 현으로 세력을 넓혔다. 8월, 후난·장시 접경 지역에서 돌아온 펑더화이가 거느린 홍군 제5군은 황궁뤠의 부대와 합류하여 접경 지역의 무력투쟁을 함께 전개했다. 1930년 4월과 5월 사이 홍군 제5군은 5,000여 명으로 늘었고, 후난 동북부의 핑장, 류양, 장시 북부의 슈수이, 퉁구, 완짜이 및 후베이 동남부의 다예, 양신, 퉁산, 퉁청, 충양의 광범위한 지역에 비교적 안전한 근거지를 세웠다. 6월 초 중공중앙의 지시에 따라 홍군 제5군 제5종대와 어둥난(鄂東南) 근거지의 일부 적위대는 홍군 제8군으로 통합 개편되었고 허창궁(何長工)이 군단장을, 덩첸위안(鄧乾元)이 정치위원을 맡았다. 같은 달, 펑더화이와 텅다이위안은 중앙의 명령에 따라 후베이 다예에서 홍군 제3군단의 설립을 선포하고 그 산하에 홍군 제5군과 제8군을 뒀으며 펑더화이가 총지휘 겸 전선위원회 서기를, 텅다이위안이 정치위원을 맡았다. 뒤이어 후난·후베이·장시 접경 지역의 독립 사단과 약간의 유격대로 구성된 홍군 제16군도 홍군 제3군단에 편입됐다.

샹어시(湘鄂西), 어위완(鄂豫皖) 근거지의 개척

샹어시 근거지는 주로 샹어변구, 홍후(洪湖) 지역으로, 후에 바(둥)싱(산)구이(쯔)(巴東, 興山, 秭歸)와 샹(양)짜오(오양)이(청)(襄陽, 棗陽, 宜城) 근거지까지 확장되었다.

1928년 봄 저우이췬(周逸群)과 허룽(賀龍)은 샹어변구에서 대중에 의지하여 유격전을 전개하고, 무장 세력을 발전시켰다. 이를 토대로 중공 후난성위원회는 후난 서부 각 현에 대한 지배력을 강화하기 위해 샹시베이(湘西北·후난 서북부)특별위원회를 샹시특별위원회에 편입시키기로 하고 1928년 7월에 허룽을 서기로 하는 중공 샹시전선위원회를 설립했다. 뒤이어 부대를 노농혁명군 제4군(훗날 홍군 제4군으로 개칭)으로 편성하고 허룽이 군단장을 맡았으며 샹시전선위원회도 샹어시 전선위원회로 개칭했다. 1929년 1월, 허룽은 홍군 제4군을 거느리고 허펑(鶴峰) 현성을 공략했으며, 6월에는 쌍즈(桑植) 현성을 점령했다. 또 현당위원회와 현, 구 소비에트정권을 각각 세우고 대중을 동원하여 토호를 타도한 뒤, 논밭의 분배를 통해 신속히 국면을 타개했다. 이후 점진적으로 쌍즈, 허펑을 중심으로 하는 샹어변구 근거지를 마련했다.

우한 지역과 사스(沙市) 사이에 자리한 홍후[106] 지역은 지리적으로 유리한 데다 대혁명의 시련을 겪은 적이 있어 대중적 기초가 비교적 탄탄했다. 대혁명 실패 직후, 중공 어중(鄂中·후베이 중부), 어시(鄂

西·후베이 서부) 두 특별위원회는 대중을 조직하여 무장투쟁을 전개한 적이 있었다. 1928년 6월 저우이췬은 샹어변구에서 홍후 지역으로 돌아와 재건한 중공 어시특별위원회의 서기를 맡았다. 그러고는 대중을 동원하여 유격전을 벌였으며 몇몇 소규모 근거지를 만들었다. 1929년 2월, 제6차 당대회의 결의가 후베이 서부에 전달됐다. 어시특별위원회는 회의 정신을 착실하게 따랐다. 즉 유격전의 경험을 통해 영활하고 기민한 유격전술을 활용하여 반'소탕'의 승리를 거둠으로써 분할된 근거지를 하나로 연계시켰다. 1930년 2월, 중공 어시특별위원회는 중앙의 지시에 따라 돤더창(段德昌)을 사단장으로 하는 홍군 중앙 독립 사단을 홍군 제6군으로 확대 개편했는데 쑨더칭(孫德淸)이 군단장(얼마 안 돼 병으로 직무를 그만두고 쾅지쉰이 직무를 이어받음)을 맡고 저우이췬이 정치위원을 겸임했다. 홍군 제6군이 편성된 후, 차례로 몐양, 첸장, 스서우, 화룽 등 도시를 공략했으며 각 현에서 소비에트 정권을 수립했다. 4월에 몐양, 첸장, 젠리, 스서우, 화룽, 장링 여섯 개 현을 관할하는 어시롄현(聯縣) 소비에트정부를 수립하고 홍후 근거지를 창설했다.

7월, 샹어변구의 홍군 제4군은 후베이 궁안(公安)에서 홍군 제6군과 합류하여 홍군 제2군단(홍군 제4군은 동시에 홍군 제2군으로 개칭)으로 개편되었다. 허룽이 총지휘를 맡고 저우이췬이 정치위원을 맡음과 동시에 군단 전선위원회를 설립하고 저우이췬이 서기를 맡았다. 전 군단은 약 1만 명이 됐다. 샹어변구, 홍후 두 근거지는 곧바로 샹어시 근거지를 형성했다. 9월에 어시특별위원회는 샹어시특별위원회로 개편되어 덩중샤가 서기를 맡음과 동시에 홍군 제2군단 정치위원, 전선위원회 서기를 겸임했다. 동시에 '샹어시 소비에트 정부'를 수립했다. 이 밖에 후베이 북부의 샹양, 짜오양, 이청 지역과 후베이 서부의 바둥, 싱산, 쯔구이 지역의 중공 지방 조직은 대혁명 실패 후 농민을 조직하여 유격전을 벌였다. 1930년 여름에 이르러 샹짜오이 근거지와 바싱구이 근거지가 창설되어 샹어시 근거지의 일부가 됐다.

어위완 근거지는 후베이, 허난, 안후이 세 성의 접경 지역에 위치한 어위(鄂豫)변구, 위둥난(豫東南), 완시(皖西) 세 근거지로 구성됐다.

후베이 황마(黃麻)봉기를 통하여 편성된 어둥(鄂東)군은 1928년 초 황피(黃陂)현 무란(木蘭) 산간 지역에서 노농혁명군 제7군으로 개편됐다. 몇 달 후, 차이산바오(柴山保)를 중심으로 하는 어위변구 근거지를 건설하기 시작했다. 1928년부터 혁명정권을 수립하기 시작하여 제7군을 홍군 제11군 제31사단으로 개편하고 우광하오(吳光浩)가 군단장 겸 사단장을 맡았으며, 다이커민(戴克敏)이 당대표를 맡았다. 1928년 10월, 중공 후베이성위원회의 결정에 따라 어둥특별위원회를 구성하고 왕슈쑹(王秀松)을 서기로 삼았다. 10월, 어둥특별위원회는 '장시 징강산의 방법을 학습할 것'을 제기하고 황안(黃安), 마청(麻城), 광산(光山), 상청(商城), 류안(六安) 등 현을 어위완특구로 함으로써 전반 다볘산(大別山) 지역의 무장 분할 국면을 형성할 것을 중앙에 건의했다. 1929년 5월, 중공 어둥베이특별위원회를 구성하고 쉬펑런(徐朋人)이 서기를 맡았다.

1929년 5월 초, 어둥특별위원회는 우광하오 등을 상청 남부에 파견하여 봉기를 이끌게 했다. 5월 6일 상난(商南) 봉기가 일어났다. 봉기 무장으로 편성된 홍군 제32사단은 반동무장의 여러 차례 공격을 물리치고 위둥난 근거지를 처음으로 창설했다.

1929년 가을, 중공 안후이 임시 성위원회는 완시 류안, 훠산(霍山) 지역에서 농민봉기를 일으킬 준비를 마쳤다. 11월 8일부터 중공 류안 현위원회의 영도 아래 쑤촨셴(舒傳賢) 등은 안후이 류훠(六霍) 지역에서 농민, 병사 봉기를 조직했다. 1930년 1월, 홍군 제11군 제33사단을 편성했다. 4월, 홍군 제33사단은 홍군 제32사단의 협력 아래 한때 잉산(英山)을 기습하여 점령했고 휘산 현성을 두 차례나 점령함으로써 완시 근거지를 창설했다.

1929년 6월 하순, 후베이, 허난 두 성의 국민당 군대는 홍군 제31사단과 어위변구 근거지에 대한 제1차 '합동 토벌'을 감행했다. 홍군 제31사단은 쉬샹첸(徐向前) 등의 지휘 아래 적의 '합동 토벌'을 무찔렀다. 이어 국민당 군대는 어위변구와 위둥난 근거지를 노리고 제2, 제3차 '합동 토벌'을 조직하여, 홍군 주력을 일거에 제거하고 두 근거지를 파괴하려 했다. 홍군 제31사단과 홍군 제32사단은 긴밀히 협력하여 두 차례에 걸친 적의 '합동 토벌'을 잇달아 분쇄하고 근거지를 공고히 했다.

1929년 11월 20일, 중공 어둥베이특별위원회는 후베이·허난 접경 지역 중국공산당 제1차 대표대회를 소집하고 쉬펑런을 서기로 하는 어위변구특별위원회를 설립했다. 12월, 어위변구의 제1차 노동자, 농민, 병사 대표대회가 소집되었고 차오쉐카이(曹學楷)를 주석으로 하는 어위변구 혁명위원회와 쉬샹첸을 주석으로 하는 어위변구 군사위원회를 설립했다. 이로써 어위변구근거지가 본격적으로 형성됐다.

1930년 4월, 어위변구, 허난 동남부, 안후이 서부 3개 지역의 당 조직은 중공중앙의 2월과 3월 지시에 근거하여 궈수선(郭述申)을 서기로 하는 중공 어위변구특별구 위원회를 구성했다. 또 홍군 제11군을 홍군 제1군으로 개편하여 쉬지선(許繼慎)이 군단장을, 차오다쥔(曹大駿)이 전선위원회 서기 겸 정치위원을, 쉬샹첸이 부군단장을 맡았다. 같은 해 6월, 어위완 제1차 노동자, 농민, 병사 대표대회를 소집하고 어위완특구 소비에트정부의 수립을 선포했으며 간위안징(甘元景)이 주석을 맡았다. 10월, 양신 지역으로부터 북쪽으로 창장을 건너 치춘(蘄春), 황메이(黃梅), 광지(廣濟) 지역에 도착한 홍군 제8군 제4, 제5종대는 당지 유격대와 홍군 제15군으로 통합 개편되었으며 차이선시(蔡申熙)가 군단장을 맡고 천치(陳奇)가 정치위원을 맡았다. 이로써 다볘산을 중심으로 하는 어위완 근거지가 형성됐다.

기타 근거지의 개척

제6차 당대회 이후 홍군은 타 지역에서 활발하게 유격전을 벌였고, 이에 따라 농촌 근거지도 점차 확대됐다.

장시성 동북부에서 팡즈민, 사오즈핑, 황다오 등은 이양, 헝펑 봉기를 일으킨 뒤 대중무장에 의지하여 노농혁명군을 조직했다. 또 무장투쟁과 국민당 통치구역에서의 사업을 결부시켜 홍색정권을 눈부시게 발전시켰으며, 장시홍군 독립 제1퇀과 간둥베이(贛東北) 근거지를 창설했다. 국민당 군대의 '토벌'을 여러 차례 분쇄한 후, 1929년 하반기에 이르러 간둥베이 근거지는 이양, 헝펑, 더싱(德興)의 대부분 지역과 상라오(上饒) 서북부의 일부 지역까지 확장됐고 새로 개척한 구이시, 위장, 완녠 등 현의 근거지와 하나로 연결됐다. 같은 해 10월, 이양현 치궁(漆工)진 후탕(湖塘)촌에서 제1차 신장(信江) 노농병대표대회를 열고 팡즈민을 주석으로 하는 신장 소비에트 정부를 수립했다. 일전에 푸젠성 북부 충안의 농민들은 장시 동북부 홍군 투쟁의 영향을 받아, 당 조직의 지도 아래 1928년 9월 봉기를 일으킨 바 있다. 1930년 2월, 푸젠 북부 홍군 독립퇀이 창립되었고, 이 부대는 나중에 간둥베이 근거지로 왔다. 1930년 7월, 중공중앙의 지시에 따라 장시홍군 독립 제1퇀을 토대로 홍군 제10군을 설립하고 저우젠핑이 군단장을 맡았다. 우셴민, 후팅취안이 차례로 대리 정치위원을 맡았으며 후팅취안이 중공 전선위원회 서기를 맡았다. 8월 1일, 장시 동북부 혁명위원회를 설립하고 팡즈민이 주석을 맡았다. 그 후 근거지를 푸젠 북부, 저장 서부 등 곳에까지 확대했고 민저간근거지를 형성했다.

1929년 12월 11일, 중공중앙 대표 덩샤오핑과 장윈이(張云逸), 레이징톈(雷經天), 웨이바췬(韋拔群) 등은 광시 서부에서 공산당의 영향을 받은 광시 경비 제4대대, 교도 총대(總隊)와 유장(右江) 농민군을 이끌고 백색봉기를 일으켰다. 그뿐만 아니라 홍군 제7군을 창립하고 장윈이가 군단장을 맡고 덩샤오핑이 중공 전선위원회 서기 겸 정치위원을 맡았다. 연이어 언룽(恩隆)현 핑마진에서 유장 제1차 노농병대표회의를 소집하고 유장 소비에트정부를 수립했으며, 레이징톈이 주석을 맡았다. 1930년 2월, 덩샤오핑, 리밍루이(李明瑞), 위쭤위(俞作豫) 등 지도자는 공산당의 영향을 받은 광시 경비 제5대대를 영도하여 룽저우(龍州)봉기를 일으켰다. 동시에 홍군 제8군을 창립했으며 위쭤위가 군단장을 맡고 덩샤오핑이 정치위원을 겸임했다. 리밍루이는 홍군 제7군과 홍군 제8군의 총지휘를 맡았다. 뒤이어 쭤장(左江)혁명위원회를 설립하고 왕이(王逸)가 주석을 맡았다. 유장 소비에트정부가 수립된 후, 바이써, 언룽, 둥란(東蘭), 펑산(風山), 펑이(奉議), 쓰린(思林)[지금은 톈둥(田東)현에 속함], 궈더(果德)[지금의 핑궈(平果)현], 룽안(隆安), 샹두(向都)[지금은 톈덩(天等)현에 속함] 등 현과 구에서도 각급 소비에트정권을 수립했고, 이는 쭤장근거지와 함께 쭤유장(左右江) 근거지로 불리게 되었다. 얼마 후 홍군 제8군은 국민당 군대에 패하여 쭤장 근거지를 잃었다. 홍군 제8군의 나머지 부대는 고생 끝에 홍군 제7군과 합류하여 홍군 제7군에 편입됐다.

광둥 둥장 지역은 국민당 군대의 병력이 강한 곳인 데다 당 조직의 지도 과정에서 맹동적 오류를 범했다. 결국 1928년 5월 혁명투쟁이 실패하고 소수의 사람들은 근처의 바샹산(八鄕山) 등 산간 지대로 옮겨 투쟁했다. 1929년 봄부터 혁명세력이 점차 회복되고 발전하기 시작했다. 같은 해 3월 장구이 전쟁[109]이 발발한 후, 하이루펑(海陸豊) 및 둥장 지역을 점령했던 국민당 군대가 잇달아 철수했다. 중공 둥장 특별위원회는 기회를 놓치지 않고 흩어져 활동하던 혁명무장세력을 집결시켜 홍군 제46, 제47, 제48, 제49, 제52퇀을 설립해 유격전을 전개했다. 뒤이어 우화(五華), 펑순(豊順), 제양(揭陽) 접경 지역의 바샹산과 차오양(潮陽), 푸닝(普寧), 후이라이(惠來) 경계의 다난산(大南山) 등지에 근거지를 세웠다. 1930년 5월, 둥장 제1차 노농병대표대회를 열고 천쿠이야(陳魁亞)를 위원장으로 하는 둥장 소비에트정부를 세웠다. 동시에 위에서 언급한 홍군 각 퇀은 중공중앙의 지시에 따라 구다춘(古大存)을 군단장으로 하는 홍군 제11군을 편성했는데, 주력은 3,000여 명에 달했고 각종 대중무장은 2만 명 정도가 됐다. 근거지 안에서도 많은 대중들이 동원되어 토지혁명을 개시했다.

하이난다오(海南島)에서는 중공 충야특별위원회가 이끄는 홍군이 무루이산(母瑞山) 지역으로 이전한 뒤 열악한 환경에서도 계속 투쟁했다. 충야특별위원회는 여러 차례 적들의 공격을 받고 파괴됐으나, 1929년 하반기 충야 임시 특별위원회가 설립되었고 홍군은 독립퇀으로 회복, 발전됐다. 1930년 4월, 중국공산당 충야 제4차 대표대회를 소집하고 펑바이쥐(馮白駒)를 서기로 하는 충야특별위원회를 재차 설립했다. 새로운 특별위원회를 설립한 후, 국민당 신군벌이 혼전하고 하이난다오 병력이 빈 틈을 타 대중을 널리 동원하여 지방 반동무장에게 강한 타격을 주었다. 홍군은 독립 사단으로 발전했고 근거지는 회복되었으며 날로 확대되었다.

쓰촨 동부 지역에서 왕웨이저우(王維舟)를 서기로 하는 중공 촨둥혁명군사위원회가 완위안(萬元), 쉬안한(宣漢) 두 현 접경 지역의 농민들을 이끌고 1929년 4월 하순에 무장봉기를 일으켜 홍군 촨둥유격군을 결성했다. 뒤이어 구쥔바(固軍壩)를 중심으로 하는 유격 근거지를 형성했다.

저장성 남부에서 1928년 6월부터 1929년 5월까지 당 조직은 차례로 융자(永嘉), 루이안(瑞安), 핑양(平陽) 등 현에서 소규모의 농민봉기를 일으켜 노농무장을 결성했다. 1930년 봄, 중공중앙은 진관전(金貫眞)을 절강성 남부에 파견하여 특별위원회를 조직했다. 5월에는 홍군 제13군을 편성했다. 그러나 '좌'경 사상의 영향으로 홍군 제13군은 심각한 타격을 받아 실패했고, 나머지 부대는 분산되어 지하투쟁을 시작했다.

장쑤 중부에서 (난)퉁하이(먼)루(가우)타이(신)(南通, 海門, 如皐, 泰興) 봉기가 실패한 뒤 당지 당 조직은 1929년 2월 난퉁 둥우취(南通東五區)에서 유격대와 소규모의 유격 근거지를 수립했다. 6월, 루가오(如皐), 타이현(泰縣)의 당 조직은 혁명무장을 조직했다. 같은 해 가을, 유격구 군민들은 중공 퉁하이(通海) 특별위원회의 지도 아래 난퉁, 하이먼(海門) 등 여섯 개 현의 반동무장의 '포위 토벌'을 분쇄했고, 유격대와 농민자위무장은 2,000여 명으로 늘어났다. 1930년 4월, 홍군 제14군단을 설립했으나 7월에 실시한 공격 작전은 실패하고 말았다.

1930년 여름에 이르러 10여 개의 크고 작은 농촌 혁명 근거지가 전국에 창설되었으며, 홍군은 그 수가 약 7만 명으로 늘어났다. 지방 혁명무장까지 합하면 약 10만 명에 달했는데 후난, 후베이, 장시, 푸젠, 광둥, 광시, 허난, 안후이, 장쑤, 저장, 쓰촨 등 10여 개 성의 접경 지역, 혹은 중심 도시에서 멀리 떨어진 산간벽지에 분포됐다. 이러한 지역은 교통이 불편하고 경제적, 문화적으로 낙후된 곳이었다. 여전히 낡은 경작방식의 소농경제를 고수했고, 일부 지방은 절구와 절굿공이를 사용하는 시대에 머물러 있었다.

대다수의 대중은 무지했고, 봉건적인 가정 조직과 미신 풍속이 매우 보편적이었다. 일부 지역에는 산림 속에 패거리로 모여 살며 방랑 도적 사상과 유민 습성을 지닌 녹림무장이 존재했다. 이와 같은 특수한 지리 환경과 사회 조건은 혁명세력의 존재와 발전에 유리했지만 극복하기 힘든 문제들도 많았다. 중국공산당 인사들은 대혁명 실패 후 이러한 환경에서 홍군과 홍색정권을 창건해 무장투쟁을 전개했다. 또한 토지혁명을 실시했으며, 험난한 전투 끝에 홍군의 유격전과 농촌혁명 근거지를 늘리고 발전시켰다. 홍군 전쟁은 중국 혁명을 이끄는 주된 투쟁 방식이 되었고, 농촌근거지는 인민혁명 세력을 축적하고 성장시키는 주요 전략기지였다.

4. 농촌 혁명 근거지에서의 토지혁명 전개

하이루펑, 징강산 등 근거지의 토지혁명

홍군과 농촌 혁명 근거지가 창설되고 발전됨에 따라 토지혁명도 폭넓게 전개되었다. 근거지 내 봉건적 지주 토지소유제를 제거하고, "밭갈이하는 자가 밭을 갖게끔"하는 제도의 실현은, 중국공산당이 인민을 지도하여 진행한 중대한 사회적 변혁이었다.

토지혁명은 하이루펑 근거지에서 가장 먼저 전개되었다. 1927년 11월, 하이루펑 인민들은 펑파이의 지도 아래 소비에트 정권을 세웠다. 11월 13일, 루펑(陸豊)에서 열린 노농병대표대회에서 '토지 몰수안'을 통과시키고 즉각 토지혁명을 전개하기로 결정했다. 소비에트 정권은 모든 토지를 몰수한 뒤 통일적으로 나누는 방식으로 '밭갈이 하는 자에게 밭이 있게' 했다. 신세를 고치게 된 농민들은 지주의 토지소유권을 상징하는 땅문서를 전부 소각해 버렸다. 1928년 1월 14일까지 하이펑(海豊)현에서만 지주의 땅문서 4만 7,118장, 지대 장부 5만 8,027권을 소각했다. 같은 해 2월에 이르러 하이펑현에서 몰수하고 분배한 토지는 현 토지 전체의 80%에 달했고, 루펑현은 40%에 달했다. 그러나 힘차게 전개된 하이루펑의 토지혁명에는 심각한 '좌'경 오류가 존재했다. 예컨대 지주의 토지가 아니더라도 전부 몰수했고 심지어 자작농의 토지까지 몰수했다. "모든 공장을 노동자가 소유해야 한다"는 구호를 제기하며, 자본가와 지주를 구별하지 않고 모두 처단했다. 또 "혁명하지 않으면 밭이 차려지지 않는다"는 지침 아래 반혁명 세력을 남김없이 숙정할 것을 주장하기도 했다. 이처럼 정책을 세세히 따져보지 않고 일률적으로 시행한 결과 너무 많은 적을 만들었다. 결국 아군을 단결시키는 것은 물론 상대 진영을 와해시키는 데도 실패하면서 고립을 자초했다.

징강산 근거지의 토지혁명은 비교적 빠르고 순조롭게 전개되었다. 1928년 봄부터 시험 삼아 소규모 지역에 실시했던 것이, 6월 이후 폭넓게 전개됐다. 초기에는 토지를 전부 몰수하고 철저히 분배하는 방법을 취했다. 남녀노소 불문하고 향(鄕·마을)을 단위로 평등하게 나누었으나, 이후에는 중앙의 지시대로 노동력에 따라 분배했다. 그래서 노동할 수 있는 자가 노동할 수 없는 자보다 한 배 더 분배받게끔 했다. 이와 같은 분배 방식은 철저한 반봉건을 체현(사상이나 관념 등을 구체적인 형태나 행동으로 표현하거나 실현함)하긴 했지만, 중농의 이익을 침범하여 중간계급이 타격을 받는 문제점이 존재했고, 결국 중간계급의 배반을 초래하여 근거지 경제를 위축시켰다. 마오쩌둥은 곧 문제점을 발견하고 '좌'적 정책을 수정하였으며, 현실과 동떨어진 정책의 오류를 시정했다. 따라서 징강산의 토지 혁명은 순조롭게 전개됐다.

　같은 해 12월, 마오쩌둥은 토지혁명의 경험을 토대로 징강산 '토지법'을 주도했다. 이를 통해 봉건 토지소유제를 부정하고, 농민들이 법적으로 토지를 부여받는 성스러운 권리를 긍정했다. 하지만 경험이 부족한 데다 토지 몰수와 소비에트 설립 문제에 관한 중공중앙의 제37호 공고문의 영향으로, 토지법의 원칙에는 여전히 착오가 존재했다. 예컨대 몰수 문제에서 "지주계급의 토지만 몰수하는 것이 아니라 모든 토지를 몰수한다"고 규정했다. 토지소유권에 대해서 "소유권은 농민에게 있는 것이 아니라 정부에 있다"고 규정했으며 토지매매를 금지했다.

　홍군 제4군이 장시 남부, 푸젠 서부로 진군하자 그 지역의 토지혁명도 신속히 전개됐다. 1929년 4월, 제6차 당대회의 정신에 따라 마오쩌둥은 장시 남부 토지혁명의 경험을 토대로 싱궈현 '토지법'의 제정을 주도했다. 또 징강산 '토지법'에서 규정한 "모든 토지를 몰수한다"를 "모든 공공 토지 및 지주계급의 토지를 몰수한다"[173]로 고쳤다. 이는 토지법의 원칙이 시정되었음을 의미한다. 같은 해 7월, 중국공산당 푸젠 서부 제1차 대표대회에서 마오쩌둥의 지도 아래 통과한 '정치결의안'은 "자작농의 밭은 몰수하지 않으며", 부농의 잉여 토지는 몰수해야 하지만, 혁명 초기에는 "토지를 몰수하지 않고 채무도 폐지하지 않는다"고 했다. 또 "농촌의 소지주에 대해서는 중요한 토지를 몰수하고 채무를 폐지해야 하지만, 분담금을 할당하거나 기타 방식으로 지나친 타격을 주지 않는다" "크고 작은 상점에 대해서는 일반적인 보호정책을 취한다(즉 몰수하지 않음)"고 했다. 대회에서 통과한 '토지

173　여기에서 말하는 '공공토지'는 사당, 종족(宗族)이 소유한 토지를 말한다. 사실상 이러한 토지도 봉건 지주에 의해 통제됐다.

문제 결의안'은 또 "밭을 분배할 때는 많은 것에서 떼어내어 적은 것에 보태주는 걸 원칙으로 하며, 평등 분배에 집착하여 토지를 재분할 하다가 수속을 번거롭게 해서는 안 된다"고 규정했다. 회의 후, 푸젠 서부 창팅, 롄청, 상항, 룽옌, 융딩 등 현을 포함한 주변 300여 리 지역에서 50여 개 구, 500여 개 향의 토지 문제를 단번에 해결하여 60여만 명이 토지를 얻게 되었다. 1930년 2월 6일부터 9일까지 장시 지안현 베이터우(陂頭)촌에서 홍군 제4군 전선위원회, 간시특별위원회와 홍군 제5군, 홍군 제6군 군위는 연석회의(일반적으로 2·7회의라고 함)를 열었다. 회의는 토지분배 투쟁을 전개하지 않은 일부 지역의 우경 오류를 비판했다.

그리고 "나누고 난 다음 서두를 것"을 주장했다. 동시에 경작 능력과 노동력에 따라 토지를 분배하는 일부 지역의 방법을 비판하고, 인수에 따라 토지를 평등하게 분배하는 원칙을 긍정했다. 회의 후, 장시 서남부 지역에서는 곧 토지 분배 운동을 폭넓게 전개했다. 1930년 상반기에 이르러 안푸(安福), 롄화, 융신, 닝강, 지수이(吉水), 싱궈 등 현의 전장과 융펑(永豐), 타이허, 완안(萬安) 등 현의 일부 지역에서 토지를 분배했다. 기타 각 근거지의 토지혁명도 힘차게 전개됐다. 장시 동북부 지역은 소비에트 정권을 수립한 뒤 "채무를 폐지하고 토지를 나누는" 토지혁명 운동을 전개했다. 많은 농민들이 토호, 지주계급과 봉건 사당의 토지를 몰수하고 계약서를 소각했다. 1929년 10월 1일부터 3일까지 진행된 신장(信江) 노농병 제1차 대표대회에서는 토지를 분배하는 방법을 결정했다.

(1) 전체 논밭의 50%는 인구에 따라, 50%는 생산 성원에 따라 분배하는 원칙을 적용한다.

(2) 수공업 노동자에게는 원래 토지를 분배하지 않지만, 전쟁 중 미

장공과 목공은 일이 없었으므로 그들 역시 토지를 나눠 소유하게 해야한다. 또한, 고농에게는 토지를 일률적으로 분배한다.

(3) 병사, 사업가, 독거노인과 장애인은 사람 수에 따라 토지를 분배받는다.

후난·후베이 서부 지역은 1929년 1월 허펑현 소비에트 정부가 수립된 뒤 '경작지 농민소유 법령'을 반포했다. 그리고 지주의 땅문서와 증빙서류를 소각하고 토지혁명을 실시했다. 같은 해 12월에 열린 어시특별위원회 제2차 대표대회에서 '토지문제에 관한 결의안'을 통과시킨 뒤 홍후 지역의 젠리, 쟝링, 스서우 등 현에서 토지를 분배했다. 1930년 10월, 샹어시특별위원회에서 제정한 '토지문제 결의안 대강'과, 후난·후베이 서부 제2차 노동자·농민·병사·빈민 대표대회에서 통과한 '토지혁명 법령'에서는 중농과 부농을 엄격히 구분할 것을 요구하고 구체적 기준을 제시했다. 예컨대 "적은 일꾼을 고용했지만 토지 수량과 그 인구의 수요가 비슷한 자는 중농이 아니라고 할 수 없는바, 다소 여유가 있다는 이유로 부농으로 여겨서는 안 된다"고 규정했다.

후베이·허난·안후이 지역은 황마봉기직후 혁명정부를 수립했다. 그러고는 일찌감치 토지혁명을 실시하고 토호, 지주를 타도하며 상업무역을 보호하는 등을 주요 내용으로 하는 시정 강령을 반포했다. 1928년 가을, 중공 후베이 동부 당 조직은 토지를 몰수·분배하는 원칙과 방법에 관해 토론했다. 또 대중을 동원하여 감조(소작료 인하), 감식(이자 인하), 항조(지세 납부 거부), 항세(세금 납부 거부), 항채(채무 상환 거부) 등 투쟁을 전개했다. 그해 말, 근거지의 토지혁명이 점진적으로 전개됐다. 1929년 6월, 어둥베이특별위원회는 제2차 연석회의를 소집하고 '임시 토지 정치강령'을 제정했다. 12월 초에 중국공산당 어위변구 지역 제1차 대표대회에서는 '대중 운동 결의안'을 내놓았다.

또한 12월 말에 열린 어위변구 제1차 노농병대표대회에서는 '토지 정치강령 실시세칙'을 통과시켰다. 이러한 문건에서는 토지를 몰수하고 분배할 때 자작농에게 불이익을 주어선 안되고, 중농을 연합해야 하며 "각종 책략을 활용하여 원칙 없이 중농의 이익을 방해하는 것을 방지해야 한다"고 규정했다. 부농에 대해서는 그의 '잉여 토지'만 분배해야 하며, "상업을 보호하고 중소 상인과 부농의 사업을 방해하지 말아야 한다"고 했다. 토지 분배는 마땅히 인구와 노동력을 모두 고려하는 원칙을 취해야 한다고 보았다. 그 후 위둥난, 완시 근거지에서 잇달아 토지혁명을 전개했다.

후난·후베이·장시 지역은 1928년 하반기부터 점차 토지혁명을 전개했으며, 토지를 전부 몰수해 땅이 없거나 적은 농민들에게 분배해주는 방침을 취했다. 제6차 당대회 이후, 위 방침은 지주계급의 토지를 몰수하여 농민들에게 나눠주는 방침으로 바뀌었다. 토지혁명에서 빈농을 중심으로 중농과 손잡으며 부농을 중립화시키는 정책을 실시했다. 또 소상인을 보호하는 정책을 실시했다. 중공 후난성위원회의 지시에 따라 이 지역의 경작지 분배 방식은 대부분 '분경제(分耕制)'였으나, 일부 지방은 '공경제(共耕制)'를 실시했다. 전자의 방식은 농민들의 요구를 어느 정도 만족시켰지만, 후자는 반기지 않았다. 1930년 봄, '공경제'는 더 이상 시행되지 않았다.

분경제(分耕制) vs 공경제(共耕制)

분경제는 몰수한 토지를 인구 혹은 노동력 기준에 따라 농민에게 나눠 주고 스스로 경작 및 경영하게끔 하며, 소득도 전부 본인이 갖는 제도를 말한다. 공경제는 소비에트 공동경작위원회가 몰수한 토지를 관리하고, 생산과 소비 모두 공동으로 이루어지며 농기구와 가축도 모두 공유하는 것을 말한다.

광시의 유장(右江) 지역에 소비에트 정부가 수립된 후 얼마 지나지 않아 대중의 지지가 튼튼한 둥란, 펑산(鳳山)에서 시범적으로 토지혁명을 실행했다. 1930년 5월, 유장 소비에트 정부는 '토지법 잠정 조례'를 제정했다. 이어 둥란, 펑산, 링윈(凌雲) 등 현에서 기본적인 토지 분배를 마무리했다.

광둥의 충야 지역에서는 둥쓰취(東四區)를 중심으로 토지혁명이 진행됐다. 중공 충야특별위원회의 지도 아래 시작된 농민 투쟁은 땅문서 소각, 토호 타도를 거쳐 토지분배 단계까지 발전하게 됐다.

토지혁명 정책의 발전

중국의 실정에 맞는 토지혁명의 노선과 정책은 토지제도 변혁을 실천하는 도중 형성되어 발전했다. 당의 8·7회의는 혁명 투쟁 시 가장 중요한 임무 중 하나가 토지혁명이라고 보았다. 그러나 토지혁명의 방법과 실행에 관해서는 확실한 대책을 갖고 있지 않았다. 단지 몇 가지 원칙을 규정하는데 그쳤을 뿐이었다. 최초의 토지혁명을 실천하면서, 각 근거지는 대지주와 중지주의 토지를 몰수하는 8·7회의 정책을 실제로 적용하기가 무척 어렵다는 것을 느꼈다. 대지주, 중지주, 소지주를 구분하는 정확한 기준이 없는 데다 중국 남방 농촌에는 대지주의 수가 매우 적었다. 그렇다고 소지주의 토지를 몰수하지 않는 정책을 집행한다면, 많은 지역에서 토지혁명을 추진할 수 없었다. 그리하여 각지에서는 흔히 "모든 토지를 몰수하여 공동소유"한 뒤, 인구에 따라 평등하게 분배하는 정책을 취했다. 하이루펑과 같은 일부 개별적인 근거지에서는 분배할 때 토지의 비옥도도 고려해야 한다는 관점을 제기했다.

근거지의 초기 토지혁명은 국민당 반동파의 살육 정책에 대한 분노와 경험 부족으로 인해 흔히 '좌'적인 경향을 가지고 있었다. 예컨대 모든 토지를 몰수하여 중농과 부유한 중농의 이익을 침해했다. 또 폭동을 일으켜 토호열신 및 대지주의 마을을 불태워 없애고 그들을 몰살시켰다. 이러한 방법은 토지혁명의 건전한 발전에 커다란 걸림돌이 되었다. 1927년 11월, 중앙 임시 정치국 확대회의는 모든 토지를 몰수한 뒤, 농민대표회의를 통해 농민에게 분배하여 경작하도록 해야 한다고 주장했다. 또 모든 사유지를 소비에트 국가의 서민근로자가 공동소유하기로 결정했다. 토호열신과 반동분자를 몰살시킬 것을 거리낌없이 주장했으며, 심지어 소자산계급(가게 혹은 여관 주인, 작은 공장의 공장주, 소상인)까지도 적대해야 한다고 주장했다. 이러한 '좌'적 정책은 초기의 토지혁명에 심한 해악을 끼쳤다. 제6차 당대회는 토지혁명의 경험과 교훈을 토대로 정책을 실정에 맞게 바꾸었다. 즉 모든 토지가 아닌 지주계급의 모든 토지를 몰수하는 정책으로 바꾸었으며 중농과 연합하고, 혁명에 우호적인 부농을 구별해 중립을 지키도록 했다. 또 상공업을 보호해야 한다고 주장했으며, 토지를 평등하게 나누는 정책을 긍정적으로 평가했다. 제6차 당대회에서 정한 토지정책에서는 토지소유권 문제를 해결하지 않아 여전히 토지의 공동소유를 주장하면서 농민은 사용권만 있다고 보았다. 그러나 현실적으로 바뀐 정책은 전 당의 인식을 통일하고, 토지혁명의 발전을 추진하는 데 중요한 역할을 했다.

제6차 당대회 이후 1년 남짓한 기간에 각 근거지에서 폭넓은 토지혁명이 전개되었다. 따라서 토지 분배정책에 대한 전 당의 탐색은 새로운 진척을 가져왔다. 예컨대 장시 남부, 푸젠 서부 근거지의 토지 분배는 향을 단위로 인구에 따라 평균 분배하고 "많은 것에서 떼어내어 적은 것에 보태고" "비옥한 땅을 떼어내어 척박한 땅에 보태"주는 원칙을 제안했다. 하지만 부농의 처리문제와 토지소유권에 대한 문제는 의견이 일치하기 힘들었다. 각지에서는 한동안 부농을 중립화시켜야 한다는 제6차 당대회의 정책을 따랐지만 곧 정세가 변했다. 1929년 6월 7일, 국제공산당은 중공중앙에 지시서한을 보내 중국공산당 제6차 전국대표대회 및 그 후 제기한 "구태여 부농을 반대하지 말라"와 "부농과 연대하자"는 구호를 비판했다.

또 "매우 엄중한 착오"를 범했는바 부농 반대 투쟁을 재차 요구했다. 중공중앙은 국제공산당의 지시를 받아들이고 부농을 대하는 문제에서 착오가 있었다면서 확실하게 시정할 것이라고 표명했다. 그 후 부농을 반대하는 것은 중앙이 각지에 내린 지시의 주요 내용이 됐다. 각 근거지는 중앙의 지시를 받아들여 부농의 토지를 몰수하고 부농의 채무를 폐지하는 등 정책을 취했다. 중앙은 토지소유권에 대해 오랫동안 줄곧 토지 국유를 견지했고 토지매매를 금지했다.

1930년 가을 이후, 각 근거지에서는 토지혁명을 실현하며 쌓은 많은 경험을 토대로, 토지를 몰수하고 분배하는 대상과 구체적인 방법 측면에서 크게 발전했다. 더불어 오랫동안 해결하지 못한 토지소유권 문제도 어느 정도 해결했다. 1930년 9월, 저우언라이는 당중앙위원회 제6기 제3차 전원회의에서 토지문제에 대한 국제공산당의 지시 정신을 전달할 때 "토지국유 문제에 대한 선전은 당장 해야 하되, 지금 곧 실시할 수 있는 것이 아니며" "토지매매 금지는 현재 언급할 필요가 없는 구호"라고 지적했다. 또 "경제적으로는 부농의 토지를 몰수하고, 정치적으로는 부농을 몰살하는" '좌'경 오류를 비판하면서, 위의 정책이 중농을 더욱 동요시킬 것이라고 지적했다.

당중앙위원회 제6기 제3차 전원회의 후 각 근거지는 회의 정신을 따라 일부 지나치게 '좌'적인 정책과 방법을 시정하기 시작했다. 소비에트구역 중앙국은 1931년 2월 8일에 토지소유권 문제에 대한 제9호 공고문을 반포했다. 이를 통해 농민이 토지혁명에 참가한 목적은 "토지의 사용권과 더불어 정확히는 토지의 소유권도 얻기 위한 것이므로" 반드시 많은 농민들이 토지혁명에서 "그들이 유일하게 염원하는 토지소유권"을 얻게끔 해야 한다고 명확히 제기했다. 2월 27일, 마오쩌둥은 공고문의 정신과 직접 조사를 통해 발견한 문제에 근거하여 중앙혁명군사위원회 총정치부 주임의 이름으로 장시성 소비에트 정부에 서한을 보냈다. 서한은 각급 정부에서 다음과 같은 포고를 내어 설명할 것을 지시했다. "지난날 나눈 밭(많은 것에서 떼어내어 적은 것에 보태고, 비옥한 땅을 떼어 척박한 땅에 보태는 원칙을 실시한 밭)은 분배가 이미 끝난 것으로 하고 분배받은 사람의 소유가 되며 타인은 침범하지 못한다" "대차와 매매는 본인의 뜻에 맡긴다. 밭의 소출은 정부에 토지세를 내는 외에 모두 농민의 소유로 한다" 3월부터 4월까지 장시성 소비에트 정부와 푸젠 서부 토지위원회 확대회의는 각각 포고를 반포하고 결의를 내려 농민들에게 "토지는 농민의 소유로 하며 대차와 매매 또한 농민의 뜻에 맡기는" 정책을 정식으로 선포했다. 1930년 10월 샹어시특별위원회는 '토지문제 결의안 대강'에서 "토지 국유는 현재 선전 구호일 뿐 실행 구호가 아니기 때문에, 토지 매매를 금하지 않는다"고 명확히 규정했다. 부농을 대하는 문제에서 샹어시특별위원회의 대강은 "중농과 부농을 구분하고 중농의 이익을 보호할 것"을 강조했으며, 중농의 토지는 건드리지 않고 부농의 토지 또한 "여분이 있어 소작 준 토지만" 몰수한다고 규정했다. 후난·후베이 서부 제2차 노농병대표대회에서 반포한 '토지혁명 법령'에서도 "여분이 있어 세를 준 부농의 일부 토지만 몰수하고" "고용에 의한 경작을 금하지 않는다"고 확실하게 규정했다.

3년 남짓한 토지혁명 과정 중에서 비교적 실행 가능한 토지혁명 노선, 정책과 방법을 형성했다. 이를테면 "빈농에 의지하고 중농과 연합하며, 부농을 제한해 지주계급을 제거한다" "봉건적인 토지소유제를 농민의 토지소유제로 바꾸며, 인구에 따라 향을 단위로 토지를 평등하게 분배한다" "원 경작지의 많은 것에서 떼어내어 적은 것에 보태고, 비옥한 땅을 떼어내어 척박한 땅에 보탠다" 등이 있다. 그러나 중공중앙이 부농 반대를 촉구한 국제공산당의 지시를 따르기 시작한 후부터, 부농을 대하는 정책에서 또다시 '좌'경 오류가 발생했다.

  토지혁명의 심화는 농촌혁명 근거지에 근본적인 변화를 가져왔다.

  첫째, 계급 관계의 변화로 인해 압박을 받던 빈농들은 정치적으로 해방되어 농촌의 주인이 됐다. 마오쩌둥은 1930년 10월에 쓴 '싱궈 조사'에서 다음과 같이 지적했다. 토지혁명을 거쳐 지주의 밭은 분배되었고 지주들 중 반혁명 우두머리는 처형되거나 도망갔다. 그러나 농촌에 남은 지주와 그의 가족은 오히려 밭을 분배받았으며, 혁명정부는 여전히 그들에게 살길을 남겨 주었다. 가난한 농민들은 정권을 취득했고, 빈농은 농촌의 지도계급이 됐으며, 중농도 빈농, 고농과 함께 의사 표달권을 갖게 되었는바 그들은 "향 및 구 두 급 소비에트 정부의 근무자 가운데 약 40%를 점유한다"

  둘째, 땅이 없거나 적은 대다수 농민들은 토지를 나눠가진 후 생산 적극성이 고조되어 농업생산의 발전이 촉진되었다. 예컨대 1929년에 토지를 분배한 푸젠성 서부 근거지의 1930년의 올벼는 훌륭한 수확을 거뒀고 룽옌, 롄청의 생산량은 전년도보다 20% 증가했으며 상항, 창팅은 동기에 비해 10% 증가했다. 토지를 분배한 뒤 어위완 근거지에서는 1930년의 잉산현 논벼 무당 생산량이 20~30% 증가했고, 어떤 곳은 심지어 50%나 증가했다. 그래서 공산당 통제구역에서는 1위안에 쌀 한 말을 살 수 있지만, 국민당 통치구역은 1위안에 쌀 4~5되 밖에 살 수 없는 상황이 나타났다.

셋째, 농업 생산의 발전과 가렴잡세의 폐지에 따라 농민의 생활은 즉각 개선됐다. 1930년 10월 7일, 중공 간시난특별위원회가 중앙에 올린 보고에 따르면 토지혁명 후 농민은 "지세를 납부하지 않고 빚을 갚지 않으며 현물로 조세를 완납하지 않는다. 세금을 내지 않아도 됐 고 노동자의 임금은 인상됐다. 토지를 분배받은 농민들은 멍에에서 벗 어난 듯 저마다 희색이 만면했으며 옷, 이불, 모기장 등 농기구를 얼 마간 장만했다. 특히 대부분 사람들이 장가드는 데 큰 어려움이 없게 됐다고 지적했다.

넷째, 농민들이 정치적 압박과 경제적 착취에서 벗어난 것은 그들의 혁명 적극성을 크게 높여 주었다. 그들은 공산당과 홍군이 자신들의 이득을 도모해 준다는 것을 피부로 느꼈다. 그런 까닭에 그들은 여러 가지 사업에 적극 투신했으며, 홍군에 참가하거나 전방을 지원했다. 예컨대 장시 싱궈현에서 신세를 고친 23세 이상 50세 이하의 농민은 대부분이 적위대에 참가했다.

각 향에는 80~90명으로 구성된 적위대대가 있었는데 보초가 주된 임무였고, 가끔 홍군의 작전에 협력하기도 했다. 16세~23세의 소년 들은 소년선봉대에 참가했는데 임무는 대체로 적위대와 같았다. 8세 부터 15세까지의 소년아동은 노동동자단에 참가했는데 임무는 "보초 를 서고, 아편과 도박을 검사하며" "미신을 타파하고 부처의 조각상 을 부수는 것"이었다. 또 향마다 한 개 중대의 노동자규찰대가 있었 고 적위대, 소년선봉대에서 건장하고 용감한 성원을 뽑아 홍군 예비 대를 두었다.

그들의 임무는 "일이 있으면 집결하여 싸우러 가고" "홍군에 편입되기를 대기하는 것"이었다. 그리하여 홍군은 인적 및 물질적 자원을 끊임없이 지원받게 됐다. 샹어시 근거지에서 토지를 분배받은 농민들이 적극 입대하고 참전한 결과 몐양(沔陽) 야오자허(姚家河)에서는 600여 명 주민 중 140여 명이 홍군, 적위대와 유격대에 참가했다.

허펑(鶴峰) 성문 일대 각 향에는 원래 100여 명의 적위대원밖에 없었는데 토지혁명 후 500여 명으로 급증했다. 1930년 9월부터 1931년 3월까지 샹어간 근거지에서 홍군에 참가한 해방된 농민이 3만여 명에 달했다. 해방된 농민들은 실물로 토지세를 상납하여 홍군의 군량을 해결했다. 그들은 또 식량, 고기, 닭, 오리, 헝겊신, 짚신, 담배 등 물품으로 자주 홍군을 위로했다.

농민문제는 주로 토지문제이다. 이 문제에 대한 중국 사회 각 계급 및 그 정치대표들의 태도와 해결 방법은 서로 달랐다. 민족자산계급, 소자산계급 정당의 토지강령은 견결(의지나 태도가 굳세다)하지도 철저하지도 못했다. 중국국민당 임시 행동위원회는 1930년 9월에 "밭갈이하는 자가 밭을 갖게끔" 하는 일련의 구체적 방안과 절차를 제기한 적이 있다. "밭갈이하는 자에게 밭이 있게 하자"는 법령을 반포할 것을 주장했고, 그 방법은 50년 장기 토지국채를 발행하여 최고액 이외의 개인 토지와 공공단체의 토지를 국유로 수매한 후 경작하는 농민에게 분배하는 것이었다. 그러나 국민당에서 이와 같은 주장을 실행할 리 없었다.

대지주, 대자산계급의 이익을 대표하는 국민당은 오히려 봉건토지소유제를 보호하고 중국에 존재하는 토지문제의 본질을 덮어 감추었다. 장제스는 "오늘날 중국의 토지는 부족한 것이 아니고, 지주가 독차지한다고 걱정되는 것이 아니다. 전국 인구와 토지의 분배 상황에 대한 통계를 보면 아직 토지가 사람보다 많다. 사람이 토지를 얻지 못

하는 것보다 토지분배가 고르지 못한 것이 걱정이다"[174]고 말한 적이
있다. 국민당은 가끔 입 발린 말로 "밭갈이 하는 자에게 밭이 있게 하
자"고 하기는 했지만 실행하지 않았다. 그래서 혁명적인 토지강령을
제정하고 수행하며 농민의 이익을 위해 단호하게 투쟁하는 중국공산
당만이, 농민과 토지혁명의 지도자가 될 수 있었던 것이다. 중국공산
당이 농민을 이끌고 토지혁명을 진행한 뒤 두 정권에 대한 농민들의
우호도는 확실히 달라졌다. 토지혁명은 혁명전쟁을 지원하고 근거지
를 보위 및 건설하는 농민들의 적극성을 크게 불러일으켰다. 대혁명
실패 후, 중국에서 혁명이 지속되고 발전할 수 있었던 이유는 중국공
산당이 농민에 긴밀히 의지하여 농촌에 근거지를 세우고 근거지 안에
서 토지혁명을 철저히 전개했기 때문이었다.

5. 당과 홍군 건설 강령의 제정

중공중앙의 9월 서한

농촌혁명 근거지를 확보하려면 반드시 투쟁에 필요한 강한 무산계
급 정당과 새로운 인민군대를 양성해야 했다. 이 문제를 해결할 수 있
는가가 혁명의 성패를 쥐고 있는 관건이었다.

농촌에서 진행된 무산계급 정당과 새로운 인민군대의 양성은 일찍
이 큰 어려움을 겪기도 했다. 이는 대혁명 실패 이후 백색테러로 인해
도시 투쟁이 좌절되고 농촌혁명투쟁이 전개됨에 따라, 중국공산당의
상황이 크게 변화했기 때문이다. 1928년 제6차 당대회 당시 통계에
따르면 출신 성분이 농민인 당원은 당원 총수의 76.6%, 출신 성분이

---

174 〈토지문제를 해결할 것에 관한 장제스 위원장의 의견〉 (특별 등재), 『토지행정월간』 (1933
년) 제1권 제11기, 1564쪽.

병사인 당원은 0.8%, 출신 성분이 지식인인 당원은 6.9%, 기타 출신 성분은 4.8%였고 노동자는 겨우 10.9%를 점유했다. 1929년 6월, 당 중앙위원회 제6기 제2차 전원회의가 소집될 때쯤 노동자 당원의 비율은 다시 7%로 줄었다. 당원 출신 성분에 관한 이 같은 새로운 비율은 특히 홍군에서 두드러졌다. 홍군은 농민을 주체로 조직됐다. 홍군에는 혁명의 영향을 받은 북벌군 장병과 국민당 장병들도 있었다. 이들은 군대에서 봉기한 뒤 전향하거나, 해방되어 건너온 장병들이었는데 대부분이 본래 농민이었다. 게다가 홍군에는 일부 도시 소자산계급 출신도 있었다. 1929년 5월의 통계에 따르면 홍군 제4군의 약 4,000명 중에서 당원은 1,329명으로 33.2%를 점했다. 위에서 밝힌 당원 중 노동자가 310명으로 23.4%를, 농민이 626명으로 47%를, 소상인이 106명으로 8%를, 학생이 192명으로 14%를, 기타가 95명으로 7%를 점유했다. 당원 중 농민과 기타 소자산계급 출신이 70%를 점유했다. 홍군과 홍군 내 당 조직은 유격전을 벌이며 오랫동안 농촌 환경 속에서 활동했으므로, 농민과 도시 소자산계급 및 기타 비무산계급 사상의 영향을 받은 것은 필연적이었다. 이러한 비무산계급 사상은 당의 노선을 관철시키는 데 큰 방해물이었다.

농촌 유격전의 환경과 당원 구성원이 대부분 농민인 조건 아래 형성된 당의 비무산계급 사상을 극복하고, 무산계급 선봉대로 양성하는 것은 중요했다. 농민 위주의 군대를 무산계급이 지도하는 신형의 인민군대로 양성하는 것 또한 시급히 해결해야 할 근본적인 문제가 됐다.

이 문제 해결을 방해하는 장애물은 국제공산당이었다. 공산당은 노동계급의 선봉대로서 노동계급과 긴밀히 연관돼 있었다. 국제공산당 지도자는 세계 각국 공산당 건설의 일반적 원리부터 중국공산당의 건설까지 지도하고 감독했다. 그들은 중국공산당이 농민을 중시하는 정도가 노동자를 넘어서는 것을 비판했다. 또 중국공산당이 농촌에 오래 머무를수록 무산계급의 선진성을 잃은 채 농민당으로 변질될 것을 염려했다. 그래서 중국공산당의 사업 중심을 도시에 두고 당내 노동자 당원 비율을 늘리며, 노동자 출신 당원을 간부급으로 발탁해야 한다고 강조했다. 당시 당의 실정을 볼 때 국제공산당이 전혀 근거 없는 염려를 하는 것은 아니었다.

하지만 국제공산당이 지시한 방법으로는 중국공산당의 문제점을 해결할 수 없었다. 왜냐하면 중국은 농업 대국이고 혁명의 중심은 광활한 농촌에 있으므로, 공산당이 크게 발전하려면 농민 출신의 당원이 다수를 점하는 것은 불가피하기 때문이다. 중공중앙은 8·7회의 이후 국제공산당의 영향으로 노동자 성분을 강조하는 인식을 전면적으로 내세웠다. 농민 출신의 당원이 이미 절대다수를 차지하는 상황에서 중공중앙은 적절한 해결책을 내놓지 못하고, "노동자 당원을 양성해야 한다"며 반복해서 강조할 뿐이었다. 1929년 6월, 당중앙위원회 제6기 제2차 전원회의에서 통과한 '조직문제 결의안'은 당의 문제점대해 "무산계급 기초가 확장되지 못했고" "당내 중공업 노동자의 발전이 미약하며" "지부 생활이 건전하지 못하고" "투쟁과정에서 받아들인 열성분자가 적으며" "당원 간부, 특히 노동자 간부가 부족한 탓"라고 지적했다. 중공중앙은 노동자 당원의 양성을 통해서만 위에서 밝힌 문제를 해결하고, 당의 무산계급 선봉대 성격을 유지할 수 있다고 여겼다. 물론 실제에 부합하는 주장은 아니었다.

중국 사회 조건에서 당의 선진화를 유지하려면, 반드시 중국 혁명의 특징과 요구에 따라 당을 건설하는 새로운 방법을 강구해야 했다. 이 문제는 마오쩌둥이 손수 실천하면서 창조적으로 해결했다. 일찍이 징강산 시기에 마오쩌둥은, "무산계급 사상의 지도는 아주 중요한 문제다. 접경 지역 각 현의 당은 대다수가 농민 출신으로 구성되어 있기 때문에, 무산계급 사상에 대한 지도가 없으면 그 성향에 착오가 생길 것"[175]이라고 말했다. 장시 남부·푸젠 서부에 도착한 이후, 홍군 제4군 당내의 비무산계급 사상은 우려할 정도였다. 극단적인 민주화 사상, 군사를 중시하고 정치를 경시하는 사상, 근거지 마련과 공고화를 중시하지 않는 사상, 떠돌이 도적처럼 유동적인 유격전을 벌이자고 주장하는 등 잘못된 사상들이 당내에서 큰 영향을 미쳤다.

홍군 제4군 전선위원회 서기 마오쩌둥은 이러한 잘못된 사상을 시정하려고 애썼다. 하지만 근거지를 창설하고 홍군 내에서 민주집중제를 실시하는 원칙 등 문제에서 홍군 제4군 당내의 일부 지도간부들 사이에는 인식상의 불일치와 논쟁이 존재했다. 마오쩌둥은 군대에 대한 당의 지도를 강화하고 사상정치 사업을 강화해야 한다고 주장했다. 또 민주집중제를 실시하고 대중을 동원하여 공고한 농촌근거지를 창설해야 한다고 적극 주장했다. 그러나 일부 동지들은 경험이 부족한데다 옛 군대 사상의 영향을 받아 당의 지도와 사상 정치 사업은 소홀히하고, 사령부의 권한을 외부까지 확대할 것과 장교 권위 제고를 강조했다. 또한, 병사위원회를 해체할 것을 주장하고 근거지 마련을 중시하지 않았으며, 주(州)와 부(府)를 전전하는 식의 "유동 유격전"을 주장했다. "위에서 아래로의 민주"를 실시하는 것은 곧 "가부장제"를 실시하는 것이라고 여겼다. 크고 작은 일은 모두 하급에 맡겨 토론한 후에야 결정을 내릴 수 있다고 주장하는 등의 경향이 있었다. 1929년 6월 하순, 중국공산당 홍군 제4군 제7차 대표대회가 푸젠 룽옌에서 열렸다. 마오쩌둥은 건군 이후의 경험을 토대로 논쟁을 해결하려 했다.

---

175 마오쩌둥, '징강산 투쟁'(1928년 11월 25일), 〈마오쩌둥선집〉제1권, 인민출판사 한문판, 1991년, 77쪽.

하지만 그의 정확한 주장은 다수 동지들에게 받아들여지지 못했다. 대회는 중앙이 전선위원회의 조직 개편을 지시하지 않은 상황에서 전선위원회를 다시 뽑았다. 중앙에서 지정한 전선위원회 서기 마오쩌둥은 당선되지 못했으며 천이가 전선위원회 서기를 맡게 됐다. 이번 대회는 홍군 제4군에 존재하는 주요 문제를 해결하지 못했으며 결과는 좋지 못했다.

대회가 끝난 후 마오쩌둥은 홍군 제4군의 지도자 직무에서 물러나 푸젠 서부에 가 지방사업 지도를 돕게 됐다. 천이는 상하이로 가 중공 중앙이 소집한 군사회의에 참가하여 홍군 제4군의 사업 상황을 보고했으며 전선위원회 서기는 주더가 대리했다. 마오쩌둥의 뛰어난 지도력을 잃은 홍군 제4군은 "정책 측면에서 많은 착오가 있었고 당 및 홍군 조직은 모두 산만해졌다"[176] 9월 하순, 푸젠 상항(上杭)에서 소집된 중국공산당 홍군 제4군 제8차 대표대회에서는 홍군 법규 등 문제를 토론했다. 그러나 의견이 엇갈려 회의는 결실을 보지 못했다. 많은 사람들은 현 상태에 불만을 품고 마오쩌둥이 홍군 제4군에 돌아와 복직하기를 바랐다.

중국공산당 홍군 제4군 제7차 대표대회가 끝날 때 전선위원회는 대회 결의 및 기타 문건을 즉각 중공중앙에 보고했다. 중국공산당 홍군 제4군 제7차 대표대회의 문건을 받은 중앙은 홍군 제4군 지도층의 의견이 엇갈리고 있음을 알아차렸다. 8월 13일, 중앙정치국은 회의를 소집해 홍군 제4군의 문제를 집중적으로 토론했고, 저우언라이가 중앙을 대표하여 홍군 제4군 전선위원회에 지시서한(즉 8월 서한)을 쓰기로 했다. 8월 20일, 지시서한이 작성되자마자 빠르게 발송됐다. 서

---

176 '중앙에 보내는 홍군 제4군 전선위원회 보고', 1930년 1월 6일.

한에서는 홍군 제4군 당내 논쟁의 몇 가지 주요한 원칙적 문제에 대하여 명확한 의견을 제기했으며, 마오쩌둥의 관점에 대해서도 찬성함을 분명히 했다. 8월 하순, 천이가 상하이에 도착했다. 8월 29일, 중앙정치국은 회의를 소집하고 홍군 제4군의 전반적 상황에 관한 천이의 상세한 보고를 들은 뒤 리리싼, 저우언라이, 천이 등 3인 위원회를 구성했다. 저우언라이가 위원회를 책임지고 소집하며 홍군 제4군에 대한 사업 지시문건을 내리기로 결정했다. 9월 28일, 중공중앙은 홍군 제4군 전선위원회에 보내는 지시서한(즉 9월 서한)을 발송했다. 이 지시서한은 천이가 중앙을 대신하여 작성한 것으로, 중앙정치국 회의 내용과 저우언라이, 리리싼과 가진 수차례의 담화를 요약정리했으며 저우언라이의 심의를 거쳤다.

9월 서한에서는 군벌 혼전의 정세를 상세히 분석하고 홍군 제4군 및 각지 홍군의 투쟁 경험을 정리했으며, 중국 혁명에서 홍군의 갖는 중요한 지위와 역할을 설명했다. 이어 "먼저 농촌 홍군이 있고 후에 도시 정권이 있는바, 이는 중국 혁명의 특징이며 중국의 경제를 지탱한 산물이다"고 강조했다. 지시서한에 따르면 홍군의 기본 임무는 "첫째, 대중투쟁을 일으키고 토지혁명을 전개하며 소비에트정권을 수립하는 것"이고, "둘째, 유격전을 실시하고 농민을 무장시켜 조직 자체를 확대하는 것"이며, "셋째는 유격지역과 정치적 영향력을 전국으로 확대하는 것"이다. 지시서한은 홍군 당내의 상황을 분석하고 "무산계급 사상의 지도를 강화해야만 농민 의식을 감소시킬 수 있으며", 홍군 내에 존재하는 갖가지 잘못된 관념에 대해 "전선위원회는 마땅히 맞서서 단호하게 숙청해야 한다"고 지적했다. 홍군 내부의 당의 사업에 관하여 지시서한은 "당의 모든 권력을 전선위원회의 지도 기관에 집중시켜야 하며, '가부장제'라는 명사를 이용하여 지도 기관의 권력을 약화시키는 등 극단적 민주화를 엄호해서는 안 된다"고 못 박았다. 또 "전선위원회는 일상적 행정사무를 관리하지 말고 행정기관에 맡겨 처리해야 한다"고 강조했다. 중공중앙의 이 지시서한은 홍군 제4군 당내의 논란에 대하여 명확한 결론을 내렸고, 홍군 제4군 지도자를 약하게 비판하며 단합할 것을 강조했다. 연이어 홍군 제4군 전선위원회와 모든 간부, 전사들은 주더, 마오쩌둥의 지도를 옹호하면서 지도 기관의 신망을 제고해 줄 것을 요구했다. 그리고 마오쩌둥이 "마땅히 앞으로도 전선위원회 서기를 맡아야 한다"며 그 뜻을 명확히 밝혔다.

구톈(古田)회의

천이는 상하이에서 밤낮으로 길을 달려 홍군 제4군에 돌아와 10월 22일에 열린 전선위원회 회의에 중공중앙의 9월 서한을 전달했다. 또 마오쩌둥에게 홍군 제4군으로 돌아와 복직할 것을 요구했다. 11월, 마오쩌둥은 홍군 제4군으로 복귀해 사업을 주관했다. 그의 주관으로 푸젠 서부 창팅에서 전선위원회 확대회의를 소집하고, 중국공산당 홍군 제4군 제9차 대표대회를 소집할 것을 결정했다. 마오쩌둥은 중앙 9월 서한의 정신과 홍군 창건 이후의 경험, 그리고 홍군 제4군의 상황에 대한 조사에 근거하여 이번 회의를 위한 초안을 작성했다. 천이가 결의안의 초안 작성 작업에 참가했다.

12월 하순, 중국공산당 홍군 제4군 제9차 대표대회(구톈회의)가 푸젠 상항현 구톈에서 소집됐다. 천이가 대회 사회를 맡았다. 회의에서 마오쩌둥이 정치보고를 하고 주더가 군사보고를 했으며, 천이가 중앙의 지시서한을 전달하고 도주병 총살에 반대하는 보고를 했다. 회의는 홍군 창건 이후 당이 각종 잘못된 사상, 경향과 투쟁하는 과정 중 얻은 풍부한 경험을 토대로 사상인식을 통일했으며, 이에 대한 대회 결의안, 즉 유명한 구톈회의 결의를 통과시켰다. 이 결의는 여덟 개의 결의안으로 구성되었으며, 그중 제일 중요한 것은 당내의 잘못된 사상을 바로잡는 안건이었다. 구톈회의 결의는 창당, 건군에 관한 근본적인 문제에 대해 체계적으로 답했으며, 중앙 9월 서한의 정신을 구체화했을 뿐만 아니라 홍군 제4군의 실정에 걸맞도록 발전시켰다.

구톈회의 결의의 핵심은 무산계급 사상으로, 군대와 당을 건설하는 것이었다. 결의는 홍군의 성격, 취지와 임무를 군대 건설 측면에서 명확히 규정했다. "중국의 홍군은 혁명의 정치임무를 수행하는 무장집단으로서", 이 군대는 반드시 무산계급 사상의 가르침에 복종해야 하며 인민 혁명투쟁과 근거지 건설에 힘써야 한다고 지적했다. 이 규정은 새로운 인민군대와 구식 군대를 근본적으로 구분 짓는 계기가 되었다. 이 관점을 기본으로 결의는 군대와 당의 관계를 천명했으며, 군대는 반드시 당의 지도에 절대적으로 복종해야 한다고 했다. 또한 반드시 당의 강령, 노선과 정책을 위해 성심성의껏 투쟁해야 한다고 지적했으며, 군사와 정치는 대립되고 군사는 정치에 복종하지 말아야 한다고 여겼다. 그러나 군대로써 정치를 지휘하는 그런 단순한 군사관은 전면 비판했다. 결의는 투쟁하여 자금을 마련하고, 그것으로 대중사업을 하는 이 삼위일체의 임무를 홍군이 맡아야 한다고 거듭 제기했다. 즉 "싸워서 적의 군사세력을 제거하는 것 외에도 선전을 통해 대중을 동원하고 무장시키는 것, 대중을 도와 혁명정권을 세우며 공산당 조직을 설립하는 것 등 중대한 임무도 맡아야 한다"고 했다. 결의에서는 홍군의 정치사업과 정치기관의 중요성에 대해 규정하며 "군사가 잘 조직되면 정치도 자연적으로 잘 따라 온다" "군사와 정치 양자는 대립된다"는 등의 잘못된 관점을 비판했다. 정치 사업은 "홍군에게 있어 정치적 생명"이라는 중앙의 원칙에 따라 홍군의 정치 사업을 강화해야 하며, 특히 정치교육에 집중해야 한다고 강조했다. 결의는 홍군이 내외 관계를 처리할 때 기준이 되는 준칙을 규정했고, 군대 내부에서 민주제도를 실시하며 장교와 병사가 하나 되는 새로운 관계가 돼야 한다고 주장했다.

결의는 당의 사상 건설 강화의 중요성을 강조했고, 홍군 제4군 당 조직의 실정부터 당내의 각종 비무산계급 사상의 표현, 내원 및 시정 방법을 전반적으로 지적했다. 당의 사상 건설을 강화하기 위해 결의는 다음과 같이 강조했다. "조사와 연구를 중시하고 각종 형식의 주관주의를 단호하게 반대해야 한다" "당원이 주관주적으로 분석과 평가를 내리는 대신 마르크스-레닌주의의 방식으로 정치 정세를 분석하고 계급세력을 평가하도록 교육한다" "당원들로 하여금 사회, 경제에 대한 조사와 연구를 중시하여 이를 통해 투쟁의 책략과 사업 방법을 결정하게 하며, 동지들로 하여금 객관적이지 못한 조사는 공상과 망동의 구렁텅이에 빠지게 함을 알게 해야 한다" "각종 잘못된 사상을 효과적으로 시정하기 위해 결의는 당내 교육, 특히 당의 정확한 노선에 대한 교육을 실시하고, 정확한 비판을 전개하는 것을 강화해야 한다"고 제안했다. 결의는 당의 사상 건설을 강조하는 동시에 당의 조직 건설을 강화하는 데 치중해야 한다고 보았다. 또 당의 민주집중제를 유지하고 극단적인 민주화, 비조직적인 관점 등 잘못된 경향을 반대해야 한다고 지적했으며, 각급 조직의 사업을 강화해야 한다는 등을 요구했다. 당원의 질을 보장하기 위한 결의는 향후 신규 당원의 발전적인 조건을 다음과 같이 제시했다.

(1) 올바른 정치관념(계급 각오를 포함)을 지녀야 한다.

(2) 충실해야 한다.

(3) 희생정신이 있고 사업에 적극적이어야 한다.

(4) 횡재를 노리지 말아야 한다.

(5) 아편복용과 노름을 멀리해야 한다.

또 신규 당원이 입당한 후, "신규 당원에게 지부 생활(비밀사업을 포함) 및 당원이 준수해야 할 규칙을 상세하게 가르쳐 주어야 한다"고 했다.

구톈회의는 중공중앙의 지시에 따라 새로운 중공 홍군 제4군 전선위원회 위원과 마오쩌둥을 서기로 선출했다.

구톈회의 결의는 중국공산당과 홍군 건설에 있어 강령 같은 문헌이다. 결의는 중국공산당과 중국 혁명의 구체적 상황을 적용하여 융통성이 있고 창조적으로 마르크스-레닌주의를 활용했으며, 당원 중 농민이 대다수인 상황에서 어떻게 당의 사상 건설을 강화하고 무산계급 선봉대의 성격을 유지할 것인가 하는 문제에 대해 답했다. 또한 농촌에서 혁명전쟁을 진행하는 환경에서, 농민이 주된 구성원인 군대를 무산계급이 지도하는 새로운 인민군대로 어떻게 양성할 것인가 하는 문제에 대해서도 원론적으로 답했다. 구톈회의의 노력과 회의에서 규정한 기본 원칙은, 사상에 치중하여 당을 건설한다는 독특한 당 건설의 길을 실현하는 데 집중했다. 이러한 원칙들은 홍군 제4군에서 통용됐을 뿐만 아니라 기타 홍군 내에서도 점차적으로 실시되어 향후 당의 건설을 강화하는 데 큰 영향을 끼쳤다.

6. 마오쩌둥, 농촌으로 도시를 포위하고 무장으로 정권을 탈취할 것에 대한 사상의 제출

1930년 상반기에 이르러 중국공산당은 홍군 전쟁과 근거지 건설을 지도하며 겪은 우여곡절 끝에, 1927년 대혁명 실패 이후 나아가야 할 중국의 혁명 노선에 대한 문제점을 해결했다.

중국 혁명의 새로운 노선은 당과 인민의 집단적 투쟁을 거쳐 개척한 것이다. 이 과정에서 가장 큰 기여를 한 인물은 단연 마오쩌둥이다. 그는 우선 무장투쟁의 근거지를 농촌에 두었고 징강산 근거지의 개척을 진두지휘했다. 또 농촌 근거지를 발전시키기 위해 해결해야 할 근본적인 문제점을 창조적으로 해결했을 뿐만 아니라, 중국 혁명 노선에 대해 이론적으로 설명했다.

마오쩌둥은 징강산 근거지를 마련하는 과정에서 "주요 경제 활동이 농업인 중국 혁명의 특징은 군사로 폭동을 발전시키는 것"이라고 지적함과 동시에, 군사운동을 대폭 확대할 것을 중앙에 건의했다.[177] 중국 혁명의 특징 중 하나로 무장투쟁을 꼽는 이유는 바로 반식민지 반봉건 상태의 중국에서 반동 통치자들이 항상 무력을 이용해 정권을 유지했기 때문이다. 여기에 자산계급 민주제도가 없으면 공산당은 합법적인 투쟁을 거쳐 대중을 교육하고 혁명세력을 축적할 수 없다. 당이 인민 대중을 이끌고 혁명하려면 반드시 무기를 들고 싸워야 했다.

중국 혁명전쟁은 주로 농촌에서 진행됐다. 적이 매우 강한데 반해 홍군은 미약했으므로 국제공산당, 중국공산당과 홍군의 어떤 이들은 홍색정권의 존재와 발전 가능성에 의구심을 가졌다. 1928년 2월, 국제공산당 집행위원회 제9차 확대전회는 '중국 문제에 관한 국제공산당의 의결안'을 내놓았다. "중국공산당이 설립한 소규모의 근거지들과 그곳에서 벌이는 유격전은 산개해 있어 연계성이 떨어지기에 필연적으로 실패할 것"이라고 단정하면서, 중국공산당에 "유격전을 선호하지 말 것"을 요구했다. 도시를 중심으로 혁명을 준비해야 하며, "도

---

177 마오쩌둥: '징강산 투쟁' (1928년 11월 25일), 〈마오쩌둥선집〉제1권, 인민출판사 한문판, 1991년, 79쪽.

시와 농촌이 서로 협력하고 적응하면서 전쟁을 일으킬 준비를 해야 한다"[178]고 강조했다.

6월, 중국공산당 제6차 전국대표대회에서 국제공산당의 지도자 부하린은 "중국공산당은 마땅히 도시를 중심으로 삼아야 한다"고 주장하며 농촌에 근거지를 마련하는 것을 반대했다. 동시에 도시를 전전하는 유동식 유격전을 벌여야 한다고 주장했다. 중공중앙은 국제공산당의 지도를 받아들여 도시를 중심으로 삼을 것을 주장했다. 농촌에서 무장투쟁에 종사하고 있던 마오쩌둥은 이 문제에 대해 점차 확신을 가지게 되었다. 1928년 5월과 10월, 마오쩌둥은 자기가 주관하여 소집한 후난·장시 접경 지역 당의 제1차, 제2차 대표대회에서 노농 무장 분할 사상을 제기했고, 중국 농촌 지역의 소규모 홍색정권이 존재하고 발전할 수 있는 이유에 대해 논증했다. 이를 통해 농촌 투쟁에 종사하는 동지들에게 중요한 이론을 제공했고, 농촌 근거지 건설에 대한 그들의 신념과 결심을 확고히 했다. 그러나 아직 사업 중심을 농촌에 둬야 한다는 입장을 전 당에 공통으로 적용하지 못했다. 그는 여전히 도시 사업을 중심으로 해야 한다고 여겼으며, 도시 사업에 영향을 주고 협력하려는 목적에서 후난·장시 접경 지역에 근거지를 세울 것을 주장했다. 하지만 마오쩌둥은 홍군 제4군이 장시 남부, 푸젠 서부로 진군했던 1929년부터 1930년까지 농촌 근거지를 견고하게 확보해야 할 필요성을 절감했다. 이때 농촌 유격전은 이미 폭넓게 전개되었고 중국 혁명에서 괄목할 만한 지위를 차지하는 반면에 도시 투쟁은 늘 어려운 상황에 처해 있었다. 실전이 보여주다시피 중국 혁명을 승리로 이끌려면 사업 중심을 반드시 농촌에 둬야 한다. 국제공산당과 중공중

---

178 중앙당안관 편: 〈중공중앙 문건 선집〉 제4권, 중공중앙당학교출판사 한문판, 1989년, 761~760쪽.

앙이 아직 이 점을 인식하지 못했을 때, 마오쩌둥은 중국의 실정에 대한 고려와 조사, 본인의 경험을 토대로 농촌 중심의 사상을 제기했다.

마오쩌둥은 중국 혁명이 자본주의 국가와 다른 길을 걸을 수밖에 없음을 재차 천명했다. 그는 1930년 1월 홍군 제4군 제1종대 사령원 린뱌오에게 보내는 서한[179]에서 "모든 지방을 포함한 전국적 범위에서, 대중의 지지를 얻은 뒤 나중에 정권을 수립한다는 그들의 이론은 중국 혁명의 실정에 맞지 않는 것이다"고 지적했다. 그는 다음과 같이 지적했다. 중국은 많은 제국주의 국가가 서로 수탈을 감행하는 반식민지이기에 지배계급 내부가 장기간 혼전하는 현상이 발생했다. 따라서 홍군과 유격대가 존재하고 발전할 수 있으며, 사방이 백색 정권에 둘러싸여 있더라도 소규모 홍색 구역이 보전될 가능성이 있다. 홍군, 유격대, 홍색 구역(다시 말하면 국부적인 지역 내의 혁명정권)의 수립과 발전은 반식민지 중국이 무산계급의 지도 아래 농민투쟁을 진행할 때 최선의 방식이며 필연적인 결과이다. 이는 또한 전국 혁명의 고조를 촉진하는 중요한 요소이다. 그는 "무산계급의 지도를 지지하는 것과 혁명 주력군이 농민인 것은 모순이다"는 관점을 비판했다. 1929년 4월 중앙에 회답하는 홍군 제4군 전선위원회의 서한에서 그는 "중국 혁명은 농민투쟁이 노동자의 지도를 받지 못해 실패할 순 있지만, 농민투쟁의 발전이 노동자 세력을 초과한다고 해서 혁명에 불리할 게 없다"는 입장을 거듭 표명했다. 그는 각지에서 홍군, 유격대 및 근거지 건설의 경험을 쌓은 뒤 다음과 같이 지적했다. "단순한 유동식 유격정책으로는 전국 혁명의 고조를 촉진시키는 임무를 완수할 수 없으며, 반드시 근거지를 가지고 계획적으로 정권을 수립해야 한다. 또 토지혁명

---

179 즉 〈마오쩌둥선집〉 제1권 중 '한 점의 불꽃이 요원의 불길로 타오르다'는 글.

을 실시하고 향 적위대, 구 적위대대, 현 적위총대, 지방 홍군부터 정규적인 홍군까지 모두 발전시키는 노선을 통해 인민의 무장력을 확대한다. 파상적 확대를 통해 전권을 발전시키는 등의 정책을 취해야 한다" 그는 농촌 근거지 투쟁을 지지하는 의미에 대해 밝히며 "첫째, 이렇게 해야만 소련이 전 세계의 신뢰를 얻은 것처럼. 우리도 전국적으로 혁명대중의 신뢰를 얻을 수 있다. 둘째, 반동 지배계급에게 큰 타격을 주고 그 근저를 뒤흔들어 내부의 와해를 촉진할 수 있다. 셋째, 미래 대혁명의 열쇠인 홍군을 창건할 수 있다. 요컨대 이렇게 해야만 혁명을 고취시킬 수 있다"고 주장했다. 이러한 논술은 사실 상 당의 사업 중심을 도시로부터 농촌으로 이전시키는 중국 혁명의 새로운 길에 관한 사상을 제기한 것이다. 농촌 지역에서 유격전을 벌이며 토지혁명을 철저히 진행하는 것, 홍색정권을 수립해 발전시키며 때를 노리다 전국 정권을 탈취하는 것 등이 새로운 사상의 골자였다.

농촌에서부터 도시를 포위하고 무력으로 정권을 탈취하는 노선에 관한 마오쩌둥의 사상은, 무력으로 정권을 탈취하자는 마르크스-레닌주의 학설을 크게 발전시킨 것이다.

마오쩌둥을 위시한 중국공산당이 농촌으로부터 도시를 포위하고 무력으로 정권을 탈취하는 혁명 투쟁을 선택한 것은 중국의 현실에 기초한 것이었다. 중국공산당이 사업 중심을 농촌에 둔 까닭은 중국 인구의 절대 다수인 농민이 반제국, 반봉건 민주혁명의 주력군이고 농민이 생활하고 있는 광활한 농촌이야말로 민주혁명이 승리로 나아가는 주요 전략 기지가 돼야 하기 때문이다. 게다가 적이 강하고 아군은 약하기에 중국 민주혁명의 장기간 투쟁이 예상되었다. 따라서 반혁명 세력이 상대적으로 약한 농촌에 근거지를 마련하여 혁명세력을 축적하고 단련시킬 필요가 있었다. 그래야지만 장기간의 투쟁을 통해 중국 혁명의 승리를 쟁취할 수 있다고 판단했다. 물론 농촌 근거지 사업에 치중한다는 것이 도시 사업을 포기해도 좋다는 말은 아니다. 충분한 도시 사업이 없다면 혁명의 승리라는 목적을 이룰 수 없음은 마찬가지였다.

대혁명 실패 후, 만약 농촌 우선의 정책을 인정하지 않았다면 두 가지 가능한 선택이 있었다. 즉 혁명투쟁을 포기하고 제국주의자 및 국민당 반동 지배집단과 타협하거나, 또는 세력이 부족할 때 강한 적과 승부를 결정짓는 전투를 벌이는 것이다. 이 두 가지 선택의 성격은 근본적으로 다르지만 그 결과는 마찬가지로 중국 혁명의 실패를 초래하는 것이다.

농촌 근거지를 창설하고 농촌에서부터 도시를 포위하며 무력으로 정권을 탈취하자는 사상은, 마오쩌둥을 위시한 중국공산당원들의 집단적 창조물이다. 이 사상은 중국 혁명 발전의 특수 법칙을 반영했고 중국 혁명을 승리로 인도할 수 있는 유일무이한 길을 정확히 제시해 주었다. 법칙은 객관적으로 존재하는 것이지만 법칙을 정확하게 인식하고 객관적 법칙에 따라 일하는 것은 오히려 쉽지 않는 것이다. 1920년대 후반과 1930년대 초반에 국제공산주의운동 과정과 중국공산당 내부에서 성행했던 마르크스주의를 교조화하고, 국제공산당 결의와 러시아혁명의 경험을 신성화하는 착오적인 경향은 중국공산당원들이 중국 혁명의 법칙을 받아들이는 걸 방해했다. 농촌에서부터 시작해 도시를 포위하고 무력으로 정권을 탈취하는 길은 마오쩌둥 등이 교조주의 속박을 타파하고 개척해낸 것이다. 이 길을 걸으면서 교조주의자로부터의 지속적인 저항을 받는 것은 불가피한 일이었다. 예컨대 1930년 5월, 중공중앙 이론 간행물 〈붉은 기(紅旗)〉는 '기자'의 신분으로 글을 발표하여 농촌에서부터 도시를 포위하는 관점이 "무산계급은 혁명의 지도자이고, 농민은 무산계급의 동맹자이다"라는 마르크스주의 원리를 위반한 것이라고 비판했다.

마오쩌둥은 당과 홍군 내 존재하는 교조주의를 반대하기 위해 1930년 5월 '조사사업'이라는 글[180]을 써서, 변증법적 유물주의 사상노선을 견지하고 이론과 실제를 연결하는 원칙의 중요성을 천명했다. 마오쩌둥은 실제 조사를 떠나면 유심론적인 계급 평가와 유심론적인 사업 지도를 낳게 되며, 그 결과 기회주의가 아니면 곧 맹동주의로 발전하게 된다고 강조했다. 그는 유심론적인 사상을 제거하기 위해 "조사를 하지 않으면 발언권이 없다"는 과학적 논단을 제기했다.

인식은 실천에서 생겨나고 실천의 주체는 대중이다. 그래서 변증법적 유물주의 사상노선을 지지하는 것과, 대중에 의지하는 사업노선을 지지하는 것이 일치한 것이다. 마오쩌둥은 "공산당의 투쟁 책략은 결코 집안에 앉아서 소수의 사람들이 생각해 낼 수 있는 것이 아니며, 대중의 투쟁 과정을 통해서만 생성될 수 있는 것이다. 다시 말하면 실천 경험 중에서만 비로소 생성될 수 있는 것이다"고 지적했다. 그는 사람들에게 "투쟁 속으로 뛰어들라!" "대중 속에 들어가 실제로 조사하라!"고 호소했다.

중국 혁명은 타국의 혁명 경험을 학습할 필요가 있었지만, 결코 책속의 글귀 혹은 타국 혁명의 구체적 공식을 그대로 베끼는 걸 의미하는 것은 아니다. 마오쩌둥은 "중국 혁명 투쟁이 승리하려면 중국의 동지들이 중국의 상황을 이해해야 한다"고 주장했다. 그러면서 중국 혁명을 승리로 이끌기 위해 반드시 중국의 상황을 제대로 조사하고 연구해야 하며, 중국 혁명의 문제를 독립적으로 사고하고 해결해야 한다고 지적했다.

---

180 1964년 〈마오쩌둥 저작 선독〉에 수록될 때 제목을 '서책주의를 반대하자'로 고쳤음. 1991년에 〈마오쩌둥선집〉 제1권에 수록.

주어진 교조에 대해 실천적인 검증 없이 이데올로기나 종교적 혹은 철학적인 사조를 신봉하는 태도를 말한다. 교조주의는 특히 공산주의 운동에 있어 마르크스-레닌주의 원칙을 역사적 정세나 변화에 창조적으로 적용하는 것을 무시하고 마르크스, 엥겔스, 레닌, 스탈린, 마오쩌둥의 저작을 인용하여 그대로 혁명운동의 방침으로 정하거나, 과거 소련공산당과 중국공산당의 노선을 맹목적으로 따르며 모방하는 편향을 가리킨다.

마오쩌둥을 위시한 중국 공산당원들은 바로 이러한 변증법적 유물주의 사상노선을 견지했다. 그리고 실천을 통해 배우고 대중으로부터 배우는 데도 능숙했으며, 대중 투쟁의 신선한 경험을 학습하는 데도 탁월했다. 때문에 중국 혁명의 고비에서도 혁명적인 개척자 정신과 용기를 보여 줄 수 있었다. 또 농촌에서부터 도시를 포위하고 무력으로 정권을 탈취하는 길에 관한 사상을 제기함으로써 중국 혁명을 부흥시키고, 중국 혁명을 승리로 이끄는 유일무이한 노선을 명확히 제시할 수 있었다.

제10장
혁명운동의 굴곡적인 발전과
홍군의 세 차례 반 '포위토벌' 투쟁의 승리

1. 리리싼(李立三) '좌'경 모험주의 오류의 출현 및 시정

1929년부터 1930년까지, 국내 및 국제 정세에는 중요한 변화가 생겼다.

국내에서 국민당 통치 집단의 내부모순이 더욱 격화됐다. 1929년 3월과 4월 사이 장제스와 계계군벌 리쭝런(李宗仁) 사이에서 장구이(蔣桂)전쟁이 발발했다. 그 후 장제스, 옌시산, 펑위샹 세 파벌 사이의 치열한 전쟁이 한 차례 있었고, 장파쿠이(張發奎), 위쭤바이(兪作柏) 연맹의 장제스 반대 투쟁, 탕성즈(唐生智), 스유산(石友三) 연맹의 장제스 반대 투쟁이 발생했다. 그러나 장제스 반대 세력의 투쟁은 대부분 실패했다. 그 후 1930년 1월부터 옌시산, 펑위샹, 리쭝런 등은 서로 연합하는 것에 대해 논의하기 시작했다. 3월에 이르러 옌시산을 대표로 하는 장제스 반대 연맹을 결성하고 장제스 반대 전쟁을 위한 준비 작업에 들어갔다. 5월 상순, 옌시산, 펑위샹은 중원 및 산동 서남부의 3개 전장에서, 리쭝런, 장파쿠이는 후난·광둥·광시(湘粵桂) 접경 지역에서 장제스 집단에 대한 대규모 전쟁을 개시했다. 이번 국민당 신군벌 사이의 중원대전과 후난·광둥·광시 접경 지역 전쟁에 모두 100만명 이상의 병력과 총 5억 위안에 달하는 자금이 소모됐으며, 그 화마의 불길은 중원과 화난(華南)의 광활한 지역을 휩쓸었다.

이에 앞서 북양군벌의 복멸(覆滅)과 둥베이의 '기치 바꿈(易幟·역치)' 사건이 일어남으로써 표면적인 전국 통일을 실현했다. 하지만 군벌정치는 반식민지 반봉건 중국의 특징 중 하나이며, 그 기본 특징은 사병 소유를 기초로 군벌 분할을 형성하는 것이다. 이러한 특징 때문에 필연적으로 각 파벌 군벌 간의 세력다툼이 끊이지 않았다. 국민당 새 군벌의 통치가 수립되는 과정에서 중앙정부와 지방정부 사이, '중앙군'과 각 비정규군 사이의 모순은 날로 심화되었다. 각 파벌 군벌 특히 장제스, 리쭝런, 펑위샹, 옌시산 등 4대 파벌의 이권다툼은 지역 다툼에 그치지 않았다. 그들 사이의 다툼은 주로 국민당 중앙정부 통제권을 놓고 벌어졌다. 따라서 각 군벌 사이에 전쟁이 끊이지 않는 것은 불가피했다. 이 밖에도 중국의 각 군벌의 배후에는 모두 하나 혹은 그 이상의 제국주의 국가가 있었다. 그래서 영국, 미국, 일본 등 제국주의 국가들이 중국 내에서 벌인 이권다툼의 모순과 투쟁은 필연적으로 국민당 내부의 파벌 분쟁과 군벌 사이의 혼전을 불러왔다. 제국주의 국가들이 중국을 분열시키는 한 각 군벌은 절대 타협할 수 없으며, 타협했다고 하더라도 일시적일 뿐이었다.

> **역치(易幟)**
>
> 동북3성과 열하성 등 봉천군벌이 장악한 지역에서는 일제히 북경정부의 깃발인 오색공화기(五色共和旗)를 내리고 남경정부의 깃발인 청천백일기(靑天白日旗)로 바꿔 달았다. 이를 역치(易幟)라고 한다. 이는 장제스의 제2차 북벌이 성공리에 끝났음을 알리는 선언이기도 했다.

군벌 사이의 잦은 혼전은 전국 인민들의 고통을 가중시켰고, 군벌 자신의 세력마저도 약화시켰다. 이는 혁명세력의 발전에 유리한 조건을 마련해 주었다.

대혁명이 실패한 이후 2년 남짓한 우여곡절 끝에 중국공산당은 점차 곤경에서 벗어났고, 혁명 사업은 부흥하기 시작했다. 농촌에서 홍군과 근거지는 더욱 많아지고 공고해졌다. 도시 내 당 조직과 사업도 어느 정도 발전했다. 전반적으로 혁명투쟁은 대혁명 실패 때에 비해 뚜렷이 호전됐다. 그러나 아군이 열세인 상황은 근본적으로 달라지지 않았고, 혁명이 고조기에 든 것은 더욱 아니었다. 제국주의 국가들과 국민당 통치 집단의 세력은 여전히 강대했고, 혁명세력에 대한 방비도 철저했다.

국제적으로 1929년에 자본주의국가들은 전례 없는 경제위기를 맞았다. 몇몇 자본주의 선진국에서는 노동운동 및 대중투쟁이 크게 발전했으며, 일부 지식인들 사이에는 사회주의를 동경하는 경향이 확산되었다. 그러나 세계 자본주의 통치가 붕괴됐다고 보긴 어려웠고, 경제위기의 폭발과 더불어 세계적 혁명고조를 형성할 수는 없었다.

이런 시국에 중국공산당 중앙위원회는 마땅히 정세를 정확히 파악하고, 유리한 시기를 이용해 혁명 사업을 발전시켜야 했다. 그러나 중공중앙의 일부 지도자들은 혁명의 정세가 약간 유리해진 것을 보고 또다시 국제공산당의 '좌'경 지도사상의 영향을 받아 냉정한 판단을 잃기 시작했다. 그들은 여전히 미약한 국내·국제 혁명세력의 상황을 무시하고 정세가 혁명에 유리한 측면만 과장하여, 점차 '좌'경 모험주의 오류를 범하기 시작했다. 그중 당시 중앙정치국 상무위원이며 중앙 선전부 부장인 리리싼의 주장이 비교적 체계적이었다.

그 까닭에 '좌'경 모험주의 오류를 역사상 '리산 노선'이라고도 한다. 1929년 말, 중공중앙과 국제공산당 극동국은 중국의 부농, 유격전쟁, 적색공회 등의 문제에서도 치열한 논쟁을 벌였다. 논쟁이 지지부진해질 무렵 중공중앙 정치국에서는 저우언라이를 소련에 파견하여 국제공산당에 보고하도록 했다. 1930년 3월 초, 저우언라이는 모스크바로 떠났다. 중앙의 지도자인 샹중파(向忠發)의 지도력이 미흡했으므로 그사이 중앙의 사업은 사실상 리리싼이 주관했다.

중국공산당 제6차 전국대표대회 전후, 일찍이 중공중앙은 국제공산당의 지도를 받고 무장 대봉기 방안을 제출했다. 이는 도시를 중심으로 한 개 성(省) 또는 여러 개 성에서 승리를 쟁취하는 것이 목적이었다. 사실 이 무장 대봉기 방안은 국제공산당의 '제3시기' 이론을 근거로 한 것이었다.

1929년 2월, 6월, 8월 및 10월, 국제공산당은 중공중앙에 '좌'경 오류의 주장이 포함된 결의안을 여러 번 보냈다. 특히 10월 26일의 지시서한에서는 "중국은 전국적으로 심각한 위기에 처했다" "대중의 힘을 모아 혁명을 일으켜 지주자산계급 연맹의 정권을 뒤엎고, 소비에트 형식의 노농독재를 수립해야 한다"고 지적하며, 도시 노동자들은 총정치파업을 준비하고 홍군의 투쟁도 이에 발을 맞추어야 한다고 강조했다.

또 지시서한에서는 맹동주의 오류가 대부분 시정됐다고 여기며, 중국 당내의 주요 위험 요소인 "우경 기회주의 정서와 경향"을 반대해야 한다고 거듭 강조했다. 이러한 국제공산당의 잘못된 주장은 중공중앙과 그 지도자들에게 영향을 끼쳤다. 특히 리리싼 '좌'경 모험주의 오류에 이론적인 근거를 제공하여 오류형성에 직접적인 영향을 미쳤다.

1930년 1월 11일, 중공중앙 정치국은 '1929년 10월 26일에 국제공산당이 보낸 지시서한의 견해를 받아들일 것에 관한 결의'를 채택했다. 2월 26일 중공중앙에서는 제70호 공고문을 발부하여 "현재 전국 위기는 날로 심화되고 있고 혁명의 새 물결은 날로 거세지고 있다"며 혁명정세를 과대평가했다. 또 전국의 대중투쟁이 "균형적으로 발전하고 있다"고 성급하게 단정했다.

공고문에서는 이와 같은 평가에 근거하여 "현재 당의 정치노선은 투쟁을 총집결시켜 '군벌전쟁으로부터 국내의 계급전쟁으로 나아감으로써', 국민당의 통치를 전복하고 소비에트 정권을 수립하는 것이다"고 규정했다. 공고문은 당이 혁명 저조기에 세력을 축적하는 책략을 멈추고, 세력을 집중하여 적극 공격하는 책략을 집행해야 한다고 주장했다.

따라서 중국 각지에서는 노동자들의 정치파업을 조직하고 지방봉기와 내부 반란을 조장하며, 홍군의 세력을 한데모아 대도시를 공격해야 한다고 결정했다. 4~5월, 중국공산당 중앙위원회와 중앙군사위원회에서는 더욱 구체적인 계획을 세웠다. 이 과정에서 리리싼은 〈붉은기(紅旗)〉, 볼셰비키〉등 당 기관지에 '새로운 혁명고조 앞에서의 제반문제' 등 여러 편의 글을 발표하여 중국 혁명에 관한 '좌'적인 관점을 적극 제시했다.

중원대전과 후난·광둥·광시 접경 지역 전쟁이 발발한 후 리리싼은 전국에서 이미 혁명정세가 성숙됐다고 보았다. 그리하여 1930년 6월 11일에 소집한 중앙정치국 회의에서 자신이 기초한 '현 정치임무에 관한 결의'(즉 '새로운 혁명고조와 한 개 성 또는 여러 개 성에서의 우선 승리')를 채택했다. 그리하여 리리싼의 '좌'경 모험주의 오류가 중공중앙에서 지배적 위치를 차지하게 됐다.

결의는 혁명정세를 착오적으로 평가하여 "전국적으로 중국의 경제, 정치의 근본적 위기가 계속 첨예화되고 있으며" "전반적 정세는 모두 중국에서 새로운 혁명고조가 당도했음을 알리고 있고" "따라서 혁명이 전국적인 승리를 거둘 확률이 크다"고 여겼다. 결의는 또 "전례가 없는 세계 대격변 및 세계 대혁명의 시기가 우리 앞에 다가 왔고" "중국 혁명이 일단 폭발하면 전 세계에서 대혁명이 일어나고", 중국 혁명은 이 최후의 결전에서 완전한 승리를 거머쥘 것이라고 주장했다.

혁명정세에 대해 잘못된 평가를 한 시점에서 결의는 다음과 같이 주장했다. 당은 더 이상 점진적으로 혁명 세력을 축적하고 준비할 필요가 없다. 왜냐하면 대중은 이제 작은 투쟁이 아닌 큰 투쟁, 즉 전국적인 무장폭동을 원하기 때문이다. 결의는 러시아 10월 혁명의 경험을 그대로 적용하여, "산업 지역 혹은 정치 중심부에서 전광석화 같은 몸놀림으로 강력한 노동 투쟁을 일으켜야 한다"고 했다. 이렇듯 즉각적인 무장폭동을 통해 한 개 성 또는 여러 개 성에서 승리를 거둔다면, 전국에서도 승리하여 전국 규모의 혁명정권을 수립할 수 있을 것이라고 보았다.

중원대전(中原大戰)

1930년 5~10월까지 벌어진 군벌내전으로, 옌시산(閻錫山), 펑위샹(馮玉祥), 탕성즈(唐生智) 등이 모두 독단적으로 육해공군 총사령관에 취임하여 일으킨 반 장제스 전쟁으로, 중국 근대사에서 규모가 가장 큰 군벌내전이다. 이 내전으로 인해 양측 세력을 합쳐 총 30만 명의 사상자가 발생했다.

당시 옌시산은 장제스와의 군사 전쟁과 별도로, 합법적인 중국 국민당 중앙을 세운 뒤 장제스를 당 중앙에서 축출해야 한다고 보았다. 그래서 국민당 내 왕징웨이(汪精衛) 중심의 개조파(쑨원의 중국 국민당 개조 정신을 살리자는 반 장제스 파)와 손을 잡고 1930년 9월 6일에 북평 국민 정부를 출범시켰다. 그러나 장학량이 장제스를 옹호하여 군벌들은 실패하고 중원대전은 장제스의 승리로 끝났다. 이와 더불어 북평 국민 정부도 붕괴됐다.

결의는 농촌에서 홍군을 조직하는 필요성을 인정하면서도 홍군의 임무는 "주요 도시의 무장폭동과 협력하여 정권을 탈취하고, 전국 혁명정권을 수립하는 것"이므로 "지난날의 유격전술은 반드시 뿌리 채 고쳐야 한다"고 했다. 따라서 홍군을 집중적으로 조직하고 지휘를 통일하여 대규모 공격을 개시할 것을 요구했다.

위와 같은 결의의 견해는 일찍이 중국공산당 제6차 전국대표대회에서 비판한 적이 있는 '끊임없는 혁명'의 시대착오적 인식 상태로 되돌아간 것이었다. 결의는 현 단계의 중국 혁명이 반제국주의 반봉건을 주요 과제로 하는 자산계급 민주혁명임을 인정하면서도, "자산계급은 이미 반동연맹의 일부"라고 주장했다. 따라서 만약 혁명이 한 개 성 또는 여러 개 성에서 승리한다면 제국주의가 중국에 설립한 은행, 기업, 공장을 몰수해야 할 뿐만 아니라 "중국 자산계급의 공장, 기업, 은행도 몰수해야 한다"고 보았다. 동시에 정치적으로는 "노농독재로부터 무산계급독재로 반드시 넘어갈 것"이라고 했다. 연이어 결의는 다음과 같이 지적했다. "혁명이 승리하여 혁명 정권을 수립하는 때가 곧 혁명 전환의 시작이다" "만약 혁명이 전국에서 승리한 뒤 혁명의 전환을 꾀한다면 이는 대단히 심각한 착오이다" 혁명 전환에서의 단계는 "극단적으로 위험한 우경 관념임이 틀림없다"

리리싼은 위와 같은 잘못된 사상에 근거하여, 우한을 중심으로 하는 전국 중심도시들에서의 무장봉기와, 전국의 홍군을 집중하여 중심도시를 공격할 것에 관한 모험적인 계획을 작성했다. 7월에는 난징, 상하이, 우한 등 도시에서 일으킬 폭동을 위한 준비사업을 집중 배치했다. 동시에 다음과 같은 계획을 세웠다. 제3군단은 우한—창사철도를 차단하고 우한으로 진군한다. 홍군 제1군단은 난창, 주장(九江)에 진입하여 창장을 차단함으로써 우한의 승리를 엄호한다. 홍군 제2군단과 홍군 제1군은 협동하여 우한에 접근하고 홍군 제7군은 류저우(柳州), 구이린(桂林) 및 광저우를 공격한다.

각지 홍군은 중국공산당 중앙위원회와 중국공산당 중앙군사위원회의 지시를 받고 곧바로 군사행동에 나섰다. 7월 하순 홍군 제3군단은 핑장(平江) 반격 전투가 승리한 뒤 빈틈을 노려 27일에 창사를 점령했다. 이 소식을 접한 리리싼 등은 "우한에서 부대가 합류하고, 창장에서 말에 물 먹이며 나아가면" 전국적 승리를 거두는 목표가 곧 실현될 수 있을 거라고 확신했다. '좌'경 오류는 이로써 더욱 심화됐다. 8월 초부터 중순까지 리리싼을 위시한 전체 당 조직은 '군사화'가 필요하다는 구호 아래, 중앙총행동위원회를 지휘기관으로 삼아 무장폭동을 지도하기로 했다. 또 공산당, 공청단 및 공회 등 각급 지도기관을 각급행동위원회('행위'로 약칭)로 합병하고 당, 단, 공회의 정상 활동을 중지시켰다. 나아가 우한폭동, 난징폭동, 상하이총동맹파업을 단행하고 우한에 중앙 소비에트 정부를 수립하며 전국적 폭동에 관한 자세한 계획을 내놓았다. 그리고 소련은 적극적으로 전쟁을 준비해야 하며, "시베리아의 수십만 중국 노동자들은 신속히 무장하여 일본 제국주의와의 일전을 대비해야 한다"고 주장했다. 이어 "중국이 폭동에서 승리할 때 몽골에서도 대거 출병하여 중국 북방의 반동파를 공격해야 한다"고 결의했다. 리리싼은 전 당원들에게 "용감하게, 용감하게, 더욱 용감하게 전진"할 것을 호소했다. 이때 리리싼의 '좌'경 모험주의 오류가 절정에 이르렀다.

리리싼의 '좌'경 모험주의 오류는 당과 혁명 사업에 커다란 피해를 주었다. 국민당 통치구역 내 당의 많은 비밀 조직, 예를 들면 만주(滿州), 순즈(順直), 허난(河南), 산시(山西), 산시(陝西), 산둥(山東), 후베이(湖北), 푸젠(福建), 저장(浙江), 광둥(廣東), 후난(湖南) 등 10여 개 성위원회 기관이 차례로 파괴되었고 우한, 난징 등 도시의 당 조직이 대부분 와해됐다. 수많은 공산당원, 공청단원과 혁명대중이 적에게 체포되거나 피살됐다.[181] 일부 농촌에서 소수의 사람들이 일으킨 모험적인 군사폭동은 대중적 기초가 없었기에 모두 실패할 수밖에 없었다. 홍군이 대도시를 공격하는 과정에서 농촌 근거지 일부가 축소되거나 사라졌으며, 홍군도 일정 부분 피해를 보았다.

리리싼의 '좌'경 모험주의 오류가 형성되어 퍼지는 중, 실무를 담당

---

181 예를 들면 1930년 6월부터 10월까지 중공 난징 시위원회와 시행동위원회 위원 중 6명이 체포되었고 3개 구역위원회 간부 전부를 손실 보았으며 15개 지부가 모두 파괴되었고 100여 명의 당원이 체포되고 100명에 가까운 당원이 살해되어 난징 당조직은 6번째로 크게 파괴됐다.

하고 있는 당내 일부 간부들의 비판과 배척을 받은 적이 있었다. 중공 장쑤 성위원회 상무위원 허멍슝(何孟雄)은 비교적 일찍 반대 의견을 제시한 사람이었다. 그는 혁명 고조에 대한 중앙의 평가가 지나치며, 창사와 같은 대도시를 공격하는 것은 비전이 없다고 보았다. 또 중국 혁명은 세계 혁명을 불러일으킬 수 없으며, 총동맹파업을 단행하는 것도 불가능하다고 보았다. 연이어, 이런 태세로 나아간다면 당의 총노선과 어긋날 것이고 결국 중국 혁명은 실패할 것이라고 비판했다. 그는 당의 회의에서 여러 차례 반대의견을 제시하여 줄곧 당 중앙으로부터 배제됐다. 마오쩌둥과 주더 등도 중앙의 일부 '좌'적인 지시를 어느 정도 배척한 적이 있었다.

어쩔 수 없이 대도시를 공격해야 할 경우에도 그들은 가능한 한 홍군의 피해가 최소화되도록 조치를 취했다. 1930년 6월, 홍군 제1군단은 난창, 주장을 공격하라는 중앙의 명령에 따라 팅저우(汀州)에서 출발하여 난창에 다다랐으나, 정세 변화에 근거하여 난창을 공격하는 계획을 포기하고 방향을 돌렸다. 이후 안이(安義), 펑신(奉新) 지역에 가서 대중사업을 하고, 군대를 휴식, 정비하며 때를 기다리기로 결정했다. 8월 초, 홍군 제3군단은 이미 창사에서 철수했다. 8월 20일, 홍군 제3군단을 지원하기 위해 홍군 제1군단은 원자(文家)시 지역에서 국민당군 3개 퇀에 한 개 대대를 단숨에 섬멸했다. 그리고 적군의 종대 사령 겸 여단장인 다이더우위안(戴斗垣)을 사살했으며, 적군 1,000여 명을 섬멸하고 1,000여 명은 포로로 잡았다. 8월 23일, 홍군 제1군단, 홍군 제3군단은 후난 류양(瀏陽) 융허(永和)시에서 합류한 뒤 홍군 제1방면군에 통합 개편되어 총 3만여 명이 되었다. 그리고 주더가 총사령을, 마오쩌둥이 총전선위원회 서기 겸 총정치위원을 맡았다. 홍군 제1방면군은 설립 된 뒤, 중앙의 지시에 따라 총전선위원회 동지들의 동의를 거쳐 9월에 다시 창사를 공격했지만 성공하지 못했다. 마오쩌둥은 즉시 결단을 내려, 정세의 유리한 흐름을 타 주더와 함께 창사에서 군대를 철수시켰다. 부대가 위안저우(袁州·지금의 이춘)에 도착한 뒤, 마오쩌둥은 창사를 다시 치라는 지시를 전달하러 온 중공중앙 창장국 군사위원회 책임자 저우이리(周以栗)를 설득했다. 그리고 그의 지지를 얻어 창사와 난창 모두 공격하지 않았다. 대신 주변이 모두 혁명 근거지이자 고립된 도시 지안(吉安)을 치기로 결정했다. 10월 4일, 홍군 제1군단은 홍군 제3군단의 도움을 받아 지안을 공격한 뒤 부근의 많은 현성까지 공격하여, 간장(贛江) 양안의 근거지를 하나로 연결시켰다. 홍군이 장시성 서남부 지역에서 통제한 지역은 30여 개 현으로 확대되었고 홍군 제1방면군은 약 4만 명으로 늘어났다. 기타 혁명 근거지에서도 일부 당과 홍군의 지도자들이 리리싼의 '좌'경 오류를 배척했다.

리리싼의 '좌'경 모험주의 오류는 급격히 발전하여 국제공산당이 허용하는 범위를 넘어, 국제공산당의 비판을 받기도 했다. 중국 혁명의 기본적인 문제 대한 리리싼의 관점은 원래 국제공산당과 일치했다. 하지만 국제공산당은 현 단계 혁명 정세에 대한 리리싼의 평가에 동의하지 않았다. 국제공산당은 그가 중국 혁명 발전의 불균형성을 부인하고, 혁명 세력을 주관적으로 과장하는 한편 적의 세력을 과소평가했다고 보았다. 그리고 공산당, 공청단, 공회의 독립적인 활동을 중지한 것 등은 모두 잘못이라고 발표했다.

1930년 7월 하순, 국제공산당 정치서기처는 확대회의를 열고 중국 혁명의 정세와 임무를 토론했다. 7월 23일, 회의에서 통과된 '중국 문제에 관한 의결안'은 여전히 중국 혁명 문제에 관한 '좌'적인 관점을 포함하고 있었다. 하지만 국제공산당이 1929년 10월에 보낸 지시서한에 포함되었던 중국 혁명 정세에 대한 착오적인 평가를 바꾸었다.

아직 "중국 전역에 혁명정세를 형성하지 못했고" "노동운동과 농민운동의 물결이 합류되지 못했으며" "세력이 부족하여 제국주의와 국민당의 통치를 감당할 수 없다"고 보았다. 의결안은 근거지와 홍군의 규모를 확대하는 중요성을 강조했다. 또 홍군을 발전시키고, 소비에트 중앙정부를 조직하는 것을 당의 "첫 손가락에 꼽히는 임무"로 삼아야 한다고 지적했다. 이는 사실상 소비에트 근거지 창설을 중요시하지 않은 리리싼의 관점에 대한 비판이었다.

의결안은 또 근거지의 일부 '좌'적인 정책도 함께 비판했다. 예를 들면 토지매매를 금지하고 집중공급과 대외무역을 제한한 것과 같은 것들이다. 이러한 비평들은 비교적 예리했다. 이 의결안을 통과한 당일, 국제공산당 집행위원회에서는 중공중앙에 전화를 걸어 "현 상황에서 난징과 우창에서 폭동을 일으키고, 상하이에서 파업을 단행하는 것을 강력히 반대한다"[182]는 입장을 표명했다. 7월 하순, 국제공산당은 저우언라이와 취추바이에게 귀국을 지시하며, 국제공산당 정치서기처 7월 확대회의의 결정을 관철하고, 리리싼 등의 오류를 시정하도록 했다. 8월 중하순, 그들은 차례로 상하이에 도착하여 도시폭동 및 홍군이 대도시를 공격하는 모험계획을 중지하도록 조치하기 시작했다.

취추바이와 저우언라이는 리리싼의 '좌'경 오류를 시정하기 위해 인내심을 갖고 세심한 노력을 기울였다. 특히 저우언라이는 리리싼, 샹중파 등에게 정세를 전면적으로 분석하면서, 불균형적인 중국 혁명의 특징을 설명했다. 또 농촌 근거지를 마련하고 발전시키는 중요

---

182 '국제공산당 집행위원회에서 중공중앙에 보내는 전보'(1930년 7월 23일), 중공중앙 당사연구실 제1연구부 편역; '국제공산당, 소련공산당(볼셰비키)과 중국 혁명 당안자료총서' 제9권, 중앙문헌출판사 한문판, 2002년, 225쪽.

성을 강조함으로써, 그들의 착오를 바로잡도록 했다. 저우언라이 등이 이러한 활동은 당중앙위원회 제6기 제3차 전원회의 소집의 기반이 되었다.

1930년 9월 24일부터 28일까지, 중국공산당은 상하이에서 당중앙위원회 제6기 제3차 전원회의를 확대, 개최했다. 중앙 위원 14명, 중앙 심사위원 2명, 기타 대표 20명이 회의에 참석했다. 회의는 취추바이, 저우언라이가 공동 주재했다. 회의에서 샹중파는 '중앙정치국 사업보고'를 읽고, 저우언라이는 '국제공산당의 결의를 전달할 것에 관한 보고'와 '조직보고'를 읽었으며, 취추바이는 정치문제를 토론한 결론을 읽었다.

회의에서는 7월과 8월 사이 중국 문제에 관하여 국제공산당이 내린 결의를 접수했다. 또 '정치상황 및 당의 총 임무에 관한 의결안' '중앙정치국 보고에 대한 결의' 등을 통과시키고 중앙정치국 성원을 다시 선출했다. 중앙위원회의 일부가 희생되어 생긴 공백을 메우고자, 보궐선거로 중앙위원과 후보 중앙위원 및 중앙 심사위원을 뽑았다. 이번 보궐 선거에서 마오쩌둥은 다시 중앙정치국 후보위원으로 선출됐고, 주더 등이 중앙위원회 위원에 선임됐다. 회의는 또 소비에트구역 중앙국을 세우기로 결정했다. 이런 조직적 조치는 홍군 유격전쟁 및 농촌 근거지의 지위에 대한 국제공산당과 중공중앙의 새로운 인식을 보여주고 있으며, 앞으로 중국 혁명의 발전 과정에서 지대한 공헌을 했다.

당중앙위원회 제6기 제3차 전원회의에서 통과된 결의는, 리리싼 등이 제국주의와 국민당 반동통치의 붕괴 정세에 대해 현실과 동떨어진 평가를 내린 것을 비판했다. 또 혁명정세 발전의 속도와 혁명세력의 현 상태에 대해 과대평가한 것, 불균형 발전의 법칙을 무시한 것, 근거지와 홍군 확보를 중시하는 것을 비판했다. 이어 대도시와 산업 중심 지역의 대중에 대한 선동과 동원을 소홀히 한 것에 대해서도 비판했다.

결의에서는 "당 조직 군사화" 구호와 각급 행동위원회를 창립한 것은 잘못된 것이며 당, 공청단, 공회 조직과 일상 사업을 즉각 회복해야 한다고 지적했다. 회의에서는 눈앞의 주요 임무에 대해 다음과 같이 설명했다. 소비에트구역과 홍군을 공고히 하고 발전시키며, 백색구역에서의 당 사업을 강화하고 노동자의 경제 및 정치 투쟁에 나서야 한다. 농민 투쟁과 국민당 군대의 군사 정변을 조장하고 무장폭동을 적극 준비한다. 백색구역과 소비에트구역에서의 투쟁은 연계되어야 하며, 소비에트 구역 내에서 제일 적절한 곳에 소비에트 중앙정부를 수립하기 위해 투쟁해야 한다. 리리싼은 회의에서 자신의 착오를 인정하고 비판을 수용했으며, 중앙의 지도부에서 물러났다. 그리하여 '리산 노선'의 굵직한 오류들이 수정되었다.

그러나 당중앙위원회 제6기 제3차 전원회의에서는 사상과 이론 측면에서 볼 때 리리싼 등의 '좌'경 오류를 깨끗하게 청산하지 못하고, 리리싼 등이 "소소한 모험주의와 '좌'경 폐쇄주의 오류(다만 책략 상의 착오)를 범했을 뿐"이라고 보았다. 회의는 여전히 1930년 7월 중국 문제에 관해 국제공산당에서 내린 결의에 근거하여 중국 혁명정세의 발전을 과대평가했고, 중국 혁명의 장기성에 대한 인식이 크게 미흡했다. 회의는 홍군에게 "군사정치의 환경에 따라 한 개, 혹은 여러 개의 공업정치 중심지를 점령해야 한다"고 강조했으며 후난, 후베이, 장시 등 3개 성에서 승리를 거둘 수 있는 가능성이 높다고 보았다. 또 여전히 도시노동자들에게 "확실하게 정치총동맹파업을 준비해야 하고, 나아가 무장폭동까지도 준비해야 한다"고 강조했다. 이는 '좌'경 오류사상을 극복하는 것은 여전히 당이 직면한 중요한 임무였음을 보여 준다. 당중앙위원회 제6기 제3차 전원회의는 위에서 밝힌 대로 부족한 면모를 지니고 있었다. 하지만 리리싼 등 '좌'경 모험계획의 집행을 중지시키는 일에 있어 아주 중요한 역할을 하기도 했다.

2. 중앙 내 왕밍(王明) '좌'경 교조주의 오류의 통치

당중앙위원회 제6기 제3차 전원회의 전후, 취추바이와 저우언라이 등의 지도로 리리싼의 '좌'경 모험주의 오류는 점차 시정되었고, 제반 사업도 정상상태로 회복됐다. 그러나 얼마 지나지 않아 국제공산당에서는 리리싼 등이 범한 착오에 대한 평가에 변화가 생겼고, 취추바이 등 새로운 중공중앙 지도자들에 대해 불만을 표출했다. 그래서 중국공산당에 당중앙위원회 제6기 제4차 전원회의를 소집할 것을 지시했다.

그리고 당중앙위원회 제6기 제3차 전원회의가 끝난 지 얼마 되지 않은 1930년 10월 말, 국제공산당 집행위원회는 중공중앙에 '리산 노선 문제에 관하여 중공중앙에게 고하는 서한'을 보냈다. 서한에서는 리리싼 등의 '좌'경 오류를 국제공산당의 노선과 근본적으로 대립되는 노선 착오로 지적했다. 국제공산당에서 이 서한을 보내오기 전, 취추바이, 저우언라이가 모스크바에서 같은 문제점을 토론할 당시 국제공산당에서는 리리싼의 착오를 '노선 착오'라고 표현한 적이 없었다. 같은 해 8월에 통과된 국제공산당의 '극동국과 정치국의 새로운 논쟁에 관한 결의'에서도 이런 평가를 내린 적이 없었다. 그러나 국제공산당의 10월에 보낸 서한에서는 이와 같은 변화가 있었음을 인정하지 않았다. 그뿐만 아니라, 오히려 잘못을 감추고 자신들 견해의 일관성을 강조했다. 이 서한에서는 리리싼의 착오를 비판하긴 했지만, 중국 혁명 문제에 대한 견해의 기조는 여전히 '좌'적이었다. 서한에서는 중국공산당에 계속 공격 노선을 집행할 것과, "무장폭동의 방침"에 대한 신념을 확고히 안고 "대중을 단결시켜 그들이 승부를 가르는 전장에 나아가게끔 지도"할 것을 요구했다.

서한은 당중앙위원회 제6기 제3차 전원회의를 주관한 동지가 국제공산당 노선과 '리산 노선'의 원칙적인 구별을 무시하고 '타협주의' 착오를 범했다고 비판했다. 이는 당중앙위원회 제6기 제3차 전원회의의 성과를 부정한 것이었다. 따라서 당중앙위원회 제6기 제3차 전원회의에서 시도한, '좌'적 오류를 시정하는 추세가 계속될 수 없어 오히려 당내에 혼란을 조성했다. 왕밍(천사오위)을 위시한 교조주의자들은 소련에 유학을 갔다가 귀국한 동지들을 통해 10월 말에 국제공산당이 중공중앙에 서한을 보낼 것이라는 정보와 그 서한의 내용을 미리 입수했다. 이 기회를 틈타 "국제공산당 노선을 옹호한다" "리산노선을 반대한다" "타협주의를 반대한다"는 기치를 들고 일부 당원과 결탁해, 그들을 선동하여 당중앙위원회 제6기 제3차 전원회의와 그 배후의 중앙을 반대하도록 했다. 이어서 당의 지도기관을 철저히 개조할 것을 요구했다.

왕밍(王明 ,왕명·1904~1974)

본명은 천사오위(陳紹禹). 1925년 21세 때 모스크바의 중산대학을 마치고 귀국해 상하이에서 공산당 활동을 벌였다. 1931년 총서기인 샹중파(向忠發)가 체포되자 그의 뒤를 이어 24세에 중국공산당 중앙 총서기로 발탁되었다. 왕밍은 모스크바의 코민테른 대표 파벨 미프가 훈련시킨 '28명의 볼셰비키'의 지도자로서 1931~1935년에는 마오쩌둥을 반대하는 정치 체제를 구축하기도 했다. 파벨 미프의 제자·통역·참모·대변인으로서 활약한 그는 키가 마오쩌둥의 어깨에 닿을 만큼 작았으며 소련 상류층의 세련된 매너 소유자였다고 한다. 1942년 정풍운동 때 마오쩌둥으로부터 신투항주의·교조주의로 몰려 비판을 받았다. 1967년 아내와 함께 비밀리에 러시아로 떠났는데 건강악화로 요양하던 중 1974년 병사했다. 안후이성(安徽省) 출신.

왕밍은 1925년 가을에 당 조직의 파견으로 모스크바 중산대학에서 공부했다. 그는 마르크스주의에 대해 연구하긴 했지만 중국의 사회 실정을 잘 모르고 있었다. 중산대학에서 수학하는 동안 그는 대학 총장 미프[183]의 신임을 받았다. 1929년 4월 그는 모스크바에서 상하이로 돌아와 차례로 중앙 후시(滬西)구위원회, 후둥(滬東)구위원회, '붉은 깃발(紅旗)' 신문편집부, 중앙선전부 및 전국총공회 등 부서에서 일했다. 또한 '붉은 깃발', '볼셰비키' 등 신문, 잡지에 많은 글을 발표하여 '좌'적 사상과 주장을 선전한 적이 있었다. 비록 그가 리리싼의 '좌'경 오류를 비판하긴 했지만, 그의 기본 관점 역시 '좌'적인 것이었다. 1930년 10월, 국제공산당이 서한을 보내오기 전만 해도, 왕밍 등은 당중앙위원회 제6기 제3차 전원회의의 결의를 옹호한다고 했다.

그러나 국제공산당에서 당중앙위원회 제6기 제3차 전원회의를 비판한다는 소식을 미리 알게 되자, 또 당중앙위원회 제6기 제3차 전원회의를 반대하는 활동에 적극 나섰다. 같은 해 11월 13일, 왕밍과 보구(博古·친방셴秦邦憲)는 연명으로 중앙정치국에 서한을 보내 자신들이 앞장서 '리산 노선'을 반대하고 국제공산당 노선을 집행했다고 표방했다.

그 밖에도 당중앙위원회 제6기 제3차 전원회의의 제일 큰 결점은 '리산 노선'의 기회주의 실체를 제대로 폭로하지 못한 것이며, 당중앙위원회 제6기 제3차 전원회의 후 중앙은 사업에서 또다시 착오를 범했는바 이러한 오류는 '리산 노선'의 연속이라고 비난했다. 11월 17일, 그들은 재차 연명으로 중앙정치국에 서한을 보내, 중앙에서 "정식

---

183 미프(1901~1938): 소련인, 러시아어 본명은 Ⅱ.А.МИФ. 1925년, 1927년에 차례로 모스크바 중산대학교 부총장, 총장을 맡았다. 1928년 2월 국제공산당 집행위원회 동방부 중국부 주임으로 전근됐다. 1930년 7월에 국제공산당 집행위원회 극동국 책임자로 임명되었고 10월에 상하이에 도착했다. 1931년 8월에 소련으로 돌아갔다.

으로 리산 노선의 착오를 공개적으로 선포"하고 그들과 리리싼 사이에서 벌어진 "논쟁의 실상" 등을 공개할 것도 함께 요구했다.

1930년 11월 16일, 중공중앙 정치국은 국제공산당의 10월 서한을 받고 곧 18일, 22일, 25일에 회의를 소집했다. 25일 회의에서는 '최근 국제공산당에서 보낸 서한에 관한 중앙정치국의 결의'(보충 결의)를 채택하여, 국제공산당 집행위원회 서한의 내용에 전적으로 동의한다고 표명했다. 더불어 당중앙위원회 제6기 제3차 전원회의는 "보편적으로 이미 국제공산당 노선을 받아들였다"고 설명했다. 또 '리산 노선'을 제대로 폭로하지 못했으며, "'좌'경 오류에 대한 타협적 태도를 보였다"고 시인했다. 12월 1일, 저우언라이는 중앙기관 사업일군회의에서 국제공산당 10월 서한에 대해 중앙정치국이 토론한 정황을 전달하고 나서, '리산 노선'이 형성되게 된 조건, 특히 그 이론의 기초에 대해 분석하는 연설을 했다. 그는 또 왕밍 등이 당중앙위원회 제6기 제3차 전원회의를 공격하는 논조를 반박했고, 그들의 비조직적인 태도와 파벌 활동을 비판했다. 저우언라이는 혁명발전의 불균형 등 문제에 대한 그들의 견해는 참고한 바 있지만, 당장 우한 등 대도시를 탈취하여 이를 중국 혁명을 사회주의로 전환시키는 계기로 보자는 등 문제에서 리리싼의 관점과 다를 바가 없다고 지적했다.

당중앙위원회 제6기 제3차 전원회의 후 왕밍은 국제공산당의 지지를 등에 업고 계속하여 중앙을 공격하면서, 중앙정치국의 구성을 바꾸고 국제공산당에서 책임지게 하며, 임시 중앙 지도기구의 설립을 도울 것을 강력히 요구했다. 이때 전국총공회 공산당, 공청단 서기 뤄장룽(羅章龍)을 대표로 하는 또 다른 파벌도 "국제공산당 노선을 옹호한다" "타협주의를 숙청하자"는 기치를 내세우며, 당중앙위원회 제6기 제3차 전원회의와 중앙의 지도를 완전히 부정하고 나섰다. 그리고 긴급회의를 즉시 소집하여 정치국을 송두리째 개조할 것을 함께 요구했다. 그 밖에 허명슝, 린위난(林育南) 등과 같이 배척받았던 일부 간부들도 8·7회의와 같은 긴급회의를 소집하여, 당중앙위원회 제6기 제3차 전원회의의 '타협 노선' 문제를 해결할 것을 요구했다. 국제공산당의 압력과 당내 파벌활동 및 사상혼란 때문에 중앙은 난감한 처지에 빠졌다. 그리하여 중앙정치국은 12월 9일 결의를 내려 긴급회의를 소집하고, 당중앙위원회 제6기 제3차 전원회의 결의안을 새로운 정치 결의안으로 대체하기로 했다.

12월 12일부터 15일까지, 국제공산당 집행위원회 주석단은 모스크바에서 확대회의를 열고 '리산 노선'에 대한 문제점을 토론했다. 이번 회의는 리리싼의 '좌'경 오류의 실체를 우적인 착오로 판단하고 취추바이, 저우언라이가 주관한 당중앙위원회 제6기 제3차 전원회의를 실속 없는 대회로 취급해 버렸다. 회의에서 대부분의 참가자들은 왕밍 등이 마르크스-레닌주의 이론과 실천을 터득했고 진정한 국제공산당 노선을 위해 투쟁한다고 찬양하면서, 그들이 중공중앙의 지도사업을 맡지 못한 것에 대해 불만을 늘어놓았다. 12월 18일, 국제공산당 집행위원회 정치서기처 정치위원회는 상하이에 있는 극동국에 전화를 걸어, 중앙 긴급회의 소집계획을 부정했다. 대신 당중앙위원회 제6기 제4차 전원회의를 소집할 것을 중국공산당에 요구하며, 이번 회의를 통해 중국공산당 중앙위원회의 지도자를 교체하고 국제공산당의 노선을 관철시키려 했다.

12월 16일 중공중앙은 미프의 압력을 받아 왕밍 등에게 파벌활동을 이유로 내린 처분에 관한 결의를 철회했다. 12월 23일, 중앙정치국에서는 제96호 '중앙 긴급 공고문'을 발부하여 당중앙위원회 제6기 제3차 전원회의에 '타협주의'에 대한 착오가 존재했음을 거듭 인정하고,

"당중앙위원회 제6기 제3차 전원회의는 여전히 리산 노선의 연속이었다"고 시인했다. 같은 날 중공중앙은 왕밍을 중공 장난(江南)성위원회(습관상 여전히 장쑤성위원회라고 부름) 대리 서기로 임명했고, 25일 또다시 서기로 임명했다.

1931년 1월 7일, 중국공산당은 상하이에서 당중앙위원회 제6기 제4차 전원확대회의를 열었다. 중앙위원과 후보 중앙위원 22명이 참석했고 장난성위원회, 북방국, 공청단중앙, 중화전국총공회 공산당, 공청단 등 부서의 대표 15명이 회의에 참석했다. 미프도 참석했다. 회의에서 샹중파가 중앙정치국을 대표하여 보고했고, 미프는 국제공산당 극동국을 대표하여 결론을 내렸다.

회의에서는 치열한 논쟁이 끊이지 않았고 미프는 비정상적인 조직적 수단을 이용하여 여러 차례 회의의 진행을 조종했다. 왕밍은 회의에서 비교적 긴 발언을 통하여 그가 회의 전에 쓴 '두 가지 노선'(나중에 '중공을 한층 더 볼셰비키화하기 위한 투쟁'으로 개명)의 관점을 극구 찬양했다. 또 당중앙위원회 제6기 제3차 전원회의가 '리산 노선'을 극복하지 못했다고 비난했으며, 취추바이를 지명해 비판하면서 반드시 사상, 정치, 조직 면에서 전반적으로 당을 개조해야 한다고 주장했다. 과열된 분위기 속에서 사실상 회의의 주요한 비판 대상이 된 취추바이와 저우언라이는 불합리하고도 파벌정서를 띤 수많은 비평을 받았다. 하지만 그들은 당중앙위원회 제6기 제3차 전원회의가 리리싼 '좌'경 오류를 철저히 비판하지 못한 책임을 졌다. 회의에서는 '당중앙위원회 제6기 제4차 전원회의 결의안'을 채택했다. 회의 마지막에 미프가 극동국 신분으로 중공중앙 정치국과 사전에 논의하여 결정한 명단에 따라, 중앙위원과 중앙정치국 성원을 보궐선거로 다시 뽑았다. 리웨이한(李維漢), 허창(賀昌)이 중앙위원회에서 물러나고 왕밍, 선쩌민(沈澤民), 샤시(夏曦) 등 9명을 중앙위원으로 충원했다. 그리고 취추바이, 리리싼, 리웨이한이 중앙정치국에서 물러나고 왕밍, 런비스, 천위, 류사오치, 왕커취안 등 5명이 새로운 정치국 성원으로 선출됐다. 1월 10일, 중앙정치국은 회의를 열고 정치국 성원의 담당 업무와 중앙 상무위원 인선 등 문제를 논의했다. 그리고 샹중파, 저우언라이, 장궈타오를 중앙정치국 상무위원회 위원으로 하고 상무위원회 주석은 여전히 샹중파가 맡기로 했다. 회의에서 국제공산당 극동국은 왕밍을 후보 상무위원으로 뽑을 것을 제안했다. 하지만 저우언라이는 왕밍이 여전히 장난성당위원회 서기를 맡아야 한다고 발언했다. 미프는 국제공산당의 의도와 당중앙위원회 제6기 제4차 전원회의의 결의를 관철하기 위해 중국에 반년가량 머물러 있었으며, 일부 국정 방침은 그의 의견에 따라 결정했다. 당중앙위원회 제6기 제4차 전원회의 이후, 중공중앙의 지도권은 사실상 미프의 전폭적인 지지를 받은 왕밍이 조종했다.

당중앙위원회 제6기 제4차 전원회의의 소집은 적극적이고 건설적인 역할을 하지 못했다. 회의는 당중앙위원회 제6기 제3차 전원회의보다 더욱 철저하게 '리산 노선'의 맹동주의를 반대하겠다고 장담했다. 하지만 그 결의는 오히려 '리산 노선'의 실상은 "'좌'경적인 어구로 사실상의 우경 기회주의를 덮어 감춘 것이다" "우경은 여전히 당내의 가장 큰 위험이다"고 선포하면서, 우경을 반대한다는 빌미 아래 각급 지도기관을 개조하고 보강할 것을 요구했다. 결국 당중앙위원회 제6기 제4차 전원회의는 왕밍을 위시한 '좌'경 교조주의 오류가 중공중앙에서 통치적 지위를 차지하는 발단이 되었다.

리리싼의 '좌'경 모험주의 오류가 시정된 지 얼마 되지 않아 또 왕밍의 '좌'경 교조주의 오류가 중앙을 지배하는 국면이 조성되었다. 이는 여러 가지 요인 중에서도 특히 국제공산당의 직접적이고 강압적이며, 착오적인 관여에서 비롯된 결과였다. 8·7회의 후 당내에는 '좌'경 정서가 만연했다. 이는 몇 번 비평을 받기는 했지만 지도사상 측면에서 줄곧 근절되지 못했으며, 많은 사람들은 마르크스주의 이론과 중국 혁명의 실제에 대하여 통일된 이해를 갖지 못했다. 이런 상황에서 교조주의를 특징으로 하는 왕밍 '좌'경 오류는 내용이 난해하여, 당내의 많은 사람들은 그 오류와 위해성을 쉽게 알아채지 못했다. 왕밍 등은 국제공산당의 직접적인 지지를 받음으로써, 본래 그들을 반대하거나 비평하던 일부 사람들도 태도를 바꾸어 찬성하고 지지하게 했다. 이런 상황은 중국공산당 유년기의 일부 특징을 보여준다.

국민당의 반동통치를 반대하고 토지혁명과 홍군 투쟁을 주장하는 등 중국 혁명의 기본 문제에서 왕밍 등의 관점은 당의 강령과 일치했다. 하지만 기타 기본적인 정책 및 책략 문제에 관한 왕밍의 주장에는 착오가 있었다. 이는 그가 쓴 소책자 《두 가지 노선》에서 분명하게 드러난다. 이 소책자에서 왕밍은 리리싼의 '좌'경 모험주의 오류에 대하여 약한 어조로 비판했지만, 리리싼의 오류는 총체적으로 보면 우경적인 것이며 '좌'경적인 어구로 우경 기회주의 노선을 덮어 감춘 것이라고 보았다.

리리싼의 착오는 분명히 '좌'적인 것인데 왕밍은 왜 그것이 '우'적인 것이라고 여겼을까? 이는 왕밍의 많은 견해가 리리싼 등의 견해보다 훨씬 '좌'적이었기 때문이다. 그는 중국 혁명의 동력이 오직 노동자와 농민 그리고 하층 소자산계급일 뿐, 기타 모든 계급과 계층은 "이미 반동적인 진영에 넘어갔기"에 '제3파'와 '중간 진영'이 존재하지 않는다고 여겼다. 그는 자산계급과 상층 소자산계급을 제국주의, 봉건주의와 같은 혁명의 대상으로 보았다. 따라서 현 단계의 중국 자산계급 민주주의 혁명은 오직 단호하게 자산계급을 반대하는 투쟁 중에서만 승리할 수 있다고 공언했다. 그는 이미 전국적인 혁명의 때가 다가왔으므로, 전국에서 공격 노선을 실행해야 한다고 강조했다. 그는 다음과 같이 여겼다. "현재 우리는 중국내에서의 직접적인 혁명 정세를 맞이하지 못했지만, 전국 혁명 운동의 새로운 분위기가 날로 무르익고 불균형적으로 발전하는 조건 아래서 직접적인 혁명 정세는 최근에 우선 한 개 혹은 몇 개 주요한 성을 포함할 수 있다"고 지적했다. 그는 또 후난, 후베이, 장시 각 성에서 "한 개 성 또는 몇 개 성에서 먼저 승리를 이룩한다면 이후 전국적인 범위에서의 승리를 쟁취할 수 있다"고 주장했다.

리리싼은 도시의 노동자 폭동을 위주로 혁명을 전개해야 한다고 거듭 주장했고, 왕밍도 도시를 중심으로 하는 관점을 지지했다. 그는 국제공산당의 결의에 근거하여 "바야흐로 중국에서 새로운 혁명운동이 무르익고 있는데, 새로운 고조의 제일 확실한 증거는 노동자 파업 투쟁의 고조이다"고 했다. 노동계급의 경제 투쟁을 조직하고 지도하여 총동맹 파업과 무장 폭동을 준비하는 것은 공산당의 가장 중요한 임무라고 했다. 왕밍은 홍군의 세력도 중시한다고 발언하긴 했지만, 아군이 열세임을 감안한 홍군 작전의 법칙과 혁명 근거지 발전 법칙을 전혀 모르고 있었다. 그는 당과 홍군이 "1930년 겨울이 다 되도록 혁명의 중심지로 삼을만한 근거지를 확보하지 못했다"고 비난하면서, 이야말로 진정으로 반대해야 할 우경이라고 여겼다. 토지혁명에 관한 문제에서 왕밍은 "부농을 단호히 처벌해야 한다" "부농에게는 척박한 땅을 줘야 한다"는 등 '좌'적인 주장을 제기했다. 조직 측면에서 그는 "국제공산당 노선을 적극 옹호하고, 투쟁에 직접 가담한 간부 특히 노동자 간부들로 각급 지도 기관을 개조하고 보강할" 것을 주문했다.

소책자 《두 가지 노선》은 사실상 왕밍 '좌'경 교조주의의 정치 강령이었다. 전반적으로 볼 때 이는 리리싼의 '좌'경 오류보다 더 단호했고 더 완벽한 모습을 갖췄으며, '이론'적 색채가 짙었다. 당중앙위원회 제6기 제4차 전원회의에서는 사실상 이 '좌'경 교조주의 강령을 비준했다. 이번 전원회의 후 중앙은 일부 '좌'경 교조주의 사상을 지닌 동지들을 중앙의 간부로 발탁하는 한편, '좌'경 모험주의 오류나 '타협주의'에 가담했다고 여겨지는 동지들에게 '무자비한 타격'을 가했다. 여기에는 당내에서 신망이 높은 지도자인 취추바이를 비롯해 '리산 노선'을 반대한 적이 있는 허멍슝, 린위난, 리추스(李求實)[리웨이썬(李偉森)] 등 일부 중요한 간부[184]들도 다수 포함됐다.

당중앙위원회 제6기 제4차 전원회의 이후 중국공산당 내부에서는 뤄장룽을 위시한 분열주의자들의 문제를 처리했다. 1930년 12월 9일, 중공중앙에서 긴급 회의를 열겠다는 결정을 내린 후, 뤄장룽 등은 전국총공회 공산당, 공청단을 기반으로 당중앙위원회 제6기 제3차 전원회의와 중앙을 반대했다. 1931년 1월 1일에 발부한 '중화전국총공회 공산당, 공청단 결의안'에서는 "현재 중앙의 지도는 무력해졌고 신망은 땅에 떨어졌다"고 질책하면서 "중앙정치국의 직권을 당장 해임하고 국제공산당 대표가 지도하는 임시 중앙 기관을 조직해야 하며, 즉시 긴급회의를 소집해야 한다"고 요구했다.

그들은 중앙의 많은 주요 지도자들을 지명하면서 규율에 따라 교체하고 제재할 것을 건의했으며, 자신들과 같은 '노동자 동지'와 '능력 있는 간부'를 중앙 지도기관에 받아들일 것을 요구했다. 그들은 당중앙위원회 제6기 제4차 전원회의에서 중앙정치국 위원을 뽑을 때, 대부분이 자신들의 파벌로 구성된 후보자 명단을 제출했다가 부결됐다.

---

184 허멍슝, 린위난, 리추스는 1931년 1월에 상하이에서 국민당 당국에 체포되었고 2월에 상하이 룽화(龍華)에서 희생됐다.

회의 후 그들은 곧 당중앙위원회 제6기 제4차 전원회의를 반대하는 활동을 진행했다. 그러나 뤄장룽 등은 사실 당중앙위원회 제6기 제4차 전원회의를 반대한 것이 아니라, 당중앙위원회 제6기 제4차 전원회의를 반대한다는 명분으로 당의 분열을 시도한 것이다.

그들은 제멋대로 '중앙 비상위원회'(즉 '제2중앙'), 장쑤 '제2성당위원회', 상하이 자베이(閘北) 및 후중(滬中) '제2구당위원회', '제2공회 공산당, 공청단'을 설립했다. 그뿐만 아니라 순즈, 홍콩, 만주 등지에 사람을 파견하여 '제2공산당'을 설립하는 분열을 조장했다. 이에 대해 중공중앙은 여러 차례 경고하고 비판하며 분열 활동을 즉각 중지할 것을 명령했다. 일부는 복귀했지만 뤄장룽 등은 경고를 무시하고 분열 조장을 멈추지 않았다.

이는 당의 규율이 결코 용납할 수 없는 행위였다. 1931년 1월 27일, 중앙정치국에서는 '뤄장룽의 중앙위원 자격을 박탈하고 당적에서 제명할 것에 관한 결의안'을 채택했고 즉각 실시했다. 중앙의 이러한 조치는 당의 일체감을 수호하는 데 반드시 필요한 것이었다.

당중앙위원회 제6기 제4차 전원회의 후, 왕밍의 '좌'경 교조주의 방침을 각지에서 받아들이기 시작했다. 중공중앙에서는 다수의 중앙대표 혹은 '새로운 지도간부'를 전국 각지에 파견하여, 혁명 근거지와 국민당 통치구역의 지방 당 조직을 이른바 '개조'했다. 그들은 자신을 의심하거나 마뜩찮아 하거나 혹은 지지하지 않는 동지들에게 걸핏하면 '우경 기회주의', '부농 노선', '양면파' 등 죄명을 씌우고 '잔혹한 처벌'을 가했다. 그들은 심지어 적들과 싸우듯이 당내 투쟁을 전개하여, 다수의 우수한 공상당원과 간부들에게 비방과 중상을 입혔고 당에 막대한 손실을 초래했다.

1931년 4월, 중앙정치국 후보위원이며 중앙 특수행동과의 업무지도에 참여한 구순장(顧順章)이 우한에서 체포되어 적에게 투항했다. 6월에는 중앙정치국 상무위원회 주석으로 있던 샹중파가 상하이에서 체포되어 적한테 투항했다. 이 두 사람의 변절은 중공중앙 기관과 중앙 지도자들의 안전에 큰 위협이었다. 저우언라이 등의 지도 아래 당은 과감한 결단을 내려, 중앙 기관과 중앙 주요 지도간부를 안전한 지대로 이전시키거나 상하이에서 철수시켰다. 왕밍은 10월에 모스크바로 떠났고, 저우언라이는 12월 말에 중앙 근거지 루이진(瑞金)에 도착했다. 그들이 상하이를 떠나기 직전인 9월 하반기, 상하이에 있는 중앙 위원과 정치국 위원은 이미 반도 채 되지 않았다. 그래서 국제공산당 극동국의 제의에 의해 상하이에다 임시 중앙정치국을 설립했는데 보구, 장원톈[張聞天,뤄푸(洛甫)], 캉성(康生), 천윈, 루푸탄(盧福坦)(나중에 변절), 리주성(李竹聲)(나중에 변절) 등 6명으로 구성됐다. 보구, 장원톈, 루푸탄 세 사람은 중앙 상무위원을 맡고 보구가 총책임을 맡았다. 이 중앙 임시 지도기구는 이후 국제공산당의 인정을 받았다. 보구를 대표로 하는 임시 중앙은 줄곧 '좌'경 교조주의 방침을 관철하고 집행했다.

3. 혁명 근거지의 반 '포위토벌'에서의 승리와 중화소비에트 공화국의 창건

중앙 근거지의 세 차례 반 '포위토벌'

홍군과 근거지의 발전, 특히 리리싼 '좌'경 모험주의 오류 시기에 홍군이 중심도시를 공격한 과감한 행동은 국민당 통치집단을 깜짝 놀라게 했다. 1930년 10월 반년에 걸친 후난·광둥·광시 접경 지역 전쟁이 끝난 후 장제스는 즉각 대군을 집결시키고 14명의 '비적 토벌' 도독(督办)을 임명하여 각 혁명 근거지의 홍군에 대한 대규모 '포위토벌' 작전을 개시했다.

지난날 홍군에 대해 한 개 성 또는 여러 개 성 군벌이 벌인 '진군 토벌', '합동 토벌'과는 달리, 장제스는 전국의 반혁명 군사력을 전부 동원하여 홍군에 대한 '포위토벌'을 감행했다. 형세는 아주 긴박했다.

그러나 이때 홍군은 이미 10만여 명으로 늘어나 어느 정도 규모를 갖춘 정규적인 작전부대로 편성되어 있었다. 무기와 장비도 다소 개선됐으며 혁명 근거지도 크게 발전했다. 따라서 유격전 위주의 전략을 기동전 위주로 전환시켰고, '포위토벌'을 타파해 적군을 크게 섬멸할 가능성이 높아졌다. 그리하여 중공중앙은 홍군 제1군단, 홍군 제3군단 전선위원회에 다음과 같이 명령했다. 현재 당에 닥친 가장 중요한 임무는 혁명전쟁으로, 적의 '포위토벌' 공격을 격파하는 것이다. 모든 무장세력을 집중하고 각 소비에트구역끼리 협력함으로써, 적의 병력 배치와 상호지원을 견제할 수 있게 행동한다.

즉 홍군은 협동작전을 펼쳐 효과를 거둬야 했다. 어떻게 '포위토벌'을 격파할 것인가에 대해 중공중앙과 장시성 동북부 특별위원회에서는 "국민당군과 지구전을 진행하여 적들을 지치게 만든다. 적들의 집중력을 떨어뜨려 전투력을 저하시키며, 적당한 시기에 적의 일부를 공격하기 시작하여 적을 각개 격파해야 한다"고 하달했다. 이때부터 홍군의 전쟁은 대규모의 반 '포위토벌'을 전개하는 새로운 단계에 들어서기 시작했다.

국민당 군사 '포위토벌'의 중점은 중앙혁명 근거지와 홍군 제1방면군이었다. 1930년 겨울부터 1931년 가을까지, 중앙 근거지와 홍군 제1방면군은 마오쩌둥과 주더의 지휘 아래 세 차례의 성공적인 반 '포위토벌' 투쟁을 진행했다.

당중앙위원회 제6기 제3차 전원회의는 농촌 혁명 근거지에 중앙국을 창립하기로 결정했다. 당시 마오쩌둥과 주더가 영도하는 간난, 민시 근거지는 전국 각 근거지 중에서 세력이 제일 강했다. 중공 중앙은 소비에트구역 중앙국과 소비에트 중앙정부를 간난 근거지에 두기로 결정했다. 그 후 사람들은 홍군 제1방면군이 통제하는 간난, 민시 근거지를 중앙 근거지 혹은 중앙소비에트구역으로 칭했다.

1930년 10월, 장제스는 10만여 병력을 모아 장시성 주석이자 제9로군 총지휘인 루디핑(魯滌平)을 육해공군 총사령관 겸 난창 군사 야전 주임으로 임명했다. 그리하여 장시 남부 지구를 중심으로 하는 근거지를 향해 대규모 '포위토벌'을 진행했는데 "멀리까지 휘몰아 쳐들어가고" "여러 방향에서 한 목표를 동시에 공격"하는 작전을 통해 중앙 근거지를 파괴하고 홍군 제1방면군의 주력을 완전히 제거하려고 했다. 이때 홍군 제1방면군은 4만여 명이었다. 10월 25일, 홍군 제1방면군 총전선위원회와 장시성 행동위원회는 연석회의를 열고 난창에 대한 공격 여부와 적의 '포위토벌'을 분쇄할 대책을 논의했다. 10월 30일, 총전선위원회는 장시 신위[新喩·지금의 신위(新余)]현 뤄팡(羅坊)에서 긴급회의를 열고 전략을 수정할 것과 난창 등 대도시를 공격하지 않는 등 문제에 대해 논의했다. 한편 "적을 깊숙이 유인하는" 전술을 제기함으로써, 적의 '포위토벌'을 분쇄하기 위한 유인책의 준비를 완료했다. 11월 1일, 홍군 제1방면군 총사령부에서는 "적을 공산당 지배 구역 내로 깊숙이 유인하여 지치기를 기다렸다가 섬멸하라"는 명령을 내렸다. 홍군 주력은 유리한 조건을 기초로 전투에서의 유리한 기회를 찾아 이동 중에 적을 섬멸하기 위해 곧 위안수이(袁水) 유역에서 동쪽으로 간장(贛江)을 도하한 다음 잇달아 근거지 중부로 전부 퇴각했다.

11월 5일 국민당 군대는 위안수이 유역으로 진격하다가 허탕을 치고는 다시 간장 동쪽 기슭으로 옮겨갔다. 이때 이동을 거듭한 홍군 주력은 이미 황피(黃陂), 샤오부(小布) 구역에서 매복한 뒤 기다리고 있었다. 12월 6일, 국민당 군대는 근거지 중심 지역을 공격했고, 28일에 이르러서는 푸톈(富田), 둥구(東固) 일대까지 진입했지만 아직 홍군 주력을 찾아 결전을 벌이지 못하고 있었다.

마오쩌둥과 주더는 국민당 군대가 서쪽의 장시 완안(萬安), 타이허(泰和)에서 동쪽의 푸젠 젠닝(建寧)까지 이르는 800리 구간에 새로 배치된 태세를 보고, '중간 돌파' 전술을 펼치기로 했다. 우선 적군의 주력인 탄다오위안(譚道源) 사단 혹은 장후이짠(張輝瓚) 사단을 공격하여 적군을 두 무리로 멀리 갈라놓은 후, 각개 격파하기로 합의했다. 12월 30일, 엄호군 없이 혼자 깊숙이 들어온 장후이짠 주력이 룽강(龍岡)에서 우먼링(五門嶺) 쪽으로 침범하자, 미리 매복하고 있던 홍군은 적군에게 강공을 퍼부어 근 1만 명의 적을 섬멸하고 장후이짠을 사로잡았다.

이때 근거지에 깊숙이 들어온 다른 적군들은 깜짝 놀라 서둘러 퇴각했고, 홍군은 승세를 몰아 동쪽으로 추격했다. 그 결과 둥사오(東韶)에서 탄다오위안 사단의 절반을 섬멸했으며, 남은 적군은 황급히 줄행랑을 놓았다. 이리하여 홍군 제1방면군은 대중의 지원에 힘입어 닷새 안에 두 차례 승전보를 울렸다. 이 작전에서 홍군은 총 1만 3,000명의 적군을 섬멸하고 각종 무기 1만 2,000여 점을 노획함으로써, 국민당 군대의 제1차 '포위토벌'을 물리쳤다.

제1차 반 '포위토벌' 승리 후 얼마 지나지 않아 중공중앙에서는 샹잉(項英)을 중앙 근거지에 파견했다. 1931년 1월, 샹잉을 대리 서기로 하는 소비에트구역 중앙국을 설립하고 소비에트구역 중앙국이 지도하는 중앙혁명군사위원회를 설립했다.

샹잉이 주석을 맡고 주더, 마오쩌둥이 부주석 및 총정치부 주임을 겸했다. 동시에 마오쩌둥을 서기로 하는 홍군 제1방면군 총전선위원회를 폐쇄해 버렸다. 같은 해 4월, 당중앙위원회 제6기 제4차 전원회의 직후 중앙은 런비스, 왕자샹, 구쭤린으로 구성된 중앙대표단을 중앙 근거지에 파견하여 소비에트구역 중앙국의 지도 사업에 참여시켰다. 새로 도착한 중앙대표단은 '좌'적인 정책을 집행하는 한편, 마오쩌둥과 주더의 의견도 받아들여 제2차, 제3차 반 '포위토벌' 투쟁에 적극적인 보조 역할을 했다.

1931년 2월부터 국민당 당국은 군정부장 허잉친(何應欽)을 육해공군 총사령관 겸 난창 군사 야전 주임으로 임명하고, 약 20만 명에 달하는 병력을 동원하여 중앙 근거지를 향한 제2차 "포위토벌"을 감행했다. 그들은 지난번에 "말을 몰아 직진하는" 전술이 실패했던 교훈을 상기하며, "자신 있게 싸우며 걸음마다 진을 치고 야금야금 먹어들어가는" 전술을 취했다. 더불어 빈틈없는 경제봉쇄 책략을 함께 실시했다. 4월 1일, 국민당 대군은 네 갈래로 나뉘어 중앙 근거지를 일제히 공격했다. 장시 남부(贛南)에서 홍군 제1방면군을 포위하고 제거하려 한 것이다. 국민당 대군은 장시 간장에서 동쪽으로 푸젠 젠닝까지 800리를 뻗었지만, 완전히 연계되지 못하고 활 모양 전선을 이뤘을 뿐이었다.

이때 홍군 제1방면군은 세력이 3만여 명으로 조금 줄어들었으나, 4개월 동안 세력을 기르고 강화한 결과 사기가 충천해졌다. 동시에 지방무장 및 적위군 사업회의를 열고, 대중을 널리 동원하여 유격전을 전개함으로써 주력 홍군의 작전에 협력하기로 했다. 소비에트 구역 중앙국은 거듭 토론한 결과 마오쩌둥의 의견을 수렴하여 여전히 "적을 깊숙이 유인하는" 전술을 고수하기로 했다. 따라서 근거지의 유리한 조건을 적극 이용하고 병력을 집중하여, 약한 적부터 친 뒤 서쪽에서 동쪽으로 적을 몰아 각개격파 하기로 결정했다. 마오쩌둥과 주더의 지휘 아래 홍군 제1방면군 주력 부대는 서쪽의 둥구 부근에 은밀히 집결했다. 5월 중순, 1개 사단 남짓한 적군이 푸톈의 견고한 진지를 떠나 둥구로 침범하여 왔다. 홍군 제1방면군은 유리한 기회를 놓치지 않고 5월 15일에 행동을 개시하여, 16일 한나절간의 격전에서 적군을 대거 섬멸했다. 연이어 예정된 계획대로 기세를 몰아 동쪽에서 푸젠, 젠닝까지 모두 제압했다. 그리하여 5월 16일부터 31일까지 홍군은 다섯 차례의 연승을 거두었다. 또 서쪽에서 동쪽으로 700리를 휩쓸어 적군 3만여 명을 섬멸하고 2만여 자루의 총기를 노획했다. 그 결과 국민당군의 제2차 "포위토벌"을 분쇄했으며, 중앙 근거지를 더욱 확장했다.

1931년 7월부터 포위토벌군 총사령관을 자임한 장제스는 허잉친을 전선 총사령관으로 임명하고 영국, 일본, 독일 등의 군사고문을 초빙했다. 그 뒤 30만여 명의 대군을 동원하여 중앙 근거지에 대한 제3차 포위토벌작전을 개시했다. 장제스는 홍군의 10배나 되는 월등한 병력을 믿고 이번에도 "말을 몰아 직진하는" 전술을 펼치기로 했다. 홍군 주력을 간장 동쪽 기슭에 몰아넣고 격파한 후 다시 여러 갈래로 나눠 포위하고 토벌함으로써, 중앙 근거지를 점령하고 홍군 제1방면군을 완전히 제거하려고 했다.

이때 홍군 제1방면군의 주력은 근거지 중심 지역에서 멀리 떨어진 젠닝 일대에 분산되어 있었다. 악전고투 후 휴식과 병력 충원이 불가능한 탓에 주력군의 총병력은 3만 명 정도밖에 되지 않았다. 강적이 눈앞에 들이닥친 상황에 맞서 마오쩌둥과 주더는 여전히 적을 깊숙이 유인하는 전술을 펼쳐서, 적의 주력을 피하고 약한 고리를 치기로 했다. 그들은 홍군 주력을 이끌고 젠닝에서 출발하여 간난 싱궈에 집결했다. 뒤이어 홍군 제1방면군은 간장 서쪽에서 동쪽으로 건너온 홍군 제7군과 합류했다. 8월 초, 부대는 고싱웨이(高興圩)를 중심으로 하는 넓은 지역에 집결했다.

여러 갈래의 적군이 잇달아 접근하여 홍군을 반쯤 포위했다. 홍군은 적군 사이에 비어있는 40리가량의 지대에서 동쪽으로 돌진하여, 8월 7일부터 11일까지 3전 3승하고 적 1만여 명을 섬멸했다. 국민당 군대는 비로소 홍군의 주력이 동쪽에 있음을 알아챘다. 장제스는 곧 서쪽과 남쪽으로 이동하던 모든 부대를 동쪽으로 돌려 두 갈래로 나눈 뒤, 대대적으로 홍군을 포위하여 맹렬한 기세로 달려들었다. 홍군은 '성동격서(상대편에게 그럴듯한 속임수를 써서 공격하는 것을 이르는 고사성어)' 전술로 홍군 제12군을 주력으로 위장시켜 동북 방향으로 진군하게끔 하는 한편, 주력은 적군들 사이의 20리 산을 넘어 서쪽 싱궈 경내로 돌아가 집결했다.

그러고는 그곳에 숨어서 휴식, 정비하며 대기했다. 적군이 속임수를 알아채고 다시 서쪽으로 향했을 때 이미 홍군 주력은 2주 동안 휴식하고 정비한 뒤였다. 반면 '포위토벌'에 참가한 국민당 부대는 지칠 대로 지쳐 있었다. 따라서 적군이 수세에 몰리고 홍군이 주도권을 장악한 전세가 날로 명확해졌다. 이와 동시에 장제스 통치에 불만을 품고 군대를 일으켜 반기를 든 월계(粵桂) 연합군은, 장제스의 주력 부대가 장시에 깊숙이 빠진 틈을 타 후난 헝양(衡陽)으로 출발하고 있었다. 결국 장제스는 장시 경내의 홍군을 견제하는 한편, "군대를 장시·광둥 접경 지역으로 이동시켜 반란군의 확장을 저지"하기로 결정했다. 9월 초, 홍군을 '포위토벌'하던 국민당 군대가 퇴각하기 시작했다. 홍군은 적이 퇴각하는 틈을 타 9월 7일부터 8일까지 라오잉판, 고싱웨이에서 벌인 두 차례 전투에서 적군 4,000여 명을 사살, 생포했고 9월 15일에 있는 팡스링(方石嶺) 전투에서도 1개 사단 이상의 적을 섬멸했다. 총 3개월간 지속된 이번 전쟁에서 홍군은 적군 3만여 명을 섬멸했고, 총기 1만 4,000여 자루를 노획했다. 그리하여 장제스가 직접 지휘한 제3차 '포위토벌' 작전도 실패로 끝났다. 팡스링 전투 후, 홍군 제3군 군장 황궁뤠(黃公略)는 부대를 지휘하며 이동하던 도중 불행하게도 적의 공습을 받아 희생되고 말았다.

마오쩌둥과 주더는 제3차 반 '포위토벌' 승리 후 지방 부대의 일부만 남겨 북쪽의 국민당군의 동향을 감시하도록 했다. 반면 홍군 주력은 루이진을 중심으로 하는 지역으로 이동시켜, 푸젠 서북부(閩西北) 및 장시 서남부(贛西南)에서 혁명 사업을 전개하기로 했다. 홍군은 무장한 지주군의 여러 소굴을 토벌하는 한편 공산당, 공청단 조직과 소비에트 정권을 회복, 수립하도록 대중을 선동했다. 그사이 후이창(會昌), 쉰우(尋烏), 안위안(安遠), 스청(石城) 등 현성을 점령하여 간시난, 민시(閩西) 근거지가 거의 하나로 연결됐으며, 그 범위를 20여 개 현에 걸친 광활한 지역으로 확대시켰다.

중앙 근거지의 세 차례 반'포위토벌'의 승리는 근거지 인민대중의 긴밀한 협력과 적극적인 지원이 없었다면 결코 불가능한 일이었다. 그사이 지방 당 조직은 근거지 인민대중을 상대로 반'포위토벌' 투쟁에 대한 정치적 동원을 거듭 진행하여, 그들을 이끌고 홍군의 작전을 지원했다. 근거지 인민대중은 당의 호소에 적극 호응하여 적위대, 교통대, 정찰대, 운수대를 조직한 뒤 홍군과 협력하고, 홍군 주력의 이전과 집결을 엄호했다. 그들은 "견벽청야(堅壁淸野·성벽을 굳게 하고 곡식을 모조리 걷어 들인다는 뜻으로, 적의 양식 조달을 차단하는 전술 중 하나)" 작전을 통해 기세등등하게 근거지로 쳐들어온 적군을 굶주림과 피로의 고통에 시달리게 만들었고, 결과적으로 적군의 전투력을 크게 저하시켰다.

중앙 근거지를 지킨 홍군의 세 차례 반 '포위토벌'의 승리는 국민당 군대에게 심한 타격을 주었다. 홍군의 반 '포위토벌' 승리의 영향과 항일운동 및 전국의 반 장제스 투쟁 추진으로 봉기가 일어났다. 북방에 가서 항일할 것을 요구했다가 장제스로부터 거부를 당했으며 명령을 받고 홍군 '포위토벌' 행동에 참가한 적이 있는 국민당 제26로군 1만 7000여 명은, 참모장 자오보성(趙博生·공산당원)과 고급 장교 둥전탕(董振堂), 지전퉁(季振同), 황중웨(黃中岳) 등과 중공 비밀 특별지대의 지도 아래 1931년 12월 14일에 장시 닝두(寧都)에서 봉기를 일으켰다.

봉기부대는 홍군 제5군단으로 개편되었고 지전퉁이 총지휘를, 샤오진광이 정치위원을, 둥전탕이 부총지휘를, 자오보성이 참모장을, 류보젠이 정치부 주임을 각각 맡았다. 군단 산하에는 3개 군을 설치했다. 제13군은 둥전탕이 군장을 겸임하고 허창궁(何長工)이 정치위원을, 제14군은 자오보성이 군장을 겸임하고 황훠칭(黃火靑)이 정치위원을, 제15군은 황중웨가 군장을 맡고 쥐취안(左權)이 정치위원을 맡았다. 닝두 봉기는 중국공산당이 성공적으로 이끈 중요한 무장봉기였으며, 국민당 군대 내에 큰 파문을 일으켰다. 결과적으로 홍군은 신예부대 하나를 더 갖게 됐다.

중공중앙은 제1차 반 '포위토벌' 전에 중앙 근거지의 후방을 공고히 하고 적과의 싸움을 용이하게 하기 위해, 장시 서남 당 조직과 홍군 제1방면군 총전선위원회에게 혁명 대열에 잠입한 지주, 부농, AB단 등 반혁명분자를 제거하라고 수차례 지시했다. 1930년 상반기에 장시 서남 지구의 당과 정부에서 반혁명분자 숙청 투쟁을 개시한 적이 있었다. 이 투쟁에서는 혁명을 반대하는 일부 지주, 부농 분자를 제거하기는 했지만 많은 동지들을 'AB단'원으로 오인하고 살해하는 잘못을 저지르기도 했다. 1930년 12월, 총전선위원회는 일부 사람들이 고문에 못 이겨 한 허위 진술을 토대로 사람을 파견하여, 홍군 제20군에서 'AB단'분자를 체포했다. 홍군 제20군의 일부 지도자들은 자신도 곧 반혁명 분자로 오인 받아 체포될 수 있다고 생각했다. 그들은 위의 지시에 불만을 품고 12월 12일 부대를 이끌고 푸톈에 가 당지의 소비에트 정부를 포위했다. 그리고 잘못 체포된 100여명의 동지를 석방시켰다. 동시에 홍군 제1방면군에 대한 지도권을 이탈하자는 잘못된 구호 아래, 모든 부대를 간장 서쪽 지구로 이끌고 갔다. 이것이 바로 한때 세상을 놀라게 한 푸톈사변이다.

샹잉을 대리 서기로 하는 소비에트구역 중앙국은 푸톈사변을 일으킨 것은 중대한 착오라고 지적하는 한편, 당내 모순을 해결할 테니 간장 북쪽에서 돌아오라며 홍군 제20군을 설득했다. 그러나 1931년 3월 28일 중앙정치국에서 '푸톈사변에 관한 결의'를 내린 후, 이 일에 대한 처리를 책임진 지도 기관은 푸톈사변을 'AB단'이 실시한 '반혁명 행동'으로 더욱 오인하여 홍군 제20군의 소대장 이상의 간부들을 대부분 살해했다. 따라서 수그러들던 반혁명분자 숙청에 다시 불을 지펴 더 많은 착오를 저지르게 됐다. 연이어 푸젠 서부에서 '사회민주당'을 반대하는 투쟁을 재촉하다 많은 동지들을 '사회민주당' 성원으로 오인하여 살해했다. AB단 및 사회민주당 숙청 투쟁은 고문으로 강요한 자백만을 믿고 동지들에게 경솔히 피해를 입힌 억측의 산물이었다. 진정한 적을 혼동하여 위조, 오판이 판치는 억울한 사건들을 다수 만들었는데 이는 심각한 교훈을 남겼다.

1931년 하반기부터 중공중앙은 반혁명분자 숙청 중의 '단순화'와 '확대화'를 반대한다는 지시를 내렸다. 1931년 12월, 저우언라이는 중앙 근거지에 도착했다. 1932년 1월 7일에 저우언라이의 주관 아래 소비에트구역 중앙국은 '소비에트구역 반혁명분자 숙청 사업에 관한 결의안'을 발부하여, 반혁명분자 숙청 확대화 추세를 한때나마 억제했다. 하지만 중공중앙은 'AB단' 및 '사회민주당' 숙청 등 이른바 반혁명 조직에 대한 투쟁을 멈추지 않았고, 여전히 리원린(李文林) 등과 같은 일부 당정 지도간부와 인민대중이 오인을 받고 숙청되었다.

이번 반혁명분자 숙청 투쟁은 중앙 근거지를 비롯한 어위완(鄂豫皖), 샹어시(湘鄂西) 및 기타 근거지에서도 전개됐다. 각 근거지의 숙청 상황은 달랐지만 착오와 오판이 존재하긴 마찬가지여서, 혁명 사업에 지대한 해악을 끼쳤다. 이러한 착오의 발생은 '잔혹한 투쟁', '무자비한 타격'의 '좌'경 오류 사상과 직결된 것이었다. 치열한 혁명 투쟁 중에서 적들은 온갖 방법으로 내부분열을 시도했기에, 당과 홍군이 반혁명분자 숙청 투쟁을 전개하는 것은 불가피했다. 그러나 가혹한 전쟁 환경에서 계급투쟁은 매우 복잡했다. 그래서 수많은 간부들에게 염탐꾼을 솎아낼 만한 경험이 부족했고 당의 정책은 허술했다. 또 일부 지도자는 강한 주관주의 및 군벌주의 경향을 갖고 있어 반혁명분자 숙청 사업 중 오판이 극심했고, 결국 뼈아픈 손실을 빚어냈다. 반혁명분자 숙청 중에서 오인을 받고 살해된 동지들은 죽어가면서도 당과 공산주의 사업에 충성하는 숭고한 혁명 정신을 보여 주었다. 그들은 나중에 누명을 벗게 되었고, 당과 인민의 존경과 추모를 받았다.

어위완 근거지의 반 '포위토벌'

중앙 근거지에서 벌인 세 차례 반 '포위토벌'과 동시에 어위완 근거지에서도 반 '포위토벌' 투쟁을 전개하여 큰 승리를 거두었다. 국민당 군대는 1930년 겨울부터 1932년 여름까지, 어위완 근거지에 대해 두 차례의 '포위토벌'을 진행했다.

제1차 '포위토벌'은 1930년 11월에 시작됐다. 국민당 당국은 10만여 병력을 동원했으며, 주력 부대를 근거지에 투입시켜 홍군의 주력을 찾아 결전을 벌인 뒤 지역을 나눠서 '소탕'하려 했다. 12월 하순, 국민당 군대는 황안(黃安)의 치리핑(七里坪)을 점령했다. 이때 홍군 제1군 주력은 이미 안후이성 서부로 이전한 상태였고 후베이·허난 접경 지역에는 후베이 동부에서 황안, 마청(麻城) 지역에 막 도착한 홍군 제15군과 지방 부대밖에 없었다. 이런 상황에서 쩡중성(曾中生)을 우두머리로 한 중공 어위완 임시 특별위원회와 군사위원회는 후베이·허난 접경 지역의 지방부대와 연계하고, 유격대는 인민대중에 의지하여 유격전쟁을 벌임으로써 내선에서 적을 견제, 습격, 타격했다. 홍군 제15군은 차이선시(蔡申熙)와 천치(陳奇)의 인솔 아래 상청(商城) 남부 지역으로 옮겨 홍군 제1군과 신속히 합류함으로써, 외선으로부터 적을 타격하기로 했다. 12월 6일, 홍군 제1군 사령부는 제1, 제2 사단을 거느리고 상난(商南)에서 홍군 제1군의 제3사단과 합류했다. 12월 중순, 홍군 제1군은 적의 한 개 부대를 섬멸했으며 한때 류안(六安)을 포위하고 훠산(霍山)까지 위협했다. 12월 30일에는 유격대와의 협동 작전을 통하여 적군 3개 퇀을 섬멸하고 적군 퇀장 이하 3,000여 명을 사살 또는 생포했다. 뒤이어 홍군 제1군 제1, 제2 사단은 서쪽으로 되돌아갔으며 1931년 1월 3일에 상청 동쪽에서 적군 한 개 퇀을 섬멸했다. 1월 초근거지로 깊이 들어온 국민당 군대는 군민 유격전쟁의 교란과 타격을 받은 데다, 홍군 제1군 주력이 이미 후베이·허난 접경 지역에 돌아온 것을 보고 곧 도시 거점으로 물러갔다. 이로써 국민당의 제1차 '포위토벌'은 실패로 끝났다.

1931년 1월 중순, 홍군 제1군은 상난에서 홍군 제15군과 합류한 뒤 홍군 제4군으로 통합 개편되었고 쾅지쉰(曠繼勛)을 군장으로, 위두산(餘篤三)을 정치위원으로, 쉬샹첸(徐向前)을 참모장으로, 차오다쥔(曹大駿)을 정치부 주임으로 각기 임명했는데 부대 인원수는 1만 2000여 명에 달했다. 2월, 중공중앙의 지시에 따라 중공 어위완 특별위원회와 군사위원회가 정식으로 구성되었고 쩡중성이 특별위원회 서기 겸 군사위원회 주석을 맡았다. 3월 상순, 홍군 제4군은 주동적으로 핑한로(平漢路)로 출격하여 쌍차오진(雙橋鎭)에서 적군 한 개 사단을 섬멸하고 적 5,000여 명을 생포했다.

1931년 3월부터 5월까지 국민당 당국은 10만여 명의 병력을 동원하여 어위완 근거지를 향한 제2차 '포위토벌'을 진행했는바, 각각 황마(黃麻), 후베이 동남부, 안후이 서부 지구를 향해 공격을 개시했다. 4월 상순, 국민당 부대는 안후이 서부의 마부(麻埠)를 공략하고 진자자이(金家寨)로 침범해 왔다. 이때 어위완 근거지에 막 도착한 중앙정치국 상무위원이자 중앙 대표인 장궈타오는 상난에서 중앙의 위임 파견을 받고 어위완 성위원회 서기를 맡은 선쩌민(沈澤民)을 만났다. 그들은 주력을 집중하여 우선 완시 근거지에 침입한 국민당 부대를 공격하기로 결정했다. 4월 20일, 홍군 제4군 사령부와 주력인 2개 사단은 상청 남쪽에서 동쪽으로 진군하여 원래 안후이 남부에 있던 한 개 사단과 합류했다.

　4월 25일, 홍군은 일부 병력으로 마부의 적군을 견제하는 한편, 4개 퇀의 병력을 동원하여 한 개 퇀 이상의 두산(獨山)진 수비군을 섬멸했다. 그리고 2,000여 명의 적을 사살 또는 생포했으며, 안후이 서부에서 적에게 점령된 지역을 수복했다. 이와 동시에 경위사, 홍군 제10사단 제28퇀은 지방무장 세력과 협력하여 신지(新集), 치리핑을 점령한 적군에게 끊임없는 습격, 교란을 가해, 적군을 뤄산(羅山), 광산(光山)으로 몰아냈다. 5월에 안후이 서부에서 남쪽으로 진군하던 홍군 제4군은 신지 북쪽에서 적군 약 1,000명을 사살 또는 생포했고, 그 후 남쪽 전선으로 방향을 돌려 황안과 숭부(宋埠) 사이에서 또다시 적군 4개 영(營)을 섬멸했다. 그리하여 국민당 군대의 제2차 '포위토벌' 작전도 완전히 분쇄했다.

　장궈타오, 천창하오(陳昌浩) 등은 당중앙위원회 제6기 제4차 전원회의 직후 중공중앙이 어위완 근거지에 파견한 지도자들이었다. 1931년 5월, 장궈타오를 서기 겸 주석으로 하는 어위완 중앙 분국 및 군사위원회를 설립하고, 쩡중성을 서기 겸 주석으로 하는 어위완 특별위원회와 군사위원회를 폐쇄했다. 이후 어위완 근거지에 '좌'경 교조주의 오류가 퍼지기 시작했다. 7월 상순, 어위완군사위원회에서 홍군 제4군 주력의 남하 작전의 구체적 전술을 논의했다. 쩡중성(당시 어위완 중앙 분국 위원, 군사위원회 부주석, 홍군 제4군 정치위원을 담당) 등 홍군 제4군 지도자들은 잉산(英山)을 탈취한 후 홍군 제4군을 계속 남하시켜 치춘(蘄春), 황메이(黃梅), 광지(廣濟) 등 현을 공략함으로써, 근거지를 수복하고 중앙 근거지의 제3차 반 '포위토벌' 투쟁을 지원해야 한다고 주장했다. 하지만 장궈타오는 이 주장에 반대했다. 그는 잉산을 탈취한 후 동쪽으로 홍군 제4군을 보내 안후이로 진군하여 첸산(潛山), 타이후(太湖), 안칭(安慶)을 공략하고 난징을 위협하는 모험적인 계획을 실행할 것을 강요했다. 회의 후 홍군 제4군 지도자는 조정됐다. 쉬샹첸이 군장을 맡고 쩡중성이 정치위원으로 유임됐으며, 원 군장인 쾅지쉰은 제13사 사장으로 좌천됐다.

8월 초, 홍군 제4군 주력은 잉산을 점령하고 수비군 1,800여 명을 섬멸했다. 이때 쩡중성과 쉬샹첸은 전시를 분석하고 나서 다음과 같이 주장했다. 동쪽 안칭으로 진군한다면 400여 리 되는 국민당 통치구역을 지나야 하는데, 연도에 2개 여단 이상의 국민당 군대와 수많은 반동 민간자위단이 주둔하고 있다. 게다가 홍군이 작전에 투입할 수 있는 병력은 4개 퇀에 불과하며, 근거지와 멀리 떨어져 있어 지형에 익숙하지 않기에 승리할 가능성이 극히 낮다. 반면 남쪽의 치춘, 황메이, 광지는 당의 기초와 대중적 조건이 유리하고 잉산과 어느 정도 가까울 뿐더러, 적의 병력이 적어 승리할 가능성이 매우 높다.

이에 둘은 여세를 몰아 치춘, 황메이, 광지로 진군하기로 결정하고, 관련 행동계획을 어위완 분국 및 군사위원회에 보고했다. 8월 중순에 이르러 홍군 제4군은 치수이[蘄水·지금의 시수이(浠水)], 뤄톈(羅田), 차오허진(漕河鎮), 광지를 잇달아 공격하고 치춘, 우쉐(武穴), 황메이 등지로 진군하여 근 7개 퇀의 적을 섬멸하고 5,000여 명을 생포했다. 홍군 제4군이 치춘, 황메이, 광지를 향해 남쪽으로 진군했다는 소식을 접한 장궈타오는 분국과 군사위원회의 이름으로 홍군 제4군에 당장 북쪽으로 방향을 돌려 어위변구 근거지로 돌아올 것을 명령했다. 또 천창하오를 파견하여 쩡중성의 홍군 제4군 정치위원 직무를 대신하도록 했다. 부대가 바이췌위안(白雀園)에 돌아온 후, 장궈타오는 손수 대규모의 반혁명분자 숙청 투쟁을 일으켰다. 그와 천창하오 등은 '개조파' '제3당' 등 죄명으로 원 홍군 제1군 군장 쉬지선(許繼愼)을 포함한 많은 간부와 전사들을 살해하여 큰 손실을 초래했다.

1931년 9월부터 11월까지, 장제스는 15개 사단 이상의 병력을 차례로 동원하여 허난 동남부, 후베이 동부, 안후이 서부에 각각 배치하고 어위완 근거지를 향한 제3차 '포위토벌'을 준비했다. 그러나 '9·18'사변 이후 전국적인 항일운동과 반 장제스 운동이 일어나고, 국민당 내부 모순이 격화됨으로써 이번 '포위토벌'은 오랫동안 미뤄졌다. 11월 7일, 중공중앙의 결정에 따라 홍군 제4군과 10월에 설립된 홍군 제25군[쾅지쉰이 군장을, 왕핑장(王平章)이 정치위원을 각각 맡고 완시 근거지에서 활동했음]을 홍군 제4방면군으로 통합 개편했다. 쉬샹첸이 총지휘를, 천창하오가 정치위원을 맡았으며 부대 인원 수는 약 3만 명에 달했다. 이는 홍군 제1방면군을 제외하고, 전장에서 작전을 수행할 만한 능력이 있는 중요한 부대였다. 이때 근거지 내의 유격전쟁은 빠르게 발전하여 적위군 등 다양한 지방부대를 형성했다. 농민 대중이 광범위하게 일어나 인력과 물력 측면에서 홍군의 작전을 지원했다.

"작디작은 황안(黃安) 사람마다
칭찬한다네
징소리 북소리 울리자
사십팔만 일어나네
남자는 적과 싸우고
여자는 밥을 나른다네"

　황안에서 널리 전해진 이 가요는 근거지 군민들이 똘똘 뭉쳐 함께 대적하는 정경을 잘 보여 준다. 1931년 11월부터 1932년 6월까지, 지휘가 통일되지 않은 국민당 군대가 잠잠한 틈을 타 홍군 제4방면군은 외선으로부터 공격하는 작전을 수행하기 위해 출격했다. 그들은 차례로 황안, 상황[상청, 황촨(潢川)], 수자부(蘇家埠), 황광[황촨, 광산(光山)] 등 네 차례 전쟁에서 국민당 군 6만 여명을 섬멸하고 적에게 커다란 타격을 주었다. 홍군 제4방면군의 공격 작전은 국민당 군대의 어위완 근거지에 대한 제3차 '포위토벌'을 사전에 차단했다.
　홍군 제4방면군은 반 '포위토벌' 투쟁 중 효과적인 작전상 원칙을 창조해 냈다. 강적이 공격해오면 모두 퇴각하면서 적을 깊숙이 유인했다. 그리고 적의 강한 부분을 피하고, 약한 고리에 우세한 병력을 집중하여 포위하는 작전으로 적을 각개 격파했다. 혹은 '포위토벌'군이 아직 만반의 준비를 하지 못한 틈을 타, 기습적으로 선제공격을 가해 적의 '포위토벌' 계획을 분쇄하기도 했다. 이러한 원칙들은 홍군의 전략 전술원칙의 형성과 발전에 크게 기여했다.
　반 '포위토벌' 투쟁의 승리에 따라 어위완 근거지와 홍군은 크게 발전했다. 홍군 제4방면군은 4만 5,000여 명으로 늘어났고 근거지는 동쪽으로 안후이의 수청(舒城)까지, 서쪽으로는 평한(平漢)철도까지,

남쪽으로는 후베이 동부의 황메이와 광지까지, 북쪽으로는 화이허(淮河)까지 이르는 광활한 지역으로 확대됐다. 바야흐로 어위완 근거지의 전성기가 도래했다.

샹어시(湘鄂西) 근거지의 반 '포위토벌'

1930년 가을부터 1932년 봄까지 샹어시 근거지에서도 반'포위토벌' 투쟁을 승리로 이끌었다.

1930년 11월, 장제스는 국민당군 제10군 군장이자 '후난·후베이·쓰촨' 접경 지역 '마을 토벌' 감독관인 쉬위안취안(徐源泉)에게 4개 사단과 7개 여단의 병력을 주며, 홍후(洪湖) 지역을 중점으로 샹어시 근거지에 대해 3차에 걸친 '포위토벌'을 실시할 것을 명령했다. 제1차 공격 목표는 홍후 지역의 창장(長江) 이북 지대이고 제2차의 공격 목표는 홍후 지역의 창장 이남 지역이며 제3차 공격 목표는 후난·후베이 접경 지역이었다. 11월 상순부터 국민당군은 속속 홍후 지역으로 모여들었다. 12월 하순에는 난현(南縣), 화룽(華容), 젠리(監利), 첸장(潛江) 등 현성을 차례로 점령했다.

이때 홍군 제2군단 주력은 홍후 지역에서 멀리 떨어진 장난(江南) 쑹쯔(松滋)와 궁안(公安) 사이의 양린(楊林)시 지역에 있었다. 홍후 지역에는 둥랑(董朗)이 총지휘를 맡은 장베이(江北) 지방무장인 강좌군(江左軍), 돤위린(段玉林)이 총지휘를 맡은 장난 지방무장으로 구성된 강우군(江右軍), 돤더창(段德昌)을 군장으로 하는 막 편성된 신6군(약 1,000명, 얼마 후 독립퇀으로 개편됨)밖에 없었다. 이 같은 긴박한 상황에서, 저우이췬(周逸群)을 대리 서기로 하는 중공 샹어시 특별위원회는 홍후 지역의 복잡한 지형을 이용하여 유격전을 전개하기로 결정했다. 신6군을 중심으로 강좌군과 강우군이 협동 작전을 벌여 적을 함께 타격하고, 적의 이동을 지체시키기로 했다. 동시에 홍군 제2군단에 신속히 홍후 지역으로 회군할 것을 요구했다. 1931년 1월 초, 국민당 군대는 우선 장베이 류자지(柳家集), 취자완(瞿家灣) 지역에서 강좌군을 섬멸한 뒤 서쪽으로 진군하여 습격하려 했다. 저우이췬, 돤더창 등의 지도 아래 강좌군은 강, 호수, 지류들이 그물처럼 얽힌 호수 지형과 대중의 긴밀한 협력을 이용해 유격전을 벌였고 많은 적을 살상했다. 장난 화룽 지역에서 활동하던 독립퇀과 강우군은 장베이 군민의 투쟁을 돕기 위해, 화룽 부근에서 한 개 부대의 적군을 섬멸했고 화룽성을 수복했다. 이어서 독립퇀은 북쪽의 창장을 건너 한 개 부대의 적군을 제압하고, 스서우(石首) 북쪽 지역을 수복했다. 국민당 군대는 장베이의 일부 지역을 점령하기는 했지만, '포위토벌' 계획은 실현하지 못했다. 홍후 지역의 당 조직은 국민당 군대의 '포위토벌'을 분쇄하기 위해, 대중을 선동하여 적의 교통을 차단하고 후방을 교란시켜 홍군이 효과적으로 적을 타격할 수 있게 했다.

3월 초, 국민당 군대는 장난의 탸오셴커우(調弦口)를 목표로 홍후 지역에 대한 제2차 '포위토벌'을 감행했다. 홍군 제2군단은 여전히 회군하지 못해 지원이 불가능했다. 중공 샹어시 특별위원회는 원래 계획에 따라 장난, 장베이의 모든 무장세력을 조직하여 유격전을 벌였고 스서우, 화룽 등지의 대중이 둥산(東山) 지역으로 철수하는 것을 적극 엄호했다. 그중 일부는 둥팅후(洞庭湖) 서안에 진입하여 투쟁을 전개함으로써 특구를 창설했다. 독립퇀은 적의 주력이 장난에 집중한 틈을 타, 강을 건너 북상했다. 그리고 강좌군의 도움을 받아 3월 말까지 장베이 지역의 대부분을 수복했다. 강좌군, 강우군 및 독립퇀은 모두 성장했다. 4월, 국민당 군대가 둥산 지역을 점령한 뒤 제2회 '포위토벌'은 일단락됐다.

이때 장제스와 광둥(廣東), 광시(廣西) 군벌 및 후한민(胡漢民), 왕징웨이 등 파벌 사이의 갈등은 날로 심화되었다. 국민당 내부의 장제스 반대세력은 광저우에서 '국민정부' 및 '중앙집행감찰위원 비상회의'를 세웠다. 또 군대를 파견하여 북쪽의 후난, 장시로 진군하고 장제스가 재야로 물러날 것을 요구했다. 장제스는 국민당 내부 분쟁에 대처하고자, 쉬위안취안의 부대를 연이어 창사에 파견하기 시작했다. 따라서 제3차 '포위토벌'은 계획대로 진행되지 않았다. 6월에 이르러 장베이 지역은 홍후 지역 군민의 적극적인 투쟁으로 말미암아 젠리, 몐양(沔陽), 첸장 등 현성을 제외하고 모두 수복됐다. 장난 둥산 지역은 일부 수복되었고, 둥팅(洞庭)특구 사업도 전개되기 시작했다.

국민당 군대는 9월 초부터 두 개 사단과 한 개 여단의 병력으로 둥산 지역을 중심으로 하는 장난 지역을 향해 새로운 '포위토벌'(제3차 '포위토벌'이라고도 함)을 발동했다. 근거지의 무장 세력과 대중은 완강히 싸웠지만, 현저한 세력 차이로 인해 둥산 지역은 또다시 적의 수중에 들어갔다. 그러나 연말에 이르러 장난 지구는 점차 수복됐다.

홍군 제2군단은 쑹쯔, 궁안 지역에서 샹어변구의 허펑(鶴峰) 산간지대로 이동한 후, 우리핑(五里坪)에서 반동 지방무장 3,000여 명을 섬멸했지만 아군도 적지 않은 타격을 입었다. 1931년 3월, 중공중앙의 지시에 따라 홍군 제2군단은 홍군 제3군으로 개편되고 허룽(賀龍)이 군장을, 덩중샤(鄧中夏)가 정치위원을 맡았다. 4월, 홍군 제3군은 징먼(荊門), 당양(當陽), 위안안(遠安) 지역으로 진군했다. 이후 국민당 군대의 공격으로 북쪽으로 옮겨 팡현(房縣)을 중심으로 하는 어시베이(鄂西北)근거지를 창설했다. 3월 초, 당중앙위원회 제6기 제4차 전원회의 후 중앙에서 샹어시 근거지에 파견한 샤시(夏曦)가 홍후 지역에 도착했다. 3월 27일, 샤시를 서기로 하는 중공 샹어시 중앙 분국을 설치했다. 6월 24일, 중공 샹어시 임시 성위원회를 개설하여 샹어시 특별위원회를 대신했다. 8월 초, 중앙 분국은 홍군 제9사단(독립 퇀을 확대하여 편성했음)을 훙후 지역으로부터 북쪽의 후베이 서부로 보내, 홍군 제3군을 맞이하기로 결정했다. 9월 하순, 홍군 제9사단과 홍군 제3군이 합류하고, 샹어시 중앙 분국에서 파견한 완타오(萬濤)가 덩중샤의 직무를 인계받았다. 그 후 홍군 제3군과 홍군 제9사단은 샹허(襄河)[샹양(襄陽) 이하의 한수이(漢水)] 이북의 중샹(鐘祥), 징산(京山), 톈먼(天門) 지역으로 진군하여 훙후 지역과의 연락 통로를 개통했다. 11월 상순부터 국민당 부대는 또다시 훙후 지역으로 끊임없이 침범해 왔다. 홍군 제3군은 지방무장과 대중의 협력으로 1932년 1월에 적의 공격을 분쇄하고 적 6,000여 명을 생포했다.

이때 훙후 지역은 원래의 각 현 외에 샹베이(襄北)의 광대한 지역으로 확대되었고, 홍군 제3군도 1만 5000여 명으로 늘어났다. 전반적인 샹어시 근거지는 홍군 제25사단이 훙후로 회군함에 따라 어시베이가 적에게 점령된 것을 제외하곤, 샹어변구와 바싱구이(巴興歸), 샹조이(襄棗宜) 지역 모두 어느 정도 발전했다.

샤시는 샹어시 근거지에 있는 동안 '좌'경 교조주의 방침을 널리 시행하고, 원 근거지 지도자들이 취득한 성과를 부정하면서 파벌을 조장하고 이간질했다. 그는 허룽 등의 이견을 무시하고 1932년 5월부터 시작한 4차례의 반혁명분자 숙청에서 '개조파', '제3당' 등 죄명으로 돤더창을 포함한 많은 홍군 지도간부를 숙정, 살해했다. 결과적으로 샹어시 근거지와 홍군에 심각한 손실을 주었다.

간둥베이, 샹간, 샹어간(湘鄂贛) 등 근거지의 반 '포위토벌'

1930년 겨울부터 1932년까지 사이, 국민당 정부 당국은 중앙 근거지에 대한 군사 '포위토벌' 작전에 협력했다. 그리고 이웃 근거지와 홍군 사이의 협동작전과 지원을 단절시키기 위해 간둥베이, 샹간, 샹어간 등 근거지에 대한 '포위토벌' 작전을 각각 발동했다.

간둥베이 근거지의 홍군은 팡즈민(方志敏), 사오즈핑(邵志平) 등의 지도 아래 국민당 군대가 1930년 11월 및 1931년 3월에 발동한 두 차례 '포위토벌'을 분쇄하고, 홍군 제10군을 5,000명으로 늘렸다. 1931년 4월, 홍군 제10군은 푸젠 북부로 진군하여 중앙 근거지의 반 '포위토벌' 투쟁을 지원하는 한편, 민베이 근거지를 수복하고 확대했다. 그러나 당중앙위원회 제6기 제4차 전원회의 직후 중앙에서 파견한 중앙대표 쩡훙이(曾洪易·1935년 1월 변절)는 간둥베이에서 '좌'경 교조주의 방침을 널리 시행하면서 같은 해 7월에 시작한 제3차 반 '포위토벌'을 격파하기 위해 팡즈민 등이 제기한 "적의 세력이 빈약하고 보루가 없는 지역인 안후이·저장·장시 접경 지역으로 진군하자"는 제안을 거부했다. 그리고 중앙 근거지와의 연락 경로를 뚫기 위해, 홍군 제10군을 적의 세력이 집중되고 보루가 설치된 지역으로 보내야 한다고 거듭 주장했다. 결국 홍군 제10군은 반년 남짓 악전고투했지만, 국민당 군대의 '포위토벌'을 물리치지 못했으며 근거지 대부분을 적에게 빼앗기고 말았다.

샹간 근거지의 홍군은 텅다이위안(騰代遠), 장윈이(張云逸), 왕서우다오(王首道), 장치룽(張啓龍), 간쓰치(甘泗淇), 리톈주(李天柱), 왕전 등의 지도 아래 여러 차례의 전투를 거쳐 국민당 군대에 타격을 주었으며, 일부 국민당 '포위토벌군'을 견제하여 중앙 근거지의 반'포위토벌' 투쟁에 협력했다. 동시에 샹간 근거지를 공고히 했고, 후난둥남부 (湖南湘東南) 독립 사단과 지방무장을 독립 제1사단과 독립 제3사단으로 점차 확대시켜 총 3,600여 명에 달하는 홍군 제8군으로 통합하고 개편했다.

샹어간 근거지의 홍군은 차례로 쿵허충(孔荷寵·당시 샹어간군구 사령원을 맡았으나 1934년 7월 변절), 황즈징(黃志競), 리쭝바이(李宗白) 등의 지휘 아래 끝까지 유격전쟁을 벌였다. 그 결과 홍군 제16군과 독립 제3사단 모두에 발전을 가져왔다.

그사이 셰쯔창(謝子長), 류즈단(劉志丹), 가오강(高崗), 옌홍옌(閻紅彦), 리계푸(李杰夫) 등 지도자들은 산시·간쑤 접경 지역 및 산시 북부에서 홍군 유격대를 창립하고, 산시·간쑤 접경 지역에서 유격전쟁을 벌였다. 펑바이쥐(馮白駒), 량빙수(梁秉樞), 양쉐저(楊學哲) 등이 이끄는 충야(瓊崖) 홍군 제1독립사단(훗날 제2독립사단으로 명명)은 국민당 군대의 공격을 물리치고 1931년 연말에 이르러서는 2,000여 명으로 발전했다. 또 근거지를 공고히 하고 확대했다. 구다춘(古大存) 등이 지도한 둥장 지역의 홍군 제11군은 유격전을 벌이며 산개하여 적을 교란했는데, 결국 적군에 의해 각개 격파됐다.

1930년 겨울부터 1932년 봄 전후까지 각 근거지는 힘들게 반 '포위토벌' 투쟁을 벌였고, 각지의 홍군은 용맹하게 싸웠다. 각 근거지와 홍군에 대한 국민당 군대의 '포위토벌' 규모는 나날이 커졌고 방화, 살인의 정도 또한 점점 더 잔혹해졌다. 게다가 공산당은 '좌'경 정책의 집행에서 비롯된 내부의 피해까지 감당해야 했다. 그럼에도 불구하고 홍군 및 근거지 인민대중은 공산당의 지도 아래 강적을 두려워하지 않고 맞서 싸웠다. 줄곧 단합하여 투쟁한 끝에 끊임없이 반 '포위토벌' 투쟁에서 승리했다. 각 근거지에서는 약 1년 반의 투쟁동안 도합 20만여 명의 정규군을 섬멸하여, 국민당 반동통치에 호된 타격을 주었다. 한편 홍군 주력은 약 15만 명으로 늘어났으며, 농촌 혁명 근거지가 더욱 확대되고 공고해졌다.

중화소비에트공화국 임시 중앙정부의 수립

홍군 제1방면군은 반 '포위토벌'에서 연속 세 차례의 승리를 거둬 간난, 민시 근거지를 더욱 발전시켰다. 이와 동시에 어위완, 샹어시, 샹간, 샹어간 등 근거지도 상당한 규모로 발전했다. 중공중앙은 간난, 민시 근거지를 기반으로 소비에트 중앙정부를 수립하기로 결의했다. 1931년 11월, 중화소비에트 제1차 전국대표대회에서는 국민당 정권의 성격과 근본적으로 다른 노농민주독재의 새로운 정권인 중화소비에트공화국 임시 중앙정부가 선거를 통해 탄생됐다.

중공중앙은 전부터 국제공산당의 의견에 따라 전국적인 정권을 세우려 했었다. 국제공산당은 중국공산당의 의사일정에서 제일 중요한 임무가 소비에트 중앙정부를 수립하는 것이라고 여겼다. 1930년 2월 4일, 중공중앙은 전국 소비에트구역 대표대회를 소집하기 위한 제68호 공고문을 발송했다. 5월 하순, 비밀리에 소집된 전국 소비에트구역 상하이 대표대회에서 제1차 전국 소비에트 대표대회 중앙 준비위원회 임시 상무위원회를 설립했다. 9월 중순, 상하이에서 소집한 소비에트 대표대회 중앙 준비위원회 제1차 전원회의에서 중앙 준비위원회를 정식으로 설립했고, 선거를 통해 상무위원회를 구성했다. 이번 회의에서는 제1차 소비에트 전국 대표대회 선거조례 및 대회에 제출할 헌법 대강, 노동법, 토지법령, 경제정책과 홍군 문제에 관한 결의안 등 초안을 토론, 결정했다. 제1차 소비에트 전국대표대회의 준비가 끝나지 않은 점을 감안하여, 원래 1930년 11월 7일 상하이에서 소집하기로 한 중화소비에트 제1차 전국대표대회를 광저우봉기 3주년 기념일인 1930년 12월 11일로 미루기로 했다. 또 회의 지점을 홍군 제1방면군이 활동하는 장시 소비에트 구역으로 옮기기로 결정했다. 이때 중앙에서 사업을 주관하던 리리싼은 "소비에트 중앙정부는 마땅히 우한에 설치해야 하며 적어도 창사, 난창 등 중심도시에 설치해야 한다"고 주장했다. 리리싼의 '좌'경 모험주의 오류가 시정된 후, 중앙정부의 설립 준비 사업은 착착 진행됐다. 그러나 국민당 군대가 연이어 중앙 근거지에 대한 '포위토벌'을 발동한 까닭에, 제1차 전국 소비에트 대표대회의 소집은 거듭 연기될 수밖에 없었다.

1931년 2월, 중앙정치국에서는 회의를 소집하여 중화소비에트공화국 임시 중앙정부 주석을 마오쩌둥에게 맡기기로 결정하고, 국제공산당에 보고하여 승인을 받았다. 5월 9일, 중앙정치국에서는 '현 정세 및 중국공산당의 긴급임무에 관한 결의안'을 통과시켰다. 결의안에 따르면 "소비에트 중앙 임시정부 및 각 구역 정부를 수립하여 난징국민정부에 저항하며, 소비에트정부의 모든 법령을 공표하고 실시"하는 것이 "소비에트구역의 제일 절박한 임무"라고 보았다. 그를 위한 준비 사업은 소비에트구역 중앙국에서 책임진다고 규정했다. 6월 1일, 소비에트구역 중앙국에서는 '제1차 전국 소비에트 대표대회를 위한 선언'을 발표하고, 8월 1일 대회를 소집하여 중화소비에트공화국 임시 중앙정부를 수립한다고 선포했다. 그러나 얼마 후 국민당 군대가 제3차 '포위토벌'을 시작했고, 소비에트구역 중앙국은 대회를 11월 7일에 소집하기로 결정했다.

중화소비에트 제1차 전국대표대회는 11월 7일부터 20일까지 루이진 예핑(葉枰)촌에서 열렸다. 민시, 간둥베이, 샹간, 샹어시, 충야, 중앙 등 근거지에서 온 홍군 부대 및 국민당 통치구역의 전국 총공회, 전국 선원 총공회의 610명 대표가 대회에 참석했다. 마오쩌둥이 소비에트구역 중앙국을 대표하여 대회에서 정치문제를 보고했다. 대회에서는 임시 중앙의 전보에서 헌법 대강에 대해 고지한 원칙을 토대로 제정한 '중화소비에트공화국 헌법 대강' 및 임시 중앙에서 대회에 제출하여 토론하도록 한 '중화소비에트공화국 토지법령' '중화소비에트 공화국 노동법' '경제정책에 관한 중화소비에트공화국 결정' 등 법률 문건을 추인, 채택했다. 대회에서는 63명으로 구성된 중앙집행위원 회를 선출하고 중화소비에트공화국 임시 중앙정부 설립을 선포했다.

대회에서 통과한 헌법 대강은 아래와 같다. "중국 소비에트 정권이 건설하는 국가는 노동자와 농민의 민주독재 국가이다" "이 독재의 목 적은 모든 봉건 잔여를 제거하고 중국에서 제국주의 열강들의 세력을 내쫓아 중국을 통일하는 것이다. 또 체계적으로 자본주의 발전을 제한 하고 국가의 경제건설을 진행하며, 무산계급을 빈농 및 대중과 단합시 켜 무산계급독재로 전환하기 위함이다" 헌법 대강은 다음과 같이 규 정했다. 소비에트의 모든 정권은 노동자, 농민, 홍군 병사 및 모든 노 고민중(勞苦民衆)에게 속한다. 소비에트정권 영역내의 노동자, 농민, 홍군 병사 및 모든 노고민중과 그들의 가족은 남녀, 민족, 종교, 신앙 에 관계없이 소비에트 법률 앞에서 평등하다. 또 헌법 대강은 제국주 의가 중국에서 취한 모든 정치적, 경제적 특권을 인정하지 않으며, 불 평등 조약을 전부 폐지하고 제국주의가 중국에서 가지고 있는 재산을 국가소유로 몰수한다고 규정했다. 소비에트 정권의 최고 권력은 전국 노농병대표대회(全國勞農兵代表大會)이고 대회 폐회 기간에는 소비에 트 중앙집행위원회가 최고 정권 기관이 된다. 중앙집행위원회 산하에 인민위원회를 두어 일상 정무를 처리하고 모든 법령과 결의안을 반포 하게 한다. 헌법 대강의 규정에 근거하여 11월 27일 중앙집행위원회 는 제1차 회의를 개최하고 마오쩌둥을 중앙집행위원회 주석으로, 샹 잉과 장궈타오(줄곧 중앙 근거지에 가 직무를 맡지 않았음)를 부주석 으로 선출했다. 또 회의에서는 마오쩌둥을 인민위원회 주석으로, 샹잉 과 장궈타오를 부주석으로 선출했으며 중화소비에트공화국 임시 중앙정부를 장시 루이진에 두기로 결정했다.

이때 각 근거지는 여전히 분할된 상태였다. 중화소비에트공화국 임시 중앙정부의 설립은 각 근거지의 중추적 지휘를 강화했고, 정치적으로도 큰 영향을 일으켰다. 이는 혁명 대중의 투지를 고무시켜 혁명 투쟁의 진행 과정을 적극적으로 추진하게 만들었다. 그러나 임시 중앙은 국제공산당의 지시를 믿고 "분리되어 있는 몇 개의 소비에트구역을 하나로 묶어 통일된 소비에트구역으로 만들고 중심도시를 탈취하는 것"을 재촉하면서, 소비에트의 전국적인 승리가 바로 눈앞에 닥쳤다고 보았다. 그러나 이런 예측은 현실과 달랐다. 그 밖에 소비에트 대표대회에서 통과한 헌법 대강, 토지법령, 노동법과 경제정책에 관한 결정 등 문건은 임시 중앙정부, 각 근거지 정부의 입법, 시정 방침 제정이 공동으로 준수할 기본준칙을 확립했다. 그러나 이런 문건들은 당중앙위원회 제6기 제4차 전원회의 이후의 중앙정치국에서 지시하여 제정한 것이거나, 중앙정치국과 국제공산당 극동국이 공동으로 작성하여 대회에 제출한 것이었다. 위에서 밝힌 문건에서 노농대중은 여러 가지 정치, 경제 권리를 향유한다는 것을 인정했지만, 중간 파벌 문제와 토지, 노동, 세수 등 문제에서 지나치게 '좌'적인 정책을 많이 규정했는데 이는 근거지의 발전에 백해무익한 것이었다.

홍군의 건설과 작전 원칙의 기본적인 형성

홍군은 반 '포위토벌' 투쟁에서의 홍군의 승리 및 홍군 규모의 끊임없는 확대, 그리고 유격전 위주에서 기동전 위주로 변한 전략에 발맞추어 다방면의 건설을 본격적으로 강화했다.

첫째, 전군 및 각 근거지에 지도기관을 설립하여 통일된 지휘를 실시했다. 1931년 11월 25일, 중화소비에트공화국 임시 중앙정부는 명령을 내려 주더를 주석으로 하고 왕자샹, 펑더화이를 부주석으로 하는 중앙혁명군사위원회(중혁군위로 약칭)를 설립했다. 중혁군위는 전국의 홍군, 특히 중앙 홍군을 지휘했다. 그리고 예젠잉(葉劍英)을 참모총장으로 하고 왕자샹이 주임을 겸한 총정치부와, 판수더(范樹德)를 부장으로 하는 총경리부를 설립했다. 그 무렵 샹어시, 어위완, 샹간, 상어간, 간둥베이 등 근거지에서도 각기 군사위원회를 설립 혹은 개편하고 참모부(지휘부), 정치부, 경리부를 설립 또는 강화했다. 홍군은 전략지역 혹은 독립된 작전지역을 단위로 통일적인 지휘를 실시했다. 그사이 중공중앙, 중혁군위와 각 구역 당위원회, 군사위원회에서는 각기 조례, 규칙을 반포하여 홍군의 편제를 통일하고 홍군의 정규화 작업을 강화했다.

예젠잉(葉劍英, 염검영 · 1897~1986)

신중국 10대 개국 원수 중 한 사람이자 중국의 원수 겸 정치가. 광둥폭동에 참가했고 시안 사건 후 홍군 시안 판사처 주임을 지냈으며, 항일전쟁 중에는 팔로군 참모장으로 활약했다. 중국공산당 정권수립, 문화대혁명 후에도 당·군·정부의 요직에 있었다. 광둥성 출신으로 홍콩을 거쳐 독일과 소련에서 유학.

둘째, 홍군 내 당 조직 건설을 강화하고 전시 정치 사업을 벌였다. 그래서 홍군에 대한 당의 절대적 권위를 보장하고, 홍군이 적과 싸우고 승리할 때 사상적·정치적으로 흔들림이 없도록 했다. 소비에트 구역 중앙국, 중혁군위 총정치부 및 각 구역 당위원회, 군사위원회 정치부에서는 당내 교육을 특별히 강조하고 강화했다. 그래서 당 조직의 전투 중 보루 역할과 당원이 솔선수범하는 모습을 통해 홍군 내에서의 당의 지배적 지위를 높이고 확고히 했다. 각 근거지의 홍군은 각급 정치기관, 정치사업 간부와 군사 간부 및 각급 당 조직, 공청단, 사병

회(土兵會), 광범위한 당원, 공청단원, 병사 골간, 지방 당과 정부 부서 및 대중 혁명조직에 의지하여 전시 정치 사업을 폭넓게 전개했다. 정치적 동원과 세밀한 사상 사업을 통하여 수많은 장병 및 근거지 인민 대중의 정치적 각성과 전투에 대한 열정을 불러일으켰다. 더불어 부대의 전투력을 공고히 했으며, 인민대중을 동원하고 조직하여 전투를 지원하게 만들었다. 그래서 홍군이 수적으로 열세인 상황을 타개하고 반 '포위토벌' 투쟁의 승리를 거두도록 보장했다.

셋째, 홍군의 후방 건설을 꾸준히 강화하고 부대의 공급을 원활히 하여, 홍군이 승리를 거두기 위한 물질적 지원을 보장했다. 각 근거지 내부에 후방조직기구를 세우고 후방기지를 건설했다. 후방기지를 이용해 홍군은 군용 물자 비축, 부상병 안치 및 구조, 치료, 전쟁 포로에 대한 훈련, 개조 등을 실현할 수 있었다. 그리고 토호를 타도하여 물자를 탈취하는 등 전적으로 적에게 의지하는 단순한 공급방식을 바꿈으로써, 홍군의 후방 공급을 개선했다.

넷째, 지방무장 건설을 강화하고 혁명전쟁에서의 역할을 충분히 발휘시켰다. 지방무장은 당이 지휘하는 인민무장세력의 중요한 구성원이다. 홍군이 벌인 전투, 특히 반'포위토벌' 투쟁에서 당이 지휘하는 주력 홍군, 지방부대 그리고 대중무장은 서로 의존하고 긴밀히 협력했으며, 세 가지가 결합된 인민무장 세력체제의 형성은 국민당 군대의 군사 '포위토벌'을 분쇄하는 데 큰 위력을 발휘했다.

다섯째, 각종 홍군학교를 설립하여 군정 훈련을 강화했다. 홍군 간부들과 홍군 전사들에게 교육을 실시하는 것은 매우 중요한 사업이다. 그래서 홍군의 매 종대에 청년사병학교를 설립했다. 학교의 정치부가 식자교재 편집을 책임지고 중대마다 식자소조를 설립했으며, 중대의 문서 담당자가 교사를 맡고 글자를 서로 가르치고 배우도록 조

직했다. 근거지 내에서 차례로 중앙군사정치학교(나중에 중국노농홍
군학교로 개칭하고 홍군학교로 약칭) 및 각종 전문학교를 설립하여 가
급적 많은 홍군 간부, 전사들이 학교에서 학습하거나, 전투 도중 틈을
내어 군사 정치 훈련을 받도록 했다. 이를 통해 군사인재를 적극 양성
하고 부대의 자질을 높이도록 했다. 전성기에는 홍군의 각종 학교 재
학 수강생이 6,000여 명에 달했다.

마오쩌둥을 대표로 하는 중국공산당은 점차 '포위토벌'과 반 '포위
토벌' 투쟁에서 거듭 반복되는 전술의 법칙을 깨닫고 유격전 위주를
기동전 위주로 바꾸었으며, 인민전쟁의 전략전술원칙을 실시했다. 홍
군의 반 '포위토벌'의 승리는 인민전쟁 전략전술 사상의 승리이다. 이
와 같은 전략전술 사상은 중국 혁명의 전쟁 경험을 토대로 형성되고
발전한 것이다.

일찍이 징강산 시기인 1928년 5월에 이미 전세를 고려하여 간단
히 작성된 유격전쟁의 기본원칙, 즉 '16자 요결'(16字訣)이 제기됐다.
1930년 10월, 홍군 제1방면군은 제1차 반 '포위토벌'을 진행할 때 "적
을 깊숙이 유인하는" 전술을 펼쳤고 실제 전투에서 성공적으로 활용했
다. 국민당 군대의 제3차 '포위토벌'에서 승리를 거둘 때쯤 홍군 작전
의 기본 원칙이 완성됐다. 마오쩌둥, 주더 등이 홍군 제1방면군을 지도
하여 세 차례 반 '포위토벌' 작전을 진행하는 중 형성된 전략전술 사상
은, 이 시기 홍군 전략전술 사상의 핵심이었다. 어위완, 샹어시 및 기타
근거지의 홍군도 실전을 통해 자신의 상황에 맞는 작전 원칙을 취했다.
이러한 원칙들은 홍군의 전략전술 사상 형성에 지대한 공헌을 했다.

홍군 작전의 기본원칙은 중국 혁명전쟁의 특징과 법칙에 근거하여
제정한 것이다. 그중 특별히 중요한 내용은 다음과 같다.

(1) 반 '포위토벌' 투쟁 시, 근거지에 의지하여 작전을 세운다. 국민

당 반동정부는 홍군이 탄생한 뒤 줄곧 그 존재를 허용하지 않았으며, 여러 차례 군대를 파견하여 '포위토벌'을 진행했다. 대립되는 두 개의 계급을 각각 대표하는 군대가 서로 맞서고 있는 이 상황은, 중국 내전의 핵심이 국민당 군대의 '포위토벌'과 홍군의 반 '포위토벌'임을 보여준다. 따라서 홍군은 반드시 자신의 전략적 기지, 즉 근거지의 유리한 대중 조건 및 지형 조건에 긴밀히 의지하여 근거지 인민의 지지와 지원을 얻을 필요가 있었다. 그래야 강대한 적의 '포위토벌'을 분쇄할 수 있고, 자신의 세력 보존과 발전을 꾀할 수 있었다. 근거지의 유리한 조건에 의지하여 반 '포위토벌' 작전을 진행하는 것은 홍군 작전의 기본원칙이며, 홍군의 승리를 도운 중요한 경험이었다. 적의 세력을 섬멸하는 실전을 통해 작전을 고안하는 것은 홍군 작전의 기본 지도사상이었다.

(2) 전략적으로 퇴각하여 적을 깊숙이 유인한다. 홍군에 대한 국민당 군대의 '포위토벌' 전략은 언제나 홍군 주력을 찾아 몇 배 심지어 열 배 이상의 우세한 병력으로 격파하는 것이었다. 강대한 적의 공격 앞에서 홍군은 불리한 대결은 반드시 피한다. 그리고 예상되는 적의 공격 지점으로부터 전략적으로 퇴각함으로써 적을 깊숙이 유인하는 방침을 취한다. 홍군과 지방무장은 적을 근거지 안으로 유인한 뒤 끊임없는 습격과 교란을 가해 적이 장님, 귀머거리가 되게 한다. 이어 지칠 대로 지친 병력을 와해시켜 국부적 열세 상태로 전환시킨다. 뒤이어 홍군은 주력으로 반격하여 속전속결로 적을 각개 격파해야 한다. 적을 깊숙이 유인하는 원칙은 홍군이 유리한 조건을 충분히 이용하고 근거지 당 조직과 정부, 군민의 전체 세력에 의지하여 국민당 군대의 대규모 공격을 막아내고 승리를 거두게 한 기본 전술, 전략이었다.

(3) 병력을 집중하여 기동전, 속전속결전, 섬멸전을 실행한다. 홍군

은 병력 및 화력 면에서 절대적으로 열세였기 때문에, 강대한 적군에 맞서 진지전, 공격전을 실시할 수 없었다. 더욱이 병력을 나눠 적을 교란시키거나 도처에 방어진을 치는 것도 불가능했다. 그러므로 자신의 병력을 집중하여 전장 전투의 외선으로부터 속전속결 공격전을 실시함으로써, 국부적 열세에 처한 적을 섬멸해야 한다. 홍군 병력의 약소함은 1개 근거지 안에 1개 부대밖에 없는 걸 통해서도 알 수 있다. 따라서 여러 적군에 포위되는 상황을 피하고, 계속되는 전투에 유리하도록 가능한 한 속전속결로 전투를 끝내야 한다. 홍군의 무기 및 장비는 전장에서의 노획 양에 달려있으며, 인원의 일부는 포로병에서 온다. 그러므로 홍군은 반드시 섬멸전 원칙을 상기하여 적군 대부분을 생포하고 그들의 무기 등 장비를 노획하여 자신의 힘을 보충해야 한다. 반대로 국민당 군대를 격파하는 것은 성과가 크지 않으므로, 한개 부대씩 섬멸하여 적의 사기를 꺾고 병력을 약화시키는 것이 좋다.

(4) 적절한 때를 놓치지 않고 공격하여 전과를 확대하거나 '포위토벌' 계획이 실시되기 전에 무산시킨다. 기본적으로 홍군의 전략 태세는 방어적이지만 유리한 조건에서는 공격 작전을 마다하지 않아야 한다. 적의 '포위토벌'이 타파된 후 적군은 일시적으로 움츠러들기 마련이었다. 이 같은 유리한 조건에서 홍군은 주력군을 이용해 지속적으로 작전을 전개하여 근거지 주위에 고립무원인 적을 공격해야 한다. 그래서 전과를 확대하고 근거지를 공고히 하며 발전시켜야 한다. 유리한 조건에서의 공격 작전은 홍군이 전략적 주도권을 잡고 있다는 중요한 증거이며, 승리를 쟁취하는 중요한 수단이다.

인민전쟁에 관한 마오쩌둥 등의 전략전술 사상은 홍군이 열세에 처한 병력과 낙후한 장비로 어떻게 강대한 적과 싸워 이기는가 하는 문제를 해결하여, 마르크스-레닌주의 군사 학설에 힘을 실어 주었다.

제11장
'9·18'사변 후의 국내 정세와 혁명운동의 좌절

1. 전국 항일구국운동의 흥기

'9·18'사변과 장제스의 무저항정책

국민당 통치 집단이 병력을 집결시켜 홍군을 대규모로 '포위토벌' 할 때, 일본 제국주의자들은 중국 둥베이(東北)를 무력으로 침략했다. 선양(瀋陽)에서 발생한 '9·18'사변은 일본정부가 중국에 장기간 실시해온 침략확장 정책의 필연적 산물이자 중국을 일본 독점의 식민지로 만들기 위한 절차였다.

중국에 대한 일본의 침략은 오래전부터 존재했다. 청나라 말기 일본은 갑오전쟁(1894년·청일전쟁), 그리고 1904년부터 1905년 사이에 중국 둥베이에서 진행한 러일전쟁 등 침략 확장 전쟁을 통해 청나라 정부를 협박하고 불평등조약을 체결했다. 또 타이완과 중국 둥베이 남부지역(만주)을 강제로 병합했다. 일본은 중국 둥베이에 관동도독부, 남만주 철도주식회사, 펑톈(奉天) 주재 총영사관 등 식민기구를 세우고 관동군을 창립했다. 그리고 둥베이에 대해 전면적인 정치적, 군사적 통제와 경제적 수탈을 감행했다. 일본정부는 1927년 6월부터 7월 7일 사이에 동방회의를 열고 '대중화정책 요강'을 제정했다.

회의 후, 다나카 기이치(田中義一) 내각총리가 상주문을 작성하여 천황(다나카 상주문)에게 올렸다. 동방회의와 '다나카 상주문'에는 우선 중국 둥베이, 네이멍구(內蒙古)를 차지한 후 이어서 중국 전역을 점령코자하는 확장정책이 포함됐다.

1929년 가을에 세계 경제공황이 발생하자 제국주의국가 사이, 제국주의와 식민지 반식민지 사이, 자본주의국가 내부 근로자와 자본가 사이의 갈등이 전례 없이 격화됐다. 제국주의 정부들은 위기에서 벗어나기 위해 국내 각 계층 인민을 잔혹하게 통치하며 착취와 수탈을 감행했다. 동시에 대외 침략 확장정책을 가속화했다. 일본은 이번 경제공황으로 심한 타격을 받아 자국 내 계급 갈등이 격화됐다. 심각한 경제적, 정치적 위기에 직면한 일본 통치 집단은 국내 계급 갈등을 완화하고 경제공황으로 인한 곤경에서 벗어나기 위해 중국 침략전쟁에 박차를 가했다. 1931년 상반기, 일본정부 및 중국 둥베이의 일본식민기구는 무장침략을 위한 정치, 군사 배치를 서둘렀다. '9·18' 사변으로부터 시작된 일본의 중국 침략은 용의주도하게 준비하고 개시한 것이다.

관동군(關東軍)

일본 제국주의가 세운 괴뢰 정권이었던 만주국에 상주한 일본 제국의 주력을 이루는 대표적 육군이다. 관동군이라는 이름은 산하이관(山海關)의 동쪽에 주둔한 군대라고 해서 붙여졌다. 러·일 전쟁의 승리로 일본은 뤼순(旅順·여순), 다롄(大連·대련)의 러시아 조차지와 남만주 철도의 권익을 획득했다. 그리고 1906년에 관동도독부를 설치하고 총괄하던 군사·행정·사법의 권한을 1919년 민정으로 이관하고 관동군 사령부를 군사담당기관으로 설치했다. 이때, 관동군 사령관의 지휘 아래 두었던 군대가 관동군이다. 1920년대 말부터 관동군 참모를 중심으로 만몽 무력 점령 계획을 세우는 등 대 만몽 정책의 강경파의 선봉장이 됐다. 장쭤린 폭살 사건과 1931년 만주사변을 주도하여 '만주국' 건국의 주역으로서 중국 침략의 선봉 역할을 했다. 관동군은 순수한 일본군으로 조직됐다.

1931년 9월 18일 밤중에 중국 둥베이에 주둔하고 있던 일본 침략군·관동군은 선양 북쪽 교외 류탸오후(柳条湖) 부근의 남만철도 한 구간의 철로를 폭파시킨 뒤, 중국군이 철로를 파괴했다며 누명을 씌웠다. 그리고 이를 빌미로 중국군 주둔지 베이다잉(北大營)과 선양성을 기습 공격했다. 9월 19일 새벽, 일본군은 선양을 점령한 후 바로 며칠 사이에 안둥(安東·현재 단둥·丹東), 하이청(海城), 잉커우(營口), 랴오양(遼陽), 안산(鞍山), 톄링(鐵嶺), 번시(本溪), 푸순(撫順), 쓰핑(四平), 창춘(長春), 지린(吉林) 등 20여 개 도시 및 그 주변의 광활한 지역을 점령했다. 9월, 랴오닝(遼寧)[진저우(錦州)와 랴오시(遼西) 제외]과 지린 두 성이 함락되고 11월에 헤이룽장성 대부분이 무너졌다. 1932년 1월, 진저우 및 랴오시 지역이 함락되고 2월에 하얼빈마저 함락됐다. 이리하여 4개월이란 짧은 시간에 무려 100만 제곱킬로미터에 달하는 둥베이의 아름다운 강산이 모두 일본의 강점지로 전락하고 말았다.

일본이 이렇게 손쉽게 침략해 올 수 있었던 이유는, 장제스를 우두머리로 하는 국민당정부가 일본의 침략에 대해 무저항정책을 실시했기 때문이다. '9·18'사변 전에 이미 일본군은 중국 둥베이에서 여러 차례 사건(예를 들면 완바오산사건(萬寶山事件), 나카무라사건(中村事件) 등)을 일으켜, 둥베이를 침략하려는 그들의 야욕이 명확히 드러난 상태였다. 하지만 장제스는 국민당 내부의 파벌투쟁과 군벌혼전을 벌이느라 여념이 없었으며, 군대를 집결시켜 홍군을 '포위토벌'하는 데 혈안이 돼 있어서 민족의 위기는 아랑곳하지도 않았다. 1931년 7월부터 9월 사이에 장제스는 30만 대군을 집결시켜 중앙 근거지에 대한 제3차 '포위토벌'을 감행했는데, 직접 난창(南昌)에 가서 전투를 지휘했다. 7~8월 장제스는 장쉐량(張學良)에게 전문을 보내, "일본의 도발에 대한 인민의 저항을 진압하라"고 명령했다. 나카무라사건이 발생한 후, 장제스는 8월 16일부의 전보에서 "앞으로 일본군이 둥베이에 대해 그 어떤 도발을 할지라도 저항하지 말고 충돌을 애써 피하라"고 지시했다. '9·18사변'이 일어났을 때 국민당 난징정부는 둥베이군에 전보를 보내 "일본군의 이번 책략은 언제나 해오던 도발의 성격과 같으므로 사건의 확대를 피하기 위해 절대 무저항주의를 취해야 한다"고 훈령을 내렸다.

1928년 말, 장쉐량은 난징정부에 의지하여 항일을 위한 힘을 키우기 위해 둥베이에서 기치 바꿈을 했다. 장제스에게 끌려 관내 내전의 소용돌이에 휘말려든 것은 몽상부도(夢想不到·꿈에도 생각할 수 없음)가 아닐 수 없었다. 1930년 9월과 1931년 7월, 10만여 둥베이군이 차례로 베이핑(北平·1928년 6월 베이징(北京)을 베이핑으로 개명), 톈진(天津) 일대에 주둔하긴 했지만 '9·18'사변이 일어날 때 산하이관 외곽에 남은 중국 둥베이군 병력은 여전히 10만여 명에 달했으며, 일본관동군은 1만여 명에 불과했다. 충돌을 피하라는 명령을 받은 둥베이군은 일부만 장제스의 명령을 거역하고 일본군의 기습에 맞서 싸웠을 뿐, 대부분 싸우지도 않고 퇴각했다. 장제스가 무저항주의를 취한 기본적인 이유는 "외적을 물리치려면 우선 국내를 안정시켜야 한다. 통일을 이뤄야만 외침을 막을 수 있다"[185]는 것이었다.

---

185 장제스 : '외교는 보이지 않는 전쟁'(1931년 11월 30일), 장치윈(張其昀) 주필, 〈선임 대통령 장공(蔣公)전집〉제1권, 타이완중국문화대학 출판부 1984년 출판, 626쪽.

그가 주장한 이른바 국내를 안정시켜야 한다는 말의 의미는, 노농 홍군을 '포위토벌'하고 항일애국세력을 진압하여 내부의 정적을 제거하는 것이었다. 외적을 물리친다는 것은 말뿐이었고, 일본 침략자와 타협하는 것이 고작이었다. 청나라 말기 이래의 반동통치자들과 마찬가지로 장제스도 늘 국내의 혁명적 인민을 치명적인 적으로 여기고, 사력을 다해 제압하려 했다. 그는 "외적은 염려할 바가 아니다. 내부의 적이야 말로 심복지환(心腹之患·없애기 어려운 근심)이다"라면서 반드시 "내부의 적을 제거한 후 항일을 논해야 한다"[186]고 주장했다. 그는 인민을 동원하려 하지 않았기에 항일투쟁의 승리에 대한 확신이 부족했다. 그는 지난날의 중국 통치자들처럼 외적들의 힘을 빌려 외적을 제압(以夷制夷·이이제이)하는 낡은 수법을 답습했다. 그래서 영국, 미국 등 국가들이 전적으로 나서서 일본의 침략을 제지시켜 줄 것을 바랐으며, 국제연맹에 의지하여 일본을 압박해 군사를 철수시키려는 환상을 품고 있었다. 9월 21일, 난징정부는 국제연맹에 '9·18'사변을 호소하는 한편 전국에 "국민은 진정하고 참아야 하며" "국제연맹의 공평한 결단을 믿어야 한다"[187]고 타일렀다.

국제연맹

제1차 세계대전 후 제국주의 열강이 1920년 1월에 설립한 국제기구이다. 영국, 프랑스 양국이 국제연맹에서 가장 큰 발언권을 갖고 있었다. 미국은 국제연맹에 참가하지는 않았지만 일본의 중국침략 문제에 대해 국제연맹의 입장을 지지했으며 일부 활동에 참가했다.

---

186 장제스: '내 적을 제거한 나중에 항일을 논함을 각 장령들에게 알리는 문'(1933년 4월 6일), 〈중화민국 중요사료 초편-항전 시기에 대한 서편〉(3), 중국국민당 중앙위원회 당사위원회 1981년 출판, 35쪽.

187 '장(蔣)주석이 회의를 소집하여 대 일본 방략을 결정한 기사'(1931년 9월 21일), 〈중화민국 중요사료 초편-대일항전 시기 서편〉(1), 중국국민당 중앙위원회 당사위원회 1981년, 281쪽.

하지만 영국, 프랑스 등 국가의 조종 아래 있는 국제연맹은 결코 국민당 정부가 바라는 대로 일본에 대한 제재조치를 취하지 않았다. 국제연맹 이사회는 일본의 침략에 대해 그 어떤 규탄도 하지 않았으며, 단지 중, 일 양측에 일본의 철군사항을 협상하도록 충고할 뿐이었다. 일본은 기한부로 철군할 것에 관한 국제연맹의 결의를 거부했지만, 국제연맹은 이에 대해 속수무책이었다.

1932년 1월, 국제연맹은 영국, 미국, 프랑스, 독일, 이탈리아 5개국 대표로 구성된 조사단을 중국 둥베이에 파견하여 조사를 진행한 뒤, 10월에 국제연맹 조사보고서를 공표했다. 보고서의 주된 내용은 중국을 희생시키고 일본의 침략행위를 눈감아 주는 것이었다. 일본이 둥베이를 독점하는 것을 달가워하지 않은 국제연맹은 저들도 한 몫을 차지할 속셈으로, 중국 둥베이를 국제연맹에서 공동으로 관리할 것을 제안했다.

이에 일본은 국제연맹에서 탈퇴하는 것으로 맞섰다. 중국을 침략하고 국제연맹의 간섭에 담대하게 맞서는 일본의 행위는 일본과 영국, 미국, 프랑스 등 국가 간의 갈등을 심화시켰다. 후자는 중국에서 일본의 세력이 확장되어 자신들의 파이가 줄어드는 것을 원하지 않았지만, 한편으로는 일본을 이용하여 소련에 대처하고 중국의 혁명운동을 진압하여 어부지리를 얻으려고 했다.

'9·18'사변이 일어나기 전 영국, 프랑스에 비해 중국 둥베이 지역에서의 무역 투자가 비교적 빠르게 성장한 미국은, 일본의 끊임없는 확장에 대해 확연히 불만을 드러냈다. '9·18'사변 이후 미국 정부는 이른바 '불승인주의'를 제기했는데, 이 '불승인주의'는 중국의 주권을 수호하는 것이 아니라 중국 내 미국의 특권과 이익을 수호하는 것이었다. 미국은 여러 가지 조건이 여의치 않아 일본에 대해 실질적인 반응을 보이지 않았지만, 미, 일 양국의 통치자들은 중국을 둘러싼 그들의 이권다툼이 점차 격화될 것이라는 점을 이미 알고 있었던 것이다.

전국적인 항일구국운동

둥베이 3성(만주)에 대한 일본의 대규모 침략은 중국 사회를 뒤흔들어 놓았다. 광활한 국토가 눈 깜짝할 사이에 함락되고 정부가 굴욕적으로 퇴각하자, 각 계층 애국인사들은 모두 분노에 치를 떨었다. 곧 전국의 많은 도시와 농촌에서 대중적인 항일구국운동이 빠르게 일어났다. 공업, 농업, 상업, 학교, 군대, 각계 민중단체와 유명 인사들이 공개 전보를 발표하여 일본의 침략 폭거에 항의하고, 국민당정부에 항일을 요구했다. 중공중앙과 중화소비에트공화국 임시 중앙정부도 여러 차례 선언을 발표하고 결의를 채택하여, 노농 홍군과 압박받는 민중에게 민족혁명전쟁을 일으켜 중국에서 일본 제국주의를 몰아낼 것을 호소했다. 수많은 대도시, 중등 도시들에서 항일구국대회를 열고 각종 시위행진 및 청원을 했는데 참가한 계층과 규모가 전례에 없을 정도로 컸다.

상하이, 베이핑에서 거행된 각계 항일구국대중대회에는 10만여 명이 참가했다. 1931년 9월 21일과 24일, 상하이의 3만 5,000명 부두 노동자들이 차례로 반일 파업을 단행하고 일본 선박의 화물 하역을 거부했다. 난징, 톈진, 베이핑, 한커우, 칭다오(青島), 타이위안(太原), 우후(芜湖), 창사, 충칭(重慶), 구이린(桂林), 산터우(汕頭) 등 도시의 노동자와 기타 노동대중도 집회 청원, 모금 기부, 일본상품 판매금지 등을 통해 항일애국운동을 고조시켰다. 수많은 도시의 상공업자들도 항일집회를 열고 대중과 함께 일본상품을 배척하는 활동을 벌여, 일본의 경제침략에 심각한 타격을 주었다.

청년학생들은 용감히 애국운동에 앞장섰다. 많은 도시의 대학생, 중학생들이 집회, 시위를 단행하고 공개전보를 발표하여 항일을 선전했다. 또 국민당정부에 내전을 중지하고 단결하여 외세에 맞설 것과 민중을 무장시키고 출병시켜 항일할 것을 요구했다. 둥베이 사태가 날로 심각해짐에 따라 학생운동도 점점 고조됐다. 9월 말부터 지방의 많은 학생들은 당지 정부에 청원하던 것에 그치지 않고 직접 대표를 파견하거나 난징에 집결하여 국민당중앙에 청원을 했다. 분노에 찬 학생들은 난징정부 외교부장 왕정팅(王正廷)을 구타하기도 했다. 장제스는 압박에 못 이겨 여러 차례 학생들을 접견하고 질문에 답변했다. 11월, 장제스는 "개인적으로는 북상할 것을 결심했다"고 표하면서 여론을 기만했다.

학생들은 이 말을 놓치지 않고 "장제스를 북상시켜 항일하게 하자" 운동을 발기했다. 정부의 출병을 독촉하기 위해 무려 2만여 명에 달하는 학생들이 난징에 모였다. 11월 말, 국민당 정부는 진저우를 '중립구'로 만들어 국제적으로 공동 관리할 것을 국제연맹에 제안했다. 그들의 속셈은 일본의 둥베이 점령을 승인하여 일본과 타협하려는 것이었다. 이 소식을 들은 학생들은 더욱 분노하여 즉시 청원단을 시위단으로 바꾸고 또다시 난징에 모여 시위하는 등 항일운동을 고조시켰다. 12월 17일, 각지에서 난징에 모인 3만여 명 학생들이 합동 대시위를 단행했는데 국민당 군경들의 탄압과 저지를 받았다.

1931년 10월부터 시작하여 둥베이에서 많은 항일의용군이 잇달아 일어났다. 그중 유명한 지도자들로는 헤이룽장성의 마잔산[188](馬占

---

188 마잔산(1885~1950): 둥베이 육군 제17사 기병 제5여단장, 헤이룽장 육군 보병 제3여단장, 헤이허(黑河)진 수어사 겸 경비사령, 헤이룽장성 정부 주석을 역임. 1932년 2월에 한때 일본군에 투항했다가 4월에 귀순하고 연말에 소련으로 퇴각. 1950년 베이징에서 병으로 사망.

山), 쑤빙원(蘇炳文), 지린성의 리두(李杜), 딩초우(丁超), 왕더린(王德林), 펑잔하이(馮占海), 랴오닝성의 황셴성(黃顯聲), 탕쥐이우(唐聚五), 덩톄메이(鄧鐵梅) 등이 있었는데, 대다수가 둥베이 3성의 군대와 경찰계 인사였다. 그들이 이끈 투쟁은 일본군에 큰 타격을 주었다. 11월, 마잔산이 헤이룽장 주둔군을 인솔하여 진행한 넌장차오(嫩江橋) 항전은 규모가 상당하여 한때 둥베이항일투쟁에 중요한 영향을 미쳤다. 의용군의 투쟁은 둥베이항일유격전쟁의 서막을 열어놓았다. 하지만 이런 의용군은 통일적인 조직과 지휘체계가 없었으며, 지도자의 계급이 제각각인 데다 서로 의견이 분분하여 1년 남짓한 기간밖에 유지하지 못했다.

기세등등한 대중들의 항일구국운동의 열기는 국민당의 반동통치에 충격을 주었으며, 국민당 내 각 파벌 간의 갈등을 격화시켰다. 일찍이 1931년 5월에 왕징웨이, 순커(孫科), 천지탕(陳濟棠), 리쭝런 등 장제스 반대파들은 광저우에서 따로 '국민당중앙'과 '국민정부'를 세우고 난징의 국민당 중앙, 정부와 대립하고 있었다. 그들은 전국적으로 격앙된 인민의 기세를 이용하여 장제스 집단에 맹공을 가하여 한때 장제스를 실각시키려는 분위기가 들끓었다. 일부 지방군벌들도 군사를 거느리고 분할하고 있어, 국민당 반동통치가 심각한 위기에 빠졌다. 12월 15일, 장제스는 압박에 못이겨 국민정부 주석 및 행정원장 직을 내놓고 월(粤)계 군벌에 속하는 제19로군을 장시(江西)에서 이동시켜 베이핑과 상하이의 수비를 강화했다. 이리하여 닝웨(寧粤) 양측이 잠시나마 화해를 하여 순커를 우두머리로 하는 이른바 통일된 국민당중앙과 국민정부가 구성됐다. 그러나 장제스의 하야는 일시적으로 물러나 미래를 도모하는 책략에 불과했다. 표면적으로 그는 정사에 관심을 가지지 않았지만, 여전히 난징 정부의 군사, 정치 경제 대권을 차지하고 있었다. 1932년 1월 중순, 왕징웨이와 장제스는 항저우에서 논의를 거쳐 장제스가 국민당정부 군사위원회 위원장을, 왕징웨이가 행정원장을 맡는 권력 분배 협의를 달성했다. 왕징웨이는 장제스의 대일 무저항정책을 전적으로 지지했는데 이것이 바로 그들의 협력 토대였다.

일본은 둥베이 3성을 점령한 뒤 중국 둥베이 문제에 대한 국제적 관심을 따돌리고 국민당 정부를 압박했다. 또 그들의 둥베이 점령을 기정사실화하기 위해 재빨리 상하이 침략전쟁을 일으켰다. 그리하여 상하이를 중국 내륙지역을 침략하기 위한 기지로 삼으려 했다. 일본군은 둥베이를 침략할 때처럼 먼저 사건을 조작하고 이를 구실로 1932년 1월 28일 깊은 밤 상하이 자베이(閘北)구에 대한 공격(12.8사변)을 개시했다. 차이팅카이(蔡廷鍇), 장광나이(蔣光鼐)가 제19로군을 거느리고 용감하게 저항했다. 상하이 민중들도 의용군, 결사대, 구호대를 조직하고 작전에 협조하여, 부상자를 돌보고 위로금과 위문품을 제공했다. 전국 각지의 대중과 해외 화교들은 제19로군에 700만 위안을 기부했다. 중국공산당은 상하이 당 조직을 통해 대중을 동원하여 전선을 적극 지원했다. 중공 장쑤성위원회(江蘇省委員會)의 지도 아래 설립된 상하이 민중반일구국연합회가 이번 활동에서 매우 중요한 역할을 했다. 제19로군과 뒤이어 참군한 제5군[군장 장즈중(張治中)]의 일부 장병들은 상대적으로 낙후된 무기와 장비에도 불구하고 수많은 인민대중의 전폭적인 지원 아래 결사적으로 싸웠다. 희생을 무릅쓰고 애국주의 정신을 고양하여 1개월 남짓 저항한 결과 유의미한 성과를 거두었다. 일본 침략군은 세 번이나 사령관을 교체하고 여러 차례 병력을 증가했으나, 결국 1만여 명의 사상자를 내어 속전속결하는 헛된 꿈을 이루지 못했다. 상하이의 수십 만 군민들은 모두 한결같은 적개심을 품고 침략에 항거했으며, 수많은 애국영웅적 일화들이 등장했다.

　장제스와 왕징웨이가 공동 집권하는 국민당정부가 '12·8'사변에 대해 이른바 "저항하는 한편 교섭하는" 방침을 제기한 이유는, 사실상 조금 저항하다가 영국, 미국 등 국가들이 중재해주길 바라면서 일본과 타협하려는 것이었다. 결국 중국 군대는 사방에서 달려드는 적의 공격을 받고 고립무원에 빠져 3월 1일 명령에 따라 할 수 없이 전방 진지를 포기한 채 상하이에서 퇴각하고 말았다.

　영국, 미국 등 국가의 '중재' 아래 중, 일 양측 대표는 협상을 진행하고 5월 5일에 '쑹후정전협정(淞沪停戰協定)'을 체결했다. 협정의 규정에 의하면 중국은 상하이, 쑤저우, 쿤산 일대에 군대를 주둔시키지 못하고 경찰에 넘겨 관리해야 했지만, 일본은 많은 지역에서 군대를 주둔시킬 수 있었다. 이 굴욕적인 정전협정은 상하이, 나아가 전국 인민의 강력한 항의를 받았다. 항일연합회 등 상하이의 각 단체 및 대중조직들은 공개전보를 통해 이에 항의하며, 주권을 잃고 나라를 욕되게 하는 국민당정부의 행위를 규탄했다. 중화소비에트공화국 임시 중앙정부도 공개전보를 발표하여 이 협정에 적극 반대했다.

　이때, 국민당 통치 집단은 내부 통제와 인민에 대한 압박을 강화하기로 결정했다. '쑹후정전협정'을 체결한 지 얼마 안 되어 장제스는 국민당의 대내외 관계를 처리함에 있어서, "외적을 물리치자면 먼저 국내를 안정시켜야 한다"는 원칙을 기본 국책으로 삼을 것이라고 공식 선포했다. 그 즉시 남방 혁명 근거지의 홍군에 대한 제4차 '포위토벌'을 개시했으며, 일본군과 용감하게 싸운 제19로군을 장시로 이동시켜 '홍군을 토벌'하게 했다. 또 지방의 많은 대중항일활동에 대해서도 조치를 취해 억제, 단속했다. 그리하여 전국적인 항일애국운동이 잠시 좌절을 겪게 됐다.

일본이 중국을 침략한 '9·18'사변과 '12·8'사변의 영향으로 중국 국내에 새로운 정세가 나타났다. 민족위기가 심화되면서 도시의 항일애국운동이 발흥하기 시작한 것이다. 청년학생들이 또다시 선봉대에 맡았다. 지식계의 상층 인사 및 민족자산계층과 상층 소자산계급 가운데서 정치적으로 "방침을 변경"하여, 일본에 저항하고 민주를 실행할 것을 국민당 당국에 요구하는 목소리가 갈수록 높아졌다. 심지어 일부 인사들은 국민당을 무자비하게 규탄했다. 1931년 12월, 슝시링(熊希齡), 마샹보(馬相伯), 장빙린(章炳麟), 선쥔루(沈鈞儒), 줘순성(左舜生), 황옌페이(黃炎培) 등 60여 명의 각계 인사들로 구성된 중화민국국난구제회(中華民國國難救濟會)는 선언, 공개전보를 연이어 발표하여 "즉각 정치활동 금지를 해제하고 헌법을 제정할 것"을 요구했다. 그러고는 "구습을 답습하여 훈정을 명분으로 독재를 실시해서는 안 된다"고 주장했다. 원래 국민당 정부를 지지하거나 반대하지 않던 간행물들에도 변화가 일어났다. 민영 〈신보〉, 〈신문보〉는 위험을 무릅쓰고 학생들의 항일선언을 게재했다. 상무인서관(商務印書館)이 출판한 〈동방잡지〉는 평론을 발표하여 "둥베이 3성을 말아먹고 무슨 면목으로 인민을 대하겠는가"라며 국민당 당국을 질책했다. 상하이의 〈사회와 교육〉주간은 글을 실어 "더 이상 타국의 지원에 의지하는 생각을 해서는 안 되며", 스스로 투쟁해야 한다고 국민당 당국에 주의를 주었다. 톈진의 〈대공보〉도 항일을 주장하는 평론을 발표했다. 대공보사에서 꾸린 〈국문주보〉는 글을 실어 장제스, 왕징웨이, 후한민 등이 "나라를 크게 망쳤다"고 질책했다. 베이핑의 〈세계일보〉는 사설을 발표하여 일본의 침략에 대해 양보하는 것을 반대하고, 장제스 등에게 무저항정책을 바꾸지 않으면 "훗날 그대들은 굴묘편시(掘墓鞭屍·묘를 파헤쳐 시체에게 매질을 함)를 당한다고 해도 만분의 1의 죄도 씻을 수 없을 것이다"고 경고했다.

일본이 대대적으로 둥베이를 침략한 뒤 중국의 정치 판도에 심각한 변화가 일기 시작했다. 일본은 무력을 통해 중국 내 이익의 독점을 극대화시켜 중화민족의 주적이 됐다. 따라서 일본침략에 저항하는 민족혁명투쟁도 여러 중국 민족 인민의 주요한 투쟁으로 바뀌었다. 망국노(나라가 망하여 침략자에게 예속되어 있는 국민)가 되길 거부하는 중국의 모든 계급, 계층이 이 혁명투쟁에 참가하려 했기에, 민족혁명의 진영은 전례 없이 확대될 수 있었다. 중국의 민족투쟁과 계급투쟁이 새로운 단계로 나아감에 따라, 1927년 대혁명이 실패한 이래 처음으로 혁명발전의 새로운 정세가 나타났다. 이러한 정세를 객관적으로 평가하여 정확한 노선과 정책을 제정하는 것은 중국공산당 앞에 놓여진 중요한 과제였다.

공산당 인사가 부분적 국민당 인사와 합작하여 항일하다

'9·18'사변 후 일본은 계획에 따라 중국 둥베이에서 서둘러 괴뢰정권을 세웠고, 이미 폐위된 청나라 마지막 황제 푸이를 톈진에서 둥베이로 데려왔다. 그러고는 1931년 3월 9일, 지린 창춘에서 '푸이가 집권하는 만주국'이 설립됐음을 선포했다. 1934년 3월 1일, '만주국'을 '만주제국'으로 개칭하고 푸이를 '황제'로 격상시켰다. 일본 및 그의 비호 아래 있는 위만정권은 둥베이 인민에 대해 야만적인 파쇼통치를 실시했으며, 항일인민을 박해하고 잔혹하게 학살했다. 1932년 9월, 푸순(撫順) 핑딩산(平頂山)에서만 해도 무려 3,000여 명의 인민을 집단 학살했다. 그들은 경제 측면에서 '통제'정책을 실시하여 둥베이의 수많은 재화를 약탈하고 중국 둥베이의 상공업을 짓밟아 버렸다. 문화, 교육에서 그들은 파쇼문화독재정책을 실시하고 역사를 왜곡하여, 둥베이 인민의 민족문화와 민족의식을 말살해 버리려고 했다. '9·18'

사변 전 둥베이에 세워진 약 30개의 대학교와 전문대학은 대부분 폐쇄됐다. 새로운 초등학교, 중학교, 대학교에서는 일본어를 주요 과목으로 가르쳤으며 식민주의 노예화 사상교육을 실시했다. 일본은 식민통치를 강화하여 둥베이를 점차 화베이(華北) 지방, 나아가 전 중국을 침략하기 위한 전략적 기지로 만들어갔다.

일본은 중국 둥베이에 대한 통치를 공고히 하고 강화하는 한편, 화베이 지역에도 침략의 마수를 뻗쳤다. 1933년 1월 초, 일본군은 화베이와 둥베이 지역 교통의 요지인 산하이관을 점령했다. 2월 하순, 일본군과 괴뢰군 10만여 명이 세 갈래로 나뉘어 러허를 공격했다. 3월 초, 국민당의 러허성 주석이 싸우지도 않고 도망가는 바람에, 100여 명밖에 안 되는 일본 기마병들의 손에 성도 청더가 넘어가고 러허성이 전부 함락됐다. 일본군은 러허를 점령한 후 곧바로 남하하여 장성연선의 군사 요새 시펑커우(喜峰口), 렁커우(泠口), 구베이커우(古北口) 등지를 공격하여, 마침내 침략의 창끝을 베이핑과 톈진으로 돌렸다. 장성을 지키고 있던 원 펑위샹 소속 시베이군, 원 장쉐량 소속 둥베이군 및 장제스 직계 중앙군을 포함한 총 13개 군이 전국 항일의 기세를 타고 용감하게 저항했다. 그 결과 일본군에 큰 타격을 주었으며, 전국 인민의 신임을 얻게 됐다. 국민당 군대의 애국장병들이 앞 다퉈 적과 싸울 것을 자진하고 나섰지만 장제스는 도리어 '공산당 토벌' 전선의 장병들 중 "다시 북상 항일을 청원하고 비적 토벌을 하지 않는 자가 있으면 추호도 용서하지 않으며" "항일을 떠드는 자가 있으면 "즉각 처단할 것이다"[189]고 선포했다. 국민당 정부가 "외적을 물리치자면 먼저 국내를 안정시켜야

---

189 장제스: 〈내적을 제거한 나중에 항일을 논함을 각 장령들에게 알리는 전문〉(1933년 4월 6일), 《중화민국 중요사료 초편·항전 시기에 대한 서편》(3), 중국국민당 중앙위원회 당사위원회 1981년, 35~36쪽.

한다"는 방침을 유지했기에, 장성을 지키던 중국 군대는 적절한 지원을 받지 못했다. 그들은 2개월가량 싸웠지만 결국 많은 사상자를 내고 패배하고 말았다. 일본군은 장성의 각 어구를 점령하는 동시에 차하얼성(察哈爾省) 동부의 둬룬(多倫), 장베이(張北) 등 7개 현을 공격했다. 한편으로는 남하하여 허베이성(河北省) 미윈(密雲), 핑구(平谷) 등지를 점령했다. 이미 허베이성 동부를 점령한 일본군은 롼허(灤河)를 강행 돌파하고 서쪽으로 진군하여 5월 하순에 탕산(唐山), 위톈(玉田), 싼허(三河), 샹허(香河) 등 현을 점령했다. 마침내 통현(通縣)까지 들이닥쳐 베이핑과 톈진을 포위해왔다.

5월 초, 일본 군부는 허베이 국민당 당국에 대해 "협박과 화해를 주된 것으로 하고 내변 책응을 부차적인 것으로 하는" 방침을 실시했다. 국민당정부는 일본과의 타협을 구걸하는 데 급급하여 황푸(黃郛)를 위원장으로 한 베이핑정무위원회를 설립하고 일본과의 정전교섭을 책임지게 했다. 5월 31일, 국민당정부 군사위원회 베이핑분회 총참모장인 슝빈(熊斌)과 일본 관동군 부참모장 오카무라 야스지(岡村寧次)가 '탕구협정'(塘沽協定)을 체결했다. 협정에서는 중국군이 옌칭(延慶), 창핑(昌平), 순이(順義), 통현, 샹허, 바오디(寶坻), 닝허(寧河), 루타이(蘆臺) 연결선 이서, 이남 지구로 신속히 후퇴하고 이 선을 넘지 않으며 그 어떤 도전, 교란 행위도 하지 않는다고 규정했다. 이 협정은 일본의 중국 둥베이 3성과 러허성의 점령을 사실상 인정한 셈이었다. 결과적으로 전 화베이의 문호가 열려, 일본군의 침략을 용이하게 만들어 주었다.

민족위기가 날로 심각해지고 있는 상황에서 중국공산당은 항일의 기치를 높이 들었다. 1933년 1월 17일, 국제공산당 주재 중국공산당 대표단은 국제공산당 집행위원회 제12차 전체회의 정신과 중국공산당 대표단 논의에 근거하여 중화소비에트공화국 중앙집행위원회 주석 마오쩌둥, 부주석 샹잉, 장궈타오와 중국노농홍군 혁명군사위원회 주석 주더의 명의로 작성한 선언문을 공식 발표했다. 선언문에서는 처음으로 "다음과 같은 세 가지 조건 아래서 중국 노농 홍군은 모든 무장부대와 항일작전 협정을 체결하겠다"고 제기했다. 즉 첫째, 소비에트구역에 대한 공격을 즉각 중지할 것, 둘째, 대중의 민주주의적 권리(집회, 결사, 언론, 파업, 출판의 자유 등)를 보장할 것, 셋째, 대중을 무장시키고 무장한 의용군을 창립하여 중국을 보위하고 중국의 독립, 통일과 영토완정을 쟁취할 것 등이었다. 1월 26일, 국제공산당 주재 중국공산당 대표단은 중공중앙의 명분으로 '만주 각급 당부 및 전체 당원들에게 보내는 중앙의 서한·만주의 상황과 우리 당의 과업을 논함'(즉 '1.26지시서한')을 하달했다. 서한에서는 다음과 같이 지적했다. 일본이 둥베이를 침략해 점령한 후 "만주의 노동자, 농민, 막노동자, 소자산계급(소상공인, 학생, 도시 빈민)뿐만 아니라 일부 유산계급도 일본 침략자 및 그들의 앞잡이들을 적대시하고 있다" 그러므로 "가급적 전 민족(특수한 환경까지 계산)의 반제국주의통일전선을 결성하고 가능한 한 모든 세력을 집중, 연합하여 공동의 적인 일본제국주의 및 그들의 앞잡이들과 싸워야 한다" 지시서한은 유격대에 관한 각종 정책을 설명할 때 하층 통일전선의 결성을 강조한 것 외에도 "일정한 범위 내에서 상층 통일전선을 결성할 가능성이 있으며" "민족자산계급의 일부와 통일전선을 결성할 수 있다"고 지시했다. 5월 15일, 중공 만주성위원회 확대회의에서는 중앙의 '1·26 지시서한'을 접수할 것에 관한 결의를 채택하고 "모든 반일세력과 연합하여 반일반제투쟁과 반일유격운동을 벌여야 하며", 항일연합군 지휘부를 세워 항일무장의 통일전선을 실현해야 한다고 지적했다.

중국공산당이 제기한, 세 가지 조건 아래서 그 어떤 무장부대와도 연합하여 항일하겠다는 결심과 '1·26 지시서한'은 정세의 발전에 기여했고 당의 인식이 성장했음을 보여주었다. 이를 통해 당이 정책을 조절하여 전 민족을 망라한 항일통일전선을 결성함에 있어 한 걸음 더 내디뎠음을 알 수 있다. 그러나 당시 당내의 '좌'경 패배주의 방침이 근본적으로 바뀌지 않았고 또 국민당 통치 집단 역시 반공내전, 대일타협 정책을 줄곧 견지하고 있었다. 따라서 항일통일전선을 결성해야 한다는 주장이 전국적 범위 내에서 신속히 실현되기는 어려웠다. 하지만 이러한 주장은 전국의 항일 민주 열기를 북돋아 주었다. 그리고 일부 국민당 애국 군대와 애국인사들이 공산당과 연합하여 항일운동을 적극적으로 수행했다.

1933년, 민족위기가 심각해지자 국민당 정부에 의해 잠시 진압됐던 항일민주운동이 또다시 활기를 띄었다. 노동자, 학생들은 틈틈이 집회를 거행하고 선언문과 공개전보를 발표하여 정부에 출병, 항일할 것을 요구했다. 또 상공계, 문화교육계, 종교계, 해외 화교 및 국민당 내부의 일부 애국민주인사를 포함한 사회 각계 인사들도 적극 나서서 항일을 호소했다. 1933년 2월, 베이핑, 톈진, 상하이 등지의 각 계층 인사들이 베이핑에서 집회를 열고 둥베이러러허후원협진회의 설립을 선포했다. 점차 전국 각 계층 인민이 단결하여 한 목소리로 항일구국을 외치게 되었다. 장제스 집단이 실시한 "외적을 물리치자면 먼저 국내를 안정시켜야 한다"는 방침은 많은 인민의 불만을 샀고, 여론의 규탄을 받았다. 1933년 1월 20일, 〈상하이신보〉는 '외적을 물리치는 것과 국내를 안정시키는 것 중 어느 것이 우선이냐'는 시사평론을 다루어 "외적을 물리치자면 먼저 국내를 안정시켜야 한다"는 주장을 비판했다. 4월 12일, 톈진의 〈익세보(益世報)〉는 평론을 발표하여 "공산당을 숙청하기 전에는 절대로 항일을 논하지 않는다"는 장제스의 정책을 비판하고 "이에 동의할 수 없다"며 "먼저 국내를 숙청하고 나중에 외적을 물리치는 것"은 중국인끼리 맞싸우는 격으로 결국 "어부지리를 얻게 되는 건 외세"라고 지적했다. 그리고 "민족적 관점의 입장에서 말하건대, 외세에 의해 정복되는 것 보다는 동족 사이에 서로 양보하는 것이 낫다"고 덧붙였다. 후스(胡適)가 주관한 정치적 주간 〈독립평론〉도 1월 15일에 출판한 제35호에서 딩원장(丁文江)의 '내가 만일 장제스라면'이란 문장을 실어 무저항정책은 "가장 비열한 자살정책"이며, 이로 인해 중국이 "큰 고깃덩어리"가 되어 일본이 여유롭게 "한 칼씩 베어낸다"고 비판했다. "우리가 저항하지 않을수록" 일본의 "전(全) 아시아주의가 더 빨리 실현될 수 있다"고 경고했다. 문장은 또 장제스에게 "즉시 공산당과 휴전을 상의해야 하며 휴전의 유일한 조건은 항일기간 내에 서로 공격하지 않는 것이다"라고 건의했다.

쑹칭링을 대표로 하는 국민당 좌파는 장제스 집단의 독재 통치와 무저항정책을 단호히 반대했다. 1932년 12월, 쑹칭링과 차이위안페이(蔡元培), 양싱포(楊杏佛) 등은 상하이에서 '중국민권보장동맹'을 발족했다. 이 진보적 단체는 뤼덩셴(羅登賢), 랴오청즈(廖承志), 천경(陳賡)을 비롯해 국민당정부에 체포된 애국혁명인사들을 적극 구명하는 한편 국민당 통치집단의 파쇼테러통치를 폭로, 규탄하고 인민의 민주자유권리를 쟁취했다. 또 중국민권보장동맹은 상하이의 20여 개 진보적 단체와 함께 국민어모자구회(國民御侮自救會)를 결성했다. 1933년 5월 24일, 쑹칭링은 자구회 설립 준비대회에서 "전국 항일세력은 단합하여 국민당의 타협 투항정책에 대해 반대할 것"을 강력히 호소했다. 그는 군대를 파견하고 의용군을 조직하여 일본침략에 저항할 것과, 즉시 인민의 민주자유권리를 회복하고 소비에트구역에 대한 공격을 멈출 것을 국민당정부에 요구했다. 그는 또 중화소비에 트정부가 1월 17일 선언에서 제기한 "세 가지 조건 아래 그 어떤 군대와도 연합하여 항일하겠다"는 주장을 널리 소개했다.

쑹메이링(宋美齡, 송미령·1897 ~ 2003)

광동성에서 저장재벌 송씨가문(아버지 찰리쑹)의 3자매 중 막내로 태어났다. 미국 웨슬리대학을 졸업하고 1927년 장제스와 결혼했다. 그 후 장제스의 통역 등 수행자로 활동하며, 대미관계 조정 등에 큰 역할을 발휘했다. 이재에도 밝다는 평을 들었던 쑹메이링은 1936년 시안사건 때는 강경파의 의견을 제지하고 시안으로 들어가 장쉐량(張學良)과 단독면담을 한 끝에 장제스를 석방시키는 역량을 과시하기도 했다. 1943년 카이로회담 때는 장제스를 수행한 쑹메이링은 1966년 대한민국 독립을 지원한 공로로 건국훈장 대한민국장을 받았다.

쑹아이링(宋藹齡, 송애령·1888~1973)

쑹메이링, 쑹칭링 3자매 중 맏이. 1904년 미국으로 유학을 떠나, 1909년 웨슬리언대학을 졸업하고 1911년 쑨원의 비서로 일했다. 1913년 쑨원이 일본으로 망명하자 여동생 쑹칭링이 비서 일을 물려받았다. 1914년 은행가 출신 거부 쿵샹시와 일본 요코하마에서 결혼했다. 1927년 장제스를 지지하여 공산당 축출 운동에 참가했지만, 1937년 제2차 중일전쟁이 발발하자 쑹칭링, 쑹메이링과 함께 항일운동을 지원하기도 했다. 1947년 미국으로 이민 갔고 1973년 뉴욕에서 사망했다.

펑위샹은 전국적으로 고조된 항일 열기의 영향을 받아 1933년 5월 26일에 장자커우(張家口)에서 차하얼민중항일동맹군을 결성했다. '9·18'사변 이후 펑위샹은 여러 차례 공개전보를 발표하여 모두 하나되어 항일할 것을 호소했으며, 장제스의 무저항정책을 명백히 반대했다. 그는 북벌전쟁 후기 공산당과 분열된 교훈을 되새기며, 공산당과의 합작을 재차 도모하고 공산당의 북방조직과 연계를 맺었다. 펑위샹을 대표로 하는 항일동맹군은 공산당의 큰 도움을 받았으며, 대중의 폭넓은 지지를 얻어 그 규모가 수천 명에서 10만여 명으로 급증했

다. 항일동맹군은 6월 중순에 장자커우에서 군민대표대회를 열고 동맹군 강령 등 결의안을 채택했다. 회의 후 펑위샹은 지홍창(吉鴻昌)을 북로전선(北路前敵) 총지휘로, 팡전우(方振武)를 북로전선 총사령으로 임명했다. 그리고 그들에게 부대를 거느리고 북상하여 일본군과 괴뢰군을 요격하도록 했다. 6월 하순부터 7월 초까지 항일동맹군은 캉바오, 바오창, 구위안 등 현을 잇달아 공략하고 7월 12일 차하얼성 북부의 요충지인 뒤룬(多倫)을 수복하는 등 승승장구했다. 결국 점령지였던 차하얼성의 모든 지역을 수복함으로써 전국 인민의 신뢰를 받았다.

중국공산당은 항일동맹군 사업을 강화했다. 당은 동맹군 내부에 전선사업위원회를 설립하고 중공 허베이성위원회의 지도를 받게 했다. 동시에 군 내부에 공식적으로 당의 기층 조직을 창립했는데, 당원이 약 300명에 달했다. 공산당원들은 동맹군 내부에서 항일 선전, 조직 사업을 적극 진행하고 대중을 널리 동원하여 공농운동(工農運動)을 벌였다. 그 결과 장성 바깥쪽 대도시 장자커우를 중심으로 항일 열기를 고조시켰다. 그러나 중공 임시 중앙의 지도자들은 아직도 국내 계급 관계에 심각한 변화가 일어났음을 정확히 인식하지 못했다. 마찬가지로 공산당과 연합하여 항일하려는 국민당 내 애국장령들과의 관계를 명확히 처리하지 못했다. 그들은 펑위샹이 국민당의 기타 신흥 군벌들과 "근본적으로 차이가 없다"고 여겼다. 또 동맹군 내에서 사업하는 공산당원들이 "'일시적인 상층 통일전선'을 결성하는 데 얽매여 하층 대중을 포섭하는 것을 소홀히 했다"면서 이를 '우경', '기회주의'라고 꾸짖었다. 또 임시 당 중앙과 북방 주재 중앙 대표는 "당의 영향 아래 있는 군대를 홍군으로 발전시키고 허베이 산시(山西) 두 성 사이의 접경 지역으로 들어가, 새 근거지를 창설하고 토지혁명을 벌이라"며 동맹군 내의 당의 전선위원회에게 그릇된 지시를 했다. 이런 그릇된 방침으로 많은 공산당원들이 애써 노력해 이뤄낸 국부적 항일운동의 형세는 지속하기 힘들었다.

국민당정부는 항일동맹군에 대해 강온 양면 전술을 병용하는 파괴 정책을 실시했다. 그리하여 16개 사단에 도합 15만여 명의 병력을 동원하여 '포위토벌'을 감행했으며, 펑위샹의 부하를 정치적으로 유인하고 분열, 와해시켰다. 펑위샹은 안팎으로 공격을 받고 궁지에 몰려 8월 5일 할 수 없이 공개전보를 발표했다. 결국 차하얼성 군정대권을 국민당정부가 임명한 차하얼성 주석 쑹저위안(宋哲元)에게 넘겨주고 항일동맹군 본부를 폐쇄했다.

펑위샹이 물러난 후 항일동맹군 대부분이 쑹저위안에 의해 재편성되고 공산당 영향 아래 있는 1만여 명의 부대는 전선위원회의 결정에 따라 러허, 장성 일선을 전전했다. 10월 중순, 당해 부대는 베이핑 근교에서 일본군과 국민당 군대의 연합 공격을 받았는데, 현저한 수적 열세와 탄약과 식량의 고갈로 인해 많은 사상자를 낸 뒤 패배하고 말았다. 팡전우는 압박에 못 이겨 홍콩으로 망명했다. 지홍창은 변장하여 톈진으로 몰래 되돌아가 1934년 1월에 중국공산당에 가입하고 항일활동을 계속 전개했다.

> **팡전우(方振武·방진무)**
>
> 1941년 12월 태평양전쟁이 발발한 후 내지로 돌아와 항일에 참가할 것을 결심한 팡전우가 광둥성 경내인 홍콩에 들어서자마자 국민당 특무조직의 '충의구국군'에 체포되어 살해됐다.

11월 9일, 그는 국민당정부에 체포되어 11월 24일 베이핑에서 희생되었다. 차하얼민중항일동맹군은 비록 실패했지만, 중국공산당이 일부 국민당원들과 부분적으로 합작하여 개척한 항일운동의 새로운 국면과 경험은 전국의 항일운동을 확대하고 국공 양당이 합작하여 향후 항일을 도모하는 데 큰 영향을 끼쳤다.

2. 당의 사업에 대한 모험주의, 관문(關門)주의 오류의 위해

'9·18'사변이 일어난 직후 전국적 규모의 대중항일구국운동이 발흥할 당시 중국공산당은 마땅히 급속하게 변한 국내 계급관계에 근거하여 적절한 전략과 책략을 제정해야 했다. 또 단합할 수 있는 모든 세력을 규합하여 항일전쟁을 중심으로 하는 중국 혁명사업의 발전을 이끌어야 했다. 하지만 당중앙위원회 제6기 제4차 전원회의 후 중앙은 정세 발전에 따른 요구에 응하지 못하고 줄곧 모험주의와 패배주의 방침을 실시했다. 이런 그릇된 관행이 계속되자, 국민당 통치구역과 혁명 근거지 내 당 사업은 심각한 손실을 입게 됐다.

당시 중국공산당에 대한 국제공산당의 지시는 중국의 현실과 동 떨어진 경우가 많았다. 국제공산당은 국제관계가 자본주의 세계와 사회주의 세계의 대립이라는 공식을 기계적으로 적용하여, 제국주의 국가들이 소련과 중국 혁명을 일제히 반대하는 것에 대한 일치성을 지나치게 강조했다. 반면 중일 민족간의 갈등, 제국주의 국가 간의 갈등이 심화된 것은 소홀히 했다. 그러므로 일본이 중국 둥베이를 침략해 점령한 것은 중국의 근로대중과 중국 혁명을 반대하는 것일 뿐만 아니라, 반려전쟁을 향해 한 걸음 더 나아간 것이라고 보았다. 그들은 중국공산당에 일본 제국주의를 포함한 모든 제국주의를 반대할 것을 요구했다. 그러고는 반제국주의 민족혁명 전쟁의 승리를 이룩하는 선결조건이 바로 민중의 혁명을 일으켜 국민당의 통치를 뒤엎는 것이라고 강조했다. 중공 임시 중앙 역시 국제공산당의 지시에 따라, 현재 닥친 가장 주요한 위험이 제국주의 국가들의 반소전쟁이라고 보았다. 또한 '9·18'사변이 바로 반소전쟁의 서막을 열어 놓았다고 주장했다. 하지만 임시 당 중앙은 일본 제국주의가 중국을 그들의 식민지로 만들려고 한다고 지적하며, "혁명적인 민족해방전쟁을 일으켜 중국을 보위하자"는 구호도 제기했다. 그러나 위와 같은 그릇된 추측으로 말미암아, '무력으로 소련을 보위하는 것'을 항일 투쟁의 과업으로 간주했다. "무력으로 소련을 보위하자"는 이 구호는 중국의 현실과 동떨어진 것이어서, 중국 인민들이 이를 받아들일 리 만무했다.

임시 당 중앙의 지도자들은 일본의 침략으로 중국 사회 전 계층에 일어난 새로운 변화를 보지 못했다. 또 민족자산계급을 주체로 한 중간세력의 항일 요구를 거부하고, 국민당 내부가 항일문제 때문에 분열하고 있다는 것을 부인했다. 그들은 현 정세의 특징이 혁명과 반혁명 간의 결전으로 보았다. 또 중간세력은 국민당을 도와 통치를 유지시키면서, 대중이 국민당의 통치를 반대하지도 뒤엎지도 못하도록 조종한다고 생각했다. 따라서 이런 파벌은 가장 위험한 적이며, 마땅히 세력을 동원해 이런 타협적인 반 혁명파를 공격해야 한다고 주장했다. 1932년 '1·28 사변'이 일어난 직후 상하이 민중반일회의 공산당과 공청단은 '노농병(工農兵)대표회의'를 소집해야 한다는 구호를 '노농상학병대표회의'를 소집해야 한다는 구호로 수정할 것을 요구했다. 그러나 임시 당 중앙의 지도자들은 이 구호에 '상(商)'자가 포함되면 자산계급에 투항하는 격이 되므로 그릇된 주장이라고 했다. 상하이 항일 운동이 가장 치열할 때, 임시 당중앙은 2월 26일 전국 민중에게 알리는 선언을 발표하여 일곱 가지 주장을 제기했다.

선언에서는 강력히 항일할 것을 주장하는 외에 또 "무장된 노동자, 농민, 군인은 즉시 혁명군사위원회를 구성하여 민족의 혁명전쟁을 지도해야 하며" "혁명군사위원회는 노동자, 농민, 군인 그리고 모든 근로대중을 망라한 대표회의를 소집하여, 정권을 대중을 위한 정부에 넘겨야 한다"는 등을 호소했다. 이러한 호소는 중도파를 완전히 배제했으며, 적의 세력이 가장 강한 도시에서 무력으로 정권을 탈취하는 등 실현 불가능한 면도 있었다. 임시 당 중앙의 지도자들은 항일이 중국 혁명의 중심 과제로 나선 이때 그 어떤 계층, 파벌, 집단, 개인을 막론하고 '항일을 주장하며 무저항주의를 반대'하기만 한다면 모두 혁명적 성향이 있는 것이며, 최소한 혁명에 유리한 것이라는 점을 알지 못했다. 그들은 공산당이 지도하는 소비에트정권을 옹호하며, 국민당 정권을 전복해야만 혁명이라 할 수 있는데 자산계급은 모두 국민당 내의 파벌에 속하므로 설령 항일을 주장할지라도 여전히 반 혁명파에 속한다고 주장했다. 그들이 일컫는 통일전선은 모든 상위 계층과 중간 세력을 배척한, '군인'만 요구하고 '관리(官)'를 요구하지 않는 이른바 하층 대중의 통일전선이었다. 또 그들은 중도파의 항일 경향에 주목하고 이를 승인하며 그들과 연합하려 하는 동지들을, 국민당 파벌 및 기타 파벌의 포로가 됐다고 거세게 질책했다.

임시 당 중앙의 지도자들은 항일통일전선과 혁명세력을 확대하는 데 중점을 두지 않고, 국민당정권과 소비에트정권의 대립을 일방적으로 강요했다. 그들은 국민당 통치의 붕괴가 가속화되고 있으며, 홍군과 소비에트정권이 머지않아 결정적 승리를 이룩할 것이라고 보았다. 그들은 "중국 혁명이 먼저 한 개 성 또는 몇 개의 성에서 승리를 이룩하는" 방침을 거듭 제기하며, 근거지 홍군에게 "공격적인 책략"을 취하여 중심도시를 공격하라고 명령했다. 또 국민당 통치구역 내 당의 최우선 과업은 주력군을 이용해 도시 노동자 파업투쟁을 벌이는 것이라고 규정했다. 그들은 도시 노동 운동을 지도할 때 적색노조를 조직하고, 다짜고짜 공장에 쳐들어가 파업하고, 전 업종의 파업을 조직하는 등 줄곧 모험주의 방침을 취했다. 그들은 객관적 상황을 감안하지 않고 산시(山西), 허난, 허베이, 산둥 등지의 당 조직에 군사반란과 노동자, 농민 운동을 일으켜 '북방의 소비에트구역'을 창설할 것을 요구했다. 그리고 이를 위해 1932년 6월 상하이에서 북방 각성위원회 대표 연석회의를 열었다. 회의에서는 '혁명위기의 심화 및 북방 당의 과업', '유격운동을 벌이고 북방 소비에트구역을 건설할 것에 관한 결의' 등 문건을 통과시켰다. 이런 문건에서 임시 당 중앙은 이른바 '북방 낙후론'을 잘못 비판했으며, 전국 혁명발전의 불균형성을 부인했다. 또 북방 각성 당 조직에 실제에 부합되지 않는, 북방 소비에트구역을 즉시 창설해야 한다는 과업과 정책을 규정했다. 임시 당 중앙의 지도자들 역시 민족혁명전쟁에서 무산계급의 지도권을 쟁취해야 함을 제기했다. 그렇지만 모험주의와 패배주의 방침 때문에, 오히려 혁명세력에 타격을 입히고 무산계급의 지휘권을 상실하는 결과를 불러왔다.

당내의 일부 동지들은 모험주의와 패배주의 방침에 반대했다. 중앙에서 노동운동을 주관하는 류사오치는, 노동운동에서 모험주의를 반대하는 주장을 내놓기도 했다. 1931년부터 1932년까지 그는 각종 회의에서 그릇된 '좌'경 방침을 실시하는 중앙의 지도자들과 논쟁을 벌였으며, 그 사이에 10여 편의 글을 발표하여 노동운동의 책략 사상을 비교적 체계적으로 제기했다. 그는 객관적인 실제로부터 출발하여 현 노동자투쟁의 정세는 '반격과 공격'의 문제가 아니라 '방어와 반격'의 문제라고 지적했다. 또 올바른 사상을 가진 노동자는 필히 대중이 참여한 황색공회에 가입하여 대중을 쟁취하고, 노동자투쟁을 조직하여 공회의 영향력을 확대해야 한다고 주장했다. 또 국민당의 공회법, 공장법 중 노동계급의 처우 개선에 유리한 조문을 포함해 합법적인 기회는 모두 이용하여 노동자들의 요구를 제기하고, 근로 대중의 투쟁을 조직해야 한다고 주장했다. 그는 파업을 하려면 사전에 충분한 준비를 해야 한다고 보았다. 특히 노동자들에게 가장 유리한 시기에 파업의 요구를 제시했다가, 불리한 상황이 되면 파업을 적시에 끝내고 조직적이고 계획적으로 후퇴해야 한다고 강조했다. 이어 동맹자들은 앞으로의 연합행동을 위해 가급적 양보를 해야 하며 그 과정에서 그들에게 영향력을 행사해야 한다고 주장했다. 류사오치의 이와 같은 주장은 "일관적인 기회주의 노선의 착오"라고 비판받았다. 그는 1932년 3월, 임시 당 중앙 정치국회의의 결정에 따라 중앙 직원부 부장직에서 해임됐다. 이후 임시 당 중앙 정치국 상무위원회는 중앙 직원부를 폐쇄하고, 그 업무를 중화 전국총공회의 공산당과 공청단 조직에 맡겼다.

당시 북방 각 성에서 중국공산당의 세력은 아직 미미했다. 일본 침략세력이 화베이 지역을 위협할 때, 당은 대중의 요구에 따라 항일애국운동을 발동하고 지지하여 혁명세력의 축적, 확대를 도모해야 했다. 그러나 북방 각성위원회 연석회의 후 북방의 일부 성 내의 당 조직에서는 정세를 무시한 채, 성공할 가능성이 전혀 없는 무장폭동을 여러 차례 일으켰다. 예를 들면 중공 산둥성위원회는 1932년 8월부터 1933년 9월 사이에 지방 당 조직에 지시하여 차례로 보싱(博興), 이두[益都·오늘의 칭저우(靑州)], 르자오(日照), 이수이(沂水), 창산(蒼山), 룽쉬구(龍鬚崮)에서 6차례에 걸친 대폭동을 일으켰는데, 모두 실패하고 말았다. 중공 허베이성위원회는 날짜를 한정하는 방법으로 일부 지방의 당 조직에 몇 차례의 폭동을 일으키라고 지시했지만 역시 실패하고 말았다.

임시 당 중앙의 그릇된 지도방침에 대해 북방 당 조직 내부에서 첨예한 의견 대립이 있었다. 대표적 인물은 이철부(李鐵夫)였다. 1933

년부터 1934년 초까지 그는 10편의 글을 써, 북방 당 조직과 임시 당 중앙의 '좌'경 방침을 크게 비판했다. 그는 '북방 낙후론'이 중국 혁명 발전의 불균형성을 부인하는 한편 혁명정세와 대중의 각오, 조직 정도를 과대평가했다고 주장했다. 그는 화베이에서 새로운 소비에트구역을 창설하는 과업을 제기하지 말아야 했으며, 대중의 절박한 요구에 초점을 맞춰야 한다고 보았다. 또 대중을 지도하여 일상적인 투쟁을 진행하고, 그들의 각오와 투쟁심을 드높여야 한다고 했다. 그는 현 당내 주요 문제점이 '좌'경 여론과 맹동주의라고 명백히 지적했다. 이철부의 정확한 의견은 북방 당 조직, 공청단조직 내 일부 동지들의 동조와 지지를 받았다. 하지만 그릇된 방침을 고집하는 북방 주재 중앙대표의 지휘 아래, 중공 허베이성위원회는 1934년 상반기에 이른바 '반이철부노선' 투쟁을 벌여 이러한 의견을 제지했다. 결국 이철부는 지도직에서 해임되었다.

이철부(李鐵夫·1896~1937)

사회주의자. 전 동아일보 기자, 대한민국임시정부 내무위원. 본명은 한위건, 젊은 시절 조선 독립운동에 투신하던 중 1928년 봄 중국으로 망명했다. 그리고 중국공산당에 입당한 뒤부터 오랫동안 화베이에서 당의 사업을 맡아 왔다. 베이핑 반제동맹 공산당, 공청단 서기, 중공 허베이성위원회 선전부장, 류사오치 추천으로 중공 텐진시위원회 서기에 임명. 1937년 7월 옌안의 한 요양소에서 병사. 함남 홍원 출생으로 1917년 오산학교(五山學校)를 졸업하고 경성의학전문학교(서울대학교 의과대학의 전신)에 입학한 수재로 1919년 3월 1일 당일 파고다공원에서 학생대표로 독립선언문을 낭독하기도 했다

국민당 반동통치 아래에서 중국공산당이 활동하는 것이 여간 힘들지 않은 데다 설상가상으로 모험주의와 패배주의 방침의 영향을 받아 국민당 통치구역에서의 당의 조직과 사업은 더욱 힘들어져 막대한 손

실을 입었다. 이를테면 1931년 초부터 1932년 말까지 중공 허베이 성위원회는 세 차례의 큰 파괴를 당했으며, 1933년에도 네 차례의 파괴를 입었다. 중공 탕산시위원회, 베이핑시위원회 등도 파괴되었다. 1931년 4월부터 1933년 7월까지, 중공 산둥성위원회는 다섯 차례 크게 파괴됐으며 중앙과의 연계도 끊어졌다. 국민당 통치구역에서의 노동운동 역시 큰 피해를 입어, 1932년 1월에 이르러서는 적색 공회 회원이 채 3,000명도 되지 않았다. 게다가 엄호에 관한 조치를 취하지 않아 임시 당 중앙 기관도 상하이에 발을 붙이지 못하고, 1933년 1월 불가피하게 중앙 근거지로 자리를 옮겼다.

임시 당 중앙이 근거지로 옮겨 간 후, 당은 상하이에 임시 당 중앙을 대신할 파견기관으로 중앙국을 세웠다. 그리고 국민당 통치구역 내 당의 사업을 지도하고 국제공산당과의 연계를 책임지도록 했다. 상하이 중앙국은 모험주의 방침을 집행하여 1934년 3월부터 1935년 2월까지 여섯 차례의 큰 공격을 받았다. 1934년 10월, 중앙국의 무선통신기가 파괴되어 중국공산당과 국제공산당 간의 무선 통신이 완전히 중단됐다. 1935년 2월, 당원의 배신으로 상하이 중앙국 및 상하이의 소속 기관 대부분이 국민당 특무기관에 의해 파괴됐다. 7월 후 상하이 중앙국이 활동을 중지했다. 국민당 통치구역 내 다수의 당 조직이 극심한 파괴를 입었다.

비록 모험주의, 패배주의의 착오로 당의 사업 환경은 더욱 악화됐지만 국민당 통치구역에서 사업하는 많은 공산당원, 공청단원과 혁명적 극분자들은 여전히 서로 연대하며 투쟁을 이어나갔다. 그중 많은 사람들이 투쟁을 겪으며 '좌'경 오류의 교훈을 인식하고, 대중성 항일구국운동의 요구에 순응하기 시작했다. 따라서 모험주의, 패배주의의 일부 금지령을 타파했으며, 대중과의 연계를 강화하고 사업을 개진했다.

당 조직과의 연락이 끊겼지만 수많은 사람들이 계속 개인적으로 혹은 소수의 그룹으로 독립적인 분산 작전을 벌이며, 험난한 환경 속에서도 혁명을 위한 세력을 보존했다. 그들은 도시사업을 벌이며 공개적이고 합법적인 방식을 학습하여 사용했다. 또 근로 대중을 지도하여 임금인상과 처우개선을 위해 싸웠다. 나아가 박해를 반대하고, 항일 운동에 참여하여 나라를 구하기 위해 투쟁했다. 그들은 광범위한 청년학생들 속에 스며들어 여러 모로 영향을 주면서, 그들이 항일 운동과 반 장제스 투쟁에서 선봉적 역할을 하도록 적극 유도했다. 또 통일전선사업을 벌이며 하층 대중과의 연계를 강화하는 한편 일부 상층 진보인사, 중간 인사와의 연대를 유지하고 발전시켰다. 그래서 그들이 당을 이해하고 지지하게끔 했으며, 나아가 항일운동과 반 장제스 투쟁을 옹호하거나 참여하도록 했다. 그들은 중국 혁명호제회(革命互濟會를 비롯한 대중 단체를 이용하여 체포된 혁명가들을 구출하고, 자금을 모아 그들의 가족을 구제했다. 그들은 또 다방면으로 농민, 여성, 화교, 소수민족, 국민당 병사들 속에 깊이 들어가 혁명 활동을 벌였다. 비록 그들 중 일부는 '좌'경 지도자들의 타격을 받았지만 개인의 득실을 따지지 않고 한마음 한뜻으로 공산주의 이상을 위해, 그리고 중화민족의 해방을 위해 수고를 마다 않고 열심히 일했다. 많은 공산당원, 공청단원과 혁명 적극분자들은 온갖 시련을 이겨내면서 인민 대중과 생사고락을 함께 했다. 그들 중 적지 않은 사람들이 체포되고 심지어 살해되기까지 했다. 상하이 룽화(龍華)와 난징의 위화타이(雨花臺)에서, 국민당 반동파의 감옥과 형장에서, 항일의 불꽃이 타오르는 수많은 도시와 농촌에서 진리를 위해 헌신하는 진보적 전사들의 목소리가 메아리치고 있었다.

임시 당 중앙의 지도자들은 혁명 근거지에 와서도 모험주의 방침을 실시했다. 1931년 11월 1일부터 5일까지 임시 당 중앙의 지시에 따라 중앙대표단이 장시(江西) 루이진(瑞金) 예핑(葉坪)촌에서 소비에트 구역 중국공산당 제1차 대표대회[간난(贛南)회의]를 열었다. 회의에서는 근거지 문제, 군사 문제, 토지혁명 노선 문제를 둘러싸고 논쟁이 벌어졌다. 그 전에 중앙 근거지 지도자들은 몇 년간의 실전 경험을 통해 일부 정확한 정책들을 정리했는데, 이는 임시 당 중앙의 정책과 일치하지 않았다. 그러므로 이번 회의에서 채택된 '정치결의안' 등 문건은 그들이 다음과 같은 일련의 "극히 엄중한 착오"를 범했다고 질책했다.

즉 중앙 근거지는 '국제노선'의 집행에 있어 "명확한 계급노선이 미흡하고" 토지혁명에서 '부농노선'을 집행했으며, 홍군이 "유격주의 전통에서 완전히 벗어나지 못하고" "진지전"과 "도시전"을 소홀히 하고 있으며 지도사상 측면에서 "편협한 경험론"의 착오를 범했고 간부대열들 속에 "계급 적대분자"들이 "충만"하다는 등이었다. 임시 당 중앙은 토지혁명에서 부농을 반대하며 "지주에게는 밭을 나눠 주지 않거나 나쁜 밭을 줘야 한다"고 재차 주장했다. 또 근거지와 홍군의 지도자 출신에 대해 '무산계급화'를 실현하고 착취계급 출신의 간부들을 제거해야 한다고 보았다. 홍군은 도시를 공략하여 "한 개 성 또는 몇 개의 성에서 먼저 승리"를 이룩해야 한다고 주장했으며, 화력을 집중하여 '우경'을 반대해야 한다고 강조했다. 이번 회의에서 비록 지명은 하지 않았지만 위에서 밝힌 질책은 분명히 마오쩌둥 및 그에게 동조한 지도자들을 겨냥한 것이었다.

1932년 1월 9일, 임시 당 중앙은 '한 개 성 또는 몇 개의 성에서 먼저 승리를 쟁취할 것에 관한 결의'를 채택하고 혁명정세를 과대평가했다. 결의는 다음과 같이 주장했다. "홍군과 유격대가 확장되어 난창, 지안, 우한 등 중요 도시를 포위할 여건이 이미 조성되었고""대도시를 차지하지 않는다는 과거의 책략이 지금에 와서는 바뀌어야 하며""눈앞의 순조로운 정치, 군사적 여건을 이용하여 한, 두 개 중요한 중심도시를 탈취하고 혁명의 승리를 쟁취해야 한다. 또 이를 당의 모든 사업과 소비에트운동의 의사일정에 올려놓아야 한다" 결의는 이 '총 과업'을 실현하기 위해 창장(長江) 이남의 홍군 주력이 간장(贛江)유역의 지안, 푸저우(撫州), 난창 등 중심도시를 탈취하고 후난, 후베이, 장시성에서 먼저 승리를 거둬야 한다고 주장했다. 또 창장 이북의 각지 홍군은 우한, 창장 강 하류 및 평한(平漢)철도를 위협하는 분위기를 적극적으로 조성해야 한다고 말했다.

양쯔강(揚子江, 양자강)

본래의 명칭은 창장(長江·장강)으로, 전체 길이가 6,300km에 달해 중국에서 제일 긴 강이다. 그분만 아니라 세계에서도 세 번째로 길다. 중국 서부의 칭하이성(靑海省)에서 남동쪽의 상하이앞 바다까지 11개의 성급 행정구역에 걸쳐 흐른다. 일찍이 중국에서 하(河)라는 글자는 황허를 가리키고, 강(江)이라는 글자는 창장(長江)을 가리키는 고유명사였다. 그래서 창장의 남쪽을 강남(江南)이라고 부르고, 남부의 동해안 지역을 강동(江東)이라고 불렀다. 그리고 창장의 상류를 진사강(金沙江), 민장(岷江) 등이 합류하는 그 아래 지역을 '천강(川江)', 옛 형주 지역을 지나는 중류 지역을 '형강(荊江)', 그리고 그 하구 지역을 양쯔강(揚子江, 양자강: 양저우 앞을 흐르는 강이라는 뜻)이라고 불렀다. 하지만 서양 선교사들이 양쯔강이란 명칭을 사용한 뒤부터 중국 이외의 지역에서는 일반적으로 양쯔강이 창장(長江) 전체를 나타내는 말로 쓰이고 있다.

당시 홍군 제1방면군 총사령, 총정치위원의 명의가 폐쇄되고 그 소속 부대는 방금 설립된 중앙혁명군사위원회의 지휘를 받게 됐다. 장시성 남부의 홍군은 위에서 밝힌 그릇된 전략방침의 지휘 아래 1932년 2~3월에 먼저 국민당 군대가 주둔하고 있는 장시성 남부의 요충

지 간저우(贛州)를 공격했다. 사전에 마오쩌둥은 이를 동의하지 않겠다며 불만을 표시했지만, 소비에트구역 중앙국의 다수 구성원들은 임시 당 중앙의 지시에 따라 간저우를 공격할 것을 주장했다. 홍군은 중앙혁명군사위원회의 1월 10일자 군사훈령에 따라 2월 4일부터 33일간 간저우를 공격했지만, 공략에 실패하고 많은 사상자를 냈다. 더구나 국민당 군대가 계속 증원되어 홍군은 포위를 푸는 수밖에 없었다. 3월 중순, 소비에트구역 중앙국은 간현(贛縣) 장커우(江口)에서 회의를 열고 홍군이 간저우 포위를 푼 이후의 행동방침을 논의했다. 마오쩌둥은 장시성 동북방향으로 진군하여 간장(贛江) 동쪽, 푸젠(福建), 저장(浙江)의 서쪽 연해지역, 창장 이남, 우링(五嶺)산맥 이북의 광활한 농촌에서 근거지를 확보할 것을 제안했다. 소비에트구역 중앙국의 일부 지도자들은 마오쩌둥의 묘책을 거부하면서 이는 "간저우 전쟁의 교훈을 왜곡한 것으로", '우경 기회주의'라고 했다.

그들은 간장(贛江)유역을 중심으로 북쪽으로 진군하여, 신속히 중심 도시를 탈취하는 방침을 고수했다. 이후 곧바로 홍군을 두 갈래로 나누었다. 홍군 제3군단으로 서로군을 구성하여 펑더화이(彭德懷)의 인솔 아래 간장 서쪽 연안에서 활동하게 하고 홍군 제1, 제5 군단으로 중로군을 구성하여 마오쩌둥의 인솔 아래 간장 동쪽 연안에서 활동하게 했다. 그 후 소비에트구역 중앙국은 중로군을 동로군으로 개칭하여 푸젠으로 진군하도록 했다. 그들의 임무는 푸젠의 국민당 군대와 푸젠 서부에 침입한 광둥군을 공격하여 푸젠 서부를 공고히 한 뒤, 동로군과 서로군이 서로 협동하여 간장유역의 중심도시를 탈취하는 것이었다.

마오쩌둥은 동로군이 푸젠에 진입하자 푸젠 서부의 형세에 근거하여 소비에트구역 중앙국에 전보를 보냈다. 그는 장저우(漳州)를 공략하여 군수물자를 노획하고, 당지의 군민을 도와 유격전쟁을 벌일 것을 건의했다. 소비에트구역 중앙국 서기 저우언라이가 마오쩌둥의 건의에 동의했다. 동로군은 1932년 4월 사이에 차례로 룽옌(龍岩), 장저우를 공격했다. 이 승리는 푸젠 서부의 근거지를 공고히 하는데 일조했다. 또 푸젠 남부에서 유격전쟁을 벌여 둥장(東江) 근거지 인민의 투쟁을 지원하는 데 중요한 역할을 했으며, 홍군의 향후 작전에 유리한 여건을 만들어 주었다.

3. 홍군이 계속 반'포위토벌'전쟁을 진행

어위완(鄂豫皖), 샹어시(湘鄂西) 근거지의 반'포위토벌'의 패배

1932년 5월, 장제스는 본인이 직접 후베이, 허난, 안후이 3개 성의 '비적토벌' 총사령으로 나서 대군을 집결시켰다. 그리고 혁명 근거지에 대해 제4차 '포위토벌' 작전을 개시했다. 1932년 7월부터 1933년 3월 사이에 장제스는 전략적 배치를 두 개 단계로 나누었다. 그런 다음 우선 어위완, 샹어시 근거지를 공격하고 목적을 달성한 후 전력을 다해 중앙 근거지를 공격하기로 마음먹었다.

1932년 7월 14일, 장제스는 30만여 군대를 집결시키고 어위완 근거지에 대해 제4차 '포위토벌' 작전을 발동했다. 당시, 후베이·허난·안후이 지역의 홍군 제4방면군은 4만 5000여 명에 불과했다.

그전에 홍군 제4방면군은 황안(黃安), 상황(商潢), 쑤자부(蘇家埠), 황광(潢光)의 네 차례 전쟁에서 연속적으로 큰 승리를 거두었다. 그리하여 홍군 주력과 지방 부대가 크게 늘어나고 어위완 근거지도 전례없이 확장됐다. 장궈타오는 승리에 도취되어 국민당 군대는 이미 '비주력 부대'가 되었으며 "그 어떤 부대를 얼마나 동원할지라도 홍군의 일격을 절대 이겨내지 못할 것이다"고 장담했다. 그는 중심도시를 공격하여 한 개 성 또는 몇몇 성에서 먼저 승리를 쟁취하라는 임시 당중앙의 모험주의 방침을 적극 따랐다. 제4차 '포위토벌' 직전이 시작되기 전에 그는 적을 우습게 여기고 반'포위토벌' 준비를 하지 않았다. 이른바 멈추지 않는 공격 전략으로 우한(武漢)을 위협하는 계획을 시도하려고 했다. 그리하여 홍군은 반'포위토벌' 작전이 시작되면서부터 공격을 받는 처지가 됐다.

6월 중순, 홍군 제4방면군 주력이 평한철도(平漢路)의 신양(信陽)·광수이(廣水) 구간을 공격했다. 국민당 군대가 포위토벌군 배치에 서두르고 있고 홍군도 7개월이나 이동하며 싸워 왔기에 홍군 제4방면군 총지휘 쉬샹첸 등은 평한 철도에서의 공격작전을 멈추고자 했다. 그리고 주력을 적당한 지역으로 이동시켜 재정비한 후 반'포위토벌' 준비에 진력할 것을 건의했다. 그러나 장궈타오는 이 의견을 거부하고 홍군 주력에게 남하하여 마청(麻城)을 포위 공격하라고 지시했다. 8월 초, 국민당 군대가 대거 진격하여 황안이 위급해졌다. 그제야 장궈타오는 마청 포위를 풀기로 결정하고 지칠 대로 지친 홍군을 재촉해 황안으로 이동하라고 명령했다. 그 후 또 치리핑(七里坪)으로 방향을 돌려 적군을 공격하도록 했다. 홍군은 용감히 싸워 적군에게 큰 타격을 주었지만 홍군 역시 커다란 손실을 입었다. 뒤이어 국민당 군대가 어위완 근거지의 정치중심인 신지(新集)를 협공하기 시작했다. 5일간의 치열한 전투 끝에 적군 2,000여 명을 살상했다. 하지만 적군은 계속 공격하여 홍군을 3면으로 포위하는 진영의 형세를 갖췄다. 홍군은 하는 수 없이 신지에서 퇴각하여 동쪽으로 방향을 돌려 안후이 서쪽으로 진군했다.

홍군 제4방면군 주력은 안후이 서쪽의 진자자이(金家寨), 옌즈허(燕

子河) 지역에 도착했다. 그러나 또 국민당 대군이 쳐들어와서 심각한 국면에 처하게 됐다. 9월 13일과 24일에 장궈타오는 임시 당중앙으로 연이어 급보를 보냈다. 전방에서 작전을 지휘하고 있던 소비에트구역 중앙국의 저우언라이, 마오쩌둥, 주더, 왕자샹(王稼祥)은 임시 당중앙이 전해 온 장궈타오의 전보를 받고 즉각 답전을 보냈다. 답전에서는 홍군 제4방면군이 어떻게 곤경에서 벗어날 것인가에 대해 다음과 같이 정확하게 말했다. 근거지에 침입한 적군의 협공을 타파하기 위해서는 "한 곳을 공략하거나 작전에 서두를 것"이 아니라 적을 깊숙이 유인해야 한다. 그리고 나서 유리한 조건에서 "이동하면서 적의 취약한 부분을 호되게 타격하거나 제압한 후 신속히 다른 곳으로 이동해야 한다. 또한 신속하고 과감하게 비밀리에 적을 각개 격파함으로써 4차 '포위토벌'을 완전히 분쇄해 버려야 한다" 맹목적으로 적을 가볍게 보았던 장궈타오는 당황하여 어쩔 바를 몰랐다. 그는 "홍군은 한 번 싸울 수는 있어도 두 번 싸울 힘이 없다"면서 이 작전을 시행하지 않았다. 10월 10일, 장궈타오는 허커우(河口) 이북의 황차이판(黃柴畈)에서 긴급회의를 열었다. 그리고 주력은 "잠시 소비에트구역을 떠나" 외선에서 기회를 노리고 다시 반격작전을 펼쳐 소비에트구역으로 돌아와야 한다는 주장을 되풀이했다.

회의 후, 홍군 제4방면군 주력 2만여 명은 평한철도를 넘어 서쪽으로 이동했다. 그리고 소수 부대(차례로 홍군 제25군과 홍군 제28군을 구성)만 남아 당지에서 험난한 투쟁을 벌였는데 이는 사실상 어위완 근거지를 포기한 셈이었다. 홍군 제4방면군은 어위완 근거지를 떠난 후 피땀 흘려 싸우며 친링(秦嶺)을 넘고 한수이(漢水)를 건너는 등 2개월에 걸쳐 3,000리를 행군했다. 그러고는 천신만고 끝에 1932년 말, 산시(陝西) 남쪽에서부터 쓰촨(四川) 북쪽지역에 도착하여 촨산(川陝)

변구에 근거지를 마련했다.

　장제스는 어위완 근거지를 '포위토벌'하는 한편 10만여 명의 병력을 집중하여 샹어시 근거지를 공격했다. 1932년 7월 초, 국민당 군대는 먼저 샹허(襄河) 양안을 습격하여 홍군 제3군을 제거하고 샹어시 근거지를 점령하려고 했다. 중공 샹어시분국 서기이자 홍군 제3군 정치위원인 샤시(夏曦)는 처음에는 적의 병력을 얕잡아 보았다. 그래서 그는 모험주의 방침을 고수하며 홍군 제3군 주력에게 샹허 이북의 징산(京山), 잉청(應城), 자오시(皁市) 사이의 지역에 진입하여 작전을 수행하라고 명령했다. 하지만 작전에 실패하자 그는 근거지 내에 보루를 쌓고 다시 소극적인 방어 자세를 취했다. 홍군 제3군은 이 때문에 많은 사상자를 냈다. 8월, 국민당 군대가 홍후(洪湖) 근거지 중심 지역을 공격했다. 9월 초, 근거지 대부분이 장제스 군대에 함락되고 후방 기관과 인민대중은 큰 손실을 입었다. 적의 수중에 떨어진 부상병만 해도 무려 2,000여 명이 넘었다. 10월, 홍군 제3군 주력은 샹어시 분국의 결정에 따라 샹어시 근거지에서 퇴각하고 허난 서남부, 산시 남부, 쓰촨과 후베이 접경 지역을 따라 남하했다. 그리하여 2개월 남짓한 시간을 거쳐 12월에 상어(湘鄂)변구의 허펑(鶴峰)지역에 도착했다. 그 후 홍군 제3군은 샹어변구에서 전전했다.

중앙 근거지 제4차 반'포위토벌'의 승리

　1932년 5월, 장제스는 어위완, 샹어시 근거지에 대한 '포위토벌' 작전을 발동하기 전에 이미 허잉친(何應欽)을 대표로 하는 간웨민(贛粵閩)변구 '비적토벌' 총사령부를 구성했다. 그리고 장시, 광둥, 푸젠, 후난의 국민당 군대를 지휘하여 중앙 근거지의 홍군을 견제함으로써 중앙 근거지를 대대적으로 공격할 준비를 끝마쳤다.

5월 20일, 임시 당중앙은 소비에트구역 중앙국에 지시전보를 보냈다. 임시 당중앙은 공격전술의 중요성을 인식하지 못하고 "우경 및 보수주의 착오"를 범했다며 소비에트구역 중앙국을 비판했다. 그들은 또 과거 중앙 근거지 사업에서의 '착오'에 대해서는 철저히 비판하지 않고, 기회주의를 명확히 반대하지 않았다며 중공 소비에트구역 대표대회를 비판했다. 그러고는 중앙 근거지를 찾아와 업무상 "능력이 부족하다"며 저우언라이를 비판했다. 지시전보는 또 전국 세력을 대비해보고 정세를 따졌을 때 "이미 3차 전쟁 시기와는 다르기에" 소비에트구역 중앙국과 홍군에 "적극적인 공격전술을 취해 적의 무력을 제압하고 소비에트구역을 확대하며 한 개 혹은 두 개의 중심도시를 탈취하여 한 개 성 또는 몇몇 성에서 혁명을 성공, 발전시킬 것"을 요구했다. 이때 국민당군의 천지탕(陳濟棠)부대가 3개 사단 병력으로 광둥에서 북상하여 간난(贛南) 근거지가 위급해졌다. 6월 5일, 임시 당중앙은 군사명령을 발동하여 "제1, 제5 군단 주력군은 우선 허시(河西) 제3군단과 협력하여 장시, 광둥에 침입한 적을 제거하고" 그다음 간장을 따라 북상해서 간저우 및 난창 등 중심도시를 공략하라고 지시했다. 6월 중순, 저우언라이는 팅저우(汀州)에서 소비에트구역 중앙국 회의를 열고 임시 당중앙의 지시에 관한 문제를 논의했다. 그리고 중앙 근거지에서의 사업을 반성하고 '장시 및 그 인근 성, 구 혁명의 승리를 우선 쟁취, 실현할 것에 관한 소비에트구역 중앙국의 결의'를 채택했다. 결의는 중앙 근거지 홍군은 더욱 적극적인 공격책략을 취하여 신속히 외부를 확장해야 한다고 규정했다.

　　6월 하순, 홍군 제1, 제5 군단과 홍군 제3군단은 차례로 신펑(信豊) 서남과 다위(大庾) 동북지구로 돌아와 홍군 제1방면군의 부대 번호를 회복했다. 그리고 7월 초, 난슝(南雄), 수이커우(水口) 전장을 통해 장시, 광둥에 침입한 적군의 대단한 기세를 꺾어버렸다. 그 후 중앙 근거지의 남부를 안정시켰다. 8월 상순, 홍군 제1방면군은 거듭 북진하여 싱궈(興國) 및 그 부근 지구에 도착했다. 8월 8일, 마오쩌둥이 다시 홍군 제1방면군 총정치위원을 맡았다. 같은 날, 중앙혁명군사위원회에서 러안(樂安)과 이황(宜黃)을 공략하라는 군사명령을 하달했다. 홍군 제1방면군은 저우언라이, 마오쩌둥, 주더, 왕자샹의 직접적인 지휘 아래 8월 17일 러안을, 20일에는 이황을 공략했다. 그리하여 3개 여단의 적을 섬멸했으며 5,000여 명을 생포하는 2전 2승의 커다란 승리를 거두었다.

러안·이황 전장이 있은 후, 대적 문제를 둘러싸고 소비에트구역 중앙국 전선의 책임자와 후방의 책임자 사이에 의견 충돌이 발생했다. 후방의 책임자들은 홍군 제1방면군에 계속 북쪽으로 출격하여 난창을 위협할 것을 거듭 요구했다. 그들은 이렇게 해야만 어위완, 샹어시, 샹어간 근거지에 대한 국민당 군대의 압력을 덜어주고 근거지에 직접적인 지원을 줄 수 있다고 주장했다. 그러나 전선에서 작전지휘를 맡고 있던 저우언라이, 마오쩌둥, 주더, 왕자샹은 이 의견은 받아들일 수 없다고 했다. 9월 23일과 25일에 소비에트구역 중앙국에 계속 전보를 보내 "눈앞의 적과 방면군(전략·전술상으로 중요한 일정한 방향이나 지역에서 독립적으로 활동하는 부대)이 있는 한 성을 점령하고 증원부대를 치는 것은 의미 없는 일이다. 무조건 싸워보자는 절박한 심정으로 경솔하게 행동한다면, 보람 없이 시간만 허비하고 군대를 피로하게 만들게 되며 급히 서둘면 오히려 더욱 불리한 국면을 조성하게 된다"고 지적했다. 그들은 전방에서 조속히 소비에트구역 중앙국 회의를 열어 중앙의 지시와 작전방침을 논의할 것을 제의했다. 9월 26일, 홍군 제1방면군 총사령 주더, 총정치위원 마오쩌둥은 적들이 대대적인 공격을 시작하기 전에 부대를 한동안 북쪽으로 이동시키라는 군령을 하달했다. 그리고 반'포위토벌'에 대해 다음과 같이 부대를 배치했다. 군사행동의 중점은 난펑(南豊) 이서, 이황, 러안 이남 지역에 두며 이 지역에서 적군의 근거지를 없앤다. 또한 유격대를 창립하고 확대하며 이황, 러안, 난펑 사이에서 임전태세를 갖추는 것을 홍군의 주요 과업으로 한다. 이에 소비에트구역 중앙국은 즉각 이 명령은 "완전히 원칙을 떠난" "극히 위험한 배치"라고 질책했다. 그러고는 홍군 제1방면군에 그 집행을 중지하라고 강제 군령을 내렸다.

홍군의 행동방침에 대한 의견 차이를 해소하기 위해 소비에트구역 중앙국은 10월 상순에 장시 닝두(寧都) 샤오위안(小源)에서 전체회의(닝두회의)를 개최했다. 회의는 공격 전략을 취해 적의 대대적인 공격을 분쇄하라고 지시했다. 그리고 나아가 중심도시를 탈취하여 먼저 장시 및 그 인근의 성, 구에서 승리를 실현할 것을 홍군에 요구했다. 회의에서는 근거지에서 대중을 긴급 동원하여 홍군을 확대하고 백색지구 사업을 전개할 것에 관한 문제들을 논의했으며 1932년에 있었던 몇 차례 전장을 평가했다. 회의는 간저우를 공격하는 것은 "절대적인 필요"였다고 인정했다. 더불어 장저우(漳州)를 공격하여 얻은 승리도 인정했다. 하지만 이로 인해 북상하여 중심도시를 공격하는 시간을 지체했다고 비판했다. 회의에서는 주로 마오쩌둥과 그의 홍군이 실시한 전략전술에 대해 그릇된 비판과 질책을 했다. 회의는 또 마오쩌둥이 홍군을 영도하여 지난 매번의 반'포위토벌' 작전에서 실시한 "적을 깊숙이 유인"하는 방침에 대해 "적의 공격을 기다리는 우경의 주요 위험"이라고 질책했다. 그리고 그가 당년 3월 장커우(江口)회의에서 제기한 장시 동북 방향으로 진군하자는 주장에 대해서도 중심도시를 탈취하는 방침에 대한 '사보타주'라고 질책했다. 질책은 계속 이어졌다.

중심도시 공격에 서두르는 임시 당중앙과 소비에트구역 중앙국의 그릇된 전략방침에 대해 비판을 제기한 것은 "과거의 승리 성과를 부인하고" "당의 영도기관을 존중하지 않는 것"이라고 비판했다. 회의는 이어서 홍군 제1방면군의 9월 26일부 군사명령은 "순수한 방어노선"이며 "준비를 중심으로 적의 공격을 기다리는" '우경'방침이라고 질책했다. 회의에서는 마오쩌둥이 계속 전방에 남아 작전을 지휘하느냐는 문제에 대해 첨예한 분쟁이 일어났다. 저우언라이는 마오쩌둥이 계속 전선에 남아 있어야 한다고 주장했고 주더, 왕자샹도 마오쩌둥을 해임하는 데 동의하지 않았다. 하지만 이러한 의견은 회의에서 채택되지 못했다. 중앙국의 전적인 신임을 얻지 못했기 때문에 마오쩌둥은 자신이 "전쟁지휘의 모든 책임"을 지는 것을 회피하지 않았다. 회의는 저우언라이의 제의를 채택하여 마오쩌둥에게 "여전히 전방에 남아 보좌하게 하고", 동시에 "잠시 병가를 내고 필요 시 다시 전방에 돌아오는 것"을 승인했다. 회의가 끝난 지 얼마 안 되어 임시 당중앙은 먼저 마오쩌둥에게 임시 중앙정부의 사업을 주관하라는 명분으로 그를 후방으로 소환했다. 그 후 뒤이어 그의 홍군 제1방면군 총정치위원 직무를 해임하고 저우언라이가 총정치위원을 겸직하게 했다. 닝두회의 후, 홍군 제1방면군은 총사령관 주더, 총정치위원 저우언라이의 지휘 아래 10월부터 젠닝(建寧), 리촨(黎川), 타이닝(泰寧) 전장을 일으켰다. 그리고 젠리타이(建黎泰) 근거지를 개척하여 후의 반'포위토벌'작전에 유리한 여건을 만들었다. 그 뒤 또 진시(金溪), 쯔시(資溪) 전장을 치렀다. 1933년 1월 8일, 난청(南城) 황스두(黃獅渡)전투에서 홍군 제5군단 부총지휘 자오보성(趙博生)이 안타깝게 희생됐다.

1932년 말, 국민당 간웨민변구 '비적토벌' 총사령부는 30여 개 사단의 병력을 집결시켜 좌, 중, 우 세 갈래로 나누었다, 그리고 중앙 근거지와 홍군 제1방면군을 향해 대규모적인 제4차 군사 '포위토벌' 작전을 발동했다. 장제스 직계 천청(陳誠)이 지휘하는 부대 16만여 명은 중로군이 되어 주요 공격 임무를 맡았다. 이때 홍군 제1방면군의 병력은 모두 3개 군단과 4개 군에 7만여 명에 이르렀다.

1933년 1월 하순, 소비에트구역 중앙국은 닝두회의에서 확정한 군사 방침에 따랐다. 그들은 홍군 제1방면군 총부에 연이어 전보를 보내 주동적으로 출격하여 신속히 난펑(南丰), 난청(南城)을 공략할 것을 요구했다. 홍군 제1방면군 지도자들은 이 의견에 동의하지 않고, 푸허(撫河) 동쪽 연안에서 연속 운동전을 벌여 적을 제거할 것을 제안했다. 2월 4일, 소비에트구역 중앙국은 재차 전방에 전보를 보내 홍군에 "큰 손실을 감수하면서라도 난펑에 맹공격을 가할 것"을 요구했으며 중앙국의 지령을 즉각 집행하라고 재촉했다. 이때 국민당 군대가 배치를 조정하여 푸허 동쪽에서 적을 이동시키는 것이 불가능해졌다. 주더, 저우언라이는 홍군 주력을 거느리고 서쪽에서 푸허를 건너 난펑성을 공격하기로 결정했다. 그들은 만약 난펑 강공에 성공하지 못하면 방향을 돌려 이황, 러안을 공격하고 적을 산지로 유인하기로 했다. 그 후 지구전을 펼치고 적을 섬멸하기로 했다. 2월 12일, 홍군은 난펑성을 하룻밤 동안 공격했으나 무너뜨리지 못하고 400여 명의 사상자를 냈다. 적군의 주력이 난펑을 급히 증원하는 것을 발견한 저우언라이와 주더는 2월 13일에 난펑에 대한 강공을 거짓공격작전으로 바꾸었다. 그리고 소수 병력으로 적군을 유인하는 한편 주력 부대를 비밀리에 신속히 적군이 전진하는 우측의 이황 남부로 이동시키고자 했다. 그리하여 기회를 타서 적을 섬멸하기로 한 것이다. 2월 26일, 국민당 군대가 황피(黃陂)로 진군하여 홍군의 매복 사정권에 들어왔다. 홍군은 우세한 군사력을 집중시켜 적의 허를 찌르고 적군을 각개 격파했다. 홍군은 2월 28일과 3월

1일 두 차례의 격전을 거쳐 국민당군 제52사, 제59사를 거의 섬멸하고 이 두 사단의 사단장 리밍(李明)과 천스지(陳時驥)를 사로잡았다. 국민당 군대는 홍군 주력과의 결전을 위해 병력을 집결시켜 또다시 광창(廣昌)으로 쳐들어왔다. 3월 21일, 홍군은 초타이강(草臺崗)에서 1개 사단이나 되는 적을 섬멸했다. 홍군은 황피, 초타이강 두 전장에서 모두 3개 사단의 국민당 군을 섬멸하고 1만여 명을 생포했다. 그리고 1만여 자루 총기를 획득함으로써 중앙 근거지에 대한 국민당 군대의 제4차 '포위토벌' 작전을 무력화시켰다.

제4차 반'포위토벌'의 승리는 저우언라이, 주더 등이 난펑을 공격하라는 소비에트구역 중앙국의 명령을 따르지 않고 지난 반'포위토벌' 작전의 성공적인 경험을 활용하여 얻은 결과였다. 홍군이 협공을 당하는 불리한 상황에서도 그들은 제때에 올바른 결단을 내려 단호히 퇴각하는 조치를 취했다. 이로써 피동의 입장에서 주동적 입장으로 바뀌고 나아가 제4차 반'포위토벌' 작전에서 승리를 거둘 수 있었다. 그리고 홍군전쟁사에서 전례 없는 대병단 매복 기습전으로 적을 섬멸하는 본보기를 세워 놓았다.

촨산(川陝)근거지 반 3로, 6로 포위공격의 승리

중앙 근거지 군민들이 '포위토벌' 작전에 나선 적군과 피 흘리며 싸우고 있을 때 어위완 근거지를 떠난 제4방면군은 1932년 말, 촨산(川陝)변구에 도착했다. 그들은 당지의 당 조직, 지방무장, 인민대중과 결합하고 쓰촨에서 군벌들이 지역을 차지하기 위해 혼전하는 틈을 타 퉁장(通江), 난장(南江), 바중(巴中)을 중심으로 하는 촨산근거지를 설립했다. 그리고 1933년 2월에 차례로 중공 촨산성위원회와 소비에트정부가 수립됐다.

쓰촨의 각파 군벌들은 홍군을 대처하기 위해 세력을 집중시켰다. 그러고는 잠시 양해를 구하고 혼전을 중지했다. 1933년 1월, 장제스는 군벌 톈숭요(田頌堯)를 촨산변구의 '비적토벌' 도독으로 위촉했다. 2월 중순, 톈숭요는 부대를 거느리고 세 갈래로 나누어 촨산근거지를 공격하고 한때 난장, 바중(巴中), 퉁장(通江)을 점령하기도 했다. 홍군 제4방면군은 "진지를 점진적으로 축소"하는 작전방침을 취하고 5월 하순부터 반격을 가했다.

그리하여 6월 중순에 이르러 적의 공격을 무찌르고 모두 1만여 명을 생포했으며 원래의 근거지를 회복하고 확대했다. 7월, 홍군 제4방면군은 4개 사단에서 4개 군으로 확대, 개편되어 도합 4만여 명에 달했으며 쉬샹첸이 총지휘를 맡고 천창호(陳昌浩)가 정치위원을 맡았다. 이때의 촨산근거지는 북쪽으로는 바산(巴山), 남쪽으로는 이룽(儀隴)에 닿았다. 그리고 동쪽의 완위안(萬源)에서부터 서쪽의 창시(蒼溪)와 광위안(廣元)에 이르렀으며 인구는 200만여 명에 달했다. 8월부터 10월까지, 홍군 제4방면군은 이룽과 난부(南部) 사이, 잉산(營山)과 취현(渠縣) 사이, 쉬안한(宣漢)과 다현(達縣) 사이에서 세 차례의 전장을 일으켰다. 그들은 2만 명에 가까운 쓰촨 지방군벌 부대를 섬멸하고 일부 새로운 지구를 개척했다. 10월 말, 왕웨이저우(王維舟)가 영도하는 촨둥(川東)유격군을 홍군 제33군으로 확대 개편하고 왕웨이저우를 군장으로, 양커밍(楊克明)을 정치위원으로 삼았다. 그리하여 홍군 제4방면군은 산하에 5개 군, 15개 사단, 40여 개 퇀을 뒀고, 그 수는 약 8만 명에 달했다.

장궈타오는 당시 중공중앙 대표와 시베이 혁명군사위원회 주석의 신분을 겸한 최고 지휘자였다. 그는 국민당의 통치와 쓰촨군벌의 공격에 반하는 전술을 이어나갔으며 "진지를 축소"하는 작전방침에 찬성했다. 더불어 대중을 동원하여 토지혁명을 진행하는 데도 동의했다. 하지만 그는 임시 당중앙의 모험주의와 패배주의 방침을 관철시키고 집행하여 많은 '좌'성향의 정책도 함께 실시했다. 그는 토지혁명에서 지주들을 죽이고 부농의 경제적 지위도 제거했다. 그리고 중농에게 손해를 끼치고 상공업자들의 재산을 몰수했다. 그는 군사적 측면에서 정규군만 필요로 하고 지방군을 필요로 하지 않았다. 그는 또 지방무장을 홍군 규모를 확대하는 수단으로 간주했다. 그래서 매 전투 시 '송두리째' 없애버리는 그릇된 방법으로 지방무장을 홍군 주력에 편입시켰다. 통일전선사업에서 그는 계속해 하층 통일전선만을 필요로 하는 방침을 택했으며 상층 인물과 통일전선관계를 맺는 것을 거부했다. 모종의 통일전선관계를 맺었다가도 멋대로 관계를 파기하기도 했다. 반혁명분자 숙청투쟁에서 장궈타오는 극심한 주관주의와 군벌주의 경향을 보였다. 반혁명분자 숙청으로 경험이 있고 능력이 있는 간부들이 박해를 받았다.

다행이도 쾅지쉰(曠繼勳), 쩡중성(曾中生), 쉬샹첸 등이 장궈타오의 잘못에 대해 여러 가지 저지하는 행동과 투쟁을 진행했다. 그들은 당의 민주혁명강령에 의거하여 많은 유익한 사업을 함으로써 장궈타오로 인한 피해를 줄일 수 있었다. 그러나 장궈타오는 '적과 내통한다'는 등 터무니없는 죄목을 씌워 홍군 제4군 군장 쾅지쉰을 살해했으며 시베이 혁명군사위원회 참모장 쩡중성을 체포하고 장정 도중 비밀리에 살해했다.

1933년 11월, 쓰촨군벌 류샹(劉湘)은 20만 병력을 집결시키고, 갈래로 나뉘어 진군하고 함께 공격했다. 이어 자신감 넘치는 전술로 진을 쳐가며 촨산 근거지를 포위하고 공격했다. 홍군 제4방면군은 여전히 "진지를 축소"하는 작전으로 적의 유생세력을 대거 섬멸했다.

1934년 9월에 이르러서는 적군 2만여 명을 생포하고 총 3만여 자루를 빼앗았으며 적의 포위공격을 완전히 무찔렀다.

샹어촨첸(湘鄂川黔) 등 근거지의 개척

홍군 제3군은 샹어시 근거지에서 퇴각한 이후 샹어촨변구에서 전전하면서 근거지를 창설하려고 몇 번이나 시도했다. 그러나 모두 성공하지 못했다. 1933년 12월, 중공 샹어시 중앙분국은 후베이 셴펑(咸豊)현 다춘(大村)에서 회의를 열고 "샹어촨첸 신소비에트구역을 창설하자"는 구호를 제기했다. 1934년 그들은 구이저우(貴州) 동부로 진군하는 도중에 샤시, 관샹잉(關向應), 허룽(賀龍), 루둥성(盧冬生)으로 구성된 중화소비에트공화국 샹어촨첸변구 혁명군사위원회를 설립했다. 1934년 5월부터 7월 사이에 홍군 제3군은 구이저우 동부에 진입하여 구이저우의 옌허(沿河), 인장(印江), 더장(德江), 쑹타오(松桃)와 쓰촨의 유양(酉陽, 현재 충칭시에 속함)을 포함한 첸둥특구 근거지를 개척했다. 8월, 샹어시 분구에서는 홍군 제3군이 첸둥특구 근거지를 튼튼히 하고 발전시켰다. 한편 동쪽으로 후난 서부를 떠나 샹어촨변구에서 옛 근거지를 회복하고 새로운 근거지를 개척하여 샹어촨첸 근거지에서 대국면을 조성했다.

1934년 여름, 샹간 근거지 홍군의 반'포위토벌' 작전이 곤경에 처했다. 7월 23일, 중공중앙과 중앙혁명군사위원회는 홍군 제6군단에 명령하여 샹간 근거지를 떠나 후난 중부로 옮기라고 했다. 그리고 유격전쟁을 벌이면서 홍군 제3군과 연락을 취하라고 지시했다. 런비스(任弼時), 샤오커(蕭克), 왕전(王震)으로 구성된 군정위원회는 8월 7일 홍군 제6군단 9,700여 명을 거느리고 전략적 이동을 시작했다.

10월 24일 홍군 제3군 주력과 구이저우성 인장현의 무황(木黃)에서 제6군단과 합류하고 그날 밤으로 쑹타오현의 스량(石梁)으로 이동했다. 10월 26일, 쓰촨 유양현 난요제(南腰界)에서 합류경축대회가 열렸다. 두 부대가 합류한 이후 상부는 즉각 부대를 통합개편하고 간부를 통일적으로 배치했다. 홍군 제3군은 홍군 제2군단의 번호를 회복하고 허룽이 군단장을, 런비스가 정치위원을, 관샹잉이 부정치위원을 맡았다. 그리고 샤오커, 왕전은 여전히 홍군 제6군단 군단장, 정치위원을 맡았다. 홍군 제2군단 군단부는 총지휘부를 겸하고 두 군단의 행동을 통일적으로 지휘했다. 이와 동시에 중공 첸둥특별위원회를 설립하고 첸둥독립사를 재편성했다.

홍군 제2, 제6 군단은 합류한 후 런비스, 허룽, 관샹잉 등의 영도 아래 일치단결하여 샹시의 융순(永順), 바오징(保靖), 룽산(龍山), 쌍즈(桑植), 다융(大庸) 등지로 진군했다. 그들은 11월 7일, 샹시 융순현을 점령하고 융순현 이북의 룽자짜이(龍家寨)에서 샹시군벌 천취전(陳渠珍)의 3개 여단 2,000여 명을 생포했으며 대량의 군수 물자를 획득했다.

이 승리는 홍군 제3군이 샹어시 근거지를 떠나 홍군 제6군단과 서정(西征·서쪽 정벌)한 이래 어려운 국면을 돌려세운 중요한 전환점이 되었다. 더불어 샹어촨 근거지가 형성되고 발전하는 데 유리한 여건을 만들어 주었다. 11월, 중공중앙의 전보 지시에 따라 런비스를 서기로 한 중공 샹어촨첸 임시 성위원회와, 허룽을 사령원으로 하고 런비스를 정치위원으로 한 샹어촨첸성군구를 설립했다. 이와 동시에 중화소비에트공화국 샹어촨첸성혁명위원회를 설립하고 허룽을 주석으로, 샤시와 주창칭(朱長淸)을 부주석으로 위촉했다. 1935년 1월에 이르러 샹어촨첸 근거지는 어느 정도 규모를 갖추게 됐다. 2월, 중공중앙의 지시에 따라 허룽을 주석으로, 런비스, 관샹잉, 샤시, 샤오커, 왕전 등을 위원으로 한 군사위원회 분회가 설립됐다.

민둥(閩東)근거지도 이 기간에 창설됐다. 대혁명이 실패한 후, 중공 푸젠성위원회와 푸저우 중심시위원회는 차례로 덩쯔후이(鄧子恢), 타오주(陶鑄), 예페이(葉飛), 쩡즈(曾志) 등을 푸젠 동부에 파견했다. 그러고는 농민대중을 동원하여 무장투쟁을 벌이면서 각급 당 조직을 창립했다. 1933년 하반기, 국민당이 대병력을 집결시켜 중앙 근거지에 대한 제5차 '포위토벌' 작전을 발동했는데 푸젠 동부의 압력을 덜어주었다. 푸젠 동부의 당 조직은 이 기회를 이용하여 전국적인 무장폭동을 일으켰다. 공산당은 이에1934년 2월에 민둥(閩東) 소비에트정부를 세우고 6월에 중공 민둥 임시 특별위원회를 설립하여 푸젠 동부의 투쟁을 통일시켜 영도했다. 9월, 1,600여 명으로 구성된 홍군 독립사가 결성됐다. 그들은 사족, 한족 인민과 함께 힘들게 투쟁하여 푸젠 동부 각 현의 크고 작은 근거지를 한데 이어놓았다. 그리고 푸안(福安), 롄장(連江)을 중심으로 면적이 1만여 제곱킬로미터에 달하고 인구가 100만 명이나 되는 근거지를 형성했다. 그러고는 근거지 내에서 토지혁명을 진행했다.

4. 혁명 근거지의 건설

정권 건설

혁명의 근본적인 문제는 정권 문제이다. 중국공산당은 혁명 근거지를 건설하는 과정에서 정권 건설에 각별한 중요성을 부여했다. 그리고 근거지의 정권 건설에 대해서는 일정한 발전과정을 거쳤다. 공산당은 초기에 향, 구, 현 임시 정권기구인 혁명위원회를 창립하고 조건이 구비된 후에는 각급 노농병대표대회를 소집하여 각급 소비에트정부를 세웠다.

중화소비에트 제1차 전국대표대회에서 창건된 소비에트공화국은 각급 노농병대표대회제도를 실시했다. 각급 노농병대표대회를 소집하고 노동자, 농민 대중을 정권에 참여시켜 자신의 민주권리를 행사하도록 교육했다. 이런 제도는 인민대중이 이익을 얻도록 만들고 그들의 요구를 구현하도록 했다.

노농병대표대회는 향(진), 구, 현, 성 및 전국 5개 급별로 나뉘었다. '중화소비에트 공화국 헌법 대강'은 소비에트공화국 공민(인민)은 직접 대표를 뽑고 그 대표를 파견한다고 했다. 파견된 대표는 각급 노농병대표대회에 참가시켜 국가와 지방의 모든 정치 사무를 논의, 결정한다고 규정했다. 이 규정에 따르면 조건에 부합되는 선거인들이 일정한 비례에 따라 향 노농병대표대회 대표를 직접 선출하게 돼있다. 그리하여 향 노농병대표대회를 구성하고 향 소비에트정부 구성원을 선출한다. 구, 현, 성 노농병대표대회는 모두 하일급 대표대회에서 일정한 비례에 맞추어 뽑은 대표들로 구성하며 구, 현, 성 소비에트정부 구성원을 선출한다. 중화소비에트 전국대표대회는 각성 노농병대표대회에서 뽑은 대표들로 구성하며 중화소비에트공화국 중앙정부 구성원을 선출한다. 각급 노농병대표대회 폐회 기간에는 선출된 각급 집행위원회에서 권력을 대행하고 각급 노농병대표대회에 대해 책임진다. 노농병대표대회제도는 이와 같이 민주 선거에 기초를 두고 생성됐다. 당은 노동자, 농민, 근로대중이 자기의 의지와 이익을 대표할 수 있는 대표들을 뽑게 했으며 이로 그들을 정권에 참여 가능케 했다. 또한 민주의 기본 원칙을 따라 민주집중제를 구현했다.

1931년 11월부터 1934년 1월까지, 중앙 근거지는 세 차례의 민주 선거를 진행했다. 소비에트정부는 선거법 세부원칙을 반포하여 근거지 인민들이 선거권과 피선거권을 행사하도록 보장하고 선거사업을 차질 없이 추진시키고자 했다. 이 세칙은 노농병대표대회 대표 선출 방법, 선거단위, 대표의 임기, 선거인을 향한 정기적인 업무보고 및 선거인의 대표자격 상실 권리 등에 대해 명확히 규정했다. 선거 때 지방에서 선거에 참가한 인원은 선거인 총인원수의 80% 이상을 점유했다. 일부 지방에서는 90% 이상을 차지하기도 했다. 여성은 남성과 평등한 권리를 가졌으며 정부 대표 중에서 여성 비율이 20% 이상을 차지했다. 예를 들면 푸젠 상항(上杭)현 차이시(才溪)향에서 1932년 10월 선거를 진행할 때 53명 대표 중 여성이 16명으로 30%를 점유했다.

임시 중앙정부는 지방의 정권 수립에도 큰 관심을 가졌다. 1931년 과 1933년에 차례로 '지방 소비에트정부 잠정 조직조례', '중화소비에트공화국 지방 소비에트 잠정 조직법(초안)'을 반포했다. 1931년 11월 이후, 중앙 근거지 범위내만해도 장시, 푸젠, 민간(閩贛), 웨간(粤贛), 간난(贛南) 등지에서 성소비에트정부를 설립하고 1935년 1월에는 차례로 250여 개 현급 소비에트정부를 세웠다. 기타 지구에서도 차례로 샹간, 샹어간, 민저간[閩浙贛, 원 간둥베이(贛東北)], 어위완, 샹어시, 촨산, 민둥(특구), 샹어촨첸(성혁명위원회), 산간변구(陝甘邊·특구)와 산베이(陝北), 다진(大金) 등 성급(또는 성급에 해당) 소비에트정부를 세웠다.

각급 소비에트정부에서는 효율성이 비교적 높았다. 임시 중앙정부 각 부(部)는 부장을 포함하여 3명 내지 5명밖에 안 됐으며 큰 부라고 할지라도 8, 9명에 불과했다. 인민위원회에서 정기 회의를 하면 적어도 반나절, 길어야 하루를 초과하지 않았다. 논의를 하면 결의를 하고 결의를 하면 무조건 집행하여 그 과정이 신속하고 효과적이었다. 지방 소비에트정부 기구와 공무원에 대해 임시 중앙정부는 관련 조례를 반포했다. 조례는 향소비에트정부에 직장을 떠나지 않는 공무원을 3명,

도시(현소비에트정부 소재지) 소비에트정부에 19명, 구소비에트정부에 15명, 현소비에트정부에 25명, 성소비에트정부에 90명 배치한다고 명확히 규정했다. 집계에 의하면 1933년 가을, 중앙 근거지 관할 아래 있는 장시, 푸젠, 민간, 웨간 등 4개 성, 모두 60개 현의 2급 정부는 간부가 약 1,800명에 달했다. 반면 향급 소비에트정부는 간부가 1만 명 정도밖에 되지 않았다. 임시 중앙정부는 소비에트정부 공무원들의 자질을 높이기 위해 훈련반을 꾸려 여러 차례 현, 구, 향 간부를 훈련시켰다. 마르크스 공산주의학교와 소비에트대학에서도 각급 소비에트정부를 위해 많은 간부들을 양성했다.

임시 중앙정부는 사법건설에도 큰 중요성을 인식하고 소비에트국가의 근본법, 행정법규, 형법, 민법, 혼인법, 경제법 등 120여 부의 법률, 법령을 반포했다. 그리하여 계급성과 시대적 특징이 뚜렷한 법률체계를 수립했다. 소비에트정부는 또 사법기구를 세워 비교적 완벽한 사법기구시스템을 형성했다.

그들은 중앙에 사법인민위원부, 국가정치보위국, 노동자농민검찰부와 최고법원을 설립했다. 그리고 지방에 재판부, 국가정치보위분국, 노동자농민검찰부를 설치하고 군대에 군사재판소도 설치했다. 이 밖에 노동감화원을 설치하여 범인에 대해 감화개조를 실시하고 노동법정을 설치하여 노동분쟁을 처리했다. 또한 노동법의 실시를 보장하여 노동자의 합법적 권익을 수호했다. 근거지에서는 사법건설을 통하여 사법 간부들을 양성했다. 중앙 근거지에만 해도 사법업무에 종사하는 간부가 2,000여 명에 달했다. 소비에트 사법업무의 수립과 전개는 소비에트정권을 공고히 하고 발전시키는 데 중요한 기여를 했다.

각급 소비에트정부는 청렴에도 큰 관심을 가졌다. 그리하여 근거지 정권기관 공무원의 부패와 관련한 사항에는 시종일관 냉철한 처리방침을 견지했다. 임시 중앙정부는 설립된 후 부정부패 척결을 중요한 투쟁과업으로 삼았다. 그래서 이를 의사일정에 올려놓고 사법감독, 당과 정부의 감독, 감사감독, 여론감독, 대중감독을 포함한 감독 메커니즘을 수립했다. 임시 중앙정부와 장시성 소비에트정부는 차례로 여러 건의 탐오(욕심이 많고 하는 짓이 더러움), 낭비 사건을 조사하고 부패한 자를 엄벌에 처했다. 소비에트정부는 부정부패 척결투쟁을 강력히 벌여 근거지 인민의 지지와 옹호를 받았다.

소비에트 정권 아래에서 노동인민은 정치적 신분을 바꿔 나라의 주인이 됐다. 그들은 봉건 생산관계의 속박과 국민당 정권 통치의 여러 가지 착취에서 벗어나 경제생활도 뚜렷이 향상됐다. 소비에트정권은 인민에게 유익한 많은 일을 하였다. 그리하여 광범위한 인민의 옹호를 얻었다.

대중은 앞 다퉈 참군, 참전하고 생산력을 향상시켜 혁명전쟁을 적극 지원했다. 그들은 소비에트정권을 보위하는 것을 자신의 책임으로 여겼다. 중국 혁명전쟁을 장기간 이어갈 수 있고 홍군이 국민당 군대의 군사 '포위토벌'을 무찌를 수 있었던 근본적인 요소 중 하나는 바로 인민대중의 열성적인 옹호와 전폭적인 지원이었다.

중국 혁명은 농촌에서 도시를 포위하고 무력으로 정권을 탈취하는 길을 선택했다. 그래서 중국공산당은 전국의 정권을 탈취하기 전에 우선 기층 정권을 수립했다. 그러고 나서 중앙정권을 수립하고, 분산에서 집중으로, 국부에서 전국으로 나아가는 발전의 길을 걷게 된 것이다. 더불어 각 근거지는 중국공산당 인사에게 위대한 실천을 위한 진지를 제공해 주었다. 당이 영도하는 근거지 정권 건설은 인민정권의 길을 개척하는데 중요한 요소였다. 이는 중국공산당이 나라를 잘 다스려 백성을 편안하게 하는 데 밑거름이 되었다.

근거지 정권 건설의 실천은 당, 국가와 군대를 다스리는 수많은 영도간부와 각 분야 인재를 양성해냈다. 임시 중앙정부 집행위원회 주석 마오쩌둥의 인솔 아래 중앙정부 각 부처 및 각 성, 현, 구, 향의 많은 간부, 특히 영도간부들은 근거지 건설에 최선을 다했다. 그들은 수고를 마다하지 않고 실속 있게 사업했다. 그러면서 청렴하고 결백하며, 효율적으로 일하면서 유능함을 보여주어 좋은 본보기가 되었다. 그들은 희생을 두려워하지 않고 사심 없이 당 활동에 임했다. 그리고 대중과의 연계를 밀접히 하여 백성을 위해 일 하는 아름다운 전통과 기풍을 수립했다. 지덕을 겸비하고 분발 정진하며 전심전의로 인민을 위해 봉사한 위의 간부들은 훗날 항일전쟁과 전국해방전쟁의 영도 핵심으로 우뚝 성장한다.

경제건설

근거지 군민들은 군사 '포위토벌'을 무찌르는 한편, 경제봉쇄를 타파하기 위해 끊임없는 투쟁을 벌여 왔다.

군사 '포위토벌' 작전과 경제봉쇄는 국민당 당국이 근거지 군민에 대처하는 두 가지 주요한 수단이었다. 군사 '포위토벌'작전은 '사살정책'이었고 경제봉쇄는 '아사정책'이었다. 공산당은 이러한 상황에서 근거지 경제건설을 적극 추진해야 했다. 그래야만 적의 봉쇄를 타파하고 인민들의 생활을 안정시켜 개선할 수 있었다. 아울러 반'포위토벌' 투쟁에 튼튼한 대중적 기반과 필요한 물질적 조건을 마련해 줄 수 있었다.

홍군이 반'포위토벌' 작전에서 승리하면서 근거지의 농업, 공업, 상업, 교통, 재정과 금융 등 경제사업도 회복되고 발전됐다. 하지만 1931년부터 임시 당중앙의 일부 '좌'경 정책이 근거지에서 실시됐다.

이와 동시에 국민당 군대가 근거지에 대한 봉쇄를 강화하여 1933년 봄, 여름에 이르러 중앙 근거지와 기타 일부 근거지에서는 경제생활이 악화되는 국면이 나타났다. 상공업이 쇠락하고 일용 소비품(주로 식염, 천, 약품)이 극히 부족해졌다. 가격은 폭등했으며 딩저우(汀州), 상항(上杭), 위두(雩都), 루이진 등 현을 비롯한 일부 지방들에서는 식량부족으로 인해 기근이 발생했다. 이러한 상황에서 임시 당중앙은 소비에트 임시 중앙정부에 조치를 취하여 일부 경제정책을 조절하고 경제사업에 대한 영도를 강화할 것을 요구했다.

1933년 2월 26일, 소비에트 임시 중앙정부는 중앙, 성, 현 3급 정부에 국민경제부를 설치하기로 결정했다. 인민위원회는 또 중앙 근거지에서 두 차례의 경제건설대회를 열었다. 첫 번째 회의는 8월 12일부터 15일까지 루이진에서 열린 남부 17개 현 경제건설대회이다. 두 번째 회의는 8월 20일부터 23일까지 보성(博生·즉 닝두)현에서 열린 북부 11개 현 경제건설대회이다. 마오쩌둥은 남부 17개 현 대회에서 "적군의 5차 '포위토벌' 작전 분쇄 및 소비에트 경제건설 과업"이란 제목으로 보고를 했다.[190] 그는 거기서 전쟁 환경에서 경제건설의 중요성을 역설했다. 두 차례 대회의 진행과 각급 정부에 대한 구체적 지시를 통해 근거지에 유례없던 대중적인 경제건설 붐이 일어났다. 그리고 점차 제반 건설사업이 전개되기 시작했다.

근거지의 경제는 농업경제였으므로 경제건설의 최우선 과업 역시 농업생산을 대폭 발전시키는 것이었다. 소비에트정부는 근거지의 생산력이 심하게 저하된 현황을 알게 됐다. 또한 농촌의 수많은 청장년들이 홍군에 참가했기 때문에 '일하는 소'가 극히 부족한 상황이었다.

---

190 〈마오쩌둥선집〉제1권에 기재된 '경제사업에 주의를 돌리자'는 보고의 일부분이다.

그래서 소비에트 정부는 노동력을 조직적, 계획적으로 사용하기 위해 대중을 동원하여 호조합작운동(互助合作運動)을 벌였다. 예를 들어 1933년에 싱궈(興國)현 창강(長岡)향에는 촌마다 노동호조사가 있었는데 전 향의 사원이 300여 명에 달했다.

1934년 5월, 루이진현은 호조사 사원이 8,987명, 싱궈현은 5만 1,700여 명, 창팅(長汀)현은 6,717명에 달했다. 소비에트정부는 광범위한 농민을 동원하여 일소합작사 또는 일소중심을 설립했다. 그리고 지주에게서 토지를 몰수하거나 자금을 모아 구매한 일소를 전체 사원의 공동 소유로 바꿨다. 그리하여 농가들의 밭 소유 량에 따라 토지를 사용하게 했다. 소비에트정부는 또 농업에 투자를 늘리게 하여 농민들을 조직하고 황무지를 개간하는 등 수리 공사를 했다. 1933년, 장시, 푸젠, 웨간, 민간 4개 성에서 21만 섬의 황무지를, 민저간성에서는 11만 섬의 황무지를 개간했다. 간난민시(贛南閩西) 지역은 알곡생산량이 1932년에 비해 1933년에는 15% 증가했다. 민저간 지역에서는 거의 20%나 증가했다. 촨산 근거지에서도 풍작을 거두었다.

근거지의 공업 생산은 주로 수공업 생산이었다. 소비에트정부는 개인 수공업 생산을 권장하고 발전시키는 동시에 수공업 생산합작사에 대한 영도를 강화했다. 집계에 의하면 1934년 2월에 이르러 중앙 근거지의 싱궈, 성리(勝利·위두 북부에 위치), 간현(贛縣) 등 17개 현에는 수공업합작사가 176개, 사원이 3만 2,700여 명 있었다. 출자금은 5만 500여 위안에 달했다. 수공업합작사 외에도 국영 군수공업과 공장, 광산 기업도 세웠다.

중앙혁명군사위원회 직속의 관톈(官田)무기공장은 최초 노동자 수가 60~70명이었다. 그러나 1933년에 이르러는 400여 명에 달했다. 루이진 치바오(七堡)에 세운 중앙이불공장은 노동자가 700여 명, 재

봉틀이 100여 대에 달했다. 중앙텅스텐회사 산하에 톄산룽(鐵山壟),
판구산(盤古山), 샤오룽(小壟) 등 광산이 있었는데 연간 생산량이 약
1,800톤, 노동자가 약 5,000명에 달했다. 그리고 산하에 또 중앙인쇄
공장, 중화상업회사 제지공장, 루이진방직공장 등이 있었다. 기타 근
거지의 수공업 생산도 비교적 빠른 발전을 이룩했다. 촨산 근거지는
퉁장, 난장, 바중 등지에 무기공장, 이불공장, 방직공장 등을 세웠다.

대외무역을 발전시키는 것도 근거지 경제사업의 중요한 내용이었
다. 근거지의 대외무역이라 함은 국민당 통치구역과의 무역을 말한
다. 1933년 2월, 소비에트 임시 중앙정부는 국민경제부 산하에 대외
무역국을 두기로 결정했다. 그 뒤로 국민당 통치구역과 인접한 일부
현에서도 대외무역분국, 구입처, 대행처 또는 구입소 등을 세웠다. 정
부는 개인 무역을 권장하기 위해 일부 생활용품과 군수품에 대해 세
금을 줄이는 방안도 시행했다.

이 밖에 근거지의 재정, 금융, 체신, 교통 등 사업도 꾸준히 건설, 발
전됐다. 근거지의 경제건설은 극히 험난한 전쟁환경에서 당이 영도한
창의적인 사업이었다. 각고의 노력 끝에 각 근거지에는 반식민지 반
봉건 사회의 경제와 전혀 다른 신민주주의 경제의 초기 형태가 등장
했다. 마오쩌둥은 1934년 1월에 열린 제2차 전국소비에트대표대회
에서 중앙집행위원회와 인민위원회를 대표하여 보고했다.[191] 그는 근
거지의 경제건설 경험을 총화하고 경제건설의 방침, 정책을 진술했
으며 신민주주의 경제사상의 몇 가지 원칙을 다음과 같이 논술했다.

첫째, 소비에트정부의 경제정책의 원칙은 가능하고 필요한 경제방
면의 건설을 진행한다. 그리고 경제세력을 집중하여 전쟁에 공급하며

191 〈마오쩌둥선집〉 제1권에 기재한 '우리의 경제정책', '대중의 생활에 관심을 돌리며 사업방법
    에 주의를 돌리자'는 각각 그가 이번 대회에서 한 보고와 결론의 일부분이다.

대중의 생활을 최대한 개선한다. 또한 경제방면의 노동자, 농민과의 연합을 단단히 하여 농민에 대한 무산계급의 영도를 보장하고 개인경제에 대한 국영경제의 영도를 실현한다. 그리하여 미래에 사회주의로 발전하는 전제를 조성하는 것이다.

둘째, 근거지 경제건설의 중심은 농업생산과 공업생산을 발전시키며 대외무역과 합작사를 발전시키는 것이다. 당시 농업생산을 발전시키는 것은 경제건설의 최우선 사업이었다.

셋째, 근거지의 경제 사업은 국영사업, 합작사사업과 개인사업 등 세 가지로 나뉜다. 개인경제에 대해서는 정부의 법적 범위에 한해서는 행위를 저지하지 않는다. 오히려 적극적으로 임하라고 장려했다. 합작사경제와 국영경제가 서로 어울려 장기간 발전을 이룬다면 경제 방면에 있어 큰 세력이 될 것이며 개인경제에 있어서도 지도적 지위를 차지하게 될 것이다.

넷째, 근거지 재정정책의 기본방침은 국민경제를 발전시켜 재정수입을 늘리고 재정 지출을 줄이는 것이다.

다섯째, 근거지 대외무역 방침은 먼저 자급하고 그다음에 수출하는 것이다. 또한 국가가 식염과 천의 수입, 식량과 텅스텐의 수출 및 내부에서의 식량 조절 등 몇 가지 필요한 상품유통을 직접 경영하는 것이다.

여섯째, 소비에트정부의 공무원은 반드시 대중의 고통을 헤아리고 성심성의껏 대중의 이익을 도모해야 한다. 그뿐만 아니라 대중의 생산 활동과 실제적 생활 문제(토지, 노동, 의식주, 생활필수품 등 문제)를 해결해야 하며 대중을 외면한 관료주의, 명령주의 등의 업무 방식과 기풍은 도외시해야 한다.

그 전에 제1차 전국 소비에트대표대회에서 통과된 '중화소비에트공화국 노동법'은 노동계급과 기타 노동인민의 이익을 위한 것이었다. 그러나 그 가운데 중국의 실제, 특히 농촌의 실제를 이탈한 '좌'적 내용이 적지 않았다. 1933년 초, 장원톈(張聞天), 천윈(陳雲)이 중앙 근거지에 온 후 이런 점을 발견하고 수정안을 내놓았다.

3월 28일, 인민위원회는 회의를 열고 논의를 거쳐 노동법을 수정하기로 결정했다. 천원은 소비에트구역 중앙국 기관지 〈투쟁〉에 "소비에트구역 노동자들의 경제투쟁"을 기고해 다음과 같이 지적했다. "이런 '좌'적 오류는 노동계급의 각오와 적극성을 불러일으킬 수 없을 뿐더러 소비에트구역의 경제발전에도 불리하다" 장원톈도 〈투쟁〉지에 "5.1절과 '노동법' 집행의 검열"이란 글을 발표하여 "대도시에서 대량생산을 위해 세운 '노동법'을 경제가 낙후한 소비에트구역에서 완전히 기계적으로 집행해서는 안 되며", 실제상황에 따라 수정하고 보충해야 한다고 지적했다. 그 해 10월 15일, 중앙집행위원회는 노동법에 관한 결의를 재차 반포하여 원 노동법의 실제에 적합하지 않은 조항을 수정했다.

문화 교육 사업의 발전

근거지 군민(軍民)은 정권 건설과 경제건설을 진행했다. 그들은 극히 빈약한 물질적 조건 아래서도 어려움을 이겨내고 문화 교육 건설을 진행하여 큰 성과를 거두었다. 근거지 교육사업 중 한 가지 중요한 사업은 바로 간부들에 대한 교육이었다. 중앙 근거지는 1933년 3월에 마르크스공산주의학교를 설립해 주로 당, 정부, 공회의 간부를 양성했다. 1932년 이후, 차례로 루이진레닌사범학교, 중앙레닌사범학교, 장시 제1단기사범학교, 레닌공청단학교, 직원운동고급훈련반, 중앙농업학교, 고리키희극학교 등을 설립해 각 분야 간부와 기술인재를 양성했다. 노동자, 농민들의 문화수준을 향상시키기 위해 소비에트정부는 야간학교, 반일학교, 식자반(識字班·글자를 배우기 위하여 조직한 반)을 꾸리고 식자 패, 벽보를 만들었다.

그리고 간행물을 창간하고 희극을 창작, 공연하는 등 여러 가지 방법을 구사했다. 집계에 의하면, 1934년 3월 중앙 근거지에는 레닌소학교가 3,199개에 이르렀고 학생이 10만 명 정도 있었다. 보습학교는 4,562개였고 학생이 약 8만 8,000명 있었다. 그리고 식자소조가 2만 3,000여 개 있었는데 참가자만 해도 약 12만 명에 달했다.

그뿐만 아니라 클럽이 1,900여 개 있었는데 고정 회원만 9만 3,000여 명에 달했다. 야간학교 학원 가운데서 여성은 상당한 비중을 차지했다. 싱궈현 창강향의 야간학교에서는 여학생이 70%를 점유했다.

각 근거지 신문출판사업도 점차 발전되어 많은 신문, 잡지가 창간됐다. 1934년 1월, 중앙 근거지에는 크고 작은 간행물이 34가지에 달했다. 그중 〈홍색중화〉는 발행부수가 가장 많을 때에는 4만여 부에 달했다. 발행부수가 가장 많을 때에 각각 〈청년실화〉는 2만 8,000여 부, 잡지 〈투쟁〉은 2만 7,000여 부, 〈홍성〉보는 1만 7,300부를 인쇄했다. 1931년 11월 7일, 근거지의 첫 번째 뉴스통신사—홍색중화통신사가 설립됐다. 근거지의 혁명 문예생활도 활기를 띠었다. 노농극사, 란산퇀(藍衫團), 클럽 등은 자주 문예 오락 활동을 벌여 인민대중의 환영을 받았다.

란산퇀(藍衫團)

토지혁명전쟁 시기 중앙혁명 근거지의 주요 극단 중 하나. 1933년 4월에 장시 루이진에서 설립, 주로 마당극을 공연했는데 공연 시 연기자들이 파란 적삼을 입어 란산퇀이라 불렸다

근거지의 문화 교육 사업은 토지가 척박하고 백성이 가난하며 문맹이 많고 전쟁이 빈번한 환경에서 점차 발전돼 왔다. 수많은 당의 간부와 지식인들이 문화 교육 사업의 개척과 발전에 큰 기여를 했다.

당의 건설

당은 각 근거지 내에서 내부건설을 한층 더 강화했다.

근거지에서는 당중앙위원회 제6기 제3차 전원회의의 결정에 따라 당의 각급 영도기구를 창립했다. 1931년 1월, 중공 소비에트중앙국이 장시 닝두 샤오부(小布)에서 정식으로 설립됐다. 당시 서기로 임명된 저우언라이가 상하이에서 사업했기 때문에 샹잉이 그 직을 대행했다. 그 해 4월 중앙대표단이 도착한 후 중앙국 각 업무부처가 점차 제자리를 잡아가기 시작했다. 12월 말, 저우언라이가 중앙 근거지에 돌아와 소비에트구역 중앙국 서기를 맡았다. 소비에트 중앙국 산하의 장시성위원회, 푸젠(민웨간)성위원회, 민간성위원회, 웨간성위원회, 간난성위원회가 연이어 설립되고 점차 굳건해졌다. 지방 특별위원회, 중심현위원회와 현, 구, 향의 당 조직도 창립, 굳건해졌다. 각급 당의 영도기구가 창립, 굳건해짐에 따라 근거지에서의 당의 건설이 한층 더 강화됐다.

당의 각급 영도기관을 창립하고 굳건히 하며 근거지 제반 업무를 전개하는 데는 많은 간부들의 도움이 필요했다. 근거지 당 조직은 간부 대열건설에 특별한 관심을 가졌다. 각급 당 조직은 신념이 확고하고 실제 투쟁에서 적극적이고 용감하며 업무능력이 뛰어난 당원을 과감히 선발했다.

그 후 당의 영도기관에 배치했다. 당 조직은 각급 간부, 특히 새로 발탁된 간부들이 투쟁 속에서 직접 단련하게끔 만들었다. 그리하여 그들의 사상, 정치 수준과 업무능력을 끊임없이 성장하게 했다. 단기훈 련반의 주요 과목에는 정치상식, 당의 건설, 소비에트 건설, 실습 등 이 있었다. 당 조직은 일상적인단기 훈련반을 꾸리는 것 등 외에도 여 러 간부학교를 세워 비교적 체계적인 마르크스-레닌주의 교육과 여러 가지 전문지식교육을 가르쳤다. 예를 들면 소비에트 중앙국은 1932 년 봄에 당학교(공산당학교, 이하 당교)를 세워 현, 구급 간부를 중점 적으로 훈련시켰다. 위와 같은 과정을 통해 당 조직은 대량의 간부와 각 분야 인재를 셀 수 없을 정도로 많이 양성했다.

기층 당 조직의 건설은 당 발전의 토대가 됐다. 각 근거지 당의 영 도기관은 기층 당 조직을 창립하고 그들의 역량을 발휘시키는 데 시 선을 돌렸다. 1931년 겨울 이후, 중앙 근거지는 향을 단위로 하여 당 지부를 설립하고 촌에 당의 소조를 세웠다. 당원이 비교적 많은 지방 에서는 향당지부 산하에 촌을 단위로 하거나 몇 개 촌을 연합하여 당 의 분지부를 설립했다.

각급 소비에트 정권기관과 대중단체에서 근무하는 공산당원들은 단 독으로 혹은 연합하여 당지부를 세웠다. 그리고 근거지의 국영기업에 도 단독으로 당의 지부를 설립했다. 당은 이러한 기층조직을 통하여 당의 강령, 노선, 방침을 당원과 정부기관, 대중단체와 인민대중에게 관철시켰다. 근거지에서는 당 기층조직의 전투보루(전투에서 적을 막 는 구축물) 역할과 당원들의 선봉모범 역할을 통하여 갖은 어려움을 극복하고 홍군을 확대해 나갔다. 그리고 전선을 지원하고 참전하며 공 채를 구매하고 공농업 생산을 발전시켰다. 또한 식량, 경비를 절약하 는 등 사업을 순조롭게 수행했다.

당 조직의 창립, 발전과 더불어 당원 확대 사업은 중요한 사안이 되 었다. 1931년, 중앙 근거지의 세 차례의 반'포위토벌' 작전과 반혁명 분자 숙청 확대에 대한 잘못된 판단으로 당원 수가 다소 줄어들었다. 1932년 여름부터 1933년 가을까지 소비에트구역 중앙국은 중앙 근거지 범위 내에서 당원을 발전시키려는 운동을 몇 차례 일으켰다. 1932년 3월 말, 장시성의 당원은 2만 3,000여 명이었는데 1933년 4월에 이르러 6만 7,904명으로 급증하고 그해 가을에는 9만 7,451명으로 확대됐다. 1932년 3월, 푸젠성의 당원은 약 6,800명이었는데 1933년 6월에 이르러 2만 명으로 3배 증가했다. 1933년 6월 20일, 중공중앙이 국제공산당에 제출한 보고대강의 집계에 의하면 샹간 근거지 당원은 3만 명, 샹어간근거지에 5만 명, 간둥베이근거지에 3만 명, 샹어시 근거지에 2만 8,740명, 어위완 근거지에 2만 명이 있었다.

근거지가 농촌에 있었으므로 신규 가입한 당원은 거의가 농민 출신이었다. 1930년 간시난 근거지의 집계에 따르면 당원 가운데서 농민 출신이 80%, 인텔리와 소상인 출신이 10%, 노동자 출신이 10%를 차지했다. 1933년 5월, 당원 집중 발전 운동의 달에는 산업 근로자와 부농의 입당을 확대할 것을 거듭 강조했다. 하지만 신규 당원 중 노동자, 부농과 중노동자 출신은 겨우 28%밖에 안 됐으며 빈농, 중농, 인텔리, 소상인과 자유직업자가 72%를 점했다. 샹간 근거지의 1932년 9월 집계에 의하면 노동자, 수공업자, 중노동자, 점원, 부농 출신이 20.62%를, 빈농, 중농 출신이 74.43%를, 인텔리, 소상인, 독립 노동자, 자유직업자, 부농, 기타 출신이 1.95%를 점유했다. 이러한 상황에 비춰 볼 때 각지 당 조직은 사상건설 강화에 각별한 주안점을 두었다. 소비에트구역 중앙국 조직부, 선전부 및 홍군 총정치부 등 기관은 마르크스-레닌주의와 당의 기본지식을 알아듣기 쉬운 말로 쓰고 인쇄하여 도서를 발행했다. 예를 들어 홍군 총정치부가 1932년 1월에 편찬한 '신규 당원 훈련 대강'은 당의 주장, 조직, 규율, 과업 등에 대해 자세하게 설명했다. 중앙 근거지의 당 조직은 여러 가지 연구팀, 정치토론회, 단기 훈련반을 꾸리고 경연을 하는 등 활동을 통해 당원들을 대상으로 사상교육을 실시했다. 이러한 활동을 접하며 향유문화가 없거나 문화수준이 낮은 수많은 당원들이 혁명의 당위성을 알게 되었고 정치적 수준 역시 점차 높아지게 됐다.

근거지의 당 조직은 기풍건설을 각별히 중시했다. 당 간부들은 실제 경험을 본보기로 하여 연구를 진행했다. 마오쩌둥은 솔선수범하여 많은 농촌조사를 진행하고 여러 편의 조사연구보고서를 작성했다. 그리고 마르크스주의 입장, 관점과 방법을 적용하여 문제를 분석하고 해결했다. 그의 영향 아래 1929년부터 1932년 봄 사이 중앙 근거지 각급 당 및 정부, 군사기관에는 조사연구의 붐이 일기 시작했다. 그들은 이론을 실제에 연계시켜 우수한 기풍을 수립했다. 각급 당원간부들은 대중 속에 깊이 파고들어 대중의 염원과 걱정을 알아보고 성심성의껏 대중의 이익을 도모했다. 그러면서 대중과 밀접하게 연계하여 우수한 기풍을 양성했다. 극히 험난한 조건에서도 각급 당 조직과 소비에트 정부는 당원간부들을 대상으로 청렴결백하게 나라를 위해 일해야 한다는 교육을 강화했다. 그들은 효과적인 조치를 통해 부패를 엄벌하여 청렴결백을 숭상하고, 부패를 반대하는 올바른 기풍을 만들어 갔다. 당원간부들은 간고(가난하고 고생스러움)투쟁하고 청렴결백한 태도를 일삼아 자신을 절제해나갔다. 더불어 대중을 이끌고 어려움을 극복하여 대중의 환영을 받았다.

"소비에트구역 간부들은 기풍이 좋네, 스스로 건량을 준비하여 업무를 본다네. 낮에는 짚신을 신고 혁명하고 밤에는 산길을 걸어 빈농을 방문하네" 중앙 근거지에서 널리 퍼진 이 민요는 간부들의 훌륭한 기풍에 대한 인민대중의 칭찬을 남김없이 보여 주었다.

근거지 당 조직은 소비에트정권과 대중단체에 대한 영도를 강화했다. 그래서 각급 소비에트정권과 대중단체에 공산당, 공청단 조직을 창립했다. 당조직은 공산당, 공청단을 통해 당의 강령, 노선, 방침 등 정책을 관철하고 집행할 수 있었다. 게다가 근거지 내에서는 당이 간부를 관리하는 원칙을 지켰다. 무릇 소비에트정권과 대중단체의 지도자를 뽑는 것에 대해서는 모두 당 조직에서 그 명단을 올리고 대중에게 선전하도록 했다. 대중이 이에 의견을 피력하면 그 후 다시 민주선거를 거쳐 선출했다. 권력기관과 대중단체의 여러 가지 직무의 선출은 당지 당위원회의 동의를 거친 후 다시 공산당, 공청단 조직에서 심사하고 소비에트정부에서 임명했다. 당 조직은 공산당, 공청단 조직제도와 당이 간부를 관리하는 원칙을 시행하여 당과 정부의 관계를 처리하는 방법에 관한 유익한 탐구를 계속했다.

5. 당이 영도하는 좌익 문화운동

　중국공산당은 국민당 통치구역 내에서 신흥 좌익 문화운동을 영도했다.

　1927년 대혁명이 실패한 후, 당내 또는 당외 문화인들이 속속 상하이로 모여들었다. 그들은 국민당 반동통치의 강압을 타파하고 새로 개척한 혁명의 사상 문화 진지에서 용감하게 투쟁했다. 1929년 하반기, 중공중앙 선전부 산하에 중앙문화사업위원회(약칭 문위)가 설립되고 판한녠(潘漢年)이 사업을 총괄, 영도하게 했다. 1930년 3월 2일, 당의 건의와 기획 아래 당내외 작가들이 참가한 중국 좌익작가연맹(약칭 좌연)이 상하이에서 정식으로 설립됐다. 그 뒤로 중국 사회과학가, 극작가, 미술가, 교육가 연맹(각기 사연, 극연, 미연, 교연이라 약칭)

및 영화, 음악 소조 등 좌익 문화단체들이 연이어 설립됐다. 10월, 각 좌익 문화단체는 또 중국좌익문화총동맹(문총이라고 칭함)을 결성했다. 이 좌익 문화의 새로운 세력은 당의 영도 아래 마르크스주의를 선전하고 혁명에 관한 문예 창작 등으로 활동에 적극적으로 임했다. 그리하여 기세 높고 실력 있는 좌익 문화운동을 일으켰다.

그러나 국민당 당국은 좌익 문화운동에 대해 가혹한 박해와 진압을 감행했다. 국민당정부는 1929년부터 '선전심사조례', '출판법' 등 법률, 조례를 반포하여 서적, 간행물 편집, 출판과 발행에 대해 온갖 제한을 가했다. 심지어 엄격한 단속까지 했다. 후난성 창사(長沙)의 1931년 9월 집계만 보더라도 판매 금지된 서적과 간행물이 무려 228가지에 달했다. 그중 '공산당 선전 간행물', '계급투쟁 선동' 등을 명목으로 판매 금지된 서적과 간행물이 140여 종에 달했다. 국민당 당국은 또 도서잡지심사위원회를 설립하고 무지막지한 심사를 단행하여 진보적 경향이 있는 문화작품을 말살해 버렸다. 수많은 건달, 특무대원들은 그들 수령의 지시에 따라 진보적인 문화단체와 편집, 출판, 무대연습 기구를 과격하게 습격했다. 그리고 혁명적인 작가와 문화인을 체포하고 고문하며 암살하기까지 했다. 1930년부터 1933년 사이 차례로 리웨이썬(李偉森), 러우스(柔石), 후예핀(胡也頻), 인푸(殷夫), 펑컹(馮鏗), 훙링페이(洪靈菲), 판모화(潘漠華), 잉슈런(應修人), 쭝후이(宗暉) 등이 희생됐다. 또 국민당 당국은 어용 문인을 키워 모든 힘을 다해 봉건문화와 파쇼문화를 선양하고 마르크스주의와 진보적인 사상문화를 비방했다. 국민당 당국은 반혁명적인 갖은 문화와 '포위토벌'을 통해 좌익 문화운동을 철저히 제거할 수 있다고 착각했다.

하지만 국민당 당국의 예상은 크게 빗나갔다. 좌익 문화운동은 '포위토벌'에서 제거되지 않았을 뿐더러 험악한 박해에 맞서 싸웠다. 그리하여 마르크스주의와 무산계급 혁명 문학의 기치 아래 더욱 강력하게 발전했다. 좌익 문화단체의 인원수는 끊임없이 늘어나고 활동 지역도 계속 확대되어 상하이에서 베이핑, 톈진, 우한, 광저우, 나아가 저 멀리 떨어진 남양(南洋), 일본 도쿄에까지 발전됐다. 좌익 문화운동은 험난한 노력과 투쟁을 거쳐 문학예술, 사회과학과 신문출판 등 면에서 모두 뛰어난 성과를 거뒀다. 그뿐만 아니라 혁명적인 정치투쟁을 적극 지원하기도 했다.

좌연과 기타 좌익 문화단체는 차례로 〈맹아월간〉, 〈개척자〉, 〈문화월간〉, 〈북두〉, 〈문학〉 등 수십 가지 간행물을 발간하고 대중의 환영을 받는 수많은 작품을 창작, 발표했다. 이런 작품들은 새 군벌 통치의 피해, 제국주의 침략의 부당함, 도시와 농촌 경제의 쇠락, 그리고 노동대중과 소자산계급의 고통과 요구를 크게 반영했다. 위 작품들은 소재나 표현형식의 다양성과 생활을 반영한 범위나 깊이 등에서 매우 놀라운 수준이었다. 예를 들면 마르크스주의가 빛을 발하는 많은 전투적 잡문과 기타 문학작품을 쓴 루쉰, 마오둔(茅盾)의 20세기 30년대 중국 도시사회를 묘사한 현실주의 역작 〈자야·子夜〉와 기타 단편 가작, 그리고 라오서(老舍), 차오위(曹禺), 바진(巴金) 등 수많은 작가와 그들의 우수한 작품들은 당시 사람들 사이에 널리 회자됐다. 예술적 매력 또한 오랫동안 가시지 않았다. 특히 '9·18'사변 후, 일어나 항일하고 구국할 것을 호소한 소설, 산문, 시가, 연극, 영화, 음악, 미술, 뉴스 통신 등 여러 가지 형식의 문예작품들이 많았다. 위와 같은 작품들은 애국주의의 격정과 충만으로 가득 차 있었다. 후에 대중적인 항일구국운동을 할 때, 위 작품들은 전투의 나팔수 역할을 맡았다.

좌익 문화인들은 문예 사상전선에서의 그릇된 관점에 대해 여러 차례 비판했다. 진보적인 문화인들은 좌연이 설립되기 전에 상하이에서 신월파(新月派)와 투쟁했다. 좌연이 설립된 후에는 민족주의 문학파와 투쟁을 벌였다. 신월파는 자산계급 인성론을 선양하고 무산계급의 혁명문학을 반대했다. 또 민족주의 문학파는 계급을 초월한 '민족의식'으로 마르크스주의의 계급론을 반대했다. 좌익 문화인들은 글을 발표하여 이 두 개 파 문예관의 실체를 폭로했다. 그리고 마르크스주의 계급분석방법으로 그 관점의 일부 선동자들이 "상하이의 통치자들과 운명을 같이 하고 있고" 계급을 초월한 의식은 단지 그들이 수호하는 지배계급의 이익에 대한 엄호일 뿐이라고 지적했다. 또 좌익 문화인들은 국민당 반동파와 좌익 문예 진영 사이의 '제3자'(또는 '자유인')들이 선양한, 문예는 혁명투쟁과 이탈돼야 한다는 문예관을 크게 비판했다. 문예 사상 전선에서의 이러한 투쟁은 진보적인 문예인들을 점차 인민대중과 호흡을 같이 하는 창작의 길로 나아가도록 했다.

사련이 설립된 후, 좌익 사회과학자들도 좌익 문예인들과 마찬가지로 조직성이 있는 대열로 성장했다. 그들은 서적, 간행물을 출판하고 사회단체를 결성했다. 또한 강좌를 개최하고 학교와 보습반을 꾸려 마르크스주의와 여러 가지 사회과학지식을 선전하고 각양각색의 반마르크스주의 사조를 비판했다. 그리고 마르크스주의 원리를 운용하여 일부 문제점을 연구했고 뛰어난 성과를 거뒀다.

좌익 사회과학자들은 대량의 마르크스주의 저작물을 번역하고 출판했다. 어느 불완전한 집계에 따르면 1927년 8월부터 1937년 6월 사이에 번역 출판된 마르크스, 엥겔스, 레닌, 스탈린 등의 저작물은 무려 113가지에 달했다. 〈자본론〉(제1권), 〈반뒤링론〉(反杜林論), 〈정치경제학 비판〉, 〈유물론과 경험 비판론〉 등 저작의 첫 번째 중문 완역본은 모두 20세기 30년대 전기에 출판됐다. 마르크스주의를 전파하는 과정에서 좌익 사회과학자들은 변증법적 유물론을 선전하고 소개하는데 치중했다. 이는 20세기 20년대 전기의 유물사관을 집중적으로 소개한 상황에 비해 크게 진보한 수준이었다. 일부 저작물들에서 마르크스주의 기본원리를 정확하게 설명했으므로 이를 통해 대중들은 마르크스주의를 이해할 수 있었다. 또한 이런 저작물들은 중국혁명의 경험을 집대성하는 데도 큰 도움을 주었다. 그리고 일부 저작물들은 마르크스주의의 통속화에 힘을 기울여 더욱 많은 사람들이 이 진리를 이해할 수 있도록 했다. 통속적인 혁명이론 작품은 수많은 청년학생을 계몽하여 그들로 하여금 변증법적 유물론과 역사적 유물론의 세계관을 수립하고 혁명에 투신하게 했다.

좌익 사회과학자들에게 반마르크스주의 사조와의 투쟁은 매우 중요한 또 다른 과업이었다. 20세기 30년대 전기에 중국의 트로츠키파는 중국 사회의 성격, 중국 사회사와 중국 농촌사회 성격 등 문제에 대하여 그릇된 관점을 제기했다. 그는 중국이 아직도 반식민지, 반봉건 사회에 처해 있다는 사실을 부인하고 중국이 이미 자본주의 발전 단계에 진입했다고 단정했다.

더 나아가 중국의 자산계급 민주혁명의 필요성을 부정했다. 국민당 반동 문예인들은 반혁명 목적으로 트로츠키파와 유사한 관점을 적극 지지했다. 좌익 사회과학자들은 위에서 밝힌 문제를 두고 트로츠키파, 국민당 반동문인과 오랫동안 논쟁을 벌여 왔다. 중공중앙은 중앙문화사업위원회 영도들의 이런 논쟁을 통해 본인의 주장을 강력히 표명했다. 좌익 사회과학자들은 마르크스주의를 지침으로 삼아 대량의 자료를 조사하고 수집하여 중국 사회의 역사와 현황을 분석했다. 그리고 중국 사회의 반식민지, 반봉건 성격을 유력하게 논증했다. 또 토지문제의 해결을 중심으로 한 민주혁명은 역사발전의 객관적 요소라고 평가하며 이를 긍정했다. 논쟁에서의 이런 연구는 당이 영도하는 민주혁명에 과학적 의거를 제공해 주었다.

좌익 사회과학자들은 이러한 연구와 투쟁 속에서 자신의 이론적 수준을 점차 높여갔다. 이 같은 이론수준은 주로 마르크스주의 기본원리를 사회과학연구의 실제와 결부시키는 데서 드러났다. 비록 이런 결합은 아직도 기본적인 단계에 머물러 있었지만 이를 통해 사회과학연구에 새로운 면모가 나타나기 시작했다. 20세기 30년대 초, 궈모뤄가 쓴 〈중국 고대 사회 연구〉는 마르크스주의 관점으로 중국 역사를 체계적으로 연구한 첫 저작물이었다. 이 밖에 철학, 경제학, 정치학, 사회학 등 여러 학문 분야에서도 일부 마르크스주의 학술 논저가 나타났다. 그리고 리다(李達), 아이스치(艾思奇), 왕야난(王亞南), 궈다리(郭大力) 등 영향력이 있는 마르크스주의 이론가들이 성장하기 시작했다.

좌익 문화운동도 '좌'경 교조주의, 모험주의와 패배주의 영향을 받았다. 태양사(太陽社), 창조사(創造社)는 설립 초기 무산계급 혁명문학을 제창하는 과정에서 '5·4신문화운동'과 성취를 이룬 진보적 문인들에 대해 험담까지 했다. 심지어 그들을 부정하는 태도를 취했으며 혁명문학의 논쟁에서 루쉰 등을 반대세력으로 간주하여 공격했다. 이를 발견한 중공중앙은 즉각 개입하여 이런 논쟁을 중단하라고 지시하고 루쉰을 발기인 중 한 사람으로 하여 좌연 창립사업에 참여하게 했다. 좌연은 창립된 후 한동안 정확한 책략을 취하지 못했고 합법적인 형식을 이용하여 업무를 전개하지 못했다.

그리하여 적지 않은 잡지들이 출판된 후 즉각 폐간됐다. 좌연은 문예기구의 특징을 고려하지 않고 창작을 소홀히 했다. 한편 전단지 살포, 표어의 벽보 부착과 시위행진, 이합집산 형태의 비행집회에 참가하는 등 모험적인 행동에 모든 역량을 집중했다. 그리고 조직을 정비할 때 중간 위치에 있는 문화인들을 단합시키는 데 노력하지 않았다.

또한 사상이론 투쟁을 진행할 때도 미숙함이 크게 드러났다. 이런 '좌' 경 오류로 사업에서 크고 작은 손실을 보게 됐다.

'9·18사변' 후 대중적인 항일구국이 고조되는 정세에서 좌익 문화인들은 '좌'경 행동으로 많은 손실을 경험했다. 그 후에야 비로소 경험을 되새기고 교훈을 얻기 시작했다. 1931년 11월, 좌연 집행위원회에서 '중국 무산계급 혁명문학의 새로운 과업'이 통과되고 1932년 11월에 장원톈의 '문예전선에서의 패배주의'란 글이 〈투쟁〉에 발표되었다. 그 후, 특히 1933년 초 임시 당중앙이 중앙 근거지로 자리를 옮기고 나서 국민당 통치구역의 좌익 문화인들은 점차적으로 교조주의, 패배주의의 위험을 인식했다. 그리하여 그들은 과거의 일부 착오를 시정하여 책략상의 전환을 가져왔다.

그들은 합법적인 형식과 대다수 대중이 받아들일 수 있는 방식을 취해 당외의 여러 가지 경로로 활동했다. 그래서 업무가 지속적이고도 확장적으로 전개될 수 있도록 했다. 1933년 7월 1일에 창간한 잡지 〈문학〉[정전둬(鄭振鐸), 푸둥화(傅東華) 편집]은 항전 초기까지 계속해서 출판됐다. 저우타오펀(鄒韜奮)이 편집한 〈생활주간〉은 당국에 의해 수차례 폐간되거나 금지됐지만 〈신생〉, 〈대중생활〉, 〈영생〉과 〈생활요일간〉으로 이름을 바꾸어 계속 출판되었다. 그중 〈대중생활〉은 판매량이 20만 부에 달하기도 했다. 1934년에 창간한 〈중국농촌〉, 〈독서생활〉과 〈세계지식〉 등 잡지에 실린 일부 글들은 딱딱한 설교 어투를 피해 실제와 일반 대중의 사상 상황과 연계시켜 사실을 열거하고 도리를 따져 독자들의 열화와 같은 환영을 받았다.

좌익 문화세력은 또 국민당 당국이 꾸린 여러 가지 간행물이나 중립적인 간행물, 그리고 영화회사, 음반회사와 출판 발행기구에 들어가 선전부서를 점령하고 확대시켰다. 좌익 문화의 이런 발전 추세에 국민당 여론도 "수은이 바닥에 스며들 듯이 틈만 보면 파고든다"며 감탄했다. 좌익 문화 선전의 확대와 강화는 도시 각 계층 인민, 특히 지식청년들에게 크고도 깊은 영향을 미쳤다. 톈한(田漢)이 작사하고 녜얼(聶耳)이 작곡한 '의용군행진곡'은 영화 '풍운의 아들딸'의 주제가였다. "중화민족 앞에 위기는 닥쳐 사람마다 외치는 최후의 함성"이라고 한 이 노래는 중화민족의 마음속에서 터져 나오는 만강의 비분을 호소하여 급속히 조국의 산하에 널리 퍼졌다. 그리고 구국 활동 참여자를 동원하는 데도 큰 역할을 했다. 항일구국운동이 확대됨에 따라 좌익 문화운동의 중심은 문화계의 항일통일전선을 결성하는 데로 옮겨졌다. 1936년 봄, 좌연은 자동적으로 해산됐다. 그러나 좌연은 문화계 항일통일전선의 결성을 위한 매우 중요한 길을 닦아 놓았다.

좌익 문화운동에서 당과 당외의 수많은 문화인들이 앞장서서 용감하게 싸웠는데 그들 중에서 가장 뛰어난 인물은 바로 루쉰(魯迅)이다. 그는 국민당 정부의 가혹한 박해에도 아랑곳 하지 않고 혁명문예운동에 적극 뛰어들었다. 그는 예리한 필치로 국민당의 반동통치를 고발하고 여러 가지 반동사조를 비판했다. 그러면서 만강의 열정으로 공산당이 영도하는 혁명을 따르고 진보적 사상을 선전했다. 혁명문예 진영 내부에서 그는 동지들과 단합하는 것을 소중히 여겼으며 '좌'경 오류를 범한 동지들에 대해서도 진지한 비판을 가했다. 그는 이로 하여 진보적인 문화인들의 환대를 받았으며 좌익 문화운동의 위대한 기수가 됐다. 취추바이, 장원톈 등도 운동에서 중요한 공적을 세웠다.

20세기 30년대 전기의 좌익 문화운동은 비록 '좌'경 오류의 영향을 받기는 했지만 전반적으로 볼 때 중국의 근대 사상 문화 발전과정에 대한 역사적 공적을 크게 세웠다. 특히 국민당 통치구역 인민들 속에서 진보적 사상을 전파하고 항일구국운동을 추진하는 데서 행했던 역할은 정말 크고도 대단했다. 이렇듯 좌익 문화운동은 매우 큰 성과를 이룩했을 뿐만 아니라 굳센 혁명을 향한 전투대열을 단련시키는 데에도 아주 중요한 역할을 담당했다. 그리고 훗날 당의 사상·이론계와 문예계의 주요 지도자로서 일익을 담당했다.

6. 임시 당중앙의 '좌'경 오류의 심각한 위해

토지 실사 운동(査田運動)

중앙 근거지는 1933년 2월부터 약 1년 사이에 토지 실사 운동을 폭넓게 전개했다. 이 운동은 봉건, 반봉건 세력을 깨끗이 숙청하고 소비에트정권을 공고히 하기 위해 특별히 제기한 중요한 조치였다. 하지만 운동에서 중공 임시 중앙이 그들의 '좌'경 토지정책을 관철하려고 했으므로 이 운동에 큰 의견 차가 생겨 소기의 목적을 달성하지 못했다.

1931년 3월에 중공중앙은 일찍이 '토지법 초안'을 발부하여 "지주에게는 밭을 나눠주지 않고" "부농에게는 나쁜 밭을 나눠준다"는 '좌'경 정책을 규정했다. 이 초안은 중공중앙 정치국과 국제공산당 극동국이 함께 작성한 것으로 나중에 국제공산당의 동의를 얻었다. '좌'경 교조주의 지도자들은 이를 각 근거지, 특히 중앙 근거지에서 원래 실행했던 부농경제를 제거하는 정책이 아니라고 했다. 오히려 지주에게 살 길을 터주는 것이라며 토지정책을 '부농노선', '비계급노선'이라고 일컬으며 여러 차례 비판했다. 1933년 초, 임시 당중앙이 중앙 근거지로 옮겨온 후에도 이런 비판을 여러 차례 했고 이를 토지 실사 운동의 근거로 삼았다.

당시, 마오쩌둥은 당과 홍군에서의 영도직무가 해제되고 중화소비에트공화국 중앙집행위원회 주석을 맡았는데, 실은 직무에서 밀려난 것이었다. 1933년 2월, 임시 당중앙은 그에게 명령하여 정권 계통을 통해 토지 실사 운동을 추진하도록 했다. 마오쩌둥은 임시 당중앙의 지시에 따라 토지 실사 운동에 지도자로 참가했다. 운동이 개시되기 직전 그는 루이진 예핑에 간부를 파견하여 경험을 쌓게 했다. 6월, 토지 실사 운동이 본격적으로 시작된 후 그는 정책 중 일부에서 적합한 방법을 제기했다. 하지만 운동이 신속히 확대되면서 '좌'경 오류가 점점 세력을 얻고 더욱 심해졌다. 많은 지방에서 대량의 중농, 특히 부유한 중농을 지주, 부농으로 그릇되게 분류하여 타격했다. 그리고 많은 부농을 지주로 간주하여 타격하고 중농의 이익을 심하게 침해했으며, 부농경제를 없애는 착오를 범했다. 9월 8일 소비에트 중앙국은 하는 수 없이 제2차 결의를 통해 토지 실사 운동의 일부 잘못을 인정하고 임시 중앙정부에 시정하도록 명령했다.

10월 10일, 임시 중앙정부는 마오쩌둥이 6월 하순에 작성한 '계급을 어떻게 분석할 것인가'란 문건을 검토하고 그의 주관 아래 제정한 '토지투쟁에서 일부 문제에 관한 결정'을 통과시켰다. 문건에서는 주로 지주와 부농을 어떻게 분류할 것인가, 부농과 부유한 중농을 어떻게 분류할 것인가, 그리고 지식인 계급을 대하는 정책 등 20개 문제에 대해 구체적으로 규정했다. 또 문건에서는 주요 노동이 있느냐 없느냐를 "부농과 지주를 구별하는 주요 표준으로 하고" "부유한 중농과 부농의 구별하는 방법은 1년에 착취한 소득의 분량이 온 가족 1년의 총소득의 15%를 초과하지 않을 경우 부유한 중농에, 15%를 초과할 경우 부농에 속한다"고 밝혔다.

결정은 또 타인을 착취하지 않는 사업에 종사하는 인텔리는 "정신노동자로서 마땅히 소비에트 법률의 보호를 받아야 한다"고 규정했다. 임시 중앙정부는 또 명령을 하달하여 각급 정부에 이 두 가지 문건을 따라 농촌 계급성분을 재조사할 것을 요구했다. 그러면서 "무릇 1933년 10월 10일 전에 각지에서 처리한 계급성분이 이 결정에 부합되지 않을 경우 즉각 이 결정에 의거, 변경해야 한다"고 했다. 1934년 1월, 마오쩌둥은 제2차 전국 소비에트대표대회에서 토지투쟁의 계급노선은 고농, 빈농에 의거하고 중농과 연합하고 부농을 박탈하고 지주를 제거하는 것이라고 명확히 지적했다.

'토지투쟁에 나서는 일부 문제에 관한 결정'은 즉각 각지에서 집행되고 효과를 거두었다. 그 무렵인 1934년 3월 15일, 제2차 전국 소비에트대표대회에서 새로 선출된 중앙인민위원회는 '훈령'을 하달했다. 이 훈령은 그해 1월 당중앙위원회 제6기 제5차 전원회의에서 내린 관련 결의의 정신에 근거하여 토지 실사 운동을 계속 벌일 것에 관한 것이었다. 훈령은 '좌'적 오류를 시정하면 토지 실사 운동의 전개를 방해할 수 있다고 했다. 그러면 지주, 부농에게 반공의 기회를 줄 수 있기에 그릇된 것이라고 했다. 또 훈령은 "폭동이 일어난 후부터 토지 실사 운동을 벌이기 전까지 이미 결정된 지주와 부농은 그 어떤 증거가 있을지라도 번복해서는 안 되며 이미 번복한 경우 무효로 한다"고 규정했다. 이렇게 해서 '좌'경 오류가 또다시 고개를 쳐들었다. 샹간, 간둥베이 등 근거지에서 차례로 전개한 토지 실사 운동도 유사한 반복을 거쳤다.

토지 실사 운동에서 실시한 '좌'경 정책은 지주와 부농을 지나치게 타격하고 중농의 이익을 심하게 침해했다. 그뿐만 아니라 농업생산을 파괴하고 농민들의 생산 적극성을 방해하여 심각한 식량난을 초래하였다. 결국 홍군 확대사업에 어려움을 불러와 근거지의 어려운 국면을 가중시켰다.

'뤄밍(羅明)노선'과 덩(鄧), 마오(毛), 셰(謝), 구(古) 반대 투쟁을 잘못 전개

중공 임시 중앙은 중앙 근거지로 자리를 옮긴 후, 즉각 근거지 내에서 '좌'경 교조주의 방침을 시행하였다. 이로 인해 실천경험이 풍부하고 올바른 의견을 제시한 영도간부들이 타격을 받았다. 그들은 1933년 2월부터 푸젠에서 '뤄밍노선'을 반대하는 투쟁을 시작했고, 3월에는 장시에서 '장시의 뤄밍노선'을 반대하는 투쟁을 벌였다. 이 두 차례의 그릇된 당내 투쟁으로 중앙 근거지에서의 그릇된 '좌'경 방침의 통치가 더욱 강화됐다.

당시 뤄밍은 중공 푸젠성위원회 서기 권한대행을 맡고 있었다. 1932년 10월, 마오쩌둥은 민시 창팅에서 뤄밍과 회동할 때, 푸젠에서는 지방 유격전쟁을 서둘러 전개하여 주력 홍군의 운동전에 협력해야 한다고 주장했다. 그래야지 주력 홍군이 병력을 집중하여 적의 유생세력을 제거할 수 있다고 말했다. 동시에 상항, 융딩(永定), 룽옌(龍岩) 노혁명 근거지에서는 유격전쟁을 벌여 장저우, 광둥에 주둔한 국민당 군대를 견제하고 타격해야 한다고 주장했다. 이는 적군의 '포위토벌'을 분쇄하고 중앙 근거지를 보위함에 있어 매우 중요하다고 지적했다. 뤄밍은 성당위원회의 회의에서 마오쩌둥의 회동 정신을 전달하고 확실한 조치를 취했다. 1933년 1월 21일, 뤄밍은 창팅, 롄청(連城), 융딩, 신취안(新泉)의 업무에 관해 중공 푸젠성위원회에 '업무에 관한 몇 가지 의견'을 제기했다.

그는 홍군은 적의 세력이 약한 지방으로 이동하여 민시 근거지를 공고히 하고 확대해야 하며, 근거지 주변 지역의 지방무장은 먼저 당지의 지주무장을 타격해야 한다고 주장했다. 그리고 국민당 정규군과는 억지로 싸울 것이 아니라 유격전, 운동전 등 작은 전투를 하는 가운데서 홍군의 전투력을 키워야 한다고 주장했다. 그는 무턱대고 지방무장을 약화시켜 "홍군을 단번에 확대"할 것이 아니라 계획적으로 절차를 밟아 홍군을 확대해야 한다고 말했다. 또한 주변 지역, 신구 사업에 대하여 중심 지역의 사업방식을 그대로 옮겨올 것이 아니라, 공고화된 중심 지역을 구별하여 지도해야 한다고 주장했다. 위에서 밝힌 뤄밍의 주장은 민시의 실제 상황에 입각하여 제기한 정확한 의견이었다. 하지만 임시 당중앙의 주요 책임자는 이는 폐쇄주의적 퇴각노선이라고 잘못 인식했다. 소비에트 중앙국은 임시 당중앙의 결정에 따라 즉시 당내에서 이른바 뤄밍을 대표로 한 기회주의 노선을 반대하는 투쟁을 벌이고 뤄밍을 중공 푸젠성위원회 서기대행 직무에서 해임했다.

덩샤오핑(鄧小平, 등소평·1904~1997)

20세기가 시작되던 1904년 8월 22일 중국 쓰촨성 소재 파이방촌에서 태어났다. 그는 격동의 20세기를 완벽하게 살아내고, 21세기를 목전에 둔 1997년 2월 93세의 나이로 베이징 자택에서 서거했다. 이런 까닭에 중국인들은 그를 '백년소평'이라 부르기도 한다. 그는 마오쩌둥과 화궈펑 이후, 실권을 장악하고 엘리트 양성, 외국인투자 허용 등 실사구시 노선에 입각한 과감한 개혁개방 정책을 실시하여 중국경제를 크게 성장시켰다. 1920년 프랑스로 유학하여 파리에서 공산주의운동에 참여했으며, 그 후 모스크바의 중산(中山)대학에서 수학하고 귀국하여 1927년 광시(廣西)에서 공산당 지하운동에 참가하기도 했다. 1933년 비주류였던 마오쩌둥을 지지하고, 장정에 참여했다. 항일전 내내 공산당 팔로군(八路軍)에서 정치위원을 지냈고, 1949년 장강(長江) 도하작전과 난징 점령을 지도하는 등 신중국 수립에 큰 공을 세웠다.

그 뒤 임시 당중앙은 장시에서 그릇되게 덩샤오핑, 마오쩌탄(毛澤覃), 셰웨이쥔(謝唯俊), 구바이(古栢)를 반대하는 투쟁, 즉 '장시 뤄밍 노선'을 반대하는 투쟁을 벌였다. 당시 덩샤오핑이 중공 후이창(會昌), 쉰우(尋鄔), 안위안(安遠) 중심현당원위회 서기를 맡고 마오쩌탄(毛澤覃·마오쩌둥의 동생)이 소비에트구역 중앙국 비서장, 융펑, 지

안, 타이허(泰和) 중심현당위원회 서기를 맡았다. 셰웨이쥔은 간시난(贛西南) 특별위원회 위원, 간둥 특별위원회 서기, 장시성 제2군분구 사령원을 맡고 구바이가 쉰우현당위원회 서기, 쉰우현 소비에트정부 주석, 홍군 제1방면군 총전선위원회 비서장, 장시성 소비에트정부 공산당, 공청단 서기 겸 내무부장, 문화부장을 담당했다. 그들은 다년간의 전투 경험과 당시의 실정에 의거하여 각기 반'포위토벌'과 근거지를 공고히 하는 데 유리한 의견들을 발표했다. 그리하여 모험주의의 그릇된 방법을 저지했다. 그들은 적의 세력이 약한 광대한 농촌으로 이동할 것을 주장하고 "중심도시와 교통요로로 발전하는 것"을 찬성하지 않았다.

그리고 "견벽청야" "적을 깊숙이 유인하는 것"을 주장했다. 또한 적을 근거지 밖에서 저지하고 적과 무리하게 맞서는 것을 찬성하지 않았으며 대중무장, 지방부대와 중앙홍군을 동시에 발전시킬 것을 주장했다. 그들은 지방부대와 대중무장을 약화시키는 방법으로 홍군을 확충하는 것을 찬성하지 않았으며, 근거지의 중심 지역과 주변 지역의 사업에 대하여 똑같은 방법을 취할 것이 아니라 구별 있게 대해야 한다고 주장했다. 토지배분 문제에 있어서 그들은 "많은 것에서 떼어내어 적은 것에 보태주고 비옥한 땅을 떼어내어 척박한 땅에 보태주는" 정확한 정책을 내놓았다. 행정업무와 홍군, 지방무장 확충 등 업무에 대해 그들은 당이 정부를 대신하여 할 것이 아니라 "정부에서 계획해야 한다"고 주장했다. 덩샤오핑은 1931년 11월 초 간난회의 전후에 중앙 영도사업에 존재하는 일부 착오에 대해 저지했다. 마오쩌탄, 셰웨이쥔, 구바이는 '좌'경 오류를 견지하는 중앙의 지도자들을 '양옥집 선생'이라 비판하고 "산골에 마르크스-레닌주의란 없다"는 일부 사람들의 설법에 대하여 소비에트구역의 산에 마르크스주의가 있다, 오히려 대도시에 '리싼(立三)노선'이 나타났다는 등의 주장을 했다. 그들의 정확한 의견이 '좌'적 '공격노선'과 정책을 비판했기에 그들은 그릇된 비난과 타격을 받았다.

1933년 3월 하순, 소비에트구역 중앙국은 직접 후이창, 쉰우, 안위안 3개 현 당적극분자 회의를 열었다. 그리고 결의를 통과시켜 "순수한 방어노선", 즉 '뤄밍노선'을 집행했다며 덩샤오핑을 서기로 한 중심현당위원회를 질책했다. 그러면서 "순수한 방어노선" 반대투쟁을 깊이 전개하지 않았다고 중공 장시성위원회를 비판했다. 4월 하순, 소비에트구역 중앙국의 영도 아래 중공 장시성위원회는 전 성에서 '장시 뤄밍노선'을 반대하는 투쟁을 벌였다. 이러한 투쟁은 사실상 마오쩌둥 등의 타당한 주장을 반대했는데 이는 국민당 군대의 제5차 반'포위토벌' 투쟁에 극히 불리한 영향을 조성하게 했다.

중앙 근거지 제5차 반'포위토벌'의 실패

전국 인민 항일투쟁의 발전과 국민당 진영의 분화, 홍군의 제4차 반'포위토벌'의 승리와 근거지 건설사업의 추진으로 정세는 혁명에 더욱 유리한 방향으로 변화했다. 하지만 모험주의의 그릇된 지도 때문에 홍군은 새로운 반'포위토벌' 투쟁에서 전례 없는 심각한 실패를 경험하게 됐다. 혁명 근거지에 대한 제5차 '포위토벌'을 발동하기 위해 장제스는 "군사 30%, 정치 70%"의 방침을 강조하면서 만반의 준비를 했다. 그는 정치적으로 근거지 주변 지역에 대해 보갑제도와 '연좌법'을 실시했다. 경제적으로는 근거지에 대하여 엄밀하게 봉쇄하고 군사적으로 지구전과 '토치카주의'의 새로운 전략을 취했다. 국민당 정부는 여러 독일 군사전문가를 고문으로 초빙하여 작전계획을 짰다. 그리고 미국, 영국으로부터 많은 대출을 받아 무기를 사들이고 부대에 새로운 장비를 대거 투입했다.

1933년 5월, 난창에 장시, 광둥, 푸젠, 후난, 후베이 5개 성 군정 업무를 전권 처리하는 군사위원회 위원장 사령부를 세우고 장제스가 직접 난창에서 지휘했다. 6월, 장제스는 5개 성 '비적토벌'군사회의를 소집했다. 7월부터 9월 사이에 루산(廬山)에서 3기의 군관훈련단을 개최했는데 훈련을 받은 자가 7,500여 명에 달했다. 반년간의 준비를 거쳐 장제스는 100만 군대를 집결시키고 자기가 총사령으로 나섰다. 그는 먼저 50만 병력을 몇 갈래로 나누어 중앙 근거지의 홍군을 '포위토벌'하기로 결정했다.

그중 주공임무를 맡은 북로군은 모두 33개 사단에 별도로 3개 여(旅) 단이 있었다. 남로군, 서로군과 제19로군은 각기 홍군 제1방면군이 밖으로 이동하는 것을 저지하는 임무를 맡았다.

당시 중앙 근거지에는 홍군주력이 8만여 명 있었고 지방홍군과 적위대 등 대중무장도 이전보다 훨씬 더 강해졌다. 비록 정세는 불리했지만 홍군이 상황을 정확하게 판단하고 유리한 여건을 이용한다면 적군의 새로운 전략에 대비하여 지난 반'포위토벌'을 성공처럼 될 수도 있었다. 즉 적극적으로 방어하는 방침을 활용하고 우세한 병력을 집중한다. 그리고 적의 약한 곳을 공격하며 적을 각개 섬멸한다. 이렇게만 된다면 이번 '포위토벌'을 타파하는 것은 여전히 가능한 것이었다.

당시 마오쩌둥은 홍군의 영도 직위에서 물러나 임시 당중앙이 이번 반'포위토벌'투쟁을 직접 영도했다. 장제스가 '포위토벌' 준비에 여념이 없을 때 임시 당중앙은 홍군 제1방면군 주력을 분리시켜 작전하는 방침을 취했다. 즉 일부분으로 중앙군을 구성하여 푸허, 간장 사이에서 작전하고 일부분은 동방군을 구성하여 푸젠에서 작전하는 것이다. 전략을 잘 써 두 방향에서 동시에 승리를 쟁취하고 나아가 푸저우, 난창 등 중심도시를 탈취하는 것이 그의 작전이었다. 국민당 군대의 세력이 우세한 상황에서 두 갈래로 나누어 적을 공격하는 작전은 병력을 분산시켜 위기를 조장할 뿐이었다.

그 결과 동방군은 푸젠에서 승리를 거뒀지만 연속 작전을 시행하면서 몹시 피로해 졌고 중앙군은 싸울 적이 없어 무용지물이 됐다. 이로 하여 홍군은 반'포위토벌'을 준비할 귀중한 시간을 놓쳐 버렸다. 9월 말, 국제공산당 군사고문 리더(李德)가 상하이에서 루이진으로 왔다. 리더는 외국 혁명가로서 중국 인민의 해방사업을 돕기 위해 중국으로 왔다. 하지만 그는 중국의 실정을 전혀 모르고 있었으며 소련 홍군의 전쟁 경험을 그대로 적용했기에 중국 혁명에 심각한 손해를 가져다주었다. 임시 당중앙의 주요 지도자 보구(博古)는 리더를 아주 신뢰하고 지지했다. 사실상 그들이 이번 반'포위토벌'의 최고 군사지휘자였다. 그들은 지난 몇 차례의 반'포위토벌'에서 효과가 좋았던 적극적인 방어방침을 포기하고 모험주의 방침을 실시했다. 그들은 "적을 문밖에서 막을 것"을 주장하면서 근거지 밖에서 적을 물리칠 것을 홍군에 요구했다. 9월 하순, 국민당 북로군이 중앙 근거지에 대한 공격을 개시하여 28일에는 리촨(黎川)을 점령했다. 보구, 리더 등은 리촨의 한 개 성(省)이 함락된 데 대해 깜짝 놀라 홍군주력에 북상하여 적과 맞받아 싸울 것을 명령했다. 홍군주력은 쉰커우(洵口)에서 대적하여 승전을 거두었다. 보구, 리더는 경솔한 명령을 내려 적군이 구축한 샤오스(硝石), 쯔시챠오(資溪橋) 등지를 공격하게 했는데 연전연패했다. 11월 중순에 이르러 홍군은 2개월 남짓해서 연속 작전을 펼쳤다. 그러나 적 점령구 또는 피아 접경 지역에서 적을 물리치지 못했을뿐더러 도리어 적군의 주력과 토치카 사이에 끼여 큰 손실을 입었으며 수세적 위치에 빠지게 됐다.

홍군이 북선 공격작전에서 여러 차례 좌절을 당하자 임시 당중앙 지도자들은 군사모험주의에서 군사보수주의로 전환했다. 그들은 소극적으로 방어하는 전략방침과 "단촉한 돌격" 전술을 취하여 장비가 허술한 홍군에 새로운 무기로 무장한 국민당 군대와 정규전, 진지전, 보루전, 소모전을 치르도록 강제 명령을 내렸다.

리더(李德, 이덕 · 1900~1974)

원명 오토브라운(Otto Braun), 독일 공산당원. 모스크바 육군대학(즉 프룬제군사학원)에서 유학, 졸업 후 중국에 와 국제공산당 군사고문을 역임. 1933년 9월 말 중앙근거지에 도착, 1939년 8월 중국 산베이(陝北)에서 모스크바로 돌아갔다.

단촉한 돌격

'단촉한 돌격'은 리더가 제5차 반'포위토벌'에서 제기한 전술원칙이다. 이 전술은 적군이 토치카를 구축하고 진을 치면서 진군하는 상황에서 홍군도 토치카 방어진지를 구축하여 토치카로써 토치카에 저항하고 적이 토치카를 떠나 전진할 때 짧은 거리 내에서 적을 향해 돌격하는 것이다. '단촉한 돌격'은 전술적 수단으로는 운용할 수 있으나 전법으로 하여 소극적으로 방어하는 정책의 받침목으로 하는 것은 그릇된 방식이다.

바로 이때, 홍군 '포위토벌'에 참가한 국민당군 제19로군이 장제스를 반대한다고 선포하고 동방전선에서 총부리를 돌려 장제스 집단을 공격하는 사변이 일어났다. 제19로군은 상하이 항전에서 좌절을 당한 후 차례로 장시, 푸젠으로 옮겨 '공산당을 토벌'했다.

이 부대의 장령 차이팅카이(蔡延鍇), 장광나이(蔣光鼐)는 홍군과의 작전에서 여러 차례 좌절을 당한 후 '공산당을 토벌'하는 내전을 계속한다고 해도 답이 없음을 인식했다. 그리하여 국민당 내의 장제스 반대세력 리지썬(李濟森), 천밍수(陳銘樞) 및 중국국민당 임시 행동위원회 황치샹(黃琪翔) 등과 연합했다. 그들은 함께 항일하고 장제스를 반대하는 길로 나아갈 것을 결심한 뒤 공산당과 연합하는 태세를 취했다. 1933년 10월 26일, 푸젠정부 및 제19로군 대표는 중화소비에트 공화국 임시 중앙정부 및 노농 홍군 대표들과 장시 루이진에서 '반일 반장(反日反蔣) 기초적 협정'을 체결했다. 11월 22일, 리지썬을 주석으로 한 중화공화국 인민혁명정부(푸젠인민정부라 통칭함)가 푸젠에서 창건됐다. 그 후 쌍방은 '푸젠 서부 변계 및 교통조약'을 체결하여 서로 군사행동을 중지하기로 하고 변계(적의 침입을 막기 위한 조치)를 확정했으며 교통무역관계를 회복했다. 그 뒤로 푸젠에서 근거지로 대량의 식염, 천, 약품, 병기 등 물자를 수송했는데 이는 사실상 중앙 근거지에 대한 경제봉쇄가 부분적으로 해제된 것이다. 또한 이는 국민당 군대에서 중국공산당의 1933년 1월 17일부 선언에 호응하여 세 가지 조건을 받아들이고 홍군과 정전(합의하에 일시적으로 전투를 중지함)하며 항일한 첫 번째 부대였다.

중공 임시 중앙이 이 사변에 대하여 정확한 책략을 취했더라면 국민당 군대의 제5차 '포위토벌'을 분쇄하는 데 크게 유리했을 것이다. 11월 24일, 저우언라이가 보구, 리더에게 전보를 보냈다. "현재 장제스가 중앙 근거지 공격을 뒤로 미루고 일부 병력을 푸젠에로 돌려 푸젠 인민정부를 진압하려 하고 있다. 그러니 홍군 제3, 제5 군단은 푸젠으로 움직이는 장제스의 부대를 측면 공격해야 한다"고 주장했다. 장원톈은 군사적으로 제19로군에 배정하는 행동을 취해야 한다고 답변했다. 마오쩌둥은 임시 당중앙에 홍군 주력으로 적의 포위선을 돌파하여 저장을 중심으로 한 장쑤·저장·안후이·장시(苏浙皖赣)지구로 돌진할 것을 주장했다. 그리고 전략적 방어를 전략적 공격으로 바꿔 적의 근본 요지를 위협하고 토치카가 없는 광활한 지대로 이동하여 작전할 것을 건의했다. 이 방법을 사용하면 장시 남부, 푸젠 서부 지구를 공격하는 적들이 방향을 돌려 그들의 근본 요지를 지원하도록 압박할 수 있다. 따라서 장시근거지에 대한 공격을 분쇄하고 푸젠인민정부를 지원할 수 있었다. 하지만 보구 등은 근거지를 잃을까봐 두려워 적의 후방으로 진격하는 작전을 취하지 못했다. 그래서 위에서 밝힌 의견을 거부하고 홍군에 계속 내선에서 작전하도록 요구했다.

군사적 '토벌'과 정치적 분화의 압력, 게다가 지도자의 실수 등 원인으로 제19로군은 재빨리 장제스 군대에 격파되고 푸젠인민정부는 1934년 1월에 해체를 선언했다. 중공 임시 중앙은 계속하여 중간파를 "가장 위험한 적"으로 간주했고 패배주의의 그릇된 방침을 집행하였다. 그리하여 제19로군의 장제스 반대투쟁에 유력한 협력을 하지 않았다. 이로써 중공 임시 중앙은 국민당 내의 항일파와 장제스를 반대하는 세력과의 연맹을 결성할 수 있는 기회를 놓쳐 버렸다. 사변을 이용하여 제5차 '포위토벌'을 타파할 수 있는 매우 유리한 기회 역시 놓치고 말았다.

전방의 홍군이 악전고투하고 있을 때인 1933년 12월 20일, 리더는 전후방의 지휘를 통일한다는 명분으로 임시 당중앙에 건의하고 결정을 거쳐 중국 노농홍군 총사령부와 홍군 제1방면군 사령부의 명칭과 기구를 폐쇄했다. 그러고는 '전방 총부'를 후방으로 철수하고 중앙혁명군사위원회 기관에 편입시켰다. 이 결정에 의해 주더와 저우언라이가 후방으로 소환됐다. 중앙 근거지의 홍군 각 군단과 기타 독립사, 퇀은 중앙혁명군사위원회에서 작전을 직접 지휘했다. 이러한 조치로 리더는 군사지휘권을 한층 더 통제할 수 있게 됐다. 1934년 1월, 홍군 제1방면군 본부와 중앙혁명군사위원회가 합병되고 홍군 제1방면군은 다시 중앙홍군의 칭호를 회복했다.

1934년 1월 중순, 중공 임시 중앙은 루이진에서 당중앙위원회 제6

기 제5차 전원회의를 열었다. 보구가 회의를 주재하고 보고했는데 '좌'경 오류가 절정에 이르렀다.

첫째, 적군이 강하고 아군이 약한 상황에서 제5차 반'포위토벌'이 시작된 후 불리한 정세를 고려하지 않고 국제공산당 제12차 집행위원회 결의를 그대로 옮겼기 때문에 "중국 혁명위기는 이미 새로운 단계에 진입했다. 즉 혁명 정세가 첨예화되었다"고 판단했다. 그리고 혁명정세를 과대평가하며 제5차 반'포위토벌'투쟁을 통해 중국의 "소비에트 노선과 식민지 노선 간에 어느 것이 전승하는가 하는 문제"가 결정된다고 했다. 그러고는 이 문제는 역사상 가장 짧은 시기 내에 해결될 것이라고 단정했다.

둘째, "노농혁명민주주의독재를 이미 중국의 중요한 곳에 보급한 이때 공산당의 기본과업은 사회주의혁명을 실시하는 것이다"고 주장했다.

셋째, 화력을 집중하여 중도파를 반대하고 반제운동과 노동운동에서 하층 통일전선만 결성할 것을 주장했다.

넷째, "주요한 위험인 우경 기회주의"를 반대하고 "우경 기회주의에 대한 타협 태도를 반대"한다는 등 구호 아래, 당과 홍군 내부에서 계속하여 종파주의의 과격한 투쟁과 타격정책을 실시했다. 전원회의는 중앙정치국을 다시 뽑았고 중앙서기처를 선출했는데 보구가 여전히 중앙의 주요 지도자로 당선됐다.

'좌'경 오류가 한층 더 심해져 홍군은 반'포위토벌'에서 계속 과거의 그릇된 전략전술을 집행할 수밖에 없었다. 게다가 장제스가 재차 발동한 공격으로 더욱 심각한 손실을 입게 됐다.

장제스는 제19로군을 격파한 후 다시 병력을 집중하여 동, 서, 북 세 방향에서 중앙 근거지 중심 지역을 향해 접근해 왔으며 광둥군에 명령하여 남쪽에서 홍군을 가로막게 했다. 리더는 토치카 대 토치카, '단촉한 돌격' 전술을 취했다. 이 탓에 홍군은 병력을 나누어 곳곳에 방어진을 치고 흙으로 쌓은 보루에 의지하여 적의 비행기와 대포의 폭격을 막아내야 했다. 그럼에도 그들은 적군의 토치카 진지에 대해 무턱대고 공격을 감행했으며 능숙한 운동전과 유격전 전술을 버리고 강적인 장제스군과 소모전을 벌였다. 그 결과 적들은 한 걸음 한 걸음 앞으로 쳐들어오고 홍군은 방어에 지쳐 번번이 심각한 타격을 입게 됐다.

1934년 4월 중, 하순에 국민당 군대는 세력을 집중하여 광창(廣昌)을 공격했다. 마오쩌둥과 장원톈은 모두 광창보위전을 강하게 반대했지만 리더는 그들의 의견을 수용하지 않았다. 보구, 리더 등은 홍군주력에 명령하여 수비하기에 불리한 광창을 보위하고 적들과 '결전'을 벌이도록 지시했다. 4월 10일부터 국민당 군대가 광창을 공격하기 시작했다. 보위전에 참가한 홍군 제1, 제3 군단과 홍군 제5군단 제13사 등 부대는 용감하게 싸워 겨우 진지를 지켜냈지만 큰 대가를 치렀다. 4월 27일, 국민당 군대가 10개 사단의 병력을 집중하여 비행기, 대포의 지원 아래 광창을 협공했다. 홍군의 각 부대는 진지에 의지하여 적군의 여러 차례의 공격을 물리쳤으며 '화급한 돌격' 전술까지 썼으나 수세적인 국면에서 벗어날 수 없었다. 보구, 리더는 하는 수 없이 광창사수 계획을 포기하고 홍군에 명령하여 광창에서 퇴각하도록 했다. 4월 28일, 홍군이 광창에서 전면 퇴각했다. 광창보위전은 홍군 역사상 가장 전형적인 진지전, 소모전으로서 홍군으로 하여금 수많은 사상자를 내게 했다. 18일간의 전투에서 홍군은 적군 2,600여 명을 사살하거나 생포했다. 하지만 아군은 5,000여 명 전사하거나 부상당했다. 이는 향후 홍군의 작전에 극히 불리한 영향을 끼쳤다. 국민당 군대는 광창을 점령한 후 병력을 나눠 근거지 중심인

싱궈, 닝두, 스청 등지로 쳐들어왔다. 홍군은 또 명령에 따라 "병력을 여섯 갈래로 나누고" "전반 전선에 걸쳐 방어"를 했으나 한층 더 수세적인 국면에 처하게 됐다. 광창이 함락된 후 근거지는 날로 축소되어 군력, 민력과 물력 소모가 아주 컸다. 국민당 군대는 배치를 조절하여 근거지 중심 지역에 대한 '포위토벌'을 서둘렀다. 홍군이 필사적으로 저항했으나 번번이 패배하고 곤경에 빠져들었다. 9월 하순에 이르러 중앙 근거지에는 루이진, 후이창, 위두, 싱궈, 닝두, 스청, 닝화, 창팅 등 현의 좁은 지역만 남았다. 이러한 상황에서 홍군은 중앙 근거지에서 퇴각할 수밖에 없었다.

제12장
준이(遵義)회의와 홍군 장정의 승리

1. 위대한 전환을 실현한 준이회의

중앙 홍군이 불가피하게 장정 길에 오르다

1934년 4월 광창이 함락된 후, 중앙 홍군이 근거지 내에서 국민당 군대의 제5차 '포위토벌'을 분쇄할 가능성은 극히 낮아졌다. 5월, 당 중앙 서기처는 중앙 홍군 주력을 근거지에서 퇴각시키기로 결정하고 이 사항을 국제공산당에 보고했다. 얼마 지나지 않아 이 결정에 동의한다는 국제공산당의 답전이 왔다. 하지만 중공중앙과 중앙혁명군사위원회 지도자들은 여전히 전략 방침을 전환할 결단을 내리지 못했다. 그리고 전략적 이동의 준비 작업은 극소수의 중앙 지도자들 가운데서 비밀리에 진행됐다. 전략적 이동 계획을 작성하기 위해 보구, 리더와 저우언라이로 구성된 '3인단(三人團)'이 조직됐다. '3인단'에서 보구가 정치문제를 책임지고 리더가 군사문제를 책임졌으며 저우언라이는 군사준비계획의 실시를 독촉하는 것을 책임졌다.

중공중앙과 중앙혁명군사위원회는 적군을 움직이고 견제하여 중앙 근거지에 대한 국민당 군대의 압력을 덜어주고, 전략적 이동을 실시하기 위해 두 갈래의 부대를 구성하여 북상, 서진하기로 결정했다.

7월, 쉰화이저우(尋淮洲), 러사오화(樂少華), 쑤위(粟裕) 등이 영도한 홍군 제7군단을 '북상항일선견대'로 개칭했다. 그리고 푸젠을 거쳐 민저완간(閩浙皖贛)변구로 북상하여 팡즈민(方志敏)이 영도하는 홍군 제10군과 합류했다. 그 후 홍군 제10군단을 결성하고 팡즈민을 주석으로 한 군정위원회를 설립했다. 11월 하순, 홍군 제10군단은 두 갈래로 나누어 저장, 안후이 접경 지역과 안후이 남부로 이동했다. 이 부대는 병력이 너무 적어 중앙 근거지를 '포위토벌'하는 적군과 맞서지 못했다. 그뿐만 아니라 오히려 아무런 지원도 없이 적의 후방에 깊숙이 들어가 10배에 달하는 적군과 처절하게 싸우는 처지에 빠지게 됐다. 1935년 1월 말, 홍군 제10군단은 심각한 손실을 입었다. 쉰화이저우가 희생되고 팡즈민는 생포됐다. 팡즈민는 옥중에서 '사랑스러운 중국', '청빈', '옥중일기' 등 글을 통해 위대한 애국주의적 감정과 공산주의에 대한 확고한 신념을 토로했다. 더불어 굴할 줄 모르는 혁명적 기개를 보여 주었다. 8월, 팡즈민는 난창에서 용감하게 희생됐다. 홍군 제10군단의 남은 부대는 쑤위 등의 영도 아래 민저간변구에서 이동하며 유격전쟁을 벌였다.

이와 동시에 홍군 제6군단은 중앙혁명군사위원회의 명령에 따라 7월 하순에 샹간 근거지를 떠나 서진했다. 중공중앙 서기처는 중앙 근거지에서 퇴각하여 전략적 이동이라는 방침을 실시했다. 이런 상황에서 홍군 제6군단의 이번 서진은 나아갈 길을 정찰했다.

중앙 홍군이 전략적 이동을 준비할 때, 중공중앙은 두 차례에 걸쳐 중공 어위완성위원회에 방도를 강구하여 곤경에서 벗어나 새로운 근거지를 창설하라는 명령을 했다. 1934년 9월, 청쯔화(程子華)가 어위완 근거지에 도착하여 중앙의 지시를 전달했다. 11월 11일, 중공 어위완성위원회는 성위원회 위원 가오징팅(高敬亭)이 일부 군사대열로 구성된 홍군 제28군을 인솔하여 어위완변구에서 유격전쟁을 이어하기로 결정했다. 중공 어위완성위원회는 청즈화를 군장으로, 우환셴(吳煥先)을 정치위원으로, 쉬하이둥(徐海東)을 부군장으로 한 홍군 제25군의 2,900여 명을 인솔하여 떠났다. 그들은 중국 노농홍군 북상항일 제2선두부대의 이름으로 11월 1일에 허난성 뤄산(羅山)현 허자충(何家沖)에서 출발하여 이전하기 시작했다. 홍군 제25군은 10개월에 걸쳐 4개 성을 경유하고 1만 리 길을 걸어가며 싸웠다. 그들은 1935년 9월 15일에 산시성 옌촨(延川)현 융핑(永平)진[오늘의 융핑(永坪)]에 도착했으며 16일에 산간(陝甘) 홍군과 합류했다. 이는 홍군의 대장정에서 먼저 산베이에 도착한 첫 번째 대열이었다.

1934년 10월 초, 국민당 군대가 중앙 근거지 중심 지역으로 공격해왔다. 10월 10일 밤, 중앙 홍군은 전략적 이동을 시작했다. 중공중앙, 중앙혁명군사위원회 기관도 루이진에서 출발하여 집결지역으로 진군했다. 10월 16일, 각 부대가 위두허(雩都河) 이북 지역에 집결했다. 18일부터 중앙 홍군주력 5개 군단 및 중앙, 군사위원회 기관과 직속 부대의 모두 8만 6,000여 명이 전략적 이동의 원정길에 올라 유명한 대장정을 시작했다. 현지에 남은 홍군 제24사와 10여 개 독립퇀 등 모두 1만 6,000여 명 및 일부 당과 정부의 사업일꾼들은 샹잉, 천이 등의 영도 아래 중앙 근거지에서 투쟁을 이어갔다.

중앙 홍군이 포위를 뚫고 전략적 이동을 실시할 때 중공중앙 지도자들은 퇴각 중 또 하나의 착오를 범했다. 그들은 전략적 이동이라는 이 엄청난 사건에서 정치국 회의를 열거나 토론도 하지 않았다. 그리고 많은 간부, 전사들에게 충분한 정치적 설명도 하지 않았다. 그러므로 이러한 전략적 이동은 마치 이사 같은 행위가 돼버리고 말았다. 이때 홍군은 인쇄기나 군사공업기계와 같은 무거운 기자재들을 가지고 떠났으므로 대열이 방대하고 부담이 가중되어, 그 행동이 느렸으며 행군과 작전에도 크게 불리했다.

원래 계획은 중앙 홍군이 후난 서부로 이동하여 홍군 제2, 제6 군단과 합류하는 것이었다. 부대는 기본적으로 홍군 제6군단이 걸은 행군노선, 즉 장시, 광둥, 후난, 광시 접경 지역의 우링(五嶺)산맥을 따라 줄곧 서쪽으로 이동했다. 국민당 당국은 이를 알아챈 후 장시 남부, 후난·광둥 접경 지역, 후난 동남부, 후난·광시 접경 지역에 네 겹이나 되는 봉쇄선을 구축했다. 그리고 많은 병력을 배치하여 앞길을 차단하고 뒤에서 바싹 추격해 왔다. 그러나 각 지역의 적군 사이에 복잡한 갈등이 있어 홍군을 차단하고 추격하는 데 전술이 일치하지 않았다. 중앙 홍군이 이동을 개시하기 전 중앙혁명군사위원회 주석 주더는 9월 말에 광둥 군벌 천지탕(陳濟棠)에게 서한을 보냈다. 주더는 내전을 중지하고 무역을 회복하며 무기를 대리 구입할 것을 주장했다. 그러면서 항일하고 장제스를 반대하는 통일전선을 수립할 것에 관하여 비밀리에 담판하겠다고 표명했다. 10월 5일, 중공중앙, 중앙혁명군사위원회는 판젠싱[潘健行, 판한녠(潘漢年)], 허창궁(何長工)을 대표로 파견하여 천지탕의 대표와 쉰우(尋鄔)에서 회담했다. 그들은 즉각 싸움을 멈추고 정보를 교환하며 봉쇄를 해제하고 상호 통상하며 필요 시 서로 길을 빌려주는 등 다섯 가지 협상을 체결했다. 중앙 홍군이 적군의 첫 번째 봉쇄선을 뚫고 광둥 관내에 진입했을 때 천지탕 부대는 앞길을 차단하지 않았다. 뒤이어 홍군은 비교적 순조롭게 두 번째 봉쇄선을 통과했다. 홍군이 세 번째 봉쇄선을 돌파하여 광시 샹장지역으로 진군할 때, 장제스는 홍군을 샹장(湘江) 한쪽에서 제거하려 했다. 그래서 이미 25개 사단에 수십 만 대군을 집결시켜 다섯 갈래로 나누어 앞길을 차단하고 뒤에서 바싹 추격해 왔다. 적의 대병력이 바싹 들이닥쳤지만 보구, 리더는 속수무책으로 부대에 우격다짐으로 공격하라고 명령할 뿐이었다. 11월 25일, 중앙혁명군사위원회는 광시 취안저우(全州), 싱안(興安) 사이에서 샹장을 강행 도하하기로 결정했다. 이는 국민당 군대의 네 번째 봉쇄선이었다.

샹장전장은 중앙 홍군의 생사존망과 직결되는 관문적인 전장이었다. 홍군의 많은 간부, 전사들은 국민당 군대와 결사적으로 싸웠다. 11월 27일, 홍군의 선두부대가 샹장을 건너 나루터를 통제했다. 대부대는 가지고 온 짐들이 너무 많아 행동이 느렸고 결국 샹장을 건너기도 전에 우세한 적군의 협공을 받기 시작했다. 샹장을 강행 도하하기 위해 홍군의 각 군단은 적들과 혈전을 벌여 막대한 손실을 입었다. 샹장 양안의 부대는 중앙 영도기관과 기타 부대의 도강(강을 건넘)을 엄호하기 위해 적들과 치열한 전투를 벌였지만 막대한 희생을 냈다. 12월 1일, 국민당 군대는 전반 전선에서 공격을 개시하여 나루터를 빼앗아 홍군을 샹장 양안에서 포위 섬멸하려고 했다. 홍군은 온종일 혈전을 벌여 적군의 공격을 처절하게 막아냈다. 당일 17시에 중앙 영도기관과 홍군 대부대가 샹장을 건넜다. 엄호임무를 맡은 홍군 제5군단 제34사와 홍군 제3군단 제18퇀은 샹장 동쪽 기슭에서 포위됐다. 그러고는 탄약과 식량이 다 떨어져 대부분 장렬히 희생되고 말았다. 샹장 전장은 중앙 홍군이 장정에 오른 후 가장 치열한 전투였다. 굶주리고 지칠 대로 지친 홍군은 꼬박 다섯 주야의 악전고투를 거쳐 적의 많은 병력이 배치된 네 번째 봉쇄선을 돌파했다. 그럼으로써 장제스의 군대가 중앙홍군을 샹장에서 포위 섬멸하려는 시도를 분쇄해 버렸다. 하지만 홍군도 이를 위해 막대한 대가를 치렀다. 중앙홍군과 중앙 기관 일꾼은 장정에 오를 때 8만 6,000여명 이었으나 샹장을 건넌 후 3만 여 명으로 그 수가 급감했다.

이때, 국민당 당국은 홍군이 후난·광시 변경을 따라 후난 서부로 북상하여 홍군 제2, 제6 군단과 합류하리라는 것을 미리 알아차렸다. 그래서 즉시 청부(城步), 신닝(新寧), 퉁도(通道), 쑤이닝(綏寧), 징현(靖縣), 우강(武崗), 즈장(芷江), 쳰양(黔陽), 훙장(洪江) 지역에 토치카를 구축하고 수많은 병력을 집결시켜 중앙 홍군을 일망타진하려고 준비했다. 보구와 리더는 적정을 무시하고 여전히 원래 계획에 따라 전진하고 이동했다. 이로 하여 홍군은 또다시 극히 위험한 처지에 놓이게 됐다. 원래의 정한 전진방향을 급히 수정하지 않으면 전군이 전멸될 수도 있었다.

이 긴급한 고비에서 마오쩌둥은 피아 쌍방의 군사태세에 근거하여 중앙 홍군이 북상하여 홍군 제2, 제6 군단과 합류하는 당초 계획을 포기했다. 그리고 방향을 서쪽으로 돌려 적의 세력이 약한 구이저우(貴州)로 이동하고 새로운 근거지를 창설할 것을 건의했다. 1934년 12월 12일, 중공중앙 책임자는 후난 퉁도에서 긴급회의를 소집했다. 회의에 참가한 장원톈, 왕자샹, 저우언라이 등 다수 동지들은 마오쩌둥이 제기한 위에서 밝힌 방침에 찬성하고 이를 지지했다. 하지만 리더 등은 한사코 이를 거부했다. 회의 직후 보구와 리더는 여전히 샹시로 전진할 것을 견지했다. 12월 18일, 중앙정치국은 구이저우 리핑에서 회의를 열었다. 치열한 논쟁을 거쳐 마오쩌둥의 건의가 회의에 참석한 다수 동지들의 찬성을 얻었다. 그리하여 '전략적 방침에 관한 중앙정치국의 결정'이 통과됐다. 회의 후, 홍군은 구이저우 중심부를 거쳐 구이저우 북부로 전진했다. 연이어 진핑(錦屛) 등 7개 도시를 공략하고 12월 말에 우장(烏江) 남안의 허우창(猴場)을 점령했다. 12월 31일 밤부터 이튿날 새벽까지 중공중앙은 허우창에서 정치국 회의를 열고 '도강 후의 새로운 행동방침에 관한 결정'을 내렸다. 이 결정은 먼저 준이를 중심으로 하는 구이저우 북부지역에서, 다음으로 쓰촨 남부에서 촨첸(川黔)변구라는 새 근거지를 창설하는 전략적 과업을 제기했다. 회의는 또 "작전방침 및 작전 시간과 지점의 선택에 있어서 군사위원회는 반드시 정치국 회의에 보고해야 한다"는 결정을 내려 군사위원회에 대한 정치국의 영도를 한층 더 강화했다. 이 결정은 사실상 보구, 리더의 군사지휘권을 박탈한 것이었다. 회의 이후, 홍군은 우장을 건너 국민당의 '추격토벌군'을 우장 이동과 이남 지역에서 따돌리고 1935년 1월 7일 첸베이의 요충지인 준이성[118]을 공략했다.

준이회의

　장정이 시작된 후 많은 간부, 전사들은 제5차 반'포위토벌'이 개시된 이래 홍군이 실패를 거듭하고 지금에 와서 또 막다른 궁지에 빠지게 된 것을 보고만 있었다. 이런 장면은 제4차 반'포위토벌'에서 승리했을 때와 커다란 대조를 보였다. 그들은 중공중앙이 마오쩌둥의 의견을 배척하고 그릇된 군사지도방침을 관철하여 이 같은 상황을 만들었다는 사실을 점차 깨닫게 됐다.

　중앙 근거지에 있을 때 다수 간부들은 중앙 주요 지도자들의 군사지휘에 대해 점차 의심하고 불만을 표명했다. 그뿐만 아니라 일부 군단의 지휘자들도 여러 차례 작전이나 전보, 보고서 등에서 비판의견을 내놓았으며 심지어 일부 동지들은 리더와 치열한 논쟁까지 벌였다. 마오쩌둥 등도 여러 차례 본인의 주장을 피력했지만 모두 받아들여지지 않았다. 장정 길에 오른 후 홍군이 작전에서 실패를 거듭하자 이러한 불만은 날로 커졌으며 샹장전장 이후 극도에 달했다. 간부, 특히 고급 간부들 가운데서 잘못을 시정하고 영도 방법을 바꿀 것을 요구하는 의견이 점차 많아졌다. 많은 사람들이 이 문제를 해결하지 않으면 당과 홍군은 극히 수세적인 곤경에서 벗어나기 어렵다고 하면서 몹시 불안해했다. 마오쩌둥은 행군 도중에 왕자샹, 장원톈, 그리고 일부 홍군 간부들에게 제5차 반'포위토벌'과 중앙 군사지도의 착오에 대해 깊고 세밀하게 분석하여 그들을 반복적으로 설득했다. 그의 현명한 의견은 왕자샹, 장원톈 등의 지지를 얻었다. 저우언라이, 주더 등도 마오쩌둥을 지지했다. 보구, 리더 등과의 의견 차이는 갈수록 커져갔다. 라오산제(老山界)에서 리핑(黎平)에, 리핑에서 허우창에 이르기까지 행군 도중에는 줄곧 논쟁이 벌어졌다. 이때, 중앙의 대부분 지도자들은 중앙의 군사지휘 착오에 대하여 의견을 일치했다. 이러한 정세에서 지도자들은 정치국 회의를 열어 경험과 교훈을 쌓았다. 착오를 시정하자는 그들의 인식은 이미 성숙돼 있었다.

1935년 1월 15일부터 17일까지 중앙정치국은 준이에서 확대회의(준이회의)를 소집했다. 회의에 참석한 정치국 위원들로는 마오쩌둥, 장원톈, 저우언라이, 주더, 천윈, 보구가 있었다. 후보 위원들로는 왕자샹, 류사오치, 덩파(鄧發), 허커취안[何克全, 카이펑(凱豊)]이 있었으며 홍군 본부와 각 군단 책임자 류보청(劉伯承), 리푸춘(李富春), 린뱌오(林彪), 녜룽전(聶榮臻), 펑더화이(彭德懷), 양상쿤(楊尙昆), 리쥐란(李卓然) 그리고 중앙비서장 덩샤오핑이 참석했다. 리더와 번역 업무를 담당한 우슈취안(吳修權)도 회의에 열석(列席)했다.

회의에서 먼저 보구가 제5차 반'포위토벌'에 대한 총화보고를 했다. 그는 객관적 원인을 지나치게 강조하면서 제5차 반'포위토벌'이 실패한 원인을 제국주의와 국민당 반동세력의 강대함으로 설명했다. 그러고는 투쟁에서의 백색구역과 각 소비에트구역 간의 협력 부진 등에 책임을 전가했다. 그와 리더가 마오쩌둥의 의견을 억누르고 군사지휘에서 심각한 착오를 범한 것은 부인했다. 뒤이어 저우언라이가 군사문제에 관하여 부속 보고를 했다. 그는 제5차 반'포위토벌'이 실패한 주요 원인은 군사 지휘자의 전략 전술 착오라고 지적했다. 그러면서 그 책임을 주동적으로 떠맡고 성실하게 자기비판을 했으며 동시에 보구와 리더도 함께 비판했다. 장원톈은 회의 직전에 마오쩌둥, 왕자샹과 함께 의논한 내용에 따라 '좌'경 군사 오류를 반대할 것에 관한 보고를 하여 군사지휘에서의 보구, 리더의 착오를 비교적 체계적으로 비판했다. 잇달아 마오쩌둥이 장편 발언을 하여 보구, 리더가 군사지휘에서 범한 착오에 대하여 정곡을 찌르는 분석을 했다. 그리고 이에 대한 비평을 이어갔으며 중국 혁명전쟁의 전략 전술과 앞으로 군사 측면에서 취해야 할 방침을 확실하게 서술했다. 왕자샹도 발언에서 보구, 리더의 착오를 비평하고 마오쩌둥의 의견을 지지했다. 저우언라이, 주더, 류사오치 등 회의에 참석한 다수의 동지들은 연이어 발언을 하여 보구의 총화보고에 동의하지 않고 마오쩌둥, 장원톈, 왕자샹이 제기한 제강과 의견에 동의했다. 몇몇 사람만이 보구, 리더의 판단에 대해 변명했다. 리더는 결코 비평을 받아들이지 않았다. 회의는 끝으로 장원톈에게 결의 초안을 작성하도록 하고 상무위원들에게 위탁하여 심사하게 한 후 지부에 송부하여 논의하도록 했다.

 장원톈은 회의가 끝난 후 회의에 참석한 다수 사람, 특히 마오쩌둥의 발언 내용에 근거하여 "적의 다섯 차례 '포위토벌'을 반대한 총화에 관한 당중앙의 결의" 초안을 작성했다. 이 결의는 중공중앙이 준이를 떠나 윈난성 자시(扎西·오늘의 웨이신)현 경내에 도착한 후 그곳에서 열린 회의에서 정식으로 채택됐다. 결의는 마오쩌둥 등이 홍군을 지휘하여 여러 차례 반'포위토벌'의 승리를 거두는 데서 취한 전략 전술의 기본원칙을 충분히 긍정했다. 그러면서 보구, 리더가 "군사 측면에서 취한 단순한 방어노선이 우리가 적군의 제5차 '포위토벌'을 분쇄하지 못하게 된 주요 원인이다"고 명확히 지적했다. 그리고 적군이 많고 아군이 적으며 적군이 강하고 아군이 약한 조건에서 "우리의 전략적 노선은 마땅히 결전방어(공세방어)를 해야 했었다. 우세한 병력을 집중하여 적의 약점을 공격하고, 운동전에서 파악할 수 있게 적군의 일부 또는 대부분을 제거하고 각개 격파하여 적군의 '포위토벌'을 철저히 분쇄해야 했었다. 그러나 제5차 반'포위토벌' 전쟁에서는 단순한 방어노선(또는 전담 방어)으로 결전방어를 대체했다. 그리고 진지토치카전으로 운동전을 대체했으며 이른바 '화급한 돌격' 전술원칙으로 단순히 방어만 하는 전략적 노선을 지지했다. 이로 인해 적들의 지구전과 토치카주의 전략 전술이 효력을 보게 됐다"고 했다.

결의는 또 다음과 같이 지적했다. 전략적 전환과 포위 돌파 문제에서 보구, 리더는 "마찬가지로 원칙적인 착오를 범했다" 그들은 내선에서 작전하는 전략 방침을 제때에 바꾸지 않고 전략적인 퇴각을 실시했다. 그리하여 주력홍군의 유생세력을 보존하려 했기에 시기를 지체하고 말았다. 그뿐만 아니라 포위를 돌파할 때 "단호하게 싸우는 것이 아니라 놀라고 당황만 하여 도망치는 이사 식 행동을 했다"

결의는 국민당군 제19로군과 항일통일전선을 결성하는 문제에 있어서의 경험과 교훈을 총화했다. 보구, 리더 등은 정치 측면에서 제19로군의 군사정변을 이용하는 것이 제5차 '포위토벌'을 분쇄하는 중요한 요소라는 점을 전혀 알지 못했다. 결의는 이를 지적하며 군사 측면에서 직접적으로 협력하는 방침을 취하지 않아 소중한 기회를 놓쳐 버렸다고 말했다. 준이회의는 변화된 상황에 맞게 먼저 구이저우 북부를 중심으로, 나중에 쓰촨 남부에서 근거지를 창설할 것에 관한 리핑회의의 결의를 변경하기로 했다. 그래서 홍군이 창장을 건너면 청두(成都) 서남이나 서북 지역에서 근거지를 창설하기로 결정했다. 회의 후, 또 적정의 변화에 따라 중앙 홍군이 쓰촨, 윈난, 구이저우 3개 성의 광활한 지역에서 새로운 근거지를 창설하기로 결정했다.

준이회의는 중앙 영도기구를 재편성하여 마오쩌둥을 중앙정치국 상무위원으로 선출하고 상무위원은 다시 적당히 분업하기로 결정했다. 또, 장정을 시작하기 전에 구성한 '3인단'을 폐쇄하고 여전히 최고 군사 지휘관인 주더, 저우언라이를 군사지휘자로 정했다. 그 밖에도 저우언라이를 당내에서 위탁한 군사지휘에서 최후 결심을 내리는 책임자로 뽑았다. 그 뒤 2월 5일, 홍군이 이동하는 도중에 쓰촨, 윈난, 구이저우 접경 지역의 닭 울음소리가 3개 성에 울리는 한 마을에서 중앙

정치국 상무위원의 업무를 나누어 맡아 처리했는데 마오쩌둥의 제의에 의해 장원톈이 보구를 대체하여 중앙의 총적 책임(습관적으로 총서기라고도 불렀음)을 지기로 했다. 그리고 마오쩌둥은 저우언라이의 군사지휘를 도와주는 역할을 하기로 했으며 보구를 총정치부 주임대행으로 하기로 결정했다. 3월 4일, 중앙혁명군사위원회는 두 번째로 준이에 진주한 후 전선사령부를 설립하고 주더를 사령관으로, 마오쩌둥을 정치위원으로 선출했다. 그 후 작전상황이 순식간에 변화하여 지휘를 집중해야 할 필요가 있었다. 마오쩌둥은 이를 고려하여 '3인단'을 구성하여 군사를 전권 지휘할 것을 제안했다. 3월 중순, 구이저우 야시(鴨溪), 거우바(苟壩) 일대에서 마오쩌둥, 저우언라이, 왕자샹으로 구성된 새로운 '3인단'을 설립하고 저우언라이를 단장으로 하여 전군의 군사행동을 지휘하도록 했다. 전쟁환경 속에서 이는 중앙의 가장 중요한 영도기구였다.

위급한 전쟁 정세에서 열린 준이회의는 정치노선의 문제를 중점으로 논의하지 않았다. 당시 당의 사업에서 오랫동안 나타난 모든 중대한 문제에 대해 시비를 가르는 것은 불가능한 일이었다. 중공중앙이 이러한 문제에 있어 일치되는 인식을 형성하려면 일련의 과정이 필요했다. 따라서 회의 결의는 중앙의 정치적 노선에 대해서만 대체적으로 긍정하고 군사지휘에서 착오를 범한 심각한 정치적 원인을 따지지 않았다. 하지만 준이회의는 홍군 전략 전술의 옳고 그름을 명확히 했다. 그리고 보구, 리더가 군사지휘에서 범한 착오를 지적함과 동시에 중앙의 영도, 특히 군사적 영도를 바꿔 당내에서 직면한 가장 절박한 조직문제와 군사문제를 해결했다. 그리하여 중앙에서의 '좌'경 교조주의 오류의 통치를 매듭짓고 중공중앙과 홍군에서의 마오쩌둥의 영도적 지위를 확립할 수 있었다. 이러한 성과는 중국공산당이 국제공산당과의 연계가 끊긴 상황에서 독립 자주적으로 취득한 것이다. 이번 회의는 위태로운 정세에서도 중국공산당과 중국 홍군이 중국 혁명 정신을 만회할 수 있도록 격려해주었다. 이때부터 중국공산당은 마오 쩌둥을 대표로 하는 마르크스주의 노선의 지도 아래 갖은 시련을 이겨내면서 중국 혁명을 한 걸음 한 걸음 승리로 이끌어 갔다. 준이회의는 당의 역사에서 생사존망과 관련되는 전환점으로서 중국공산당이 정치적으로 성숙되기 시작했음을 시사한다.

준이회의 이후, 중앙 홍군은 진영을 재정비하고 정신을 추슬러 새로운 중앙 지도자의 지휘 아래 영특한 혁명운동전을 벌였다. 당시, 장제스는 중앙 홍군이 쓰촨으로 북진하여 홍군 제4방면군과 합류하거나 또는 동쪽으로 후난을 벗어나 홍군 제2, 제6 군단과 합류하는 것을 막고자 했다. 그래서 그의 직계 부대와 쓰촨, 구이저우, 후난, 윈난, 광시 5개 성의 지방부대 수십만 병력을 사면팔방에서 준이지구로 접근하도록 배치하여 준이일대에서 홍군을 포위 섬멸하려 했다. 1935년 1월 19일, 중앙 홍군은 준이지구에서 북진하여 쓰촨, 구이저우 접경 지역의 투청(土城), 츠수이(赤水)현을 탈취하고 기회를 틈 타 쓰촨의 루저우(瀘州)와 이빈(宜賓) 사이에서 창장을 도하하려고 계획했다. 1월 28일, 홍군은 투청전투에서 적군이 끊임없이 증원되어 계속 싸우면 아군에 불리할 것으로 판단하여 명을 받고 전투에서 철수했다. 그리고 1월 29일 새벽 위안허우(元厚), 투청 지역에서 츠수이허를 건너 서진하여 쓰촨, 윈난 접경 지역의 자시(紮西)에 집결했다. 중앙 홍군은 자시에서 전군을 재편성하여 간부퇀을 제외하고 16개 퇀으로 편제를 축소했으며 각기 홍군 제1, 제3, 제5, 제9 군단에 편입시켰다. 쓰촨, 윈난의 적군이 신속히 남북 두 방향으로 자시에 접근해 왔다. 홍군은 북쪽으로 창장(양쯔강)을 도하하는 계획을 잠시 보류하고 불시에 동쪽으로 방향을 돌려 적군을 따돌렸다. 그리고 2월 18일부터 21일 사이에 두 번째로 츠수이허를 건너 다시 구이저우에 진입했다. 그리하여 러우산관(婁山關)을 기습, 공격하고 다시 준이성을 공략했다. 준이전장에서 홍군은 2개 사, 8개 퇀의 적군을 섬멸하고 3,000여 명의 포로를 잡는 승리를 거두었다. 이는 중앙 홍군이 장정에 오른 이래 거둔 가장 큰 승리로서 적군의 기세를 여지없이 꺾어 놓고 홍군의 투지를 북돋우어 주었다. 장제스는 패전한 후 배치를 조절하여 여러 갈래로 나누어 준이, 야시(鴨溪) 일대를 거듭해서 포위했다. 홍군은 신속히 적군의 포위망을 뚫고 다시 서쪽으로 방향을 돌려 3월 16일, 17일에 세 번째로 츠수이를 건너 재차 쓰촨 남부에 진입했다. 장제스는 홍군이 또 북쪽으로 창장을 도하할 것이라 짐작하고 재빨리 대부대를 이동시켜 앞길을 차단했다. 홍군은 불시에 또 동쪽으로 방향을 돌려 구이저우로 되돌아섰고 3월 21일 밤부터 22일까지 네 번째로 츠수이를 건넜다. 그리고 곧바로 남쪽으로 우장(烏江)을 건너 구이양(貴陽)을 공격하는 척 했으며 일부 병력을 구이저우 동부로 이동시켜 윈난의 적군이 증원하도록 했다. 적군이 여러 갈래로 어수선하게 구이양으로 진격해 오자 홍군은 쥐도 새도 모르게 하루에 120리를 강행군하여 적의 병력이 약한 윈난으로 돌진했다. 홍군은 쿤밍 부근에서 공격하는 척 하고는 또 서북쪽으로 방향을 돌려 5월 초에 물살이 세찬 진사장(金沙江)을 건넜다. 이리하여 중앙홍군은 우세한 적군의 포위, 추격과 차단에서 벗어났다. 그리고 홍군을 쓰촨, 구이저우, 윈난 접경지역에서 포위 섬멸하려는 장제스의 계획을 부셔 버리고 전략적 이동에서 결정적 의의를 가지는 승리를 거두었다. 이 승리는 중앙군사지도자를 교체한 후에 거둔 것으로 마오쩌둥의 뛰어난 군사 지휘 능력을 가감없이 보여 준 것이다.

2. 장궈타오의 분열주의 반대 투쟁

홍군 제1방면군과 제4방면군이 마오궁(懋功)에서 합류

중앙 홍군은 진사장(양쯔강 상류)을 건너 쓰촨 후이리(會理)지역에서 짧은 휴식기간에 밀린 정돈을 했다. 1935년 5월 12일, 중앙정치국은 후이리현 부근의 제철소에서 확대회의를 열고 군사행동문제를 논의했다. 회의는 중앙 홍군이 계속 북상하기로 결정하고 마오쩌둥의 영도에 대해 의심하고 기동작전에 동의하지 않는 린뱌오의 주장을 비평했다.

북상하여 소수민족지구를 지날 때 홍군은 당의 민족정책을 엄중히 집행하고 소수민족의 풍속습관을 존중하여 그들 다수의 지지와 도움을 받았다. 다량산(大凉山) 이족(彝族)지구에 들어설 때 홍군 총참모장 류보청은 이족 궈지(果基)부락의 이족수령 궈지웨단[果基約旦, 샤오예단(小葉旦)]과 피의 의식으로 동맹을 맺어 민족단결을 실현함으로써 홍군이 순조롭게 이 지구를 통과할 수 있게 했다. 5월 하순, 홍군은 다두허(大渡河)를 강행 도하하고 루딩(瀘定)교를 탈취했으며 1년 내내 눈이 쌓여 있고 인적이 드문 자진산(夾金山)을 넘었다. 6월 12일, 중앙 홍군의 선두부대가 홍군 제4방면군의 선두부대와 다웨이(達維)진에서 합류했다. 6월 18일, 중공중앙과 중앙 홍군 주력이 마오궁[오늘의 샤오진(小金)]지역에 도착했다.

홍군 제4방면군은 1935년 3월부터 4월 하순 사이에 자링장(嘉陵江), 푸장(涪江), 민장(岷江)을 건너 리판[理番, 오늘의 리(理)현], 마오궁 일대에 도착했다.

홍군 제4방면군은 쓰촨, 간쑤(甘肅)성 접경 지역으로 이동하고 중앙 홍군이 쓰촨, 구이저우, 윈난 접경 지역에서의 작전을 협력하기 위해

3월 말에 자링장을 강행, 도하하는 전투를 벌였다. 치열한 전투를 거쳐 자링장 도하에 성공하는 큰 승리를 거뒀다. 홍군 제4방면군은 이때부터 적군의 '쓰촨·산시 포위 토벌' 계획을 분쇄하고 자링장 이서의 종횡으로 200~300여 리에 달하는 광대한 새 구역을 통제하게 됐다. 그리고 병사도 8만여 명으로 늘어 극히 유리한 정세를 조성했다. 하지만 장궈타오는 촨산 근거지를 포기하고 근거지에 남기로 한 부대, 지방무장과 모든 후방기관을 자링장 이서로 이동시키기로 결정했다. 그가 이러한 행동을 취한 것은 촨산 근거지와 전반 혁명 정세를 비관적으로 평가했기 때문이다. 그는 촨산 근거지의 유리한 조건과 촨산 근거지를 탈취하는 것이 중앙 홍군과의 협동작전에 미치는 중대한 역할임을 예견하지 못했다. 단지 중앙 홍군의 뒤를 바싹 추격해 오는 장제스의 직계 군대가 신속히 쓰촨에 들어설 것이며, 홍군이 당해 내지 못할 바에는, 차라리 철수하는 게 낫다고 판단했던 것이다. 장궈타오의 이런 우경 사상은 홍군 제1, 제4 방면군이 합류한 이후 전략적 행동방향에 있어 중앙과 심각한 의견 차이를 만들었다.

북상과 남하 전략 방침의 논쟁

중앙 홍군과 홍군 제4방면군이 쓰촨 마오궁에서 합류한 이후 당과 홍군 앞에 놓인 최우선 과업은 바로 통일된 홍군발전의 전략 방침을 정확하게 제정하는 것이었다.

중공중앙이 쓰촨 서북지구에 도착하고 보니 이곳은 대부분 소수민족 집거지로 산이 높고 골짜기가 깊어 교통이 불편했다. 또한 인구가 적고 경제가 낙후하여 홍군의 생존과 발전에 크게 불리했다. 이에 반해 이북의 산시·간쑤지역은 넓고 교통이 편리하고 물산이 풍부하고 한족이 비교적 많았으며 그리고 제국주의 세력과 국민당 통치가 취약했다. 게다가 특히 항일투쟁의 전선인 화베이와 가까웠다. 중공중앙은 이러한 정세에 비추어 홍군이 계속 북상하여 촨산간(川陝甘) 혁명 근거지를 창설하여 북방에서 항일 전방진지를 창립함으로써 전국의 항일민주운동을 영도해 추진할 것을 주장했다. 하지만 장궈타오는 국민당 군대의 강대한 군사압박을 피하고자 인적이 드물고 소수민족이 집거하는 서쪽의 신장(新疆), 칭하이(青海), 시캉(西康) 등지로 퇴각할 것을 주장했다.

> **시캉성(西康省)**
>
> 중국에 존재하던 옛 성 이름. 관할지역에는 오늘의 쓰촨성 서부 및 시짱자치구 동부 지구가 포함된다. 1935년부터 시캉성을 기획하기 시작하여 1939년에 공식적으로 성을 설치하고 1955년에 폐쇄했다.

이 중대한 전략 방침문제를 해결하기 위해 6월 26일, 중앙정치국은 마오궁 북부의 량허커우(兩河口)에서 긴급회의를 열었다. 회의는 논의를 거쳐 북상하자는 저우언라이, 마오쩌둥 등 다수 사람들의 의견에 한뜻으로 동의했다. 장궈타오도 이에 동의한다고 표시했다. 6월 28일, 회의정신에 입각하여 내린 '제1, 제4 방면군이 합류한 후의 전략 방침에 관한 중공중앙 정치국의 결정'에서는 홍군은 주력군을 집중하여 북쪽으로 공격하여 촨산간소비에트구역을 창설해야 한다고 주장했다. 이를 위해서는 반드시 눈앞의 위험인, 전쟁을 피하고 퇴각하고 도망치며 보수적이고 안일을 꾀하며 멈춰서 움직이지 않으려고 하는 경향을 단호히 없애야 한다고 지적했다. 6월 29일, 중앙정치국 상무위원회 회의는 장궈타오를 중앙혁명군사위원회 부주석으로 보충 뽑았다. 같은 날, 중앙혁명군사위원회는 량허커우회의에서 확정한 전략적 방침에 따라 쑹판(松潘)작전 계획을 작성했다. 그리고 국민당군 후쭝난(胡宗南) 부대가 아직 완전히 집결, 배치되지 않은 틈을 타 홍군 제1, 제4 방면군이 협동 작전하여 후쭝난 부대를 제거하고 숭판지구를 통제하여 간쑤성 남부로 북상하는 통로를 열기로 했다.

량허커우회의 후, 중공중앙은 홍군 제1방면군을 거느리고 마오궁 일대에서 북상하여 멍비산(夢筆山), 창반산(長板山), 다구산(打鼓山) 등 대설산을 넘었다. 그리하여 7월 16일에 선두부대가 숭판부근의 마오얼가이(毛兒盖)에 이르렀다. 장궈타오는 전투력이 강한 후쭝난부대와 작전하는 것이 두려워 군사위원회의 계획을 집행하지 않고 보급이 부족하다는 구실로 북상에 반대했다. 그는 남하하여 쓰촨, 시캉 변경으로 퇴각할 것을 주장했다. 그러고는 '통일적 지휘'와 '조직문제'의 해결이 필요하다면서 일부러 시간을 끌었다. 그는 휘하에 병사가 많은 것을 믿고 공공연히 당과 권력을 다퉜다. 그러고는 일부 사람들을 꼬드겨 중앙혁명군사위원회와 홍군 총사령부를 개편하고 그를 군사위원회 주석으로 뽑아 "독단적으로 결정"하는 대권을 줄 것을 중앙에 제기하도록 했다. 중공중앙은 장궈타오 등의 무리한 요구를 단호히 거부했지만 홍군의 단결을 위해 7월 18일 장궈타오를 홍군 총정치위원으로 임명했다. 7월 21일, 중앙정치국은 루화(蘆花·오늘의 헤이수이성)에서 회의를 열고 장궈타오의 착오를 비평했다. 회의 후, 장궈타오는 홍군 제4방면군을 거느리고 북상하여 마오얼가이에 집결했다. 같은 날, 중앙혁명군사위원회는 홍군 제4방면군 총지휘부를 홍군의 전선위원회 총지휘부로 하여 쉬샹첸이 총지휘를, 천창하오(陳昌浩)가 정치위원을 겸하도록 했다. 예젠잉이 참모장을 맡도록 했으며 홍군 제1방면군 제1, 제3, 제5, 제9 군단을 제1군, 제3군, 제5군, 제32군으로 개칭했다. 홍군 제4방면군의 제4군, 제9군, 제30군, 제31군, 제33군의 번호는 예전 그대로 두었다. 장궈타오가 시간을 끈 탓에 예정된 승판전장계획이 적정의 변화로 실현될 수 없게 되었다. 홍군은 할 수 없이 길을 바꾸어 자연조건이 극히 열악한 초지를 지나 북상했다.

8월 3일, 홍군 본부는 간쑤 남부로 진군하는 샤(허)타오(허)(夏河·洮河)전장 작전계획을 짜고 홍군 제1, 제4 방면군을 통합하여 우로군과 좌로군으로 개편했다. 우로군에는 마오얼가이 지역의 홍군 제1방면군의 제1군, 제3군과 홍군 제4방면군의 제4군, 제30군 그리고 군사위원회 종대의 대부분 및 새로 설립한 홍군대학이 포함되었다. 이 무리는 쉬샹첸, 천창하오, 예젠잉의 인솔로 북상하여 초지를 지나 반유(班佑)에 이르렀다. 마오쩌둥, 장원톈, 저우언라이 등 중앙 지도자들은 우로군을 따라 행동했다. 좌로군은 줘커지(卓克基) 및 그 이남지구의 홍군 제4방면군 제9군, 제31군, 제33군과 홍군 제1방면군의 제5군, 제32군 및 군사위원회 종대의 소부분으로 구성됐으며 주더, 장궈타오, 류보청의 인솔 아래 북상하여 초지를 지나 아바(阿壩)에 이른 후 반유로 향하여 우로군과 합류했다.

8월 4일부터 6일 사이에, 중앙정치국은 마오얼가이 부근의 사워(沙窩)에서 회의를 열고 정세와 과업에 대해 논의했다. 회의는 량허커우 회의에서 확정한 북상 전략 방침을 거듭 천명했다. 그리고 촨산간 근거지 창설을 홍군 제1, 제4 방면군이 당면한 역사적 과업으로 인식해야 한다고 강조했다. 그러면서 이를 위해서는 홍군에 대한 당의 절대적인 영도를 강화하고 두 방면군의 단결을 공고히 해야 한다고 했다. 결의는 또 홍군 내부에서 혁명의 전도에 대해 비관, 실망하는 우경오류를 반드시 시정해야 한다고 지적했다. 회의는 이어 홍군 제1방면군 본부를 회복하기로 결정하고 저우언라이가 홍군 제1방면군 사령원 겸 정치위원을 맡도록 했다.

8월 15일, 중공중앙은 장궈타오에게 전보를 보내 적정, 지형, 기후,

식량 등 그 어떤 면을 고려해 보아도 모두 홍군 제1, 제4 방면군 주력이 반유를 거쳐 북상하는 것이 바람직하다고 했다. 그러므로 시간을 지체하여 전반 계획에 영향을 주어서는 절대 안 된다고 지적했다. 장궈타오는 사워회의에서 제기한 북상 전략 방침을 집행하지 않았으며 중앙의 북상 방침을 전적으로 옹호하는 주더, 류보청을 극구 배척했다. 8월 19일, 중앙정치국은 사워에서 상무위원회 회의를 열고 저우언라이의 병세가 위중한 상황에 비추어 마오쩌둥이 군사를 책임지도록 결정했다. 8월 20일, 중앙정치국은 마오얼가이에서 확대회의를 소집했다. 마오쩌둥은 회의에서 한 보고에서 북상 방침의 정확성을 논증했으며 좌로군에는 신속히 우로군에 접근하여 함께 북상하도록 요구했다. 이번 회의에서 채택된 결정은 홍군 주력을 인솔하여 서쪽으로 황허를 건너 칭하이, 닝샤, 신장의 편벽한 지구로 깊숙이 들어가려는 장궈타오의 착오를 비판했다.

8월 21일, 우로군은 마오얼가이에서 출발하여 인적이 없는 망망한 초지를 지났다. 그리고 쓰촨성의 반유, 바시(巴西), 아시(阿西) 지역에 도착하여 좌로군을 기다렸다. 9월 초 당중앙의 거듭되는 재촉에 장궈타오는 그제야 홍군 제5군에 명령하여 머와(墨窪) 부근으로 진군했다. 하지만 그는 홍군 제5군에게 전부 아바에로 되돌아가라고 명령하고, 천창호에게 전보를 보내 우로군을 인솔하여 남하할 것을 지시했다. 9월 8일, 장궈타오는 또 좌로군 중의 마얼캉(馬爾康)지역에 주둔한 홍군 제4방면군 부대에 전보를 보냈다. 그는 북상하고 있는 군사위원회 종대에 마얼캉으로 이동하여 명령을 기다리도록 하고 명령을 듣지 않는 자는 구속하라고 지시했다. 같은 날, 당중앙은 장궈타오에게 전보를 보내 "만일 좌로군이 남하하면 극히 불리하다. 설산이나 원시림이 아니면 남하하는 길은 험준하고 좁다. 또 국민당 군대가 이미 토치카를 구축했기에 홍군은 이를 공략해 성공할 가능성이 전혀 없다. 그러므로 국민당 군대가 북쪽을 봉쇄하면 퇴로마저 차단된다"고 거듭 강조했다. 그들이 남하하고자 하는 쓰촨, 시캉, 시짱 접경 지역은 대부분 인적이 드물고 식량이 적은 소수민족지역이었다. 따라서 홍군은 그곳에서 발을 붙이기 어려웠다. 그러나 북상하면 여러 가지 좋은 조건이 있었고 항일의 새로운 국면을 개척하는 데도 유리했다. 당중앙은 좌로군이 즉시 북상하기를 희망했다. 그러나 장궈타오는 당중앙의 권고를 아랑곳하지 않았다. 그는 9월 9일에 중앙혁명군사위원회에 전보를 보내어 "기세를 틈타 남하"하는 주장을 견지했다. 이와 동시에 그는 당중앙 몰래 우로군 정치위원 천창호에게 전보를 보냈다. 그는 우로군을 인솔하여 남하하라고 명령하여 당중앙을 분열시키고 해치려 했다. 우로군 참모장 예젠잉은 전보를 받은 후 즉시 마오쩌둥에게 보고했다. 마오쩌둥, 장원톈, 저우언라이, 보구 등은 긴급히 의논 후 북상방침을 관철하기로 결정했다. 이들은 이 방침을 행하기 위해, 또 홍군 내부에서 발생할 수 있는 충돌을 피하기 위해 우로군의 홍군 제1군, 제3군과 군사위원회 종대를 거느리고 신속히 위험한 상황에서 벗어나 북상하기로 합의했다. 그리고 '북상방침을 집행하기 위해 동지들에게 알리는 공산당 중앙의 글'을 발송했다. 당시 진상을 모르는 홍군 제4방면군의 일부 간부들은 무력으로 가로막을 것을 주장했다. 이때 쉬샹첸이 나서서 무력 행동을 제지시켰고 홍군의 단결을 수호했다.

중공중앙은 먼저 북상한 후 9월 11일 밤에 간쑤성 뎨부(迭部)현 어제[俄界·오늘의 가오지(高吉)]에 도착했다. 9월 12일, 중앙정치국은 이곳에서 확대회의를 열었다. 회의는 '장궈타오 동지의 착오에 관한 당중앙의 결정'을 통과시켰다. 그리고 "장궈타오가 당중앙의 북상하는 전략 방침에 반대하고 쓰촨, 시캉 시짱 접경 지역에서 퇴각하는 방침을 견지한 것은 그릇된 것이다. 장궈타오와 당중앙과의 논쟁은 정치정세에 대한 분석과 피아 세력에 대한 평가에서 인식이 달랐기 때문이다"고 지적했다. 당중앙은 홍군 제4방면군의 간부, 전사들이 당중앙의 주변에 뭉쳐 장궈타오의 그릇된 경향과 투쟁하고, 그가 북상 방침에 따르도록 독촉할 것을 호소했다.

홍군 제1방면군이 장정을 거쳐 산시 북부(陝北)에 도착

어제(俄界)회의 이후, 중공중앙은 홍군 제1군, 제3군과 군사위원회 종대를 거느리고 계속 북상하여 간쑤성 남부의 라즈커우(臘子口)로 전진했다. 홍군은 용감하게 싸워 천연 요새인 라즈커우를 공략하고 민산(岷山)을 넘어 9월 18일에 간쑤 민(泯)현 이남의 하다푸(哈達鋪)에 이르렀다. 당지 신문에서 산베이에 홍군의 근거지가 여전히 존재하고 있다는 정보를 얻은 마오쩌둥은 산베이로 향할 것을 주장했다. 중공중앙은 어제회의의 결정에 따라 북상부대를 중국노농홍군 산간(陝甘)지대로 공식 개편하고 펑더화이를 사령원으로, 마오쩌둥을 정치위원으로 임명했다. 9월 27일, 산간지대는 퉁웨이(通渭)현 방뤄(榜羅)진을 공략했다. 중앙정치국 상무위원들은 여기에서 회의를 열고 산시(陝西) 북부로 진군하여 근거지를 보위하고 확대하기로 결정했다. 회의 후, 산간(陝甘)지대는 류판산(六盤山)을 넘어 10월 19일에 산간 근거지의 우치(吳起)진[오늘의 우치(吳旗)]에 도착했다. 10월 22일, 중앙정치국은 회의를 열었다. 그들은 장장 1년에 걸친 장정행군은 이미 종결됐으며 향후의 전략적 과업은 다시베이(大西北)의 근거지를 보위하고 확대하는 것이다. 그리고 전국의 혁명투쟁을 영도하며 산시(陝西), 간쑤, 산시(山西) 3개 성을 중심으로 발전시킬 것이라고 입장을 밝혔다.

홍군 제1방면군은 장장 1년에 걸친 험난한 투쟁에서 2만 5,000리를 행군하고 11개 성을 종횡했다. 그러면서 수십만 적군의 포위 추격과 차단을 분쇄하고 갖은 시련을 이겨냈다. 이들은 전례 없는 전략적 대이동을 실현함으로써 장정을 승리로 완수했다. 11월 초, 중공중앙과 산간지대는 간취안(甘泉)지역에서 산간 근거지홍군 제15군단과 합류했다. 11월 3일, 중화소비에트공화국 중앙정부는 중국 노농 홍군 시베이(西北)혁명군사위원회를 설립하기로 결정했다. 같은 날, 시베이군사위원회가 홍군 제1방면군 부대 번호를 회복한다고 선포했다. 홍군 제15군단은 홍군 제1방면군에 편입됐다.

11월 7일, 중공중앙 기관이 산간 근거지의 중심 와야오바오(瓦窯堡)에 도착했다. 산간 근거지는 셰쯔창(謝子長), 류쯔단(劉子丹) 등이 홍군 제26군과 제27군을 영도하여 다년간의 험난한 투쟁을 거쳐 창설한 것이다. 1934년 여름, 이 두 부대는 차례로 두 차례의 반'포위토벌'을 거쳐 근거지를 공고히 하고 발전시켰다. 그들은 홍군 제15군단이 구성된 후 산간 근거지에서 제3차 반'포위토벌'을 진행하여 중대한 승리를 거두었다. 1935년 9월부터 10월 사이 '좌'경 교조주의 집행자들은 산간 근거지에서 그릇된 반혁명숙청운동을 진행하여 류즈단 등 영도간부들을 체포했다. 이는 산간 근거지에 심각한 위기를 조성했다. 중공중앙은 산간 근거지에 도착한 후 즉시 류즈단, 가오강 등을 석방하고 이 심각한 과오를 제때에 시정할 수 있었다. 이리하여 산간 근거지는 위험한 고비를 넘기게 됐다.

홍군 제1방면군은 산시(陝西) 북부에 도착한 후 곧바로 국민당 군대의 '포위토벌'을 요격하여 11월 20일부터 24일 사이 즈뤄(直羅)진에서 1개 사단에 1개 퇀의 적군을 섬멸하는 등 중대한 승리를 거뒀다. 이 승리는 산간 근거지를 단단히 했으며 중공중앙이 전국 혁명의 대본영을 시베이에 두는 데 초석과 같은 역할을 했다.

3. 홍군 제1, 제2, 제4 방면군의 승리적인 합류

홍군 제1방면군의 동정(東征)과 서정(西征)

중공중앙과 홍군이 장정에 오른 후 민족의 위기는 점점 심각해졌다. 그리고 전국 인민의 항일구국운동이 다시 고조돼 국내 정세에 새로운 변화가 발생했다. 하지만 국민당 통치 집단은 한사코 '공산당 토벌' 정책을 포기하려 하지 않았다. 당시 국민당 당국은 남방에서 옛 근거지에 남은 홍군을 계속 '숙청'하는 것 외에, 병력을 집결시켜 중공중앙이 소재한 산간 근거지를 제거하려고 했다. 1936년 초, 산간 근거지 남부와 서남부에는 양후청(楊虎城)의 제17로군 주력과 장쉐량의 둥베이군이 주둔하고 있었다.

북부에는 징웨슈(井岳秀) 사단과 가오구이쯔(高桂滋)의 사단이 있었으며 쑨추(孫楚)의 네 개 여단[旅, 진수이(晉綏)군에 속함]도 황허 서안 지구에서 홍군을 토벌하고 있었다. 황허 동쪽에는 옌시산(閻錫山)의 진수이군 주력이 황허를 장벽으로 진지를 구축하여 홍군이 산시(山西)

에 진입하는 것을 가로막고 있었다.

이러한 새로운 정세에서 곧바로 산시(陝西) 북부에 도착한 중공중앙은 신속히 새로운 군사전략방침을 제정해야 했다. 1935년 12월 와야오바오 중앙정치국 확대회의에서 '군사전략문제에 관한 당 중앙의 결의'를 채택했다. 결의는 일본 제국주의가 중국을 그들의 식민지로 전락시키기 위해 갖은 애를 쓰고 있는 정세에서 당의 총체적 과업은 "단호한 민족전쟁으로 일본 제국주의가 중국을 공격하는 것을 반대하는 것"이라고 적시했다.

그리고 당의 새로운 정세에서 전략적 방침은 "국내전쟁을 민족전쟁과 결부시키는 것"이라며, 1936년에는 "일본과 작전하는 세력을 준비하고" "홍군을 급격히 확대해야 한다"고 결의했다. 또한 이 전략적 방침을 관철하기 위해 홍군 제1방면군의 행동배치는 항일노선을 소통시킨다. 그리고 현유의 소비에트구역을 공고히 하고 확대하는 것을 중심으로 한다. 그러나 전자를 최우선 과업으로 해야 하며 홍군 제1방면군의 행동과 소비에트구역은 주요 발전 방향을 동쪽의 산시(山西)와 북쪽의 수이위안[192](綏遠) 등 성에 두어야 한다고 지적했다.

중공중앙은 위에서 밝힌 전략 방침과 행동 배치를 관철하고 실제적 행동으로 홍군의 항일 결심을 보여 주기 위해 홍군 제1방면군이 중국인민홍군 항일선봉군의 명분으로 동정하기로 결정했다. 그리고 펑더화이를 사령원으로, 마오쩌둥을 정치위원으로 지명했다. 항일선봉군은 일본군과의 작전에 편리하도록 먼저 산시(山西), 수이위안에로 진군했다. 후에 점차 항일전선에 가까운 화베이의 광대한 지역으로 나아갔다. 새로 구성된 홍군 제28군, 제29군과 지방 유격대는 현지에 남

192　옛 성(省) 이름. 1941년 수이원특별구를 설치, 1928년 성으로 개편, 1954년에 폐쇄하고 관할지를 네이멍구자치구에 귀속시켰다.

도록 하여 산간 근거지를 지키게 했다.

이번 동정은 1936년 2월 20일에 시작됐다. 항일선봉군은 옌시산부대의 방어선을 뚫고 황허 강을 건넜다. 3월 31일, 홍군 제28군도 황허 강을 건너 참전했다. 홍군은 이번 동정은 제반 항일정책을 실시하고 조속히 대일작전을 벌이기 위한 것이라고 선포했으며 모든 내전을 중지하고 연합하여 항일하겠다고 밝혔다.

동정기간, 중앙정치국은 3월 하순에 차례로 산시(山西) 서부의 샤오이(孝義)현 다마이자오(大麥郊), 시(隰)현 스커우(石口)와 스러우(石樓)현 뤄(羅)촌, 시장(西江)촌에서 잇달아 회의[진시(晉西)회의라 통칭함]를 열고 군사전략방침 등 문제를 논의했다. 그리고 중공중앙은 더 이상 동정 홍군을 따라 행동하지 않기로 결정했다.

홍군의 동정은 옌시산 부대의 완강한 저항을 받았다. 장제스는 황급히 천청(陳誠)을 산시(山西) '공산당 토벌'군 총사령으로 임명하고 10개 사의 20만 대군을 집결시켰다. 이를 두 갈래로 나누어 옌시산을 증원했으며 황허 강 이서의 국민당 군대에 합동으로 작전하도록 명령했다. 그리하여 홍군을 깡그리 사살하고 산간 근거지를 철저히 파괴하려고 했다.

중공중앙은 내전을 피하고 항일세력을 보존하며, 항일민족 통일전선사업을 추진하기 위해 5월 초 홍군을 허시(河西)에서 퇴각시켜 동정을 끝내기로 결의했다. 5월 5일, 마오쩌둥, 주더는 중화소비에트공화국 중앙정부 주석과 중국 인민홍군혁명군사위원회 주석 명의로 난징정부 및 그의 육해공 군대에 '내전을 중지하고 평화를 이룩하며 연합해서 항일할 것에 대한 공개 전보'를 보냈다. 2개월의 동정을 거쳐 홍군의 세력은 다소 확대됐다. 홍군은 산시(山西)의 10여 개 현에서 대중사업을 벌여 당의 항일주장을 선전했다. 그리고 일부 항일 유격대와 유격구를 창립하여 향후의 항일근거지 개척에 기반을 닦아놓았다. 동정 작전에서 홍군 제28군 군장 류즈단이 불행하게도 희생됐다.

홍군이 합류한 후에도 장제스는 '공산당 토벌'정책을 결코 포기하지 않았다. 그는 16개 사단에 3개 여단의 병력을 집결시켜 산간 근거지에 대한 '새로운 토벌'을 준비했다. 산간 근거지 주위의 국민당 군대 가운데서 오직 둥베이군과 제17로군만이 비밀리에 공산당과 통일전선관계를 견지했으며 홍군과 싸우지 않기로 합의했다. 홍군은 대책을 세우지 않으면 산시·간쑤지역에서 포위되어 전멸될 위험이 있었다.

이러한 정세에서 중공중앙은 국민당 군사세력이 취약한 산시(陝西), 간쑤, 닝샤 등 3개 성 접경 지역으로 홍군이 서정(서쪽 정벌)하라고 지시를 내렸다. 그리하여 산간 근거지를 공고히 하고 발전시키며 홍군을 확대하여 시베이 항일세력의 연합을 도모하기로 결정했다. 5월 18일, 중앙혁명군사위원회는 홍군 제1방면군의 제1, 제15 군단과 홍군 제81사, 기병퇀 등 1만 3,000여 명으로 서방야전군을 구성했다. 그들은 서정하기로 결정하고 펑더화이를 사령원 겸 정치위원으로 선임했다. 기타 부대는 남쪽 전선과 동쪽 전선에서 장제스와 옌시산 부대 및 산시 북부(陝北), 웨이허 북부(渭北)의 국민당 군대를 견제하고 유인하기로 했다. 그래서 산간 근거지를 공고히 하고 주력 홍군의 서정에 협동작전을 하도록 했다.

군사정세의 변화에 비추어 1936년 6월 말에 중공중앙은 기관을 와야오바오에서 바오안(保安)으로 옮겼다.

서정부대는 먼저 홍군 제1군단을 좌로군으로, 홍군 제15군단 등 부대를 우로군으로 했다. 그리고 나중에 또 홍군 제28군, 홍군 제81사, 기병퇀을 중로군으로 하여 5월 하순부터 6월 상순 사이에 잇달아 출발했다. 7월 말에 이르러 세 갈래 홍군은 간쑤 동부의 푸청(阜城), 취즈(曲自)진, 환(環)현, 홍더청(洪德城) 등지와 산시(陝西) 서북부 그리고 닝샤의 옌츠(鹽池), 위왕(豫旺), 퉁신(同心) 일대까지 공략했다. 세 갈래 홍군은 적군 2,000여 명을 생포하고 총기 2,000여 자루를 노획하여 마훙쿠이(馬鴻逵), 마훙빈(馬鴻賓) 등의 국민당 군대에 심대한 타격을 주었다. 또 그들은 종횡으로 400여 리에 달하는 새로운 근거지를 개척하고 옛 산간 근거지와 연결시켰다. 홍군과 더불어 지방무장도 발전을 이룩했다. 8월부터 시작하여 서방야전군은 새로운 근거지를 분명히 하는 한편 계속하여 승리를 이루었다. 그러면서 홍군 제2, 제4 방면군의 북상을 맞이하기 위해 적극적인 준비를 했다.

홍군 제2, 제4 방면군의 북상

서방야전군이 서정에서 성과를 거두고 있을 때 홍군 제4방면군과 제2방면군도 천신만고를 이겨내고 장궈타오의 분열주의를 극복하면서 간쑤 남부에 도착했다. 이리하여 홍군의 3대 주력이 곧 합류하게 됐다.

1935년 9월 상순, 장궈타오가 남하할 것을 주장하여 중앙과 분열된 후, 중공중앙은 북상하는 도중에 장궈타오에게 남하 방침을 바꾸도록 명령했다. 하지만 장궈타오는 남하를 고집하면서 9월 중순에 아바에서 중공 촨캉(川康)성위원회 및 홍군 중의 당의 활동분자 회의를 열었다. 그리고 중앙의 북상 방침을 '도주'라고 하면서 공격하고 남하할 것을 강력히 주장했다. 이어 좌로군 가운데 중앙과 함께 북상을 주장하는 주더와 류보청을 강하게 반대했다. 9월 하순 원 좌로군과 우로군의 일부분(홍군 제4방면군과 원 홍군 제1방면군에 속하여 좌로군에 편입된 홍군 제5군, 제32군을 포함)은 장궈타오의 지휘 아래 다시 초지를 건너 식량이 비교적 많은 보싱(寶興), 루산(蘆山), 톈취안(天全) 일대로 가려고 했다. 그는 중공중앙이 많지 않은 부대를 거느리고 북상했으므로 성공할 수 없다고 여겼다. 10월 5일, 장궈타오는 쓰촨성 리판(理番)현 줘무댜오[卓木碉·오늘의 마얼캉현 쭈무자오(足木脚)]에서 공공연히 따로 '중앙', '중앙정부', '중앙 군사위원회', '공청단중앙'을 조직했다. 그리고 "마오쩌둥, 저우언라이, 보구, 뤄푸(洛浦)의 직무를 정지하고 그들의 중앙 위원직과 당적을 박탈한다고 선포하면서 수배령을 내렸다" 12월 5일, 그는 오만하게 중공중앙에 "다시는 당 중앙의 명의를 도용해서는 안 되며" 북방국으로 개칭하고 중화소비에트공화국 중앙정부, 홍군 제1방면군의 이름도 산간정부와 북로군으로 개칭할 것을 요구했다. 이처럼 장궈타오의 당과 홍군을 분열시키려는 책략은 극도에 달했다. 주더, 류보청은 그들과 단호히 투쟁했다. 그러면서 홍군 제4방면군에서 장궈타오 분열책에 찬성하지 않는 지도자들과 함께 현혹된 사람들을 인내심 있게 설득했다.

당과 홍군을 분열시키는 장궈타오의 행위에 대해 '중공중앙정치국'은 1936년 1월 22일 "장궈타오 동지가 제2 '중앙'을 세운 것에 관한 중앙의 결정" 사항을 전달했다. 그리고 장궈타오가 따로 조직한 '중앙' '중앙정부' '중앙군사위원회'와 '공청단중앙'을 즉각 해체하고 모든 반당활동을 중지할 것을 명령했다. 또한 당과 어제회의에서 채택한 '장궈타오 동지의 착오에 대한 중앙의 결정' 사항을 공포하기로 의결했다.

장궈타오의 분열책은 홍군 제4방면군에게 지지를 얻지 못했다. 9월 중순 부대는 남하한 후 10월, 11월 사이에 수이징(綏靖), 충화(崇化), 단바(丹巴), 마오궁(懋功) 전장에서 쓰촨 군대의 6개 여단을 격파하는 승리를 거두었다. 또 톈취안, 루산, 밍산(名山), 충라이(邛崍) 전장에서 쓰촨 군대 1만 5,000여 명을 섬멸하는 승리를 거뒀지만 아군도 1만 명에 가까운 사상자를 냈다. 1936년 2월, 국민당 당국은 많은 병력을 추가 증원하여 톈취안, 루산 지구를 대거 공격했다. 장궈타오는 하는 수 없이 부대를 인솔하여 서쪽으로 철수했다. 그 부대는 대설산을 넘어 4월 상순에 장족이 집거하는 간즈(甘孜), 루훠(爐霍) 지역으로 퇴각했다. 홍군은 전투에서 용감하게 싸웠으나 사상이 매우 컸다. 간즈에 도착한 후 홍군은 4만여 명밖에 남지 않았는데 이는 남하하기 전에 비해 절반이나 줄어든 것이다. 부대가 간즈 일대에 머무는 동안 보급 물자가 극히 부족하여 장궈타오의 남하 방침은 결국 실패로 끝나고 말았다.

이때 중공중앙은 산시(陝西) 북부에서 홍군 제4방면군에 계속 전보를 보내 각 방면의 상황을 알리고 북상을 재촉했다. 장궈타오는 중앙이 북상하여 정세의 발전에 적응하고 중국 혁명에 밝은 전망을 열어놓은 사실을 더 이상 두고 볼 수 없었다. 홍군 제4방면군에서는 갈수록 더욱 많은 간부, 전사들이, 북상하여 항일하고 중앙과 합류할 것을 요구했다. 장궈타오의 분열행위에 대해서도 불만을 토로했다. 모스크바에서 귀국하여 산시(陝西) 북부에 도착한 장하오[張浩, 린위잉(林育英)]은 국제공산당 중공 대표단의 명분으로 장궈타오에게 도움을 주었다. 이때 런비스, 허룽 등이 영도하는 홍군 제2, 제6 군단이 곧 간즈지구에 도착하게 됐다. 이러한 상황에서 장궈타오는 1936년 6일에 자신이 세운 '중앙'을 폐쇄한다고 선언했다.

홍군 제2, 제6 군단은 1935년 11월에 장정을 시작했다. 그해 9월 장제스가 130개 퇀을 집결시켜 샹어촨첸 근거지에 대해 새로운 '포위토벌'을 발동하여 정세가 자못 준엄했다. 11월 19일, 홍군 제2, 제6 군단은 주동을 쟁취하기 위해 런비스, 허룽, 관샹잉, 샤오커(蕭克), 왕전 등의 영도 아래쌍즈(桑植)의 류쟈핑(劉家坪)지역에서 출발하여 전략적 이동을 시작했다. 이들은 1936년 1월 상, 중순에 구이저우성 동부의 스첸(石阡), 전위안(鎭原), 황핑(黃平) 지역에 진입했다. 국민당 군대가 사방에서 접근해왔으므로 부대는 또다시 구이저우성 서부, 다딩[大定, 오늘의 다팡(大方)], 비제(畢節)로 이동하고 비제성 내에서 임시 정권기관을 세웠다. 2월 말 샤시(夏曦)는 비제 치싱관(七星關)에서 도하할 때 희생됐다. 3월 하순 부대는 판(盤)현, 이즈쿵(亦資孔) 지역에 이르렀다. 3월 30일 홍군 제2, 제6 군단은 북쪽으로 진사장을 건너 간즈 지역에 위치한 홍군 제4방면군과 합류하라는 홍군 총사령 주더, 총정치위원 장궈타오의 전보 명령을 받았다. 홍군 제2, 제6 군단은 판현 지역을 떠나 서쪽으로 급행군했다. 그들은 진사장을 건너고 대설산을 넘어 천신만고 끝에 7월 2일 홍군 제4방면군과 간즈에서 합류했다. 중공중앙은 그들의 소식을 접한 후 홍군 제2, 제6 군단을 홍군 제2방면군(홍군 제32군 편입)으로 합병하고 허룽을 총지휘로, 런비스를 정치위원으로, 샤오커를 부총지휘로, 관샹잉을 부정치위원으로 할 것을 지시했다. 이때 장궈타오는 비록 자신이 세운 '중앙'을 폐쇄하기는 했지만 중앙에 저항하는 입장을 바꾸지 않았다. 그는 금방 합류한 홍군 제2방면군을 끌어들여 자신의 그릇된 활동과 주장을 지지하도록 했다. 그러나 홍군 제2방면군 지도자들은 이를 단호하게 저지했다. 그리고 주더, 류보청, 런비스, 허룽, 관샹잉 등의 노력으로 홍군 제2, 제4 방면군은 함께 북상하여 중앙 및 홍군 제1방면군과 합류하기로 결정했다.

1936년 7월 상순, 홍군 제2, 제4 방면군은 간즈에서 출발하여 설산, 초지를 넘었다. 그리고 아바, 바오쥐(包座) 등지를 경유하여 8월에 간쑤 남부에 도착했다. 9월 상순, 홍군 제4방면군은 차례로 장(漳)현, 린탄(臨潭), 웨이위안(渭源), 퉁웨이(通渭), 민(岷)현, 룽시(隴西), 린타오(臨洮), 우산(武山) 등 광대한 지역을 점령했다. 중공중앙과 중앙혁명군사위원회는 항일민족통일전선을 결성하여 전국적인 항일의 고조를 맞이하고자 했다.

이를 위해 일찍 8월에 3대 홍군 주력을 합류시킨 후 협동작전하여 닝샤(寧夏)를 탈취하는 전쟁 계획을 제기했었다. 중공중앙의 계획은 닝샤를 탈취하여 시베이 근거지를 공고히 하고 확대하며 소련으로 통하는 길을 여는 것이었다. 그리고 시베이에서 항일 국면을 형성한 후, 수이위안(綏遠)으로 출병하여 전국적인 대규모 항전을 추진하는 것이었다. 이를 위해 중공중앙과 중앙혁명군사위원회는 9월 14일에 구체적 배치를 했다. 그리하여 간쑤 남부에 이른 홍군 제4방면군에 즉각 룽더(隆德), 징닝(靜寧), 후이닝(會寧), 퉁웨이(通渭) 지역을 공략하고 시안(西安)—란저우(蘭州) 도로를 통제하라고 지시했다. 그러면서 구위안(固原) 서부의 홍군 제1방면군 부대에 접근하여 후쭝난 부대의 서진을 저지할 것을 요구했다.

이와 동시에 녜룽전, 쥐취안(左權)을 파견하여 부대를 거느리고 시안—란저우 도로 이북으로 진군하라고 했다. 그래서 북상 중에 있는 홍군 제2, 제4 방면군과 합류한 후 두 달 후 닝샤를 탈취하라고 했다. 이때 장궈타오는 북진방침에 재차 동요했다. 그래서 란저우 이서의 융징(永靖), 쉰화(循化) 일대에서 신속히 황허를 건너 량저우(凉州), 융덩(永登) 지역에 진입하려고 했다. 그리하여 9월 21일에 홍군 제4방면군에 퉁웨이 등 곳에서 철수하고 방향을 돌려 서진하라고 명령했다. 그는 간쑤 북부를 먼저 공략하는 것을 "현에 있어서의 가장 중요한 고리"로 여겼다. 이에 중공중앙은 장궈타오를 간곡하게 설득했다. 그리고 또 주더와 홍군 제4방면군의 일부 지도자들 역시 그를 저지했다, 게다가 란저우 이서에서 도강이 어렵게 되자 장궈타오는 마지못해 그 계획을 포기했다.

3대 주력 홍군의 합류

1936년 9월 하순 홍군 제4방면군은 계속하여 북진했다. 10월 9일 홍군 제4방면군 지휘부가 후이닝(會寧)에 도착하여 홍군 제1방면군과 합류했다. 홍군 제2방면군은 9월 중순에 간쑤성 동남부의 청(成)현, 캉(康)현, 후이(徽)현, 량당(兩當)을 공략한 다음 10월에 신속히 북쪽으로 이동했다. 10월 21일 허룽, 런비스, 관샹잉, 류보청은 핑펑(平鋒)진에서 홍군 제1방면군 제1군단 군단장 대행 쥐취안, 정치위원 녜룽전과 만났다. 10월 22일과 23일 홍군 제2, 제6 군단은 각기 장타이바오(將臺堡), 싱룽(興隆)진에서 홍군 제1방면군과 합류했다. 이로써 홍군 제2, 제4 방면군은 장정을 마치게 됐다.

중국 노농홍군 제1, 제2, 제4 방면군은 극히 험난한 조건에서 전략적 대이동을 단행했다. 홍군은 국민당 군대의 포위, 추격, 차단을 뚫고 설산과 초지의 엄청난 위험을 극복했다. 그리고 굶주림과 추위, 부상과 질병의 시달림을 이겨내고 당내 분열의 위기를 극복했다. 그리하여 10여 개 성을 전전하고 드디어 총 노정이 수만 리에 달하는 장정을 승리로써 완수했다. 장정의 승리는 중국 혁명이 위급한 고비를 넘기는 전환점이 됐다. 비록 남의 근거지와 많은 세력을 잃었지만 중국공산당과 홍군의 중견세력을 보존하고 단련시켰으며 이르는 곳마다에서 혁명의 씨앗을 뿌려놓았다. 항일전쟁의 봉화가 전국으로 타오르기 직전, 홍군의 3대 주력이 중국 혁명의 새로운 과업을 짊어지고 시베이에서 합류했다. 이는 위대한 역사적 의의를 가진 사건이었다. 장정을 통해 실현한 홍군의 전략적 대이동은 준이회의에서 마오쩌둥을 핵심으로 하는 새로운 당중앙의 정확한 영도 아래 이루어진 것이다. 장정의 승리는 중국공산당 및 그가 영도하는 중국 노농홍군이 그 어떤 어려움도 이겨낼 수 있는 강력한 생명력을 지닌 필승불패의 세력이라는 것을 입증해 주었다. 장정의 승리는 하늘에 메아리치고 신주(神主)를 뒤흔드는 혁명영웅주의 개선가가 되었다. 홍군은 장정에서 견고한 공산주의 이상, 혁명이 반드시 승리한다는 확고한 신념, 간고 투쟁하는 정신과 용맹전진하고 희생도 두려워하지 않는 영웅적 기개를 장정에서 보여주었다. 이것은 공산당원과 인민군대가 계속 앞으로 전진하도록 격려하는 강대한 원동력으로 됐다.

홍군의 3대 주력이 합류할 때 중공중앙과 중앙혁명군사위원회는 닝샤전장으로 정치적, 군사적 국면을 새롭게 개척하고자 했다. 그리하여 이를 서둘러 배치했다. 1936년 10월 11일에 발부한 '10월분 작전강령'에서는 전군에 1개월 정도의 휴식과 정돈을 취한 후 황허 강 도하준비를 하라고 지시했다. 그리고 홍군 주력이 북상하여 닝샤를 탈취할 것을 요구했다. 중앙혁명군사위원회의 명령에 따라 10월 25일에 홍군 제4방면군 제30군이 황허 강을 건넜다. 연이어 홍군 제4방면군 제9군과 방면군 본부 및 제5군이 황허를 건너 닝샤 전투 계획을 집행할 준비를 시작했다.

10월 20일부터 장제스는 10여 개 사단을 집결시켜 남에서 북으로 홍군을 대거 공격하여 황허 접경 지역인 간쑤, 닝샤 등지에서 제거하려고 했다. 이러한 상황에 비춰 중앙혁명군사위원회는 10월 25일, "향후 작전에서 제1단계의 중점은 남쪽의 적을 격파하여 적의 추격을 저지하는데 두고" "제2단계의 중점은 북쪽에 두어야 한다"고 적시했다. 구체적 배치에서 홍군 제4방면군의 2개 군이 먼저 도하하고, 기타 부대는 집중하여 남쪽 전선에서 침범해 오는 적군을 방어해야 한다고 결정했다. 이때, 장궈타오는 남쪽 전선의 적을 중점적으로 격파하는 데 확신이 없어 중앙의 배치에 동의를 표한 후에도 거듭 이의를 제기했다.

중앙혁명군사위원회는 여러 갈래의 홍군에 대한 통일적인 지휘를 강화하기 위해 10월 28일에 펑더화이를 전선위원회 총지휘 겸 정치위원으로, 류보청을 참모장으로 임명했다. 그리고 하이위안(海原)―다라츠(打拉池) 전쟁을 통해 후쭝난 부대를 중점적으로 공격하기로 결정했다. 하지만 장궈타오가 홍군 제4방면군에 황허 강 이동의 제4, 제31군을 전선위원회 총지휘부에서 지정한 작전 위치로 전출시켜 작전계획은 수포로 돌아갔다. 후쭝난 부대는 10월 말부터 11월 사이에 닝샤를 증원하는 도로를 관통시키고 허둥(河東)의 홍군 주력과 허시(河西)부대의 연계를 차단했다. 이로 하여 홍군이 닝샤를 탈취하던 계획은 중단되고 말았다.

서쪽으로 황허를 도하한 2만 1,800명의 홍군은 적의 공격을 신속히 물리치고 이탸오산(一條山) 다부(大部)촌과 우포사(五佛寺) 일대를 점령했다. 10월 28일, 중공중앙 및 중앙혁명군사위원회는 홍군 본부와 홍군 제1, 제2, 제4 방면군에 지시 전보를 보내 "현재 우리는 전환점에 처해 있다. 3개 방면군이 집중하여 작전하면 유리할 것이다. 그러나 분산작전하면 세력이 약화되고 적에 각개 격파당할 위험이 있다. 그렇게 되면 소비에트구역과 홍군을 확대하고 홍군을 새로운 단계로 발전시켜 항일통일전선의 승리를 쟁취하려는 목적을 달성할 수 없다"며 주의시켰다. 10월 30일, 중앙혁명군사위원회는 허시(河西)부대에 잠시 이탸오산, 우포사 지역을 통제하면서 적당한 시기를 틈타라고 했다. 그리하여 남쪽 전선의 적을 소탕한 후 연이어 북쪽으로 이동하여 닝샤를 탈취할 준비를 하라고 지시했다. 11월 초, 홍군 제4방면군 지휘부는 주둔하고 있는 지역이 인가가 드물어 식량이 부족하고 물의 염도가 높다고 했다. 게다가 며칠 동안 연이어 격전을 치러 대부대가 오래 머무는 데 불리하다며 홍군 본부 및 중앙혁명군사위원회에 연거푸 전보를 보냈다. 그리고 허시부대의 행동방침에 대한 지휘를 요청하고 "주력이 신속히 도하하지 못하면" "우리 측에서 먼저 다징(大靖), 구랑(古浪), 핑판(平番), 량저우(凉州)로 진군할 것"을 제안했다. 11월 3일, 중앙혁명군사위원회는 홍군 제4방면군에 "주력은 서진하여 융덩(永登), 구랑 일대를 점령하되 일부 부대를 남겨 이탸오산, 우포사를 지켜야 한다"는 전령을 보냈다.

11월 5일 주더와 장궈타오는 허시부대에 전보를 보내 마부팡(馬步芳)부대를 소탕하는 것을 주요 과업으로 하라고 지시했다. 그리고 "독립적으로 새로운 국면을 개척하며" "우선 다징, 구랑, 융덩 지역을 공략하고 필요 시 량저우지역을 신속히 공략하라"고 지시했다. 허시부대는 11월 6일에 중앙혁명군사위원회에 핑(판), 다(징), 구(랑), 량(저우) 전쟁계획을 보고했다. 7월에는 또 중앙혁명군사위원회에 당의 시베이 전선위원회와 군사위원회 시베이분회를 세울 것을 건의했다. 11월 8일 마오쩌둥과 저우언라이는 전보를 보내 "쉬샹첸과 천창호는 량저우로 진군하고 작전 시 병력을 집중하여 적을 1개 여단씩 제거하면서 각개 격파해야 한다"고 지시했다. 11월 9일 쉬샹첸과 천창호는 허시부대를 거느리고 서진했다. 11월 11일, 중공중앙과 중앙혁명군사위원회는 홍군 제4방면군 지도자에게 전령을 보냈다. 그들은 허시부대를 서로군이라 칭하고 그 영도기관은 서로군 군정위원회라고 부르기로 정했다. 그리고 군정위원회에게 군사, 정치, 당 사무를 맡기며 천창호를 주석으로, 쉬샹첸을 부주석으로 하라고 지시했다.

이 시기 허둥(河東)의 적정은 여전히 심각했다. 11월 중순, 중앙혁명군사위원회는 후쭝난부대 제1군의 공세에 대해 잇달아 명령을 하달했다. 위원회는 "당면한 과제는 적의 공격을 격파하는 것이며 이를 실현해야만 국면을 바꿀 수 있고 통일전선에도 유리하다"고 했다. 그러면서 각 부대의 지휘관은 반드시, 절대적으로 전선위원회 총지휘 펑더화이의 명령에 복종해야 한다고 훈령했다. 펑더화이의 통일적인 지휘 아래 허둥의 홍군 제1, 제2, 제4 방면군 각 부대가 잇달아 간쑤 환(環)현 이북의 산청바오(山城堡) 남북지역에 집결했다. 부대는 11월 21일 일거에 산청바오를 공략하고 1개 여단 이상의 적을 섬멸하는 승리를 거뒀다. 이는 3대 주력 홍군이 합류한 후 거둔 첫 번째 승리로서 홍군이 단결하여 전투하는 위력을 과시했다. 그뿐만 아니라 국민당 군대의 공격을 좌절시키고 산간닝 근거지를 공고히 하며 장제스를 압박하여 항일하도록 함에 있어 적극적인 역할을 다했다.

장제스는 마부팡, 마부칭(馬步青) 등 부대에 지시하여 허시(河西) 깊숙이 들어간 홍군 서로군(西路軍)을 추격하고 '포위토벌'하도록 했다. 서로군의 많은 간부와 전사들은 중앙의 명령을 철저히 집행하여 목숨을 내걸고 싸웠다. 서로군은 의지할 근거지도, 보충할 병사나 물자도 없는 상황에서 고군분투하여 2만 5,000여 명의 적을 살상하거나 생포했다. 하지만 피아 세력 대비가 현저하여 끝내는 패배하고 말았다. 홍군 제5군 군장 둥전탕(董振堂)과 홍군 제9군 군장 쑨위칭(孫玉清), 정치위원 천하이쑹(陳海松) 등 수많은 간부와 전사들이 전투에서 장렬하게 희생됐다. 1937년 3월 14일 국민당 군대에 포위된 서로군 군정위원회는 회의를 열었다. 회의에서 쉬샹첸과 천창호는 부대를 떠나 산시성 북부로 돌아가 중앙에 보고하라고 지시했다. 그 밖의 부대는 3개 지대로 나뉘어 리쥐란(李卓然), 리셴녠(李先念) 등으로 구성된 서로군사업위원회의 통일적인 영도 아래 치롄(祁連) 산구로 들어가 유격전을 벌이기로 결정했다.

중공중앙과 중앙혁명군사위원회는 서로군의 안위를 늘 염두에 두었다. 그래서 서로군이 서진하는 중에 지시를 보내는 것 외에도 온갖 노력을 기울였다. 서로군이 곤경에 처했을 때 그들은 마부팡과 마부청의 공격과 추격을 멈추게 하기 위해 정치담판을 벌이기도 했다. 그리고 1937년 2월 하순 류보청을 사령원으로, 장하오(張浩)를 정치위원으로 하는 위안시(援西)군을 결성하고 증원하도록 했다.

위안시군은 전위안(鎭原), 핑량(平凉) 지역에 이르러 서로군이 이미 패했다는 소식을 듣고 난 뒤 행군을 멈췄다. 그 후 중공중앙은 통일전선 분야의 관계를 이용하여 포로가 된 아군을 구출했다. 그리고 수용되거나 이산된 아군을 찾는 데 최선을 다했다. 그 결과 수천 명에 달하는 서로군 간부와 전사들이 차례로 산간닝 지역으로 돌아왔다. 리셴녠이 인솔한 서로군 좌(左)지대는 천신만고 끝에 1937년 4월 말에 간쑤, 신장의 접경 지역의 싱싱샤(星星峽)에 도착했다. 이때 부대에는 아직도 400여 명이 남아 있었는데 그들은 중공중앙 대표 천윈, 텅다이위안(藤代遠)의 지원 아래 신장에 진입했다. 그들은 전국적인 항일전쟁이 발생한 이후 몇 차례에 걸쳐 옌안으로 돌아왔다.

서로군 소속 각 부대는 중국공산당의 장기간 교육과 험난한 투쟁 속에서 단련되어 성장한 영웅적 부대였다. 서로군의 많은 간부와 전사들은 극히 어려운 상황이나 국민당 군대와의 결사적인 싸움에서도 죽음을 두려워하지 않고 싸웠다. 그들은 자랑스럽고 비장한 불후의 업적을 창조했으며 전략적 측면에서 허둥 홍군 주력의 투쟁을 힘껏 지원했다. 서로군의 간부와 전사들이 보여 준 영웅적 기개는 당과 인민을 위해 헌신하는 멸사불굴의 정신이며 후세 사람들이 영원히 존경하고 기념해야 할 것이다.

1937년 3월, 중앙정치국은 옌안(延安)에서 확대회의를 열었다. 회의는 정치 현황에 대해 논의하는 것뿐만 아니라 장궈타오의 당과 홍군을 분열시키려는 과오를 깊이 폭로하고 비판했다. 그러고는 '장궈타오 동지의 착오에 관한 결의'를 채택했다. 결의는 장궈타오가 범한 착오는 우경 기회주의로서 그 내용은 퇴각노선, 군벌주의와 반당행위의 종합체이다. 그 근원은 당내의 중국 봉건군벌 의식의 반영이며 이는 이미 당과 홍군에 심각한 위해를 가져다주었다고 지적했다.

중앙정치국 확대회의는 당내투쟁의 정확한 방침을 견지했다. 그리고 홍군 제4방면군의 많은 간부와 전사들이 혁명을 위해 용감하게 싸워 온 헌신적 정신을 찬양했으며 장궈타오의 반당 착오를 엄격히 구별했다. 회의는 홍군 모두가 장궈타오의 착오를 반대하는 투쟁에서 나아가 중공중앙의 주위에 굳게 뭉쳐 위대한 혁명과업을 수행할 것을 호소했다. 중공중앙은 장궈타오에 대해 크게 비판했다. 당은 장궈타오가 4월 6일에 쓴 '나의 착오' 관련 성명서에서 앞으로 당 중앙의 노선에 절대 충실하겠다고 표시한 점을 고려했다.

그리하여 다시 한 번 그에게 개선할 기회를 주기로 결정했다. 이어 당중앙은 이 문제에 대해 확실한 결론을 내리지 않고 장궈타오를 산간닝변구정부 부주석으로 임명할 것을 의결했다. 하지만 양봉음위(陽奉陰違·보는 앞에서는 순종하는 체하고, 속으로는 딴마음을 가짐)하는 장궈타오는 시종일관 이중적 잣대를 갖다 댔다. 겉으로는 잘못을 시정하는 체하면서 속으로는 당의 교육과 만회하기를 거부했다. 그러고는 1938년 4월 산간닝변구에서 도망쳐 장제스에게 투항하고 국민당 앞잡이가 됐다. 4월 18일, 중공중앙은 장궈타오의 당적을 박탈한다고 선포했다. 이 결정은 전 중공의 한결같은 환영을 받았다. 장궈타오의 분열책동을 반대하고 비판하는 투쟁은 당과 홍군의 단결을 더 단단하게 해주었다. 그리고 당이 새로운 역사 전환기에서 혁명과업을 수행하는 데 유리한 조건과 환경을 만들어 주었다.

4. 남방 홍군의 3년에 걸친 유격전쟁

1934년 하반기부터 1937년까지 전국적인 항일전쟁이 폭발하듯 터졌다. 홍군 주력의 전략적 이동 후 창장 남북에 남은 일부 홍군과 유격대는 당의 영도와 인민대중의 지지 아래 장시, 푸젠, 광둥, 저장, 후난, 후베이, 안후이, 허난 등 8개 성의 간웨(贛粤)변구, 민간(閩贛)변구, 샹어(湘鄂)변구, 샹어간(湘鄂贛)변구, 후난 남부, 완저간(皖浙贛)변구, 푸젠 서부, 푸젠 동부, 민웨(閩粤)변구, 푸젠 북부, 어위완(鄂豫皖)변구, 저장 남부, 푸젠 중부, 어위(鄂豫)변구와 하이난성 등 10여 개 지역에서 더없이 험난한 투쟁을 벌였다.

홍군 주력이 장정에 오른 후 국민당 군대는 각 혁명 근거지 중심 지역에서 공격을 발동했다. 그리하여 그들은 각 근거지에 남아 전투를 벌이고 있는 홍군과 함께 유격대를 소탕하기 위해 고심하고 있었다. 그들은 토치카 포위, 경제적 봉쇄, 인민 이주 및 마을 합병, 보갑 연좌, 방화, 살인 등 가장 잔악하고 악랄한 수단으로 '반복적인 소탕작전'을 감행했다. 국민당 군대가 지나가는 곳마다 피바다가 됐으며 그 주변은 온통 폐허가 돼 버렸다. 국민당 군대의 반복적인 소탕작전과 피비린내 나는 진압에 홍군 유격대는 혁명대중과 같이 용감하고도 완강하게 저항했다. 홍군은 더없이 굳센 기개를 보여 주었다. 그들은 국민당의 군사세력을 견제하며 전략적으로 홍군 주력의 장정에 협력했고 혁명의 씨앗을 보존하고 유격근거지를 제공했다. 이러한 근거지는 훗날 중국 인민항일전쟁에서 남방의 전략적 거점지가 된다.

남방 8개 성의 홍군 유격전쟁은 거의 3개 단계를 거친다. 첫 번째 단계는 1934년 10월부터 1935년 봄까지이다. 이는 홍군과 유격대가 정규전에서 유격전으로 전환하는 단계였다.

1934년 10월, 중앙 홍군 주력이 근거지에서 퇴각할 때 중공중앙은 소비에트 중앙 분국과 중앙군구를 설립하기로 결정하고, 샹잉(項英)을 분국 서기 겸 군구 사령원과 정치위원으로 임명했다. 그러고 나서 천이를 주임으로 하는 중화소비에트공화국 중앙정부 판사처를 설립했다. 근거지에는 홍군 제24사, 독립퇀 및 지방유격대 1만 6,000여 명에 당과 정부의 기관 일꾼과 홍군 상병자를 합쳐 모두 3만여 명이 남아 있었다. 중공중앙이 그들에게 맡긴 임무는 홍군 주력의 이동을 엄호하고 중앙 근거지를 보위하는 것이다. 그리고 유격전쟁을 벌여 적들의 공격을 교란하고, 향후 홍군 주력과 협동작전할 준비를 하고 또 유리한 조건을 이용하여 반격을 가하고 중앙 근거지를 회복, 확대하는 것이었다.

홍군 유격대는 반'소탕'이 시작될 때 변화하는 정세에 따라 신속히 전략적 이동을 선택하여 유격전쟁을 벌인 것이 아니라 계속하여 진지전에 얽매였다. 이로 인해 많은 지역의 당 조직과 홍군 유격대는 큰 손실을 입게 됐다. 1934년 11월 말, 소비에트 중앙 분국은 회의를 열고 본격적으로 유격전쟁에 돌입해야 한다는 진이의 의견을 받아들였다. 그리하여 무장세력을 위두(雩都) 남부로 퇴각시켜 재정비하고 포위를 돌파할 준비를 했다. 1935년 2월 5일과 13일, 중공중앙은 두 차례나 소비에트 중앙 분국에 전보를 보내 "유격전쟁의 환경에 적응하기 위해서는 '즉시 조직방식과 투쟁방식을 바꿔야 한다' 부대는 '소규모 유격대의 형식으로 계획적으로 흩어져서 행동해야 한다. 환경이 유리하면 집합하고 불리하면 다시 분산해야 한다' '유격전쟁의 기본 원칙은 산간지역을 점령하고 기동력 있게 움직이며 매복 기습전을 통해 불의의 전술로 승리를 거두는 것이다' '유격대는 대중과 밀접하게 연계하고 대중의 간절한 이익을 위해 투쟁해야 하며', '대중의 지지를 얻어 보급 물자를 보충 받고 방대한 기관을 축소하거나 폐쇄한다. 책임자 동지는 유격대를 따라 행동하고 유능한 간부를 지방에 내려 보내 당의 조직과 지방무장을 회복하고, 적군을 와해시키는 사업을 잘해야 한다"고 지시했다.

중공중앙은 또 소비에트 중앙 분국에 준이회의의 상황을 통보했다. 소비에트 중앙 분국은 중앙의 지시에 따라 샹잉, 천이, 허창(賀昌) 등 세 사람에게 홍군 제24사단의 한 갈래 부대를 거느리고 유격전을 하면서 각지 사업을 지도하게 했다. 게다가 책임간부를 각 유격구에 파견하여 투쟁을 영도하게 했다.

두 번째 단계는 1935년 봄부터 1936년 말까지이다. 이는 유격전쟁을 벌여 홍군과 유격대와 유격구를 보존하고 공고히 하며 규모를 확대하는 단계였다. 1935년 3월 말 소비에트 중앙 분국의 샹잉, 천이 및 간난(贛南)군구 사령원 차이후이원(蔡會文), 간난 소년공산당(少共) 성당위원회 서기 천피쎈(陳丕顯)이 약 300명을 거느리고 장시, 광둥 접경 지역에 도착하여 유격대와 합류했다. 이 유격대는 리러톈(李樂天)을 서기로, 양상쿠이(楊尙奎)를 부서기로 하는 간웨변구 특별위원회와 간웨변구 군분구가 인솔한 부대였다.

그들은 대중에 의지하여 투쟁을 이어가고 세력을 축적하였다. 그리하여 투쟁하는 데 필요한 조건을 만들고 새로운 기회를 맞이하고자 했다. 그들은 이러한 과정을 거쳐 유산(油山)을 중심으로 하는 간웨변구 지역에서 험난한 유격전쟁을 벌였다. 중앙 분국은 라이창쭤(賴昌祚)를 루이진 특별위원회 서기로 파견하여 푸젠·장시 접경 지역의 유격전쟁을 영도하게 했다. 그리고 천탄추(陳潭秋), 덩즈후이(鄧子恢), 탄전린(譚震林)을 파견하여 홍군 제24사단 일부를 거느리고 푸젠 서부로 향해 장딩청(張鼎丞)의 부대와 합류하여 투쟁하도록 했다.

이와 동시에 황도(黃道)가 영도하는 푸젠 북부지역, 예페이(葉飛)가 영도하는 푸젠 동부지역, 황후이충(黃會聰)이 영도하는 민웨(閩粵) 변구, 쑤위(粟裕)와 류잉(劉英)이 영도하는 저장 남부지역, 팡웨이샤(方維夏)와 차이후이원(1935년 4월에 후난 남부(湘南)에 도착)이 영도하는 후난 남부지역, 천서우창(陳壽昌), 쉬옌강(徐彦剛), 푸추타오(傅秋濤), 옌투거(嚴圖閣)가 영도하는 후난·후베이·장시 지역, 펑후이밍(彭輝明), 탄위바오(譚餘保)가 영도하는 후난·장시 지역, 가오징팅(高敬亭)이 영도하는 후베이·허난·안후이 접경 지역, 왕위제(王于潔), 류투쥔(劉突軍)이 영도하는 푸젠 중부지역, 장신장(張新江)과 왕궈화(王國華)가 영도하는 후베이·허난 접경 지역, 펑바이쥐(馮白駒)가 영도하는 하이난 등에서도 거의가 긴밀히 협조하여 불요불굴의 용감하고 강력한 유격전쟁을 벌였다.

류사오치(刘少奇, 유소기·1898~1969)

1959년 마오쩌둥이 대약진운동의 실패에 대한 책임을 지고 물러나자 신중국 제2대 국가주석직에 올랐다. 그러나 마오와 수시로 갈등한 끝에 문화대혁명으로 실각했다. 마오와 류를 평소에 모두 존경하던 덩샤오핑에 의해, 마오 사후 명예 회복과 동시에 전격 복권됐다. 마오가 주로 농촌에서 유격전을 통해 혁명 활동을 한 것과 대조적으로, 류는 도시에서 노동운동과 지하운동에 주력했다.

1966년 7월 18일에는 홍위병이 자택을 습격해 온갖 폭행과 폭언을 당했다. 이후 카이펑으로 옮겼으나, 난방도 되지 않은 거처에서 별다른 의료처치조차 받지 못하고 사망했다. 유해는 화장됐고, 중국정부는 그의 사인을 병사라고 발표했다. 1987년 발행된 인민폐에는 마오, 저우언라이, 주더와 함께 4인의 "건국의 아버지"로서 초상이 실렸다. 시진핑 현 국가 주석의 최측근인 류위안(劉源) 전 인민해방군 상장(上將)이 그의 아들이다.

이는 가장 험난하고 가장 어려운 투쟁단계였다. 국민당 당국은 군사적 '소탕작전'과 엄밀한 경제봉쇄 등 수단을 빈번히 취했다. 그래서 홍군과 유격대를 지쳐 죽게 하거나 굶겨 죽이는 등 모조리 없애려고 갖은 수단을 다 썼다. 홍군과 유격대의 간부, 전사들은 극히 험악한 환경에서 동고동락하면서, 당지 인민대중의 지지 아래 기동적인 유격전술과 교묘한 투쟁책략으로 적과 끝까지 싸웠다. 이 밖에도 그들은 혁명대열 내부의 반역자와 단호한 투쟁을 벌였다. 그들은 험산준령과 밀림 사이에서 출몰했으며 낮에 잠복해 있다가 밤에 행군하는 등 풍찬노숙을 하면서 천신만고를 다 겪었다. 그들은 필요한 보급 물자가 없어 전사들이 병에 걸리거나 부상당해도 치료할 방법이 없었다. 또한 아무런 통신기기도 없어 당중앙과 연락이 끊긴 상황에서 독자적으로 투쟁을 이어나갔다.

세 번째 단계는 1936년 말 시안(西安)사변의 평화적인 해결부터 1937년 전국적인 항일 전쟁이 폭발하기까지이다. 이는 계속적인 유격전쟁에서 국공합작항일로 전환하는 단계였다.

이 단계에서 장제스는 비록 공산당과 평화적 담판을 취하기는 했지만 공산당이 영도하는 남방의 각 유격구에 대해서는 여전히 발광적인 '소탕작전'을 진행했다. 각 홍군과 유격대도 국민당 군대의 '소탕작전'에 계속 강력한 반격과 타격을 가했다. 한편 중공중앙과 각 지방당의 지도자들은 담판석상에서 국민당과 복잡한 정치투쟁을 벌이고 국민당 군대를 압박하여 점차 공격을 멈추도록 유도했다. 남방 홍군의 3년에 걸친 유격전쟁은 국민당의 '소탕작전'의 실패로 끝났다. 전국적인 항전이 폭발한 후 남방 8개 성의 보존된 홍군과 유격대는 신사(新四)군으로 재편성되어 창장(양쯔강) 양안 항일전선의 한 갈래 중요한 무장 세력이 됐다.

1937년 12월 13일, 중앙정치국 회의에서 채택한 결의는 남방 홍군과 유격대의 3년에 걸친 유격전쟁을 높이 평가했다. 연이어 "남방의 샹잉과 각 유격구 동지들은 주력 홍군이 남방을 떠난 후 극히 험난한 조건에서 장기간 용감한 유격전쟁을 이어갔다. 게다가 당의 노선을 충실하고 정확하게 실행하였고 당이 맡긴 과업을 수행했기에 각 유격구가 잘 보존될 수 있었다. 그러므로 중국 인민의 반일항전쟁에서 주요 거점이 될 수 있었고 각 유격대가 가장 우수한 항일군대의 일부가 될 수 있었다. 이는 중국 인민에게 있어 극히 귀중한 재산이다"고 지적했다.

남방 홍군의 3년에 걸친 유격전쟁 중 근거지에 남아 투쟁을 지속한 고급간부 허수형(何叔衡), 허창(賀昌), 마오쩌탄(毛澤覃), 완융청(萬永誠), 구바이(古柏), 롼샤오셴(阮嘯仙) 등과 수많은 간부, 전사들이 차례로 용감하게 희생됐다. 취추바이(瞿秋白)와 류보젠(劉伯堅)은 생포된 후 뜻을 굳게 지키고 굴복하지 않았으며 정의를 위해 선뜻 목숨을 바쳤다. 그들에게서 중국공산당원의 헌신 정신과 숭고한 기개를 볼 수 있다.

제13장
항일민족통일전선을 결성하기 위한 당의 투쟁

1. 항일구국운동의 새로운 고조

화베이(華北)사변

화베이는 중국의 정치, 경제, 문화 중심 지역 중 하나였다. 당시 화베이에는 허베이, 산둥, 산시(山西), 차하얼, 수이위안 등 5개 성과 베이핑, 톈진 2개 시가 포함됐다. 1933년 5월 '탕구(塘沽)협정'을 체결한 후 베이핑 군분회를 주관한 허잉친(何應欽)이 대일교섭에서 타협양보 원칙을 취했다. 얼마 지나지 않아 일본 군부는 재차 "화베이를 분리하자"고 제안하고 화베이 특수화를 실시하는 침략 확장정책을 확정했다. 1934년 4월 17일, 일본 외무성 정보부장 아모우 에이지(天羽英二)가 기자회견에서 담화를 발표했는데 나중에 이를 '아모우 성명'이라 했다. 이 '성명'은 일본이 '9·18'사변을 조작한 데 대한 국제사회의 비난을 거부하는 내용을 담았다. 그리고 중국은 일본의 세력 범위에 속하며 중국에 대한 각국의 원조를 반대한다고 공개적으로 선포했다. '아모우 성명'이 발표된 이튿날, 일본 관동군 선양특무기관장 도이하라 겐지(土肥原賢二)는 '화베이인민애국협회'의 명의를 빌려 일본 육군 참모부에 기밀서류를 제출하였다. 그는 눈앞의 가장 절박한 과제는 "새로운 화베이정권을 수립하는 것"이라고 했다. 1935년 1월 4일, 관동군은 다롄(大連)에서 회의를 열고 화베이에서 "일본의 요구를 충실히 행할 수 있는 성실한 정권"을 내세우기로 결정했다. 그 뒤 일본 군대는 화베이지역에서 끊임없이 사단을 일으키면서 침략의 발걸음을 재촉했다. 1935년 1월, 관동군이 차둥(察東)사건을 조작하여 국민당군 제29군이 차하얼 동부에서 물러나도록 했다.

민족위기가 심각해지고 있는 정세에서 국민당정부는 계속되는 일본의 압력에 무릎을 꿇고 말았다. 1935년 5월 4일, 일본은 상하이 '신생

(新生)주간'이 발표한 '황제험담'이란 칼럼이 "천황을 능욕하고 국교를 방해했다"고 맹비난했다. 그러면서 국민당정부에 신생주간사를 폐쇄하고 주필과 기자를 엄벌할 것을 요구했다. 이에 국민당정부는 즉각 신생주간사를 폐쇄하고 주필 두충위안(杜重遠)을 구금했다.

6월 10일, 국민당정부는 '우방과의 국교를 친밀하게 할 것에 관한 국민 징계령'을 반포했다. 국민당정부는 일본을 '우방'이라고 칭하고 "우방에는 친밀하게 대해야 하며 배척하거나 악감정을 선동하는 행위가 있어서는 안 된다. 그리고 이를 목적으로 임의 단체를 구성하여 국교를 방해해서는 절대로 안 된다. 그뿐만 아니라 이를 위반했을 때는 엄벌에 처한다"고 적시했다.

> **황제험담**
>
> 이수이(易水·아이한쑹(艾寒松))가 쓴 칼럼으로 1935년 4월 〈신생주간〉제2권 제12기에 실렸다. 이 글은 발표되기 전에 국민당 관련 기관의 심사를 거쳤다. 하지만 국민당정부는 일본의 비위를 맞추기 위해 신생주간사를 폐쇄하는 것 외에 두충위안을 1년 2개월의 징역에 처했다. 국민당 상하이 도서잡지심사기관의 관계자도 면직됐다.

국민당정부의 이 같은 태도로 인해 일본 침략자들은 더욱 기세등등해졌다. 1935년 5월, 일본군은 허베이사건을 조작하고 탱크, 장갑차, 대포를 출동하여 허베이성 정부 문 앞에서 무장시위를 벌였다. 관동군은 산하이관, 구베이커우(古北口)에다 많은 군대를 집결시켜 명령을 기다리고 있었다.

허베이사건이 발생한 후 일본 측은 허잉친에게 화베이의 실질적인 통치권을 가지겠다는 등 무리한 요구를 여러 차례 제기했다. 6월 9일, 화베이에 주둔한 일본군 사령관 우메즈 요시지로(梅津美治郎)는 허잉친에게 '각서'를 제출하고 기한부로 실행하도록 했다. '각서'의 주요 내용은 허베이성과 베이핑, 톈진 두 개 시의 국민당 당부를 폐쇄하고 허베이성에 주둔한 국민당 중앙군, 둥베이군과 헌병 제3퇀을 철수시키라고 했다. 그리고 허베이성 주석과 베이핑, 톈진 두 개 시 시장을 교체하고 베이핑 군분회 정치훈련처를 폐쇄하며 전국적인 항일운동을 금지하는 것 등이었다. 7월 6일, 허잉친은 우메즈 요시지로에게 일본이 제기한 모든 사항을 모두 받아들이겠다는 서한을 보냈다. 우메즈 요시지로의 '각서'와 허잉친의 서면답변을 '허잉친·우메즈 요시지로 협정'이라고 일컫는다.

허베이사건이 발생할 때 일본 관동군은 또 차하얼에서 장베이(張北)사건까지 조작했다. 일본군은 소속 대원이 장베이에서 중국군대의 검문을 받았다는 것을 구실로 6월 11일 차하얼성 주석 대행과 민정청장 친더춘(秦德純)에게 무리한 요구를 했다. 6월 27일, 국민당정부는 친더춘을 파견하여 일본군 대표 도이하라 겐지와 각서 형식으로 '친더춘·도이하라 겐지 협정'을 체결했다. 국민당 당국은 중국 주둔군과 국민당 당부를 차하얼성에서 철수하고 항일 기관과 단체를 모두 해산하기로 했다. 그리고 일본인을 군사, 정치 고문으로 '초빙'하는 데 동의했다.

'허잉친·우메즈 요시지로 협정'과 '친더춘·도이하라 겐지 협정'은 사실상 베이핑과 톈진을 포함한 허베이, 차하얼 두 개 성의 대부분 주권을 일본에 내 준 것이었다. 주권을 잃고 나라를 욕되게 한 국민당정부의 정책은 전 화베이를 빼앗고 나아가 중국을 제거하려는 일본의 침략 기세를 부추겼다.

일본 침략자들은 화베이 5개 성과 2개 시가 중국에서 이탈하여 '독립'하도록 한간 매수에 공력을 들여 '방공자치운동(防共自治運動)'을 책동했다. 11월 25일 일본이 부추긴 한간(한족 스파이) 인루겅(殷汝

耕)이 허베이 퉁(通)현에서 '지둥방공자치정부(冀東防共自治政府)'를 세우고 허베이 동부 22개 현을 통제했다. 국민당 당국은 일본의 '화베이 자치' 요구에 대해 타협의 한 수단으로 12월 베이핑에 지차정무위원회(冀察政務委員會)를 세우기로 했다. 이 위원회는 국민당군 제29군 군장이며 차하얼성 주석을 맡았던 쑹저위안을 위원장으로 하고 위원에는 일본이 추천한 옛 관료 왕이탕(王揖唐), 왕커민(王克敏) 등이 포함됐다. 일본정부의 입장에서는 이 위원회를 세우는 것이 화베이를 두 번째 '만주국'으로 만드는 일련의 시도였다.

이 기간에 일본은 중일 '경제제휴'라는 미명 아래 허베이에 대한 경제 약탈을 재촉했다. 일본 자본이 점차적으로 화베이의 철광, 석탄, 소금 등 군수 자원과 교통운수, 전력 설비를 통제했다. 화베이의 일부 농촌도 점차 일본의 목화재배구로 변해 갔다. 톈진, 칭다오 등 대도시에서는 일본이 독자적으로 경영하는 회사들이 신속히 늘어났고 여러 공장과 광산은 중일 '공동경영' 기업으로 변해 갔다. 그리고 또 일본 상인들의 대규모적인 무장(武裝) 밀수로 중국 시장에 일본 상품이 범람하게 되었다. 이는 그렇지 않아도 이미 쇠퇴하고 있는 중국의 민족상공업에 심각한 위협을 가져다주었다. 중국의 민족상공업은 외국 자본, 관료자본의 압박과 봉건경제의 속박 아래 상황이 매우 힘들게 되었다. '9·18'사변이 일어난 이후 둥베이가 함락되고 화베이에 대해 '특수화'를 실현하여 국내 시장은 한층 더 축소됐다. 게다가 일본의 경제적 약탈로 말미암아 중국의 민족상공업은 더욱 곤경에 빠지고 말았다. 1932년 이후부터 민족상공업은 뚜렷이 쇠퇴해갔다. 1934년부터 1936년 사이에 상하이에서 새로 세워진 공장은 76개밖에 안 됐으며 불황으로 업종을 바꾼 공장이 무려 839개에 달했다. 이 밖에도 238개 공장이 휴업을 했다. 1935년에 전국 방직공장의 물레 수는

1932년에 비해 다소 증가되었지만 그 가동률은 극히 낮았다. 보온병, 제약, 인쇄, 고무 등 10여 개 공업부문의 휴업률은 각기 25~50%에 달했다. 많은 공장, 상점이 파산이나 반파산 지경에 이르렀다. 예를 들면 톈진북양 등 6개 방직공장('북양 6창'으로 불렸음) 가운데서 4개 방직공장이 일본 자본가의 손에 들어갔다. 상하이, 톈진, 칭다오 3대 면방직 중심에서는 1936년에 이르러 일본자본 방직공장이 민족자본 공장을 초과하여 우세한 지위를 차지했다. 성냥, 밀가루 등 공업도 일본 자본의 압박으로 문을 닫을 정도가 됐다.

일본은 화베이 사변을 통해 화베이의 대부분 지역을 손쉽게 장악했다. 산하이 관외서부터 산하이 관내에 이르기까지 중국 인민들은 일본침략자들로부터 잔혹한 유린을 당했다. 하지만 매국노들은 텃세를 부리며 호가호위했다. 당시 어떤 사람은 이런 모습을 "애국에 죄가 있어 억울하게 옥에 갇힌 자가 비일비재하고 매국에 공이 있어 서로들 축하하며 호들갑을 떨고 있다"고 묘사했다. 일본이 화베이에 대한 침략을 확대하자 중화민족은 전례 없는 심각한 민족위기에 처하게 됐다.

'8·1선언'

일본이 화베이를 점령하자 중국 인민들은 민족위기의 심각성을 더욱 깊이 느끼게 되었고, 국민당정부가 주권을 잃고 나라를 욕되게 하는 행위에 더욱 분개했다. 민족자산계급 가운데서 국민당정부에 대일정책을 바꿀 것을 요구하는 목소리가 갈수록 높아져 갔다. 국민당 내부의 애국분자들도 국민당정부의 일관적인 무저항정책에 대한 불만감을 더욱 뚜렷하게 드러냈다. 난징정부 내에서 집권하지 않는 지방세력과 정치집단들은 항일의 기치를 들고 장제스, 왕징웨이 등 집단을 반대했다.

이때 국민당 내에서는 친영·미파와 친일파 간의 갈등과 분화가 점점 심해져 갔다. 20세기 30년대 초기, 장제스 집단은 주로 영국, 미국의 세력에 의지하여 형성되었고 발전했다. 왕징웨이를 우두머리로 하는 일부 세력들은 일본의 지지를 등에 업고 장제스 집단과 감투를 다투는 과정에서 점차 친일파 집단을 형성했다. 친영·미파와 친일파 간의 관계는 대체로 그들 뒤에 있는 조종자들 간의 관계에 의해 좌지우지됐다. 영국과 미국은 일본이 중국 둥베이를 독점하는 것을 못마땅해 했지만 속수무책이었다.

그들은 일본이 산하이관 밖에서 멈출 것이라고 여겼으며 일본을 소련을 반대하는 선봉으로 이용할 수 있다고 보았다. 그래서 일본의 중국 둥베이 침략에 대해 간섭하지 않았다. 영국과 미국이 이런 태도를 보이자 장제스도 난징정부에서 왕징웨이와 합작을 하게 됐다. 1935년에 이르러 세력을 화베이로, 더 나아가 전 중국으로 확장하려는 일본의 야심은 백일하에 드러났다. 이는 화베이와 화중, 화난에서 영국과 미국의 이익에 반하는 행보였다. 영국과 미국 정부는 성명을 발표하여 일본이 조작한 '화베이 자치'에 대해 '우려'를 표시했다. 그리고 일본에 '9개 국 공약'을 존중할 것을 요구했으며 장제스 정권을 지지하는 것으로 일본의 침략 야심을 억제하려고 했다. 1935년 11월, 난징정부는 영국과 미국의 지지 아래 백은을 국유로 하며 법폐정책을 실행한다고 선포하여 전국 금융에 대한 통제를 한층 더 강화했다. 그 뒤로 법폐(법정 통화)는 잇달아 파운드, 달러와 고정적인 연계를 가졌다. 이는 일본이 바라는 '중일 경제 제휴'를 좌절시켰다. 같은 해 12월, 장제스는 왕징웨이를 대체하여 행정원장에 취임하고 난징정부의 친일파 중견 간부들을 거의 다 해임시켰다.

당시 영국과 미국은 사실상 중국 문제에 있어 일본과의 충돌을 피하려고 했다. 따라서 난징정부에 항일하는 정책을 실시할 것을 요구하지 않았다. 그들은 제국주의 열강들이 함께 중국을 간접적으로 통치하는 국면을 일본이 승인할 것을 요구했다. 영국, 미국과 장제스 정부의 약점을 파악한 일본은 중국에 대한 침략의 발걸음을 조금도 멈추지 않았다. 둥베이를 병탄할 때보다 양간 '온화'한 형식을 취했을 뿐이었다. 예를 들면 '화베이 자치'란 구호만 제기하고 지차정무위원회를 세우는 등의 방법을 잠시 취할 뿐 화베이에다 새로운 '만주국'을 세우지 않았다.

중화민족의 생사존망이 갈릴지도 모르는 이러한 상황에서 중국공산당과 중국 인민이 당면한 가장 긴박한 과제는, 바로 민족을 위기에서 구해 내며 가급적 많은 세력과 연합하여 항일민족전쟁을 개시하는 것이었다. 중국공산당은 시대의 요구에 순응하여 제때에 항일민족통일전선을 결성할 것을 주장했다. 이 주장은 국제공산당의 전략 전술 전환점과 직결된다.

1935년 7월부터 8월 사이에 국제공산당 제7차 대표대회가 모스크바에서 소집됐다. 회의에서 게오르기 디미트로프가 '파쇼주의의 공격과 노동계급을 끌어 모아 파쇼주의를 반대하는 투쟁에 있어 국제공산당의 임무'란 보고를 했다. 이 보고는 식민지와 반식민지 국가에서 공산당과 노동계급의 최우선 과업은 광범위한 반제민족통일전선을 결성하는 것이라고 했다. 그리하여 제국주의를 몰아내고 국가의 독립을 쟁취해야 한다고 발의했다. 회의기간 중에 왕밍은 국제공산당 주재 중국공산당 대표단을 대표하여 '반제통일전선 결성에 관한 문제'라는 제목으로 발언을 했다. 이번 대회는 가장 규모가 큰 세계 반파쇼통일전선을 결성하고 구축하는 것을 각국 공산당의 기본 책략으로 했다. 파쇼세력이 날로 걷잡을 수 없이 퍼지고 있는 범세계적인 정세에 비추어, 회의는 1928년 국제공산당 제6차 대표대회 이래의 국제공산주의운동에서 성행했던 좌경 폐쇄주의 경향을 시정하라고 요구했다.

화베이 사변 이래 민족위기가 점점 심각해지고 있는 상황에서 국제공산당 주재 중국공산당 대표단은 국제공산당 제7차 대표대회의 정신에 입각하여 1935년 8월 1일에 '항일구국을 위해 전국 동포들에게 알리는 중국소비에트정부, 중국공산당 중앙의 글'('8·1선언')을 작성했다. 그리고 10월 1일 중화소비에트공화국 중앙정부와 중국공산당 중앙위원회의 명의로 프랑스 파리에서 출판되는 '구국보'에 이를 공식으로 발표했다.

'8·1선언'은 일본의 침략과 장제스의 무저항정책으로 초래된 긴박한 정세를 분석했다. 그 내용은 일본이 화베이 쟁취를 서두르고 있고 국민당정부가 일본에 타협을 구걸하고 있음을 폭로했다. 그러면서 중화민족은 이미 생사존망의 절박한 고비에 서 있으므로 항일구국은 모든 중국인에게 당면한 최우선 과제라고 지적했다. 선언은 "항일하면 살고 항일하지 않으면 죽는다. 항일구국은 모든 동포 개개인의 신성한 직무이다!"라고 명확히 제시했다. 선언은 또 상층부를 포함한 전 계층은 통일전선을 결성하여 항일민족통일전선의 범위를 확대해야 한다고 강조했다. 이를 위해 선언은 전국 각 당파, 각 군대, 각계각층의 동포들은 과거나 현재 그 어떤 상이한 정견이나 이해, 적대행동 등을 막론하고 모든 내전을 정지하라고 지시했다.

그리하여 모든 국력을 집중시켜 항일을 위해 투쟁할 것을 호소했다. 이어 선언은 "국민당 군대가 소비에트구역에 대한 공격을 중지하고 대일작전을 실시하기만 한다면 홍군은 즉각 그들과 손을 잡고 함께 구국하겠다"고 강력 선언했다. 선언은 항일구국을 원하는 모든 당파, 단체, 유명 학자, 정치가들이 지방 군정기관과 담판을 진행했다. 그러고서 공동으로 국방정부를 세우고 국방정부의 영도 아래 모든 항일군대가 참가한 통일적인 항일연합군을 구성할 것을 제안했다. 중화소비에트공화국 정부와 중국공산당은 국방정부의 발기인이 되는 것을 기꺼이 받아들였다. 노농홍군은 맨 먼저 항일연합군에 가입하며 항일구국의 의무를 다할 것이라고 했다. 선언은 끝으로 항일구국의 10대 강령을 공포했다.

8월 25일부터 27일 사이에 국제공산당 주재 중국공산당 대표단은 회의를 열고 중국에서 반제 통일전선 결성에 대한 문제점을 논의했다. 왕밍은 회의에서 '반제통일전선 결성과 중국공산당의 당면한 과업'이란 제목으로 보고를 했다. 보고는 다음과 같았다. 현 중국의 상황에서 모든 혁명세력은 일본 제국주의와 난징정부를 반대하는 투쟁을 벌여야 한다. 그러나 중국 인민의 주요한 적은 일본 제국주의이다. 그러므로 장제스가 홍군에 대한 전쟁을 확실히 중지하고 총부리를 돌려 일본 제국주의를 반대한다면 그와 통일전선을 함께 결성할 가능성을 배제하지 않는다.

'8·1선언'과 국제공산당 주재 중국공산당 대표단의 이번 회의는 중일 민족모순을 내세우고 항일구국의 정치적 주장을 제기했다. 이로써 '좌'경 패배주의를 어느 정도 시정하여 항일민족통일전선 진영을 확대했다. 이는 중국공산당의 정치적 책략에 새로운 변화가 일기 시작했음을 의미한다.

'8·1선언'이 공포될 때 중공중앙은 장정의 길에 있었으므로 선언의 내용을 알지 못했다. 그렇지만 이미 화베이 사변으로 민족위기가 더욱 심각해진 것을 고려하여 더욱 광범위한 항일민족통일전선을 결성하는 방법에 대해 구상하기 시작했다. 중공중앙은 산시(陝西)성 북부에 도착한 이후 1935년 11월 13일, 즉각 '일본 제국주의가 화베이를 빼앗고 장제스가 화베이와 중국을 팔아먹은 것에 대한 선언'을 발의했다. 선언은 "나라와 민족이 멸망하는 절체절명의 위급한 시기에 우리의 출로는 무장하여 일본 제국주의 침략을 반대하는 민족혁명전쟁과, 매국역적의 우두머리인 장제스와 국민당을 반대하는 혁명전쟁을 벌이는 것뿐이다"고 선포했다. 또 선언은 중국 노농홍군은 "항일하고 장제스를 반대하는 모든 중국 인민과 무장대열"이 연합하여 일본 제국주의를 축출하겠다고 발표했다.

11월 중순, 국제공산당 주재 중국공산당 대표단은 모스크바에서 장하오(張浩)를 산시(陝西)성 북부의 와야오바오(瓦窯堡)로 파견하고 중공중앙에 광범위한 반파쇼통일전선을 결성할 것에 관한 국제공산당의 정신과 '8·1선언서'를 전달했다. 국제공산당 제7차 대표대회에서의 전략 전술의 전환과 국제공산당 주재 중국공산당 대표단의 명확한 태도는, 중국공산당의 항일민족통일전선 책략과 방침 제정에 적극적인 추동 역할을 했다. 그 뒤 중공중앙은 중화소비에트공화국 중앙정부 주석 마오쩌둥, 중국 노농홍군 혁명군사위원회 주석 주더의 명의로 11월 28일 '중화소비에트공화국 중앙정부, 중국 노농홍군 혁명군사위원회 항일구국 선언'을 발표했다. 이는 '8·1선언'의 내용과 기본적으로 같았다.

당시 국민당 통치구역에서 공개 출판되는 간행물들은 일률적으로 항일을 선전하지 못하게 돼 있었다. '8·1선언'은 파리에서 출판되는 '구국보'와 모스크바에서 출판되는 '국제뉴스통신' 등 간행물을 통해 베이핑, 상하이 등지로 전해졌다. 이 선언은 중공중앙의 11월 13일, 18일자 두 선언과 함께 사회 각 계층에서 커다란 반향을 일으켰으며 전국의 항일구국운동을 크게 촉진시켰다.

'12·9'운동

일본이 화베이에 새로운 침략을 발동하여 화베이가 심각한 위기에 처했던 1935년 12월, 베이핑에서는 '12·9'운동이 일어났다. 이는 중국공산당 영도 아래 베이핑학생연합회(北平學生聯合會)가 일으킨 대규모적인 항일애국운동이었다. 이로 하여 억눌렸던 중국 인민의 애국주의 정서가 세차게 폭발했다.

당시 베이핑에서 활동하고 있는 당 조직은 1935년 11월에 설립된 중공 베이핑 임시 사업위원회였다. 베이핑 학생들은 임시 사업위원회의 지도 아래 베이핑시 대학, 중학교 학생연합회(베이핑학생연합회)를 세웠다. 문화 교육계 일부 공산당원과 진보적인 교수들도 중국공산당의 항일구국 주장을 적극 지지하고 선전했다.

지차정무위원회가 설립되기 직전에 화베이 인민들은 화베이 멸망이 코앞에 다가왔음을 뼈저리게 느꼈다. 베이핑과 톈진의 많은 청년학생들은 시국의 변화를 예의주시했다. 칭화대학교 구국회의 '전국 대중에게 알리는 글'에서 애국학생들은 비분에 차 "현재 모든 환상들은 강철 같은 현실에 의해 분쇄됐다! '어찌 안심하고 공부를 할 수 있단 말인가?' 이처럼 큰 화베이 지역에 책상 하나 조용히 놓아 둘 수 없게 됐다!"고 외쳤다.

베이핑과 톈진 10여 개 대학교, 중학교 학생 자치회는 중공 베이핑 당 조직의 지도 아래 11월 1일 '항일구국, 자유 쟁취를 위한 선언'을 발표했다. 선언에서 애국청년들을 불법으로 체포하고 살해하는 국민당 정부의 악행을 폭로하고 항일청원활동을 적극 준비한다고 밝혔다. 12월 6일, 베이핑 15개 대학과 중학교 학생 자치회는 '베이핑 각 학교에 보내는 공개전보'를 전격 발표했다. 그리하여 국민당 정부의 '9·18' 사변 이래 타협과 양보 정책을 규탄하고 오늘의 중국은 "강적이 이미 중심부까지 쳐들어 왔기에 휴식을 탐해서는 절대 안 된다" "오늘의 출로는 전국 인민을 동원하여 저항하는 길밖에 없다"며 날카롭게 울부짖었다.

이때 국민당정부가 이른바 화베이 특수화를 실현하기 위해 12월 9일 베이핑에서 지차정무위원회를 세운다는 소식이 들려왔다. 이에 베이핑학생연합회 공산당, 공청단 조직은 12월 9일 당일에 항일구국을 청원하는 시위를 단행하기로 결의했다.

12월 9일 리창칭(李常靑), 펑타오(彭濤), 저우샤오저우(周小舟) 등으로 구성된 중공 베이핑 임시 사업위원회의와 야오이린(姚依林), 궈밍추(郭明秋), 황징(黃敬), 숭리(宋黎) 등 학생들 속에서 사업하는 공산당원 조직의 지휘 아래 청원 시위가 시작됐다. 둥베이대학교, 칭화대학교, 옌징대학교, 사범대학교, 중국대학교, 베이징대학교 등 대학과 일부 중학교 학생들은 베이핑 거리로 나가 기세 드높게 항일구국시위를 벌였다. 수천 명 학생들이 국민당 군경의 겹겹으로 싸인 보호망을 뚫고 중난하이(中南海) 정문인 신화먼(新華門) 앞에 모여 국민당 베이핑 당국에 간곡한 청원을 요구했다.

학생들은 '방공 자치' 운동을 반대하고 중일 교섭경과를 공개할 것도 요구했다. 그리고 함부로 사람을 체포해서는 안 되며 지방 영토 안전을 보장하고 모든 내전을 중지하라고 외쳤다. 또 언론, 집회, 결사, 출판 자유를 지켜달라는 등 6가지 항일 민주 청원을 제안했다. 시위지휘부는 제안한 요구 사항이 전부 거절당하자 청원을 즉각 시위행진으로 바꾸었다. 수많은 애국청년학생들이 "일본 제국주의를 타도하자" "지차정무위원회의 설립을 반대한다" "화베이 자치를 반대한다" "내전을 중지하고 일치단결하여 항일하자" "무력으로 화베이를 보위하자"는 등 국민당에 금지된 구호를 높이 외쳤다. 행진대열은 이르는 곳마다에서 국민당 군경의 혹독한 탄압을 받았다. 그뿐만 아니라 대검, 물 펌프, 가죽채찍, 몽둥이와 총과 칼의 공격을 받아 30여 명의 학생이 체포되고 수백 명이 부상을 입었다.

> **중난하이(中南海)**
>
> 베이징에 있는 호수. 자연 호수인 베이하이(北海)·중하이(中海)와 인공으로 만든 난하이(南海)로 이루어져 있으며, 자금성 바로 옆에 위치하고 있다. 중난하이에는 중국 국무원, 중공중앙서기처, 중공중앙판공청 등 중요한 기관이 소재하고 마오쩌둥, 저우언라이, 덩샤오핑 등 중요 인물들이 집단으로 거주했던 중국 최고 컨트롤타워이다. 현 국가주석인 시진핑과 상무위원과 그 가족 등 중국 최고위층 관료들 모두가 여기에 모여 살며 국사를 논하고 있는 독특한 장소이다.

베이핑 각 학교 학생들은 애국운동에 대한 국민당정부의 진압에 항의하기 위해 베이핑학생연합회의 영도 아래 12월 10일부터 전 베이핑시 총동맹휴교를 선포했다. 12월 14일, 베이핑 신문에 국민당 당국이 12월 16일에 지차정무위원회를 설립한다는 소식이 알려졌다. 이에 학생연합회는 지차정무위원회의 설립을 반대하고 학생들의 항일구국운동을 촉구하기 위해 16일에 다시 대규모 시위행진을 단행하기로 결의했다.

12월 16일, 베이핑 일부 대학교와 중학교 학생들이 군경의 저지를 뚫고 톈차오(天橋)광장에 모여 시민대회를 열었다. 베이핑 각계 대중과 둥베이에서 망명해 온 동포들이 대회에 자발적으로 참가했는데 참가자가 무려 3만여 명에 달했다. 시민대회에서 "지차정무위원회를 승인하지 않는다" "화베이의 모든 괴뢰조직을 반대한다" "둥베이의 빼앗긴 땅을 수복해야 한다"는 등 결의안이 통과됐다. 회의 후에는 대규모 시위행진을 진행했는데 재차 반동 군경의 피비린내 나는 탄압을 받아 수십 명 학생이 체포되고 300여 명의 학생이 부상을 입었다. 인민들의 애국운동에 압력을 이기지 못한 국민당 당국은 하는 수 없이 지차정무위원회 설립을 연기했다.

베이핑 학생들의 용감한 투쟁에 영향을 받아 전국 각지의 대중은 거의가 행동하기 시작했다. 12월 11일부터 톈진, 바오딩(保定), 타이위안(太原), 시안, 지난, 항저우, 상하이, 우한, 이창(宜昌), 청두, 충칭, 광저우, 난징 등 대도시에서도 차례로 학생들의 항일 집회와 시위행진이 폭발했다. 각지 노동자들은 전국 총공회의 호소 아래 꼿꼿이 파업을 단행하여 국민당 정부의 대일 타협과 항일운동 탄압에 항의하고, 학생들의 투쟁을 적극 지원했다. 광저우와 상하이의 노동자들은 대회를 열고 공개전보를 발표하여 일본에 선전포고할 것을 요구했다. 12월 12일, 선쥔루(沈鈞儒), 마샹보(馬相伯), 저우타오펀(鄒韜奮), 장나이치(章乃器) 등 280여 명이 '상하이 문화계 구국운동 선언서'를 발표했다. 12월 27일 상하이 문화계 구국회가 설립됐다.

1936년 1월 28일 상하이 각계 구국연합회를 설립하고 선쥔루, 장나이치, 리궁푸(李公朴), 타오싱즈(陶行知), 저우타오펀, 사첸리(沙千里), 왕자오스(王造時), 스량(史良) 등을 집행위원으로, 선쥔루를 주석으로 한 집행위원회를 구성했다. 이는 상하이의 항일구국운동을 일사불란하게 영도하게 했다. 이때 각지 애국인사와 애국단체들도 잇달아 각계 구국회를 만들고 공개전보를 발표했다. 그리고 여러 가지 구국간행물을 출판하여 국민당 정부에 영토 주권을 보위하고 내전을 중지하고 출병하여 항일할 것을 강력히 요구했다. 해외 교포와 외국에 유학한 학생 단체들도 선언문을 발표하는 등 형식을 갖춰서 국내 인민 애국행동을 적극 지지했다. 이리하여 일부 국부지역에서 항일구국운동이 급속히 퍼져 전국적 규모의 대중운동으로 확대됐다.

베이핑 학생들의 시위행진 활동이 시작한 지 얼마 지나지 않아 12

월 20일 중공중앙은 공청단을 통해 전 중국의 청년들에게 "반일구국 운동을 확대하자! 노동자, 농민, 상인, 군인 속으로 깊이 들어가자!" 고 호소했다. 핑진(平津) 학생연합회는 당의 지시에 따라 '12·9 운동' 을 심도 있게 추진하기 위해 500명 안팎의 남하 확대 선전단을 조직 했다. 선전단에 기초를 두고 1936년 2월 1일에는 베이핑에서 중화 민족해방선봉대(민선대라 약함)를 창립했다. 이는 중국공산당이 지도 하는 항일 민주를 투쟁목표로 한 선진적인 청년들의 대중조직이었다. 훗날 이 조직은 2만여 명이 참가하는 전국적 조직으로 빠르게 발전됐 다. 수많은 청년학생들은 농촌에 내려가 항일구국을 선전하면서 빠른 속도로 각 지역 항일구국운동의 중심이 됐다. 또한 이들은 중국공산 당이 항일민족통일전선을 결성하는 데 조력자가 되었고 항일구국운 동을 영도함에 있어 연대세력이 됐다. '민선대'의 생성과 발전은 청년 들을 단합하고 항일구국운동을 촉진하는 데 매우 큰 역할을 담당했다.

'12·9 운동'은 화베이를 빼앗고 나아가 전 중국을 침략하려는 일본 의 음모를 공개적으로 폭로했다. 그리고 국민당 정부의 타협양보정책 을 타격하고 중화민족을 크게 각성시켰는바 이는 중국 인민의 항일구 국민주 운동의 새로운 시기가 도래했음을 의미한다. '12·9운동'은 혈 기 넘치는 지식청년들로 하여금 노동자, 농민 대중과 서로 결합하는 길로 나아가도록 했다. 그 뿐만 아니라 항일전쟁과 중국 혁명 사업을 위해 많은 핵심세력을 비축할 수 있었다. 마오쩌둥이 지적한 바와 같 이 "'12·9 운동'은 '전 민족이 항전할 수 있게 동원한 운동으로 항전 을 위해 사상을, 인심을 준비하고 간부를 준비했는바', 이는 '중국 역 사에서 매우 중요한 기념비가 될 것이다'[193]"

---

193 마오쩌둥 : '12·9운동의 위대한 의의'(1939년 12월 9일),《마오쩌둥문집》제2권, 인민출판 사 한문판, 1993년, 253쪽.

2. 항일민족통일전선 책략의 제정

와야오바오회의 와야오바오 정치국회의

항일구국운동의 새로운 시대가 도래하면서 중국공산당은 토지혁명 전쟁에서 민족혁명전쟁으로 전환하는 새로운 국면에 처하게 됐다. 중 공중앙은 전반 정세를 분석하고 새로운 상황에 걸맞은 정치노선과 전 략방침을 제정해야 했다.

1935년 12월 17일부터 25일까지 중공중앙은 산시 안딩(安定)현[오 늘의 쯔창(子長)] 와야오바오에서 정치국회의(와야오바오회의)를 열 었다. 회의에는 마오쩌둥, 장원톈, 저우언라이, 보구, 리웨이한, 왕자 샹, 류사오치, 덩파(鄧發), 카이펑(凱豊), 장하오, 덩잉차오, 우량핑(吳 亮平), 궈훙타오(郭洪濤) 등이 출석하거나 열석(列席)했고 장원톈이 회 의를 주재했다. 회의에서는 전국의 정치정세와 당의 책략과 군사 전략 을 집중적으로 논의했다. 그리고 항일민족통일전선을 결성하기 위한 새로운 책략을 확립하고 여러 구체적 정책을 적극 토론했다.

회의가 시작되자 곧바로 장원톈이 정치정세와 책략 문제에 관한 보 고를 하고 장하오가 국제공산당 제7차 대표대회 정신을 보고하는 자 리를 가졌다. 그 후 회의 참가자들은 거리낌 없이 토론을 전개했다. 토 론에서 민족자산계급의 항일 가능성을 놓고 논쟁이 벌어졌다. 마오쩌 둥은 기조 발언에서 항일에 대한 각 계급의 태도를 다음과 같이 분석 했다. 민족자산계급은 나라와 민족이 망하는 시점에 항일운동에 참가 할 가능성이 있으며 심지어 대자산계급 진영도 분화될 가능성이 있다. 그래서 마오쩌둥은 "우리는 반드시 패배주의에서 해방되어 아주 넓은 항일민족통일전선을 결성해야 한다"고 문제점을 제기했다.

회의는 또 새로운 정세에서의 군사 전략 문제를 토의했다. 12월 23

일, 마오쩌둥은 회의에서 군사 전략 문제에 관한 보고를 했다. 연이어 같은 날 회의는 '군사 전략 문제에 대한 중공중앙의 결의'를 채택했다.

12월 25일 회의는 장원톈이 기초한 '현 정치정세와 당의 과업에 대한 중앙의 결의'를 채택하고 나서 곧 폐막됐다. 12월 27일 마오쩌둥은 회의 정신에 입각하여 당의 활동분자회의에서 '일본 제국주의를 반대하는 전술에 대하여'라는 보고를 했다. 와야오바오회의 결의 및 마오쩌둥의 보고는 당의 정치노선 문제를 해결할 수 있었다.

와야오바오(瓦窯堡)회의

1935년 중국 공산당 정치국의 마오쩌둥, 장원톈(張聞天), 저우언라이 등 지도부 10여 명이 산베이(陝北) 와야오바오(瓦窯堡)에 참석하여 가진 정치국 확대회의이다. 회의에서 소비에트 공농(工農)공화국을 '소비에트 인민공화국'으로 명칭을 변경하는 결정이 내려졌다. 이는 항일 통일전선 구축을 위해 소자산 계급, 지식분자, 민족자산 계급, 부농, 일본에 대해 저항하는 국민당의 군과 관리 및 해외 화교에 대한 공산당의 정책변화를 반영한 것이다.
중국공산당사를 연구하는 학자들은 이 회의를 계기로 좌편향 노선에 의해 장기간 고립되었던 중국공산당이 고립으로부터 탈피하기 시작했다고 평가하고 있다.

결의는 먼저 "현 정세는 일본 제국주의가 '중국을 빼앗아 전 중국을 각 제국주의 반식민지에서 일본의 식민지로 전락시키려 하고 있다는 것이 그 특징'으로 되어 있다. 이런 정세에서 매국노, 한간(한족 스파이)이 되려고 하지 않는 모든 중국인의 유일한 출구는 바로 '일본 제국주의 및 그들의 앞잡이, 한간 등 매국노들을 향해 신성한 민족전쟁을 벌이는 것'이다"고 콕 집어 말했다. 결의는 "민족혁명의 새로운 고조(高調)는 노동계급과 농민 중 낙후된 계층을 각성시켰고 광대한 소자산계급 대중과 인텔리들이 혁명에 뛰어들도록 했다. 그리고 농촌의 부농들과 소지주, 심지어 일부 군벌들도 혁명에 대하여 동정하거나 중립적 태도를 취하게 했으며 혁명에 참가할 가능성도 있게 했다. 이렇

듯 '민족혁명전선은 크게 확장된 것'이다. 따라서 당은 여러 가지 적당한 방법과 방식으로 이러한 세력을 항일전선으로 이끌어내야 한다"고 적극 주장했다. 결의는 "지주매판계급 진영 역시 완전히 통일된 것은 아니다. 때문에 당은 그들 사이의 모순과 충돌을 이용하여 항일민족해방전쟁에서 유리한 방향으로 끌고 가야 한다. 일본 제국주의 및 제국주의 사이의 모순에 대해서도 이와 같은 책략을 취해야 한다"고 명백하게 지목하여 선언했다.

또 결의는 다음과 같이 발표했다. 가장 광범위한 반일민족통일전선을 위해서는 물론 하층민을 끌어들여야 하지만 상층민도 포함시켜야 한다. 당의 책략 노선은 전 중국의 모든 민족에게 혁명세력을 발동하고 하나로 묶어 조직하는 것이다. 그리하여 주요한 적인 일본 제국주의와 매국역적의 우두머리 장제스를 처단하고자 한다. 결의는 이어 통일전선의 최고 조직형식은 국방정부와 항일연합군이라고 재천명하였다.

마오쩌둥은 '일본 제국주의를 반대하는 책략에 대해'란 보고에서 민족자산계급의 이중성과 지주매판진영 내부의 모순을 이용할 수 있는 가능성에 대해 심도 있게 분석했다. 그는 "민족자산계급과 지주매판계급은 구별되고 민족자산계급의 특성은 동요하는 것이다. 그들은 제국주의를 두려워하는 한편 혁명 역시 두려워한다. 중국이 반식민지로 전락될 위험에 처한 현 시국에서 이 계급의 변화가 일어날 가능성이 있다.

그 일부분(좌익)은 투쟁에 참가할 가능성이 있고 그 외의 일부는 동요하여 중립적인 태도를 취할 가능성이 있다"고 지적했다. 마오쩌둥은 '9·18'사변 이래 민족자산계급 중 많은 대표 인물들의 정치적 태도의 변화에 근거하여, 노동계급과 민족자산계급이 연대할 수 있는 가능성과 중요성을 논증했다. 지주매판 진영에 대해 마오쩌둥은 "그들 내부도 완전히 통일된 것은 아니다. 중국은 몇 개 제국주의 국가들이 탈취하는 반식민지다. 그러므로 '투쟁이 일본 제국주의 쪽으로 쏠릴 때에는 미국과 영국의 앞잡이들이 그들 주인의 부름에 따라 일본 제국주의자 및 그들의 앞잡이와 암암리에 싸울 것이다. 심지어 공개적으로 다툴 가능성도 있다' '우리는 적의 모든 투쟁, 틈새와 모순을 모두 수집하여 눈앞의 적을 반대하는 데 이용'해야 한다"고 지적했다.

와야오바오회의의 결의와 마오쩌둥의 보고는 민족모순이 격화됨에 따라 중국 사회의 계급관계에서 일어날 변화를 짐작했으며 앞으로도 계속 바뀔 것이라고 예언했다. 그러나 지주매판계급의 대규모 분화는 당장은 볼 수 없고 장제스는 아직도 일본에 타협과 양보를 하고 '공산당을 토벌'하는 내전정책을 유지하고 있었다. 그러나 이런 상황을 두고 결의와 보고에서는 다음과 같이 예상했다. 일본이 침략을 확장하면 영국, 미국과 일본 간의 모순이 격화될 것이다. 그러므로 영국, 미국에 빌붙어 있는 반혁명 세력에 변화가 생길 가능성이 농후하다는 것이다. 그래서 당은 최소한 그들로 하여금 잠시 반일전선을 적극적으로 반대하지 않는 입장을 취할 수도 있다고 봤다. 이런 상황을 예상할 수 있는 것은 당이 교조주의를 고수한 것이 아니라 반식민지라는 중국의 현실에 입각하여 정세를 관찰하고 정책을 제정했다는 것을 보여 준다.

결의와 보고에서는 규모가 큰 항일민족통일전선을 결성하기 위해 당내에 장기간 빌붙어 온 '좌'경 패배주의를 맹비판했다. 그러면서 패배주의는 주로 마르크스—레닌주의를 중국의 특수한 상황에 결합시키지 못한 데서 시작됐다고 지적했다. 그리고 "당은 추상적인 공산주의 원칙에 대해 빈말만 해서는 안 된다. 반드시 통일전선 책략을 과감히 운용하여 수천 수백만의 대중을 일사불란하게 조직하고 가능성이 있는 모든 우군을 단합시켜야 한다. 그래야만 중국 혁명의 영도권을 잡을 수 있다. 현재 당내의 커다란 위험은 '좌'경 패배주의로서 이를 단호히 시정해야 한다"고 강조했다.

결의와 보고는 당내 패배주의 경향을 중점적으로 비판하는 한편 통일전선 정책을 실행함에 있어 과거 우경 오류의 교훈을 잊지 말도록 전 당에 주의를 주었다. 마오쩌둥은 항일민족통일전선을 앞두고 공산당과 홍군은 발기인 역할을 해야 한다고 지시했다. 더불어 튼튼한 기둥이 되어 일본 제국주의자와 장제스의 훼방 정책이 실현되지 못하도록 해야 한다고 특별히 지적했다. 결의는 다음과 같이 적시했다. 항일통일전선을 위해 공산당은 모든 항일세력을 대동단결해야 한다. 그뿐만 아니라 동요하고 타협하고 투항하고 배반하는 모든 사조와 단호히 투쟁해야 한다. 공산당은 일본 제국주의, 한간, 매국노를 철저히 반대하는 여론을 확산시키고 행동으로 통일전선의 영도권을 취득해야 한다. 결의는 또 "우리는 혁명 영도권 문제를 더욱 심도 있게 이해해야 한다. '당의 영도권 취득'은 노동계급의 활동에만 의지해서는 부족하다(이는 요긴한 것이다). 공산당원은 반드시 농촌, 병사, 빈민, 소자산계급과 지식인, 그리고 모든 혁명동맹자 사이에서 자신의 활동을 실행하고 대중의 간절한 이익을 위해 투쟁해야 한다. 그럼으로써 그들로 하여금 공산당은 노동계급 이익의 대표자일 뿐만 아니라 중국 최대 다수 인민의 이익을 수호하는 대표자이고 전 민족의 대표자라는 것을 믿게 해야 한다"고 강조하여 지적했다.

결의는 항일민족통일전선을 결성하는 요구에 부응하기 위해 '노농공화국'을 '인민공화국'이라 개칭하고 나서 항일 요구에 부합되지 않는 일부 정책들을 변경해야 한다고 정의했다. 또 결의는 "인민공화국은 노동자와 농민을 주체로 하며 동시에 모든 반제 반봉건적인 계급을 수용한다. 인민공화국은 노동자, 농민 대중의 이익을 우선적으로 보호하며 민족상공업의 존재와 발전도 보호한다"고 선언했다.

결의는 부농에 대한 정책을 변경할 것에 대해 1935년 12월 6일 중앙정치국회의에서 내린 '부농에게 대응하는 책략을 변경할 것에 관한 결정'[194]을 염두에 두고 다음과 같이 표명했다. "소비에트인민공화국은 부농에 대한 정책을 변경한다. 부농의 재산을 몰수하지 않는다. 부농의 토지에 대해 봉건 착취로 취득한 재산을 제외하고, 자체 경작하던 사람을 고용하여 경작하던 재산은 몰수하지 않는다. 농촌에서 토지를 평균 분배할 때 부농도 빈농, 중농과 동등하게 토지를 배분받을 권리가 있다" 다시 말하면 부농의 토지와 재산 중 봉건 착취로 취득한 부분을 제외하고는 권리를 보호하는 정책을 취한다는 것이었다.

상공업정책에 관한 규정에 대해서 결의는 "민족상공업 자본가에게는 예전보다 관대한 정책을 실시한다. 양측에 유리한 조건이라면, 그들이 소비에트인민공화국 영토에 투자하여 공장이나 상점을 차리는 것을 환영한다. 그리고 그들의 생명, 재산, 안전을 지키고 중국의 경제를 발전시키기 위해 가능한 조세를 인하한다. 그리하여 홍군이 점령한 지역에서 반일, 반매국노 운동 등에 유익한 모든 상공업을 철저히 보호한다"고 했다.

결의는 정세와 과업의 변화에 근거하여 당 조직이 발전하기 위해서는 반드시 패배주의 사조를 반대하고, 당을 확대시키며 공고히 해야

---

194 이 결정은 다음과 같이 지적했다. "부농을 반대하는 데 박차를 가하는" 정책은 눈앞의 중심 과업에서 보나 장기간의 실천경험에서 보나 모두 "부적절한 것이다" 현재 부농에 대한 정책은 "그들의 봉건식 착취로 취득한 부분, 즉 그들이 임대해 준 토지와 고리대만 몰수한다. 부농이 경영한(고농이 경영한 부분을 포함) 토지, 상업 및 기타 재산은 몰수해서는 안 된다. 소비에트정부는 부농의 확대생산(예를 들면 토지를 소작 주고 황무지를 개척하고 노동자를 고용하는 등)과 상공업 발전의 자유를 보장해야 한다" 부농에 대한 정책을 변경하는 것은 중공중앙이 장정을 거쳐 산시(陝西) 북부에 도착한 후 '좌'경 오류 정책을 시정하기 위해 취한 한 가지 중대한 절차였다.

한다고 강조했다. 그리고 장기간 존재해 온, 당원의 출신을 지나치게 강조하는 '성분유일론'을 비판했다. 결의는 "중국공산당은 중국 무산계급의 선봉대이다. 중국공산당은 마땅히 선진적인 노동자, 부농을 다수 받아들이고 그들이 중심이 되도록 해야 한다. 중국공산당은 전 중화민족의 선봉대이다. 그러므로 공산당을 위해 투쟁하려는 사람들은 그 계급 출신에 관계없이 모두 공산당에 가입할 수 있다. 중국은 경제가 낙후된 반식민지와 식민지 국가로서 농민 출신과 소자산계급 출신의 인텔리들이 당내의 대다수를 차지하고 있다. 하지만 이는 중국공산당의 볼셰비키 지위를 조금도 저하시키지 않는다"고 강조했다. 결의는 다음과 같이 명확히 지적했다.

"당이 새로운 당원을 받아들이는 주요한 기준은 당이 제기한 주장을 위해 확실히 투쟁할 수 있느냐이다. 사회 성분은 마땅히 주의해야 하지만 주요한 표준이 아니다. 당 구성원은 당을 공산주의의 용광로로 만들어야 한다. 그래서 공산당 세상을 위해 수고하려는 수많은 새로운 당원들을 볼셰비키 전사로 훈련시켜야 한다" "당은 그 어떤 투기분자들의 침입도 두려워하지 않는다. 당은 볼셰비키의 정치노선과 강철 같은 기율로 당의 조직을 공고히 한다. 당은 비무산계급 당원들의 정치적 견해차를 두려워하지 않는다. 당은 공산주의 이념으로 그들을 교육하여 선봉대 지위에 오르도록 교육한다"

간부문제에 있어 결의는 "위대한 투쟁의 시기에서 당 간부들이 당의 영도기관 주위에 굳게 뭉치도록 하는 것은 매우 중요한 의미가 있다. 당은 반드시 간부를 많이 양성하여 수천 수만의 간부들을 각 방면의 전선에 파견해야 한다. 그리하여 실제적인 투쟁 속에서 당원들을 학습시키고 단련시켜야 한다. 이렇게 해야만 새로운 대혁명의 요구에 적응할 수 있다"고 지적했다.

와야오바오회의는 한 차례의 매우 중요한 회의였으며 준이회의의 연속이면서 발전된 모습이었다. 장정 도중에 소집된 준이회의는 중앙군사 영도 과정의 오류를 극복할 수 있었고 당시에는 가장 절실한 군사문제와 조직문제만을 해결할 수밖에 없었다. 중공중앙이 산시(陝西)성 북부에 도착한 후에야 비로소 국내 정세와 당의 과업을 결부시켜 정치 책략에 대한 문제점을 체계적으로 보완할 수 있었다. 회의에서 제기한 항일민족통일전선을 결성할 것에 관한 이론과 책략은 항일이라는 대전제 아래 민족자산계급, 심지어 지주 매판계급의 일부 세력과도 통일전선을 재결성할 필요성과 가능성에 대해 적극 설명했다. 연이어 무산계급은 통일전선전술에서 반드시 영도권을 장악해야 한다고 중점적으로 가르쳤으며 정치 책략에서의 '좌'경 교조주의의 오류를 강도 높게 비판했다. 또 1927년 무산계급이 영도권을 포기하여 혁명의 실패를 조장한 교훈을 상기시킴으로써 경각심을 높여야 한다고 전 당에 지도, 지시했다. 이는 중국공산당이 이미 혁명에서 실패했던 과거의 경험을 되새기고 중국의 현재 상황에 입각하여 방침을 세운 것을 의미한다. 또한 당이 국제공산당 제7차 대표대회에서 제기했던 반파쇼통일전선을 결성할 것에 관한 총체적 방침을, 창의적으로 운용하여 중국의 혁명운동을 지도하고 있다는 것을 보여 준다.

시베이 지역 항일세력의 연합

와야오바오회의 이후, 중공중앙은 통일전선에 대한 영도를 강화했다. 그러고는 '12·9 운동'을 계기로 전국 인민 항일구국운동의 발전을 적극 추진했다. 또 국민당 상층 인사와 군대 장령들에게 당의 항일주장을 선전하고 동맹자를 쟁취하는 사업 역시 적극 추진했다.

중공중앙은 시베이 '공산당 토벌' 전선에 있는 국민당 각 지방 실력파의 처지와 현황을 중점적으로 분석했다. 그리고 장쉐량, 양후청 및 그 소속 부대를 우선적으로 쟁취할 대상으로 간주했다. 그들과 연합하면 홍군의 수세적 태세를 바꿀 수 있었다. 그뿐만 아니라 기타 실력파들에게도 영향을 미쳐 통일전선전략을 확대하는 등 시베이의 새로운 국면을 담보할 수 있었기 때문이다. 그리하여 중공중앙은 둥베이군과 제17로군에 대한 사업에 박차를 가하여 먼저 시베이지역 항일세력의 연합을 추진하기로 결정했다.

와야오바오회의 전후 마오쩌둥과 저우언라이는 서신을 보내는 등 형식적으로 이미 장쉐량과 관계를 맺었다. 중공중앙은 저우언라이를 서기로 하는 둥베이군 사업위원회를 구성하여 둥베이군에 대한 사업을 전개했다. 홍군은 작전에서 사로잡은 수많은 둥베이군 장병들을 석방하여 돌려보냈다. 이로써 둥베이군에게 연합하여 항일하겠다는 공산당의 성의와 태도를 보여 주었다. 중공중앙은 둥베이군과의 연계를 한층 더 강화하기 위해 1936년 1월 19일, 연락국 국장 리커눙(李克農)을 뤄촨(洛川)에 파견하여 차례로 둥베이군 제67군 군장 왕이저(王以哲), 장쉐량과 회담을 가졌다. 이를 토대로 1월 25일 중국공산당과 홍군 지도자는 '홍군과 둥베이군의 연합 항일을 위해 둥베이군 전체 장병들에게 보내는 서한'을 발표했다. 발표에서는 소비에트정부와 홍군은 "모든 항일무장대열과 연합하여 국방정부와 항일연합군을 구성하고 직접 일본 제국주의자들과 싸울 것을 희망한다. 우리는 우선적으로 둥베이군과 함께 이 주장을 실현할 것을 희망하며 전 중국 인민 항일의 선봉으로 선뜻 나설 것이다"고 분명하게 그 뜻을 밝혔다. 2월 하순, 리커눙은 다시 뤄촨에 가서 왕이저와 상의하여 제67군과 상호 불가침 한다는 협정을 구두 약속했다.

3월 초 장쉐량은 비행기로 뤄촨에 도착했다. 그는 리커눙과 쌍방의 연합항일문제에 대하여 서로 의견을 교환했다. 장쉐량의 요구에 따라 4월 9일 저우언라이는 중공중앙을 대표하여 둥베이군의 주둔지 푸스 (肤施·오늘의 옌안)에 가서 장쉐량과 비밀리에 회담을 가졌다. 장쉐량은 내전을 정지하고 함께 항일하자는 공산당의 정치주장을 받아들이고, 장제스를 포섭하여 항일하도록 해야 한다는 의견을 제안했다. 또 쌍방은 홍군과 둥베이군이 서로 침범하지 않고 대표를 파견하자는 등 제반 사항에 관해 협상을 가졌다.

보이보(薄一波, 박일파·1908~2007)

중국의 정치가 겸 재정 전문가. 중앙인민정부 재정경제위원회 부주임 겸 재정부장, 국가경제위원회 주임, 당 중앙위원 및 중앙정치국 후보위원, 국무원 부총리 등을 역임했다. 문화대혁명 때 숙청되었다가 다시 복권되어 국무위원 겸 국가경제개혁위원회 부주임, 당 중앙고문위원회 부주임 등을 역임했다. 혁명 1세대 원로 중 한 사람으로 8대 원로에 포함돼 있다. 산시성[山西省] 출신으로 전 충칭시 당 서기였던 보시라이 전 상무부장의 부친.

중공중앙은 저우언라이와 장쉐량의 회담 결과에 따라 류딩(劉鼎)을 둥베이군 주재 중공 대표로 파견하여 서안에서 사업을 하게 했다. 6월 20일, 중공중앙은 '둥베이군 사업에 대한 지도원칙에 관하여'란 당내 문건을 제정하고 다음과 같이 정리했다. 둥베이군은 항일하는 혁명의 군대로 전환될 가능성이 매우 크다. "둥베이군이 항일의 길로 나아가도록 협력하는 것은 우리의 기본적인 방침이다" 둥베이군과 관련한 당의 사업목표는 둥베이군을 와해시키거나 분열시키는 것이 아니며, 더욱이 그들을 홍군으로 만들려는 것도 아니다. 당은 둥베이군을 홍군의 우군으로 전환시켜 그들이 철저하게 항일강령을 실시하도록 해야 한다. 그러기 위해서는 주로 인내심을 가지고 설득하며 기다려야 한다. 또한 문건에서는 둥베이군 내에서의 통일전선사업은 "상층 통일전선과 하층 통일전선을 동시에 진행해야 한다. 그리고 서로 배려해야 하며" 특히 상층 통일전선전략은 매우 중요한 의미를 갖는다고 지적했다. 이 방침은 과거의 '좌'경 오류 방침과 뚜렷하게 구별되었는데 실상 둥베이군 쟁취에만 적용된 것은 아니었다.

중국공산당은 장쉐량의 항일을 쟁취하게 되면서 양후청(楊虎城)에 대한 설득을 한층 더 강화했다. 양후청 및 그가 인솔하는 제17로군은 일찍 대혁명 시기부터 이미 공산당과 연계가 있었다. 장제스가 '4·12 정변'을 발동한 후에도 양후청은 여전히 난한천(南漢宸) 등 일부 공산당원과 관계를 유지해 왔다. 양후청은 항일에 대한 열정도 있고 연합할 가능성도 있는 인물이었다. 중공중앙은 양후청을 공동 항일의 길로 연계하기 위해 1935년 가을부터 여러 가지 형식을 통해 그와 연락을 취했다. 11월, 양후청이 공산당의 연합 항일 주장에 찬성한다고 뜻을 밝혔다. 중공중앙에서는 하루라도 빨리 양후청과 합작하여 항일로 나아가기 위해 1935년 12월부터 1936년 여름까지 왕펑(汪鋒)과 장원빈(張文彬)을 야후청의 거처로 파견했다. 중공중앙 북방국에서는 왕스잉(王世英)을, 국제공산당 주재 중국공산당 대표단에서는 왕빙난(王炳南)을 차례로 파견하여 연합항일문제를 논의하게 했다. 여러 차례의 회담을 거쳐 양후청은 서로 침범하지 않고, 경제봉쇄를 해제하는 것에 동의했다. 더불어 군사연락처를 설립하고 연합하여 항일하는 등의 주장에 찬성한다고 표명했다. 그리고 장원빈을 홍군의 대표로 하여 시안에 머물게 하는 데 동의했다. 그 후 중국공산당은 제17로군과 비교적 견고한 관계를 맺게 됐다.

이 기간에 중공중앙은 장쉐량과 양후청을 설득하여 둘이 서로 힘을 합쳐 대응하도록 했다. 그러면서 시안에서 활동 중인 지하당원들에게 장쉐량, 양후청 등과 연합하도록 지시했다. 이와 같은 노력을 거쳐 장쉐량과 양후청 간의 협력관계는 날로 좋아졌다. 1936년 상반기부터 시작하여 홍군과 둥베이군, 제17로군 사이에는 사실상 적대관계가 해소됐다. 이는 당의 항일민족통일전선 책략이 시베이 지역에서 처음으로 이룩한 쾌거이자 승리였다.

중국공산당은 시베이의 연합 항일을 실현하기 위해 다른 기타 지방 실력파에 대한 설득사업에도 시선을 돌렸다. 1936년 6월, 중공중앙은 덩파를 신장에 파견하여 신장 도독(督办) 성스차이(盛世才)와 연락하게 함으로써 성스차이와 연계를 맺었다. 중공중앙은 사람을 파견하여 산시(陝西)성 북부를 지키고 있는 국민당군 제84사 사장 가오구이쯔(高桂滋)에 대한 설득사업을 시작했다. 가오구이쯔는 국방정부를 세우고 연합하여 항일하자는 중공의 제안에 적극 찬성한다고 표명했다. 마오쩌둥, 저우언라이, 펑더화이는 서한을 보내 가오구이즈의 애국열정을 칭찬하고 쌍방 담판에서 논의 할 여덟 가지 요구 사항을 제시했다. 9월 22일, 중공중앙은 펑쉐펑(彭雪楓)을 특사로 란저우(蘭州)에 보내 국민당 간쑤성정부 주석, 둥베이군 제51군 군장 위쉐중(于學忠)에게 마오쩌둥의 친필 서한을 전달했다. 그리고 즉시 내전을 중지하고 연합하여 항일 구국 투쟁에 나설 것을 요청했다. 1936년 여름, 펑더화이는 홍군을 이끌고 서정할 때 통일전선방침을 적극 집행하고 주루이(朱瑞)를 보내 둥베이군 기병 제6사와 상호 불가침 협약을 맺었다. 또 닝샤 당국 마훙쿠이(馬鴻逵), 마훙빈(馬鴻宾)에게 내전을 중지하고 공동으로 항일하자는 제안서를 발부했다. 중화소비에트공화국 중앙정부는 회족 인민을 단합하여 항일하도록 하기 위해 '회족인민에 대한 선언'을 발표했다. 중공중앙은 '거로우후이(哥老會)를 쟁취할 것에 관한 중앙의 지시'를 하달했고 중화소비에트공화국 중앙정부도 '거로우후이에 대한 선언'을 발표했다. 그리하여 거로우후이에게 홍군과 함께 국난을 이겨 나갈 것을 호소했다.

1936년 겨울에 접어들어 '시베이 항일민족통일전선'은 한층 더 확대되어 시베이 대연합 국면이 형성됐다. 이는 국내 정세에 큰 영향을 끼쳤으며 전국 항일민족통일전선의 결성을 적극 추진하는 동력이 됐다.

3. 국민당 통치구역에서의 당 책략의 전환

국민당 통치구역에서의 당의 투쟁에 관한 류사오치의 책략 사상

국민당 통치구역에서의 중국공산당 조직은 '좌'경 오류 노선의 지도 때문에 크게 파괴됐다. 그래서 중공중앙은 전국적인 항일구국 정세의 발전에 부응하고 국민당 통치구역에서의 당의 사업에 대한 영도를 한층 더 강화하고자 1935년 5월, 중공 허베이성위원회를 토대로 중공중앙 북방국을 재건하기로 결의했다. 그리고 전 북방의 당 조직 재건 사업을 지도할 때 북방국 명의를 사용해야 하고, 허베이성 관할구역 내 당의 사업을 지도할 때는 중공 허베이성위원회의 명의를 사용해야 한다고 규정했다.

중앙정치국은 와야오바오회의 이후 국민당 통치지역에서의 당의 사업을 완벽하게 전환하고 항일전선인 화베이지역에서의 투쟁에 대한 영도를 강화하려고 했다. 그리하여 12월 29일 상무위원회를 열고 북방국의 사업에 대해 집중 논의했다. 상무위원회는 류사오치를 화베이에 파견하여 북방 주재 중앙 대표 자격으로 북방국 사업을 관할하게 했다. 그 임무는 주로 반일학생운동과 유격전에 대한 영도를 강화하는 것이었다. 그리고 당의 항일민족통일전선 책략을 과감히 운용하며 당의 비밀조직 역시 공고히 하여 비밀사업과 공개사업을 결부시키는 것이었다. 중공중앙의 이 같은 결정은 북방국의 사업을 강화하며 국민당 통치구역에서 당 정치 책략의 전환을 실현하기 위한 매우 중요한 조치였다.

1936년 2~3월에 류사오치는 톈진에 도착했다. 그는 화베이 당 조직의 현황과 항일구국운동의 정세에 대해 일련의 조사연구를 진행했다. 그러는 한편 북방국 및 허베이성당위원회에게 와야오바오회의의 결과를 전달하고 당면한 정치상황과 당의 과업, 항일민족통일전선을 결성할 것에 관한 책략을 거듭 천명했다. 그리고 국민당 통치구역 내에서 항전의 수요에 부응하지 못하는 사업노선을 수정하기 위해서는 우선 당내 '좌'경 패배주의와 모험주의를 숙청해야 함을 힘주어 말했다. 그는 화베이당 조직의 과업과 사업방침은 자신을 준비하고 대중을 준비시켜 핑진(平津)과 화베이 지역을 수호하기 위해 투쟁하는 것이라고 했다. 그리고 이를 위해서는 화베이에서 항일할 수 있는 모든 당파, 계층을 연합하여 항일민족통일전선을 결성해야 한다고 강력히 요구했다.

류사오치는 1936년 초부터 항일전쟁(중일전쟁)이 일어나기 전까지 1년 남짓 동안 30여 편의 글, 보고서와 당내 통신을 썼다. 그리하여 당의 정확한 책략 사상을 심도 있게 표명했다.

1936년 4월, 류사오치는 '패배주의와 모험주의를 숙청하자'란 글에서 혁명투쟁 과정에서 발생할 패배주의와 모험주의의 여러 가지 현상을 폭로하고 비판했다. 더불어 패배주의와 모험주의가 당내에서 장기간 존재할 수 있는 근원을 분석하고 혁명에 가져다 준 심각한 위해를 지적했다. 그는 또, 패배주의와 모험주의를 철저히 분쇄하지 않으면 중차대한 민족통일전선을 논할 수 없다. 때문에 광범위한 대중인민의 항일, 반 한간 운동은 당의 영도 아래 전개될 수 없을 것이라고 했다. 그러면서 이는 당과 혁명 사업이 나아가는 길을 훼방할 것이라고 했다.

같은 달, 류사오치는 새로운 정세에 근거하여 과거 노동운동의 경험과 교훈을 토대로 '백색 지역에서의 직원운동에 관한 제강'을 작성했다. 그리하여 국민당 통치구역에서 직원운동에 대해 취해야 할 정확한 방침과 책략 원칙을 서술했다. 그 주요 내용은 다음과 같다. 첫째, 국민당 통치구역에서의 직원운동 책략 과업은 인민대중으로부터 이탈하여 모험적인 공격을 실시하는 것이 아니다. 이는 노동계급 대다수를 쟁취하고 노동계급의 막강한 힘을 축적하여 미래의 승패를 결정짓는 투쟁을 위해 힘을 비축하는 것이다. 둘째, 노동계급의 막강한 힘을 축적하려면 "무엇보다 먼저 공장, 기업에서 우리 당 및 공회의 기존 조직과 사업을 보존하고 공고히 해야 한다. 이를 항상 유념해야 하고" "반드시 노동자 대중의 경제적, 정치적 일상투쟁을 지도하는 것에 특히 주의해야 하며" "모든 방법, 공개할 수 있는 모든 가능성을 이용하여 노동자 대중과 연계하고 그들을 조직해야 한다" 셋째, 합법적인 투쟁방식을 강조함에 있어서 "홍색공회를 독립적으로 구성하는 과업을 잠시 보류한다. 그리고 먼저 과거부터 비밀리에 존재하고 있는 홍색공회를 즉각 폐쇄해야 한다. 각급 당부 내에 직원부서를 설립하여 노동운동을 지도해야 한다" 당에서 이미 장악한 황색공회도 홍색공회로 전환시키지 말아야 한다. "오로지 혁명이 폭발할 때에만 황색공회란 엄호 없이 공개적인 홍색공회로 전환시킬 수 있다" 넷째, "일본 제국주의와 매국노를 반대하자는 구호 아래 우리는 황색공회에서 각파의 노동자 및 그들의 지도자와 통일전선과 연대해야 한다. 특히 행동에 있어 서로 연대하여 통일전선(파업, 시위, 일본 상품 배척, 항일운동 참가 등)을 결성해야 한다"

류사오치는 북방국에 체류하는 동안 패배주의와 모험주의를 반대하는 글들을 연이어 발표했다. 그래서 화베이 당 조직 사업을 지도하는 외에 서한을 통해 장원톈과 국민당 통치구역에서의 당의 사업 방침과 책략을 자주 논의했다. 1936년 7월 19일, 류사오치는 장원톈에게 서한을 보내 북방국의 사업을 보고했다. 그리고 사람을 바오안[保安·오늘의 즈단(志丹)현]에 파견하여 중앙에 서면 보고를 하고 지시를 요청했다. 장원톈 및 기타 중앙 지도자들은 북방국이 지도한 '새로운 경험'에 크게 고무됐다.

그리고 서면 보고에서 제기한 문제와 향후 사업에 대한 중앙서기처의 지시 서한(즉 8월 5일부 '중앙이 북방국 및 허베이성당위원회에 보내는 지시 서한')과 뤄푸(洛甫)가 후푸(胡服·류사오치)에게 보내는 개인 서한 형식으로 답하는 등 사업을 구체적으로 지도했다.

실제 투쟁에서 류사오치는 북방국을 영도하여 과거 사업에서 나타난 일부 패배주의와 모험주의의 그릇된 관행을 시정했다. 그리고 제때에 경험과 교훈을 합하여 정확한 지도를 했다. 한 예를 들자면 학생연합회의 공산당과 공청단은 1936년 3월 31일, 항일구국운동에 참가했다는 이유로 당국에 체포되고 탄압을 받다가 희생된 애국학생들을 추모하기로 했다. 그래서 "관을 메고 시위"를 했지만 반동 군경에 의해 곧바로 진압됐다. 이번 시위로 인해 원래 신분을 숨겨오던 학생 간부들이 체포되었다.

그리고 베이징대학 학생회의 활동이 강제로 중단되어 진보 세력은 커다란 타격을 받았다. 류사오치는 이 소식을 접한 후 4월 5일에 '베이핑 학생들의 궈칭(郭青)열사 기념 행동을 논함·베이핑 동지들에게 보내는 서한'를 써서 이런 모험주의 행동을 강력하게 비판했다. 그리고 또 국민당 통치구역에서 당 조직에 공개적이고 합법적인 방식으로 보다 많은 대중이 항일구국 대열로 합류시킬 것을 강하게 요구했다. 이 서한은 학생운동에 있어 '좌'적 경향을 시정하는 데 큰 역할을 했다. 중공 베이핑 임시 사업위원회는 류사오치의 지시에 따라 사건의 사후 처리에 최선을 다했다. 그리하여 학교 당국, 일부 교수들과 학생들 간의 대립 분위기를 신속히 해소시켰다. 그리고 학생들의 "고군 고투 상태"를 타파했다. 학교 당국, 유명 학자들을 제대로 응대하고 "교사와 학생들이 일치단결하여 구국해야 한다"는 방침에 따라 각 학교 학생들은 "사생 합작"이란 구호를 제기했다. 학생회는 이를 위해 여러 가지 형식의 활동을 벌였다.

류사오치의 완벽한 지도 아래 화베이 각급 당 조직은 청년학생들이 그들만의 방식으로 항일구국과 통일전선을 촉구하는 활동을 벌일 수 있도록 적극 유도했다. 핑진학생연합회는 학생들을 국민당군 제29군의 군사훈련에 참가할 수 있게 조직하고 중하위급 군관들과 교류하게 했다. 그리고 민선대원과 애국학생들을 파견하여 함께 시국을 논하고, 애국가요를 부르고 구기운동을 하게 하는 등 화베이 군정 당국에 대한 작업을 벌였다. 베이핑학생연합회는 '쑹저위안(宋哲元) 장군에게 드리는 공개서한'을 발송하여 쑹저위안이 학생들의 애국행동을 지지하고 합작하여 항일할 것을 진심으로 기대했다. 이와 동시에 학생들은 화베이에 주둔한 둥베이군과 좌담회와 친목회 등을 활발하게 벌였다.

류사오치의 완벽한 이론과 책략으로 당의 비밀조직과 비밀사업, 그리고 대중의 공개적 조직과 반공개적인 조직, 사업은 명확히 구분되고 정리가 잘 되어갔다. 이처럼 류사오치는 당의 조직이 많은 대중 속에 숨어들게 함으로써 '12·9 운동'의 승리 성과를 공고히 하고 발전시켰다. 이와 동시에 국민당 통치구역에서 중국공산당의 영향을 확대했으며, 훗날 화베이의 항일전쟁에서의 기반을 닦아 놓았다. 1936년

8월 5일, 중공중앙은 북방국과 허베이성당위원회에 지시 서한을 보내 북방국의 사업에 대해 충분한 만족감을 드러냈다. 서한에서는 "우리는 후푸 동지가 도착한 이후 북방국의 사업에 전환이 이루어졌다고 본다. 그 주요 표현은 다음과 같다. 정치 측면에서 영도가 강화되어 허베이 당내에서 과거 심각한 패배주의 경향이 시정되었다. 또한 적절한 방식을 취하여 전국 통일전선 중 가장 권위 있는 간행물에 직접적인 영향을 줄 수 있었다. 항일전선을 확대하여 화베이 각계 구국연합 결성은 물론 전국적인 확장을 시도했다. 그뿐만 아니라 학생, 군대, 농민 등 대중을 위한 사업에서도 좋은 성과를 거두었다. 조직 측면에서는 허베이 주변 각 성의 당 조직 창립을 도와줬으며 상하이, 시난(西南), 우한 등지의 당 조직 창립에도 영향을 미쳤다. 이러한 노력은 승리의 기반을 닦아 놓았으며 밝고 눈부신 위대한 비전을 갖게 해주었다"고 지적했다.

국민당 통치구역에서의 당 조직 회복과 항일민족통일전선사업 전개

류사오치는 북방국에 도착한 이후 당 조직 회복, 정돈, 재건 사업을 적극 추진했다. 그는 우선 북방국에 대한 조직 개편을 실시했다. 그리하여 그들의 투쟁 노선을 지지하고, 북방의 당 조직 상황에 익숙한 중공 톈진시위원회 서기 린펑(林楓)과 펑전(彭眞) 등을 북방국으로 전근시켰다. 동시에 그는 중앙의 지시에 따라 북방국을 재편성하여 류사오치를 서기로 임명했다. 그리고 북방국과 허베이성당위원회를 조직기구부터 인원까지 별도로 설립했다. 개편 후 허베이성당위원회는 허베이성 관할구역 내 각급 당 조직만 지도했다.

그 뒤 류사오치는 허베이성당위원회에 소속된 당의 지방조직을 회복시키고 정돈할 수 있게 됐다. 1936년 4월부터 5월 사이에 베이핑시

당위원회를 재편성하여 리바오화(李葆華)를 서기로 뽑았다. 6월, 류사오치는 회의를 열어 이른바 '철부노선'에 대한 그릇된 생각을 바로 잡아 시정하고 이철부를 톈진시당위원회 서기로 임명했다. 중공 징둥특별위원회(京東特別委員會)의 도움으로 1936년 여름부터 가을까지 탕산시사업위원회(唐山市事業委員會)가 건립되었고 9월에는 허베이성당위원회의 영도를 받게 했다. 이 기간에 북방국은 산둥, 허난, 산시(山西) 등지에 당원을 파견하여 당 조직의 영도기구를 회복시키고 건립하는 것을 돕도록 했다.

북방국은 중공중앙의 지시에 따라 일부 간부들을 상하이, 한커우, 광저우, 홍콩 등지로 파견하여 당의 조직을 회복시키고 건립하며 항일민족통일전선사업을 벌이도록 했다. 1936년 9월, 홍콩에서 중공 남방 임시 사업위원회가 설립되고 12월에 광저우시위와 홍콩사업위원회가 설립됐다.

중공중앙은 상하이 당 조직의 회복과 재건에 각별한 관심을 기울였다. 1935년 2월부터 3월까지 중공중앙은 일찍이 중앙정치국 위원 천윈과 중앙선전부 부부장, 홍군 총정치부 선전부장 판한녠 등을 상하이에 파견하여 당의 지하공작을 회복시키도록 했다. 상하이에 도착한 판한녠과 천윈은 당 조직이 심하게 파괴되어 발붙일 곳이 없었다. 그래서 국제공산당 주재 중국공산당 대표단의 지시에 따라 함께 소련으로 떠났다. 1936년 상반기에 판한녠은 몇 차례의 큰 탄압과 숙청에서도 살아남은 상하이 당 조직과 연계했다. 그리하여 그는 통일전선사업을 추진하기 위한 국제공산당 주재 중국공산당 대표단 소속으로 파견되었다. 그리고 귀국하여 국공 양당 비밀담판의 연락 대표를 맡았다. 중공중앙은 펑쉐펑(馮雪峰)을 중앙 특파원으로 상하이에 파견하여, 상층 항일통일전선사업을 벌이고 각 당, 각 파(派)의 연합 항일을 촉진했다.

아울러 상하이 각 계통 당 조직의 상황을 알아보고 상하이 지하 당 조직의 재건을 준비하도록 했다.

펑쉐펑은 상하이에 도착한 후 루쉰, 숭칭링, 마오둔, 선쥔루, 스메들리 등을 만나 상황을 알아보았다. 그리고 공산당원과 당의 조직을 찾았다. 그들은 준이회의 상황과 항일민족통일전선을 결성할 것에 관한 중앙의 책략 방침을 전달하고 당 조직 재건사업에 착수했다. 판한녠이 상하이에 도착한 후 중요한 과업 중 하나는 바로 현지에서 당의 사업을 전개하는 것이었다. 1936년 9~10월에 중공중앙은 상하이 사무소를 세우기로 결정하고 판한녠을 주임으로, 펑쉐펑을 부주임으로 임명했다. 연말에는 중공(상하이) 임시 사업위원회를 설립하여 상하이 각 계통의 당 조직을 알아보고 정비하는 업무를 책임지도록 했다.

1935년 여름, 중공 산시(陝西)임시 성위원회가 재건됐다. 10월 중공중앙이 장정하여 산시(陝西)성 북부에 도착한 후, 중공 산시(陝西) 임시 성위원회는 사람을 산시(陝西)성 북부에 파견하여 중앙에 업무 지시를 요청했다. 이때부터 중공 산시(陝西) 임시 성위원회는 중공중앙과 연계를 맺었으며 중앙의 직접적인 영도를 받게 됐다. 그 뒤로 윈난, 광시 및 푸젠 샤먼(廈門)의 당 조직이 잇달아 설립되거나 또는 회복됐다.

이 시기에 모든 지역들이 성이나 시급 당 조직을 재건한 것은 아니었다. 하지만 지역 사람들은 제 나름대로 항일구국활동을 벌이기 위해 자발적 또는 홍군과 유격대의 도움을 받아 활동했다. 그들은 비밀적인 특별위원회, 중심현당위원회 또는 당의 지부를 건립하고 대중을 영도하여 투쟁을 벌였다.

화베이 항일구국운동이 고조되면서 투쟁경험이 풍부하고 당의 항일민족통일전선을 새로운 책략으로 이끌 수 있는 영도간부들이 절실히 필요했다. 수적으로 부족한 간부의 문제를 해결하기 위해 1936년 4월, 북방국은 국민당 당국에 수감된 공산당원들을 출옥시키자는 논의를 했다. 그들은 적들이 규정한 수속을 이행하여 수감자들이 출옥할 수 있도록 하는 방침을 결정했다. 그리고 결정을 중앙에 보고했다. 6월, 북방국은 중공중앙의 허가를 받고 베이핑 국민당 감옥에서 장기간 투쟁을 이어온 중견 지도자들을 구출하는 데 최선을 다했다. 이렇게 구출된 간부들은 산시(山西), 허베이, 베이핑, 톈진 등지로 파견되어 혁명투쟁을 영도하게 했다. 이로써 북방에서의 당 세력을 강화할 수 있었다. 훗날, 그들 중 절대 다수가 중국 혁명과 건설 사업에서 중요한 기여를 했다. 당 조직은 국민당 통치구역에서 점진적으로 회복됐으며 항일민족통일전선사업도 뚜렷한 진척을 가져왔다. 1936년 봄, 중공중앙의 지시 아래 류사오치는 화베이 연락국을 통해 저우샤오저우(周小舟), 뤼전위(呂振羽)를 난징에 파견했다. 그리하여 국민당 대표 쩡양푸(曾養甫), 천샤오천(諶小岑)과 첫 번째 회담을 하게 했으며 국민당 최고 당국의 연합항일투쟁을 촉구했다.

중공중앙과 북방국은 각 방면의 관계를 통해 화베이 지방 실력파인 쑹저위안, 옌시산 등이 항일하도록 총력을 기울였다. 8월 14일, 마오쩌둥은 북방국 연락부장 왕스잉(王世英)을 통하여 류사오치에게 서한을 보내 반드시 쑹저위안 및 제29군에 대한 설득을 계속해야 한다고 지시했다. 같은 날, 마오쩌둥은 쑹저위안에게 친필 서한을 보냈다. 중공중앙은 장징우(張經武)를 대표로 파견하여 쑹저위안과의 연계를 책임지도록 했다. 류사오치는 마오쩌둥의 서한을 받자마자 화베이 연락국 베이핑소조의 책임자 장유위(張友漁)를 파견했다. 그리하여 장징우에 협조하고 제29군 장교들 사이에서 통일전선사업을 하도록 했다. 이는 쑹저위안과 제29군이 항일하는 데 중요한 역할을 했다.

8월, 당 조직의 노력으로 출옥한 보이보(薄一波)는 류사오치의 추천과 옌시산의 요청을 받아들였다. 그는 지시를 따라 산시(山西) 타이위안(太原)으로 가서 옌시산의 항일을 쟁취하기 위해 적극 노력했다. 10월 류사오치와 북방국은 산시(山西) 상황에 관한 보이보의 보고를 청취한 후 양셴전(楊獻珍), 둥톈즈(董天知), 한쥔(韓鈞), 저우중잉(周仲英)을 산시(山西)에 파견하였다. 그리고 나서 보이보를 서기로 하는 중공 산시(山西) 공개사업위원회를 구성하고 타이위안에서 전문적이고 공개적이며 합법적인 사업을 하도록 했다. 그 후 산시 공개사업위원회는 산시 희생구국동맹회를 인수하여 옌시산과 특수한 형식의 항일 통일전선관계를 맺었다. 중국공산당은 합법적인 방법으로 많은 청년 인텔리와 대중을 동맹회에 가입시켰다. 곧 산시의 항일구국운동은 급속히 활기를 띠게 됐다.

10월 22일, 마오쩌둥은 류사오치에게 서한을 보내 "북방의 통일전선은 매우 중요하므로 특히 군대 쪽에 중점을 두어야 한다. 제29군에 대한 설득을 재촉하는 것 외에 산시(山西), 수이위안(綏遠)을 첫 중점으로 삼아야 한다" "민족혁명동맹 세력이 아직도 존재한다면 즉시 연락해야 한다. 그리고 우선 그들이 산시, 수이위안을 후원하도록 추동하고 그들과 우리와의 관계를 이끌어야 한다"고 지적했다. 북방국은 마오쩌둥의 지시에 따라 화베이 연락국을 통해 주윈산(朱蘊山)에게 중화민족혁명동맹 화베이사무소 주임 자격으로 타이위안(太原)으로 갈 것을 요구했다. 그러면서 타이위안의 군벌 옌시산(閻錫山)과 회담을 하라고 지시했다. 또한 북방국은 산시(山西)의 공산당을 반대하는 조직을 폐쇄하고 산베이(陝北)혁명 근거지를 봉쇄했다. 그 후 항일 대중단체를 조직하고 대중을 동원하여 항일운동을 벌이는 등 의견을 모아 일했다.

1935년 7월에 리지선(李濟深), 천밍수(陳銘樞), 차이팅카이(蔡廷鍇)가 홍콩에서 설립한, 항일하고 장제스를 반대하는 중화민족혁명동맹단체로서 '민족독립을 쟁취하고 인민정권을 수립하자'를 기본 정치목표로 했다

그리고 북방국은 장유위를 파견하여 중공중앙이 파견한 연락 대표 장징우와 함께 수이위안으로 가라고 지시했다. 가서 국민당 수이위안 성 정부 주석 겸 제35군 군장 푸쭤이(傅作義)를 만나 당해 부대가 항일을 지지하고 추동하도록 지시했다.

이 밖에 산둥의 한푸쥐(韓復榘), 쓰촨의 류샹(劉湘), 광둥의 천지탕, 광시의 리쭝런, 바이충시(白崇禧), 윈난의 룽윈(龍雲) 등 지방 실력파들도 직접 또는 간접적으로 중공중앙이나 북방국과 연계를 맺었다. 그리고 공산당과 연합하여 항일하는 것에 동의했다. 1936년 12월 전까지 중국공산당은 산시(山西), 수이위안, 차하얼, 허베이, 윈난, 광시, 쓰촨, 신장, 간쑤, 산시(陝西) 등 성의 지방 실력파들과 연계하여 광범위한 항일통일전선을 결성하고 전 민족의 항일전 국면조건을 형성하는 데 힘썼다.

4. 둥베이 항일연합군의 험난한 투쟁

중국의 항일전쟁은 국부적인 항전에서 전국적인 항전으로 나아가는 과정을 거쳤다. 국부적인 항전은 둥베이에서 시작됐다.

'9·18'사변 이후 둥베이 3성(東北3省)에서는 중국공산당이 영도하는 항일무장운동을 대중에 의지하여 전개했다. 그들은 직접적으로 일제침략자들과 싸우는 등 지극히 험난한 투쟁을 벌였다. 중공 만주성위원회는 각지 당 조직에 항일의용군과의 연계를 강화하고 당이 영도하

는 항일무장을 조직하도록 지시했다. 1932년부터 차례로 한족, 만족, 조선족, 몽골족, 회족 등 민족의 애국지사들이 참여한 10여 갈래 항일유격대열이 결성됐다. 이 같은 항일무장은 주로 남만, 동만과 북만 지역에서 유격전쟁을 활발히 벌여 일제침략자들을 타격했다.

투쟁 초기에 중공 임시 중앙의 모험주의와 패배주의 방침은 둥베이의 당 조직 사업에 영향을 미쳤다. 1932년 6월, 임시 중앙은 북방 각 성위원회 대표 연석회의에서 둥베이 지역에 소비에트정권을 세우고 "소련을 옹호하자"는 구호 아래 반일, 반국민당 투쟁을 벌이기로 했다. 둥베이 당 조직은 이런 '좌'적 정책을 집행했기에 사업에서 적지 않은 시행착오를 겪었다.

1933년 '1·26 지시서한'은 둥베이에서 전 민족의 항일통일전선을 결성할 것에 관한 책략을 처음으로 제기했다. 이는 둥베이 지역의 당 조직을 지도하여 투쟁 책략을 전환하는 데 중요한 역할을 했다. 중공 만주성위원회는 전 단계 사업 경험의 교훈을 적절한 시기에 알아차렸다. 그리고 난 후 당이 독립적으로 영도하는 항일유격대를 확대하고 민족혁명통일전선 책략을 집행하기로 결정했으며, 패배주의를 반대했다. 당 조직은 다양한 항일세력을 주동적으로 포섭하고 각종 의용군을 개편하거나 개조했다. 1933년 말에 이르러 공산당이 직접 영도하는 각지의 유격대는 이미 둥베이 항일유격전쟁의 주력으로 발전해 있었다.

1933년 9월, 양징위(楊靖宇), 이홍광(李紅光) 등이 영도하는 남만유격대는 둥베이인민혁명군 제1군 독립 제1사로 개편되어 판스(磐石), 하이룽(海龍), 둥펑(東豊), 시펑(西豊), 후이난(輝南), 퉁화(通化), 류허(柳河), 환런(桓仁), 멍장[蒙江 , 오늘의 징위(靖宇)], 푸숭(撫松) 등 현에서 활동했다. 둥창룽(童長榮), 왕더타이(王德泰) 등이 영도하는 동만 유격대는 1934년 3월에 둥베이인민혁명군 제2군 독립사로 개편되어 옌지(延吉), 왕칭(汪淸), 허룽(和龍), 훈춘(琿春) 등 현에서 활동했다.

자오상즈(趙尙志), 장서우젠[張壽籛, 리자오린(李兆麟)]이 영도하는 주허(珠河)유격대는 1934년 여름에 둥베이인민혁명군 제3군으로 개편되어 주허[오늘의 상즈(尙志)], 빈장(濱江), 팡정(方正), 옌서우(延壽), 우창(五常), 아청(阿城), 솽청(雙城), 위수(楡樹), 워이허(葦河) 등 현에서 활동했다. 리옌루(李延祿)가 영도하는 미산(密山)유격대를 기반으로 1934년 가을에 구성된 둥베이항일동맹군 제4군은 닝안(寧安), 미산, 무링(穆棱) 등 현에서 활동했다. 저우바오중(周保中) 등이 영도하는 수이닝(綏寧)유격대와 펑중윈(馮仲雲), 샤윈제(夏雲傑) 등이 영도하는 탕위안(湯原)유격대 및 라오허(饒河)유격대 등도 항일투쟁에 적극 나섰다.

이러한 유격대는 산기슭에 매복하고 작은 부대로 나누어 일본군과 괴뢰군의 '토벌대'를 기습했다. 그리고 철도 교통을 습격하는 등 유격 전쟁을 벌여 적들을 안절부절 못하게 했다. 1935년 겨울, 일본은 '만주국 치안 계획 대강'을 제정하여 항일무장에 대한 '군사 토벌'을 재촉했다. 그러면서 마을과 촌민들을 합병시켜 '집단부락'을 만드는 등 정책을 취하여 항일군대와 인민대중의 연계를 단절시켰다. 그리하여 공산당 조직과 항일군대를 제거하려고 했다.

집단부락

일본 침략자들이 둥베이 농촌의 작은 마을과 산재하는 촌민을 지정한 지점으로 강제 이민시켜 큰 부락에 귀속시키는 것을 말한다. 참호, 흙담이나 철조망으로 부락 주위를 에워싸고 포루를 쌓아 감시했다. 일본군과 괴뢰군은 부락 내의 주민을 상대로 일본에 저항하고 만주국을 반대하고 항일연합군을 도왔다는 죄명을 씌워 체포하고 살해했다.

1936년 2월 10일, 전년부터 둥베이의 당 조직 사업을 직접 영도해 온 국제공산당 주재 중국공산당 대표단은 '전 둥베이 항일연합군 총사령부 구성을 위한 결의초안'을 제기했다. 그리고 반일통일전선의 수요에 부응하고자 전 둥베이의 항일군대의 명칭을 통일하기로 결정했다. 이들은 2월 20일 양징위, 왕더타이, 자오샹즈, 저우바오중 등과 탕위안유격대, 하이룬(海倫)유격대의 명의로 '둥베이항일연합군 군대 편제 통일 선언'을 발표했다. 더불어 전국 항일운동의 발전에 근거하여 항일군대를 한층 더 공고히 했다. 또, 항일 행동을 통일하여 항일군대편제를 개혁할 필요성을 강력히 지적했다. 이리하여 둥베이 각 항일무장세력은 잇달아 항일연합군 각 군으로 개편되고 각 지역에서 계속 용감하게 투쟁했다. 1936년 1월, 국제공산당 주재 중국공산당 대표단의 지시에 따라 중공 만주성위원회가 폐쇄됐다. 그리고 남만, 동만(훗날 공식적으로 건립되지 않았음), 지둥(吉東), 숭장(松江, 나중에 중공 북만 임시 성위원회를 건립) 4개 성위원회와 하얼빈 특별위원회가 건립됐다. 이러한 변화는 각 지역의 당 조직에 대한 영도가 강화됐음을 보여준다. 하지만 각 지역의 구체적인 상황을 잘 모르는 국제공산당 주재 중국공산당이 이를 집단적으로 영도한 것이기에, 둥베이 지역의 항일투쟁에 일부 소극적인 영향을 미쳤다.

　　동만·남만 지역에는 항일연합군 제1군과 제2군이 주둔하고 있었다. 제1군은 양징위를 군장 겸 정치위원으로 하고 2개 사에 약 3,000명이 있었으며 진촨(金川) 옛 유격구를 중심으로 남만지역에서 활동했다. 1936년 3월부터 5월까지 이 두 개 사는 유격구 안에서 협동작전을 펼쳤다. 이들은 일본군과 괴뢰군 일부를 제거하고 적들의 '토벌'을 분쇄해 버렸으며 유격구를 확대하여 전 군을 6,000여 명으로 늘렸다. 제2군은 왕더타이를 군장으로, 웨이정민(魏拯民)을 정치위원으로 했는데 산하 3개 사에 모두 2,000여 명(대부분 조선족)이 있었다. 1936년 3월에서 5월 사이에 제2군은 제1군, 제5군과의 연계 통로를 개통하는 외에 유격구를 확대하여 부대를 5,000여 명으로 늘렸다.

동만과 남만 특별위원회는 1936년 6월, 동·남만지역에서의 항일유격전쟁에 대한 영도를 강화하고자 했다. 이를 위해 중공 남만성위원회를 구성하고 웨이정민을 서기로 하는 등 항일연합군 제1군, 제2군을 통합했다. 그리하여 항일연합군 제1로군으로 개편하고 양징위를 총사령으로, 왕더타이를 부총사령으로 임명했다. 제1로군이 조직된 후 양징위는 일부 병력을 거느리고 통화, 지안[輯安·오늘의 지안(集安)] 지역에서 일본군과 괴뢰군을 매복 기습하였다. 양징위 부대는 위만주국 기병 200여 명을 소탕했다. 그 후 번시(本溪) 부근에서 위만주국 둥볜도(東邊道) '비적토벌' 사령 샤오번량(邵本良)의 주력 약 1,000명을 제거하고 적들에게 심대한 타격을 주었다. 1936년 여름과 겨울, 제1로군은 두 차례나 일부 병력을 랴오허(遼河)와 러허 지구에 파견하여 서정했지만 중공중앙과 관내 항일군대와의 연계 통로를 여는 데 성공하지 못했다. 그렇지만 제1로군은 푸숭, 멍장, 통화 등 옛 유격구를 차지한 것 외에 창바이(長白)현 경내와 닝안 난후터우(南湖頭)에서 유격근거지를 새로 창설했다. 그리고 옛 근거지를 재건하여 동·남만지역에서 항일투쟁의 국면을 개척했다.

북만지역에는 항일연합군 제3군, 제4군과 제6군이 있었다. 제3군은 자오상즈가 군장을 맡고 그 아래 원래 7개 사가 있었는데 후에 또 3개 사를 조직 편성하여 병사 수가 약 6,000명에 달했다. 그들은 각기 쑹화(松花)강 양안에서 유격전쟁을 벌이면서 북만 유격구를 40여 개 현으로 확대했다. 제4군은 리옌루의 뒤를 이어 리옌핑(李延平)이 군장 대행을 맡았고 3개 사에서 4개 사로 확대됐다. 그들은 쑹화 강 양안에서 활동하면서 동쪽의 우수리(烏蘇里)강 양안으로 발전해나갔다. 제6 군은 샤원제를 군장으로, 장서우젠을 정치위원 대행으로 하고 7개 톈을 관할했다. 이들은 탕위안을 중심으로 하는 쑹화 강 하류의 각 현에서 활동했다. 1937년 초, 샤원제가 희생된 후 다이훙빈(戴洪賓)이 군장을 맡고 7개 톈을 4개 사로 개편했다. 5월, 탕위안현을 공략하여 일본군에 심각한 타격을 주었으며 많은 무기와 탄약을 얻고 당지 인민의 항일투쟁을 격려했다.

항일연합군 제3군, 제4군, 제6군은 쑹화 강 양안에서 완강하게 투쟁하여 유격구를 끊임없이 확대하였다. 이는 일본과 괴뢰정부의 북만 통치에 심각한 위협을 주었으며 일본의 "북부 국방선에서의 심복지환"이 됐다. 1936년 가을부터 일군과 괴뢰군은 빈(賓)현, 무란(木蘭), 퉁허, 탕위안, 이란(依蘭)을 중심으로 '토벌'을 발동하고 개시했다. 9월 말, 중공 북만 임시 성위원회는 제3군, 제6군 주력을 노(老)유격구에 남기기로 했다. 그리하여 투쟁을 견지하도록 하고 제3군, 제4군과 지둥(吉東)의 제5군의 일부분으로 원정대를 구성하여 서정하기로 결정했다. 11월부터 12월 사이에 샤오싱안링(小興安嶺) 서쪽 산기슭의 톄리(鐵力), 칭청(慶城), 하이룬 등지에 새로운 유격구를 개척했다. 노유격구에 남은 부대는 각기 출격하여 큰 승리를 거뒀다. 이들은 한때 헤이룽 강변의 군사 요충지인 퍼산[佛山, 오늘의 바오싱(保興)]현을 점령하기도 했다. 1937년 봄 일본군과 괴뢰군은 항일연합군 각 군을 남에서 북으로 압박하여 산장(三江)평원에서 포위 섬멸하려고 했다. 북만 임시 성당위원회는 이 계획을 분쇄하기 위해 제3군, 제6군 주력을 헤이룽 강, 넌장(嫩江)평원으로 전략 이동시키고 새로운 유격구를 개척하기로 결정했다. 2개월간의 험난한 투쟁을 거쳐 부대는 수이링(綏棱), 하이룬 지역에 도착한 후 다시 탕위안 유격 근거지로 되돌아갔다.

지둥 지역에서는 항일연합군 제5군 주력이 활동하고 있었는데 저우바오중이 군장을, 차이스룽(柴世榮)이 부군장을 맡았고 산하에는 2개 사가 있었다. 1936년 5월 이후 닝안을 중심으로 한 수이닝 지역에 일본군의 '토벌'이 더욱 잔혹해졌다. 제5군은 소수 부대만 닝안 지역에 남겨 투쟁을 이어가도록 하고 주력 부대는 무링, 미산, 이란 방향으로 이동시켰다. 1937년 3월 부대는 이란현을 공략했다. 뒤이어 이란 및 그 주위 몇 개 현에서 활동을 전개하여 일본군과 괴뢰군을 타격하고 새로운 유격구를 설립했다. 닝안지역에 남은 부대도 여러 차례 전투를 거쳐 대열을 확대했다. 이리하여 제5군은 5,000여 명으로 확장됐다.

1936년 11월, 항일연합군 제4군 제2사를 기반으로 항일연합군 제7군을 편성했다. 천룽주(陳榮久)가 군장을 맡고 산하 3개 사에는 모두 700여 명의 병사가 있었다. 1937년 1월 천룽주가 전투에서 희생됐다. 유격구를 확대하기 위해 제7군은 두 길로 나누어 우쑤리 강 연안과 쑹화 강 하류에서 유격전을 벌였다. 결국 그들은 적들의 '집단부락' 정책을 파괴하고 항일통일전선을 확대했다. 그리고 현지의 산림대, 홍창회(紅槍會)와 연합하여 제7군을 800여 명으로 늘렸다.

공산당은 위에서 밝힌 항일연합군 7개 군 외에도 1937년 전국적인 항일전이 일어나기 전후에 제8군, 제9군, 제10군, 제11군을 창립했다. 제8군은 셰원둥(謝文東, 1939년에 변절)이 군장을 맡고 류수화(劉曙華)가 정치부 주임을 맡았다. 제8군은 초기 300여 명에서 2,000명으로 증가됐으며 주로 이란, 팡정, 탕위안현 경내에서 활동했다. 제9군은 리화탕(李華堂, 1939년에 변절)이 군장을, 리시산[李熙山, 허형식(許亨植)]이 정치위원을 맡았고 모두 800여 명이 있었다. 초기에는 탕왕허리(湯旺河里) 일대에서 활동하다가 나중에 버리(勃利), 이란, 팡정 등지를 전전했다. 제10군은 왕야천(汪雅臣)이 군장을, 치윈루(齊雲

祿)가 부군장을 맡았는데 모두 1,000여 명이 있었으며 주로 수란(舒蘭), 우창 일대에서 활동했다. 제11군은 치즈중(祁致中)이 군장을 맡고 약 1,500여 명이 있었으며 주로 이란, 화촨(樺川), 푸진(富錦), 지셴(集賢) 일대에서 활동했다.

1936년 초부터 1937년 가을까지 둥베이 항일연합군은 이미 11개 군을 창립하고 모두 3만여 명으로 확대됐다. 그리고 동·남만, 지둥, 북만 3대 유격구를 창설했다. 이들은 남쪽의 창바이산(長白山·한국명 백두산)에서부터 북쪽의 샤오싱안링에 이르기까지, 동쪽의 우수리 강에서부터 서쪽의 랴오허 동안에 이르는 광활한 지역에서 유격전쟁을 벌였다. 그리하여 일본군, 괴뢰군과 수천여 차례의 전투를 치렀으며 적들의 여러 차례 '토벌'을 분쇄했다. 그들의 용감무쌍한 투쟁은 중국 둥베이에 대한 일본의 식민통치를 강력하게 타격했다. 그리고 많은 일본군을 견제하여 전국의 항일구국운동을 지원하고 격려해 주었다.

조선의 공산주의자 김일성(金日成), 최용건(崔庸健), 김책(金策) 등은 '9·18'사변이 일어난 후 중국의 일부 지역에서 항일구국투쟁에 참가했다. 그들 중 수많은 사람들이 중국 동지들과 함께 항일무장을 조직하고 영도했으며 중국의 둥베이와 조선 경내에서 처절한 투쟁을 했다. 그들은 중국의 동지들과 일치단결하여 같이 싸우면서 중국 인민과 조선 인민의 해방을 위해 중차대한 기여를 했다.

5. 시안사변의 평화적 해결

항일하고 장제스를 반대하는 것에서 장제스를 압박하여 항일하는 것으로 나아가다

중공중앙은 항일하고 장제스를 반대하는 방침에서 장제스를 압박하여 항일하게 하는 방침으로 바꾸었다. 이는 정세의 발전 변화에 따른 결정이다.

1935년, 화베이 사변이 일어난 직후 일본은 한발 한발 앞으로 다가섰다. 이런 정국에서 장제스를 대표로 하는 국민당 정부는 소련을 적극 이용하기 시작했다. 그래서 일본을 견제하기 위해 소련과의 관계를 개선하는 한편 군사력으로 공산당을 제거하는 책략을 주요 방침으로 정했다. 그러면서 항일, 극일의 기치를 내걸고 공산당과 담판하려 했다. 이 같은 계획으로 '공산당을 분해'하려고 했다. 그리하여 국민당은 1935년 겨울부터 차례로 상하이, 난징, 모스크바에서 중국공산당과 접촉하기 시작했다.

1936년 2월, 둥젠우(董健吾·중공 비밀 당원, 공개적 신분은 목사)는 중국공산당과 합작하여 항일하겠다는 난징정부의 비밀 서한을 쑹칭링으로부터 받았다. 그는 난징과의 담판 상황을 중공중앙에 보고하기 위해 공산당원 장쯔화(張子華)와 함께 산시(陝西) 북부 와야오바오에 도착하여 비밀 서한을 전하고 상황을 보고했다.

중공중앙은 이 서한을 무척 중시했다. 3월 4일, 마오쩌둥, 장원톈, 펑더화이는 보구(博古·1907~1946년)를 통해 둥젠우에게 전보를 보냈다. 전보에서는 국민당과의 담판에서 견지해야 할 다섯 가지 의견을 적시하고 "즉시 난징으로 돌아가 속히 대계(大計)를 상의하라"고 했다. 다섯 가지 의견은 다음과 같다.

첫째, 모든 내전을 중지하며 항일에 필요한 장비는 적백(붉은 것과 흰 것)을 막론하고 모두 투입할 것.

둘째, 국방정부와 항일연합군을 조직할 것.

셋째, 전국의 주력 홍군은 신속히 허베이에 집결하여 일제의 전진을 막도록 할 것.

넷째, 정치범을 석방하며 인민의 정치적 자유를 허용할 것.

다섯째, 내정과 경제 측면에서 기본적으로 필요한 개혁을 실시할 것. 위에서 밝힌 의견은 중국공산당이 국민당과 연합하여 항일하는 데 있어서 보편적인 요구이자 정치적 토대였다. 같은 달, 류창성(劉長勝)이 국제공산당 제7차 대표대회회의 결의안과 '8·1선언' 등 문건을 지니고 소련에서 귀국하여 산시(陝西) 북부에 도착했다. 3월 8일부터 27일까지 중공중앙은 진시(晉西)회의에서 난징정부와의 담판문제를 구체적으로 논의했다. 4월 9일, 마오쩌둥, 펑더화이는 장원톈(張聞天)에게 전보를 보내 현 상황에서 우리는 장제스 토벌령을 내릴 것이 아니라 일본군 토벌령을 내려 내전을 중지해야 한다고 했다. 그리고 힘을 합쳐 항일할 것을 제기했다.

장원톈(張聞天, 장원천·1900~1976)

뤄푸(洛甫)라고도 한다. 상하이 시(上海市) 난후이(南匯) 사람이다. 1925년 5·30사건 직전에 중국공산당에 가입했다. 같은 해 소련으로 파견되었고 1927년 모스크바로 유학을 떠났다. 1930년말 귀국하여 1931년 2월 상하이 중국공산당 중앙위원회 선전부 부장을 맡았다. 같은 해 9월 임시중앙 정치국 위원과 정치국 상임위원이 되어 왕밍(王明)을 대표로 하는 좌경 모험주의 집행자 가운데 한 사람이 되었다.

4월 25일, 중공중앙은 '전국 각 당 각파의 항일인민전선을 결성하기 위한 선언'을 발표했다. 그들은 처음이자, 공개적으로 국민당을 항일민족통일전선의 대상으로 한다고 했다. 5월 5일에 발표된 '내전을 중지하고 평화를 이룩하며 일치단결하여 항일할 것에 대한 공개전보'에는 장제스에 대해 더 이상 매국노라고 칭하지 않고 장제스 씨라고 했다. 이는 사실상 장제스를 반대하는 당의 정책이 장제스를 압박하여 항일하게 하는 정책으로 전환됐음을 공개적으로 선포한 것이다.

당시 장제스는 공산당과 연합하여 항일하려는 열의가 없었다. 그러므로 국공 양당이 비밀리에 접촉했지만 담판에서 아무런 합의를 이뤄 내지 못했다.

1936년 상반기, 장제스는 여전히 많은 병력을 집결시켜 산베이 근 거지와 홍군을 '포위토벌'하려고 했다. 하지만 일본 침략세력이 화베 이로 전진하고 일본의 지지 아래 있는 괴뢰 몽골군이 수이위안 동부 와 북부로 접근해 오면서 점차 국민당을 가로막았다. 이에 국민당정 부와 일본 간의 갈등은 점차 커졌고 영국, 미국과 일본 간의 갈등 역 시 심화되고 긴장감이 날로 확대됐다. 국민당 내부에서도 친영미파와 친일본파 간의 갈등이 점점 커져 갔다. 장제스는 중일 외교담판에 더 이상 직접 참여하지 않고 외교부장 장췬(張群)에게 맡겨 일을 처리하 게 했으며 담판에서 지연 전술을 쓰도록 했다. 장제스가 일본과의 담 판을 포기하지 않았다는 것은 그가 아직도 항일의 결단을 내리지 못 했음을 의미한다. 그렇지만 일본 역시 담판석상에서 자신들이 원하는 바를 이루지 못했다. 일본은 거듭 난징정부에 '만주국'을 승인하는 협 정을 체결할 것을 요구했으나 이도 거절당했다.

1936년 6월에 량광(兩廣)사변이 일어났다. 광둥의 천지탕(陳濟棠) 과 광시의 리쭝런(李宗仁), 바이충시(白崇禧) 등이 광저우에서 회의를 열고 군사위원회와 항일구국군을 결성하기로 했다. 그리고 이들은 북 상하여 항일하고, 장제스를 반대한다는 입장을 공개전보를 통해 선포 했다. 사변이 일어난 직후 중국공산당은 성명을 발표하여 그들의 북 상 항일 선언을 지지한다고 표했다. 그리고 공산당원을 파견하여 그 들과 항일구국협정을 체결하는 문제를 논의했다. 덧붙여 량광사변을 평화적으로 해결하여 항일구국투쟁에 유리하게 전개해야 한다는 의 견을 표명했다. 6월 초, 량광사변의 발기인들이 연합하여 후난으로 군대를 이끌어 집결했다. 장제스는 천지탕의 부하 위한머우(余漢謀)

와 리한훈(李漢魂)을 매수하고 천지탕을 압박하여 9월에 공직에서 물러나게 했다. 리쭝런과 바이충시는 계속하여 난징정부에 저항했는데 나중에 장제스가 광시 측의 평화방안에 동의하자 비로소 행동을 멈췄다. 이는 중일 간의 민족갈등이 국민당 내부에까지 큰 영향을 미친 사건이었다. 장제스가 대일정책을 변경하지 않으면 국민당 진영 내부에 더욱 크고 많은 분열이 일어날 수 있다는 것을 단적으로 보여 준 사건이기도 하다.

7월 10일, 량광사변으로 인한 문제를 해결하기 위해 국민당은 중앙위원회 제5기 제2차 전원회의를 개최했다. 장제스는 회의에서 "외교에 있어 최저한도는 영토, 주권의 완전함을 확보하는 것이다" "만약 우리를 압박하여 위 만주국을 승인하는 협정을 체결하고 영토, 주권에 손해를 주려고 한다면 그때가 바로 우리가 용인할 수 없는 시기이며 우리가 마지막으로 희생할 때다"[195]고 밝혔다. 이 연설은 그가 1935년 11월 국민당 제5차 전국대표대회에서 한 연설 중 "평화가 완전히 절망적 시기에 이르기 전까지는 절대 평화를 포기하지 않을 것이며 희생해야 할 마지막 시각에 이르기 전에는 마찬가지로 희생을 함부로 말하지 않을 것이다"[196]고 한 것에 비해 진보한 것이다.

1936년 8월부터 시작하여 일본은 그들이 네이멍구에서 조작하여 만들어 낸 괴뢰군 정부에 수이위안 동부와 북부 지역을 공격하도록 지시했다. 국민당군 화북 총사령관 푸쭤이(傅作義)는 부대를 이끌고 일본군과 괴뢰군의 침범을 격퇴시켰다. 그리고 11월과 12월에는 차례로 바이링먀오(百靈廟)와 다먀오(大廟) 등지를 수복했다. 이는 전국 인

---

195 장제스: '어모의 한도'(1936년 7월 13일), 장치원(張其昀) 편집: 〈선임 대통령 장궁(蔣公)선집〉 제1권, 타이완 중화대학출판부 1984년, 1052쪽.
196 장제스: '대외관계에 관한 보고'(1935년 11월 19일), 장치원(張其昀) 편집: 〈선임 대통령 장궁(蔣公)선집〉제1권, 타이완 중화대학출판부 1984년, 1018쪽.

민의 사기를 크게 북돋아 주었다. 전국 각지에서는 수이위안을 지원하여 항일 분위기가 크게 고조됐다. 마오쩌둥, 주더는 푸쭤이에게 "항일하여 거듭 승리를 이룩한 것"을 축하하며 성원하는 전보를 보냈다.

이러한 정세에서 장제스는 사실상 그가 몇 년 동안 고집해 온, 일본 침략에 대한 무저항 정책을 더 이상 집행할 수 없게 됐다. 만일 계속 무저항 정책을 추진한다면 그가 의지하는 영국, 미국 등 국가의 요구에 부합할 수 없었다. 그뿐만 아니라 국민당 내 일부 파벌들이 항일의 기치를 이용하여 그의 통치를 반대하는 것을 더 이상은 저지할 수 없었다. 그와 수많은 인민과의 대립도 갈수록 첨예해질 것이 뻔했다. 장제스는 자신의 통치권을 유지하고 보존하기 위해서 다년간 견지해 온 대일 타협정책을 바꿔야 했다. 또 장제스는 공산당과 홍군에 대해 여전히 '토벌하여 섬멸하는' 정책을 주장했지만 계속하여 비밀리에 회담을 추진하고 진행했다. 국민당 중앙위원회 제5기 제2차 전원회의 직후, 난징정부에서는 조속히 국공회담의 새로운 네 가지 조건을 요구했다. 즉 군대 편제, 지휘체제를 통일하고 노농 홍군이라는 이름을 없애 정권을 통일하라는 것이 첫 번째 조건이다. 두 번째는 소비에트정부라는 이름을 없애 각 파벌을 포섭하는 것이다. 세 번째 조건은 전국의 인재를 한데 모으는 것이며 네 번째는 공산당이 지주의 토지를 몰수하는 정책을 중단하는 것이다.

이때 판한녠이 소련에서 귀국하여 바오안에 도착했다. 그는 마오쩌둥, 장원톈, 저우언라이 등에게 상하이와 난징에서 국민당과 접촉한 상황을 보고했다. 그리고 장제스를 반대하면서 항일하자는 구호를 함께 제기하자는 데 동의하지 않는다는 국제공산당 집행위원회 서기처의 의견을 보고했다. 8월 10일 중앙정치국이 회의를 소집했다. 마오쩌둥은 보고에서 다음과 같이 지적했다. 우리는 난징의 장제스와 회담을 희망하며 지금도 여전히 이 방침을 견지하고 있다. 오늘에 와서 우리는 난징이 민족운동의 큰 세력이라는 것을 인정해야 한다. 우리는 통일적인 지휘체제를 승인할 수 있다. 여러 책략의 측면은 다소 바뀌었지만 '공산당을 토벌하는 것'을 즉각 중지하고 반드시 힘을 모아 항일해야 한다. "항일하려면 반드시 장제스를 반대해야 한다"는 구호는 현재는 적합하지 않으며 통일전선 아래에서 매국에 맞서야 한다. 회의는 마오쩌둥의 보고와 지적에 대해 모두 동의했다.

8월 15일, 국제공산당 집행위원회 서기처에서 중공중앙 서기처에 전보를 보냈다. 전보 내용은 다음과 같다. "장제스와 일본침략자를 함께 언급하는 것은 옳지 않다고 본다. 이 관점은 정치적 각도에서 볼 때 그릇된 것이다. 왜냐하면 일본 제국주의가 중국 인민의 주요한 적이기 때문이다. 현 단계에서는 일본 제국주의의 투쟁에 역점을 두어야 한다. ……실제로 무장하여 항일하려면 반드시 장제스 또는 그의 절대다수 군대가 참여해야만 한다" 이를 위해서는 다음과 같은 방침을 취해야 한다. "홍군과 장제스 군대 간의 군사행동을 서로 중지한다. 그리고 장제스 군대와 연합하여 일본 침략자를 반격하는 구체적인 협의를 도출, 달성해야 한다" "중국공산당과 홍군 지휘관은 반드시 공식적으로 국민당과 장제스에게 전쟁을 멈추는 회담을 제안한다. 그리고 회담을 진행하여 공동 대일 작전 협정을 체결할 것에 합의해야 한다"[197]

정세가 요동치는 8월 25일, 중공중앙은 중국국민당 중앙위원회 및 전체 국민당 당원들에게 서한을 발송하여, 항일을 큰 목표로 중국공산당과 중국국민당이 다시 힘을 모아 협력할 것을 제안했다. 서한에

---

197 '국제공산당 집행위원회 서기처에서 중국공산당 중앙위원회 서기처에 보내는 전보'(1936년 8월 15일), 중국사회과학원 근대사연구소 편집번역실 편집 번역: 〈중국 혁명에 관한 국제공산당 문헌자료〉제3집, 중국사회과학원출판사 한문판, 1990년, 제9쪽.

서는 "오직 중국공산당과 중국국민당이 다시 협력하고 전국 각 당, 각 파, 각계의 총연합을 이룩해야만 나라를 멸망으로부터 구해낼 수 있다"고 강조했다.

중공중앙은 서한에서 현재 전국, 전 민족의 멸망위기와 재난 같은 대부분 위험은 모두 국민당과 국민당정부가 실시한 그릇된 정책 때문에 조성된 것이라고 비판했다. 서한에서는 장제스가 국민당 중앙위원회 제5기 제2차 전원회의에서 연설한 "평화의 절망적 시기"와 "희생의 마지막 시각"에 대한 해석이 "과거에 비해 다소 진보했음"을 인정했다. 그러면서 "이러한 진보적 해석을 진심으로 환영한다"라고 입장을 표명했다. 하지만 동시에 장제스의 이러한 해석은 여전히 중국 인민의 요구를 충족시켜 줄 수 없다고 말했다. 장제스는 아직도 마지막 고비에 이르지 않았다며 "그는 여전히 항일통일전선을 결성하는 과업을 제안하려 하지 않고 있으며, 한시라도 빨리 신성한 항일전쟁을 일으키는 것도 여전히 거부하고 있다"고 압박했다.

이 서한은 중국공산당이 전국의 구국 세력을 일치단결시키는 것은 절실히 필요한 사항임을 재차 확인한 것이었다. 또 서한에서는 전국 인민들이 필요로 하는 것은 항일구국투쟁에서 연합하는 것이지 외세에 아부하고 백성을 해치는 것은 통일이 아니라고 지적했다. 서한에서 "우리는 전 중국에서 통일된 민주공화국을 설립하는 것을 지지하고 보통 선거권에 의해 국회를 선출하는 것을 지지한다. 그리고 전국 인민과 항일군대의 항일구국대표대회를 옹호하며, 전국이 통일된 하나의 국방 정부를 적극 옹호한다"고 정중히 설명했다. 서한은 연이어 "우리는 일찍이 전권 대표를 파견하여 언제 어디에서나 국민당의 전권 대표와 함께 구체적인 실무적 회담을 진행할 수 있다. 또한 신속히 항일구국 협정을 체결할 준비가 되어 있으며 그 협정을 단호히 준수할 것이다"고 밝혔다.

중공중앙이 국민당에 서한을 보낸 이후 마오쩌둥은 9월에 쑹칭링, 차이위안페이(蔡元培), 사오리쯔(邵力子), 리지선, 리쭝런, 바이충시, 장광나이, 차이팅카이 등에게도 서한을 보냈다. 그래서 중국공산당이 국민당에 보낸 서한을 열독하게 하고 그들도 각자의 명망과 지위를 이용하여 통일전선의 결성에 적극 나설 것을 요청했다.

저우언라이도 쩡양푸(曾養甫), 천궈푸(陳果夫), 천리푸(陳立夫), 장제스, 후쭝난, 천청(陳誠), 탕언보(湯恩伯) 등에게 서한을 보내 "외적의 침략이 눈앞에 닥쳤으니 하루빨리 단결하여 항거해야 한다"며 애국심을 호소했다. 그러고는 특히 장제스에게 "나라를 망치는 과거의 잘못된 정책에서 빠져 나와 다시 합심하여 항일할 것"을 거듭 요청했다. 이때 국민당 내에서는 쑨중산의 신삼민주의를 굳게 주장하는 쑹칭링, 허샹닝(何香凝) 등이 국민당 지도자에게 국민당 중앙위원회 제5기 제3차 전원회의를 열어 국공합작을 토의할 것을 제의했다. 많은 국민당 상층 인물들도 내전을 중지하고 힘을 합쳐 항일하자는 주장에 찬성했다.

1936년 9월 1일과 17일에 중공중앙은 차례로 '장제스를 압박하여 항일하게 하는 안건에 관한 지시'와 '항일구국운동의 새로운 정세와 민주공화국에 관한 결의'를 내부적으로 결의했다. 그리하여 전 당이 장제스를 반대하는 구호를 포기해야 할 필요성을 인식할 수 있도록 했다. 결의는 다음과 같이 명확히 지적했다. "요즈음 중국의 주요한 적은 일본 제국주의이다. 그러므로 일본 제국주의와 장제스를 동등하게 대하는 것은 잘못된 처사이다. '항일하고 장제스를 반대하자'라는 구호도 적절하지 않다" "우리의 총 방침은 장제스를 압박하여 항일하게 하는 것이다" 결의는 이어 다음과 같이 지적했다. "국민당 난징정부

내외 정책의 동요, 그들 언행의 상호 모순, 항일문제에 있어 각 파벌 간의 논쟁 등으로부터 우리는 현재 장제스가 분명히 동요하고 있음을 알 수 있다" 일본 제국주의자들은 계속해서 공격을 퍼붓고 항일구국운동은 계속 확대되고 있다. 이렇게 국제정세에 새로운 변화가 일어나고 있는 상황에서 "국민당 난징정부는 미세하게 동요할 것이다. 그것으로부터 나아가 동요에서 벗어나고 결국엔 항일운동에 참가할 수 있다" 따라서 "국민당 난징정부 및 장제스의 군대가 항일전쟁에 참여하는 것은 전국적인 대규모 항일무장투쟁을 전개하는 필요조건이 된다" 결의는 또 "현재 항일민족통일전선 책략을 철저히 구현함에 있어서 '좌'적 패배주의 경향은 매우 큰 위험으로 보인다"고 경고했다.

중공중앙의 위 두 가지 문건은 아래와 같은 점을 일깨워 주었다. 첫째, 장제스를 압박하여 항일하게 하고 국민당 정부 및 그 군대를 항일전쟁에 참가시키기 위해서는 반드시 험난한 투쟁을 벌여야 한다. 이에 중국공산당은 어떤 일이 있더라도 계속하여 양보·타협해야 한다. 더불어 주권을 팔아먹고 나라를 욕되게 한 그들의 일언일행을 폭로해야 한다.

그뿐만 아니라 민족의 이익에 위배되는 모든 그릇된 정책을 강력하게 비판하며 이에 단호히 투쟁해야 한다. 상층 통일전선을 결성함에 있어서는 반드시 수천 수백만 노동자, 농민과 소자산계급 인민대중을 항일민족통일전선에 참여시켜 튼실한 항일구국 세력을 형성해야 한다. 그렇지 않고서 그 상층분자와 집권자들을 압박한다면 항일의 길로 나아갈 수 없다. 마지막으로, 항일민족통일전선과 민주공화국의 완벽한 승리를 이룩하기 위해 가장 기본이 되는 조건은 바로 공산당을 확대하고 공고히 하는 것이다. 그래야만 공산당이 정치, 조직 측면에서 철저히 독립할 수 있고 내부 단결을 도모할 수 있다.

시안사변

중공중앙이 장제스를 압박하여 항일 투쟁을 전개하던 1936년 12월에 해외까지 놀라게 한 시안사변(西安事變)이 일어났다. 시안사변 및 그의 평화적 해결은 국공 양당의 합작을 토대로 한 항일민족통일전선의 결성을 추진하는 데 매우 중요한 역할을 했다.

장쉐량(張學良·1898~2001)은 시베이 지역에서 공산당과 연합하여 항일하기로 결심했다. 그 후 장제스에게 내전을 중지하고 공산당과 함께 항일할 것을 수차례 건의했으나 모두 거부됐다. 장제스의 '양외필선안내'(攘外必先安內·밖을 막으려면 안을 우선 안정시켜야 한다) 정책은 조금도 바뀌지 않았다. 시안 인민들은 "공산당 토벌을 중지하고 힘을 합쳐 항일하자"는 구호를 점차 크게 외쳤다.

이에 장제스는 "방법을 강구하여 이 사태의 발전을 막지 않으면 반드시 반란으로 이어질 것이다"[198]고 했다. 1936년 10월, 장제스는 부대를 이끌고 직접 시안으로 날아가 '공산당을 토벌'하라며 장쉐량과 양후청을 압박했다. 연이어 뤄양(洛陽)으로 가 '공산당을 토벌'하기 위한 군사배치를 했다. 장제스는 직계부대 약 30개 사를 정저우(鄭州)를 중심으로 하는 평한(平漢), 농해(隴海) 철도 가에 집결시켜 수시로 산간지역으로 출동할 수 있게 했다. 그는 또 천청, 웨이리황(衛立煌), 장딩원(張鼎文) 등 많은 고급 군정요원을 시안으로 소환했으며 적어도 1개월 안에 산간지역 홍군 및 중공의 근거지를 "소탕해 버릴 수 있다"고 했다.

12월 4일, 뤄양에서 시안으로 돌아온 장제스는 장쉐량과 양후청을 압박하여 즉시 모든 군대를 산시(陝西) 북부의 공산당 토벌 전선에 출동시키도록 지시했다. 그리고 중앙군이 이를 뒤에서 지원하고 독려하

| 198 장제스 : 〈중국에서의 소련〉, 타이완중앙문물공급사 1981년, 제74쪽.

도록 했다. 만약 지시를 따르지 않을 경우 둥베이군을 푸젠으로, 제17로군을 안후이로 이동시킬 것이라고 했다. 그리하여 '중앙군'이 직접 산간지역에서 활동 중인 '공산당을 토벌'하러 나서겠다고 압박했다. 최후통첩과 같은 이 지시는 공산당과 연합하여 항일하고 다시는 내전을 하지 않겠다는 장쉐량과 양후청의 결심과 배치됐다. 그리고 장쉐량과 양후청 부대의 생존에도 큰 위기감을 가져다주었다. 그럼에도 장쉐량과 양후청은 국가와 민족의 미래를 위해 항일 주장을 수용해야 한다고 장제스에게 거듭 건의했다. 그러나 역시 호된 꾸중만 받았다.

12월 9일, 시안 성내의 1만여 명 학생들이 '12·9운동' 1주년을 기념하기 위해 기습 시위를 단행했다. 이들은 내전을 중지하고 항일할 것을 재차 청원했다. 그러자 국민당 헌병대가 학생들에게 무차별로 발포했다. 격분에 찬 학생들은 성을 뛰쳐나와 장제스 숙소가 있는 린퉁(臨潼·진시황릉에서 1km가량 떨어져 있는 유적지로 병마용 소재지) 화칭츠(華淸池·양귀비가 목욕했다는 온천)의 호텔로 달려갔다. 이에 장제스는 장쉐량에게 무력으로 시위대를 진압하라고 지시했다. 바차오(灞橋·파교)[199]에 이른 장쉐량은 격앙된 학생들의 애국열정에 감동을 받았다.

그래서 1주일 안에 장제스와 면담하고 그들의 요구사항에 답하겠다고 했다. 같은 날, 장제스는 장쉐량과 양후청에 대한 압박을 강화하기 위해 장딩원(蔣鼎文·국민당의 시안 수정공서 주임)을 시베이 '공산당 토벌군' 전선위원회 총사령으로, 웨이리황(衛立煌)을 진산수이닝(晉陝綏寧) 4개 성 변구의 총지휘로 임명했다. 그리고 천청을 군정부 차장으로 정하며 수이둥(綏東)이 '중앙군' 각 부를 지휘한다고 선언했다.

---

199 1936년 11월에 국민당정부에 체포된 전국 구국회의 7명의 지도자, 즉 선쥔루, 장나이치, 저우타오펀, 리궁푸, 사첸리, 스량, 왕자오스를 가리킨다. 당시 '7군자'라고 불렀다.

이 배치는 대규모로 "공산당을 토벌"하기 위한 것이며 또한 장쉐량과 양후청의 문제를 해결하기 위한 것이었다. 심지어 동북군 사령관인 장 쉐량은 장제스 앞에서 12월 10일, 11일에 두 차례 곡간(哭諫), 즉 통 곡을 하면서 간언하기도 했지만 오히려 장제스한테 '모반'이라는 꾸중 만 들었을 뿐이었다. 그리하여 장쉐량과 양후청은 '병간(兵諫)', 즉 장 제스가 항일하도록 무력으로 압력을 가하기로 결정했다.

12월 12일 이른 새벽, 장쉐량과 양후청의 지시에 의해 둥베이군의 한 부대가 신속히 화칭츠를 포위했다. 그러고는 장제스를 무력으로 체 포했다. 이때 제17로군도 동시에 행동하여 시안 전 시를 통제하고 난 징에서 온 수십 명의 국민당 군정요원들을 무장 해제하고 구금했다. 이것이 바로 시안사변이다. 사변이 발생한 당일, 장쉐량과 양후청 등 18명의 장성들은 '시국에 관한 공개전보'에 서명을 발표했다. 그들은 국난이 눈앞에 닥친 상황에서 항전을 촉구하기 위해 장제스를 다그쳤 으며, 구국의 신념으로 사변을 일으켰다며 입장을 표명했다. 그러고 는 다음과 같은 8가지 항목을 요구했다.

첫째, 난징정부를 개편하고, 모든 정파가 참여하여 함께 구국의 공 동 책임을 분담하도록 할 것.

둘째, 모든 내전을 중지하고 무력항일투쟁을 전개할 것.

셋째, 상하이에서 체포한 애국 지도자[200]들을 즉각 석방할 것.

넷째, 전국의 모든 정치범을 석방할 것.

다섯째, 인민의 정치적 자유를 보장할 것.

여섯째, 인민들의 집회, 결사의 자유를 보장할 것.

---

200 1936년 11월에 국민당정부에 체포된 전국 구국회의 7명의 지도자, 즉 선쥔루, 장나이치, 저 우타오펀, 리궁푸, 사첸리, 스량, 왕자오스를 가리킨다. 당시 '7군자'라고 불렸다.

일곱째, 쑨원(孫文)의 유지를 확실히 준수할 것.

여덟째, 구국회의를 즉각 소집할 것.

시안사변이 일어난 후 중국내부에는 강렬하고 복잡한 반향이 일어났다. 사변이 발생한 당일, 국민당정부는 난징에서 긴급 중앙상무위원회, 중앙정치위원회 연석회의를 열었다. 회의는 쿵샹시(孔祥熙)가 행정원장을 대행하고 군정부장 허잉친이 군대 지휘와 배치를 책임졌다. 그리고 회의는 장쉐량이 겸했던 각 직무를 박탈하고 군사위원회에 넘겨 그를 엄벌하기로 했다. 또 독일에 체류하고 있는 왕징웨이에게 귀국하도록 중앙상무위원회가 전보를 보내기로 합의했다. 난징정부의 허잉친 등은 장쉐량, 양후청을 토벌할 것을 극구 주장했다. 그러고는 산시(陝西), 간쑤, 닝샤, 수이위안, 허난 등지의 '중앙군'을 긴급 이동시켜 시안을 공격할 준비를 마쳤다. 그뿐만 아니라 수 십 대의 비행기를 출격시켜 시안 상공을 정찰 시위하고 폭격할 태세를 갖췄다. 쑹쯔원, 쑹메이링을 중심으로 하는 쪽은 장제스를 보호하기 위해 평화적인 방식으로 시안사변을 해결할 것을 요구했다. 그들은 장제스를 구하기 위한 활동에도 적극적이었다. 국민당 지방 군사 영도 세력들과 중간 상태에 있는 많은 인사들 중 극소수만이 장쉐량과 양후청을 지지했을 뿐 대다수는 장과 양을 지지하지 않았다. 왜냐하면 그들 역시 항일투쟁에는 찬성했지만 장쉐량, 양후청의 병간으로 인해 더욱 큰 규모의 내전이 일어날까 우려했기 때문이다. 비록 그들 각자의 태도가 일치한 것은 아니지만 그들은 즉각 내전을 중지하고 시안사변을 평화적으로 해결하자고 주장했다. 그러면서 장제스의 자유를 회복시켜 줄 것을 요구했다.

시안 사건을 일으킨 주역 가운데 한 사람으로 산시성(陝西省) 푸청(蒲城) 출신이다. 젊어서 신해혁명에 가담했다. 1922년 산시정국군(陝西靖國軍) 제3로(路) 사령관을 역임하고 1924년에 국민당에 입당했다. 1925년 국민군 제3군 제3사 사단장이 되어 국공합작에 참여했다. 1930년에는 국민당정부 제17로군을 총지휘했으나 장제스의 눈 밖에 나서 1933년에 파직됐다. 1931년 시안 수정공서(綏靖公署·국정의 안정을 주임무로 하는 관청) 주임을 맡았다. 장제스에 대한 불만과 신변상의 이유로 공산당원인 조카 왕빙난(王炳南)을 비서로 채용했고 공산당과 관계를 맺게 됐다. 1936년 12월에는 공산군 토벌을 위하여 시안에 주둔 중인 북동군 총사령관 장쉐량(張學良)과 함께 시안 사건을 일으켜 시안에 머물던 장제스를 억류·구금했다. 그러고는 장제스를 핍박하여 항일로 나오게 한다는 당시 공산당의 항일정책 전략을 폈다. 12월 25일 장제스가 풀려나 사건이 평화적으로 해결된 후, 양후청은 군을 떠나 외국으로 가야 했다. 항일 전쟁이 일어나 귀국했으나 장제스의 국민정부로부터 감금을 당했다. 1949년 9월에 충칭에서 비밀리에 살해됐다.

국제적으로 볼 때 시안사변에 대한 각 주요 국가들의 태도는 극히 복하고 미묘했다. 일본정부는 장쉐량과 양후청은 이미 '적화(赤化)'됐으므로 난징정부와 시안이 서로 타협하는 것을 보고만 있어서는 안 된다고 했다. 일본은 중국을 집어삼키려는 야심을 이루기 위해 위 같은 핑계를 대면서 극구 중국 내전을 도발하고 확대하려 했다. 영국과 미국은 난징정부가 친일파에 의해 완전히 통제되지 않도록 갖은 노력을 다해, 장제스의 통치를 유지하려고 했다. 그러므로 이를 전제로 중국 공산당과 모종의 형식으로 합작하여 일본에 저항하는 것도 괜찮다고 여겼다. 소련은 난징정부와의 관계를 개선할 것을 적극 희망했고 중국의 항일투쟁도 지지했다. 그렇지만 사변의 성격에 대한 평가와 정의는 적절하지 못했다. '진리보'와 '소식보'는 사설과 논평을 연이어 발표하여 사변이 조속히 평화적으로 해결될 것을 희망한다고 표명했다. 그리고 장쉐량과 양후청이 친일파와 밀접한 관계가 있다고 비판했다.

그러면서 시안 사변은 중국에 대한 일본의 또 다른 음모라고 지적했으나 이는 사실과 다른 것이었다. 시안사변은 중국공산당의 항일민족통일전선 정책의 영향 아래 일어난 역사적인 사건이었다. 이 사건은 장쉐량과 양후청 둘이 심도 있게 상의하여 결정한 것으로 사전에 아무에게도 알리지 않았다. 사변이 성공한 직후 장쉐량은 그날 밤으로 중공중앙에게 이 사실을 알렸다. 마오쩌둥과 저우언라이는 전보를 받자마자 즉각 저우언라이를 시안에 파견하여 대의를 상의하겠다는 답전을 보냈다. 군사적인 면에서 둥베이군 주력을 시안, 핑량(平凉) 쪽으로 이동시키고 제17로군 주력을 시안, 퉁관(潼關) 쪽으로 이동시킨다.

그리고 근거지와 연결된 구위안(固原), 칭양(慶陽), 푸(富)현, 간취안(甘泉) 일대에서 홍군은 절대 한 치의 땅도 점령하지 않을 것이며 단지 소수 병력만 남기고 싶다는 의사만 표시했다. 이어 홍군은 후쭝난, 마오빙원(毛炳文), 관린정(關麟征), 리셴저우(李仙洲)의 군대만을 견제하겠다고 했다. 같은 날 중앙혁명군사위원회 주석단은 펑더화이, 런비스에게 전보를 보내 시안사변이 발생했음을 설명했다. 그리고 홍군을 옌안, 간취안으로 집중시켜 적의 주력을 우회하여 정저우 등지로 향할 준비를 했다. 제28군, 제29군, 제32군과 제81사, 기병퇀 등 5개 부대는 제자리에 남아 둥베이군과 함께 후쭝난 등의 부대를 견제할 준비를 하라고 지시했다. 이는 동쪽으로 황허를 건너 정저우를 점령할 수도 있고 남쪽으로 웨이허(渭河)를 건너 퉁관(潼關) 일대에서 적을 요격할 수도 있었다. 또한 징허(涇河) 하류에서 퉁관을 공격할 수도 있는 기동력을 최대한으로 활용할 수 있는 전술이었다. 구체적으로 어떤 선택을 하느냐는 장쉐량, 양후청과 상의하여 결정할 문제였다.

12월 13일, 중공중앙은 정치국상무위원회 확대회의를 열고 시안사변 문제를 논의했다. 회의에서 마오쩌둥이 먼저 보고를 하고 다음과 같이 지적했다. 이번 사변은 항일하여 매국노를 반대하는 혁명적인 사건으로 그의 행동, 강령은 모두 깊은 의미가 있다. 우리는 이번 사변에 대해 적극 지지한다는 입장을 명확하게 표명해야 한다. 장제스에 대해 마오쩌둥은 "장제스의 최근 입장은 중도적이었지만 '공산당 토벌'에 대해서는 여전히 일본 쪽 입장에 서 있다. 이 사변은 우리 중국의 정세에 큰 영향을 미치고 있다. 이 사변 전 장제스에 의해 완전히 통제됐던 국면이 바뀌면 그의 부하들은 분화되어 시안 쪽으로 입장을 바꿀 수도 있다. 이와 동시에 그의 직할 부대인 후쭝난, 류즈(劉峙) 등이 통관을 공격하여 시안을 위협할 가능성이 있다는 점도 고려해야 한다. 그래서 우리는 란저우, 한중(漢中)의 전략적 요충지에도 즉각 병력을 배치해야 한다"고 했다. 이어 마오쩌둥은 "우리는 시안을 중심으로 하여 전국을 영도하고 난징을 통제해야 한다. 그리고 시베이를 항일전선으로 하여 전국에 영향을 주고 항일전선의 중심을 형성해야 한다"고 지적했다. 저우언라이는 발언에서 "시베이의 행동은 항일을 위한 것이지 난징정부를 겨냥한 것이 아니다. 이미 국민당의 '중앙군'이 통관에 접근하여 일촉즉발의 전쟁위기가 닥쳐왔다"고 지적했다. 또 그는 "군사적으로는 전쟁 준비를 해야 하지만, 정치적으로는 난징정부와 대립할 것이 아니라 그 대부분을 쟁취해야 한다. 우리는 실제 사업에서 영도적 역할을 발휘해서 대중을 널리 동원해야 한다. 그리고 나서 대중단체의 명분으로 각 측 대표들이 시안에 와 구국회의에 참가하는 것을 진심으로 환영해야 한다"고 추가 발언했다. 장원톈은 발언에서 "장쉐량의 이번 행동은 민족협상파를 포기하는 행동으로 전국적인 항일방향으로 진화하고 있다"고 지적했다. 또 그는 이런 정세에 따라 "당은 합법적 방법으로 정치무대에 등장할 것이며" "대중의 항일운동은 더욱 발전될 것이며" "민족자산계급 내부는 더욱 분화될 것이다"고 전망했다. 그는 계속해서 다음과 같이 발언했다. 우리는 "협상파를 가능한 한 포섭하거나 분화시키거나 고립시키며 난징 측과 대립하는 노선을 취하지 않는다. 난징과 대립하는 방식(실제로 정권형식)을 결단코 구성하지 않는다. 시안에 대한 통제를 강화하고 인민대중을 동원하여 난징정부를 압박한다. 난징정부를 개편하자는 구호는 나쁘지 않다. 가급적 난징정부의 정통성을 쟁취하고 장제스의 직계를 제외한 기타 대열을 연합해야 한다. 그리고 군사적으로는 방어하고 정치적으로는 공격해야 한다" 마오쩌둥은 마지막으로 "현재 우리는 역사사변의 새로운 단계에 처해 있다. 그러므로 우리 앞에는 여러 갈래의 길이 놓여 있으며 또 상당한 어려움도 함께 존재한다. 대중을 쟁취하기 위해서는 시안사변에 대해 섣불리 발언해서는 안 된다. 우리는 장제스와 정면 대립하고 장제스를 반대하는 것과 항일투쟁을 동일시하지 않는다. 단지 장제스 개인의 잘못을 구체적으로 지적해야 한다. 항일투쟁정신과 수이위안을 지원하는 기치를 분명하게 주장해야 한다"고 결론을 내렸다.

당시, 상황은 일촉즉발의 내전 위기로 치닫고 있었다. 12월 14일, 펑더화이와 런비스(任弼時)는 중앙혁명군사위원회에 전보를 보냈다. 그들은 현 상황에서 "신속히 내전을 중지하고 기회를 틈타 닝샤를 쟁취해야 한다. 그리고 홍군 일부를 수이위안으로 출동시켜 푸쭤이와 연합하고 항일하는" 전략을 취해야 한다고 요구했다. 또 그들은 "홍군과 장쉐량, 양후청 부대는 즉각 지휘체제를 통일하고 다음 행동에 대한 보조를 결정해야 하며" 현 상황에서 홍군 주력은 허난을 떠나지 말아야 한다고 주장했다. 이 건의는 중공중앙의 의견과 똑같았다. 당일 마오쩌둥, 주더, 저우언라이는 연명으로 장쉐량, 양후청에게 전보를 보냈다.

그리하여 즉각 둥베이군, 제17로군과 홍군 등 3개 집단군으로 시베이 항일 수이위안 지원군을 결성할 것을 지시했다. 이어 시베이 항일

수이위안 지원연군 군정위원회를 설립하며 장쉐량을 주석으로, 양후청과 주더를 부주석으로 한 주석단을 구성할 것을 지시했다. 그러고나서 항일수이위안지원군 3대 주력을 시안, 핑량을 중심으로 한 지구에 집중시켜 단결을 공고히 하고자 했다. 그러는 한편 적들과 격전을 벌여 각개 격파할 것을 제안했다. 그들은 몇 차례의 승리를 거두기만 한다면 상당히 유리한 국면을 확보할 수 있을 거라고 보았다. 같은 날, 중공중앙 서기처는 류사오치에게 전보를 보내 시안사변 후 각 측의 반응과 당의 입장을 설명했다. 그리고 "우리는 절대로 난징과 대립하지 말고 그들 중 항일파와 중도파들이 항일하도록 독촉하거나 추동하는 방침을 취해야 한다"고 견해를 밝혔다.

홍군은 12월 15일, 연명으로 '시안사변에 관해 국민당 정부에 보내는 공개서한'을 발표하여 장쉐량, 양후청이 제기한 8가지 주장을 지지했다. 그리고 친일파들이 장쉐량, 양후청 토벌을 빌미로 대규모 내전(소탕전)을 개시하는 것을 강력히 반대한다고 밝혔다. 공개서한은 국공 양당이 적대감을 해소하고 합작하여 공동의 적에 저항해야 한다며 중국공산당의 정책을 거듭 천명했다. 그리고 난징 국민당 당국에 "장제스를 파면시켜 국민들의 심판을 받게 하고" 각 당, 각파, 각계, 각군을 연합하여 통일전선정부를 구성할 것을 요구했다. 12월 16일, 마오쩌둥은 옌시산에게 전보를 보내 "시국을 평화적으로 해결해야 하며 더 이상 내전을 일으켜서는 안 된다"고 했다.

12월 17일, 저우언라이 등은 중공중앙을 대표하여 장쉐량의 전용기를 타고 시안을 찾아왔다. 저우언라이는 장쉐량과 시안사변에 관한 문제점을 해결하기 위해 머리를 마주하고 토론했다. 그들은 둥베이군, 제17로군은 시안과 퉁관 일대에 집중하고 홍군은 푸스(肤施)와 칭양 일대로 남하하여 수비를 인수하기로 논의했다. 그리고 홍군을 둥베이군과 제17로군으로 구성된 항일연합군 임시 시베이군사위원회에 편입시키기로 합의했다. 연이어 그들은 난징회담에서 지켜야 할 다섯 가지 조건도 상의하여 결정했다.

저우언라이는 다음과 같이 말했다. 장제스에 대한 중국공산당의 태도는 "장제스의 안전을 보장하려는 것이다. 하지만 난징정부가 내전을 개시할 경우에는 장제스의 안전을 보장할 수 없다고 성명해야 한다"고 명확히 지적했다. 12월 18일, 저우언라이는 중공중앙에 전보를 보내 시안사변에 대한 외부의 반응을 보고하고 사변 해결에 대한 개인 의견을 진술했다. 같은 날, 중공중앙은 국민당에 전보를 보내 시안사변을 평화적으로 타결하는데 있어 다섯 가지 조건을 제시했다. 조건은 다음과 같다. 먼저

(1) 항일구국대표대회를 소집해야 한다.

(2) '중앙군'을 산시(陝西)와 간쑤지역에서 철수시켜 산시(山西), 수이위안 항일전선을 지원한다. 그리고 홍군과 시안 측에서 제기한 항일요구안을 승인해야 한다.

(3) 내전을 중지하고 연합하여 항일해야 한다.

(4) 인민항일구국운동을 실시하고 모든 정치범을 석방해야 한다.

(5) 쑨중산(孫中山, 쑨원) 선생의 3대 정책을 실현해야 한다.

사변이 발생한 직후 장제스를 구금한 문제가 사실상 난징과 시안이 대립하는 분기점이 됐다. 국민당 진영(원래 장제스에 대해 불만을 품고 있던 지방 군벌 포함)에서는 "장제스를 지지"하는 분위기가 나타났다. 중공중앙은 이런 상황에 비추어 시안사변을 평화적으로 해결하려고 했다. 그래서 12월 15일에 홍군 장성들이 연명으로 발표한 공개서한에서 장제스에 대한 처리의견을 수정하여 발표했다. 그래서 18일자 전보에서는 "만일 국민당이 위에서 밝힌 전국 인민의 절박한 요구

를 수용한다면 국가와 민족이 위험에서 벗어날 수 있다. 그뿐만 아니라 장제스의 안전과 자유도 문제가 되지 않는다"고 밝혔다. 이러한 중공중앙의 태도와 주장은 각계 애국인사와 수많은 국민당 지도층 인사들의 지지와 호응을 받았다.

12월 19일, 중공중앙은 정치국 확대회의를 개최하고 시안사변의 성격과 앞으로 전개될 상황에 대한 전면적 분석 작업에 착수했다. 그리고 가급적 시안사변을 평화적인 방식으로 해결할 것에 관한 문제를 논의했다. 중공중앙은 복잡하고 급박한 국내외 정치정세를 분석하고 반복적인 토론을 거쳐 시안사변을 평화적으로 해결하는 기본방침을 세웠다. 중공중앙은 시안사변은 "항일구국을 위해 일어난 것으로" "중국의 일부 민족자산계급의 대표와 국민당 실력파 중 일부가 난징정부의 대일정책에 불만족하여 즉각 '공산당 토벌', 등 내전을 중지하고 한목소리로 항일할 것을 요구한 것이다. 그리하여 공산당의 항일주장을 받아들인 결과이다"고 명확하게 그 뜻을 밝혔다. 또 중공중앙은 다음과 같이 지적했다. 장제스 및 그의 주요 장성들을 체포하여 구금하는 방식으로 일어난 시안사변은 난징을 시안과 적대적인 위치에 놓았다. 따라서 중화민족에게 극히 위험한 대규모 내전을 초래할 수 있다. 이는 일본과 친일파들을 위하는 망국적 행위이다. 그러나 시안사변을 평화적으로 해결하여 "공산당을 토벌"하는 내전을 종식 하고 힘을 합쳐 항일할 여건을 마련할 가능성은 여전하다. 이는 전국 인민과 항일구국을 원하는 당파를 비롯한 모든 단체들이 쌍수를 들어 환영하는 길이다. 중국공산당은 온힘을 다해 전자를 피하고 후자를 구현해야 한다. 따라서 시안사변으로 인해 야기된 사태를 평화적 방식으로 해결할 것을 단호히 주장하고 새로운 내전을 강력히 반대한다. 이와 동시에 백방으로 난징의 좌파와 연합하고 중도파를 쟁취하며 친일파를 반대한다. 그리하여 난징정부가 항일투쟁에 나서게 할 것을 촉구한다. 중국공산당은 장 쉐량·양후청에 교감하며 군사와 정치 측면에서 적극 지원할 것이다. 중공중앙이 제기한 이 방침은, 같은 해 5월 장제스를 적대시하는 구호를 공개적으로 철회한 후 실시해 온 전술의 발전된 모습과 같다. 중공중앙은 12월 9일에 '시안사변 및 우리의 과업에 관한 지시'를 하달해 상부의 방침을 개괄적으로 설명했다. 같은 날, 중공중앙과 중화소비에트 중앙정부는 연명으로 난징과 시안 당국에 공개전보를 발부했다. 그래서 시안사변을 평화적으로 해결하겠다는 결심과 의지를 거듭 천명했다. 그러면서 난징과 시안 양측 군대는 잠시 퉁관을 경계로 상호 침범하지 말 것을 요구했다. 난징 정부는 각 당, 각파, 각계, 각 군 그리고 공산당과 소비에트정부 대표가 참가한 평화회의를 소집해야 한다고 구체적으로 요청했다. 시안사변 발생 이후, 중공중앙은 소련 간행물의 반응에서 사변 해결에 대한 국제공산당의 입장을 어느 정도 알게 되었다. 하지만 시안사변이 친일파들의 음모라는 소련의 견해에 공감하지 않았다. 12월 16일, 국제공산당 총서기 디미트로프가 중공중앙에 전보를 보내 시안사변을 평화적 방식으로 해결하기 위한 의견을 내놓았다. 그러나 전신부호가 난해해 해독할 수 없었다. 중공중앙은 국제공산당에 다시 전보[201]를 보낼 것을 요청했다. 시안사변을 평화적으로 해결할 방법에 관한 중국공산당의 강령은 독립적이고 자주적으로 제정해야 하는 것이었다.

12월 21일, 중앙혁명군사위원회 주석단은 저우언라이와 장쉐량,

---

201 1936년 12월 19일의 중공중앙 정치국 확대회의 기록에 의하면 마오쩌둥이 보고에서 "우리는 이러한 입장에 근거하여 공개전보('시안사변에 대한 중화소비에트 중앙정부 및 중공중앙의 공개전보'를 가리킴·인용자 주)를 발표하려고 한다. 국제공산당의 지시가 아직 도착하지 않았다. 어쩌면 이틀이 지나 발송할지도 모른다"고 했다. 사실상 이 공개전보는 12월 19일 당일에 이미 발송했으며 국제공산당의 지시는 12월 20일에야 받았다.

양후청이 합의한 사항에 따라 홍군 주력 부대에 남하할 것을 지시했다. 그리고 둥베이군과 제17로군에 협조하여 난징정부군의 공격에 대응하라고 명령했다. 홍군 제1, 제15 군단과 홍군 제2방면군의 2개 군, 제4방면군의 2개 군은 딩볜(定邊), 환(環)현 사이로 남하했다. 12월 23일, 중앙혁명군사위원회는 홍군 제28군, 제29군 및 기병 제1퇀으로 추격군을 결성하고 후쭝난 부대의 남하를 감시하며 견제하기로 결정했다. 그 전에 장쉐량은 시안 측면 후방의 안전을 위해 허시(河西)에서 서쪽으로 급행군하는 홍군 서로군 일부 병력을 동쪽으로 확 돌리라고 했다. 그리하여 황허 방면으로 이동 중인 홍군 주력과 협력하고 국민당 정부군을 타격해 줄 것을 주문했다.

난징 측에서는 장제스를 처형하지 않고 시안사변을 평화적으로 해결하기를 바라는 장쉐량, 양후청과 공산당의 생각을 파악했다. 그 후, 12월 22일에 회담대표 쑹쯔원, 쑹메이링을 공식적으로 시안에 급파했다. 장제스는 쑹씨 남매를 대리인으로 하여 시안 측과 회담에 나서게 했다. 12월 23일 장쉐량과 양후청은 쑹쯔원, 쑹메이링과 회담을 진행했다. 저우언라이는 중공중앙을 전권 대표하여 회담에 참가했다. 저우언라이는 중공중앙의 12월 21일자 지시에 따라 장쉐량과 양후청과 함께 관련 문제를 조율했다. 그리고 난징 측과의 회담에서 커다란 성과를 올렸다. 이들은 마침내 이틀간의 회담을 통해 다음과 같은 여섯 가지 사항을 합의할 수 있었다. 첫째, 국민당과 국민정부를 개편하여 친일파를 몰아내고 항일투사를 받아들인다. 둘째, 상하이의 애국지사와 모든 정치범을 석방하며 인민의 자유와 권리를 보장한다. 셋째, '공산당 토벌' 정책을 중지하고 홍군과 연합하여 항일한다. 넷째, 각 당, 각파, 각계, 각 군이 참가한 구국회의를 설치하여 항일구국방침을 결정한다. 다섯째, 중국의 항일을 지지하는 국가와 합작 관계를 맺는다. 여섯째, 기타 구체적인 구국방법을 모색한다. 12월 24일 밤 저우언라이는 장제스와 면담하고 장제스에게 중국공산당의 항일구국과 관련된 정책을 설명했다. 장제스는 회담에서 논의하고 조정한 여섯 가지 사항에 동의한다고 표명했다. 그러나 그는 구두 약속 외에 어떤 공식 문서로 동의를 표기하는 것은 거부했다. 모든 합의 사항은 지도자로서의 명예를 걸고 이행하겠다고 했다.

12월 25일, 장쉐량은 저우언라이에게 알리지 않고 장제스를 수행하여 비행기에 올랐다. 그들은 시안을 떠나 뤄양(洛陽)을 거쳐 26일에 난징에 도착했다. 장제스가 난징에 도착하자마자 장쉐량은 즉각 체포됐고 장제스는 부대에게 명령을 내려 또다시 시안으로 이동해 왔다. 이 소식이 전해지자 시안은 삽시에 들썩이기 시작했다. 1937년 2월 2일, 둥베이군이 공산당과 연합하여 항일하고 사변을 평화적으로 해결해야 함을 강력히 주장하던 왕이저(王以哲)가 청년 장교들에게 피살됐다. 이들은 무력으로 장제스를 공격하여 장쉐량을 구출할 것을 주장했다. 이 사건으로 또다시 내전 위험이 나타났다. 저우언라이는 이렇듯 어려운 상황에서도 조금의 흔들림도 없이 그 많은 난제들을 주도면밀하게 처리했다. 그리하여 홍군과 둥베이군, 제17로군의 단결을 확실하게 하고 시안사변을 평화적으로 해결할 수 있게 분위기를 조성시켰다. 시안사변의 평화적 해결은 시국의 전환에 있어서 매우 중요한 관건이 됐다. 이는 친일파와 일본 제국주의자들의 음모를 일거에 분쇄시켜 버리고 장제스를 압박하여 항일하게 하는 중공중앙의 전략을 구체화시켰다. 이때부터 10년에 걸친 내전 국면이 거의 종결되고 국내에는 평화 분위기가 조성됐다. 이리하여 항일을 전제로 한 국공 양당의 제2차 합작은 이미 거역할 수 없는 대세가 됐다.

6. 전 민족의 항전을 조속히 실현하기 위한 당의 투쟁

국공합작에 의한 항일을 촉진하기 위한 노력

시안사변이 마무리된 후, 중국공산당의 주요 과업은 전당과 전국 인민을 평화롭게 하고 민주를 쟁취하여 전 민족이 대일항전에 나서게 하는 것이었다. 이 과업을 실현하기 위해 중공중앙은 1936년 12월 27일, '장제스가 석방된 이후 중앙의 지시'를 하달해 다음과 같이 촉구했다. 항일 목적을 달성하기 위해서는 "계속 장제스를 독촉하고 압박하여 그가 승낙한 8개 조항을 실현하도록 해야 한다" 국내 정치를 개혁한다. 홍군을 확대하고 둥베이군, 제17로군과 홍군의 연대를 공고히 하여 산시(陝西)와 간쑤 두 개 성부터 항일 근거지로 만드는 것 등이다. 12월 28일 장제스가 12월 26일에 뤄양에서 발표한 '장쉐량, 양후청에 대한 훈계'는 시안사변의 진상을 왜곡했다. 중공중앙은 이에 비추어 '장제스의 성명에 관한 성명'을 발표하여 장제스가 진상을 왜곡했다고 비판했다. 연이어 합의한 약속을 틀림없이 지킬 것을 요구했으며 "만일 장제스가 항일과 관련한 문제에 대해 망설이거나 약속을 미룬다면 전국 인민들이 혁명을 일으켜 그를 휩쓸어 버릴 것이다"고 엄숙하게 경고했다.

옌안(延安,연안)

중국 서북지구 동부 산시성 북부에 있는 도시. 중국공산당 혁명 근거지. 베이징 남서쪽 680km 옌허(延河) 강 연변에 위치. 옛 이름은 후시(膚施). 당나라 때에는 북방 이민족의 침략을 방어하던 곳이며 명나라 말기에는 농민 봉기의 거점이었다. 이곳은 마오쩌둥(毛澤東)의 2만 5000km 장정이 끝난 후 1935~1947년 중국공산당 중앙의 소재지였고 1936~1949년 중화인민공화국의 임시 정부가 있던 곳이다. 중국 공산당의 기념 유적이 많이 있으며 중국 공산 혁명 기념지로서 많은 사람들이 찾는다.

1937년 1월 13일, 중공중앙 지휘부는 바오안에서 옌안으로 옮겨갔다. 그해 2월 10일, 국공 양당 합작을 추진하기 위해 중국공산당은 '중공중앙이 중국국민당 제3차 전원회의에 보내는 전보'를 발표했다. 이는 국민당에 내전을 즉각 중지하고 국력을 집중하여 한마음으로 외적에 저항하자는 내용을 담았다. 그리고 언론, 집회, 결사의 자유를 보장하고 모든 정치범을 석방할 것을 요구했다. 또 각 당, 각파, 각계, 각 군의 대표회의를 열어 전국의 인재를 모아 공동으로 구국하라고 지시했다. 더불어 대일작전의 모든 준비사업을 신속히 완성하며 인민들의 생활을 개선해야 한다는 다섯 가지 요구사항을 제기했다. 전보문(電文)은 만일 국민당이 위에서 밝힌 다섯 가지 요구를 국책으로 정한다면 중국공산당은 네 가지 사항을 담보할 것이라고 선포했다. 네 가지 사항은 다음과 같다.

중국공산당은 무력으로 국민당정부를 뒤엎는 방침을 중지하며 노농정부를 중화민국 특별구 정부로, 홍군을 국민혁명군으로 개칭한다. 또한 특별구에서 철저한 민주주의제도를 실시하며 지주의 토지를 몰수하는 등 정책을 중지한다. 그리고 항일통일전선의 공동강령을 강력하고 성실하게 집행한다. 중국공산당이 제기한 다섯 가지 요구는 적극적이고 합리적이며 항일을 주장하는 모든 사람들이 찬성하는 것이었다. 네 가지 담보는 국민당에 줄 수 있는 매우 중요하고도 통 큰 양보였다. 이런 양보는 정말 필요한 것이었다. 이렇게 해야만 중국내 두 정권의 대립과 갈등을 없애고 항일민족통일전선을 결성하여 일본 제국주의의 침략에 한마음, 한뜻으로 항전할 수 있었기 때문이다. 한편 이런 양보에는 또 다른 원칙이 있었다.

첫째, 국민당은 반드시 내전, 독재와 대외 무저항정책을 폐기해야 하며 동시에 공산당은 두 정권이 적대시하는 정책을 폐기해야 한다.

둘째, 특별구와 홍군에 대해 반드시 공산당의 영도를 유지하고 노동자, 농민들은 이미 취득한 권리를 유지해야 한다. 그리고 국공 양당의 관계에 있어서 반드시 공산당의 독립성과 비판의 자유를 유지해야한다. 이 선을 벗어나면 단합하여 항일하는 데 아주 불리하게 된다.

이 전보문은 발표된 직후 광범위한 애국인사들의 지지를 받았다. 더불어 국민당 내부에서도 친일파에 대한 항일파의 투쟁열기가 한층 더 뜨거워졌다. 쑹칭링, 허샹닝, 펑위샹 등은 공산당의 건의사항에 동의했다. 연이어 2월 15일에 열린 국민당 중앙위원회 제5기 제3차 전원회의에서 건의안을 제출했다. 이들은 러시아와 공산당과 연합하고 노동자, 농민을 부조(扶助)하자는 쑨중산의 3대 정책을 복원할 것에 대한 내용을 제출했다. 그뿐만 아니라 국공 양당이 다시 합작하고 연합하여 항일하길 바란다는 입장을 밝혔다. 그러면서 왕징웨이가 제기한 공산당 토벌 방침을 견지하는 정치결의초안에 반대할 것을 간곡히 호소했다. 이번 전원회의는 명확한 항일방침을 제정하지 않았다. 국민당의 과거 정책 오류에 대해 언급하지도 않았다. 그러나 평화 통일, 선거법 개정, 민주 확대, 정치범 석방 등 원칙을 확정했다. 난징의 국민당정부는 반공입장을 완전히 포기하지 않았지만 그들이 제기한 회담조건과 공산당이 제기한 조건은 원칙상에서 서로 접근했다. 이는 국민당 당국이 공상당의 합작하여 항일하자는 정책을 점차 받아들이기 시작했음을 보여 준 것이다.

중국공산당은 장제스에게 그가 시안사변에서 수락한 여섯 가지 조건을 즉각 이행하도록 재촉하고 국민당이 공산당과 연합하여 항일하는 정책을 조속히 실행하도록 서둘렀다. 이를 위해 1937년 1월 장제스의 초청에 응하고 대표단을 파견하여 직접 국민당 대표와 담판하게 했다. 그해 2월부터 7월까지 전국적인 항일전이 폭발하기 전 중공중앙은 저우언라이, 예젠잉, 린보취, 보구 등을 파견했다. 그리하여 국민당 대표 구주퉁(顧祝同), 허중한(賀衷寒), 장충(張沖) 그리고 장제스, 쑹쯔원 등과 시안, 항저우, 루산 등에서 여러 차례 회담을 가지게 했다. 저우언라이 등은 2월과 3월의 시안과 항저우 회담에서 중공중앙이 국민당중앙위원회 제5기 제3차 전원회의에 보내는 전보를 기본 지도원칙으로 삼았다. 이를 기초로 국공합작 문제, 홍군개편 문제, 산간닝변구의 지위 문제, 서로군과 남방 유격 근거지의 중공군에 대한 공격을 중지할 것에 관해 논의했다. 그리고 곧 국민당 측 대표와 협상에 임했다. 회담에서 장제스의 속내는 공산당, 홍군, 산간닝변구를 국민당 통제 아래 두고자 했다. 또한 공산당의 독립성을 허용하지 않으며 인민혁명세력의 발전을 허용하지 않는 것이었다. 이에 저우언라이 등은 국공 양당의 합작항일을 실현하려면 국민당은 반드시 공산당의 합법적 지위와 독립성을 승인해야 함을 강조했다. 그리고 홍군을 3개 사로 개편하고 주더가 계속 총지휘를 맡으며 산시(陝西), 간쑤, 닝샤 등 행정구의 완전성을 유지하고 분할해서는 안 된다. 나아가 국공 양당이 합작함에 있어서 무엇보다 먼저 공동강령을 확정해야 한다. 그 후 즉각 마부팡, 마부칭의 부대와 같은 국민당 군대에 명령하여 서로군에 대한 공격을 정지하도록 하고 생포한 포로를 풀어줘야 한다고 거듭 강조했다. 그러나 장제스의 성의 부족으로 실질적인 합의를 도출해내지는 못했다.

전국적인 항일 고조를 맞이하다

중국 혁명의 진척과 국공관계에 곧 중대한 변화가 일어날 이때, 중공중앙은 전당으로 하여금 당면한 정세, 과제와 당의 정책, 책략을 명확히 인식하고 대전환을 맞이할 사상적 준비를 했다. 이를 위해 1937

년 5월부터 6월에 차례로 옌안에서 중국공산당 전국대표대회(당시 소비에트구역 당대표회의라고 불렀음)와 중국공산당 백색구역사업회의[131)를 열었다.

중국공산당 전국대표대회는 5월 2일부터 14일까지 거행됐다. 회의에는 근거지와 국민당 통치구역과 홍군 당 조직에서 온 218명의 정식 대표가 출석했으며 64명이 열석했다. 회의에서 장원톈이 개막사를 하고 마오쩌둥이 '항일 시기에 있어 중국공산당의 과업'이란 보고와 '11억 인민을 항일민족통일전선으로 이끌기 위해 투쟁하자'라는 결론을 보고했다. 보구가 '조직문제'에 대해 보고하고 류사오치와 주더가 기조발언을 했다.

마오쩌둥은 보고에서 중일 간 모순이 주요 현안으로 떠오르고 국민당의 내전, 독재 및 대일본 무저항정책이 평화, 민주, 항일의 방향으로 전환하기 시작한 전반적인 정세를 분석, 평가했다. 그리고 평화를 공고히 하고 민주를 쟁취하고 조속히 항전을 실현하는 삼위일체식 과업을 제기했다. 보고에서는 또 다음과 같이 지적했다. 현 단계에서 민주를 쟁취하는 것은 "가장 중요한 사안이며" "중심적인 연결고리이다" 이 과업을 실현하기 위해서는 반드시 다음과 같은 개혁을 이루어야 한다. 첫째, 국민당의 일당독재 체제를 각 당파, 각 계급이 합작하는 민주 체제로 바꿔야 한다. 둘째, 인민의 언론, 집회, 결사의 자유를 보장해야 한다. 이 두 방면의 개혁은 실제로 항일민족통일전선을 탄탄하게 결성하기 위한 필요조건이다.

보고는 제1차 국공합작의 경험과 교훈을 합치고 항일민족통일전선에서 무산계급 영도권을 견지하는 것의 중요성을 천명했다. 또 다음과 같이 강조하여 이에 대한 문제점을 제기했다. 반드시 무산계급 및 그 정당의 영도를 지지해야 하며 이는 혁명의 성패를 좌우하는 관건이다. 따라서 무산계급의 영도를 실현하기 위해 공산당은 반드시 기본적인 정치 구호와 동원 구호를 정확하게 해야 한다. 선봉대인 공산당원은 이 구호가 따르는 구체적 목표를 실현함에 있어 모범이 돼야 한다. 그리고 동맹자들과 적절한 관계를 맺고 이 동맹을 발전시켜야 한다. 또 공산당 대열의 확대, 사상의 통일성과 규율의 엄격성을 보장해야 하는 것 등을 지적했다.

보고는 끝으로 당은 앞으로도 계속 패배주의, 모험주의를 반대하고 더욱 많은 인민대중을 끌어들여 광범위한 항일민족통일전선을 결성해야 한다. 아울러 새로운 정세 아래 우경 오류 세력의 부활에 경각심을 높이고 혁명사업이 실패하지 않도록 해야 한다고 했다. 마지막 결론에서 마오쩌둥은 국민당의 변화를 부인하는 '좌'경 오류에 대해 크게 비판했다.

마오쩌둥은 당의 정치노선을 착오 없이 집행하기 위해 결론에서 간부문제, 당내 민주문제와 전 공산당의 단결에 대한 문제점을 체계적으로 논술했다. 간부문제에 대해 그는 위대한 혁명을 지도하기 위해서는 위대한 당이 있어야 하고 아주 훌륭한 간부도 많아야 한다고 했다. 그리고 의식적으로 수천수만의 간부를 양성해야 하고 수백 명에 달하는 가장 훌륭한 대중의 영수들이 나와야 한다고 콕 집어 말했다. 그는 "이런 간부와 영수들은 마르크스-레닌주의를 알아야 하고 정치적 예견성이 있으며 업무능력이 뛰어나야 한다. 또한 희생정신이 있으며 독립적으로 문제를 해결할 수 있어야 한다. 그 어떤 어려움 앞에서도 동요하지 않으며 민족, 계급, 당을 위해 충직하게 일하는 사람이어야 한다"는 간부 기준을 내놓았다. 그는 또 당의 간부는 "사리사욕을 채우지 말 것이며 개인영웅주의와 개인공명주의와 나태성과 소극성이 없어야 한다. 그리고 자고자대하는 종파주의가 사라져야 한다"

고 했다. 이어 마오는 "우리 모두 공평무사한 민족의 영웅들이며 무산계급의 영웅들이어야 한다"고 했다. 그는 "이것이야말로 공산당원, 당의 간부와 당의 영수들이 지녀야 할 품성이며 작풍"이라고 설명했다. 당내 민주와 당의 단결을 수호할 문제점에 대해 마오는 "당의 민주집중제를 실시하는 데 있어 전당의 적극성을 개시해야 한다"고 지적했다. 그러면서 "이 새로운 역사적인 시기에 있어 집중제는 민주제와 밀접하게 연계돼야 한다. 민주제를 실시함으로써 전 당의 열성과 적극성을 발휘해야 한다. 이러한 노력과 참여를 통해, 많고 많은 간부를 단련시키고 종파관념의 잔재를 숙청하며 전당을 단결시켜 강철처럼 되게 해야 한다"고 강조했다.

중국공산당 전국대표대회는 마오쩌둥의 보고서를 통과시켰다. 그리고 준이회의 이후 중앙의 정치노선을 대조하고 처리했다. 이번 모임은 전국 항일전쟁에 대비하기 위해 정치, 조직 측면에 있어 매우 중요한 회의였다.

중국공산당 전국대표대회가 끝난 후 곧바로 5월 17일부터 6월 10일까지 중국공산당 백색구역사업회의가 열렸다. 이 회의에는 북방국 및 그 산하의 베이핑, 톈진, 허베이, 산시(山西), 허난, 산둥, 수이위안 등지의 당 조직 책임자들이 대거 출석했다. 회의는 장원톈과 류사오치가 주재를 했다.

이번 회의는 '8·7회의' 이래, 특히 와야오바오회의 이후 화베이 백색구역사업의 경험을 되새기고 공유했다. 그리고 패배주의와 모험주의의 오류를 나름 상세하고 체계적으로 폭로하고 비판했다. 그뿐만 아니라 '좌'경 사상의 속박에서 벗어나 과거 백색구역사업에서의 좌절과 교훈을 나누었다. 그리하여 그릇된 사업지도방침을 철저히 부정하는 데 역점을 두었다. 회의는 시안사변이 평화적으로 해결된 새로운 정국에서 당을 재정비할 필요가 있었다. 그래서 당의 백색구역사업에서의 기본 방침, 책략과 과업을 확실히 했다. 회의는 이러한 방침, 책략, 과업을 실현하기 위해 꼭 이뤄야할 당의 조직사업과 대중사업에 치중하여 논의를 전개하고 사업의 전환을 위해 적극적인 추동 역할을 했다.

5월 17일, 류사오치는 '백색구역에서의 당과 대중 사업에 관해'라는 통지문에서 백색구역사업에서 철저한 전환을 가져올 필요성을 주장했다. 그는 다음과 같이 지적했다. 이런 전환은 이중성격을 띠고 있다. 한 면은 환경의 변화와 새로운 과업이 당과 대중 사업의 사업방식, 조직방식과 투쟁방식을 바꿀 것을 요구하고 있다. 다른 한 면은 당내에 아직도 심각한 패배주의, 모험주의의 역사적 전통이 잔존하고 있어 이를 숙청하고 바꿀 것을 요구하고 있다. 후자를 바꾸는 것이야말로 모든 것을 결정하는 관건이 된다. 통지문은 또 당과 대중의 관계, 공개사업과 비밀사업의 관계, 대중을 영도하여 투쟁하는 책략 및 당의 사상전환 등 문제에 대해서도 정확히 서술했다.

당시 중공중앙은 과거 사업에서 나타난 심각한 '좌'경 오류에 대해 확실하거나 체계적인 결론을 내리지 않았다. 그러므로 류사오치의 보고를 논의할 때 일부 동지들은 지난날 '좌'적 사상의 영향을 받아 일부 문제를 두고 의견 차이가 발생하기도 했다. 이런 차이는 주로 백색구역 사업에 대한 평가, 사업전환과 책략방침 등에서 표출됐다. 논쟁의 핵심은 과거 백색구역 사업에 대한 지도에서 당이 '좌'경 노선의 오류를 범했느냐 범하지 않았느냐는 것이었다.

6월 1일에서 4일까지 장원톈이 중앙정치국 회의를 주재하여 백색구역사업에 대한 당의 노선과 방침 문제를 깊이 논의했다. 마오쩌둥은 6월 3일 회의에서 다음과 같이 발언했다. 류사오치의 보고는 정확하다. 다만 개별적 문제에 있어 약간의 착오가 있을 뿐이다. 류사오치는 백색구역사업에 대한 풍부한 경험을 갖고 있으며 대중투쟁을 영도하고 당의 관계를 처리하는 실제 사업에 대해 속속들이 알고 있다. 그는 사업에서 변증법을 활용할 가치를 알고 있다. 마오쩌둥이 발언한 후 장원톈도 결론 보고에서 다음과 같이 덧붙였다. "류사오치가 백색구역사업회의에서 한 보고는 정확한 것이며 그가 북방에서 한 사업에는 큰 성과가 있다" 6월 6일, 장원톈은 당의 백색구역사업회의에서 '현재 백색구역에서의 당의 중점과업'을 발표했다. 여기서 중앙의 정신에 따라 류사오치의 보고를 대부분 긍정하고 패배주의를 비판했다. 그리고 또 백색구역에서의 당의 실제 사업과 항일민족통일전선 정책을 관철하고 집행할 것을 주문했다. 6월 10일, 백색구역사업회의 마지막 날 장원톈은 중앙정치국상무위원회를 소집하여 북방국의 사업문제를 토의했다. 회의에서는 류사오치의 사업보고를 통과시키고 이어서 화베이에 중앙대표를 파견했다. 그리고 양상쿤, 펑전 등이 북방국 사업을 책임 지도록 의결했다.

중국공산당 전국대표대회와 백색구역사업회의가 개최된 이후 당은 민주를 쟁취하는 것을 목표로 삼고 평화를 공고히 하기로 했다. 그리고 단결을 촉진하며 항전을 실현하는 등 제반 사업을 적극 추진하기로 했다.

국민당은 1937년 11월, 국민대회를 단독으로 개최하려고 하고 있었다. 이에 대해 중국공산당은 전국 인민들에게 국민당 정부의 국민대회 선거, 소집 등에 대한 방안은 민주적 절차가 결여된 것이라고 공개적으로 비판했다. 그리고 전국 각계각층의 인사들에게 국민당 정부가 시도하려는 정치제도에 대해 철저한 민주개혁을 실시하고 인민들의 민주주의적 권리를 제한하는 제반 규정을 폐지하라고 요구할 것을 호소했다. 또 국민대회 대표를 민주적 절차에 의해 선출하고, 대표를 미리 확정하거나 지정하는 방법을 폐기할 것을 요구했다. 대회의 과업을 정함에 있어서도 헌법에 국한되지 말고 항일구국 방침을 논의하고 제정하는 것으로 확대해야 한다는 방책 등도 제의했다. 이와 동시에 아무 이유 없이 기소한 선쥔루 등 7명의 구국회 지도자들도 즉각 석방할 것을 국민당 정부에 요구했다. 중국공산당은 위에서 밝힌 주장을 국민당에 직접 제기하고 전달했다.

중국공산당의 이러한 주장은 많은 당파와 진보적 청년들의 지지를 받았으며 중국공산당의 정치적 영향력은 날로 확대됐다. 일부 자산계급 대표자들과 지방 실력파들도 공산당과 합작하려는 의사를 표시했다. 진보적 청년들은 전국 곳곳에서 연줄이나 추천을 통해 산간 닝변구 또는 옌안을 찾아오기도 했다. 1937년 5월 3일 펑위샹(馮玉祥·1882~1948년)이 다섯 가지 항일구국강령을 발표했다. 내용은 다음과 같다. 소련과 연맹을 맺고 애국항일운동을 확대하며 공민의 자유를 보장해야 한다. 게다가 대중을 조직, 무장시키고 공산당을 토벌하기 위한 군사행동을 즉각 정지한다는 등이다. 6월에는 4,000여 명의 상하이 시민들이 연명으로, 국민당 정부에 선쥔루(沈鈞儒) 등 7명의 구국회 지도자들을 석방해 줄 것을 청원했다. 산둥, 광시, 쓰촨, 산시(山西) 등지의 지방 실력파벌들도 공산당과 한층 더 연대해 구국운동에 나서겠다는 의사를 밝혔다. 중화민족해방행동위원회 대표가 6월 6일 옌안을 방문하여 공산당의 항일주장에 동의한다고 밝혔다. 연이어 합작하여 항일투쟁에 나섰겠다며 지지를 표명했다.

이 기간에 중국공산당은 국민당과의 회담에서도 뚜렷한 진척을 이룩했다. 1937년 5월 하순, 국민당의 파견으로 투스쭝(塗思宗), 샤오즈핑(蕭致平)이 거느린 국민정부 군사위원회 위원장 시안행영시찰단(중앙시찰단이라고 약칭)이 옌안에 도착했다. 그들은 항일 군사정치대학, 중공중앙당학교와 각 무장부대를 시찰했는데 중공중앙과 옌안 각계 대중의 열렬한 환영을 받았다. 중앙시찰단은 국공 양당 합작에 대한 옌안 각계각층의 염원과 성의를 난징정부에 전달하여 대일항전을 조속히 성사시키겠다고 입장을 표명했다. 6월 상순, 장제스와 저우언라이가 루산(廬山)에서 회담을 이어 갔다. 장제스는 중국공산당이 제기한 민족통일강령(초안)을 거들떠보지도 않고 국민혁명동맹회를 구성할 것을 요구했다. 그러고는 양당의 모든 대외행동과 선전을 전부 동맹회에서 논의하고 결정하겠다고 했다. 그리고 최종 결정권을 가진 동맹회 주석은 본인이 맡겠다고 주장했다. 그는 심지어 마오쩌둥, 주더를 해외로 출국시키라는 무리한 요구까지 했다. 한편 그는 저우언라이에게 다음과 같이 입장을 표명했다. "공산당은 이전의 선언에 근거하여 국민당과 합작을 선언할 수 있다. 난징정부는 이 선언 발표 즉시 홍군을 국민혁명군의 3개 사로 개편하여 사장을 임명하고, 3개 사의 정원을 4만 5,000명으로 하겠다는 보고서를 채택할 것이다. 산간닝변구(陝甘寧邊區) 정부의 장관은 공산당이 추천한 국민당 소속 인사가 맡는다. 부장관은 변구 자체에서 추대할 수 있고 린보취(林伯渠·1886~1960년)를 임명할 수 있으며 변구 사업은 변구정부 스스로 해결한다. 또한 국민대회의 240명의 지명 대표 중에서 공산당 대표를 지명할 수 있다. 기타 각 당파 대표는 가급적 국민당이 선정한다. 수감된 공산당원은 국민당이 몇 차례에 걸쳐 석방한다"는 등이었다. 장제스가 요구한 마오쩌둥과 주더를 해외로 출국시키고 국민당 인사가 변구정부의 장관을 맡는 것을 저우언라이는 단호히 거부했다. 그렇지만 국민혁명동맹회를 결성하는 문제에 대해서는 중공중앙에 지시를 적극 요청하겠다고 화답했다. 이번 회담에서는 장이 공산당의 활동을 약화시키고 통제하며 인민의 민주주의적 요구를 제한하는 등 경향을 보였다. 하지만 국공 양당의 합작을 승인하겠다는 입장 표명은 무엇보다 전국항전을 구현하는 데 있어 매우 잘된 협상이었다. 바야흐로 국공합작의 국면이 점점 더 가시화되고 있었다.

항일전쟁 준비를 잘하기 위해 중공중앙은 인민군대와 근거지 건설에 박차를 가했다. 각지 당 조직들에서도 군대를 확대하고 발전시키는 데 총력을 기울였다. 전국적인 항일전이 폭발하기 전까지 정규군, 지방홍군, 유격대와 둥베이 항일연합군을 비롯해 그 인원이 10만여 명에 달했다. 부대의 정치교육과 군사훈련도 더욱 강화됐다. 산간닝변구는 정치, 경제, 문화교육, 인민생활 등 다방면의 분야를 잘 정돈하고 더 확장됐다. 또 변구는 중공중앙 소재지 옌안을 중심으로 산시(陝西), 간쑤, 닝샤 등 3개 성 20여 개 현이 포함됐으며 인구가 200만 명에 달했다. 이 지역은 땅이 넓으나 사람이 드물고 경제, 문화가 낙후하였다. 그러나 정치 측면에서는 민주적이고 단합되고 활기가 넘치며 대중의 항일 열기가 고조돼 있었다. 그리고 이 지역은 변구정부의 인도 아래 제반 항일 준비 작업이 차질 없이 추진되어 전국에서 가장 진보적인 지역이 됐다.

7. 당의 사상 이론 건설의 강화

전국적인 항일 전쟁이 다가올 무렵 중국공산당은 항일민족통일전선의 결성을 마무리 짓고 항전 준비에 만전을 기했다. 한편 당의 역사 경험을 체계적으로 되새기고 정리하여 내부 건설, 특히 사상 이론 건설을 강화하기 위해 총력을 기울였다.

와야오바오(瓦窯堡)회의에서 "공산당을 확대하고 공고히 하기 위해 투쟁하자"란 방침을 정립한 후 당의 조직은 뚜렷하게 확대됐다. 모험주의, 패배주의 오류는 비판받았고 항일민족통일전선을 결성하는 정책에 대한 전당의 인식이 점차 커졌다. 국민당 통치구역에서의 공산당 사업도 더 새롭게 발전했다. 당내의 모순을 해결함에 있어 과거의 "잔혹하게 투쟁하고" "무자비하게 타격하는" 전술도 크게 바뀌었다. "병을 고쳐 사람을 구한다"는 용어나 개념은 아직 사용하지 않았지만 실상 이런 전략을 취해 커다란 착오를 저지르고 낭패를 본 경우가 있었다. 그러나 이를 바로잡고 개선하려는 동지들을 규합하여 그들이 지속적으로 중앙과 각급 영도 사업에 참여하도록 인도했다.

중공중앙은 역사 경험을 취합하는 데 각별한 관심이 있었다. 그래서 당의 사상 이론 무장을 강화하여 간부들의 마르크스-레닌주의 질적 수준을 향상시켰다. 그리하여 마르크스-레닌주의의 기본 원리를 중국 혁명의 구체적 실천 강령과 함께 결부시켰다. 이러한 사상으로 전당을 무장시켜 주관주의, 특히 교조주의의 영향을 제거하게 했다. 그럼으로써 국민당과 합작하여 항일하는 복잡다단한 현실 속에서 제반 문제를 적확하게 해결할 수 있도록 했다. 마오쩌둥은 이론 연구에 총력을 기울이고 사상노선적립의 관점에서 당의 역사 경험과 그 자료를 수집하는 데 열심이었다. 그는 1936년 말부터 1937년 여름까지 차례로 '중국 혁명전쟁의 전략 문제'와 '실천론'과 '모순론'[96]등 중요한 논저를 저술했다. 그리고 그 내용을 중심으로 홍군대학(1937년 1월에 항일군사정치대학으로 개칭)에서 일련의 강연을 했다.

'실천론'과 '모순론'

《실천론》, 《모순론》은 마오쩌둥이 중국 혁명의 실제와 결부하여 철학문제를 강의할 때의 두 편의 연설 원고로서 당시 공개적으로 발표하지 않았다. 1951년 수정과 보충을 거쳐 《마오쩌둥선집》 제1권에 수록했다.

'중국 혁명전쟁의 전략 문제'는 토지혁명전쟁 시기의 투쟁 경험을 모은 것이다. 마오쩌둥은 이 저서에서 변증법적 유물론과 역사적 유물론의 기본 원리를 지침으로 삼았다. 그리고 중국 사회와 피아 쌍방의 기본 상황에 따라 중국 혁명전쟁의 특징과 규칙을 체계적으로 소개했다. 그는 다음과 같이 지적했다. 중국은 정치, 경제적으로 발전이 불균형한 반식민지 대국이고 1924~1927년에 대혁명을 경험했다. 적은 강대했으며 홍군은 약소했다. 공산당의 영도가 있었고 토지혁명을 실시했다. 이런 특징은 홍군이, 발전할 가능성과 적에 전승할 가능성을 지니고 있다는 것을 의미한다. 또 한편으로는 홍군이 신속하게 발전될 수 없고 적 또한 신속히 전승할 수 없으며 지구전을 치러야 함을 의미했다. 전쟁의 형식은 주로 '포위토벌'과 반'포위토벌', 공격과 방어의 장기적인 반복이다. 반'포위토벌'에서는 끊임없이 적의 세력을 제거하고 홍군을 발전시켜야만 최종 승리를 이룩할 수 있다. 이런 특징에 근거하여 홍군의 전략 전술의 원칙은, 전략적으로는 적극적 방어 전술을 취한다. 그리고 작전상으로는 강한 적이 공격할 때 전략적 퇴각을 하여 아군을 보호하면서 반격할 준비를 한다. 또 전략적으로 반격할 때는 첫 전투에 신중을 기해야 한다. 일단 싸우면 반드시 승리하고 기세를 몰아 연속적으로 타격한다. 그리하여 병력을 집중하고 운동전을 기본 작전 형식으로 하여 섬멸전을 펼쳐야 한다. 전략상으로 지구전과 전장 전투상으로 속결전을 실시해야 한다는 등이다.

　마오쩌둥은 변증법적 유물론을 군사과학에 운용하여 다음과 같이 설명했다. 군사 전략가는 반드시 객관적이고 실체적인 발전법칙을 인식해야 한다. 이런 법칙에 근거하여 당면한 적을 제압하기 위한 자기 행동을 결정해야 한다. 전쟁의 승부는 작전 쌍방의 군사, 정치, 경제, 자연 등 조건에 의해 결정되며 또한 작전 쌍방의 주관적 지도능력에 의해서도 결정된다. 마오는 또 특수한 전쟁법칙을 연구, 장악하는 중요성을 강조하면서 다음과 같이 지적했다. 중국 혁명전쟁을 지도하는 사람이라면 반드시 중국 혁명의 특징과 특수한 환경을 알아야 하며 이러한 특징에서 비롯된 중국 혁명전쟁의 전략 전술을 알아야 한다. '좌'경 교조주의자들은 홍군과 국민당 군대의 작전을 일반 전쟁이나 소련의 내전과 동일시했다. 그리고 일반 전쟁의 경험과 소련의 군사지도 원칙을 기계적으로 답습했기 때문에 홍군의 제5차 반'포위토벌' 작전은 실패할 수밖에 없었다.

'중국 혁명전쟁의 전략 문제'는 중국 무산계급이 영도하는 농민전쟁의 전략 사상으로서 마르크스주의의 군사과학을 풍부하게 하고 발전시켰다. 마오쩌둥이 전쟁 승패 경험에 결부시킨 주관과 객관의 관계, 일반 법칙과 특수 법칙의 관계, 전쟁의 공수와 진퇴 등 여러 가지 변증법적 법칙에 대한 논술은 군사과학의 범위를 벗어나 인식론과 방법론적 의미를 갖고 있다. 이는 군사과학을 논술을 통해, 철학 분야를 뚫고 들어간 마르크스주의 철학이 낳은 산물이다.

《실천론》은 변증법적 유물론의 인식론에 치중하여 당내에 장기간 존재해 온 주관주의, 특히 교조주의를 철저히 비판했다. 더불어 중국 혁명사업에 끼친 해악을 폭로했다.《실천론》은 인류의 생산 실천, 계급투쟁 실천, 특히 중국 혁명투쟁의 구체적 실천에 근거한다. 그리하여 사회적 실천에 대한 인식의 의존관계를 체계적으로 설명한다. 변증법적 유물론의 인식론은 "실천을 첫 자리에 놓았다"고 지적했다. 실천은 사람들의 외부에 대한 인식과 관련한 진리의 첫 번째 기준이며 이에 대한 두 번째 기준이 존재하지 않는다고 했다.《실천론》은 변증법적 유물론의 인식노선을 깊이 있게 논술했으며 다음과 같이 지적했다. "우리의 결론은 주관과 객관, 이론과 실천, 지(知)와 행(行)의 구체적이고 역사적인 통일이다. 구체적 역사를 떠난 모든 '좌'적 또는 우적인 그릇된 사상을 반대하는 것이다" 우경 기회주의와 '좌'경 모험주의는 비록 표현 형식은 다르지만 인식론에서는 서로 통하는 점이 있다. "모두 주관과 객관의 상호 분열, 인식과 실천의 상호 이탈이 특징이다"

《모순론》은 유물 변증법의 가장 근본적 법칙인 대립통일의 법칙을 전면적으로 논술했다. 마오쩌둥은 자연계와 인류사회의 모든 사물이 운동 발전하는 내재적 법칙에 근거를 두었다. 그리고 북벌전쟁과 토지혁명전쟁에서의 두 차례의 승리, 두 차례의 실패 경험과 교훈을 결부시켰다. 그리하여 모순의 보편성과 특수성, 주요한 모순과 모순의 주요한 측면, 모순의 여러 측면의 동일성과 투쟁성, 모순에서 저항이 차지하는 지위 등 문제들을 일일이 논술했다. 《모순론》은 모순의 보편성에 대해 논술한 후, 모순의 특수성에 치중하여 연구하고 기술했다. 마오쩌둥은 다음과 같이 설명했다. 많은 동지들이, 특히 교조주의자들이 모순의 보편성이 특수성 안에 존재하고 있다는 것을 모른다. "여러 방법으로 여러 모순을 해결하는 것은 마르크스-레닌주의자들이 엄격히 준수해야 할 원칙이다"는 것 역시 모르고 있다. 교조주의자들은 구체적 사물에 대하여 심각하고 섬세한 조사연구를 하지 않는다. 그들은 중국 혁명의 특수성을 모르고 일반적인 진리를 순전히 추상적인 공식으로 만들어낸다. 이를 어디에나 다 억지로 틀어 맞추는데 그 결과는 불 보듯 뻔하다.

《실천론》과 《모순론》, 이 두 편의 저작은 변증법적 인식론과 유물 변증법의 핵심으로 하는 대립통일 법칙에 대해 체계적이고 철저한 탐구로 이루어져 있다. 이는 무산계급의 세계관, 인식론과 방법론을 과학적으로 논술한 것이다. 이 두 편의 저작은 더없이 험난한 중국 혁명 투쟁의 실천 경험에 대한 철학적인 개괄이다. 또한 중국공산당이 '좌'

경, 우경 오류 특히 '좌'경 교조주의 오류를 반대한 것에 대한 철학적인 모음서이기도 하다. 이 두 저작은 중국공산당의 역사에서 처음으로 당내 동지들이 착오를 범한 그 사상 인식의 근원에 대해 투철하고 그것을 체계적으로 논술했다. 이는 당 간부들의 사상 이론 수준의 향상에 중대한 역할을 했으며, 마르크스주의 철학의 발전에도 크게 기여할 수 있었다.

마오쩌둥은 '좌'적, 우적 오류를 반대하는 투쟁에서 전당의 지혜를 모아 중국의 구체적 상황에 적합한 혁명 이론과 정책을 발전시켰다. 그리고 항일민족통일전선에서의 정치노선문제를 정확하게 해결했으며 인민전쟁이란 사상을 한층 더 발전시켰다. 또한 당의 정확한 군사노선을 제시했고, 교조주의와 경험주의를 반대하고 당의 변증법적 유물론의 사상노선 등을 체계적으로 논술했다. 이는 당의 사상 이론 건설에 있어 가장 중요한 성과였다.

당은 사상 이론 건설을 강화하는 한편 당의 조직 건설에도 총력을 기울였다. 당은 와야오바오회의의 정신에 따라 패배주의를 극복하고 당원을 적극 확대하기로 했다. 그리고 당의 각급 조직을 건립하고 건전화하여 당의 조직과 당원 규모를 확대했다. 전 민족적인 항일 전쟁이 폭발하기 직전에 당원은 이미 4만여 명으로 확대되었다.

당의 제반 건설 사업이 정상적인 궤도에 들어섬으로써 곧 다가올 전 민족의 항일전쟁에서 중국공산당이 주도권을 확고히 쥘 수 있었다. 그리하여 항전의 승리가 인민의 승리로 되게끔 하는 데 사상적, 정치적, 조직적 기반을 튼튼히 닦아놓을 수 있었다.

1927년 8월부터 1937년 7월까지는 중국공산당이 극히 어려운 투쟁 속에서 발전하고 성숙된 단계에 이르는 매우 중요한 시기였다.

이 기간에 중국공산당은 두 차례의 역사적 전환을 경험했다. 첫 번째는 북벌전쟁의 실패로부터 토지혁명전쟁의 흥기에 이르기까지다. 이 기간에 중국공산당은 인민대중을 영도하고 완강히 투쟁하여 끝내 혁명 사업을 회복하고 발전시켰다. 두 번째는 제5차 반'포위토벌' 작전의 실패로부터 항일전쟁의 발흥에 이르기까지이다. 준이회의를 통해 중앙에서의 '좌'경 교조주의의 통치를 매듭짓고, 중공중앙과 홍군에서 마오쩌둥을 대표로 하는 마르크스주의 노선의 영도적 지위를 확립했다. 그리하여 마오쩌둥을 핵심으로 하는 중앙 지도집단의 정확한 영도를 형성했다. 이어 장정을 효과적으로 완수하고 시안사변, 특히 전국 항전이 폭발한 후 끝내 국공 양당의 제2차 합작을 성사시켜 항일민족전쟁을 고조시켰다. 이 두 차례의 역사적 전환은, 중국 혁명이 직면한 적은 아주 강대했으며 이처럼 강대한 적들과 투쟁하기 때문에 단번에 성공을 거둘 수 없다는 것을 보여준다. 중국 혁명의 진행과정은 정말 파란만장한 것이라는 것을 실증했던 것이다. 이와 동시에 공산주의를 실현하는 것을 최종 목표로 하는 중국공산당 인사들은 당내의 우적, '좌'적 오류의 방해 등 온갖 역경을 이겨냈다. 결국에는 중국의 국정에 부합되는, 중국 혁명에 관한 이론과 길을 찾아 중국 혁명을 승리로 이끌어 나갈 수 있는 능력과 지혜가 있다는 것을 실증했다.

이 10년의 기간에 각 혁명 근거지의 인민대중은 엄청나게 희생됐다. 국민당 당국은 혁명의 거대한 불길을 진압하기 위해 각 근거지에 대해 또 한 차례의 더욱 큰 군사적 '포위토벌'을 감행했다. 이와 함께 각 근거지에 대해 무지막지한 경제봉쇄정책을 단행했다. 중국공산당의 영도 아래 각 근거지의 인민대중은 어려움을 이겨내고자 했다. 그들은 인력, 물력과 재력을 총동원하여 홍군의 전쟁을 지원했으며 근거지를 보위하고 건설에 앞장섰다. 그들은 희생을 무릅쓰고 앞사람이 쓰러지면 뒷사람이 그 뒤를 이어 피와 목숨을 바쳤다. 그리하여 홍색정권과 토지혁명의 결실을 지켜냈다. 그들은 가장 우수한 자녀들을 선뜻 홍군에 보냈으며 그중 수많은 사람들이 혁명과 인민을 위해 어린 생명을 바쳤다. 중앙 근거지 루이진현의 24만 인구 가운데서 4만 9,000명이 혁명에 참가하고 3만 1,000명이 장정에 참가했으며 장정 도중에 1만여 명이 희생됐다. 싱궈현의 23만 인구 가운데 8만 5,000명이 홍군에 참가하고 장정 도중에 1만 2,000여 명이 희생됐다. 쉰우현은 인구가 8만 명밖에 안 됐지만 2만 5,000명이 홍군에 참가하고 이름을 남긴 열사가 7,700여 명에 달했는데 1,000세대가 국민당 반동들에게 몰살당했다. 각지의 홍군이 장정에 오른 후 원 남방 각 근거지의 인민대중은 친인척을 떠나보내는 한없는 비통함을 이겨냈다. 그들은 국민당 반동파들의 광적인 보복을 감당하면서도 계속 남방에 남은 홍군 유격대에 유력한 지원을 보내 주었다. 각 근거지 인민대중이 중국 혁명을 위해 바친 사심 없는 기여와 중대한 공헌은 역사에 기록돼 영원히 잊히지 않을 것이다.

이 10년 동안에 중국 혁명은 국제공산당, 소련의 지지와 도움을 받았지만 뼈아픈 교훈 역시 꽤나 많았다. 역사의 경험은 다음과 같은 것들을 실증했다. 그런 이론은 실제를 떠난 것이며, 외국 경험을 기계적으로 답습하는 교조주의나 중국을 멀리 한 국제지휘 중심이 중국 혁명을 지도하는 방책은 모두 잘못된 것이다. 중국공산당은 마르크스-레닌주의의 기본 원리를 중국 혁명의 구체적인 실천과 결부시켰다. 거기에 실사구시, 대중노선, 독립자주의 원칙을 견지해야만 중국 혁명을 승리로 견인해 나갈 수 있다. 마오쩌둥을 주요 대표로 하는 중국공산당 인사들은 중국의 실정으로부터 출발하여 국제공산당의 그릇된 지도와 공산당 내에서 잇달아 나타난 '좌'경, 우경 오류를 반대했다. 그리고 인민대중에 의지하여 노농 홍군과 농촌혁명 근거지를 창설하고,

토지혁명과 유격전쟁을 벌였다. 게다가 당의 사업 중점 사업을 농촌으로 옮겨 독창적으로 농촌에서 도시를 포위했다. 그리하여 무력으로 전국 정권을 쟁취하는 혁명의 길을 성공적으로 개척했다. 또한 중국 신민주주의혁명의 성격, 과업, 대상, 원동력과 전도 등에 관한 문제를 그 어떤 조직보다 먼저 해결하고 농촌토지문제, 당의 건설문제, 무장투쟁문제, 통일전선문제 등도 처음으로 해결할 수 있었다. 이와 같이 20세기 20년대 후반기부터 30년대 전반기에 이르는 기간에 마오쩌둥 사상은 중국공산당 인사의 지극히 험난한 혁명실천과 이론창조 속에서, 점진적으로 형성되고 발전되어 왔다. 준이회의 이후 마오쩌둥의 수많은 이론 저작과 당에서 채택한 수많은 결의와 토론은 마오쩌둥 사상을 한층 더 발전시켰다. 아울러 전 민족의 항전과 중국 혁명의 승리를 이룩하는 데 유리한 이론적 담보를 제공했다.

후기

중국공산당 창건 70주년에 즈음하여 우리는 〈중국공산당역사〉(상권)을 여러 독자들에게 삼가 드린다. 이 책의 집필을 시작한 지 몇 년이란 시간이 흘러 오늘에야 마감할 수 있게 됐다. 중앙당 사영도소조는 이 책의 집필에 큰 관심을 돌려 왔다. 소조 부조장 후차오무(胡喬木) 동지는 부분적 원고를 심열하고 나서 당역사 집필 원칙과 원고의 내용과 관련해 여러 차례 지도해 주었다. 일부 단위의 당 역사 분야 종사자들도 이 책의 집필 준비사업에 참여했으며 중앙문헌연구실 진충지(金沖及) 동지는 원고 제2편의 수정에 정성을 아끼지 않았다. 우리는 또 중앙문헌연구실, 중앙당안관, 중앙당학교, 군사과학원, 사회과학원 근대사연구소와 경제연구소, 중국 인민대학교, 베이징대학교 등 단위의 전문가와 학자들을 초청해 3차례에 걸쳐 원고를 심사했다. 그들은 원고의 관점, 구조, 역사 사실, 문자 등 면에서 소중한 건의들을 많이 제기했고 약간의 문자 수정도 해 주었다. 이는 우리의 집필 작업에 큰 도움이 됐다. 우리는 지도자들과 동지들의 요구에 따라 여러 차례 수정을 진행했으며 이 과정에 책의 질을 확보하기 위해 많은 노력을 기울였다. 그러나 집필자의 능력 제한으로 말미암아 미비한 점들이 많이 남아 있으리라 생각한다. 당 역사 학계와 여러 독자들이 비평과 가르침을 주기 바란다.

이 책은 중앙당사연구실의 단체노동의 성과이다. 많은 동지들이 차례로 이 책의 집필에 참가했다. 후성(胡繩) 동지가 여러 차례 원고 전반을 심열, 수정하고 집필과 수정 작업에 많은 건의를 제기했으며 랴오가이룽(廖蓋隆) 동지가 원고 일부를 열독했다. 편(編)별 집필사업에 참가한 주요 동지들로는 제1편에 리웨(李樾), 다이루밍(戴鹿鳴), 쑨루이위안(孫瑞鳶), 제2편에 먀오추황(繆楚黃), 제3편에 류징위(劉經宇), 퉁잉밍(佟英明), 한타이화(韓泰華), 예신위(葉心瑜), 제4편에 왕치(王

淇), 왕슈신(王秀鑫), 류전치(劉振起), 제5편에 왕페이(王沛), 톈웨이번(田爲本)이다. 그 밖에 많은 동지들이 부분 장과 절의 수정, 심열과 자료 확인 작업에 참가했다. 전반 원고의 마지막 통일 수정 작업은 정후이(鄭惠), 사젠쑨(沙健孫), 다이루밍이 맡았다.

중공중앙당사연구실

1991년 5월

ㅋ

ㅌ

ㅎ

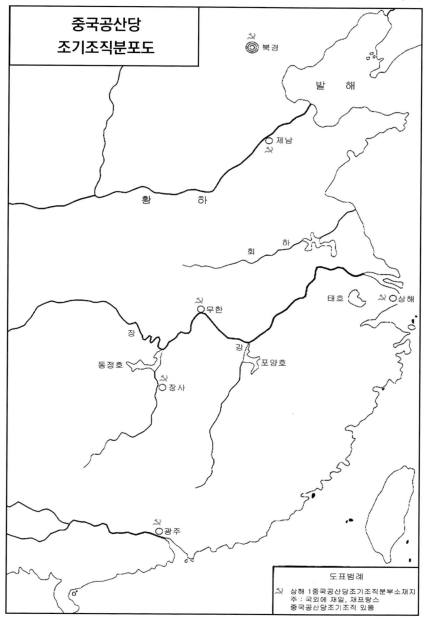

중국공산당
조기조직분포도

북경

발 해

제남

황   하

회   하

태호   상해

무한

장   강   포양호

동정호   장사

광주

도표범례

상해 1중국공산당조기조직분부소재지
주 : 국외에 재일, 재프랑스
중국공산당조기조직 있음

광동혁명근거지 일괄 약도
(1925년 2월-1926년 2월)

북벌작전군부정치형세약도 (1926년 6월)

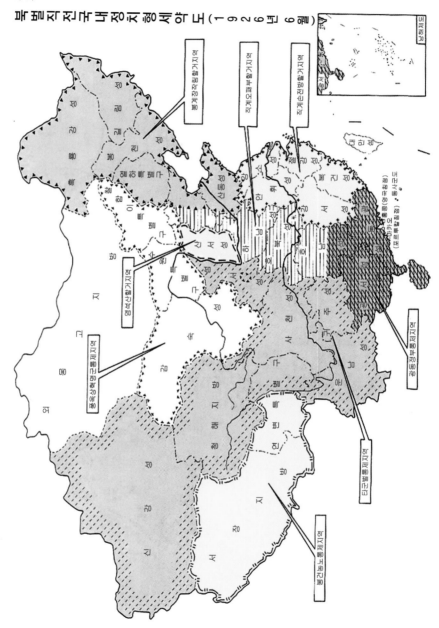

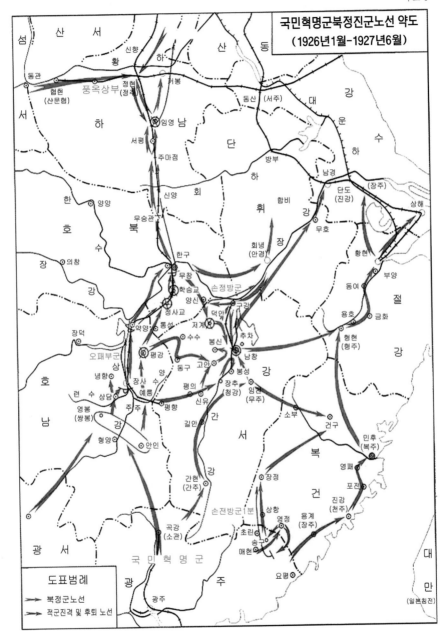

국민혁명군북정진군노선 약도
(1926년1월-1927년6월)

도표범례
→ 북정군노선
→ 적군진격 및 후퇴 노선

남창, 추수(상간변) 광주봉기 및 정강산 진군 약도
(1927년 8월-1928년 4월)

호북
호남
호서
복건
광동
광서
동정호

구강
남웅로
포양호
남창
악양
박자
평강
장수가
수수
동정호
상
장사
유양
동구
동분시
문가시
전현
임천
부수
의황
평향
예름
호계
노관
안원
길안
광창
정강산근거지
삼만 영신 녕강
안인 차릉 공시 구성
하도 보평
자평
송양
대롱
자흥
간주
임전
서금
장정
침현
신봉
회창
의장
평석
대유
상향
리보두
소관
심오
영정
평화
삼하파
탕갱
조안
요평
산두
랑구
용문
자금
중화
부금산▲
화현
광주
육봉
육봉
흥콩
(영국침점)

도표범례
봉기지점
봉기부대 전이노선
봉기부대 진격노선
적점렬지역

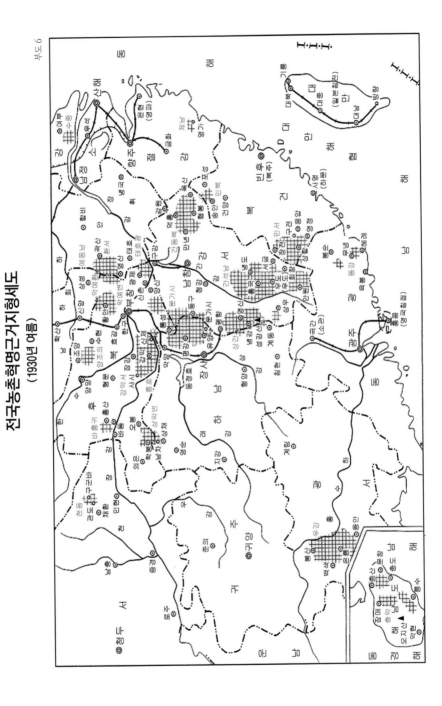

전국농촌혁명근거지형세도
(1930년 여름)

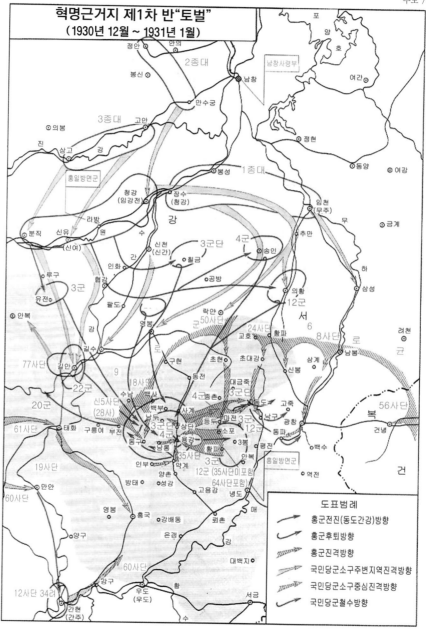

혁명근거지 제1차 반"토벌"
(1930년 12월 ~ 1931년 1월)

도표범례
홍군전진(동도간강)방향
홍군후퇴방향
홍군진격방향
국민당군소구주변지역진격방향
국민당군소구중심진격방향
국민당군철수방향

혁명근거지제2차 반"토벌" 형세도
(1931년 4월 ~ 5월)

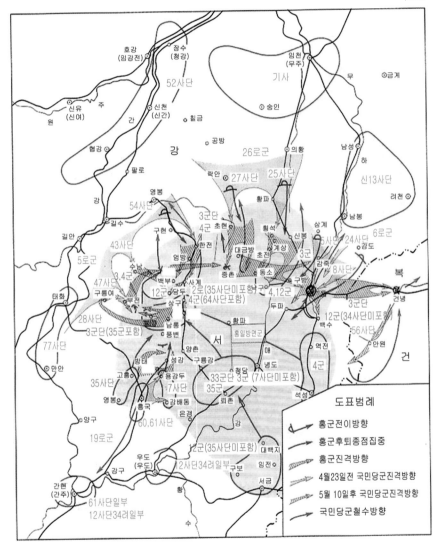

홍영군거지 제3차 반토벌 형세도 1931년(7월~9월)

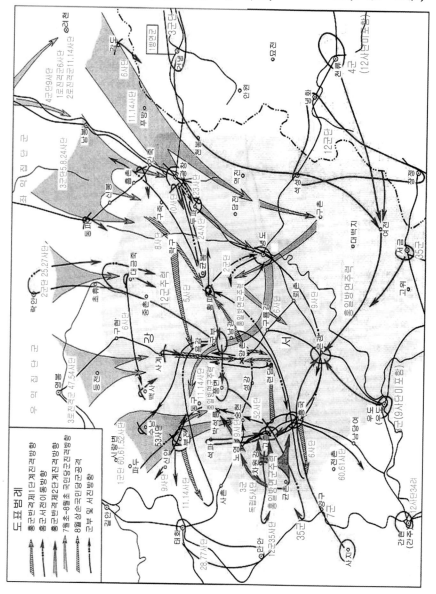

혁명근거지제4차반 "토벌" 형세도
(1933년 2월-3월)

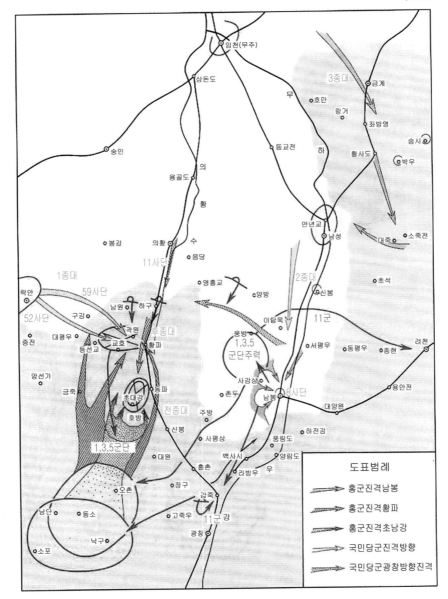

도표범례

중국공농홍군장정노선설명도
(1934년 10월-1936년 10월)

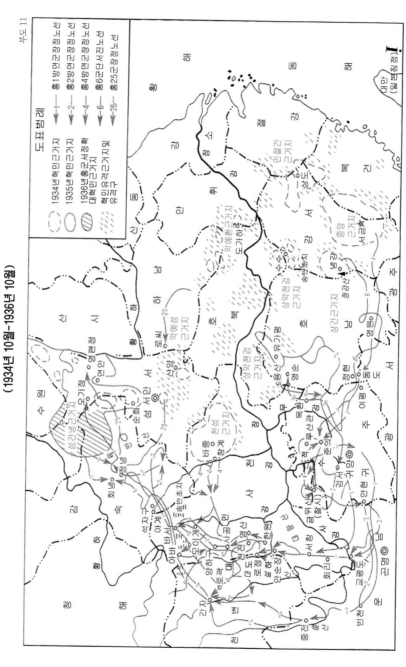

남방팔성홍군유격대활동구역설명도

(1934년 가을-1937년 가을)

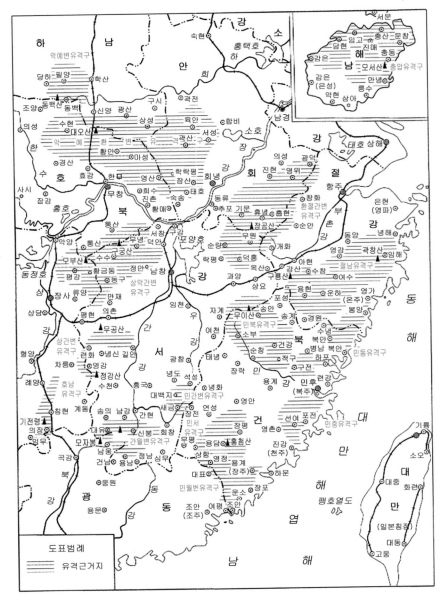

도표범례

━━━━ 유격근거지

동북항일연군활동구역개량도
(1936년2월-1937년7월)

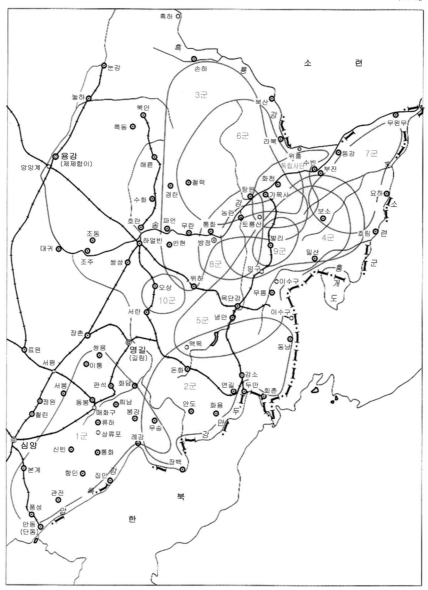